U0574913

本书系 2016 国家社会科学基金资助成果（16BZS051）
本书获 2021 湖南省社科基金项目资助（21YBA055）
本书获湖南师范大学中国史一流学科出版资助

康熙雍正时期江苏州县吏弊与地方社会研究

雷炳炎／著

人民出版社

序

近年来，清代政治史研究深化的一个重要体现，是对地方基层治理的考察，州县之治理与吏治整饬是其中的重要方面。州县治理的重要性，清代君臣都有明确的认识，予以高度重视。雍正帝即位不久，在雍正元年的大年初一，特别对各级地方官发布上谕，其中“谕知州、知县：朕惟国家首重吏治。尔州牧、县令，乃亲民之官，吏治之始基也，贡赋、狱讼，尔实司之，品秩虽卑，职任綦重”，称国家“固邦本者在吏治，而吏治之本在州县……尔州县等官，其恪共乃职，勿贻罪戾，毋谓地远官卑，朕不及察其贤否也”①。雍正帝在位期间，还令有地方治理经验的官员编纂训饬州县官行政的条文，作为《钦定训饬州县规条》，刊刻颁发州县官。而道光帝也曾发布上谕，强调“州县为亲民之官，果能各尽其职，则天下自无不治”。针对当时吏治败坏情况，痛斥“州县莅任之始，不问地方之利病，先问缺分之肥瘠，凡前人所不敢存诸寤寐者，今则直言诸大廷广众之中，而无怍容。一切公事，委之幕友，任之书役，以故营私作伪，徇利旷官，积习相沿，恬不为怪”。并再次指出：“雍正八年《钦定训饬州县规条》一书，其中条列州县事宜，允为牧令法守。著各该督抚即遵照原书，敬谨刊刻，颁发所属各该州县，俾得细心究习，实力奉行，有所据依，以为准则。倘有阳奉阴违、执迷不悟者，即著该督抚据实参劾，毋得稍事姑容。务使民咸乐业，比户可封，大法小廉，吏治蒸蒸日

① 《清世宗实录》卷三，雍正元年正月辛巳朔。所谓“牧令”就是指知州、知县，乃以古制之州牧、县令而称之。

上。朕实有厚望焉。将此通谕知之。”①

清朝官绅对此也多有论述，道光朝的工部司官徐栋认为：“天下事莫不起于州县，州县理，则天下无不理”②，并汇辑《牧令书》二十三卷。同治时，监察御史宋邦僡在《整饬吏治疏》中指出：“窃维州县为亲民之官，贪廉勤惰，悉为百姓休戚相关，故欲饬吏治，必自州县始”，并胪列“州县事宜”十条，上奏皇帝。③ 足见州县之治对国家治理的重要性。

学界对地方治理的研究意义有充分认识，投入较多精力，取得很多成果，其中也包括清代州县的治理。州县官是地方官员中最大的基层群体，品秩虽低，但职掌全面，集所有政务于一身，不像督抚、司、道那样偏重于某些方面或专掌某方面事务，州县官直接与百姓打交道，又借助于较多的衙役胥吏，这是州县行政的特点。清代州县治理可研究的内容多而复杂，所需资料也相对较多。如果考察的范围为某一区域，资料是否充分更是个难题，否则搁浅，难以为继。在这方面，清史的不少专题包括地方基层治理的研究具有可行性，清代文献资料较多，如反映地方州县情况的地方志、文集，尤其是有大量档案存留至今，近年经发掘整理出版者也很多，可以方便利用。

炳炎君在多年前曾谈及涉猎了较多这方面资料，并感到已有的研究多侧重于官方制度的论述，对于江苏虽有关注，但对清代江苏的特殊地位、江苏州县吏治问题的复杂性讨论较少，对康雍时期江苏州县的吏弊缺乏全面考察，州县官员与上级衙门关系及其对吏治的影响鲜有涉及，该时期江苏州县官履职行政状况也不见专文分析。康熙、雍正时期是清朝统治由稳定走向兴盛的历史阶段，七十余年间，清廷在加强地方管控、治理中，留下了大量的档案资料和文献记载。因而计划以江苏省州县治理作为研究专题，时间上以吏治

---

① 《清宣宗实录》卷二九一，道光十六年十一月甲午。

② 赵尔巽等:《清史稿》卷四七八《循吏传三·徐栋》，中华书局 1977 年版，第 13058 页。

③ （清）宋邦僡:《整饬吏治疏 》，载（清）饶玉成编《皇朝经世文续编》卷二二《吏政八·守令中》。

诸问题开始有较充分暴露的康熙、雍正时期为重点。对此，我深表赞同，觉得以江苏之州县作为典型样例，空间地域范围不算太大，且时段的选择上也有重点，容易做得深入。此后，炳炎君以此为题申请到国家社科项目，历经五年，完成《康熙雍正时期江苏州县吏弊与地方社会研究》书稿。此部书稿正是利用了档案如康、雍两朝满汉文奏折中的江苏地方史料，江苏各府州县志、文集、碑刻、官箴书、法律文献，结合政书、《清实录》等其他文献，才得以在史事之揭示方面有诸多新内容，并扩大联系、分析，得出有意义的认识。书稿对康雍年间江苏地区行政中各种弊端诸如各种赋税征收之弊、命盗案件与讼狱之弊等的揭示为书稿重点内容。州县行政，无论牧令、佐杂，具体事务办理皆靠胥吏，这也是其吏治败坏的重要体现方面，学界对此关注甚多，此书稿在前人研究的基础上，对江苏州县的吏役行政行为进行考察，列举吏役侵蚀钱粮亏空案的大量事例，将问题研究引向深入。清代官场关系盘根错节，书稿对江苏州县官与上级官员的行政关系、上级官员与吏弊的关系，也作了探讨。凡此，都是深入研究的必要内容。书稿还揭示该地区旗营武官及下属军兵对地方治理与社会稳定的影响，具有新意。以上，都是深入考察清代地方治理的重要参考内容，对这方面的研究有推动作用。因作以上介绍，以供读者参考。

此书稿选题颇具学术意义，有价值的研究内容较多。在清朝历史上，江苏曾是清初汉人反清斗争最为激烈的地区，此后又是科举最为发达、入仕为官而参与清朝统治人数甚多的地区，亦是文化精英荟萃之地，其赋税在全国总收入中所占比例也甚大，这种状况及其变化，既有历史、区域性原因，又有本朝新的历史条件下的发展，康雍两朝乃至此后的乾隆时期，正是这种变化的重要阶段。炳炎君对这一地区在康雍时期的治理、吏弊等诸多问题的研究已有很好的开头，预祝以后在其他方面取得更多、更优秀的成果。

杜家骥

2021 年 8 月于南开大学寓所

目　　录

绪　论

中国历代王朝的兴亡、民生的好坏，往往与吏治尤其是地方的吏治状况有着密切的关系。自秦废封建行郡县以来，设县管治地方就成为历代相沿的通行治土方式，州县是清代政权体制中的基层设置，州县行政是清王朝维系大一统之局的基石，州县之行政，上关国计，下系民生。清廷对州县的期望甚高，因为只有州县政权稳固了，才能确保王朝的长治久安，正所谓州县治，则天下无不治。十七世纪的中国，在经历明清王朝鼎革长时期的社会动乱之后，清廷对各直省的管控、州县政府的运行也从此步入正轨，然而在清承明制的基础上，清初以来地方行政也承续了明末以来的种种官场流弊，康熙雍正年间，江苏州县的行政中充分展现了这些流弊。

江苏是清王朝重要的政区单元，作为清代的直省名称，江苏是由江南省发展而来，而江南省的设置，始于顺治二年（1645）清廷改明南直隶为江南省。关于“江南”“江苏”名称由来，特别是江南的地理范围和政治含义，自二十世纪八十年代以来，李伯重、周振鹤、杨念群、邹逸麟、范金民、冯贤亮、徐茂名、吴建华等学者皆有过讨论。① 本选题以康熙、雍正年间江宁、苏

① 关于“江南”的指称、地域范围及其历史演变等问题，学界涉及较多，主要成果有周振鹤《释江南》（见《中华文史论丛》第四十九辑，上海古籍出版社 1992 年版，第 141 页）、李伯重《简论“江南地区”的界定》（见《中国社会经济史研究》1991 年第 1 期）、杨念群《何处是“江南”——清朝正统观的确立与士林精神世界的变异》（生活·读书·新知三联书店 2017 年版，第 12—13 页）、范金民《明清江南商业的发展》（南京大学出版社 1998 年版，第 1—2 页）、冯贤亮《明清江南地区的社会环境变动与社会控制》（上海人民出版社 2002 年版，第 8 页）、吴建华《江南人口与社会研究（1664—1911）》（商务印书馆 2006 年版，第 1—12 页）。

州、松江、常州、镇江、扬州、淮安、徐州等府之州县行政弊窦为视点，并追溯顺治甚至明末以来的州县行政得失，这既是政治史、制度史研究穷根究源的基本要求，也是试图找到清承明制和清续明弊的合理解释，至于书名取“江苏”而不用“江南”之称，这也是基于江苏作为清代政区构成，其定名之后不可轻易变更的考虑。

固邦本者在吏治，而吏治之本在州县，牧令为亲民之民，一人之贤否，系关百姓之休戚。知州、知县职掌劝农催科，决讼断辟，兴养立教，济贫赈灾，讨猾除奸，是皇帝在基层的代理人，州县官兴仁兴让，教孝教忠，刑清讼简，勤政爱民，则物阜民安；州县官贪贿擅取，酷虐施威，与吏役营私分肥，通同作弊，则士怒民怨，邦社基址不固。州县官的履职行政，关乎地方官风、民风，州县官号为父母官，如不能做到清、慎、勤，则亦最为民害，贪官害民误国，酷官刻毒之祸亦不让于贪。清代江苏赋重役繁，各州县赋役征派弊窦丛集，赋税征解也成为地方吏治的重灾区，催科过程中所显现出来的种种问题，不仅影响到地方的吏治民生，严重的甚至动摇清王朝的统治根基，所以研究江苏州县吏弊及其对地方社会的影响，是我们了解深化州县治理各种问题、揭示基层民生状况的重要视窗。

江苏是清王朝的财赋重地，官绅密集，衙署众多，商旅荟萃，人口流动频繁，这里也是地方利益与国家利益容易产生矛盾、社会政治问题十分突出的地方。清初的江南乱象纷呈，社会长期动荡不安，既有绅民的抗清，又有盗匪的趁乱作恶，造成民不安业，甚至生灵涂炭，而军兵的祸民、地方官的残虐，也加剧了民生的苦难和地方社会的复杂程度。康熙年间，清王朝在江南的统治稳固以后，州县催科不善，治地无方，听断不明，私征勒民，贪污受贿，案事堆积，吏役为害，窃盗横行，刁讼枉法，邪气滋长，上官贪劣，州县逢迎，形成官场粉饰，上下相欺之局。江苏地方官场的种种弊窦，穷其本源，既有制度之弊，又体现着江苏地方的特殊性和典型性意义，所以分类梳理康雍时期江苏州县行政中的吏治之弊，无疑有着学术补白的意义。

吏治好坏关乎国运，清代官场的诸多腐败，需从州县行政开始清理，正所谓“万事胚胎，皆由州县”。在州县行政中，印官掌一州一县之政令，作为地方事务的总管，不得随意转委地方事权于佐贰杂职，知州、知县在地方行政中起着绝对主导的作用，但州县事务繁杂，州县很多具体事务又均由佐杂吏役去实施完成。康雍年间，江苏州县官长放纵吏役，吏胥违章乱制，欺官害民，佐贰擅收民词，官役通同作弊司空见惯，吏胥之害远甚于官。更为严重的是，吏役假官威势，与地棍、奸恶、盗贼声气相通，导致地方社会正不压邪，百姓生命财产安全时有隐忧。清王朝与吏共天下，史志材料记载也表明：顺治至雍正年间，江苏地方行政中的诸多弊窦，皆源于官员对于吏役的约束不力，所以研究这一时期江苏吏役与州县钱谷刑名等事务的处理，对于剖析地方吏弊产生和州县行政中吏胥充当的“角色”，具有重要的意义，也是江苏政治史研究的一个不错的切入点。

江南史尤其是明清以来的江南区域史研究，是新中国成立以来备受学者关注的领域，也是成果极为丰硕的研究领域，特别是近四十年来，国内外学者在明清江南史研究方面可谓硕果累累，成绩卓著。龙登高就指出，到二十世纪九十年代末，海内外的江南研究成果，不仅远远超过中国其他地域的研究，而且讨论深度与广度，也是其他区域的历史研究所无法比拟的①，近四十年成果之多、水平之高，完全超出了学术界对于其他地区的研究。其中，明清江南经济史研究和社会史研究尤属学界关注之重点，研究的成果尤为众多，这是与明清江南作为财赋重区和经济领先于中国其他地域的历史事实分不开的。

相对于江南经济史研究的久盛不衰和不断深化，江南政治史尤其州县政治史研究就略显单薄。邹逸麟曾就江南研究的进一步发展角度，提出是否可以从政治上研究江南的问题，并指出，明清时期，江南经济发展成为中央财

---

① 龙登高：《中国传统市场成熟形态的探讨——江南市场研究的学术回顾》，《中国史研究动态》1998 年第 10 期。

政的依靠，但江南对中央也怀有二心。[①] 不可否认，江南对国家的贡献大，但江南地方治理中的问题也很多，地方对中央的财政供应，主要是依靠中央的行政指令和州县的贯彻落实来实现的，而且州县行政最重要的工作是每年完成朝廷所分派的赋税定额任务，而州县行政的种种弊端也由此而生。

清代州县研究作为学术问题进入学者视野始于清末民国之际。学界对清代州县问题的讨论，涉及州县行政体制、州县官群体、州县佐杂吏役及其作用的探讨，如瞿同祖的《清代地方政府》对清代府、州、县权力运作及其特点作了较为全面系统的论述。[②] 柏桦的《明清州县官群体》重在探讨州县官群体在明清时期的发展变化[③]。魏光奇的《有法与无法——清代的州县制度及其运作》重点讨论州县治理结构、政府职能、制度的深层矛盾。[④] 周保明的《清代地方吏役制度研究》主要分析书吏、差役等地方吏役系统，结合州县衙门，探究其运作机制。[⑤] 对清代州县胥吏幕友的探讨，一直受到国内外众多学者的重视，相关成果也较多，如宫崎市定对雍正年间胥吏与幕友就有专门研究[⑥]，郭润涛对明清官府幕友、家人作了系统的研究[⑦]，赵世瑜的《吏与中国传统社会》是一部关于吏的政治社会史，该书不仅梳理了吏制沿革，而且涉及不同时期吏职的额数、选取、升转、待遇、吏与官、吏与役职的区别，以及吏的地位、作用和内外关系。[⑧]

关于清代州县吏弊，学界也不乏相关讨论，这些研究成果大多属于整体性研究，也有一些以江苏为视点的探讨，如涉及钱粮之弊的研究主要有：陈

---

① 周保明、王应宪：《附录海盐会议发言实录》，载王家范主编《明清江南史研究三十年（1978—2008）》，上海古籍出版社2010年版，第471页。

② 瞿同祖：《清代地方政府》，法律出版社2003年版。

③ 柏桦：《明清州县官群体》，天津人民出版社2003年版。

④ 魏光奇：《有法与无法——清代的州县制度及其运作》，商务印书馆2010年版。

⑤ 周保明：《清代地方吏役制度研究》，上海世纪出版集团2009年版。

⑥ ［日］宫崎市定：《清代的胥吏和幕友》，《东洋史研究》1958年第16卷第4号，第347—374页。

⑦ 郭润涛：《官府、幕友与书生——绍兴师爷研究》，中国社会科学出版社1996年版；郭润涛：《清代的“家人”》，载《明清论丛》第一辑，紫禁城出版社1999年版。

⑧ 赵世瑜：《吏与中国传统社会》，浙江人民出版社1994年版。

锋的《清代的清查亏空》，该文对有清亏空作了分期梳理。[①] 范金民的《清代雍正时期江苏赋税钱粮积欠之清查》，该文探讨了康熙后期以来江苏积欠的分期清查、分类清理，并对其实效作了客观的评价。[②] 刘凤云的《雍正朝清理地方钱粮亏空研究——兼论官僚政治中的利益》，该文不仅关注雍正时的亏空清查，而且关注了同时期官僚政治中的利益链。[③] 涉及江苏词讼之弊的研究成果，主要有冯贤亮的《清代江南命案尸场勘验的整顿与社会变迁》[④]、《明清吴中地区的县衙与社会》[⑤]、黄鸿山《善堂与恶政：清代江浙地区的命案相验问题及其应对》[⑥] 等，这些文章重点讨论江苏州县刑命案事审断中的诸多弊窦。有关胥吏差役为害的研究则有李国荣的《论雍正帝对官衙书吏的整饬》[⑦]、高进的《清代的吏弊与律例惩治》[⑧]、郭丽芬的《清代州县差役的赋税征收职能及贪赃行为》[⑨]、刘敏的《清代胥吏与官僚政治》[⑩]、顾渊明的《清代州县胥吏陋规初探》[⑪]、陆平舟的《官僚、幕友、胥吏：清代地方政府的三维体系》[⑫]、龚明家的《雍正年间州县吏治弊窦研究》[⑬] 等。

关于州县行政与地方社会的关系，有不少学者立足于地方特殊群体的考察，并注意他们参与地方事务的影响，其中有的属于江南研究的专论，有的

① 陈锋：《清代的清查亏空》，《辽宁大学学报》（哲学社会科学版）2008 年第 5 期。

② 范金民：《清代雍正时期江苏赋税钱粮积欠之清查》，《中国经济史研究》2015 年第 2 期。

③ 刘凤云：《雍正朝清理地方钱粮亏空研究——兼论官僚政治中的利益》，《历史研究》2013 年第 2 期。

④ 冯贤亮：《清代江南命案尸场勘验的整顿与社会变迁》，《史林》2015 年第 3 期。

⑤ 冯贤亮：《明清吴中地区的县衙与社会》，《江苏社会科学》2007 年第 6 期。

⑥ 黄鸿山：《善堂与恶政：清代江浙地区的命案相验问题及其应对》，《清史研究》2015 年第 1 期。

⑦ 李国荣：《论雍正帝对官衙书吏的整饬》，《社会科学辑刊》1995 年第 3 期。

⑧ 高进：《清代的吏弊与律例惩治》，《西南大学学报》（社会科学版）2011 年第 1 期。

⑨ 郭丽芬：《清代州县差役的赋税征收职能及贪赃行为》，《中国国家博物馆馆刊》2013 年第 6 期。

⑩ 刘敏：《清代胥吏与官僚政治》，《厦门大学学报》（哲学社会科学版）1983 年第 3 期。

⑪ 顾渊明：《清代州县胥吏陋规初探》，《宜春学院学报》2012 年第 5 期。

⑫ 陆平舟：《官僚、幕友、胥吏：清代地方政府的三维体系》，《南开学报》（哲学社会科学版）2005 年第 7 期。

⑬ 龚明家：《雍正年间州县吏治弊窦研究》，湘潭大学 2018 年硕士学位论文。

或多或少涉及了江南地区，如徐茂明的《明清江南士绅与江南社会研究》[①]，冯玉荣的明末清初松江地方士人研究[②]，王家范对明清地方行政与社会关系的若干评述[③]，邓尔麟对十七世纪江南士大夫的考察[④]，吴仁安的明清江南望族研究[⑤]、王振忠的《明清徽商与淮扬社会变迁》[⑥]、岸本美绪的《明清交替と与江南社会——十七世纪中国の秩序问题》[⑦]、马学强的《乡绅与明清上海社会》[⑧]，等等。尤其需要指出的是，冯贤亮所著《明清江南州县行政与地方社会研究》[⑨]，是近年江南政治史研究的一部力作，该书以明清江南州县行政与社会关系为切入点，通过一系列有特色的个案研究和对行政官员大量实践活动的考察分析，说明当时的州县政府为国家安定、经济运行，发挥了无法替代的作用。

显而易见，学界对清代州县治理结构、幕僚、吏役等问题作了一定的探讨，但很多研究还是侧重于官方制度的论述，对于江苏虽有关注，但对清代江苏的特殊地位、江苏州县吏治问题的复杂性讨论较少，对康雍时期江苏州县的吏弊缺乏全面考察，州县官员与上级衙门关系及其对吏治的影响鲜有涉及，该时期江苏州县官履职行政状况也不见专文分析。

本书以康熙、雍正时期的江苏州县行政为主要关注点，利用政书、档案、实录、地方史志等材料，系统梳理康、雍两朝江苏州县行政的种种流弊及其对地方政风、民生的影响。全书首先注意从制度切入，全面介绍清代江苏地

---

① 徐茂明：《明清江南士绅与江南社会研究》，商务印书馆 2004 年版。

② 冯玉荣：《明末清初松江士人与地方社会》，中国社会科学出版社 2011 年版。

③ 王家范：《漂泊航程：历史长河中的明清之旅》，北京师范大学出版社 2011 年版。

④ ［美］邓尔麟著：《嘉定忠臣——十七世纪士大夫之统治与社会变迁》，宋华丽译，中央编译出版社 2012 年版。

⑤ 吴仁安：《明清江南望族与社会经济文化》，上海人民出版社 2001 年版。

⑥ 王振忠：《明清徽商与淮扬社会变迁》，生活 · 读书 · 新知三联书店 1996 年版。

⑦ ［日］岸本美绪：《明清交替と江南社会——十七世纪中国の秩序问题》，东京大学出版社 1999 年版。

⑧ 马学强：《乡绅与明清上海社会》，《上海社科院学术季刊》1997 年第 1 期。

⑨ 冯贤亮：《明清江南州县行政与地方社会研究》，上海古籍出版社 2015 年版。

区府州县的建置变化、行政分割以及地方官、吏、役的设置配备情况。继而结合清代江苏州县的地理、行政特点，治理烦难的差异性，讨论康雍年间江苏州县官的选用情况。接着，注意分析同时期江苏州县官群体的种种不足和州县行政的各种弊窦。州县行政之弊反映在州县官职掌所及的一切行政过程中，但州县事务有轻重，工作有缓急，州县事务重而不能缓者，钱谷刑名而已，因而本书重点讨论了江苏各州县钱谷刑名处理中的种种流弊，其行为主体涉及州县官、佐杂、地方豪右、奸棍以及相关员役。康雍时期，江苏地方行政之弊，州县为集中的暴露点，但州县的问题并非单纯的境内官吏役等的为祸问题，州县官役舞文弄法、败坏吏治表象的背后，是州县之上的各层级官员的贪婪索取，州县官为谋得好缺，巴结逢迎，督抚司道等员对于州县的节礼使费来而不拒，不仅加剧了地方吏治的腐败和民生的困苦，亦造成官场营私结党，形成上下相欺之局。清代天下之治乱在漕钱盐考四政，江苏有漕盐之利，但漕盐亦为萌乱之源，漕丁盐枭之扰害地方，远非其他直省可以同日而语。朝廷设兵驻防江苏各地，原以御盗安民，但武官驭下无方，军兵扰害民间，严重打乱了地方百姓正常的生产和生活秩序，也增加了基层社会治理的难度。清初江南士绅遭受了政府的严厉打击，其地位已远非明时可比，但康雍年间江苏士绅对地方的种种不良影响仍值得关注。本书共分九章，最后两章主要关注清初以来江南由乱到治、社会恢复过程中的行政流弊，以及州县对地方奸恶势力治理不力带来的风俗不正等问题，并就其对地方社会稳定发展和民生的影响略加讨论。具体内容分章归纳概述如下。

第一章　清代江苏地区的建置变化与设官分职　明清时期，江苏各州县经历了由直隶应天府、直隶南京到江南设省管辖、最后改名江苏管理的过程。明初，江苏地区归属应天府。永乐时，原隶属应天各府改为直隶南京。清定江南以后，改南直隶为江南省。清制，巡抚下设府、直隶州，分领州县。顺治时，江南巡抚驻苏州，领江宁、苏州、常州、松江、镇江五府。雍正时，江苏省形成八府三直隶州分领州县的管理体制。清初江苏州县之设，大体因明旧制。顺治十三年，则有割华亭置娄县之举。雍正时，江苏地区的州县分割和府州隶属出现较大调整。一是太仓、海州、通州、邳州由散州升为直隶州，徐州则由直隶州改为府；二是十四个县一分为二。

顺治二年（1645），清廷以内阁大学士洪承畴总督军务，招抚江南各地。四年，置江南江西河南三省总督，驻江宁。六年，改设江南江西总督。顺康年间，江南江西总督曾两度分置，康熙二十一年（1682）复并归，后定名为两江总督，两江总督品阶高，地位显赫，统辖江苏、安徽、江西三省。三省地域辽阔，为清王朝的赋税重地。顺治初，清置江南巡抚。十八年，江南分设江苏巡抚、安徽巡抚。顺治三年定制，江南设左、右布政使各一人，分驻江宁、苏州，康熙六年改名安徽、江苏布政使司。顺治三年，清置江宁按察使一人，江南分省以后，康熙三年增置江北按察使一人，驻泗州，六年徙安徽按察使驻安庆。清代江苏分设苏松道、常镇道、淮扬道、淮徐海道，除分巡地方外，又命兼水利、河漕、盐法、海防等事务，守、巡二道作为藩臬二司的辅佐，为直省与府州之间的地方行政官员。知府掌一府之政令，明制，府各领属县若干，知府由此成为统领州县官的顶头上司，清各省皆分设若干府，作为承上启下之机构，明清知府不领尺寸之地，“而州县之政，无一不与相干”。清代的州分为领县之州和属府之州，徐州在顺治初年即定为直隶州，雍正十一年（1733）升府。通州原属扬州府散州，雍正二年升直隶州，以如皋、泰兴二县归属。太仓州旧为散州，隶属苏州府，雍正二年升直隶州，领镇洋、崇明、嘉定、宝山四县。原属淮安府之海州，雍正二年亦升直隶州，领沭阳、赣榆二县，淮安府之邳州亦于雍正二年晋升直隶州，领宿迁、睢宁二县，至十一年复改为散州，隶徐州府。县是地方行政管理的基层设置，秦汉以降，设县以治理地方，成为历代王朝通用的治理模式和守土方式，清朝督抚之责重在察吏除弊，知县之责重在亲民安民，清人往往以“父母官”视知县，其责权远非地方事务的一般处理而已。

清代直省各州县佐贰主要有州同、州判、县丞、主簿等员，以“分牧令之政，共州县之民者也”。州判明以前称州判官、州别驾，县丞和主簿职责是佐助知县管理地方，均因事而设，又常因时增减。地方又设吏目、典史等属官，负责州县专门事务。清代各级衙门之吏员为数众多，经制之吏多达三万余人，非经制之吏人数更多。役是清代各级衙门当差之人，明清选吏和以雇代差用役制度的演变，促成了书吏、差役的合流和吏役的并称，清代州县衙门的行政主体由书吏和衙役组成，州县设六房三班，六房为吏房、户房、礼房、兵房、刑房、工房，各房根据事务繁简设科，房科办事之人为书吏，其职事是草拟文稿，册报上官，签署意见，备造簿册，整理和管理档案等。“三班”是州县衙役的代称，指皂班、壮班和快班，州县官还根据地方行政需要设置门子、禁卒、狱卒、库子、弓兵、铺兵、斗级、灯夫、轿伞扇夫、马夫、仵作、厨役、更夫等，江苏各州县的雇役数额，视地方事务繁简和州县财力情况而定。

第二章　康熙雍正时期江苏的州县官之选　清代的知州、知县品秩虽低，但其在地方行政中的作用不可替代，其临民、亲民的特点和治事安民之职责，与地方督抚、司道等员管理地方的方式截然不同，知州、知县是真正的地方行“政”之官。明代南直隶州县或属滨江近海，或属陆路要冲，经济发展的地利条件十分优越，但该地区疲烦、刁诈、粮多、差重、逋欠的问题也非常突出，江北各州县私盐猖獗，沿江近海地域又多寇盗倭患，州县治理中的烦难情形由此可见。清代吴地商贾云集，亦奸宄丛集，民尚奢华，刁风恶俗盛行，苏州地方治安问题非常突出，大户拖欠，小民无力完课，以致民欠甚多，吏役伺机侵欺，知县也有视苏郡地方之任为有利可图，但朝廷对州县钱谷讼狱考成也带给州县官巨大的压力。清代江苏共设州县 62 个，其中属【冲繁疲难】四字兼全最要缺有 10 个，清代全国州县【冲、繁、疲、难】四字最要缺 60 个，江苏省属四字最要缺数量最多，占比也最高，近 1∶6。

清代各直省皆成督抚司道等员与州县官共治格局，州县长官分符绾绶，接受朝命，责任可谓重大，清人有云：“造福莫如州县，造孽亦莫如州县。”

不特本官贪酷疲软，贻害地方，即奸棍、蠹役、土棍、讼师以及官亲、幕友、家丁人等，内外勾通，亦无不为地方之害。清廷对知县之用十分重视，初任知县由科目进者占比较高，当然，也有部分知县由吏员捐纳除授，或以符合资格的佐贰升任。清廷强调知县初试任为简缺较宜。康熙时，曾谕令对新选进士进行培训教习，通过在地方的历练，造就其吏治之才，但清初知县任用明显忽略因材器使的原则。康熙十六年（1677），江宁巡抚慕天颜疏请对该省知县能力不足但洁身自好者，应调繁任简，后来成为江苏量才调补、对品互调的常规性做法。繁简互调之意义不仅在于因材任缺，保全操守好而短于才的州县之员，避免初试之员委用繁剧之任，又可以使廉能之员身居要缺，一展长才，此举也成为康熙以后江苏州县长官任用的有效法则。雍正年间，进一步完善江苏州县官的选用人制度：明确烦难要缺选自现任知县或佐贰之员；财赋要地，冲繁大县一分为二，以分担行政催科压力；调繁任简，对于要缺知县的题补，注意灵活变通，以能吏充实要缺；科目出身、难胜地方之任者，酌情改任教职。清初以来，江苏州县之治理，尤其需要办事勤慎、敏于任事、谙练政治之员；海疆各知县要缺的选任，不仅要求才具敏练，办事勤勉，亦要求其防盗有法，治盗有方；财赋之区选官尤重清操。对于洁身自好又能严格约束家人、吏役之员，清廷往往奖掖重用，然而江苏各州县长官不能胜任职事者实多。年复一年的民欠，加上各级衙门官侵吏蚀，州县逋欠无追，在上司的催逼下，州县官吏呕心沥血，致有死亡相继，病殁于任者；受考成之累，降革流离、沉沦异地者，更是数不胜数。

第三章　州县为官：康雍年间江苏州县官情况及行政之弊窦　江苏州县官的老病问题，是指在职知州、知县年龄老迈，体能不济，因病导致行动不便，无法正常供职的问题。康雍年间，州县官因病不能正常供职，在江苏非常多见，江苏州县官的疾病患者大多属于老年顽疾，由于行动不便，导致地方日常事务不能如期料理，不得不委托佐贰属僚甚至家人、吏役，由此滋生出一些新的弊窦。江苏州县官赴任途中突然发病，造成地方官不能如期交接，既耽误了官员本身的任职，又影响到州县机构的正常运行，也有不少州县官员因病死于任上或署内的。

康雍两朝，江苏州县虽有少数精明强干之员，但庸劣昏懦者为数更多。他们或属耽于安逸、不思进取的平常之员，或属拙于治才、无所作为的抱残之辈，身居州县长官之位，却无治事之能，身任地方，却催科不善，治县无方，安民乏术，听断不明是非，颠倒黑白，是不折不扣的昏官、庸官、糊涂官。州县官不只贪酷足为民害，遇事不明是非，为人优柔寡识，身任地方，不能剔弊除奸，以致诸务废弛，其为害更甚；州县官昏庸、糊涂、拙劣，造成州县政务的废弛，审断不公，民有怨声，也导致奸吏蠹役的作奸犯科，乱制害民，扰乱地方。清人审讼断狱，参律用例，很多州县官因不熟悉刑名事务，全靠熟稔律例的吏胥援例定案，吏胥因此很容易糊弄上官，借案欺诈舞弊，甚至挟制官长。

清代官场的吏治腐败、社会政治的黑暗，突出反映为官贪吏虐，无视民瘼。州县贪官足以害民误国，州县酷官之刻毒祸民亦不让于贪。自顺治起，江南各州县的催科就存在严重的加征、私征、勒取殃民的问题，官贪吏虐导致民不聊生。赋税征收从来就属于各州县吏治的重灾区，各州县的贪腐问题既表现为知州、知县个人的贪取受贿，也反映为州县佐贰、家人、吏役的积极效仿，巧取豪夺，甚至官长放纵、包庇吏役，官吏役通同作弊，营私分肥。州县贪腐、私征、勒民的恶性发展，对地方政风造成了十分恶劣的影响，对百姓的祸害达到了无以复加的地步。清初以来，清王朝惩贪，国家有律法，朝廷有禁令，吏部有考成，表面上看，制度设计甚严，操作性强，不容忽视的事实是，清廷惩贪之法虽严，而宽纵更甚，守法无信，虽有法，不足以立威于天下。

州县官的怠惰溺职，主要反映为办事拖沓，案事堆积，钱谷刑名诸务限内不能完结，册报逾限，吏役亏空无追，新老官员交接不及时，人犯缉获不力，词讼审理一拖再拖，甚至钦件违限成为常态。康熙初年，江苏地方官员在走马上任之际，有的就迁延拖沓，未能及时抵任，尤以州县等员较为突出，交盘迟延在江苏地区就属于频发性的问题。康雍年间，江苏各州县因钱粮办理带来的问题多，各州县钱粮难完的，或欠在官，或欠在民，但官欠其表象是欠，其本质为官吏侵挪。有些州县民欠为数不少，或因水旱失收，或因赋重难完，但也有已征在官为吏役侵蚀，仍捏作民欠的。州县钱粮造册呈报，不仅涉及征解完欠、地方支用情形，而且有的事关民生，如灾赈、民欠的蠲免，应对地方急情方案的报送，就需要朝廷及时回应，雍正年间，江苏有些州县对急件的处理就明显滞后。清初江苏州县命盗等案就存在长久搁置，不加审理的问题，甚至已审过的案犯，羁押不遣。雍正年间，江苏各地有大量的命盗案限满无招解，主要是因为州县缉获案犯不力，即使偶有弋获，却因主犯在逃，或所获不及半数，一时难以审理结案。

第四章　康雍年间江苏州县的钱粮之弊　江苏系清代财赋大省，钱粮征解问题众多，如各州县征额难完、征解违制、吏役侵欺、官价采买不遵制度。钱粮亏空是一个与清王朝兴灭相伴共存的问题。自顺治起，全国各地的钱粮逋欠就日积月累，江苏各府县的民欠或官役侵欺情况，在韩世琦任江宁巡抚以后奉旨清查的各项题报中，有较多的揭示，不仅数额巨大，而且续完甚少。康熙时，清廷虽完善了地方钱粮的盘查制度，并针对地方官吏的侵挪有了议处明条，但地方亏空的清查并没有受到应有的重视。康熙中后期，财政积弊所造成的地方吏治败坏，实际上已严重威胁到王朝的统治基础。江苏地方官的侵蚀，导致数以百万计的国帑落入了贪官污吏的私囊。造成江苏亏空的主因有官侵、吏蚀、民欠，官侵吏蚀或属贪取，或属违制挪移，民欠有真伪，康熙初年，韩世琦就发现为数甚多的以官吏侵挪指为民欠的案例。对于州县逋欠问题，乾隆初年，江宁知县袁枚认定的事实是：役侵者多，民负者少。雍正帝认为，康熙后期的民欠不是实实在在的民欠，有小民无力输将造成的拖欠，也有本系地方官亏空，希图脱责而捏作民欠的，有粮户已经缴纳，吏胥侵蚀入己以后州县仍报作民欠的。顺治以来，朝廷为减少逋欠、舒缓民困采取了一系列措施。就处理民欠而论，既有针对粮户的严刑追比，又有依据欠额较多实情，分年完项的带征之法，而对于旧欠虚额，民户永难清完的，清廷则采取了豁免、蠲除的办法，如雍正时曾谕令将江苏苏松等处钱粮，康熙五十年（1711）以前未完之项概行豁免，五十一年以后应征欠项宽限征收分为十年至十五年带征，期望宽纾民力，便于输纳。江苏钱粮之额居全国各省之冠，而蠲租赐复亦为数甚多。康雍年间，对江苏的旧欠豁免，既有属于全国各省豁免的统一受益，又有针对江苏欠项的单独免除。

州县钱粮亏欠之项，不是民欠，则属官吏侵欺。州县吏役是地方赋税征解的直接执行者，也是州县亏空的行为主体，清初吏役违法乱制，欺官害民的种种手段难以悉数。江苏赋重役繁，吏役侵挪透冒造成的州县钱粮亏欠问题十分突出。江宁、苏州等五府各州县，地方官与吏役侵挪透冒造成的亏欠总量巨大，一些财赋大县，吏役侵挪导致的亏欠亦堪称典型，各州县侵欺涉员众多，官吏役通同作弊，钱粮支放不论缓急，随意混放，挪后不补，长久拖欠的情形也较为常见。清王朝对江南州县侵欺官役欠款的追比，以追回国帑、减少国家财政损失为目的，追比的种种举措有很强的针对性。针对江苏各府县吏役欠项的追赔，不仅有督抚司道官员的檄差催督，而且有限时完项之追比严令。在严催重究施压下，部分侵欠钱粮物料得以追回，但催呼不应，追比无果，久成悬欠更为多见。清初以来，江苏各地对吏役的管束明显失控，赋税征解中频繁出现侵挪透冒等问题，说到底，都是与州县官本身的失职、用人失察以及为官贪婪，与吏役通同作弊分不开的。

江苏州县钱粮征解之弊，较多反映为钱粮征收之弊，地方征粮之弊贯穿于钱粮征收整个过程中，而且花样百出，州县不能因抚字而废催科，亦不能因国计而纵吏胥。顺治以来，江苏各州县的赋役全书、由单、册报就存在数据失实、真假难辨的问题。编民赋役不均历代皆有，明时，吏役、豪右、奸徒转嫁赋役于民，主要有飞洒、诡寄、花分等手段。清初江南吏役、奸豪转嫁钱粮于小民，有的属明目张胆，有的则属偷梁换柱，官吏役与地方豪右勾

分可恶。康雍年间，江苏地方的刁讼，导致良懦无辜之人无端受害，祸及殷实之家，往往有倾家荡产者。讼师遇事生风，讹诈逞能，唆讼分肥，拖累良善，欺凌官长，不仅引发民愤，而且引起了官愤。而诈命居奇，假尸图赖，不仅伤风败俗，而且浸透着无辜之人的种种血泪。自尽、路毙之案，最易滋扰蔓延，小民最怕惹上人命官司，见路旁有无名尸骸，往往避之唯恐不及，故路毙无名之尸，往往暴露日月，以致臭秽难闻。地方词讼依违不决，久审不结，最为累民，牵连原被证佐人等难以安生，而吏役、土棍人等往往又借讼舞弊，索诈不已。词讼审理用刑目的是得到真口供，但刑逼的最终结果，往往造成供吐不实。民间越诉导致的混乱和治理不力，也加剧了各地的讦告、诬良之风。

控制、羁押涉案人员，限制罪犯人身自由，强化监狱管理，既是惩戒犯罪的必要手段，也是防治人犯继续危害社会的有效途径。地方收禁拘押涉案人员，必须依律行事。囹圄重囚的管理，律有明条，清廷严禁狱官、禁卒、牢头、狱霸在狱中勒索凌虐犯人，但顺治以来各省案犯羁禁无视禁条，收禁不论罪之有无，无视罪情轻重，狱卒、牢头肆意勒取，对人犯滥施虐待，牢狱管理混乱等问题不同程度地存在，以致越狱、监毙之事经常发生。康熙时，两江地方衙门不论罪情轻重，滥羁私禁，对收监人犯任施凌虐，横加勒索，种种恶劣行径，已发展成为当时监狱管理中的突出问题，属于地方行政中的一大虐政。各处监禁多非其地，笞杖多非其人，佐贰、衙官等员甚至有将未审待结人员随意收禁羁押仓铺库房的现象。地方羁管之弊甚于监禁，差役之害，防不胜防。牢狱内对人犯的金钱勒索和非人虐待，顺治以来从未停止过，清人著述对牢狱内所存在的种种弊窦有不同程度的揭示，所反映出来的黑幕和吏治问题，可谓触目惊心。康雍年间，曾在两江地方任职的魏锡祚就曾讲道，身陷囹圄的人犯，遭受凌虐之后，有生不如死之痛，身陷狱中，牢头、狱卒对进监之人索诈不已，不遂其欲，往往凌虐相加。清代监狱内的种种丑恶和暗无天日的情状实难尽述，狱官的贪婪，禁卒、牢头的狠毒，使得狱犯成为他们取利的工具，清代监狱是人犯至苦不堪之地，身陷狱中而无钱贿通打点的人犯，不仅要遭受种种凌辱，而且可能遭遇无法预料的疾疫威胁，随时有性命之忧。由于官吏的贪婪、苛刻、麻木，于是有轻罪重囚，甚至有无辜之人身陷缧绁之中，而最可怕的还在入监之后。江南各地在押人犯监毙的呈报为数甚多。康雍年间，各地人犯因受狱卒凌虐、遭罹疾病或不明原因而监毙的史不绝书。狱中受到的非人虐待，促使人犯或重金营脱，或图谋越狱，顺治以来，江南各处监狱人犯越狱的事就经常发生。

第六章　州县上官与康雍年间江苏地方吏弊的关系　康雍年间，江苏各州县的吏弊稗政虽出于州县，地方各级上官实有不可推卸的责任。地方民生安定视吏治，吏治贪廉视督抚。陈宏谋认为，吏治之变坏，未有不自大吏始者，贤能的地方大吏，其示范意义不可小觑，小而言之，可以洁身自好，正己率属，大而论之，则可以正肃地方官风、士风乃至民风，故清廷对督抚期望非常高。康雍年间，对于江南督抚的行事偏差，或有玷辱官常之举，康熙、雍正二帝往往在朱批中或传谕时加以警示。同时期，江南督抚获得朝廷嘉评者少，平庸贪劣者居多。督抚对江苏州县行政和官风、政风的不良影响是多方面的。首先，督抚的贪取婪索不仅玷辱官常，而且造成上行下效，官场馈送成风；其次，督抚上欺朝廷，下庇属僚，导致营私结党，官风败坏，吏治状况更加恶化，督抚一味贪取以饱私欲，不肖州县亦往往逢迎巴结，极力搜刮犹恐不及，属僚有事，上司自得包庇，不仅加剧了地方吏治的腐败，而且造成官场粉饰太平，形成上下相欺之局，以致地方结党营私之风盛行；再次，江南督抚对地方钱粮的私派侵挪，导致各州县亏空甚巨，民生艰难，雍正元年（1723），两江总督查弼纳认为，两江地方亏空甚巨，并非州县官自行挥霍所致，多系上司勒索所致，州县官员搜括民脂民膏，上送司道府官，司道府官经此奉送督抚，以顺应其索求，究其根源，盖因督抚贪婪，而致仓库亏空也；最后，督抚放任属下吏役、家人为害，导致地方吏治雪上加霜。知州、知县为亲民之官，凡事躬亲，则所属书吏不敢滋生是非，然而上官之书吏欲为害州县，则州县官亦无可奈何。

藩、臬两司为通省之钱谷刑名总汇，两司行政无不牵连地方各类事务，亦无不影响地方吏治。两司官员称职，则道、府、州县无不兴利除弊，惩恶除奸，而地方吏治民生亦有所赖，清虽不以两司大员为封疆大吏，但两司所任内为朝廷所倚，外为督抚所赖，故两司大员之选，尤受朝廷重视。江苏向称难治，两司的履职行政，上行下效，不仅表率百属，又事关地方治乱。康雍年间，江苏藩、臬两司对州县行政的不良影响极为深广，对州县吏治和民生的扰害也是多方面的。江苏征收浩繁，布政使对地方征解钱粮，轻则挪撮任意，甚者目无法纪，贪婪私取。各直省州县官与督抚、布按两司的关系非常复杂，自明末以来，积弊甚多，积习相沿，州县官对地方上司往往以门生、师弟自称，上官与下属亦往往存门户之见，彼此袒护徇庇，导致官场风气败坏。这种官场流弊，促成了以地方大吏为核心的利益集团，而大吏腐败的背后，涉及的是众多道府州县官员的侵欺贪取，损害的是众多百姓的利益，国帑被贪官污吏侵贪，州县官的侵挪也就成为常态。

清代江苏道府之重，一在其职掌之重；一在其责任之重。知府系知州、知县的顶头上司，与所属州县关系最为亲近密切，所属州县之民生吏治，治理得失，亦与其最为关联。道府对于州县之员，贤者要不壅于上闻，贪酷庸劣不法者，亦当揭而去之。康雍年间，清廷对江苏道府之选极为重视，往往强调备选之员要才守兼具，然而顺治以来江南道府官员居官不善者多，其祸害地方种种情形亦难以枚举。康雍年间，江苏道府官员办事草率，为官庸劣者亦为数甚多，因疲软无能而革职的亦不在少数，一些江苏地方知府不实心办事，却热衷于投机钻营，甚至行事狂悖不法，江苏道府官员因贪婪或侵挪导致州县亏空而遭参革者，亦甚为多见。雍正时，江苏地方知府居官贪劣者甚多，因贪劣被革职的亦大有人在。

第七章　康雍时期江苏地方治理中的武官、士绅、贩私诸问题　清廷派驻江苏的军兵有八旗军和绿营兵。清初以来，江苏各处驻守的旗营军兵就同题甚多，突出反映为营伍松弛，恶俗滋蔓。江南绿营的种种流弊由来已久，而且官兵大多素养不足，兵丁秉性强悍，最难安分守己，他们嗜赌好饮，逞强好斗，管兵官员仁柔，轻者导致营伍不整，积重难返，严重的则会导致地方局面失控。武臣之设，所以驭兵卫民，其责任重大，但顺治以来江南各处官兵扰害地方，甚至致民殒命之事经常发生。清初，朝廷师旅征讨，过往江南甚多，军兵经临，官府四应，商民被征应役，受鞭笞逼胁就不足为怪了。顺治以降，驻守江南官兵对民生的祸害，要大于对吏治的干扰。官兵对江苏地方治理带来的不良影响是多方面的：武官放纵部属，导致兵丁骄蹇不法，作恶为非，成为地方之害；驻防官兵对地方掠夺滥取，低价强买，打乱了百姓正常的生产和生活秩序，严重损害了农工商贾的利益；驻守官兵包庇奸恶，甚至与地方奸棍匪类勾结为伍，造成百姓苦不堪言，亦增加了基层社会治理的难度。清代江苏地方事务中的满汉关系较为复杂，突出反映为地方文武的关系。悍兵刁弁扰害地方只是种种矛盾直观、粗暴的呈现，在处理满汉矛盾、兵民纠纷时，地方文武存在对立观点也是不可避免的。江南地方文武的疏离，并不止表现在处理兵民、满汉冲突上，更多地反映为平素就彼此隔膜、鲜有来往上。

明清时期，士绅的作用有着不可替代性，士绅是州县官员了解地方民俗、通达地方民情的重要途径。各处民情之趋向，通常视士习为转移，士绅有能力解决民间纠纷，组织募捐施赈，应对地方突发性事件，协调地方官民关系，普通民众对其有所倚重，他们对官员的评价也常常引导着普通百姓的好恶。士绅在州县治理的过程中，有其积极的贡献，但绅衿生监集团良莠不一，在涉及其集团自身甚至家族利益时，他们也常常会与州县等官生发矛盾和冲突，严重抗违朝廷的政令法律，甚至沦为地方社会的公害。清初，江南士绅遭受了严厉打击，地方事务的处理，州县官更多的是依靠胥吏，但江南士绅对地方仍有较大的影响。康雍时期，江苏各处士绅给地方造成的不良影响主要反映为：一是抗欠钱粮，欺隐课占田地；二是欺辱良懦，纵容子弟、奴仆行恶，劣迹斑斑；三是包揽词讼，挑起纠纷，干预地方司法。

江苏是清王朝最重要的盐产区和运销区，盐课上关国赋，下裕民生，其弊亦多，私盐不仅损商误课，而且对国家盐法构成重大挑战，两淮贩私之弊，为害尤剧。自顺治起，江苏的私盐就屡禁不绝，各类私贩方兴未艾，康熙时，江苏的私盐兴贩，又反映为武力贩私和大宗走私，而无业游食之徒与刁民匪类勾结以后，也有发展为团伙贩卖甚至持械贩运的，官役势豪、运丁武弁参与贩私，造成各地盗贩成风。江南私贩活跃，根源于盐捕官兵的查拿不力；禁私却不能铲除窝家，导致私贩永难清除；禁私而不清源，有如不禁。江苏贩私与禁私的矛盾、私盐所带来的祸害，远不止于损商、误课二事，私贩的兴盛，以及政府假借缉私，严重影响到地方的民生和社会治理，也严重影响到地方的官风政风。私贩成群结伙，盐枭以武力捍卫，又凭借人多势众，伺机抢盗，给地方带来的是难测之祸；盐徒抗拒官兵，甚至杀人越货，导致不少无辜者殒命；私贩勾结官府，贿通吏役，在利益驱使下，官役也参与贩私活动，导致吏治败坏，朝廷禁缉私制度亦如同虚设，贩私无法遏制；盐捕假名缉私，扰害地方，致使民间苦不堪言。

第八章　顺康时期江苏社会恢复之问题　明清之际，由于历经长时间战乱和经常性地发生自然灾害，全国各地田土抛荒数额惊人，清初荒地垦复和农业经济恢复的步伐极为缓慢，而江苏荒田垦复的过程也十分曲折。垦荒中所出现的人为之弊，对江苏荒地垦复造成的负面影响之大，在全国也相当典型，深度剖析这些人为弊祸，有助于我们理解顺康时期招民劝垦等农业经济恢复之策。康熙时期，江苏的田荒地弃既有“天为之荒”，又有“人为之荒”。“天为之荒”主要包括田地坍没、陆沉水底等，“人为之荒”则是清廷决策和地方行政中造成的田废地弃，如迁海、公占等。另外，水利失修、百姓逃亡造成的田荒地废，既有天为的因素，更有人为的影响。康熙年间，江苏地区的田地荒废，很难用非常准确的数据来描述其前后变化。康熙前期，常熟、太仓、嘉定、昆山、华亭等州县皆有连接成片的版荒之地。江苏各州县田地荒废的数据主要来自地方官府的清丈勘查题报，地土之熟荒耕废的判定原本并不复杂，但清初江南很多地方的田地不能简单地以失耕与否来判定。自顺治时起，关于清荒、报荒、辨荒、审荒、蠲荒，清廷就形成了一系列制度。康熙年间，江苏在清荒、报荒、辨荒、垦荒诸方面积累了地方自身的经验，但也存在着种种人为之弊，主要反映为清丈荒地作弊、州县报荒造假、开垦成本高、摊赔累民等，这些问题不仅严重损害了地方百姓的利益，而且影响到荒地垦复的实效。顺康之际的江苏仍有一些地方土地严重抛荒，农业生产无法正常进行。至三藩之乱爆发前，江苏的社会虽归于平静，但随之而来的平藩之战，则带给这一方土地军需供给以巨大的压力。康熙年间，江苏地方大员对苏、松等府的特别关注是从韩世琦抚吴开始的，至慕天颜职任江苏布政使、巡抚以后，更是将目光聚焦于苏、松、常诸府属州县，他们不仅密切关注重赋之区的田赋征收，而且也特别重视苏、松等府的田土抛荒、水利失修诸问题。在平藩期间，由于江南社会的稳定和经济发展关系到天下安危，清廷对苏、松、常诸府更是高密度关注，这也符合王朝的整体利益。但就土地抛荒的程度而论，顺治以来苏北田地的抛荒远比苏松常诸府严重，苏北因河患、水利失修造成的土地荒废，陆沉水底，积淹涸出无期，也远远超过同时期江南的板荒、坍没，苏北的问题直到康熙南巡以后才受到清廷的重视。

农耕田亩、农业人口和农业作物一直属于中国古代赋税体系中的重要征收对象。历代王朝为了确保国家财政收入和社会秩序的稳定，对田制和田赋体系进行过多次完善和改革，明清时期，赋役折银的产生赋予田赋体系以新的内涵。康熙年间，江苏常州府田赋起运与存留的严重失衡正是这种模式的缩影。常州府下辖江阴、无锡、武进、宜兴和靖江五县，人口众多，康熙三十二年（1693），常州府“实在当差人丁六十三万四千六百五十一丁”，占全国人丁总额的百分之三。常州府通共各类平沙田、高低田、圩田山滩塘荡等田地6216489亩，折实平田5641754亩，实应于田亩上征收银565464两，共科本色米麦363317石。清代田赋的起运以漕运正米为主，此外，州县还负担其余众多的本色起运款目。起运田粮除仓储储存外，还需供给京师衙门日常所用米麦，此项亦属于“京运”部分，包含供应户部、工部等官署的官运库用米、府库衙门米、解送耗米及水脚米等细目。地方州县又需支给转运及边运项下所需本色米麦。康熙三十二年间，常州府田赋的折色起存款目：其一，户部项下夏税折色起运十九款，折银 28852 两；秋粮折色起运二十二款，折银 218127 两；运夫及募船银 52402 两，另计本色起运物资按府志注解折银 1334 两，户部项下合计折银 300715 两。工部项下折色起运十二款，合计折银 26449 两。此外，礼部项下有牲口料银和篆笋银两款，折银 2264 两。以上“京运”折色银共计 329428 两。其二，随漕解银。随漕解银是漕粮运输过程中所征收的额外附加税。其三，协济银项下，包含协济外府仓粮折银和协济驿站银两方面。康熙三十二年，常州府协济凤阳、寿州、亳州、淮安、镇江及扬州等仓米麦 52154 石，折银 22544 两。常州府共协济外府驿站一十三个，协济银 7426 两，协济驿站银及协济外府仓粮银两项共计起运银 29970 两。其四，兵粮马草折银。康熙三十二年，常州府支给江南省会镇标兵饷银 55600 两；箭支银 2000 两；操江兵饷 5118 两，镇江仓折色草折银 609 两；镇江卫浅船料银 515 两。共计支银 63842 两。常州府田赋起运与存留的数额差距悬殊，本色米麦起运占全府起科田赋总额的 95. 5%，地方的本色存留仅余 4. 5%，折色银两起运占比为 80. 7%。清代中央与地方财政的起存占比几经调整，从顺治初年规定的起存参半，历经清初的统一战争和三藩之乱，王朝对地方存留进行了大规模的缩减，康乾盛世之下的中央与地方财政并未调整到清初强调的起存参半的比例，“八二占比”却成为清代中央与地方财政分配的大体模式。清初地方存留银两数额不断减降，造成地方支用不足，不仅导致地方官场的贪腐问题突出，也促使赋税制度的变革。州县官在银两紧缺、差吏缺少的情况下，办公效率和质量必然有所下降。为了维持州县经费及本身生活所需，地方官员迫不得已采取非法手段谋求新的收入途径，裁减存留，势必会导致私派不可救止，百弊丛生。无论是起运存留比例的变动，还是官员对于经费和私利的谋求，最终承担赋税的都是地方百姓，统治者只是在征收赋税的额度和衡量百姓的生计之间谋取平衡而已。

第九章 顺治至雍正时期的江苏地方社会 自天启开始，明王朝就内乱边患交集，全国各地动荡不安，崇祯十七年（1644），李自成兵入北京，明王朝最终宣告覆灭，随之而来的是清师入关。在明亡清兴的过程中，全国各地抗清之师纷起，江南作为明南都之所在，被视为明王朝南方的政治堡垒，而且这里又是南明弘光政权的所在地，自然而然，江南成了兴复明室的希望所在。顺治二年（1645），伴随着扬州的失守和清军进占南京，腐败的弘光小朝廷也寿终正寝，但江南地方并未因弘光政权的覆亡、清师的进驻而归于沉寂。由于各地义师的兴起和抗清的炽烈，江南所属各府县一直深陷于战乱和社会动荡之中，地方民不安生，绅民朝不保夕，各处长期陷入动荡不安的局面，也与湖匪土寇猖獗，江洋劫盗肆虐，官府未能清除匪盗有着密切的关系。江南的土寇匪盗或明火执仗，袭击村落，或以渔民舟夫身份为伪装，见机行劫，他们不但洗劫村社，劫夺商贾、富室、行旅过客，而且袭击官府、官舟、官差，甚至杀害朝廷命官。官兵不遵法纪，亦造成地方兵扰民疲，百姓苦不堪言。有的地方官吏不顾百姓生死，施政残虐，甚至放任盗匪奸猾鱼肉乡民。顺治年间，土国宝抚吴，成为江南之祸害，不仅土本人贪纵妄法，土又以小人充任心腹，江南吏治败坏，邪风滋长，正气不行，吴民怨声载道。官府诬良为匪，指富为党，随意嫁祸加罪，也助长了民间的诬告之风，强奴欺凌幼主，奴仆逆词诬告家主之风炽烈。清初，江南地方不仅久陷战乱之中，而且各地也灾疫不断，地方赋重役繁，百姓难以应付，以致四处流离，村社萧条。

风俗为治化之原、人心之验，由地方民风之好恶，可以察验域内教化之深浅。争讼逞能，好勇斗狠，奸盗嗜赌，固然不利于百姓聚财安生，凌弱欺善，造谣蛊惑，亦不利于良好社会风气的养成。清初以来，吴中士大夫多以廉耻气节相尚，但士民追慕奢华，逞勇好赌，行奸要滑等刁风恶俗亦大为滋长。康熙帝第一次南巡，对江南民生风俗感触最深的是，各处市镇表面上显得繁华充盈，但风俗浮华，人心浇漓。小民遇事鼓吹喧闹，不自量力，争相夸尚，妇女穿着争艳斗奇，炫富竞奢，僧尼追慕浮华亦不甘人后，江南僧人因拥有厚资，以致饮酒食肉，赌博宣淫，盘剥占夺，无恶不作。吴中婚娶炫富竞奢，造成普通人家家庭负担沉重，姻亲双方反目成仇。明清时期，三吴赌风甚盛，很多州县皆有赌博之好，屡禁不止，赌博者奸良混杂，游手无赖之徒，或以赌打发时日，或借赌惹是生非，良善沦为赌徒，或出于贪心所致，或由于开设赌场之人勾引驱逼所致，良善之辈恋上赌博，轻者倾家荡产，重则沦为盗匪。清代江苏地方还流行打降、诱骗、造谣生事等刁风恶俗，刁恶奸暴之徒凭借武力逼使降服，其手段甚毒，打降流行，助长了各地的斗狠、凶横、游惰等歪风邪气。吴中恶俗又有窥人子女稍有姿色，即诱哄拐骗，由于父母轻信，有子女因此堕入风尘者，贫弱良善人家骨肉分离，呼天无应，王法难容。清初地方豪棍奸恶的肆横和祸害乡里，严重影响到地方的治乱。康熙年间，一些无籍棍徒，不务生业，专事诈骗，因无势可倚，而投身旗下，假此以逞翼虎之威。江苏地方风俗不正，由于教化之未洽，而教化之未洽，一在民之失教；二因官府之失职，民散处乡城，士农工商各执一业，爱其身家，教化易入，而游惰之民教养最难布置，官府失职，下因州县不能专力教化，朝廷敷布政教，全赖州县奉行，但州县官只重钱谷刑名事务，对于地方风教，宣讲上谕，只是虚应故事，并不真心实行。官府之失职，也反映为州县上司尤其是督抚对州县督率不力，督抚衡量州县称职与否，从来只重钱谷刑名，不问风俗教化，由于江南各地钱粮征收压力大，刑名钦件都顾不过来，所以清初以来江苏各地的种种恶俗并没有得到根本的纠治。

自唐宋以来，江南地区就成为中国最先进的农业区，宋元时期，江南平原主要以种植水稻为主，明时，受水土等自然条件变化特别是水旱不时的影响，江南各地充分利用有限耕地，农村的产业结构和作物种植有了较大的调整和变化，在以农为本业的观念支配下，江南城乡经济的发展可谓多管齐下，无地可耕者，则多有以鱼盐为生者，也多有以商贾为业者，但治生不易，谋生更难。明初以来，江南各地就民生困苦，百姓度日艰难，苏、松等府既苦于重赋难完，派役不均，又困于水旱不时，奸猾为害地方，商贾之征榷无已，官府之侵害无穷。赋重问题是导致清代江南民贫的一个重要因素，也是江南经济发展绕不开的话题。明末以来，江南民生之苦也反映为役繁累民、派役不均，役之摊派不随田转的问题非常突出。而江苏各地的奸恶地棍豪猾倚势欺凌乡民，武断乡曲，勒索殷户人家，垄断市利，其祸民、害生、损商种种恶劣行径，实难尽述。顺治年间，上海等地衙蠹地棍肆横，地方商贾可谓不堪其扰。康熙年间，江苏各地官欺奸扰，导致商户经营困难重重，娄县、华亭、上海等地衙蠹、市侩、行棍勒取盘剥，滋扰商铺名目繁多，吏役借公扰民，横取赊借却屡禁不止，官吏、胥役、营兵人等每每因公扰民，害无底止。雍正年间，江苏一些州县的脚棍恶徒私分地段，盘踞勒诈，欺行霸市，逼迫小贩投牙发卖，其种种恶行严重干扰了地方的经济发展和社会秩序的稳定。顺康年间，商弊主要反映为官多、役多、事多，官役通同行弊，各地奸民恶棍串通衙蠹，随心所欲，所在必征，课税之滥不仅严重影响到普通百姓的生计，而且妨碍了江苏地方经济的发展。

第一章　清代江苏地区的建置变化与设官分职

一、清代江苏的府县建置变化与行政分割

江苏为古扬州地，“所谓北距淮而东南距海者，惟江苏省实兼之”①。然而，今天的江苏辖区在明清不同历史时期，其隶属和所辖地域前后却有较大的变动。明初，江苏地区归属应天府直辖，永乐时，改建北京，后遂设南、北二京，原隶属应天各府改为直隶南京。明时，南直隶共领府十四、州四，其中包括今属江苏省的有应天、苏州、松江、常州、镇江、淮安、扬州七府和徐州一州。顺治初年，清王朝平定江南以后，改应天府为江宁府，改南直隶为江南省，在今天的江苏地区建直省，设巡抚、布政使，分驻苏州、江宁，初命以江宁、苏州、松江、常州、镇江五府隶江南省，又命以淮安、扬州二府及徐州一州隶凤庐巡抚。②

康熙元年（1662），清廷命以操江军务归并总督，并专设安徽巡抚。康熙

---

① （清）张廷玉：《清朝文献通考》卷二七五《舆地考七·江苏省》，十通本，浙江古籍出版社2000年版，第7299页。

② 顺治六年（1649），清廷一度以漕运总督兼巡抚事。除专管漕运外，又命辖淮安、扬州、凤阳、庐州四府及徐州一州事。十六年，仍设凤庐巡抚。见《清朝文献通考》卷二七五，第7299页。

三年（1664），江南地区分设两按察使司，一仍居江宁，一移居安庆，命以江宁臬司辖江苏等五府及淮、扬等四府一州。康熙五年（1666），清廷裁凤庐巡抚，分其所辖淮、扬二府并徐州一州，归属江苏巡抚治下。康熙六年（1667），清廷命停用左、右布政使之名，改称安徽、江苏布政使司，藩司、臬司所领府州，亦如巡抚所辖之数，至此，江南的分省和府级行政分割基本完成。

清制，江苏巡抚治下主要设府、直隶州，分领州县。顺治时，清设江宁巡抚，驻苏州，领江宁、苏州、常州、松江、镇江五府。康熙五年，清廷裁凤庐巡抚以后，又以该抚所辖之淮、扬、徐二府一州归并于江苏巡抚治下。雍正时，江苏之太仓州、通州、海州由散州升为直隶州，徐州则改直隶州为府，江苏直省遂形成八府三直隶州分管州县的管理体制。明清各府、直隶州建置变化和领县情况大致如下：

江宁府，为江苏省治所在，明时为应天府，领八县。顺治时，改名江宁府，初隶江南布政使司。康熙六年（1667），以江宁府归隶江南江苏布政使司，该府初领县八。雍正八年（1730），改领上元、江宁、句容、溧水、江浦、六合、高淳七县。

苏州府，明时直隶南京，领一州七县。① 顺治时，改隶属江南布政使司。康熙六年，隶江南之江苏布政使司，领吴县、长洲、元和、昆山、新阳、常熟、昭文、吴江、震泽九县。②

① 苏州从明初即设有巡抚衙门。据（正德）《姑苏志》记载，明时，该巡抚官正式称谓为“总督粮储提督军务兼巡抚应天等府地方”，“驻扎苏州”，苏州城内自永乐以来即设有巡抚行台。清代始简称为“江南巡抚”“江苏巡抚”，见（正德）《姑苏志》卷二一《官署上》。至清初，苏州又相继添设布政司、按察司衙门，故而苏州府也成为清代江苏两座省级治所城市之一。明初，苏州府下辖吴、长洲、吴江、昆山、常熟、嘉定、崇明七县，弘治十年（1497），命析昆山、常熟、嘉定三县地置太仓州于太仓州城，并以崇明县归隶太仓州管辖。

② 关于苏州府的建置沿革以及古代苏州城市形态的论述，目前学界相关研究成果较多，主要有：陈泳《城市空间、形态类型与意义——苏州古城结构形态演化研究》（东南大学出版社 2006 年版）、王謇《宋平江城坊考》（江苏古籍出版社 1999 年版）、顾颉刚《苏州史志笔记》（江苏古籍出版社 1987 年版）、高淳源《古代苏州城市景观的历史地理透视》（《历史地理》第七辑）、张英霖《苏州古城散论》（古吴轩出版社 2004 年版）、黄敬斌《郡邑之盛：明清江南治所城市研究》（中华书局 2017 年版）。

松江府，明时为南直隶之属府，领县三。顺治时，松江府隶江南布政使司。康熙六年（1667），隶江苏布政使司。清初以降，该府领县不时增置，至乾隆八年（1743），领华亭、娄县、奉贤、金山、上海、南汇、青浦七县。①

常州府，明时直隶南京，领五县。② 清初，常州府改属江南省，江南分省以后，常州府归属江苏省，至雍正二年（1724），该府领武进、阳湖、无锡、金匮、江阴、宜兴、荆溪、靖江八县。

镇江府，明初称为江淮府，寻改名镇江府，直隶南京，领三县。清时，镇江府初属江南省。康熙六年（1667），隶江南江苏布政使司。至雍正八年（1730），该府所领属县有丹徒县、丹阳县、金坛县、溧阳县。

淮安府，明时直隶南京，领二州九县。③ 顺治时，隶属江南布政使司，仍领辖二州九县。康熙六年（1667），隶江苏布政使司。康熙以降，淮安府之州县因有改隶、晋升，其领属州县较明时略有减降。④ 雍正九年（1731），该府所领属县变成六县，即山阳县、阜宁县、盐城县、清河县、安东县、桃源县。

扬州府，明时初名为淮海府，后相继改名淮扬府、扬州府，领三州七县。

---

① 据《阅世编》记载，元时始建淞江府，并以嘉兴府之华亭县归隶淞江府，“而分府北一带立上海县”。明初，“以郡多水灾，因于淞字去水而从松，称松江府。又分上海之西立青浦县，以后废而复建于嘉靖之间”。三县之钱粮、土地，数华亭为最，上海次之，青浦又次之，凡有公事，“则华任十之五，上任十之三，青任十之二，百有余年，莫之易矣”。载（清）叶梦珠《阅世编》卷三《建设》，中华书局2007年版，第77页。

② 明初，常州府辖有武进、无锡、宜兴、江阴四县，至成化七年（1471），析江阴县马驮沙置靖江县，归隶常州府。据黄敬斌考察，靖江县辖地系长江水道中淤涨出的沙洲，所以称为马驮沙，其形成已有较长的历史，成化七年，地方官员以“风波不时，居民往来，舟楫阽危”，奏准在沙上设县，其地至万历年间仍“四面阻水”，“天启而后，渐渐淤塞，无复长江巨防限带封域”，“西北、东北涨连泰兴、如皋”，仅余一界河为限。（黄敬斌：《郡邑之盛：明清江南治所城市研究》，中华书局2017年版，第146页。）

③ 据《明史·地理志》记载，元至正二十六年（1366），吴王朱元璋便已置淮安府，命直属南直隶管辖，淮安府领邳州、海州二州，领山阳、盐城、清河、桃源、安东、沭阳、赣榆、宿迁、睢宁九县。终明之世，淮安府所领州县格局大体未有改变。

④ 清代淮安府属州县的改隶、析分、调整，主要是在雍正时进行的。雍正二年（1724），清廷命升淮安府所属之邳州、海州为直隶州，并将淮安府所辖之赣榆、沭阳二县划归海州，宿迁、睢宁二县划属邳州。雍正十年，命析山阳县及盐城县地增置阜宁县，归属淮安府。十一年，仍改邳州为散州，命将邳州及原属之睢宁、宿迁二县划属徐州府管治。（范金民：《居天下之中的淮安榷关》，中国书籍出版社2008年版，第6页。）

顺治时，扬州府归属江南布政使司，康熙六年隶江南江苏布政使司，乾隆三十三年（1768）该府领泰州、高邮二州及江都、甘泉、仪征、兴化、宝应、东台六县。

徐州府，明时为州，属凤阳府，直隶南京。清初，改徐州为直隶州，隶江南布政使司，康熙六年（1667）隶江南江苏布政使司，雍正十一年（1733）升徐州为府，领邳州及铜山、萧县、砀山、丰县、沛县、宿迁、睢宁七县。

太仓直隶州，旧为散州，属苏州府，雍正二年（1724）改太仓州为直隶州，领属县四：镇洋县、崇明县、嘉定县、宝山县。

海州直隶州，旧属散州，归隶淮安府，雍正二年（1724）升直隶州，领赣榆、沭阳二县。

通州直隶州，原为散州，属扬州府，雍正二年（1724）升直隶州，隶江南江苏布政使司，领如皋、泰兴二县。

清王朝平定江南以后，该地区的州县之设，大体因明旧制。① 顺治十三年（1656），则有割华亭西南境风泾、胥浦二乡及修行、集贤、华亭、仙山四乡之半置娄县之举，其余则无大的变动。② 康熙年间，江苏州县设置亦无多少变化。

至雍正时，江苏地区的州县分割和府州隶属出现较大调整。一是太仓、

---

① 黄敬斌认为，明清时期，江南地方有两次重要的设县，一次发生在宣德五年；一次出现在雍正二年，两次分县的动因首要的是减轻地方政府征税的工作量，尤其是后一次的州县析分，主要是针对苏州、松江、常州所属大县“赋重事繁”特点而进行的，清廷试图通过析县来分摊州县官的征赋任务。（黄敬斌：《郡邑之盛：明清江南治所城市研究》，中华书局 2017 年版，第 292 页。）

② 松江府之有娄县，自顺治十三年始，而割华亭之地、增置娄县之议，最初是由松江府知府李正华提出的。李正华，字茂先，直隶河间府献县人，以岁荐明经，初授山东福山县知县，福山任上，因“清惠明察，吏不作奸，民赖其福”，后迁济南府同知，顺治十年升任松江府知府，时松江府有县三，“而华亭附郭最大，积逋粮额甚多，公患一令难以清理，乃建议中分华亭为二县”。（载（清）叶梦珠《阅世编》卷四《家风》，第 105 页。）顺治十二年李正华上请，“时巡抚大中丞张公中元素重李廉能，遂允其议，具疏上闻，得邀谕旨，分华之西半为娄县，县初寄治于西仓城，后因遇公事入城，往还道远，遂买府后朱太史第而立县治焉”。（载（清）叶梦珠《阅世编》卷三《建设》，第 77 页。）

海州、通州、邳州[①]，由散州升为直隶州，领有属县，徐州则由直隶州改为府；二是雍正二年、九年先后共有十四个县一分为二。

雍正二年（1724），江苏之苏州、松江、常州三府及太仓州的大县析分，是由两江总督查弼纳题请清廷批准的，但在此之前，蓝鼎元就已于京师提出过江苏分县的主张。蓝鼎元在《论江南应分州县书》中指出："江南沿海州县太大者十有三，粮多政烦，官民受困极矣。若苏之长洲、昆山、吴江、嘉定、常熟五县，太仓一州，松之华亭、娄、上海、青浦四县，常之武进、无锡、宜兴三县，岁征银米共三百五十万有奇。大抵一邑钱粮可作边方数省，邑令精神才力既有不周不继之虞，而其民俗又多以输纳先完为耻，竟有数十年积逋不纳一钱者。幸遇恩赦得豁，赦后从新再逋，诛之不可胜诛，官亦无如之何也！官无如何，罔不因此诖误，诖误牵绊，终无清楚之期。于是有数十旧令羁留一邑，摩肩触额流离于道，至其既死之后，犹不能以骸骨还故乡，悲夫！即有才能出众之员舍命催科，尚不能完十分之七八，而日夜废寝忘食，心血焦枯，精神耗敝，岂暇复及抚字教化之方？……今惟有分治之一法，可以救积年莫解之病……地分则大可使小，粮分则逋可使完。昆山一县，岁征银二十七万五千，米十二万六千有奇，应分析为三县。嘉定征银二十六万七千有奇，亦应析而三之。长洲、吴江等十一州县，各分为二，每县既分之后，岁征银米，多者十七八万，少者十余万，较天下他郡邑尚巍然繁剧大县也。"[②]

蓝鼎元主张将苏州、松江、常州三府的大县析分为三或一分为二，主要是基于各县赋额征收任务重，民欠问题十分突出，州县印官全力忙于催科事务，于地方抚字、教化无暇顾及，其分县的设想，与雍正时两江总督查弼纳提出的江苏州县析分方案基本相同。

---

① 邳州，旧属淮安府，雍正二年晋升为直隶州，雍正十一年复改为散州，改隶徐州府，详见后面的《清前期江苏州县建置及变更表（1644—1795）》。

② （清）蓝鼎元：《鹿洲初集》卷三《论江南应分州县书》，影印文渊阁《四库全书》本，第1327册，第602—603页。

对于雍正二年江苏升州析县之事，《清世宗实录》《雍正朝内阁六科史书·吏科》以及江苏的府县志等文献皆有记载，但所载多有节略，各种文献对两江总督查弼纳题疏的内容并非原疏抄录，相对来说，乾隆《长洲县志》、乾隆《元和县志》所载最为详尽。清史学者范金民、谢湜曾引述两江总督查弼纳的题疏全文，现抄录如下：

雍正二年六月十九日，两江总督查弼纳，题为请分大县以收实效事：窃照江南赋税甲于天下，苏松所属大县，额征地丁漕项、杂税银米，多者至四十余万，是一县粮额与四川、贵州一省之额数相等。况州县钱粮，纳户零星，款项繁杂，民情巧诈，百端诡隐，征比倍难。加以人情好讼，盗贼窃劫，刑名又极纷繁，县令征比钱粮，办理钦部案件，日夜匆匆，不得休息，力既疲惫，才难兼顾，安有余力除弊。故莅任未几，动多罣误，升迁者少，获罪者多，非尽其才不逮，实亦力不能周也。夫人之材力不甚相悬，岂他省之吏干济独优，而苏、松之官材能偏拙？良以事务殷繁，则才短于肆应，而赋税难清，则政拙于催科，官员不能久任，吏遂夤缘舞法，蚀课蠹民，奸弊百出，亦事势之必然也。臣闻琴瑟不调，取而更张，流之不洁，在澄其源。大县难理，莫若分而为二，则银少易征，上有益于国课，事简易从，下有裨于民生，此亦因地制宜、补偏救弊之一术也。查苏州府属之长洲、吴江、常熟、昆山、嘉定五县，太仓一州，松江府属之华亭、娄县、青浦、上海四县，常州府属之武进、无锡、宜兴三县，额征银米多者至四十余万，少亦不下二三十万，以此十三州县各分为二，其钱谷刑名尚与大省之中府相等，经理亦非易易，然较之未分之前，仅为得半，中材或可奏效矣。至大县既分，官役俸工，仓库城池，亟应筹画，臣查苏州府有同知三员，通判一员，松江府有同知二员，通判二员，常州府有同知一员，通判三员，三府共同知六员，通判六员，其名虽有捕盗、管粮、海防、水利之不同，而其事实堪兼理，原属冗员。今每府止留同知一员，通判一员，以捕盗者兼司海防，以管粮者兼司水利，其余同知三缺、通判三缺，尽可裁汰。请将三府现任同知、通判，拣选才堪牧民之同知三员、通判三员，以摄新分之县，仍照原衔升转，将来遇有事故缺出，仍听部选知县治理。再长洲、吴江、昆山、华亭、娄县、青浦、上海，此七县皆有县丞二员，夫县有一丞佐理足矣，何必有二？此大缺亦应裁去。再此外之首领佐杂，现遵谕旨议裁具奏。今新分之县，只添设知县一员，典史一员，将以上所裁之官役俸工尽足以供新县之用，俸不须增，役无多添，而足用。至城池则臣于上年查海之时，亲历边海地方，见武职驻札之处多有城垣，新设沿海之县令，其与武职同城，如常熟所分之县应驻福山，嘉定所分之县应驻吴淞，上海所分之县应驻川沙，华亭所分之县应驻青村，娄县所分之县应驻金山卫，皆现有城垣，无庸兴筑。再苏、松二府附郭，俱有两县，常州府城内独止武进一县，令将武进所分之县即驻府城，与武进分理，比照苏属之长、吴，松属之华、娄，正复相等。常州通判三员，原有衙署在府，即改作新分县署，不特城不必建，而衙署已备，仓库亦易为力。此外，长洲等七县，即各择该县境内地方紧要、人民殷庶之市镇居住。查江南属县，亦有未经建城之处，此新分之七县，应否即行建城，统听部议遵行。至仓库衙署如有公所，即行修整居住，如无公所，酌量建造，均请动支正项钱粮应用，臣遴委谙练道府大员，料估督造。其分县疆域，自某某处至某某处，归旧县管辖，自某某处至某某处，归新县管辖，以及田亩若干，钱粮若干，内地州县应否居何市镇之处，并一切应行事宜，统候俞旨允行之日分晰条议具题。再太仓一州，现在请改直隶，倘蒙恩准，即将该州所分之县，并崇明、嘉定及嘉定所分之县，均归该州管辖。所有新分之十三县，听部颁县名，以垂永久。微臣刍荛管见，未必有当，仰请圣主睿鉴。缘分县事理，贴黄难尽，伏乞皇上全览，敕部议覆施行。①

显然，查弼纳的题奏，既强调了苏州、松江、常州三府及太仓升州析县的必要性，又考虑了分县以后新县的官员配备、衙署安排等细节问题。雍正二年六月十九日，查弼纳的题疏上达以后，七月八日即“奉旨，九卿会议具奏”，② 后经九卿会议、世宗钦准，雍正三年（1725），苏、松、常三府及太仓升州析县付诸实施。③

至雍正九年（1731）五月，江宁巡抚尹继善又以山阳县、江都县“路当冲要，事务殷繁”，二县幅员辽阔，乡村距城远者三百里，吏役“奔走肆应，心力难周”，官民不便，题请“各添一令，分疆而治”④，遂以山阳庙湾镇为阜宁县治，并析山阳、盐城县境入阜宁，析江都北境置甘泉县。清前期，江苏的州县设置、析分和隶属变化，其详情可参见表1-1。

---

① （乾隆）《元和县志》卷一《建置》，第2—6页；（乾隆）《长洲县志》卷一《建置》，第1—4页；转引自范金民《政繁赋重，划界分疆：清代雍正年间江苏升州析县之考察》，《社会科学》2010年第5期。

② （清）查弼纳：《谨题为请大县以收实效事》，载《雍正朝内阁六科史书·吏科》第十三册，广西师范大学出版社2002年版，第202页。

③ 关于雍正二年江苏析县问题，学界已有深入的研究，范金民认为，雍正二年的析县，其“根本出发点在于分摊官员赋税征收和繁剧事务的责任”，“从赋税征收和官员考核角度出发，从地方治理出发，从承担事务的合理角度出发，析县可能是较为合理稳当的不得已之举”。（范金民：《政繁赋重，划界分疆：清代雍正年间江苏升州析县之考察》，《社会科学》2010年第5期）。吴建华指出：“清代雍正年间江南苏松常太分大县，升太仓州，并不以辖地的辽阔与否做根据，而以人口多、赋役繁为基础，即衡量大县小县的标准不是一定的地理空间，而是一定地理空间上的人口聚集数量规模，以及由人口活动而承担的赋役收入数量的大小，重心放在社会的主体，即人口的活动上面，它符合社会管理就是对人的管理，对人口的活动的管理这一合理化趋势。”（吴建华：《明清江南人口社会史研究》，群言出版社2005年版，第457页）。谢湜则结合明清江苏经济发展的历史进程去分析江苏大规模析县现象，指出：“苏松常分县的提出，并不显得突然，从根源上看，它源起于明代以来江南经济发展的情况下不断增加的地方负担，分县主要就是为了分摊赋税负担，从时间上看，分县之所以在十八世纪提出，是因为它处于康熙中后期到雍正初年减免江南浮粮以及改革赋役制度的运动时期，而分县也同时被纳入这一系列努力的范畴中。”（谢湜：《清代江南苏松常三府的分县和并县研究》，载《历史地理》第22辑，上海人民出版社2007年版）。

④ （清）尹继善：《谨题为请分繁剧之县等事》，载《雍正朝内阁六科史书·吏科》第六十五册，第300页。

表 1-1　清前期江苏州县建置及变更表（1644—1795）

州县名称	州县建置及变更情况	资料出处
上元县	明时属应天府。顺治二年（1645），应天府改名江宁府，仍属之	（嘉庆）《重刊江宁府志》卷四《沿革》，第 90 页
江宁县	明属应天府。顺治二年，应天府改名江宁府，仍属之	（嘉庆）《重刊江宁府志》卷四《沿革》，第 90 页
句容县	明属应天府。顺治二年，应天府改名江宁府，仍属之	（嘉庆）《重刊江宁府志》卷四《沿革》，第 90 页
溧水县	明属应天府。顺治二年，应天府改名江宁府，仍属之	（光绪）《溧水县志》卷一《舆地志·沿革》，第 49 页
江浦县	明属应天府。顺治二年，应天府改名江宁府，仍属之	（雍正）《江浦县志》卷一《封域志·沿革》，第 233 页
六合县	明属应天府。顺治二年，应天府改名江宁府，仍属之	（光绪）《六合县志》卷一《地理志·沿革·疆界》，第 37 页
高淳县	明属应天府。顺治二年，应天府改名江宁府，仍属之	（民国）《高淳县志》卷一《沿革志》，第 33 页
长洲县	明属苏州府。清因之。雍正二年（1724），析长洲县境，置元和县	（同治）《苏州府志》卷二《疆域》，第 251 页，（乾隆）《长洲县志》卷一《建置》，第 51 页
元和县	属苏州府，雍正二年，析长洲县境置县	（同治）《苏州府志》卷二《疆域》，第 251 页。（乾隆）《元和县志》卷一《建置》，第 51 页
吴县	明属苏州府。清因之	（民国）《吴县志》卷十八《舆地考·沿革》，第 51 页
吴江县	明属苏州府。清因之。雍正二年，分县西偏地，置震泽县	（同治）《苏州府志》卷二《疆域》，第 252 页。（乾隆）《吴江县志》卷一《疆土一·沿革》，第 357 页
震泽县	属苏州府，雍正二年，析出吴江县西偏地，置县	（同治）《苏州府志》卷二《疆域》，第 252 页。（乾隆）《震泽县志》卷一《疆土一·沿革》，第 45 页

续表

州县名称	州县建置及变更情况	资料出处
常熟县	明属苏州府。清因之。雍正二年，析常熟县境，置昭文县	（同治）《苏州府志》卷二《疆域》，第251页。（康熙）《常熟县志》卷一《建置沿革》，第26页
昭文县	属苏州府，雍正二年，析常熟县地，置县	（同治）《苏州府志》卷二《疆域》，第252页。（雍正）《昭文县志》卷一《沿革》，第21页
昆山县	旧属苏州府。清因之。雍正二年，分境西南斜延之东北一百七十四图，置新阳县	（同治）《苏州府志》卷二《疆域》，第251页。（道光）《昆新两县志》卷一《沿革》，第35页
新阳县	属苏州府，雍正二年，析出昆山县地，置县	（道光）《昆新两县志》卷一《沿革》，第35页
太湖厅	属苏州府，雍正十三年（1735），太湖水利同知改抚民厅，移驻吴县洞庭东山。割吴县东山设太湖厅，专理民事	（民国）《吴县志》卷十八《舆地考·沿革》，第465页
华亭县	旧属松江府。清因之。顺治十三年（1656），割县西南境风泾、胥浦二乡及修竹、集贤、华亭、仙山四乡之半置娄县。雍正二年（1724），割县东南境云闲、白沙二乡之半置奉贤县	（乾隆）《江南通志》卷六《舆地志·沿革表三》，第20页 （乾隆）《华亭县志》卷一《沿革》，第35页
奉贤县	雍正二年，割华亭县东南境云闲、白沙二乡之半置县。属松江府	（乾隆）《华亭县志》卷一《沿革》，第35页
娄县	顺治十三年（1656），割华亭县西南境风泾、胥浦二乡及修竹、集贤、华亭、仙山四乡之半置县。属松江府	（乾隆）《娄县志》卷一《沿革志》，第51页
金山县	雍正二年，析娄县金山卫地置县。属松江府	（乾隆）《娄县志》卷一《沿革志》，第51页

续表

州县名称	州县建置及变更情况	资料出处
上海县	明属松江府。清因之。雍正二年，析上海县地置南汇县	（同治）《上海县志》卷一《疆域》，第59页。（乾隆）《江南通志》卷六《舆地志·沿革表三》，第20页
南汇县	雍正二年，析上海县地置县。属松江府	（乾隆）《江南通志》卷六《舆地志·沿革表三》，第20页
青浦县	旧属松江府。清因之。雍正二年，析县北亭、新江二乡地置福泉县。乾隆八年（1743），裁福泉县仍归青浦管理[①]	（乾隆）《江南通志》卷六《舆地志·沿革表三》，第20页。（光绪）《青浦县志》卷一《疆域》，第76页
武进县	旧属常州府。清因之。雍正二年，析武进东偏地置阳湖县	（乾隆）《江南通志》卷六《舆地志·沿革表三》，第21页。（乾隆）《武进县志》卷一《疆域·沿革》，第76页
阳湖县	雍正二年，分武进东境置县。属常州府	（乾隆）《江南通志》卷六《舆地志·沿革表三》，第21页。（光绪）《武进阳湖县志》卷一《舆地·沿革》，第125页
无锡县	旧属常州府。清因之。雍正二年，分无锡东境置金匮县	（乾隆）《江南通志》卷六《舆地志·沿革表三》，第21页。（光绪）《无锡金匮志》卷一《建置沿革表·疆域》，第85页
金匮县	雍正二年，分无锡东境置县。属常州府	（光绪）《无锡金匮志》卷一《建置沿革表·疆域》，第85页
江阴县	旧属常州府。清因之	（道光）《江阴县志》卷一《建置·沿革》，第109页
宜兴县	旧属常州府。清因之。雍正二年析宜兴县舆图置荆溪县	（乾隆）《江南通志》卷六《舆地志·沿革表三》，第21页。（嘉庆）《宜兴县志》卷一《疆域志·沿革》，第32页

① 因乾隆八年裁撤了福泉县，故此处于福泉县不再列出。

续表

州县名称	州县建置及变更情况	资料出处
荆溪县	雍正二年，析宜兴县舆图置县。属常州府	（嘉庆）《宜兴县志》卷　《疆域志·沿革》，第32页
靖江县	旧属常州府。清因之	（光绪）《靖江县志》卷三《舆地志·沿革》，第113页
丹徒县	旧属镇江府，清因之	（光绪）《丹徒县志》卷一《建置沿革并表》，第85页
丹阳县	旧属镇江府。清因之	（光绪）《重修丹阳县志》卷一《建置沿革表》，第50页
溧阳县	明属应天府。顺治二年，应天府改名为江宁府，仍属之。雍正八年（1730），命溧阳县改属镇江府	（乾隆）《江南通志》卷六《舆地志·沿革表三》，第21页。（嘉庆）《溧阳县志》卷一《舆地志·建置沿革》，第47页
金坛县	旧属镇江府。清因之	（乾隆）《江南通志》卷六《舆地志·沿革表三》，第21页。（康熙）《金坛县志》卷一《舆地志·建置》，第28页
震泽县	雍正二年，升太仓为直隶州，析太仓州地为县城	（嘉庆）《直隶太仓州志》卷三《沿革》，第96页
崇明县	明属苏州府。清因之。雍正二年，改隶太仓直隶州	（乾隆）《江南通志》卷六《舆地志·沿革表三》，第22页。（嘉庆）《直隶太仓州志》卷三《沿革》，第97页
嘉定县	明属苏州府。清因之。雍正二年，改隶太仓直隶州	（乾隆）《江南通志》卷六《舆地志·沿革表三》，第22页。（嘉庆）《直隶太仓州志》卷三《沿革》，第97页
宝山县	雍正二年，析嘉定县东境置县。隶太仓直隶州	（嘉庆）《直隶太仓州志》卷三《沿革》，第96页
山阳县	旧属淮安府。清因之。雍正九年（1731），析出阜宁县。乾隆二十七年（1762），以山阳之清江浦为清河县治	（乾隆）《江南通志》卷六《舆地志·沿革表三》，第21页。（同治）《山阳县志》卷一《疆域沿革》，第45页
阜宁县	雍正九年置县，析山阳县及盐城县境入阜宁。属淮安府	（同治）《山阳县志》卷一《疆域沿革》，第45页

续表

州县名称	州县建置及变更情况	资料出处
睢宁县	旧属淮安府邳州，清因之。雍正二年，邳州升直隶州，睢宁属之。十一年，邳州改属徐州府，睢宁随州来属	（乾隆）《江南通志》卷六《舆地志·沿革表三》，第22页。（光绪）《睢宁县志稿》卷二《沿革纪事表》，第51页
海州	旧属淮安府，辖赣榆县。清因之。雍正二年，升直隶州，辖赣榆、沭阳二县	（乾隆）《江南通志》卷六《舆地志·沿革表三》，第24页
赣榆县	旧属淮安府海州，清因之。雍正二年，海州升直隶州，以赣榆、沭阳属之	（光绪）《赣榆县志》卷二《沿革》，第29页
沭阳县	旧属淮安府，清因之。雍正二年，海州升直隶州，以赣榆、沭阳属之	民国重修《沭阳县志》卷一《舆地志上·疆域沿革》，第19页
通州	旧属扬州府，清因之。雍正二年，升直隶州	（乾隆）《直隶通州志》卷二《疆域志·沿革表》，第61页
如皋县	旧属扬州府。清因之。雍正二年，改属通州直隶州	（嘉庆）《如皋县志》卷二《疆域志·沿革》，第22页
泰兴县	旧属扬州府。清因之。雍正二年，改属通州直隶州	（光绪）《泰兴县志》卷《区域志·沿革》，第46页
海门县	旧属扬州府，清因之。乾隆三十三年，改置海门直隶厅	（乾隆）《江南通志》卷六《舆地志·沿革表三》，第24页。（民国）《海门县图志》卷二《设治以来政事年表》，第4页

二、从督抚到知州知县：清代江苏地区的设官分职

清代地方行政机构的设置因承明制，各直省的设官，上自总督、巡抚、两司各官，下至知府、知县之设，皆沿明称。

明初，命以京官巡抚地方，有军事则命总督军务，但皆为临时差遣性质。据《明史·职官志》记载，“巡抚之名，起于懿文太子巡抚陕西。永乐十九年遣尚书蹇义等二十六人巡行天下，安抚军民。以后不拘尚书、侍郎、都御史、

少卿等官，事毕复命，即或停遣。”巡抚或名镇守，“有总兵地方加赞理或参赞，所辖多、事重者加总督”。[①]

清代的总督一般总管两省或三省军政、民政，一般为正二品（加兵部尚书衔者为从一品，加大学士衔者为正一品），清总督品阶在巡抚上，清代各直省巡抚一般为从二品（加兵部右侍郎衔者为正二品）。总督“掌综治军民，统辖文武，考核官吏，修饬封疆”[②]。《清朝文献通考》云：“总督统辖文武军民，为一方保障。”[③] 巡抚“掌宣布德音，安抚齐民，修明政刑，兴革利弊，考核群吏”。具体来说，清代巡抚“掌考察布按诸道及府州县官吏之称职、不称职者，以举劾而黜陟之，用兵则督理粮饷，三岁大比则为监临合省之秀士升于礼部”。其权责“于一省文职无所不统”[④]。有学者对清代督抚的职权范围作了归纳：监督、任用官吏，节制绿营军队，财政监督，司法审判，密折奏事，等等。

清代江南总督之设，始于清廷对江南的抚定。顺治二年（1645）清廷以内阁大学士洪承畴总督军务，招抚江南各地，顺治四年（1647）置江南江西河南三省总督，驻江宁，顺治六年（1649）以河南归并于直隶，改江南江西河南三省总督为江南江西总督。顺康年间，江南江西总督曾两度分置，称江南总督、江西总督，康熙二十一年（1682）复并归，后定名为两江总督，雍正元年（1723）经议定，“两江总督统理江苏、安徽、江西三处事务，地连江海，俱应授为兵部尚书兼都察院右都御史”[⑤]，所以清代两江总督从此就明确为从一品。

清代两江总督不仅品阶高，地位显赫，而且其统辖的江苏、安徽、江西

① （清）张廷玉：《明史》卷七三《职官二》，中华书局1974年版，第1767—1768页。

② （清）嵇璜、刘墉：《清朝通志》卷六九《职官略六·直省文职·总督》，十通本，浙江古籍出版社2000年版。

③ （清）张廷玉：《清朝文献通考》卷八五《职官九》，十通本，浙江古籍出版社2000年版，第5617页。

④ （清）张廷玉：《清朝文献通考》卷八五《职官九》，第5617页。

⑤ （光绪）《清会典事例》卷二三《吏部七·官制》，中华书局1991年版，第292页。

三省地域辽阔，两江地区又为清王朝的赋税重地。以康熙二十四年（1685）清王朝的税收为例，当年全国赋税总额为白银 24449724 两，而两江地区就多达 6864762 两，占全国税收总量的 28.08%，而两江每年征解的漕粮更是为数巨大，清代每年解往京师的漕粮总额为 400 万石，其中江南为 1794400 石，江西为 570000 石，两江合计 2364400 石，占全国漕粮总量的 59.11%,[①] 两江总督在清代八大总督中的地位由此可见。

清代江苏巡抚的前身为江南巡抚，顺治元年（1644）清置江南巡抚，驻苏州，辖江宁、苏州、松江、常州、镇江五府，顺治十八年（1661）江南分省，遂设江苏巡抚、安徽巡抚。[②]

清代各直省又设布政使司管理民政、财政，设按察使司管理一省之刑狱，皆承明旧制。明时，布政使“掌一省之政，朝廷有德泽、禁令，承流宣播，以下于有司”，“凡贡赋役，视府州县土地人民丰瘠多寡，而均其数”[③]，所以其衙门全称为“承宣布政使司”。

清代各直省的布政使地位高，责任亦重大，布政使与巡抚同属从二品。“掌一省之政，司钱谷之出纳，十年会户版，均税役，登民数、田数，以达于户部”[④]，布政使又负责将一省政务报送督抚议行。顺治三年（1646）定制，江南设左、右布政使各一人，分驻江宁、苏州，顺治十八年（1661），江南分省，仍称左、右布政使，左布政使下辖安徽各府县民政、财政，藩司衙门仍寄居江宁，康熙六年，江南左、右布政使司改名为安徽、江苏布政使司。[⑤]

按察使司“掌一省刑名按劾之事，以振风纪而澄吏治，三年大比为监试官，大计为考察官，秋审为主稿官”[⑥]。明时，按察使司与布政使司、都指挥

---

① 参见范金民《科第冠海内 人文甲天下：明清江南文化研究》，江苏人民出版社 2018 年版，第 224 页。

② （清）赵尔巽：《清史稿》卷一一六《职官志三》，中华书局 1977 年版，第 3342 页。

③ （清）张廷玉：《明史》卷七五《职官志四》，第 1839 页。

④ （清）张廷玉：《清朝文献通考》卷八五《职官九・直省官员》，第 5617 页。

⑤ （光绪）《清会典事例》卷二四《吏部八・官制》，第 307 页。

⑥ （清）张廷玉：《清朝文献通考》卷八五《职官考九・直省官员》，第 5618 页。

使司合称地方三司。清代布、按合称为地方两司，简称藩臬，“宣化为藩，不止司钱谷；弼教为臬，不止司刑名”①。清初，各直省之道、府、州、县实由二司节制，故“布、按二司，实为百官纲领。两司称职，则道、府、州县可知也”②。清代臬台品次为正三品，地位略逊于布政使。顺治三年（1646），清置江宁按察使一人，江南分省以后，康熙三年（1664），增置江北按察使一人，驻泗州，六年（1667），定江苏、安徽、湖北、湖南等省设按察使各一人，并徙安徽按察使驻安庆。③

关于江南两司及所属地方的建置变化，叶梦珠亦在《阅世编》中作过简要陈述：

> 江南故为南京直隶卫、府、州、县，自顺治二年改为行省，于是设布、按三（按：此“三”字疑为“二”字）司，然亦仍前朝行省之制，布政使二员，左右并建，按察使则惟一员，俱驻省城。顺治季年，因苏松赋重，特分江宁及苏、松、常、镇五府属右藩，而驻札（扎）于苏州；左藩则辖安徽等九府，徐、和、滁、广四州，驻札（扎）省城。至康熙六年丁未，尽裁天下右藩，独于江南添设江苏布政使，照旧驻苏，而按察司亦添一员分辖安徽等府，驻札（扎）安庆，于是上江下江，名虽一省，几同贰省矣。④

明清时的道，初属府以上监察机构，有“守道”“巡道”之分，“直省守道、巡道始于明景泰时，国初，设布政使左右参政、参议曰守道，按察使副使、佥事曰巡道，无定员，类因事因地而设之。乾隆十八年（1753），裁去参政等衔，定为正四品，职分乃专”⑤，各道“职司风宪，综核官吏，为督抚布

① （清）鄂尔泰：《议新进士分省学习疏》，载《皇朝经世文编》卷十七《吏政三·铨选》，《魏源全集》第十四册，岳麓书社2004年版，第112页。

② （清）魏象枢：《请复入觐考察疏》（顺治十六年），载《皇朝经世文编》卷十九《吏政五·考察》，《魏源全集》第十四册，第212页。

③ （清）赵尔巽：《清史稿》卷一一六《职官志三》，第3348页。

④ （清）叶梦珠：《阅世编》卷三《建设》，第76页。

⑤ （清）刘锦藻：《清朝续文献通考》卷一三四《职官二十·各道》，第8939页。

教令，以率所属”①。清代全国各直省共设守道二十人，巡道七十二人，江苏则分设苏松道、常镇道、淮扬道、淮徐海道，除分巡地方外，又命兼水利、河漕、盐法、海防等事务。清初设道往往视需要而定，因江苏五郡“悉滨江海，庶务殷繁”，最初定制，苏、松二府设立一道，常、镇二府设立一道，江宁一府旧设守、巡二道，议裁守道以后，江宁仍留设巡道。清代直省各道，其职掌驳杂，就江、苏、松、常、镇五府所设三道而言，其先有备兵之权，后罢去，此外职掌责成尚多，主要有：督催粮饷，缮葺城池，举劾官评贤否，禁止地方豪恶，侦缉盗贼，开垦荒芜，大兵经临则负责调应船夫、粮料，并涉及水利、河道、农桑、讼狱诸事务。清初，江苏三道职涉地方钱谷刑名之重，但作为藩、臬二司的辅佐，彼此又各有专责。康熙元年（1662），江宁巡抚韩世琦所上的一道题疏，就颇能辨明彼此间的差异。

> 议者以为钱粮俱在藩司。殊不知藩司总汇，皆系经征、经解、考成完欠，而官吏之横征浮派，豪强之抗纳拖欠，非道臣无以严其禁。又为刑名总归廉使，殊不知臬司勘核，俱关钦件大狱，而地方之词讼、民情之诈伪，非道臣无以防其渐。②

叶梦珠在《阅世编》中，对明清地方道职演变以及清初苏州、松江、常州、镇江四府道的废立裁并情况作了简明陈述：

> 道臣之职不一，其出驻外府、州、县者，一曰分巡，一曰分守，皆以布、按二司佐贰为之。当未设抚、按之时，道臣得专举劾之权。分巡即如代巡，分守即如巡抚也。迨既设抚、按，则道权遂轻，然而总辖文武，兼统军民，依然宪台之体。南北两京无布、按，则借员于他省，故衔称钦差整饬某府等处地方兵备兼理粮储，某省提刑按察使司，或副使佥事，或布政使司参政、参议，与京差等。其后

① （清）张廷玉：《清朝文献通考》卷八五《职官九·直省官员》，第5618页。

② （清）韩世琦：《覆各道不便议裁疏》，载《抚吴疏草》卷九，《四库未收书辑刊》本，捌辑5，北京出版社1997年版，第666页。

> 因事添设，一省增至数人，合巡、守二道计之，几于每府一员，不无太冗。国初因之。至康熙六年丁未，裁汰各道，凡非省会要地及事权职专之所，共裁道臣一百八员。其后稍稍渐复，然亦非昔日之旧制矣。即如苏、松、常、镇四府，其初有二道：一驻太仓州，一驻江阴县，而驻虞山之督粮道不与焉。今两道衙门俱废，而并苏、松、常三府为一道，驻扎苏州，亦可以见道员之省也。康熙二十一年，抚院余公国柱奉旨议裁道员，又裁去苏、松、常道，而并于虞山之督粮道，移驻苏州。①

清代守、巡二道作为藩臬二司的辅佐，负责管理某些方面或某一地区的地方政务，为直省与府州之间的地方行政官员，于所辖地方事务的管理几乎无所不包。陈宏谋在《从政遗规》中，对道员的职掌作了更为具体的归纳。

> 两司堂上官势难出巡，力难兼理，故每省计近远设分守巡道，令之督察料理，所分者总司之事，所专者一路之责。凡一路之官吏不职，士民不法，冤枉不伸，奸蠹不除，废坠不举，地粮不均，差役偏累，衣食不足，寇盗不息，邪教不衰，土地不辟，流移不复，树蓄不蕃，武备不修，城池不饬，积贮不丰，讼狱不息，教化不行，风俗不美，游民不业，鳏寡孤独疲癃残疾之人不得其所，凡接于目者，皆得举行，听于耳者皆得便宜。应呈请者呈请两院施行，应牌札者，牌札各州县条议，督责守令，详察如主婆，守令奉法，恐惧如严师，务使一路风情弊绝，所部事理民安。②

明清时期，知府为府一级地方行政机构长官，掌一府之政令。知府之名始于宋，明制，府各领属县若干，知府由此成为州县官的顶头上司，府也成了县级之上的行政单位。清沿明制，各直省皆分设若干府，作为地方承上启

---

① （清）叶梦珠：《阅世编》卷三《建设》，第81—82页。

② （清）陈宏谋：《从政遗规》卷上《守巡道之职》，载《官箴书集成》第四册，黄山书社1997年版，第248页。

下之机构，知府不领尺寸之地，“而州县之政，无一不与相干”。清代大府钱粮多则数十万乃至一二百万，户口数百万，其地位不减一小省巡抚，江苏地区尤其如此。①

以苏州府为例，苏州是清前期全国经济文化最为发达的城市。清人沈寓就曾说：“东南财赋，姑苏最重；东南水利，姑苏最要；东南人士，姑苏最盛。”② 苏州府也是东南地区的大都会，这里“商贾辐辏，百货骈阗，上自帝京，远连交广，以及海外诸洋，梯舟毕至”③。苏州府称得上是江南甚至天下之巨郡，自然而然，苏州知府地位崇重，苏州知府之选，受到清廷和江苏督抚的重视也可想而知，沈寓就说：“治苏者，不廉、不勤、无才，则不能弹压众望，率厉属官。”沈寓还就苏郡的地位、苏州知府的重责以及种种人与事的应对，专门论述治苏之要，指出治苏之员，尤需廉、才、勤俱备。

> 苏为郡，地方方不过五百里，粮三百万有奇，而盐芦、关税、颜料、杂色之征在外。郡城之户，十万烟火。郊外人民，合之州邑，何啻百万？而缙绅士大夫，肩背相望。太湖之巨，三万六千顷，宣、歙、常、嘉、湖五府之水，汇聚于此。泻湖之水者，古称三江，潮水已塞，今已湮其一，不可问矣。长江绕于西北，大海环于东南，苏为郡，奥区耳。山海所产之珍奇，外国所通之货贝，四方往来，千万里之商贾，骈肩辐辏。至于皇华使臣之所经临，南北大兵车船之所络驿，抚、藩、道、总兵之所驻，朝廷织造之所出，京师漕白、各省兵饷之所需，朝暮一一廑治郡者之心思。而且往往受大吏之节制，奔走不暇，绊其手足。治郡者于此，廉而不才不治，廉而才而不勤亦不治，廉而勤而不才，亦断断不克治，而况不廉而才而勤，

---

① （清）陈宏谋：《从政遗规》卷上《知府之职》，载《官箴书集成》第四册，第248页。

② （清）沈寓：《治苏》，载《皇朝经世文编》卷二三《吏政九·守令下》，《魏源全集》第十四册，第447页。

③ 苏州历史博物馆编：《明清苏州工商业碑刻集》，江苏人民出版社1981年版，第331页。

又胡以治耶？[①]

作为州县的上级机构，“知府一身，州县之领袖，而知州、知县之总汇也”。知府总领所属各州县，凡宣布国家政令，治理百姓，审决讼案，稽察奸宄，考检属吏，催促州县征收赋税等，皆为其职掌。关于清代知府之职，不仅要求知一府之情，更须行合府察吏安民之事。

> 为知府者，或奉院司之科条，量督察属，或酌郡邑之利病，细与兴除。所属州县掌印正官及佐领合属一切大小官员，有用刑不当者，持己不廉者，政不宜民者，怠不修政者，昏不察奸者，涂饰耳目者，虚文搪塞者，前件废格者，阿徇权势者，差粮不均者，催科无法者，收解累民者，窃劫公行者，奸暴为害者，风俗无良者，教化不行者，仓库不慎者，狱囚失所者，老幼残疾失养者，听讼淹滥者，桥梁道路不修者，荒芜不治、流移不招者，衙役纵横不禁者，属官如是，知府皆得以师帅之，师帅不从，知府得以让责之，让责不改，知府得以提问其首领吏书，提问不警，知府得以指事申呈于两院该道。[②]

明清之时，知州掌一州治理。清代的州分为领县之州和属府之州，领县之州隶于布政使司，故称为直隶州，其制同府，属府领辖之州，则与县平级，称为散州。清代直隶州视府，但知州之品阶低于知府，知府初制正四品，乾隆十八年（1753），改为从四品，直隶州知州，初制从五品，乾隆三十五年（1770），改正五品。[③] 州的设置，先秦已有之，知州之称则始于北宋，自元以来，重要的设州之地多改建府，未改名之州遂与县同。清代直隶州的设置，“因地制宜，省析并随时更易”[④]。就江苏而论，徐州在顺治初年即定为直隶

① （清）沈寓：《治苏》，载《皇朝经世文编》卷二三《吏政九·守令下》，《魏源全集》第十四册，第447页。

② （清）陈宏谋：《从政遗规》卷上《知府之职》，载《官箴书集成》第四册，第248页。

③ （清）赵尔巽：《清史稿》卷一一六《职官志三》，第3356—3357页。

④ （清）赵尔巽：《清史稿》卷一一六《职官志三》，第3357页。

州，雍正十一年（1733）升府以后，领七县一州。通州原属扬州府散州，雍正二年（1724）升直隶州，以如皋、泰兴二县归属。[①] 太仓州旧为散州，隶苏州府，雍正二年升直隶州，领镇洋、崇明、嘉定、宝山四县。[②] 而原属淮安府之海州，雍正二年亦升直隶州，领沭阳、赣榆二县，旧属淮安之邳州亦于雍正二年晋升直隶州，领宿迁、睢宁二县，至十一年（1733）复改为散州，隶徐州府。[③]

知县掌一县之政，亲理民务，其责任与知州同。县是地方行政管理的基层组织，自春秋开始，县制就长期存在。秦汉以降，设县以治理地方，成为历代王朝通用的治理模式和守土方式，相较于督抚藩臬等地方大员，知县显得地位卑微，但州县官“位虽卑而所系甚重，百姓之休戚，天下之治乱，恒必由之”[④]。督抚等地方大员责任之重在察吏除弊，知州、知县之责重在亲民安民。故清人认为，“天下治权，督抚而下，莫重于牧令，虽藩臬道府皆弗若也”[⑤]。方大湜在《平平言》凡例中强调州县得人的道理和编写此书的目的时就说：“是编专言吏治，吏之为治不止州县，而州县亲民，一州一县得人，则一州一县治，天下州县得人，则天下治。督抚藩臬道府，不过以整饬州县之治为治而已。”[⑥] 他特别提醒有志于为官而利济天下苍生的读书人说：“不能为督抚，即须作州县，以督抚近君，州县近民也。”但兴利除弊，督抚藩臬仅托空言，“惟州县则实见诸行事，故造福莫如州县”[⑦]。

知州、知县之职，其要在钱谷刑名，清人往往以“父母官”视知州、知县，但其责权远非地方事务的一般处理而已，对于“为民父母”之解，《从政

① （乾隆）《江南通志》卷六《地志沿革表三》，第24页。

② （乾隆）《江南通志》卷六《地志沿革表三》，第22页。

③ （乾隆）《江南通志》卷六《地志沿革表三》，第22页。

④ （清）周镐：《上制军条陈利弊书》，载《皇朝经世文编》卷十六《吏政二·吏论下》，《魏源全集》第十四册，第51页。

⑤ （清）徐栋：《牧令书》卷一《治原勤职》，载《官箴书集成》第七册，第30页。

⑥ （清）方大湜：《平平言·凡例》，载《官箴书集成》第七册，第593页。

⑦ （清）方大湜：《平平言》卷一《造福莫如州县》，载《官箴书集成》第七册，第596页。

遗规》的阐释，足以显示其责任重大。

> 父母云者，生我养我者也。故土地不均，我为均之，差粮不明，我为明之，树木不植，我为植之，荒芜不垦，我为垦之，逃亡不复，我为复之，山林川泽，果否有利，我为兴之，讼狱不平，我为平之，凶豪肆逞，良善含冤，我为除之，狡诈百端，愚朴受害，我为剪之，嫖风赌博，扛邦痴幼，我为刑之，寡妇孤儿，族属侮夺，我为镇之，盗贼劫窃，民生不安，我为弥之，老幼疾废，鳏寡孤独，我为收之，教化不行，风俗不美，我为正之，远里无师，贫儿失学，我为教之，仓禀不实，民命所关，我为积之，狱中囚犯，果否得所，我为恤之，斛斗秤尺，市镇为奸，我为一之，平民交易，税课滥征，我为省之，衙门积蠹，狼虎舞民，我为逐之，吏书需索，刁横勒民，我为禁之，征收无法，起解困民，我为处之，游手闲民，荡产废业，我为惩之，异端邪教，乱俗惑民，我为驱之，庸医乱行，民命枉死，我为训之，士风学政，颓败废弛，我为兴之，市豪集霸，专利虏民，我为治之，某事久废当举，我为举之，某事及时当修，我为修之，民情所好，如己之欲，我为聚之，民情所恶，如己之仇，我为去之，使四境之内，无一事不得其宜，无一民不得其所，深山穷谷之中，无隐弗达，妇人孺子之情，无微不照，是谓知此州，是谓知此县，俾一郡邑爱戴吾身，如坐慈母之怀，如含慈母之乳，一时不可离，一日不可少。①

清代知县为正七品，岁支俸银四十五两，雍正六年（1728），定正七品养廉银为600—1200两，江苏的州县正印官所定养廉银额度，一般在1000—1800两之间，苏州、松江、常州三府州县官养廉银数额，可参见表1-2。

---

① （清）陈宏谋：《从政遗规》卷上《明职》，载《官箴书集成》第四册，第249页。

表 1–2　清代苏州、松江、常州三府州县官养廉银定额表①

府县名	养廉银（两）
苏州府	3000
长洲县	1800
元和县	1800
吴　县	1800
吴江县	1200
震泽县	1400
常熟县	1000
昭文县	1000
昆山县	1000
新阳县	1000
松江府	2500
华亭县	1500
奉贤县	1000
娄　县	1500
金山县	1200
上海县	1500
南汇县	1500
青浦县	1000
常州府	1500
武进县	1400
阳湖县	1200
无锡县	1500
金匮县	1200
江阴县	1000

① 参见冯贤亮《明清江南的州县行政与地方社会研究》，上海古籍出版社 2015 年版，第 83 页。

续表

府县名	养廉银（两）
宜兴县	1000
荆溪县	1000
靖江县	1500

清代直省各州县初沿明制设立，但康熙以后，州县设额又时有增减，或因事繁析分，或以地增新设。雍正年间，江苏因直隶州改府，散州有升直隶州，出现不少州县改隶情况，而苏、松、常三府一些【冲繁疲难】四字兼全，或兼三字的大县要缺，皆割出分治，至光绪时，全国共设州县1369个①，其中江苏省共有62个。

三、清代江苏州县的佐贰、属官设置与吏役配置

清代的知州、知县为州县行政长官，掌一州一县之政，其于钱谷、讼狱、缉盗、除奸、文教、农桑诸政无不综理。清代直省各州县佐贰之设，主要有州同、州判、县丞、主簿等员，以“分牧令之政，共州县之民者也”②。

州同、州判，系州之同知、州之通判的简称，其职责是分理各州之粮务、马政、水利、巡捕、海防、河渠诸事。清代州同无论直隶州、散州均为从六品，散州州同之除授委选，根据清代制度，由恩、拔、副贡充考授州同职衔除，汉军外郎考授职衔兼除，亦可由兵马司副指挥、京县县丞、京府经历、汉军九品笔帖式、盐运使经历、布政司都事、州判升任。③

州判为从七品，明以前称州判官、州别驾，“明亦曰州判，即唐宋之州别

① 《清史稿》记载为1358个，因晚清日本割台，故未将台湾省十一县统计在内。

② （清）陈宏谋：《从政遗规》卷上《明职》，载《官箴书集成》第四册，第250页。

③ （光绪）《清会典事例》卷一八《吏部二·官制》第一册，第237页。

驾"[①]。依据清制，州判由恩、拔、副贡考授州判职衔除，亦可从汉军外郎考授州判职衔兼除，还可由鸿胪寺主簿、鸣赞、汉军九品笔帖式、按察司知事、外府经历、外县县丞、布政司照磨、府知事、县主簿、府州县训导、布政司库大使、盐课司大使、批验所大使及运仓大使等员中拣选升授。[②]

"官虽有正副，而权不轻，位虽有尊卑，而事不异"[③]。清代地方知县之佐贰包括县丞和主簿，其职责是佐助知县管理地方，"分守令之政，共州县之民"[④]。县丞自秦以来即有之，其别称曰命卿、赞府、赞公。[⑤] 清代外县县丞秩属正八品，掌一县之粮马、税征、户籍、巡捕、河防诸事务。例应由恩、拔、副贡考授县丞职衔除，并由汉军外郎考授县丞职衔兼除，亦由会同馆大使、鸿胪寺鸣赞、序班、刑部司狱、汉军九品笔帖式、布政司照磨、盐运司知事、按察司照磨、府知事、县主簿、府州县训导、府照磨、同知照磨及通判照磨升任。[⑥]

县主簿自汉以来即有之，"隋又曰录事，亦县之贰，职主出纳销注，然县不皆设"[⑦]。清代之县主簿秩皆正九品，其选用依据清制，由贡监吏员兼除，亦由鸿胪序班、刑部司狱、宣课司大使、兵马司吏目、司府司狱、同知司狱、通判司狱、府税课司大使、州吏目、府仓大使、同知仓大使、巡检、京外县典史及道库大使升任。[⑧]

清代直省各县的县丞、主簿均因事而设，无定员，又常因时增减。据光绪《钦定大清会典》记载，全国共设外县县丞 345 人，江苏省共有 62 县，其中上元、江宁、句容、常熟、昆山等二十九县各设置县丞一人，吴县、昭文、

---

① （清）李庚乾：《佐杂谱》卷下《州判》，载《官箴书集成》第九册，第 338 页。
② （光绪）《清会典事例》卷一八《吏部二・官制》第一册，第 239 页。
③ （清）陈宏谋：《从政遗规》卷上《明职》，载《官箴书集成》第四册，第 250 页。
④ （明）吕坤：《实政录》卷一《州县佐之职》。
⑤ （清）李庚乾：《佐杂谱》卷下《县丞》，载《官箴书集成》第九册，第 342 页。
⑥ （光绪）《清会典事例》卷一八《吏部二・官制》第一册，第 240 页。
⑦ （清）李庚乾：《佐杂谱》卷下《主簿》，载《官箴书集成》第九册，第 344 页。
⑧ （光绪）《清会典事例》卷一八《吏部二・官制》第一册，第 241 页。

上海、青浦等十四县各设主簿一人。[①]

除州县佐贰外，地方又设吏目、典史等属官，负责州县专门事务。主要有：吏目、典史、巡检、驿丞、闸官、税课司大使等设置。兹举其与地方吏治关系较密切的职事，略作介绍。

吏目系知州属官，秩从九品，掌“禁奸宄，防护狱囚、典司簿籍”[②]，职事与各县典史大体相同。吏目之设始于金元，原名州录事，清代各州设吏目1—2人，全国共设吏目221人，其中江苏设州吏目6人。[③]

清代各县典史系知县属官，典史为元官名，“主监狱捕盗”，就其职责地位而论，相当于秦汉之县尉，唐时又称典狱、少府、少公。[④] 清代各县典史专司狱务，上司不得滥行差调，[⑤] 不设县丞、主簿之县，往往以典史兼掌相应的事务。[⑥] 故而典史称职与否，与地方社会秩序和民生息息相关。康熙、雍正年间，江苏各县命盗案频发，典史因捕治不力而被责以罚俸、降级甚至革职的为数众多。

巡检之职名始出现于《宋史·职官志》，“元以来惟州县各有巡检司，控山川要害”，其职掌与宋、金之巡检相似。宋、金之都巡检，其所管地域甚广。[⑦] 明代巡检司职掌缉捕盗贼，“故凡盗贼出没之区，皆有巡司焉，以补军卫之不及”，明初，巡检司皆设弓兵，多至百人，承平之世，裁减冗役，弓兵人数亦大量减员，后减至二三十人。明时，巡检之官，“悉出吏员，事权甚轻”，至明后期，巡检的地位甚至还不如一般捕快，明人认为，此“甚非设官之意”。[⑧]

---

① （光绪）《大清会典》卷五《佐贰》，中华书局1991年版。

② 乾隆官修：《清朝通典》卷三四，浙江古籍出版社2000年版。

③ （光绪）《大清会典》卷五《佐贰》。

④ （清）李庚乾：《佐杂谱》卷下，载《官箴书集成》第九册，第351页。

⑤ 《钦定六部处分则例》卷四九《禁狱·专司狱务》。

⑥ （清）赵尔巽：《清史稿》卷一一六《职官志三·外官》。

⑦ （清）李庚乾：《佐杂谱》卷下，载《官箴书集成》第九册，第350页。

⑧ （清）顾炎武：《天下郡国利病书·常镇备录·额兵》，载《顾炎武全集》第十三册，上海古籍出版社2011年版，第773—774页。

清于各州县关津要冲之地设立巡检司，掌“盘诘奸细，查问逃亡，缉捕盗贼”①。清代各县巡检司为从九品，根据地理形势设裁无常。据《清朝通典》记载，清代江苏共设巡检92人，其中各州7人，县设85人。②

驿丞之名始于明代，其职“典邮传迎送之事”③。清于各州、县亦设驿丞，专掌驿站，办理邮递与迎送官员之事，清代驿丞属未入流之杂职。

闸官亦属州县未入流之杂职，职掌州县水闸启闭事务，清代州县设闸官共43人，其中江苏各县设闸官12人。④

税课司大使，亦称税大使，属未入流之杂职，税课设官，“一则收余利，以充国家之用，一则征商贾，以抑逐末之人”⑤，税大使掌商税征收之事，明亦设课税机构，“府曰税课司，县曰局，凡商贾、屠沽、杂市皆有常征，以时榷而输其直于府”⑥。清代各府州县皆设有税大使。

仓大使，其名也沿自明称，职典仓庾，明又设副使作为助手。清代仓大使不仅设于州县，而且于布政司、直省各府皆有设员。

库大使之设亦始于明，明时，布政使司、盐运使司、各府州县均有库大使之设。清沿明制，库大使“职典出纳”，即古时管库之士，与唐宋司户参军职事大略相似，不同之处在于“彼兼掌户籍、赋税、仓库交纳，明则仓库各设大使，又别有税大使云”。⑦ 库大使、仓大使其职事分工有别，就布政司衙门而言，“库大使掌库藏籍账，仓大使掌稽检仓庾”⑧。

吏是以庶民身份在官府办理具体公事的人员。中国古代通常将官吏混称，清代亦将地方大员统称为封疆大吏，这是因为古制将百官通称为吏，汉以后

---

① （清）陈宏谋：《从政遗规》卷上《明职》，载《官箴书集成》第四册，第251页。
② 乾隆官修：《清朝通典》卷三四、卷三五。
③ （清）李庚乾：《佐杂谱》卷下，载《官箴书集成》第九册，第354页。
④ 参见刘子扬《清代地方官制考》，紫禁城出版社1988年版，第113页。
⑤ （清）陈宏谋：《从政遗规》卷上《明职》，载《官箴书集成》第四册，第251页。
⑥ （清）李庚乾：《佐杂谱》卷下，载《官箴书集成》第九册，第348—349页。
⑦ （清）李庚乾：《佐杂谱》卷下，载《官箴书集成》第九册，第339页。
⑧ （清）赵尔巽：《清史稿》卷一一六《职官志三》，第3346页。

也将职位低微之官通称为吏，明清官吏分途以后，这种古制的影响仍造成社会乃至畛域分明的官场称谓极不规范，甚至迄今仍将官场的种种腐败称为吏治腐败。

清代的吏有胥吏、吏胥、吏员等不同称谓，其身份特别，他们既不业农，亦不归属于官僚队伍，陈宏谋将其归列于四民之外，“人有在四民之外，势所不能无，而又关系民生之厉害、吏治之清浊、不可以无化诲者，则官府之胥吏也。古者三百六十之属，皆有府史胥徒，府掌廪藏者，即今之库吏也；史掌文案，即今之吏典也；胥即今之都吏，为徒之升长；徒即今之隶卒也”①。清代各级衙门之吏员为数众多，其中经制之吏多达三万余人，非经制之吏人数更多。

役是清代各级衙门当差之人。明清之时，选吏和以雇代差用役制度的演变，促成了书吏、差役的合流和吏役的并称。黄宗羲认为，导致这种变化的主因是王安石改差役为雇役，他曾经指出：“古之胥吏者一，今之胥吏者二。古者府史胥徒，所以守簿书，定期会者也。其奔走服役，则以乡户充之。自王安石改差役为雇役，而奔走服役者亦化而为胥吏矣。”②

清代州县衙门的行政主体由书吏和衙役组成，各州县设六房三班。六房为吏房、户房、礼房、兵房、刑房、工房，各房根据事务繁简设科，事多者设二科，事简则设一科，每科以典吏总其事，各房科直接对州县正印官负责，房科的办事之人为书吏，其职事是草拟文稿，册报上官，签署意见，备造簿册，整理和管理档案等。清代对书吏的称呼有书办、书差、吏书、稿书、胥吏、吏胥等名目，清代学者和官员对书吏往往贬多于褒，如袁守定就说：“县有六房，房设典吏，皆市民之黠者充之，以冀膺冠带，其实未尝在官任事，在官任事者，书办也，书办大率贫猾无赖，窜身于官，既无职名，又无禀给，赤手在官。”③ 汪辉祖认为，清代吏治实三种人为之，“官拥虚名而已，三种人

① （清）陈宏谋：《在官法戒录·序》，载《官箴书集成》第四册，第613页。

② （清）黄宗羲：《明夷待访录·胥吏》，载《黄宗羲全集》第一册，浙江出版联合集团、浙江古籍出版社2012年版，第36页。

③ （清）徐栋：《牧令书》卷四《用人》，载《官箴书集成》第七册，第93页。

者，幕宾、书吏、长随也”。汪辉祖对此三种人并无好评，他指出：“邪正相错，求端人于幕宾，已什不四五，书吏间知守法，然视用之者以为转移，至长随则罔知义理，惟利是图，倚为腹心，鲜不偾事。”①

“三班”是州县衙役的代称，指皂班、壮班和快班，也有一些州县将衙役编为四班（皂、快、壮、捕）。皂班又称皂隶，负责站堂行杖，官长出行则充任护卫随从。壮班俗称民壮，负责巡逻，防护衙署安全，管理地方治安，有时还协助缉拿人犯。快班亦叫快役、快壮、马快、步快等，主要是探访、捉拿人犯等。皂、快等役原因衙门需要而设，其与官长不是主仆关系，而是雇与被雇的关系，故“各官长视衙门为传舍，而此辈视官长更为过客”，但也有一些官长将衙役倚为心腹，假以事权，以致此辈在外高骡大马，耀武扬威，“遂尔指官吓诈，遇事生风”，甚至串通官员家人、亲戚，舞弊作奸，祸害地方，以致“人人视之如虎，个个目以为彪，民怨由此而腾，官声由此而坏”②。

除“三班”外，州县官还根据地方行政需要设置门子、禁卒、狱卒、库子、弓兵、铺兵、斗级、灯夫、轿伞扇夫、马夫、仵作、厨役、更夫等，其名目繁多，有的事务相同，却称谓各异，其中门子负责门卫，禁卒、狱卒负责监狱防卫和管理，库子负责看管钱粮库，斗级则专司仓粮出纳，弓兵一般设置于巡检司，负责防护巡逻，铺兵则安排在驿道，负责驿递公文传送，有时协助押解囚犯，仵作跟随州县官验尸察伤，轿马夫等员主要是为知县及佐杂等员出入提供服务的。

清代江苏州县的雇役数额，视地方事务繁简和各州县财力情况而定。以苏州府吴江县为例，清初因承明制，吴江设役目共二十九，至乾隆时，“役目可详者凡十有七”③，该县各衙门衙役分布大体情况如表 1-3 所示。

① （清）徐栋：《牧令书》卷四《用人》，载《官箴书集成》第七册，第 82 页。

② （清）徐栋：《牧令书》卷四《用人》，载《官箴书集成》第七册，第 89 页。

③ （乾隆）《吴江县志》卷十六《赋役五·役》，江苏古籍出版社 1991 年版。

表 1-3　吴江县衙门役目及设额表①

职官 徭役		书办	门子	皂隶	马快	民壮	禁子	库子	斗级	铺兵	弓兵	河下 吹手	仙船 水手	听事 义民	人夫
知县员下			2	16	8	50	8	4	4	76			6	12	11
佐杂员下	县丞	1	1	4											1
	主簿	1	1	4											1
	典史	1	1	4											1
	巡检	5		10							132				
	驿丞	1													
	县学	1	5												8
	看司		2												
	河下			120								38			370
	驿丞			2											6
	巡盐					20									

说明：

1. 清初，吴江县沿袭明朝旧制，役目共二十九，乾隆时期，可详者仅一十有七，包括吏书、书办、门子、皂隶、快手、快步、马快、民壮、禁子、库书、仓书、库子、斗级、铺兵、弓兵、河下吹手、听事义民、人夫、里长、粮长、塘长、甲长、总甲、圩甲。②

2. 雍正四年（1726）分吴江县偏西地设震泽县，偏东地为吴江县。1912 年吴江、震泽两县复合为吴江县，隶属江苏都督府。

3. 书办：分县后二巡检各存书办 2 人，知县员下设六房承书办各 2 人，今实存 21 人。

4. 皂隶：分县后巡检二员各存皂隶 4 人；河下全裁；知县员下减皂隶 4 人，设仵作 4 人；外增太湖同知员下 20 人。

5. 民壮：后知县员下和巡盐各裁减 10 人，实存 50 人。

6. 铺兵：分县后半属震泽县，实存 38 人。

7. 弓兵：今唯二巡检员下各 17 人，前后奉减及分属震泽县共 98 人，实存 34 人。

8. 河下吹手：后全裁。

9. 仙船水手：分县以后半属震泽县，实存 3 人。

10. 听事义民：按奉裁及分属震泽县共九人，实存 3 人。

11. 人夫：具体而言，知县员下灯夫 4 人、轿伞扇夫 7 人；县丞、主簿、典史员下马夫员下各 1 人；县学二教官员下斋夫 6 人、膳夫 2 人（后斋夫存 2 人，膳夫存 1 人）；平望驿造饭馆夫 6 人；河下驿夫 370 人。

---

① （乾隆）《吴江县志》卷十六《徭役五》。

② 参见胡玲、温瑜《清代苏州文书档案管理制度对现代档案管理的借鉴意义》，《文教资料》2018 年第 2 期 。

吴县、长洲县役设置亦为数不少，但两县役目不全相同，通过表1–4和表1–5可将吴县、长洲县衙役配置情况与吴江县作一番对比。

表1–4　吴县衙门役目及设额表①

员下人员 / 官职名称	门子	皂隶	马夫	民壮	禁卒	库子	斗级	马快	县学廪生	斋夫	膳夫	弓兵	铺兵
知县	2	16		44	6	4	4	8					24
县丞	1	4	1										
主簿	1	4	1										
典史	1	4	1										
县学教官	3								20	3	2		
光福司巡检		2										24	
东山司巡检		2										24	
角头司巡检		2										24	

表1–5　长洲衙门役目及设额表②

员下人员 / 官职名称	门子	皂隶	马夫	民壮	禁卒	库子	斗级	马快	轿伞扇夫	斋夫	膳夫	弓兵	铺兵
知县	2	16		50	8	4	4	8	7				99
县丞	1	4	1										
主簿	1	4	1										
典史	1	4	1										
县学教官	3									3	2		
巡检		2										21	③

① （民国）《吴县志》卷四十五《田赋二》。

② （乾隆）《长洲县志》卷十三《赋税》。

③ 除表中开列外，长洲县衙又设置：看司门子2人、听事义民13人、巡盐巡捕民壮20人、河下皂隶120人、河下灯夫80人、吹手20人。见（乾隆）《长洲县志》卷十三《赋税》。

第二章　康熙雍正时期江苏的州县官之选

一、清代江苏地区州县之疲烦难治问题

“天下之治始乎县，县之治本乎令”①。清代的知州、知县品秩虽低，但其在地方行政中的作用不可替代，其临民、亲民之特点和治事安民之职责，与地方督抚、司道、知府等员管理地方的方式也是截然不同的。在清代地方官系列中，知州、知县是真正的行“政”之官。② 表面上看，州县官仅系“百里之寄”，实际上州县官都肩负着朝廷的一方之托，其“大邑钱粮，亦有十余万、二三十万不等者，土地、人民、生童、胥吏，听其裁成”③。知州、知县作为地方行政长官，“每日所事，非关百姓身家姓命，即关地方风俗人心”④，一令贤，则百姓受其福，地方得其治。《牧令书》作者徐栋甚至将其置于事关“百姓之休戚，天下之治乱”的地位。⑤ 光绪时，闽浙总督卞宝第亦认为“州

① （清）张望：《乡治》，载《皇朝经世文编》卷二三《吏政九·守令下》，《魏源全集》第十四册，第424页。

② 参见瞿同祖著《清代地方政府》，范忠信、何鹏、晏锋译，法律出版社2011年版。

③ （清）顾琮：《请分繁简重名器疏》，载《皇朝经世文编》卷十七《吏政三·官制》，《魏源全集》第十四册，第125页。

④ （清）陈宏谋：《申饬官箴檄》，载《皇朝经世文编》卷二一《吏政七·守令上》，《魏源全集》第十四册，第316页。

⑤ （清）徐栋：《牧令书》卷二三《宪纲》，载《官箴书集成》第七册，第550页。

县之权重于大吏”[①]。

州县事务纷繁，涉及官民吏役，钱粮刑名，于地方兴利除弊，无所不包，“承上接下，催科抚字，审理词讼，应酬僚属，烦杂不一，所不能预料者更难枚举”[②]。明清时期，江南各州县之地利、民俗带来的地方复杂、催科兴讼中出现的种种弊窦，更加剧了江南繁剧难治的程度。关于明代江南各府县的繁剧程度，顾炎武结合各府地利民俗流弊，有比较全面的归纳。

南都根本重地，应天役重赋繁，颇为难治。苏、松、常均称繁剧，苏为最，松次之，常又次之。至于岁遭水患，时增军饷，则诸郡之通患也。镇江、太平、宁国、池州、安庆民业差瘠，吏事殊简，不甚难治。徽俗鄙吝健讼，弃本逐末，顷者且有矿寇，守令非廉而有威者，不能安于其职。江以北，庐为善地，扬冲而俗侈，淮安南北转漕，冲繁特甚。凤阳地广大荒，与淮北一带不赋而困役。徐、邳俗悍业盐，水陆孔道，川陆疲弊，一望萧条，不当以江北简易例也。[③]

关于明代江南各州县的编户数量、地方烦难情形、民俗风尚，顾炎武在《肇域志》中有比较系统的介绍，兹加以整理表述如表 2-1 所示，以见其大概。

表 2-1　明代江南各州县的烦难情形、民俗特点简表

州县名	编户	繁难情形、民俗特点	资料出处
上元县	194 里	滨江、冲杂、烦疲难治	《肇域志·南直隶》第 6—7 页[④]
江宁县	134 里	滨江、冲杂、烦疲难治	第 7 页
句容县	213 里	地冲、事烦、颇饶，竞讼	第 7—8 页

① （清）方大湜：《平平言·序》，载《官箴书集成》第七册，第 591 页。

② （清）褚瑛：《州县初仕小补》卷下《勤慎为官》，载《官箴书集成》第八册，第 762 页。

③ （清）顾炎武：《肇域志·南直隶》，载《顾炎武全集》第六册，江苏古籍出版社 2011 年版，第 3 页。

④ 本表所引材料俱出自顾炎武《肇域志·南直隶》，参见《顾炎武全集》第六册，下同。

续表

州县名	编户	繁难情形、民俗特点	资料出处
溧阳县	207 里	颇僻、好讼	第 8 页
江浦县	37 里	滨江、冲杂、疲难治	第 11 页
高淳县	76 里	僻简、民刁、粮欠	第 13 页
盱眙县	37 里	冲烦、民顽、多盗	第 32 页
吴县	510 里	冲烦、粮多、差重、刁讼	第 47 页
长洲县	741 里	冲烦、粮多、差重、刁讼	第 47 页
昆山县	344 里	事烦、差重、粮欠	第 48 页
常熟县	483 里	僻烦、差重、粮欠、滨江多盗	第 49 页
吴江县	567 里	地冲、民疲、粮多、差重	第 50 页
嘉定县	668 里	僻烦、差重、滨江、多盗	第 51 页
太仓州	275 里	民刁、粮重	第 51 页
崇明县	110 里	孤悬海中、民顽、多盗	第 52 页
华亭县	811 里	事烦、民刁、粮多、差重	第 56 页
上海县	640 里	役烦、刁讼	第 57 页
青浦县	195 里	不详	第 58 页
武进县	457 里	冲烦、刁讼、粮多、差重	第 60 页
无锡县	410 里	冲烦、刁讼、粮多、差重	第 61 页
江阴县	374 里	多盗、僻烦、民刁、赋重	第 63 页
宜兴县	357 里	僻烦、民顽	第 63 页
靖江县	58 里	僻简、民淳、滨江有盗	第 64 页
丹徒县	240 里	冲江带河、烦剧、民疲、多盗	第 67 页
丹阳县	144 里	冲烦、民刁、多盗	第 68 页
金坛县	140 里	僻烦、民饶	第 70 页
江都县	119 里	水陆要冲、供应称累、防倭、兵饷烦费	第 75 页
仪征县	75 里	地冲事烦，民疲多盗	第 76 页
泰兴县	112 里	地僻烦、民刁	第 77 页
高邮州	86 里	冲烦、颇饶、多盐盗	第 78 页

续表

州县名	编户	繁难情形、民俗特点	资料出处
兴化县	62 里	地僻、事烦、粮多、有水灾	第 79 页
宝应县	34 里	冲烦、民贫、俗刁、有盗	第 81 页
泰州	287 里	僻烦、多盐徒、海盗	第 82 页
如皋县	42 里	简淳、赋轻、近江	第 83 页
通州	105 里	僻饶、防倭	第 84 页
海门县	21 里	僻烦、近海、防倭	第 85 页
山阳县	115 里	冲烦、赋重、民疲、多水患	第 88 页
盐城县	89 里	滨海、防倭、盐盗、民疲、赋重	第 89 页
清河县	46 里	冲烦、民疲、粮欠、多水患	第 90 页
安东县	61 里	不详	第 92 页
桃源县	48 里	冲疲、差重、粮欠、杂军营、多盐盗	第 93 页
沭阳县	81 里	僻简、赋重、有盐盗	第 94 页
海州	116 里	沿海、地僻、民疲、粮欠、多盐盗	第 95 页
赣榆县	56 里	僻疲、粮欠、有盐盗	第 97 页
邳州	47 里	冲烦、民疲、俗悍、军营杂处、多盐盗	第 98—99 页
宿迁县	59 里	冲疲、俗悍、粮欠、多盗	第 101 页
睢宁县	34 里	僻简、粮欠	第 103 页
丰县	19 里	疲简、民饶、有河患	第 161 页
沛县	38 里	冲波、有河患、粮欠	第 162 页

由表 2-1 所列可以看出，明代南直隶今属江苏所辖的州县或属滨江近海，或属陆路要冲，经济发展的地利条件十分优越，但该地区疲烦、粮多、差重、逋欠的问题也非常突出，加之一些地方民风刁诈，绅民好讼，作奸犯科也就十分常见，不仅江北各州县私盐猖獗，沿江近海地域也多寇盗倭患，州县治理中的烦难情形由此可见。

清代之州县，“烦杂难理，江左较多，苏、常二府尤甚”①。就苏州而论，作为当时东南的一大都会，其优越的地理位置自不待言，苏州府“枕江倚湖，食海山之饶，拥土膏之利”，民殷物繁，田赋甲于天下，同治《苏州府志》论及苏州府形势亦云：“苏州名标十望，地号六雄，七县八门皆通水陆，地广人繁，民多殷富”，其地位非一般郡府可以比拟，正所谓“吴郡之于天下，如家之有府库，人之有胸腹也”②。吴地商贾云集，亦奸宄丛集，民尚奢华，刁风恶俗盛行，“奸暴游民结党歃血，或假称欠债，或捏骗赌博，持棍操刀，行凶打降”，至于刁民弄讼，地方造谣多事，拐骗人口等更属司空见惯，③ 因此清代的苏州地方治安问题非常突出。苏郡田赋之重甲于天下，但大户拖欠，小民无力完课，以致民欠甚多，州县吏役伺机侵欺，知县也有视苏郡地方之任为有利可图，但朝廷对州县钱谷讼狱考成也带给州县官巨大的压力，以致一些知县“至此以为畏途”④。与其他地区相比，苏州的疲烦难治更显突出。

论及江苏的疲烦难治，不免要谈到苏松的重赋问题。明清时期，苏松重赋问题一直困扰着地方社会，明代江南钱粮征收，法定需要足额，但地方官在具体操作过程中，又相对较为宽松，按照清人的说法，明廷对江南地方官赋税征收的考成向来较为宽松，“有明课吏，征赋六、七分即为上考，纵遇大熟之年，每岁必邀三分之赦。至万历末年，边饷如是告急，然小民纳至八分，上司即揭榜通衢，不许复纳”⑤。康熙五年（1666），江苏巡抚韩世琦评论明之科征与课吏时亦说：“明之科征，悬有其额，而民之实完于官者，岁不过十之五、六，故彼时殿最苏松之有司，终明之世，以完及七分者，即为上考。”⑥ 康熙时，御史蒋伊也说：“前此苏松之粮，完及七、八分者，在官即属上考，

① （清）不著撰人：《苏松历代财赋考》，《四库全书存目丛书》本，史部第 276 册，齐鲁书社 1997 年版，第 118 页。

② （同治）《苏州府志》卷二《形势》，第 129 页。

③ （同治）《苏州府志》卷二《风俗》，第 143—144 页。

④ （清）桂超万：《宦游纪略》卷五《官箴书集成》第八册，第 392 页。

⑤ （清）不著撰人：《苏松历代财赋考》，《四库全书存目丛书》本，史部第 276 册，第 118 页。

⑥ （清）韩世琦：《请减浮粮疏》，载（乾隆）《苏州府志》卷十《田赋三》，第 11 页。

在民得免追呼。"①

与明代的宽松课吏相比，清代对苏松地方官的考成，则限令十分为完，清廷如此严追民欠，严课地方官，既苦民，又累官。故清人叶梦珠认为，明清苏松重赋问题有着本质的差别，明时，苏松有重粮之名，无重粮之实，而清廷对江苏地方官考课甚严，限以十分为完，以至守令在地方唯以征粮为事，但仍多拖欠，州县官因此而罢免者甚多。对此，叶梦珠在《阅世编》中就曾描述说：

> 吾乡赋税，甲于天下。苏州一府，赢于浙江全省；松属地方，抵苏十分之三，而赋额乃半于苏，则是江南之赋税，莫重于苏、松，而松为尤甚矣。予尝与故老谈隆、万间事，皆云物阜民熙，居官无逋赋之罚，百姓无催科之扰，今日之粮，加重于昔，亦有限也。乃有司竭力催征，参罚接踵，闾阎脂膏悉索，积逋日甚，何哉？盖当年之考成甚宽，则郡县之催科亦缓，积久日弛，率从蠲赦，所谓有重粮之名，无重粮之实是也。即如崇祯之季，军兴饷缺，大司农屡屡告匮，朝廷特遣科臣，严请积逋，法綦重矣。正粮之外，有练饷，有加派，征亦苛矣。然本年白银，必俟来年二月开征，若在本年秋冬，即谓之预征银，以朝廷税民，应在纳禾登谷之后，先征本色以输漕，次征折色以济饷，留白银于明春起征，亦用一缓二之意也。故终明之世，官以八分为考成，民间完至八分者便称良户，完六、七分者亦为不甚顽梗也……本朝于顺治二年五月下江南，诏本年漕白条银，照旧额重征十分之五，一时人心翕然向风，其后裁不急之征，减可缓之税，节可缓之用，通计岁赋，虽不能复隆、万之初，已较轻于启、祯之日，岂非谋国者恤民之至意哉！其如不急者裁去，则额编者皆万不可已、万不可缓之需，有司挪缓济急之方穷矣。况

① （清）蒋伊：《莘田文集》卷九《苏郡田赋议》，清康熙刻本，第35页。

> 照额编之赋，往往拨充军饷，军饷不可分厘少，则征粮不可丝毫缺矣。自是而后，经征之官，皆以十分为考成，稍不如额，即使龚、黄再世，不免参罚。故守令皇皇，惟以征粮为事。一切抚字，俱不及谋，而民有良顽，田有肥瘠，岁有丰歉，种种不一，额赋势无十分之日。兼之习俗犹仍其故，不念粮轻于昔，罔知功令之严，拖欠者所在多有，守令往往因积逋罢官。①

松江府系滨海严疆，明人评论天下郡府烦难，曾说："苏、松、常均称烦剧，苏为最，松次之，常又次之。"② 松江府之华亭向来为江南大县，明时编户八百余里，事烦、民刁、粮多，"其讼狱之繁多，钱粮之浩大，上司文移之庞杂，山积波委，日勤职业，犹惧不逮"③，迎来送往，疲于应对。雍正二年（1724）七月，署理江宁巡抚何天培在题疏中谈到苏、松、常、镇四府所属州县冲繁难治时，就说：

> 苏、松、常、镇四府所属之二十州县，钱粮多者四十余万，少者亦不少一二十万，俱系才（财）赋重地，事务纷繁。即江宁之上、江、句、溧诸邑，扬州之江都及通、高二州，淮安之山阳等县，并皆冲途要地，素称难治，平日催征各项钱粮，头绪纷繁，若值收漕之时，印官则住宿仓廒，尚恐迟误，加以命盗重案，钦部事件，即才具优长，不过勉尽职守。④

清代各州县官的职责相同，但因交通条件、税额多少、地域大小、人口众寡、民风民俗存在差异，州县治理的烦难程度也就明显不同。清廷根据州县的交通、政务、赋税、民风情况，对全国州县加以分别，并以州县缺的不

---

① （清）叶梦珠：《阅世编》卷六《赋税》，第153—154页。

② （明）杨博：《总论天下郡县》，载（明）陈其愫《皇明经济文辑》卷九《地理一》，明天启七年（1627）自刻本。

③ （明）何良俊：《四友斋丛说》卷三四《正俗一》，第316页。

④ （清）何天培：《题为遵旨敬呈管见事》，载《雍正朝内阁六科史书·吏科》第十四册，第213页。

同性质来区分州县的重要程度和烦难状况，其具体原则是：地当孔道曰“冲”，政务纷纭曰“繁”，赋多逋欠曰“疲”，民刁俗悍、命盗案多曰“难”。凡州县冲、繁、疲、难四字兼全者曰“最要缺”，兼三字者曰“要缺”，兼两字者曰“中缺”，一字则为“简缺”，四字俱无曰“无字简缺”，“要”与“最要”皆曰繁缺，“中”与“简”皆曰“简缺”，州县官任繁缺则难以称职，繁而兼冲，称职尤难，简缺事少，易于图功，简而兼僻，图功尤易。[①]

如前文所述，清代江苏省共有府、直隶州一级行政单位十一个，就府级行政单位而论，据刘子扬统计，苏州、常州、镇江、淮安、扬州五府均属【冲繁疲难】四字请旨缺，江宁府、徐州府属【冲繁难】三字请旨缺，松江府、太仓直隶州则属【繁疲难】三字请旨缺，海州、通州两直隶州则属二字要缺，而且皆兼【繁难】二字。

江苏的繁疲难治，从州县的定缺更可以得到真切的反映。清代江苏共设州县 62 个，其中属【冲繁疲难】四字兼全最要缺有 10 个，【冲繁难】三兼的要缺有 5 个，地属【繁疲难】三字要缺的有 6 个，属【繁难】、【疲难】、【冲难】两字中缺甚至要缺的有 27 个。清代江苏州县属缺情况详见表 2-2。

表 2-2　清代江苏各州县属缺情况表

州县名	隶属府或直隶州	属缺
吴县	苏州府	【冲、繁、疲、难】四字最要缺
长洲县	苏州府	【冲、繁、疲、难】四字最要缺
元和县	苏州府	【冲、繁、疲、难】四字最要缺
武进县	常州府	【冲、繁、疲、难】四字最要缺
阳湖县	常州府	【冲、繁、疲、难】四字最要缺
丹徒县	镇江府	【冲、繁、疲、难】四字最要缺
丹阳县	镇江府	【冲、繁、疲、难】四字最要缺

① （清）方大湜：《平平言》卷五《新任宜简僻缺》，载《官箴书集成》第七册，第 603—604 页。

续表

州县名	隶属府或直隶州	属缺
山阳县	淮安府	【冲、繁、疲、难】四字最要缺
江都县	扬州府	【冲、繁、疲、难】四字最要缺
甘泉县	扬州府	【冲、繁、疲、难】四字最要缺
上元县	江宁府	【冲、繁、难】三字要缺
江宁县	江宁府	【冲、繁、难】三字要缺
无锡县	松江府	【冲、繁、难】三字要缺
金匮县	松江府	【冲、繁、难】三字要缺
宿迁县	徐州府	【冲、繁、难】三字要缺
常熟县	苏州府	【繁、疲、难】三字要缺
昭文县	苏州府	【繁、疲、难】三字要缺
华亭县	松江府	【繁、疲、难】三字要缺
上海县	松江府	【繁、疲、难】三字要缺
南汇县	松江府	【繁、疲、难】三字要缺
泰州	扬州府	【繁、疲、难】三字要缺
宝山县	太仓直隶州	【繁、疲、难】三字要缺
句容县	江宁府	【冲、难】两字中缺
吴江县	苏州府	【冲、难】两字中缺
震泽县	苏州府	【冲、难】两字中缺
沛县	徐州府	【冲、难】两字中缺
邳县	徐州府	【冲、难】两字中缺
昆山县	苏州府	【疲、难】两字中缺
新阳县	苏州府	【疲、难】两字中缺
奉贤县	松江府	【疲、难】两字中缺
娄县	松江府	【疲、难】两字中缺
金山县	松江府	【疲、难】两字中缺
青浦县	松江府	【疲、难】两字中缺
江阴县	常州府	【疲、难】两字中缺

续表

州县名	隶属府或直隶州	属缺
宜兴县	常州府	【疲、难】两字中缺
荆溪县	常州府	【疲、难】两字中缺
金坛县	镇江府	【疲、难】两字中缺
阜宁县	淮安府	【疲、难】两字中缺
兴化县	扬州府	【疲、难】两字中缺
泰兴县	通州直隶州	【疲、难】两字中缺
嘉定县	太仓直隶州	【疲、难】两字中缺
溧阳县	镇江府	【繁、疲】两字中缺
盐城县	淮安府	【繁、难】两字中缺
如皋县	通州直隶州	【繁、难】两字中缺
崇明县	太仓直隶州	【繁、难】两字要缺
仪征县	扬州府	【冲、繁】两字中缺
高邮县	扬州府	【冲、繁】两字要缺
宝应县	扬州府	【冲、繁】两字中缺
铜山县	徐州府	【冲、繁】两字要缺

清代全国共设散州 145 个，设县 1314 个。笔者根据刘子扬《全国各省府、州、县官缺一览表》统计，全国州县共设定【冲、繁、疲、难】四字最要缺 60 个，而江苏省属四字最要缺的就有 10 个，数量最多，州县最要缺占比 10：62，比例也最高，接近 1/6。就全国各直省情况而论，京师直隶之州县定为最要缺的共有 9 个，但占比只有 9/140，比例远远低于江苏，甘肃所定最要缺的州县共有 6 个，占比为 6/53，福建省（包括台湾）州县设最要缺总数为 6 个，占比为 6/69。同属两江总督统辖的安徽、江西两省，州县烦难情形也远不及江苏，清代安徽共设州县 55 个，但安徽省只有凤阳府的宿州和灵璧属于【冲、繁、疲、难】四字最要缺，有七个州县属三字要缺，其占比也不高，为数最多的是两字中缺，安徽共有 34 个州县属中缺，清代江西省下辖散州 1 个、

县 75 个，但江西省只有广信府之上饶、玉山，吉安府之庐陵三县属【冲、繁、疲、难】四字最要缺，不仅总数不及江苏，而且江西省最要缺占比也远不及江苏，与安徽相比，江西省的所属州县一字或无字简缺为数更多，总数达 28 个。①

需要指出的是，清代江苏的州县要缺主要为【冲、繁、疲、难】中的三字相兼要缺，但也有一些州县因为治理烦难，定为两字要缺乃至一字要缺或最要缺的，如清河县地处冲途，就定为【冲】字最要缺，高邮州属之铜山县则属【冲、繁】两字要缺，沛县、邳县亦属【冲、难】两字要缺。②

二、康熙雍正时期江苏州县官的选用问题

清代天下治理，外托以督抚两司大员，各直省皆成督抚司道等员与州县官共治格局，但地方官员中于民事而亲力亲为者，实则知州、知县而已。州县长官分符绾绶，接受朝命，其责任可谓重大，他们“奉简命而出治一方，则生民之休戚，风俗之淳漓，百度之废兴咸系焉”③。知州、知县为亲民之官，如不得其人，则实足以害民。故清人有云：“造福莫如州县，造孽亦莫如州，州县不得其人，则弊端百出，不特本官贪酷疲软，贻害地方，即奸胥、蠹役、土棍、讼师以及官亲、幕友、家丁人等，内外勾通，亦无不为地方之害。”④朝廷既然将一方之民生和社会之稳定托付给州县官，州县官于地方之事就需“事事裁决精当，而后上之道府，达于院司，故州县之权重于大吏”⑤。因此，清廷对知州、知县的拟选任用亦极为重视。

清王朝“分出身之途以正仕籍”，“各辨其正、杂以分职”，凡官员之出身

① 刘子扬：《清代地方官制考》，第 496—499 页。
② 刘子扬：《清代地方官制考》，第 466—468 页。
③ （清）叶梦珠：《阅世编》卷四《宦绩一》，第 101 页。
④ （清）方大湜：《平平言》卷一《造孽莫如州县》，载《官箴书集成》第七册，第 596 页。
⑤ （清）方大湜：《平平言・序》，载《官箴书集成》第七册，第 591 页。

有八：曰进士、举人、贡生、荫生、监生、生员、官学生、吏。其中，进士、举人出身者，谓之科甲出身，与恩拔副岁优贡生、恩优监生、荫生出身者均被称为正途，“其余经保举者，亦同正途出身”①。清代的保举，不同于正常的部选。就州县长官之选而论，它是上司根据被举选者之才具、操守和行政业绩情况的推荐录用。康雍时期，江苏地方僚属及候补等员，或在河工效力，或在赈灾、募捐中因有突出表现，受到上司的赏识就有被题保任用者。

就州县长官任职资格而言，清制有明文规定，从五品的散州知州“由外府通判、外县知县、布政司经历、布政司理问、盐运司运判、直隶州州同、州同升任”②。外县知县则由进士、举人、贡生、教习兼除，亦由满洲、蒙古笔帖式拣选兼升，或由兵马司副指挥、京县县丞、汉军七品笔帖式、京府经历、按察司经历、布政司都事、盐运司经历、直隶州州判、州判、按察司知事、外府经历、外县县丞、京府教授、四氏学教授、盐运司教授、外府卫教授、州学正、县教谕、布政司库大使、盐课司大使、批验所大使及运仓大使升任。③

关于清代州县长官的出身，学界已有一些研究，瞿同祖先生就依据《缙绅全书》1745年秋编本和1845年秋编本，分析了知州、知县的出身类别以及各组数据和占比，并指出了知州、知县出身所体现的差异。瞿氏认为，知州的出身，其最大一个类别是凭借捐纳获得国子监头衔的庶民（1745年占比为27.8%，1850年占比为28.6%），次一类是进士（占比为22.9%和25.9%）和举人（13.9%和13.3%）；知县的出身则以进士占主导地位（1745年占比为44.6%，1850年为占比为34.7%，次一类是举人（22.3%和26.2%），最后是庶民监生（12.7%和13.4%）。瞿同祖也分析了两个年份知州、知县正途、异

① （光绪）《大清会典》卷七《文选清吏司》。
② （光绪）《清会典事例》卷十八《吏部·官制》第一册，第235页。
③ （光绪）《清会典事例》卷十八《吏部·官制》第一册，第238页。

途两类出身的占比变化和民族成分[①]，这对于我们结合清朝典制规定，分析有清各直省的州县选任实况，尤其是某一历史时段的某一省份的州县长官基本构成和制度因素的关系，有着重要的启示作用。

以雍正年间苏州、松江、常州三府为例，科举仍是选官的基本途径。对于三府知县的选任，较之于他县更看重科举出身，尤其是在雍正二年（1724）大县析分时，新分县界之厘定、田赋之划分均需新任知县操办，要求新任知县具有极高的才能，为此，新任知县科举出身较高。新析分出的十三县中，除荆溪、阳湖二县知县出身不明外，其余有八县知县为进士出身，另外三县的知县，举人、贡生、监生出身者各占一位。

雍正年间，知县之选任，最为尊贵的出身自然是进士，其次占比最大的是举人，他们都属科举出身。另外，贡生、监生、荫生因同属正途，也占有一定的比例。而通过捐纳或督抚保举的知县，由于出身异途，历来为人所不齿，其占比相对较少。为详细考察知县的科举出身情况，现就雍正年间苏州、松江、常州三府和太仓直隶州所属二十八县知县出身的占比作一统计。

苏州府

吴县：共 11 人　举人 3 人　贡生 4 人　监生 3 人　信息不详 1 人

长洲县：共 17 人　进士 1 人　举人 5 人　贡生 1 人　监生 6 人　生员 1 人　信息不详 3 人

元和县：共 6 人　举人 2 人　贡生 1 人　监生 1 人　信息不详 2 人[②]

昆山县：共 6 人　举人 3 人　贡生 2 人　监生 1 人

新阳县：共 9 人　进士 1 人　举人 4 人　贡生 3 人　信息不详 1 人[③]

常熟县：共 10 人　进士 2 人　举人 1 人　贡生 1 人　监生 2 人　信息不详 4 人

① 瞿同祖：《清代地方政府》，第 134—135 页。
② （民国）《吴县志》卷三《职官表二》。
③ （道光）《昆新两县志》卷十三《职官表》。

昭文县：共 3 人　进士 1 人　举人 1 人　贡生 1 人

吴江县：共 5 人　进士 1 人　举人 1 人　监生 1 人　信息不详 2 人[①]

震泽县：共 9 人　进士 1 人　举人 4 人　贡生 1 人　监生 2 人　信息不详 1 人[②]

松江府

华亭县：共 5 人　举人 2 人　贡生 1 人　监生 2 人

奉贤县：共 9 人　举人 4 人　贡生 3 人　监生 2 人

娄县：共 5 人　举人 3 人　监生 1 人　信息不详 1 人

金山县：共 13 人　进士 3 人　举人 4 人　贡生 2 人　监生 3 人　信息不详 1 人

上海县：共 8 人　进士 3 人　举人 2 人　贡生 1 人　信息不详 2 人

南汇县：共 13 人　进士 1 人　举人 2 人　贡生 2 人　信息不详 8 人

青浦县：共 13 人　进士 5 人　贡生 2 人　监生 2 人　信息不详 4 人[③]

常州府

武进县：共 9 人　进士 2 人　举人 3 人　监生 2 人　信息不详 2 人

阳湖县：共 3 人　均信息不详[④]

无锡县：共 10 人　举人 3 人　贡生 4 人　监生 2 人　信息不详 1 人

金匮县：共 8 人　进士 1 人　举人 3 人　贡生 1 人　信息不详 3 人

江阴县：共 2 人　举人 2 人[⑤]

宜兴县：共 8 人　进士 2 人　信息不详 6 人

荆溪县：共 10 人　进士 4 人　举人 1 人　贡生 1 人　监生 1 人　信息不

---

① （乾隆）《吴江县志》卷十九《长官》。

② （乾隆）《震泽县志》卷十二《官制》。

③ （嘉庆）《松江府志》卷三八《职官表》。

④ （光绪）《武进阳湖县志》卷十八《名宦》。

⑤ （道光）《江阴县志》卷十一《职官》。

详3人[①]

靖江县：共4人　举人1人　贡生3人

太仓直隶州

镇洋县：共5人　进士1人　举人2人　贡生1人　信息不详1人[②]

崇明县：共6人　举人1人　贡生3人　监生2人[③]

嘉定县：共4人　举人3人　贡生1人[④]

宝山县：共17人　进士1人　举人5人　贡生6人　监生3人　生员1人　教习1人[⑤]

以上所列，其中出身信息不详者，少数为府县志缺乏记载，其余多为佐贰官升任或摄任。从统计数据上看，雍正年间，苏、松、常三府等所属二十八县知县中，进士出身30人，约占13%；举人出身65人，约占29%；贡生出身45人，约占20%；监生出身35人，约占15%；生员与教习出身分别为2人与1人占比不到1%；出身不详者50人，约占22%。这些数据与柏桦统计之雍正年间全国61县知县出身相比，举人出身占比更高。[⑥] 如果按照地域来计算，江苏沿海与沿湖县份科举出身相对其他县份要高，如宜兴县、荆溪县共18名知县，有6人为进士出身，占比接近三成。上海、金山、嘉定、常熟等县均为沿海要缺，35名知县中，进士和举人出身的占比分别为22%、29%。官缺分等在雍正九年开始实施，已处于雍正后期，故要缺与最要缺县份的知县出身与中缺、简缺相差不大。沿海缺于雍正初年施行，在雍正一朝沿海缺的题补知县更多，督抚于题补时看重科举出身，所以科举出身相对偏高。

---

① （光绪）《宜兴荆溪志》卷六《职官》。

② （民国）《镇洋县志》卷八《职官》。

③ （民国）《崇明县志》卷十一《职官》。

④ （光绪）《嘉定县志》卷十一《县职》。

⑤ （光绪）《宝山县志》卷七《职官》。

⑥ 柏桦、李春明曾对康熙年间全国61县知县出身作过统计分析，具体情况是：举人出身人数为164人，占比21.3%；雍正年间，举人出身的知县为77人，占比26.6%。见柏桦、李春明《论清代知县出身与康雍乾时期的用人政策》，《史学集刊》1990年第4期。

客观地说，清代州县官的任职资格，首先就限定了知州、知县的拟用人选，如散州知州为从五品，其品秩也就限定了科第出身的初仕人员不具备相应的任职资格，知州必须由在任的正六品、从五品官员升调迁转，初任知县由科目进者则占比较高，如康熙五十一年（1712），清廷虽考取进士不多，只有一百六十一人，其中拣拔庶吉士者不过四五十人，其余俱挨次选授知县。①当然，也有部分知县由吏员捐纳除授，或以符合资格的佐贰升任。

州县事务殷繁，汪辉祖就曾经指出，任职简僻州县较易尽职和获得官声，对此他有一段精辟的论述：

> 且欲为本分官，利于简僻之地，简则酬酢无多，僻则送迎绝少，六时功课尽归案牍，随到随办，无虞壅滞，日日理事，常与士民相见，不难取信于人，而吏役无能为弊，官职易尽，官声易著。冲繁之处，劳我心力者纷至沓来，日不过一二时可以亲民，而此一二时又皆精神疲困之候，非具兼人之才鲜能自全，量而后入，古人所为重致意欤。②

州县有钱谷刑名之责，兴利除弊，皆系关民生和地方社会稳定，故清廷对知县之用十分重视。为了确保地方安宁有序，清人就强调知县选用，初试任为简缺较宜，“初试为吏者，冲不如繁，繁不如简，简不如僻”③，科目出身者，初入官场，未历世事，尤宜用于简僻之缺。康熙五十二年（1713），康熙帝在给大学士及九卿等员的上谕中，就曾强调：“州县为亲民之官，科目出身之人，亦多有迂疏不能办事者”④，而且康熙帝对当时江苏科目出身的州县官缺乏相应的办事能力是很不满意的。在康熙帝多次南巡的过程中，他听到过

① 《清圣祖实录》卷二四九，康熙五十一年正月乙巳，《清实录》第六册，中华书局 1985 年版，第 471 页。

② （清）汪辉祖：《学治臆说》卷上《简僻地易尽职》，载《官箴书集成》第五册，黄山书社 1997 年版，第 273 页。

③ （清）方大湜：《平平言》卷一《初任宜简僻缺》，载《官箴书集成》第七册，第 604 页。

④ 《清圣祖实录》卷二五四，康熙五十二年三月庚子，《清实录》第六册，第 513 页。

不少江苏官民有关州县官庸劣溺职的种种反映，对举人、进士为知县缺乏历练有较多的了解。他曾经说过："往往由举人、进士选补者，毫不谙事。学做官者多，及至事偾，伊始觉悟。朕巡幸时见地方官举动不堪，甚至向背不知，一任胥役提挈。此等之人，督抚题参则不胜其多，若不题参，又至误事。亦有难处。"①

有鉴于进士、举人出身的初任之员缺乏历练，又不熟悉国家礼制，康熙时，曾谕令对新选进士进行培训教习。康熙五十一年（1712），圣祖在给大学士等员的上谕中就曾说："知县未登仕以前，如不知事宜典礼，则登仕之后，于地方民生事务无有裨益，今岁考中进士，除拣选庶吉士外，其余勿使回籍，俱交与礼部，选翰林内学优品端者数人，派令教习文艺，从事典礼，如有修书处，率同修书。"② 由礼部主持的这类初任官的学习，主要是加强对新科进士关于国家典制的熟悉和了解，以便适应日后官场的种种应对和各种关系的处理。

不仅如此，清廷又将新进士分发各省学习，通过在地方的学习历练，造就其吏治之才。具体如何分派、分派于何衙门，最初，清廷的做法是，令新中式进士"分派各省藩、臬衙门，令其学习三年"，以新科进士分派藩、臬二司，是因为藩司衙门为各省钱粮总汇，臬司衙门为一省刑名总汇，进士在日后充任地方知县，所处理的事务也主要为钱谷刑名，"但能用心学习三年，必有一长，于该进士大有裨益，即于该省分大有裨益也"，但广西布政使元展成认为，新进士分派各直省知府衙门学习，更为有益于造就其本人。据元展成奏称：

> 通省政事虽出于藩司，要皆总揽其纲领，与州、县官亲民者有别。且收放钱粮，事有成规，可无庸学习。再命、盗案件，例由州、县解府审详，到臬司衙门，已属成谳。即有供情未协，亦仍驳回府。

① 《康熙起居注》，康熙五十二年三月庚子，第八册，东方出版社 2014 年版，第 23 页。
② 《清圣祖实录》卷二四九，康熙五十一年正月乙巳，见《清实录》第六册，第 471 页。

其民间细事，非臬司逐一亲理。若令入藩、臬署内学习，又与内幕相亲，亦恐滋弊。是分派各省进士，不如于知府衙门学习之为亲切。①

元展成的陈说当然有一定的道理，但知府领属州县，其职责重在宣布国家政令，稽察奸宄，考核属吏，并不亲理民事，将中式进士分派到知府衙门学习，显然是舍重就轻。雍正时，广西巡抚鄂尔泰就认为，“若不令学习于藩、臬，转令学习于知府，是犹使玩水者舍江河而就沟渚，其能识源者几何？”何况藩、臬二司为各直省枢纽之地，“实观政之准的也”。他认为，二司才是中式进士最适合学习的去处。除藩、臬二司外，“督、抚、粮、盐道衙门亦应酌派”②。这些衙门多在省城，易于观摩，知府各衙门则不必分派。

清代直省各州县长官的任用，其决定权皆属于皇帝，提名权则分属各省督抚和吏部，清代州县缺之补授方式，“有拣、有题、有调、有留，余则选佐杂”③。拣缺由吏部铨选任用，带缺出京，到省报到后赴任。题缺又称题补缺，其缺空出时，由本省督抚以通省应调、应升之员拣选具题，奏请补用。调缺又称调补缺，其缺空出时，由督抚于通省现任对品各员内拣选调补，奏请补用；如无合例堪调之员，准以候补人员、进士即用人员酌补，亦可从应升人员拣选题升。选缺官员遇有升调，或有病、故、休三项，其所遗之缺例归督抚题补、题调，称留缺。④

清初之时，各直省知县之补授十分重视部选，州县官的任用明显忽略因材器使的原则，也未确立根据地方事务繁简州县官互换的制度。康熙时，河南巡抚佟凤彩曾奏请朝廷，强调对于地方之用，应因地酌材，将不称职之员

---

① （清）鄂尔泰：《议新进士分省学习疏》（雍正三年），载《皇朝经世文编》卷十七《吏政三·铨选》，《魏源全集》第十四册，第112页。

② （清）鄂尔泰：《议新进士分省学习疏》（雍正三年），载《皇朝经世文编》卷十七《吏政三·铨选》，《魏源全集》第十四册，第112页。

③ （光绪）《大清会典》卷八《吏部·文选吏司二》。

④ 参见魏光奇《清代州县官任职制度探析——附论中国传统政治中的地方行政首脑权力制约》，《江海学刊》2008年第1期。

改补另简，这其实暗含着对部选权威的一种挑战，其题疏因而被吏部否决，经部议，"嗣后，督抚等有请将原任官员改补员缺拣选发往者，概不准行"，州县官才力不及，不论其人操守如何，只有降调之条，并无对品调繁任简之例，河南巡抚的题疏，经部议否决后，也成为吏部成案而得以遵守。

至康熙十六年（1677），江宁巡抚慕天颜题疏请求清廷对江苏州县官的选用打破旧例。慕天颜认为，吴地繁难不同于他省，出于"为国惜才"计，对该省知县的能力不足、但洁身自好者，亦应调繁任简。慕天颜结合昆山、丹阳、金坛、嘉定四县繁难情形和当时知县履职状况指出，昆山县首称难治，当时的知县曾荣科"谨饬自好，颇亦见称于民"，只是赋税征额未能如数完成；丹阳地处极冲，知县管承基"黾勉驱策，每以理剧劳萃为请，虽于民事原无失政，而因例参罚"；金坛地方刁瘠多荒，知县李瞵"励于志而限于才，现额钱粮尚未征完，垦辟荒地亦未全复"；与前面三位知县相比，嘉定知县陆龙其更是声名远播，"其操守称绝一尘"，但其才干实非四应，属"德有余而才不足者"。昆山、丹阳、金坛、嘉定四县知县留下来难胜其任，因为吴地财赋繁重，非他省可比，"必须才守兼优始克料理"，如按朝廷定例而将四人一概降调罢斥，"究与国计无益"。陆龙其所任嘉定，原本就"钱粮最多，积欠极重难返"，陆身居县令之位，却能做到一尘不染，十分难得，陆龙其"才难四应者，实不能四应于嘉定"，将其降调，无异于废弃人才，故慕天颜认为，最好的做法是调离原缺，对品任以知县简缺，"若授以稍简之百里，则必励其素守，惠爱百姓，策效将来，尚期清华之选"①。慕抚的上疏提议，实际上就是后来江苏知县任用的调繁就简法则，又称繁简互换之法。

知县繁简更调，原无例可循，清初以来，知县不称职者，或降或罢，已属陈规，慕天颜题请将嘉定知县陆龙其改降级委用为对品调任简缺，原出于为国惜才考虑，也是一时的特例处理，后来却成为江苏量才调补甚至对品互

① （清）慕天颜：《题奉邑令更调已奉不准吴地繁难实有不同仰祈睿鉴特赐破格改补以收济国惜才之效事》（康熙十六年正月初十日），载慕天颜《抚吴封事》卷一，第14—16页。

调的常规性做法。繁简互调，亦称烦简互调，慕天颜在其《浮粮坍荒二弊议》一疏中作了较为详尽的阐释。

> 本司更有请者，人才各有长短之殊，地方各有烦简之别，往代旧例，得量才调补。我朝向未举行。窃谓苏、松、常、镇，财赋浩繁，半处冲剧，即将来蒙恩宽豁，赋额犹十倍于他省之中。为请宪特题破例，仍准调烦调简，或于邻省采访长才，有司调补此地，或于本省徽、宁、庐、凤及淮扬属邑内，果有才堪任剧者，请调苏、松、常、镇，他省不得为例。盖拙短之材而处以剧地，则不惟钱粮不能完解，即民间一切利病，亦皆阘茸废弛。若夫四应之才，则综核既见其井然，干办自见其优裕，大小事宜皆随人而振起矣。洵乎调烦调节之举，断断宜行。诚如是，而长才得展其能，即才短之官原非贪墨昏庸者，补一僻简之地，亦得保全寸进。此则经权互用之道，而鼓舞人才之大端也。①

繁简更调之法，其意义不仅在于因材任缺，保全操守好而短于才的州县之员，尽量避免初试之员委用繁剧之任，又可以使廉能之员身居要缺，一展长才，保证国家政令在地方的贯彻实施，确保地方社会得到有效治理，此举也成为康熙以后江苏州县长官任用的有效法则。

康熙年间，江苏知县的任用，基本确立了要缺之选慎用初仕之员，对于才力不及而又身居要缺之位的县官，实行改繁调任简僻之缺的用人原则。至雍正年间，清廷进一步完善江苏州县官的选用人制度，其具体之做法可以归纳为以下四个方面。

首先，明确烦难要缺选自现任知县或佐贰能员。根据雍正二年（1724）

---

① （清）慕天颜：《浮粮坍荒二弊议》，载《皇朝经世文编》卷三二《户政七・赋役四》，《魏源全集》第十四册，第803页。

定例，知县遇有缺出，于通省内拣选确知才识足以胜任之员。[①] 如雍正六年（1728）四月，山阳、桃源、清河、江都等十县缺出，十缺俱系沿河地方，十分紧要，署江南总督范时绎会同布政使张坦麟、噶尔泰题疏，请以州同署通判周之準、州同程同俨、县丞郭世藩等八员补山阳等八县之缺，周之準等八员就皆属在任州县佐贰，有丰富的任职经历，而且“俱年力精壮，勤慎供职”，又经两江总督亲验，“堪副沿河各县之选 ”[②]。同年六月，署江南总督范时绎等人又以上海知县员缺请旨，并奉旨于现任知县内拣选调补，盐城知县于本宏以“人材历练，办事勤敏”[③] 补用该缺，于本宏原在盐城任上有承追未完案的牵连，于例不符，但因上海县属【繁、疲、难】三字要缺，于本宏较为合适，亦可以胜任，遂令调补该缺。

江苏沿海各缺，不唯财赋繁多，亦且事务丛集，如崇明县就“孤悬海外，民顽俗悍，极称难治”。武进、阳湖、江阴三县，“襟江带海，民性刁健，亦属繁剧要地”，非才守兼备、谙练政治之员则难胜其任，一旦缺出，清廷亦不轻畀初任之员，按例应由督抚题保现任之员。如雍正七年（1729）三月，署江南总督范时绎就疏称，祖秉震“能实心办事，殚力催科”，但该员属因公诖误、题留水利工程效力之员，繁昌知县任寿为人“老成历练，办事明白”，则适合调补武进之缺，歙县知县汪文晅“明敏练达，才识俱优”，堪以调补阳湖知县，原任丹阳知县魏化麟“明白廉慎，催科得宜”，堪以调补江阴知县。清朝定例，“各省沿海州县员缺，例应该督抚于现官员内拣选预行保题”，吏部

① （清）张楷：《谨题为酌补沿海县令事》，载《雍正朝内阁六科史书·吏科》第二十五册，第513页。关于各省冲繁疲难各项拣选调补，雍正九年，清廷作了更加明确的规定，经议准，冲繁疲难并沿海、沿河、苗疆、烟瘴及一切应行题补调补之缺，“无论四项或兼全、或专及并非冲繁疲难，均令督抚遴选具题外，其同知、通判、知州、知县内，督抚册报冲繁疲难四项、三项相兼者，令该督抚于现任属员内拣选调补，二项、一项及并非冲繁疲难者，悉归月分铨选，于考试履历进呈时，将员缺注明，候者简用”。（光绪）《清会典事例》卷六一《吏部四五·汉员遴选》，第785页。

② （清）范时绎：《谨题为请旨事》，载《雍正朝内阁六科史书·吏科》第四十一册，第562—563页。

③ （清）傅尔丹等：《谨题为钦奉上谕事》，载《雍正朝内阁六科史书·吏科》第四十二册，第352页。

以任寿等三人或因征收赋税督催不力，或因漕船失水等降调，皆“与调补沿海之例不符”请旨，雍正帝则命照该督所请，祖秉震、任寿等四员派任崇明、武进等四缺。[①]

其次，财赋要地，冲繁大县一分为二，以分担行政催科压力。如前所述，雍正二年（1724）六月，经两江总督查弼纳题准，苏州、松江、常州三府之长洲、昆山、常熟、华亭、上海、无锡、武进等十三县，“额征粮米多者四十余万，少者不下二三十万”[②]，征输繁难，皆一县分为二县。雍正九年（1731）五月，江宁巡抚尹继善又奏请将山阳、江都二县一分为二，各添一令，分疆而治。江苏州县再分，或出于地理寥廓的考虑，如江都、山阳两县幅员辽阔，事多地广，吏役“奔走四应，心力难周”[③]，但更多的因素是各县国赋每多逋欠，沈起元在论及闽省六郡州县析分时，曾谈到苏松诸郡分县的真实意图，他曾经说：

> 往者江南苏、松诸郡，于州、县之大者设官分县，止以漕赋太重，非一令所能办理，故分立州、县，此专为赋税起见，不为控制地方而设。故所分新县，皆率同城而治，第设官署、牢狱，而不添造仓库、学官。[④]

苏、松、常三府分县，不另立城池，其意图就是既节省政府财经开支，减少国家的行政支出，又解决江苏州县烦难问题，缓解州县催科、诉讼压力。

再次，调繁任简，对于地属要缺的知县题补，注意灵活变通。雍正时，无论是朝廷，还是地方督抚，都十分重视江苏州县要缺之选，更重视要缺之

---

① （清）张廷玉等：《谨题为遵旨议奏事》，载《雍正朝内阁六科史书·吏科》第四十七册，第280—282页。

② （清）查弼纳：《谨题为请分繁剧之县等事》，载《雍正朝内阁六科史书·吏科》第十三册，第200页。

③ （清）尹继善：《谨题为请分繁剧之县等事》，载《雍正朝内阁六科史书·吏科》第六十五册，第300页。

④ （清）沈起元：《复议分立州县书》，载《皇朝经世文编》卷十八《吏政四·官制》，《魏源全集》第十四册，第166页。

任，一旦发现身居要缺的州县官有不称职情形，督抚等员则题请改补，或题请以简缺之能员调任要缺。

雍正时，江苏知县繁简更调较为常见，其处理方式大体可分为两种情形，一是调繁任简，另择贤能之员以补冲繁要缺。如雍正七年（1729）三月，经吏部铨选，赵鉴用为新阳知县，但“新邑属繁剧之区”，赵鉴又属初登仕籍，缺乏应有的历练，江南总督范时绎认为，新阳之缺“必得敏练之员方克胜任”，赵鉴只宜调任事简之缺，新阳县缺以县丞朱奎扬接署较为合适，因为县丞朱奎扬不仅熟悉新阳地方事务，而且该员“正在英年，办事勤敏”[①]，较为合适。雍正十一年（1733）五月，署山阳县事协查知县傅宇因为回空漕船撞沉一事发生后不报，例应降级，但山阳地处沿河，又属【冲、繁、疲、难】四字相兼之最要缺，据布政使白钟山、按察使徐士林反映，傅宇任职山阳期间，“操守谨饬，办事勤慎，才具尚属可用”，抚臣乔世臣也认为傅宇为人谨饬，供职邑勉，[②] 所以题请朝廷改降调为仍留江省，以事简之缺调补，山阳之缺则以效力河工之州判汪凤英调补。

二是繁县与简县知县对调，以能吏充实要缺。如雍正五年（1727）五月，江南总督范时绎以江宁知县黄光夏不堪其任，题请将该员调任溧水知县，又以溧水令孔毓珠改任江宁。范时绎在题疏中强调，江宁县地当省会，事务繁多，“内则旗民聚居，外则商旅辐辏”，盗逃稽察审理，较之僻简之县实多，知县黄光夏为人谨饬，但才非肆应，“简僻之区犹堪任使”，与黄光夏相比，溧水知县孔毓珠则年富力强，其才亦堪理繁治剧，将二县知县互调，“亦实于地方有益”。[③] 又如雍正七年（1729）七月，苏州巡抚王玑以山阳、丹徒二县

---

① （清）张廷玉等：《谨题为地方有繁简之殊据详题明以收实效事》，载《雍正朝内阁六科史书·吏科》第四十九册，第 149—151 页。

② （清）魏廷珍：《谨题为报明撞沉等事》，载《雍正朝内阁六科史书·吏科》第七十二册，第 225 页。

③ （清）范时绎：《谨题为省去县务甚繁等事》，载《雍正朝内阁六科史书·吏科》第三十五册，第 443—444 页。

知县俱非理繁治剧之材，题请改任简缺，并奏请以盐城知县与丹徒知县更调，安东知县与山阳知县互调。山阳隶属淮安府，“系临河首邑，地冲事繁”，丹徒则系镇江府附郭首县，“旗民杂处，最称繁剧”，丹徒知县张廷煌“虽居官素称勤慎”，山阳知县程廷俨“亦能黾励办公”，但二人明显缺乏治县之才，盐城、安东二县知县则治理地方有条不紊，盐城知县孙荫孙到任不到一年，“而诸事勤敏，颇有循声”，安东知县蔡璠亦“办事明爽”，四人对调，“一转移间，而于吏治民生均有裨益”。①

最后，对于科目出身的知县，难胜地方之任者，酌情改任教职。关于进士、举人出身的知县改补教职，定制于何时，清代政书并无明确记载，据康熙初年定例，官员才力不及者降二级调用。② 光绪《清会典事例》对于进士、举人出身的知县不能胜任者，题请改补教职、改教另选程序，都有具体规定，但未明确定制时间③，详见下文：

原定，进士、举人出身知县及直隶州州同，到任后不能胜任，如原系拣选命往者，准该督抚以教职题请改补，俟回籍后，本省咨文到部，仍归原班，与就教、改教之人一体通较科分名次先后，按班挨选。如原系月选之员，或年力衰迈，或才识庸愚，该员即当于未选之先，或临选之际，呈请改教，并令吏部堂官于铨选时详加甄别，凡年老才庸之人，即谕令改教，若本人不自度量，必欲铨选知县等官，及到任后不能胜任者，该督抚或以才力不及，或以溺职，分别题参，不得奏请改补教职。如果有为人谨慎，学问优通者，着该督抚将其应否改教之处具奏声明，送部引见，如奉旨准行，方以

① （清）王玑：《谨题为详请酌调繁简事》，载《雍正朝内阁六科史书·吏科》第五十一册，第460—461页。

② （清）慕天颜：《题奉邑令更调已奉不准吴地繁难实有不同仰祈睿鉴特赐破格改补以收济国惜才之效事》，载《抚吴封事》卷一，第15页。

③ 康熙六十一年十二月，经吏部议复《遵旨议奏事》一疏：“嗣后，进士、举人知县内，有年不老人不及应解退之人，以教职改补”，并奉旨依议。见（清）张廷玉等《题为钦奉上谕事》，载《雍正朝内阁六科史书·吏科》第六四册，第437页。

教职改补。[①]

雍正年间，江苏地方知县因不称职而改迁教职的现象极为常见。如雍正六年（1728）七月，苏州巡抚张坦麟题请，将青浦知县马谦益、新阳知县陈昌朝、署福泉知县王符震三员改任教职，三人虽“听断无才，征粮乏术”，但“文理稍娴，尚堪训士”。[②] 雍正七年（1729）四月，震泽知县马功显、兴化知县卢杰也因乏治县之才，由巡抚王玑题请改任教职。[③] 雍正八年（1730），娄县知县黄献因非吏治之才改补教职。[④] 青浦知县杨凤然则因为人拘谨，短于吏才，又系进士出身，在任亦无劣迹，由江宁巡抚尹继善题请改任教职。[⑤] 又据苏州布政使高斌奏称，进士何国玺亦自认才具短浅，“于刑名钱谷之事难以办理，情愿改授教职”[⑥]。

府县教职“职掌学校黜陟，统于学政”[⑦]，虽非治繁理剧可比，但事关地方士习民风，地方知县与教职，其责各有所重，其事各有所专。知县改教职，自当化导士子，忠于职守，一旦发现改教人员自堕志业，其上司就应将其严加参处。对此，雍正五年（1727）九月，曾降明旨：

> 凡县令改授教职者，因其不胜牧民之任，理当罢斥，朕念其读书攻苦，选授一官，不忍遽令废弃，题以改为教职，俾居师儒之席，以展其所学，此朕格外之恩也，况教官有化导士子之责，较理民之任关系尤重，伊等固当殚心竭力，以尽职守，倘因改教之故，志气

---

① （光绪）《清会典事例》卷七二《吏部五六·除授》，第一册，第931页。

② （清）张坦麟：《谨题为县令才不称职等事》，载《雍正朝内阁六科史书·吏科》第四十三册，第517页。

③ （清）王玑：《谨题为酌调地方繁简等事》，载《雍正朝内阁六科史书·吏科》第四十九册，第9—10页。

④ （清）张廷玉等：《谨题为县令才不胜任请改补教职事》，载《雍正朝内阁六科史书·吏科》第五十八册，第69—70页。

⑤ （清）尹继善：《谨题为地方务在得人等事》，载《雍正朝内阁六科史书·吏科》第六十一册，第409页。

⑥ （清）尹继善：《谨题为急选知县事》，载《雍正朝内阁六科史书·吏科》第五十九册，第210—211页。

⑦ （清）张廷玉等：《清朝文献通考》卷八五《职官九》，第5620页。

疲颓，诸凡怠忽，着各省巡抚、学政查参，从重议处。[①]

自清初以来，上至朝廷，下至地方大员，对江苏州县官的任用，特别强调被选之人应才守兼备。如康熙十六年（1677），江宁巡抚慕天颜在题疏中就曾指出，吴地“赋繁实与他省不同，必须才守兼优始克料理”[②]。所谓才是指职任江苏地方的知州、知县，应具备治繁理剧的能力，尤其是指应付地方复杂事务的能力，如妥当地应对催科、刁讼、吏酷、民悍等种种问题，能胜州县之任，其实也是指具有处理州县各种事务的能力，亦称吏治之才。雍正三年（1725）九月，江宁巡抚张楷在题疏中就指出，上海尤需能员，该县赋重民顽，“必得理繁治剧之才，始克胜任”[③]。长洲县为苏州府附郭首邑，极为紧要，雍正九年（1731）八月，江宁巡抚尹继善在题疏中就指出，长洲事务繁剧，“必得才具优长之员，方克胜任”[④]。

江苏州县之治理，尤其需要办事勤慎，敏于任事，谙练政治之员。地方居官以清、勤、慎三字为要，“而勤则其尤要者也”，为官要勤，就是要求为官者应勤于政事，关心民生，勤政爱民，体恤民情，勤于职守，刘衡就强调“做官要做事”。为官清廉，是官员必遵循的操守，但为官者只是做到清廉自持，不为民做事，则于事无补，于民无益，地方治理也无从谈起。州县官亲理民事，为官不勤，则民多拖累，就州县刑讼而言，有案事而拖沓不办，原被皆受其累，“夫民之畏拖累，不必命盗重案，但系寻常户婚田土等细故，亦不必名列被告也，但列名人证，尽足破家”，不仅刑名事关百姓身家，而治吏惩奸，除恶清弊，皆需州县官之勤。“盖官以一人理一县之事，即极小之缺，

① （清）傅尔丹等：《谨题为县令才不称职详请具题改教以收实效事》，载《雍正朝内阁六科史书·吏科》第四十四册，第100—101页。

② （清）慕天颜：《题奉邑令更调已奉不准吴地繁难实有不同仰祈睿鉴特赐破格改补以收济国惜才之效事》，载《抚吴封事》卷一，第15页。

③ （清）张楷：《谨题为酌调县令等事》，载《雍正朝内阁六科史书·吏科》第二十三册，第185页。

④ （清）尹继善：《谨题为要缺必须能员等事》，载《雍正朝内阁六科史书·吏科》第六十六册，第102页。

案牍必多，棍蠹乘官繁冗，便敢作弊害民。”[①] 江苏地方繁剧，州县官只有勤敏办事，才可以收地方治理实效。雍正十年（1732），苏州巡抚乔世臣就指出，吴江县境连浙省，赋重事繁，元和县为苏郡附郭首邑，为冲繁疲难四字兼全最要缺，必需办事勤慎之员方能胜任。[②] 雍正十三年（1735），丹阳知县员缺，该县亦属四字兼全最要缺，江宁巡抚高其倬认为，永嘉知县张若爔为官勤慎，堪以补授。[③]

江苏海疆各知县要缺的选任，不仅要求才具敏练，办事勤勉，亦要求其防盗有法，治盗有方。而沿河州县官员不仅要有吏治之才，而且要求于河务娴熟。雍正元年，刑部侍郎高其佩就奏称，沿海州县民人生长海滨，清廷“虽有禁止大洋采捕之令，亦不能不有给照内洋采捕之条，沿海营汛每遇盗劫”[④]，官兵人员不能节制民人，州县又不得其人。雍正十年（1732）十二月，吏部尚书张廷玉题请，沿河例应题补之徐、邳等十七州县及新分甘泉、盱眙等缺，准其于承修高堰石工各员内“择其明晰河务、谙练吏治之员，咨送督抚验看，出具考语，会同保题送部引见”[⑤]。山阳知县属沿河最要缺，雍正十一年（1733）五月，清廷允准了以效力河工之州判汪凤英题补山阳知县，同年十一月，江南总督高其倬题补吕大雅为邳州知州，[⑥] 邳州亦为沿河要缺，题补吕任此缺，因为该员“于吏治、河务均所熟悉”[⑦]，对邳州地方情形又较了解。

---

① （清）刘衡：《蜀僚问答·居官清、慎、勤三字诀以勤字为要》，载《官箴书集成》第六册，第153页。

② （清）乔世臣：《谨题为循例题补等事》，载《雍正朝内阁六科史书·吏科》第七十册，第254页。

③ （清）高其倬：《谨题为知照事》，载《雍正朝内阁六科史书·吏科》第七十九册，第150页。

④ （清）隆科多等：《谨题海疆务在得人能员本容选调以收实效以靖盗源事》，载《雍正朝内阁六科史书·吏科》第六册，第76页。

⑤ （清）张廷玉等：《谨题为请旨事》，载《雍正朝内阁六科史书·吏科》第七十册，第526页。

⑥ （清）魏廷珍：《谨题为请旨事》，载《雍正朝内阁六科史书·吏科》第七十二册，第261页。

⑦ （清）高其倬：《谨题为钦奉上谕事》，载《雍正朝内阁六科史书·吏科》第七十三册，第618页。

清廉乃为官之本，江苏属财赋之区，选官尤重清操，对于洁身自好又能严格约束家人、吏役之员，清廷往往大加奖掖重用。而且为官清廉，也是历代判定官员贤明与否的重要标准，地方官员若既贤又能，自然州县治而民安，若能者贪赃，则足以济恶害民。对此，曹一士的《请分别贤能疏》讲得非常明白透彻：

> 自大吏以至小吏皆有贤员，有能员，贤能兼者，上也，贤而不足于能者，次之，能有余而贤不足者，又其次也……天下能吏多而贤吏少，则吏治必有不得其平者，不可不亟加甄别也，臣查督抚之保题守令，其辞约有数端，曰“年富力强也”，“为人明白”也，“办事勤慎”也，其实迹则“钱粮无欠”也，“开垦多方”也，“善捕盗贼”也，果如其言，则所谓“能吏”也，乃未几而或以“赃污亏空”闻，或以“草菅民命”劾，所谓“贪吏”“酷吏”者，无一不出于能吏之中，彼诚有才焉，以济其恶耳。①

然而，江苏州县的繁剧难治，又非一般清官贤员所能胜任。自清初以来，江苏州县就十分缺乏真正的“贤能”之员，曹一士在题疏中，就指出了各省督抚保题守令时，题疏中“办事勤慎”“年富力强”的虚假问题及履职以后贪酷败身的最后结局，这与江苏的情形又何其相似。自顺治以来，江苏州县虽不乏清官能吏，但州县官以卓异受到表彰嘉许者为数甚少，平庸贪劣者居多，州县之选，往往难得其人，用于州县则难胜其任。很多的知州、知县在任上，“优柔不断，识不足以剔弊，力不足以惩奸，彼虽不贪，有代之而吸民膏者，彼虽不酷，有代之而戕民命者，其与贪酷害民无异”②。雍正二年（1724），江南江西总督查弼纳的题疏谈到当时江苏各州县官状况时，就曾指出：“现在各官或素履谨饬，勉尽职守，无理繁治剧之才，仅可供职小邑。”在当时上海、江阴、如皋三县知县员缺的情况下，要在省内拣选三位具有四应之才的知县，

---

① （清）徐栋：《牧令书》卷二三《清分别贤能疏》，载《官箴书集成》第七册，第562—563页。

② （清）陈宏谋：《学仕遗规补编》卷三，载《官箴书集成》第四册，第575页。

竟一时难以找到。①

雍正四年（1726）十二月，嘉定知县朱尔介之父因病亡故，遵制该员应离任丁忧，但嘉定县地属海疆，又赋重民刁，难以找到合适的才优练达之员，江苏巡抚陈时夏只能奏请朝廷格外优容，将朱尔介留任嘉定，准其在任守制。② 雍正六年（1728）十二月，上海知县于本宏生母高氏病故，该员亦例应丁忧，但上海因办理亏空，清查民欠正需能员，一时难得可替代之员，苏州巡抚亦题请以该员在任守制。③ 雍正九年（1731），江南总督史贻直在题疏中亦曾谈到江苏沿海、沿河各州县员缺难得其人的状况，"沿海、沿河州县员缺，均关紧要地方，例应拣选具题，但查通省州县内，或系谨饬之吏，止堪循分供职，或系新任之员，未经试验其才，或曾经参罚，例有不符，或本属紧要，势难再调"，所以对于沿海、沿河出缺，只能"暂行遴员委署，以观后效"④。雍正十二年（1734），吴县、长洲二县知县员缺，急需调补，但据巡抚高其倬题疏反映，"江省知县合例既少，而与紧要地方求人地相宜更难"⑤。

自顺治时起，江苏各州县的长官不能胜任职事者实多，明末清初的昆山学者蔡方炳就认为，苏、松、常等所属繁剧之州县，"苟非八面之才，鲜能胜任"⑥。清初的江南满目疮痍，更兼水旱频仍，苏松重赋带给各州县巨大的催科压力可想而知，康熙初年，据江宁巡抚韩世琦反映，年复一年的民欠，加上各级衙门官侵吏蚀，州县逋欠无追，在上司的催逼下，州县官吏呕心沥血，

① （清）隆科多等：《谨题为钦奉上谕事》，载《雍正朝内阁六科史书·吏科》第十四册，第187页。

② （清）陈时夏：《谨题为钦奉上谕事》，载《雍正朝内阁六科史书·吏科》第三十三册，第77页。

③ （清）范时绎：《谨题为钦奉上谕事》，载《雍正朝内阁六科史书·吏科》第四十二册，第104—105页。

④ （清）张廷玉等：《谨请为循例请补沿海沿河州县以重地方事》，载《雍正朝内阁六科史书·吏科》第六十四册，第226页。

⑤ （清）张廷玉等：《谨题为酌情调补多缺仰祈睿鉴事》，载《雍正朝内阁六科史书·吏科》第七十六册，第302页。

⑥ （清）蔡方炳：《书贾中丞调缺烦简疏后》，载《皇朝经世文编》卷十八《吏政四·官制》，《魏源全集》第十四册，第159页。

至有死亡相继，病殁于任者，如青浦知县高光宇、昆山知县郭文雄在任上“俱以征比焦劳，相继殒命”。昆山知县马文骏亦“惊忧病殁”，华亭知县冯赓“积劳疽死”。[①] 吴县知县孙启元则因畏繁自缢身亡，据布政使孙代呈称，吴县知县孙启元于康熙元年（1662）十一月二十二日受事莅任，十二月十六日夜自缢，任知县前后不到一个月，而据该县佐贰张椿及孙知县胞弟孙赞元等呈称，孙启元到任以后，迎来送往，理烦治剧，一时很难适应，“江南繁剧，虽什倍他省，而吴县附郭，较之他邑更冲”，二十余日间，孙启元面对的是“驿船来往若云，漕白催提如雨，日不得食，夜不得寝”，昼夜靡宁，烦苦无奈，以致畏难轻生，投缳自尽。[②]

清初以来，江苏州县官受考成之累，并因此降革流离、沉沦异地者，更是数不胜数。康熙十九年（1680），据江宁巡抚慕天颜反映，苏、松所属州县官，自顺治初年以来，就未见有晋升之员，主要原因是各地钱粮难完，官员受考成之累。

> 臣属苏、松地方有司，实与他处不同，莅斯土者，从来无一升员，岂铨授此地之人绝无一真廉、真能者乎？抑岂才为地绌，居此而遂失素抱，不见所长乎？止因粮重，委有荒逋难征，不得不为考成拘累耳。[③]

康熙时，慕天颜曾经奉旨确察苏、松、常、镇四府之州县官无升任的缘由。通过查察，进一步印证了四府所属的十五个州县顺治以来州县官无升任之员的事实和缘由，慕天颜事后反映说：

> 今奉旨确察地方从无升任之官缘由。本司所属州县，如苏州府之太仓、长洲、吴县、常熟、昆山、嘉定、崇明，松江府之华亭、娄县、上海、青浦，常州府之无锡、宜兴，镇江府之丹徒、金坛，

---

① （清）韩世琦：《户属催征不得疏》，载《抚吴疏草》卷三八，捌辑 7，第 604 页。

② （清）韩世琦：《报吴县知县孙启元投缳疏》，载《抚吴疏草》卷十六，捌辑 6，第 277 页。

③ （清）慕天颜：《谨题为请旨行取事》，载《抚吴封事》卷七，第 7 页。

计十五州县，自顺治年间以至于今，从无升转之官。溯其事，多因考成。即或开辟之初，有一二量移者，尔时之功令犹宽也。或以贪残露章参处，仍有钱粮未清者。间有乍转，而新任之席未暖，旋以旧任钱粮革职者。更有署任仅及两三月，即以误饷误漕例革者，其掩抑尤可伤也……①

当然，除了受钱粮考成未完之累外，州县官因溺职、办事拖沓、对吏役作弊失察等情形，都会受到不同的处罚，于例不能正常升迁，其详情将在后面的章节中加以讨论。

① （清）慕天颜：《浮粮坍荒二弊议》，载《皇朝经世文编》卷三二《户政七·赋役四》，《魏源全集》第十四册，第802—803页。

第三章　州县为官：康雍年间江苏州县官情况及行政之弊窦

一、康雍年间江苏州县官的老病问题

江苏州县官的老病问题，主要是指知州、知县等在职人员年龄老迈、体能不济、因病导致行动不便、无法正常供职的问题。“古人以四十为强仕之始，以五十为服官之年，以七十为致仕之期”①。明清时期，朝廷对于文武官致仕有明确的年龄规定。洪武十三年（1380），定“文武官年六十以上者皆听致仕，给以诰敕”②，清代官员“年老休致，例有明文”③，文官休致年龄按规定为六十岁，但老而不休的情形也非常多见，六十岁以上甚至年逾古稀仍居官位的大有人在。由康熙时期大计天下官员分别举劾所开列的数据，我们可以发现其中年老之员为数不少，其详情可参见表3-1。

① （清）梁章钜：《退庵随笔·官常》，文海出版社1969年版。

② （清）贺长龄：《清经世文编》（上），中华书局1992年版。

③ （清）赵尔巽：《清史稿》卷一一一《选举志六》。

表 3-1　康熙年间全国历届大计举劾对照表①

大计年份	卓异	贪酷	贪	酷	不谨	罢软	年老	有疾	不及	浮躁	老疾	从逆	合计
康熙九年		10	119	4	121	85	235	138	140	56			908
康熙十二年	37												37
康熙二十一年	53	104			53	45	117	53	89	43		240	744
康熙二十四年	49	20	55	4	63	55	229	72	110	67			675
康熙二十七年	32	48			64	35	120	80	51	49			447
康熙三十年	87	51			79	36	101	89	83	52			491
康熙三十三年	62	9	22	3	38	23	88	49	43	38	15		328
康熙三十六年	54	40			71	20	103	83	69	62			448
康熙三十九年	49	59			82	41	92	83	67	49			473
康熙四十二年	24	7	13		38	25	81	36	43	26	1		270
康熙四十五年	33	3	27	6	38	25	64	55	47	35			300
康熙四十八年	17	4	11	4	43	17	46	36	35	26			222
康熙五十一年	38	8			39	24	67	39	36	36			249
康熙五十四年	36	9			33	12	53	32	24	19			182
康熙五十七年	34	2	8	1	36	15	43	31	26	29			191
康熙六十年②	26	7			48	22	71	44	55	40			287

由表 3-1 可以看出，自康熙九年大计天下官员起，康熙时期，历届大计举劾卓异、贪酷、年老、有疾等项，年老官员之数量始终位居首位，如康熙二十四年（1685），年老一项更是多达 229 人，数额占比超过本年度大计举劾官员的三分之一，如果将年老、有疾两项合并计算，历届大计举劾官员开列数额中，老病官员的占比大多超过三分之一。虽然这只是天下官员大计被举劾数据的表面分析，但官员因年老、有疾两项之员，远比不谨、疲软、浮躁、

① 本表依据《清圣祖实录》所载历届大计处分人数绘制而成。

② 案：本表缺山西、甘肃二省卓异数额。

不及革职降调的情形更为多见。康雍年间，江苏州县官老病仍在供职的事例可以说是不胜枚举。

康熙二年（1663）八月，党文由省府“料理文闱”改任武进知县。据该员自陈，当时的党文，其实已过了致休年岁，六旬有余的他，已是“须眉皓白”，“一路艰辛抵任，水土不符，因而遂成笃疾”，武进县属常州附郭，系冲繁之地，非年富力强，不能胜任抚字催科之重，党文奉命来此任职，亦自感力不从心。在自陈中，他就说：“虽有竭蹶之志，其如精枯力疲何？夫以武邑如此冲繁，如此粮饷，而任之奄奄老惫之人，不几废乃公事乎？”[①] 吴县为苏州首冲之地，又兼繁剧，为最要之缺，顺治以来，“官斯邑者，参罚相继，莫不接踵陨越”，难有称职之员。康熙二年，吴县知县员缺，原期望朝廷能派年富力强之员来振作地方，不料派来的新令何模却已是老朽不堪，江宁巡抚韩世琦见过何模之后，就描述说，该员衰残聋聩，早已过了花甲之岁，“赴臣衙门谒见，乃老迈龙钟，步履艰难，两目昏花，堂阶莫辨，须人扶掖，方克徐登，及臣与语，茫然不知所应，维时有长洲县令董定国在旁代为附耳高声传道，才始对答”[②]。如此老迈之员，又如何能应对最要缺州县的繁剧，更不用说去应付大量的迎来送往、催科抚字等亲力亲为之事了。又据江南总督邵穆布奏报，康熙时，原常熟知县李龙若不仅年事已高，而且无治事之才，[③] 朝廷将常熟这样的赋税大县交给一个老朽无能之人去管理，总督邵穆布不无担心。

雍正时期，江苏州县官的老龄化现象仍较严重。据江宁巡抚何天培疏称，江阴知县叶绍芳不仅性情乖张，而且年老昏聩，[④] 两江总督查弼纳亦在奏折中指称“知县叶绍芳年迈昏聩”，并与巡抚何天培合词参奏该员。[⑤] 雍正六年

① （清）韩世琦：《武进知县党文告老疏》，载《抚吴疏草》卷二九，捌辑7，第140页。

② （清）韩世琦：《参吴县知县何模疏》，载《抚吴疏草》卷二八，捌辑7，第68页。

③ 《江南总督邵穆布奏请宽留疏防文武各官折》（康熙四十七年八月初四日），载《康熙朝满文朱批奏折全译》，中国社会科学出版社1996年版，第594页。

④ 《清代史治史料》第七册，线装书局2004年版，第4253页。

⑤ 《两江总督查弼纳奏报驿盐道许珂琪人属平常折》（雍正二年五月二十三日），载《雍正朝满文朱批奏折全译》上册，黄山书社1998年版，第834页。

（1728），据苏州巡抚尹继善疏称，溧阳知县员缺，例由淮安府经历黄宝璧推升，但该员实际上已过“休致”年龄，“年老目昏，步履艰难”①，实难胜县令之烦冗。

知县要办理钱谷刑名，综理民事，察查民情，不仅要与民交接，而且要时常深入民间访贤问苦，察奸治恶，除暴安良，其辛劳自不必说。所以要求为官之人，“必须精神强壮，身无负累，方可悉心办公，有裨地方”，然而雍正时的福泉知县刘云鹤因年事已高，“两耳重听，诸事不谙”，所以福泉县事只任长随处理，其所带长随“俱视该员可欺，希图滋弊”，刘云鹤上任之时，正值地方收漕时节，好在松江知府汪德鳌亲临严察，方不误当年收漕，但该令因年老昏庸，身多借欠，对吏役不能严加约束，几乎贻误地方事务而遭到参处。②

其实，康雍年间，从中央至地方，各级官员的年龄偏高问题都不同程度地存在。康熙三十四年（1695），康熙帝就曾指责吏部衙门妄保官员，并且说：“今观部院司官内年迈者多，俱无益于办事差遣，将年少者并用于事务，良有裨益。”③ 雍正元年，据吏部尚书隆科多题奏，工部官员切齐年过六十六岁，仍在当值，只因当年五月跌伤左腿，实在不能正常行走，才由工部奏报吏部，准予以原品解退。④ 又据刑科掌印给事中陈昕震呈称，陈本人已年过七十二岁，精力衰迈，但仍在朝中当值，因感受风寒，心烦气喘，饭食不进，朝廷委员核实真情以后，才准予照例休致。⑤

地方文武各员老迈在任的，亦不独江苏如此，其他各省所属府县也存在类似的问题。康熙四十二年（1703），圣祖第四次南巡，沿途各省地方官员前

---

① （清）张廷玉等：《谨题为推升主事等官事》，载《雍正朝内阁六科史书·吏科》第四十五册，第617页。

② （清）高其倬：《谨题为特参昏聩庸劣之县令等事》，载《雍正朝内阁六科史书·吏科》第七十九册，第384页。

③ 《康熙起居注》，康熙三十四年十月初二日辛卯，第五册，第167页。

④ （清）隆科多等：《谨题为钦奉上谕事》，载《清代吏治史料》第三册，第1521页。

⑤ （清）隆科多等：《谨题为钦奉上谕事》，载《清代吏治史料》第三册，第1521页。

来迎驾，河南巡抚徐潮亦率州县以上各官迎送圣驾，方知地方年迈之员甚多，《康熙起居注》所载录圣祖的一番话，颇能说明问题：

> 上又曰："河南州县官年老者多，甚有跪迎而不能起立者。巡抚徐潮素未察知，迎驾时，仅称布政使年老而已。又闻属吏竟有不遵巡抚差遣者，遇有差遣，即规避托故。徐潮见朕洞悉其事，因以彼平时待属员过宽引咎。"①

雍正年间，各省所属地方之员老迈问题也较为突出。雍正元年（1723），据直隶巡抚李维钧题报，香河知县喻宗英，"莅任二十余年，渐至老迈昏聩，步履维艰"②。同年，江西巡抚裴率度亦疏称，会昌知县黄鹤年已年力衰迈，头晕目昏，无法正常供职。③ 雍正二年（1724），湖广总督杨宗仁题参本省有多位知县年老因循，其中湘潭知县赵邦俊、湘乡知县秦柳二人皆年逾古稀，办事多贻误，衡山知县葛亮臣"年齿亦衰"，不堪其任。④ 同年，又据闽浙总督觉罗满保疏称，福建省知县内不仅有才具平庸、办事懈怠、性情偏执之员，而且年迈力衰、疾病缠身者亦复不少，如政和、永定两县知县皆年事已高，政和知县苑上林"两耳重听，难司民事"，永定知县唐得鹏亦"年老力衰，艰于理事"⑤。

康雍年间，州县官因病不能正常供职，在江苏也非常多见。仅就雍正时期而论，《清代吏治史料》《雍正朝内阁六科史书·吏科》等档案资料就留下了大量相关记载，如原就夙疾在身的江都知县沈奎，一直在地方正常供职，雍正元年（1723）三月，沈奎旧疾陡发之后，江宁巡抚吴存礼才题请该员休

---

① 《康熙起居注》，康熙四十二年十二月十九日庚寅，第七册，第176页。

② （清）李维钧：《谨题为特参县令衰老事》，载《清代吏治史料》第一册，第572页。

③ （清）隆科多等：《谨题为钦奉上谕事》，载《清代吏治史料》第四册，第1920页。

④ （清）杨宗仁：《谨题为特参衰老平庸县令等事》，载《清代吏治史料》第六册，第3166页。

⑤ （清）隆科多等：《谨题为特参庸劣道县各员事》，载《雍正朝内阁六科史书·吏科》第十二册，第446页。

致，候部铨补。[1] 同年三月，崇明知县王廷灿亦因患病之报，经相关人员核实情真以后，由该抚题报请休。[2] 雍正三年（1725）九月、十月，江宁巡抚张楷先后以丹徒知县冯咏、宜兴知县王时瑞二人病难供职奏报朝廷，二人皆患怔忡之症，久经医治无效，不能视事，经派员验看，病情属实。[3]

康熙雍正时期，江苏州县官的疾病患者大多属于老年顽疾，一时难以治愈，往往行动不便者多，由于行动不便，导致无法亲理地方事务。如雍正九年（1731），江抚尹继善题报署江阴县事郝之芳有病请休，经查验，郝之芳不仅年纪老迈，而且所患的是老年顽疾，属中风病症，行动不便。[4] 雍正十年（1732），巡抚乔世臣题请江宁知县王仁锡患病休致，据乔世臣题报，王仁锡患的是血症昏迷发晕。[5] 同年九月，南汇知县徐日炯因病报请休致，该员请休的原因是右手左足不能举动。[6] 这类病患不见得立时殒命，但大多一时难以治愈，会影响州县官的正常履职。

康雍时期，江苏州县官的老病问题，导致一些地方日常事务不能如期料理，钱粮经办等要务不得不委托佐贰属僚甚至家人、吏役，由此滋生出一些新的弊窦。如雍正六年（1728）十月，据苏州巡抚尹继善题报，尹为宪不仅担任赣榆县知县，又兼署安东县印，一身两任，可谓重托在肩，但该员也是疾病缠身，因身患痰火病症，“语言滞涩，举动艰难”，赣榆、安东“两处事

---

① （清）吴存礼：《谨题为夙疾陡发详请休致事》，载《雍正朝内阁六科史书·吏科》第二册，第72页。

② （清）何天培：《谨题为病躯难以供职事》，载《雍正朝内阁六科史书·吏科》第四册，第585页。

③ （清）张楷：《谨题为自陈患病实情等事》《谨题为患病日深等事》，载《雍正朝内阁六科史书·吏科》第二十三册，第71、290页。

④ （清）尹继善：《谨题为老病不能供职事》，载《雍正朝内阁六科史书·吏科》第六十五册，第478—479页。

⑤ （清）张廷玉等：《谨题为钦奉上谕事》，载《雍正朝内阁六科史书·吏科》第七十册，第9页。

⑥ （清）乔世臣：《谨题为病势不能即愈等事》，载《雍正朝内阁六科史书·吏科》第七十册，第20页。

务，悉皆废弛”[①]。雍正七年（1729）十一月，据淮安知府申程章反映，桃源知县方应泰先因“背患疮毒，事务废弛”，正值该县收漕之时，因为疾病，以至漕粮事务“漫托匪人”，由于该员任用家人、衙役代理收漕事务，而所托之员又置朝廷禁令于不顾，征收之时，“仍旧高浮斛面，索取样米，每斛约多收二升上下不等，以致粮户纷纷衔怨”。[②]

康雍年间，江苏也曾出现过州县官在赴任途中突然发病的情况，造成地方官不能如期交接，既耽误了官员本身的任职，又影响到州县机构的正常运行。据江宁巡抚张楷题报，雍正三年（1725）五月，上海知县全乾象领部凭赴任，其赴任期限为雍正二年十一月十七日，但因中途患病，在丹徒停留了二月有余。[③] 雍正三年，新任长洲知县江之炜亦于赴任途中发病，正值长洲收漕时节，一时缺员，布政使鄂尔泰于是奏请以吴江知县徐永祚兼理长洲县事，但长洲、吴江皆属重粮之区，徐令亦自感职难两兼，新选长洲县令又一时无法到任，江宁巡抚张楷只得奏请朝廷，将元和知县张福昶调补长洲为令，以应长洲收漕急需，待江之炜病痊后，再改补元和知县。[④]

康雍年间，江苏地方也有不少州县官员因病死于任上或署内的，其中州县长官为数甚多。以雍正时期为例，如康熙六十一年（1722）十一月，由福建建宁县丞升任江南武进知县的龚渤接到任命后，赴部引见，由浙省进京，在萧山地方因患病医治不痊，死于赴任途中。[⑤] 雍正元年（1723）四月，如皋

---

① （清）尹继善：《谨题为特参旷职之员等事》，载《雍正朝内阁六科史书·吏科》第四十五册，第 86 页。

② （清）范时绎：《谨题为特参昏惰收漕婪耗之县令等事》，载《雍正朝内阁六科史书·吏科》第五十六册，第 219 页。

③ （清）张楷：《谨题为文凭违限有因等事》，载《雍正朝内阁六科史书·吏科》第二十一册，第 67 页。

④ （清）张楷：《谨题为长邑漕粮需员等事》，载《雍正朝内阁六科史书·吏科》第二十四册，第 251—252 页。

⑤ （清）傅泽渊：《谨题为报明病故等事》，载《雍正朝内阁六科史书·吏科》第一册，第 61 页。

知县陈文海因患中风病症，医治不痊，在署病故。[①] 与此相先后，溧阳知县朱必汉也患病不治，病故于署内；[②] 无锡知县武承谟亦于本月十四日患病不痊，在任上病故。[③] 同年五月，金坛知县冯同宪患病不治，病死于任上；[④] 六月，仪征知县李昭治患病不治，死于任上。[⑤] 盐城知县周锡畴调入武闱，事竣后出闱，六月十九日，周锡畴在江宁省寓所病故。[⑥] 又据江宁巡抚何天培题报，沭阳知县黄腾冠奉聘入闱，亦于闱中得病，迨至出闱，在寓医治，未能好转，于元年（1723）五月二十六日病故。[⑦] 从康熙六十一年十一月到雍正元年六月，八个月内，江苏地方的知县，病死于赴任途中或病故于任署的就多达8人，可以说，这是非常罕见的现象，此类情况在雍正元年七月以后亦不少见，限于篇幅，不复一一举述。

二、州县长官昏庸拙劣，难胜地方之任

康雍两朝，江南州县官之中，虽有少数精明强干之员，但庸劣昏懦者为数更多，也就是说，有为数较多的昏官、地方劣员难以胜任州县的职事，他们或属耽于安逸、不思进取的平常之员，或属拙于治才、无所作为的抱残之辈。身居州县长官之位，却无治事之能，身任地方，却催科不善，治县无方，

① （清）吴存礼：《谨题为报明家主病故事》，载《雍正朝内阁六科史书·吏科》第二册，第569页。

② （清）吴存礼：《谨题为报明家主病故事》，载《雍正朝内阁六科史书·吏科》第三册，第15页。

③ （清）何天培：《谨题为报明病故事》，载《雍正朝内阁六科史书·吏科》第三册，第589页。

④ （清）何天培：《谨题为报明家主病故事》，载《雍正朝内阁六科史书·吏科》第四册，第446页。

⑤ （清）何天培：《谨题为报明病故事》，载《雍正朝内阁六科史书·吏科》第四册，第584页。

⑥ （清）何天培：《谨题为呈报病故事》，载《雍正朝内阁六科史书·吏科》第五册，第523页。

⑦ （清）何天培：《谨题为报明印官病故事》，载《清代吏治史料》第三册，第1414页。

安民乏术,[①] 国课逋欠年复一年，听断不明是非，颠倒黑白，是不折不扣的昏官、庸官、糊涂官。

地方官为官昏庸，既误王事，又累民害民，故《从政遗规》有云："昏官之害，甚于贪官，以其狼藉及人也。"[②]《励治撮要》亦说："庸碌之人，其害甚于贪酷"，这是对碌碌无为、不为民办事的州县官的斥责，张经田甚至认为，做官要钱胜过不要钱而不办事之员：

> 今之做好官者辄曰"我不要钱"。做官不要钱诚善矣，而未可以此塞责也，亦顾其办事何如耳。彼夫要钱而能办事，明于听断，长于治理，容或量人而取之，遇事而枉之，而不取不枉之地，多有受其惠者。若不要钱而不办事，则因循苟安，略无建树，其所废弛者，且不可胜纪矣。[③]

陈宏谋认为，州县官不只贪酷足为民害，遇事不明是非，为人优柔寡识，身任地方，不能剔弊除奸，以致诸务废弛，其为害更甚，"所谓廉而无能，不若贪而有干"[④]。陈宏谋所言，并非强调贪酷能干官员优于廉而无能之辈，而是要说明庸劣之员于州县治理确实有害而无益。

康熙雍正年间，江苏各州县官的庸劣，主要反映为软弱无能，才识短缺，是非不分，为官昏庸，办事拙钝。如康熙时，太仓知州李扬廷就为人软弱，不敢勇于任事，太仓州属海岸要地，平素多奸宄滋扰，李扬廷对奸民游匪不敢查防，对小人滋事，又不能力行缉拿。同样，上海知县徐士桢才具平常，

---

① 雍正元年五月，据两江总督查弼纳奏报，两江地方"经留心看得，属员内既有才干，操守又好之人甚少"，多数属于操守可而人属平常，或办事可而品行一般。事见《两江总督查弼纳奏请将吴江知县擢镇江知府折》（雍正元年五月初六日），载《雍正朝满文朱批奏折全译》上册，黄山书社1998年版，第120页。

② （清）陈宏谋：《从政遗规》卷下，《官箴书集成》第四册，第293页。

③ （清）张经田：《励治撮要・做官要办事》，载《官箴书集成》第六册，第48—49页。

④ （清）陈宏谋：《学仕遗规补编》卷三，载《官箴书集成》第四册，第575页。

亦不适合任于沿海地方。[①] 雍正时，桃源知县薛弘良就办事糊涂，短于治才，安东知县伍质更属昏庸疲软之辈，又不能体恤民瘼。[②] 雍正四年（1726），江宁巡抚张楷题参上海知县全乾象才具平庸，任内盗案积压，经征钱粮完不及半，难胜巨邑之任。[③] 溧水知县孔毓洙才具平庸，本县“诸事丛脞，审理词讼，不能剖断是非，贻误地方”[④]。安东知县程廷俨为人庸劣至极，“审理词讼诸事糊涂，无论是非，任意混罚”[⑤]，金山县地界海疆，需能员方可料理，但雍正四年新任命的知县汤之晟“才具平庸，性复柔懦”，根本无法应付复杂的地方局面。[⑥] 荆溪试用知县高式矩操守虽好，但缺乏治县之才，该员曾受案事审理不实的问题牵连，被降调使用，但该员也确属短才之辈，“办事拙钝”，难胜知县之任。[⑦] 上元为省会首邑，事务殷繁，无治邑之才，则难以胜任，但雍正时的上元知县袁淑鹤“质本昏庸，性复懈怠”，于知县任上严重失职，“承审一切钦部等案，不能依限完结，批查自理事件概置延搁。”[⑧]

康雍年间，江苏各地州县长官因昏庸劣拙，不能胜任地方之事，而被督抚题参者实多。从康熙年间大计开列的数据，也可以看出才力不及、疲软等员为数不少，但这些数据的可信度也是值得质疑的。康熙二十八年（1689），

---

① 《江南总督邵穆布奏请补缺并报米价逃犯情形折》（康熙四十七年二月三十日），载《康熙朝满文朱批奏折全译》，中国社会科学出版社1996年版，第568页。

② （清）何天培：《谨题为特参不职牧令等事》，载《雍正朝内阁六科史书·吏科》第八册，第282页。

③ （清）张楷：《谨题为特参惰征溺职之县令事》，载《雍正朝内阁六科史书·吏科》第二十六册，第515—516页。

④ （清）张楷：《谨题为特参庸懦无能之县令等事》，载《雍正朝内阁六科史书·吏科》第二十八册，第403—404页。

⑤ （清）尹继善：《谨题为特参玩法之劣员等事》，载《雍正朝内阁六科史书·吏科》第五十九册，第374页。

⑥ （清）张楷：《谨题为海疆务在得胜任之县令等事》，载《雍正朝内阁六科史书·吏科》第二十九册，第308页。

⑦ （清）史贻直：《谨题为雠杀男命事》，载《雍正朝内阁六科史书·吏科》第六十册，第75页。

⑧ （清）史贻直：《谨题为特参庸劣之县令以肃吏治事》，载《雍正朝内阁六科史书·吏科》第六十册，第92页。

吏科给事中谭瑄就疏言指出，各省大计所参年老之员，“多开教职充数”[①]。其实，大计中的庸劣、疲软、不称职之员，也难保不以地方佐贰属吏充数，如雍正元年（1723），江苏、安徽两省布政使将所属州县有干八法之员开列呈报吏部，共有五十七员，其所呈报的疲软、不谨、才力不及等项，涉及江苏州县长官的却只有泰兴知县王慎、署江都县丞陈钧二人。[②]

州县长官的昏庸、糊涂、拙劣，给地方所带来的不良影响是可想而知的。一方面，造成州县政务的废弛，审断不公，民有怨声。如雍正二年（1724），江宁巡抚何天培就上疏题参宜兴知县鲍楹昏聩无能，以致政务废弛，贻误地方。[③] 雍正四年（1726），江宁巡抚张楷题疏反映，新任知县汤之晸“才具平庸，性复柔懦”[④]。雍正五年（1727），江宁巡抚陈时夏所题参的宝山知县唐彦龙也是才具平庸，办事迂拙，难以办理地方的催科听讼之事，以致诸事贻误。[⑤] 还有前文中提到的溧水知县孔毓洙、安东知县程廷俨二人，也都是因为才具平庸和办事糊涂，造成审断不明，诸事积压无完，以致上司不满，民有怨声。雍正五年，据江宁巡抚陈时夏揭报，由于无锡知县李德柄赋性昏庸，又在征漕过程中失察，吏役违章乱制，勒收加征，“收米一石，出串九斗，又勒收饭米五升”，以致民怨沸腾，被粮户控讯。[⑥]

另一方面，州县官的庸劣也导致奸吏蠹役的作奸犯科，乱制害民，扰乱地方。清代州县胥吏敢于玩法，其关键就在于知州、知县本人的糊涂、昏庸、安逸怠惰。对此，《励治撮要》就归纳说：

---

① 《清圣祖实录》卷一四〇，康熙二十八年三月戊寅，《清实录》第五册，第532页。

② （清）查弼纳：《谨题为特参贪劣溺职官员等事》，载《雍正朝内阁六科史书·吏科》第十八册，第223—226页。

③ （清）何天培：《谨题为特参不职县令等事》，载《清代吏治史料》第七册，第3873页。

④ （清）张楷：《谨题为海疆务在得胜任之县令等事》，载《雍正朝内阁六科史书·吏科》第二十九册，第308页。

⑤ （清）陈时夏：《谨题为特参庸懦无能之县令等事》，载《雍正朝内阁六科史书·吏科》第三十八册，第425页。

⑥ （清）陈时夏：《谨题为揭报县令征漕纵役剥民等事》，载《雍正朝内阁六科史书·吏科》第四十册，第52页。

长随、胥吏之所以舞文弄法，动辄作弊者，以上之人非昏聩糊涂，即性耽安逸，于公事略不加意耳。故得乘其懈而施其术，若能件件过目，事事留心，尚难保无疏略受其蒙蔽之处，然究有所严惮，而不敢以蒙蔽之术巧为尝试矣。①

自顺治时起，江苏一些州县因为官长昏庸、拙劣，吏役侵挪国课，损民自肥就常有发生。如康熙元年（1662）四月，据江宁巡抚韩世琦疏报，顺治年间，溧阳知县丘贡瀛任内经征钱粮七万余两，交代不清，由于该员对钱粮出纳全无稽查，致使群奸竞相侵挪，六年之中，溧阳的钱粮征收，或已解无批，或透支无款，或撮借无还，造成国课损失巨大，无法追回。② 同年五月，韩世琦又疏报说，顺治时革职知县丛大为“奉职昏庸，防奸疏忽，各蠹之蒙蔽多端，聋聩全无觉察”，在其任内，库吏、皂役、经承、皂快等员趁机侵占，“朋诈烹分”，肆无忌惮。③ 顺治时，娄县知县王有极的昏庸也导致该县蠹役趁机私侵分肥，陈乘云等人“群肆侵渔之狡计，将十五、十六各年分征收库银，或侵盗以私肥，或挪移而烹蚀”，在王有极革职之后交盘时，各役又“假称另造清册，悉将日收簿籍暗行割毁，掩其饱壑之奸，混作未完民欠”，多者侵欺五千余两，少者亦私侵三百余两。④ 雍正时，长洲知县薛仁锡将词讼审理视同儿戏，“颠倒是非，听信衙役”⑤，以致民怨沸腾。另据江苏巡抚高其倬疏报，砀山县知县马汝宽因昏庸无能，地方禁例条令无法奉行，武弁、典史、经胥、衙役等人在地方恣意胡为，州县官却听之任之，也不加揭报。⑥

---

① （清）张经田：《励治撮要·察胥吏》，载《官箴书集成》第六册，第 49 页。

② （清）韩世琦：《丘贡瀛招疏》，载《抚吴疏草》卷三，捌辑 5，第 374 页。

③ （清）韩世琦：《回奏丛大为招疏》，载《抚吴疏草》卷四，捌辑 5，第 462 页。

④ （清）韩世琦：《回奏陈乘云等招疏》，载《抚吴疏草》卷六，捌辑 5，第 538 页。

⑤ （清）张楷：《谨题为特参溺职县令等事》，载《雍正朝内阁六科史书·吏科》第十一册，第 371 页。

⑥ （清）高其倬：《谨题为特参昏庸废驰之县令等事》，载《雍正朝内阁六科史书·吏科》第八十册，第 105 页。

有人称清代治政，“以胥吏之心计管天下”① “清廷与胥吏共天下”②，由此可以看出，吏胥在清代社会政治中发挥了极为特殊的作用。清代的各级官员是不断流动的，而吏胥在某些行业和所从事的某些事务中，却形成了一定的垄断甚至世袭。清代州县以钱谷刑名为重，但很多州县官因不熟悉具体事务，往往依靠吏胥办理此类事务。清人审讼断狱，参律用例，官员大多惘然不知，全靠熟稔律例的吏胥援例定案，州县官如不细加根究，他们很容易糊弄上官，借案欺诈舞弊，甚至挟制官长，成为地方之公害。

三、无法禁绝的江苏州县贪腐问题

州县行政，关键在得人，若委用不当，势必弊端百出，然而论及地方行政之弊，上不能见容于朝廷，下又为百姓所痛恨者，当数官员的揽财纳贿，贪酷害民。清代官场的吏治腐败、社会政治的黑暗，也突出反映为官贪吏虐，无视民瘼。由于各级衙门官长以权谋财，贪图私利，长官为官不清，放纵吏役祸国殃民，故广大士民对官员的贪污受贿无不咬牙切齿，朝廷对官场的揽权纳贿更是痛心疾首，而清廉为官不仅为朝廷所提倡，也为百姓所讴歌，自宋元以来，一些清官的形象经过戏剧加工后，就为人们所追慕膜拜。

知州、知县如何做官？怎样才能成为百姓心中的好官？明清以来，各类官箴书、地方政令法律文献多有论及，如为官之要在“清、慎、勤”，亦就为广大论者所津津乐道。前文对为官要勤亦有论及，但谈到清、慎、勤三字，历来又强调以清字居首，清人雅尔图就说：“从来言吏治者，不外‘清、慎、勤’三字，三者之中，‘清’之一字尤为紧要，若使操守不谨，虽小有才能，

---

① （清）陆龙其：《莅政摘要》卷下《御史》，载《官箴书集成》第二册，第640页。
② （清）徐珂：《清稗类钞·胥役类·例吏利》，中华书局1984年版，第5250页。

适足为济贪之具，品行一堕，则其人无一可取。”[①] 宋人真德秀亦曾说过：“士大夫万分廉洁，止是小善，一点贪污，便为大恶。三字之中，自以‘清’为第一义，官如不清，虽有他美，不得谓之好官。”[②] 古人强调为官要清，就是期望为官之人清廉自持，洁身自好，不为利益所诱，人在官场，要不为物欲所惑，因为贪取贿求，势必导致处事不公，审断不明，祸害百姓，败坏政风、民风。方大湜认为，官不可贪，官亦不必贪，官一旦犯贪，将导致坏心术、败风俗、损声名、干国法、辱祖宗、毒子孙，而且随之而来的可能是家丁挟制，书差耻笑，畏百姓上控，畏同寅多言，畏上司访闻。[③]

贪官大都以满足个人私欲为目的，为达到目的，他们往往不顾惜百姓的生死，对家道殷实之地方富户尤其垂涎欲滴，清人方大湜论及贪官之祸害富户，就曾经说：“循吏只知有民，惟恐穷民之不富，贪吏只知有己，惟恐富民之不穷。”[④] 如雍正时，吴县知县蔡益仁屡屡将魔爪伸向家道殷实的商贾、乡绅和涉讼者，甚至祸害无辜之人。据尹继善疏报，雍正五年（1727）十二月间，县民沈月之妻因与夫口角而自缢身死，知县蔡益仁知沈月家中穷困，无利可图，就威逼沈月捏造事实，将罪责嫁祸到田主金以新头上，命将金以新夹讯，以致屈打成招，蔡益仁也借此从金家勒取白银四百四十两。该官又指称程子修典铺违禁，质当黄铜，先则恐吓勒取，后又严加处罚，获取典铺商人白银六百两。雍正六年（1728）四月，有人控告乡绅慕嘉玉，蔡益仁见有利可图，先收呈不发，却密令书办、旧吏沈铨等人向慕嘉玉敲诈，勒取玉器等物。吴县知县还勒派铜商，雍正五年，蔡益仁就差遣县役五人，对欠铜各商进行勒派，先后获取白银五百六十余两，蔡益仁通过对铜商的勒取获得私利，造成了国帑亏损累万，纵然如此，蔡也不敢严追，对于各商私自回籍也

① （清）雅尔图：《檄示》上，载《中国古代地方法律文献》乙编第十册，世界图书出版公司2008年版，第257页。

② （清）方大湜：《平平言》卷一《清慎勤》，载《官箴书集成》第七册，第613页。

③ （清）方大湜：《平平言》卷一，载《官箴书集成》第七册，第605—608页。

④ （清）方大湜：《平平言》卷一《贪吏惟恐民之不穷》，载《官箴书集成》第七册，第608页。

不具报，吴令蔡益仁假手亲朋，滥刑吓诈，以饱填贪壑，听信蠹役，吮吸民膏，不仅秽声昭著，而且导致众怨沸腾。[①]

州县官为亲民之官，“凡民有疾苦，不能走千里、百里而诉之上宪者，朝夕可赴州县诉也”，但亲民之官，如不能做到清、慎、勤，则亦最为民害。州县之贪官足以害民误国，州县酷官之刻毒祸民亦不让于贪。州县行政，大要钱谷刑名而已，处置得当，则民自安，“造福固自无量”，若州县官“专以诛求刻剥为事，则其流毒于民生也实甚矣”。陈瑸认为，州县于刑狱、赋役、词讼贪赃枉法，其毒各不相同。对于刑狱，则“残忍成性，恣意淫刑，或毙杖下，或毙狱中，其毒在酷”；对于赋役，则“科一敛十，非时役使，私征私派，朘民肥己，其毒在贪”；对于词讼，则“听断不明，颠倒曲直，徇情屈法，盆覆含冤，其毒在暗”。[②] 贪、酷、暗之毒，其实多出于为官者之心存贪念。

康熙雍正时期，江苏的知州知县为官贪酷之事例并不少见。如雍正八年（1730），两江总督范时绎、苏州布政使高斌就题疏反映，宜兴知县裘印生为官酷劣。裘知县赋性残刻，草菅人命，无事生非，催科之时，将粮户施以重刑，连毙数命，又纵使匠书勒索，苦累粮民，“或将无辜之人寻衅倾家，或疑伊兄逼银，逼辱自刎”[③]。雍正九年（1731），苏州巡抚尹继善亦曾上疏题参盐城知县孙荫孙，孙身任盐城，并无善政，却贪赃枉法，草菅人命。[④]

州县事务以钱谷为重，而钱谷之弊亦多，自顺治时起，江南各州县的催

---

① （清）尹继善：《谨题为特参贪婪不法之员以肃国法以儆官邪事》，载《雍正朝内阁六科史书·吏科》第四十五册，第467—469页。

② （清）陈瑸：《陈清端公文集所载地方法制资料》，载《中国古代地方法律文献》乙编第六册，世界图书出版公司2008年版，第538—539页。

③ （清）范时绎：《谨题为特参酷劣之县令以重民命事》，载《雍正朝内阁六科史书·吏科》第五十七册，第484页。

④ （清）张廷玉等：《谨题为题明事》，载《雍正朝内阁六科史书·吏科》第六十九册，第39页。

科，就存在严重的加征、私征、勒取殃民的问题。[①] 官贪吏虐，导致民不聊生，故赋税征收从来就属于各州县吏治的重灾区域。地方私征、滥派、加征，往往都是起于州县官吏的贪心，也是有违清廷禁条的，然而从朝廷大员到地方督抚藩司，很难将这些禁令不折不扣地落实到各个州县的催科之中去，相反，私派、加征在江南向来是层出不穷。

康熙三年（1664），江宁巡抚韩世琦疏参昆山知县李开先与县丞张建极等“朋比婪肥”，张建极为昆山协部县丞，主管该县钱粮征收，却滥托匪类，朘削民膏，耗外加勒，依据惯例，该县白粮加耗，收银不过八十六两，而张建极委用冗役盛士选、俞允若，二人不顾朝廷禁条，加勒银一千二百八十一两，又于每石苛索样米使费银，计加收六百八十两五钱，昆山官役朋谋滥征，额外多勒，是否存在伙同分肥情弊，事后不仅朝廷怀疑，而且“舆论纷纭”[②]。

关于州县私征与地方吏治的关系，柴潮胜认为，康熙年间，各州县的私征火耗，是导致地方贪污成风、吏治败坏的根源，他曾说：

> 往者康熙年间，法制宽略，州县于地丁之外私征火耗，其陋规匿税亦未尽剔厘。上司于此分肥，京官于此勒索，游客于此染指。分肥，则与为蒙蔽；勒索，则与为游扬；染指，则与交通关说。致贪风未泯，帑庾多亏。[③]

---

① 清初，浙江总督赵廷臣就认为，顺治以来，催科不得其法，以致百姓受无穷之害，而州县催科最突出的问题是地方官不能寓抚字于催科之中，造成催科严重扰民。他指出，州县催科无法，其弊有八：“恶劳喜逸，不亲簿书，一也。假手户书，任其作奸，二也。止核里欠，不稽户欠，临比不清，移甲为乙，三也。里立图差，责比催办，入乡叱哮，坐索酒食，欠者贡金，完者代比，四也。一月六卯，勒限期迫，四乡之民，仆仆道路，公私咸误，五也。见征带征，并日而比，民无适从，而皆拖欠，六也。军需不可缓也，而开征则数溢于军需；协饷不可缓也，而追比则过倍于协饷；起存宜有后先之分也，而催征则无分于起存，七也。箠楚列于堂下，桚夹并于一刻，小民畏一时之刑，有重利轻贷，减价变产而不顾者，虽明知剜肉医疮，且救目前，不复计死，八也。”八弊之外，又有各种旁费，旁费既多，正供难完，以致困民累官。见（清）赵廷臣《请定催征之法疏》，载《皇朝经世文编》卷二十九《赋政四·赋役一》，《魏源全集》第十四册，第660页。

② （清）韩世琦：《参昆山县协部张建极额外多加并知县李开先扣克疏》，载《抚吴疏草》卷四二，第44—47页。

③ （清）柴潮生：《理财三策疏》（乾隆十年），载《皇朝经世文编》卷二六《户政一·理财上》，《魏源全集》第十四册，第514页。

雍正年间，实行耗羡归公。表面上看，此举诚为天下之大利，其实为天下之大弊。乾隆初期，柴潮生就指出，耗羡之征“向者本出私征，非同经费。其端介有司不肯妄取，上司亦不敢强”[①]。自归公之后，耗羡之征，视同国课正供，遂成为合法之征取，而州县官役出于贪利之目的，往往提高耗羡标准，加耗勒取似乎有增无减。雍正六年（1728），苏州巡抚陈时夏与布政使赵向奎就疏参署仪征知县何继曾重耗累民，定例，江苏各州县耗羡一项，止许加一征收，知县何继曾却为官贪庸，“任役朦混，经收新旧钱粮，每两加耗一钱四五分不等”[②]。雍正八年（1730），据江宁巡抚尹继善疏报，安东县征收钱粮时耗外加耗，任意勒取。雍正帝下令在全国实行耗羡归公以后，钱粮火耗原就不许加增，税课、牙帖亦均有定例，但安东知县程廷俨利欲熏心，利用蠹吏薛永谒等征收钱粮，“于正耗之外，每两多收耗银五分，索取票钱六文、八文不等，完纳田房税契，每两额外多取银三分，又勒索契纸每张银三钱，该县颁发牙帖四百余张，每张收银八钱四分”，其所加耗勒收之费，起解不及十之二三，其余多入私囊。另外，程廷俨对地方词讼之审理，也不分是非，任意混罚，影响十分恶劣。[③] 雍正十二年（1734），署两江总督赵宏恩疏参句容知县鲁弘瑜欺朦滥派。自雍正九年到任，句容“有私派贴费，每年共银二万余两”，又征派火把夫银、草场芦课等杂项，每两加耗一钱五六分不等，该知县对百姓难以承受的加耗又不能通详力革，以致地方赋额拖延难完，而且该县自留支用部分也存在弄虚作假情形。赵宏恩在核查该县册报时，就发现其“所载支用各数多属捏造”，疑有婪分情弊。[④]

---

① （清）柴潮生：《理财三策疏》（乾隆十年），载《皇朝经世文编》卷二六《户政一·理财上》，《魏源全集》第十四册，第514页。

② （清）陈时夏：《谨题为特参重耗累民之劣员等》，载《雍正朝内阁六科史书·吏科》第四十一册，第541页。

③ （清）尹继善：《谨题为特参玩法之劣员等事》，载《雍正朝内阁六科史书·吏科》第五十九册，第373页。

④ （清）赵宏恩：《谨题为特参欺朦滥派之县令以肃法纪事》，载《雍正朝内阁六科史书·吏科》第七十四册，第444页。

自清初以来，江南各州县官场就正气不足，贪风炽烈。自顺治时起，各州县的贪腐问题既表现为知州、知县个人的贪取受贿，也反映为州县佐贰、家人、吏役的积极效仿、巧取豪夺，甚至官长放纵、包庇吏役，官吏役通同作弊，营私分肥。康熙元年（1662）十一月，江宁巡抚韩世琦在题疏中，历数靖江革令程万里贪婪成性、形如虎狼的种种贪残害民行为。程万里系顺治年间靖江知县，在知县任内，他敛派需索，横征火耗，又获取各种使费、扛费，索取典铺器具，以致“各典被索不堪，遂欲罢市”，程又以奉文造船的名义，“辄封民间树木”，百姓之房前屋后，亦不能免，其意图是要借机从中获利，程万里又放纵吏役在地方胡作非为，其种种暴取婪求，难以枚举，百姓苦不堪言，此案最终被查处，且牵涉靖江官役甚众。程万里“赃私狼藉，罪恶贯盈”，革职处死，其非法所贪之赃变银部分入官，部分偿还原受害人。①

江浦知县程瑞赋性昏庸，居官疏纵，而且为人贪婪，秽迹彰闻。该县在其任内钱粮支解不清，胥役朋比为奸，需索常例，程瑞借讼勒取，甚至将贪婪之手伸向吏役，如该县就以“旧役张明与嫂为田土相讼，将明责禁，勒诈银三十两”，又勒措本县驿丞，“将应给盐菜款项银一百八十两答应往来差遣，止给一半”，致驿官韩自德等揭债赔累，屡屡跪求。② 据江浦县库书熊国政反映，程瑞为害地方之罪恶主要有：草菅人命、私派草束、裁减驿马、侵盗官银、贪占公文夫银、勒取富民、诬民捏贼隐赃，趁机勒索等事实，故熊国政认为，程瑞祸害江浦前所未有，“奇酷奇贪、大憝大恶，未有如江浦知县程瑞者”③。

顺康年间，娄县知县李复兴亦“贪庸成性，纵蠹肆奸，催科既已无能，婪赃偏尔工巧”。康熙三年（1664），江宁巡抚韩世琦巡历松江府时，察访得以细知其婪贿枉法种种劣迹，并上疏题参。据韩世琦疏报，李复兴任娄县知

---

① （清）韩世琦：《覆程万里招由疏》，载《抚吴疏草》卷十五，捌辑 6，第 209—212 页。
② （清）韩世琦：《覆犯官程瑞招由疏》，载《抚吴疏草》卷二六，捌辑 6，第 747—748 页。
③ （清）韩世琦：《犯官程瑞招由疏》，载《抚吴疏草》卷三二，捌辑 7，第 257—258 页。

县，仅顺治十六年到康熙元年四年间，该县就拖欠部寺钱粮多达十四万九百余两；该知县还通过私折私派，纵容蠹役清追，甚至陷害殷实之家，来获取个人利益，如“乘三十八保生员秦洞殷富，驾陷清占为名，亲至洞家，纵蠹唐伯英、吉祥、王良弼等朱单密擒”，秦家之人遭此变故惊散以后，李复兴责令拿问秦洞之亲戚宋圣卿，并对宋圣卿“酷刑楞责”，由此获银一百二十两。李复兴又假人命案勒取商贾，如纵蠹徐升朱票拿太和元记字号汪惟一，吓诈获银一百五十两，乘总甲袁敬报称地方事，差朱单吓诈图民陈元常，获银一百两，为贪财图利，李复兴用尽各种手段，不可谓不毒辣。①

吴县为江苏重赋之县，国课征收压力巨大，却有知县借追欠名义谋私祸民之事。如顺治十七年（1660），任维初任吴县知县，婪贿虐刑，钱粮有欠者受杖，皆鲜血淋漓，地方之民深受其苦。②

顺治以降，江南州县长官之属官、吏役及州县长官的家人种种不法行为，对地方政风、民风造成了十分恶劣的影响，对各地百姓的祸害达到了无以复加的地步。人们视吏役为虎狼，视衙差为盗贼，“府州县差至城市、乡村，狰狞咆哮，见者股栗”，民畏衙差吏役，因其以官府之名奉差民间，其所为系关百姓利益，其所祸甚于为官者，“江南大弊，唯此为尤”。康熙时，江苏巡抚赵士麟认为，州县的种种弊窦，无不源于滥差和衙蠹作祟。他在抚吴期间，对地方衙蠹之祸害民间有较深刻的体会和认识，在《抚吴条例》中，他就对此作了较为透彻的解说：

照得衙蠹之害，甚于虎狼，虎狼窜山泽而居，衙蠹锯市井而流毒者也；衙蠹之患，惨于盗贼，盗贼视殷富而劫，衙蠹虽贫者亦不免也。故蠹之为名，物从内伤，衙之为名，官假以翼，良由不肖有司狼狈为奸。有拴为心腹、抱鼠而眠者，有布为爪牙、肆恶而吞者。于是白牌朱票，骑马乘船，妇子为之奔窜，鸡犬于焉不宁，四境之

① （清）韩世琦：《参娄县知县李复兴疏》，载《抚吴疏草》卷五一，捌辑 8，第 467—468 页。
② （民国）《吴县志》卷七九《杂记二》，第 601 页。

内，骚然不帖席矣。[①]

然而，差票也可以贿得，一票在手，衙蠹、吏役便视为奇货，可以借公务之名，行祸害百姓之实，赵申乔对此有较为透彻的揭示：

……乃衙门蠹役耽耽择食，嘱通经承，贿买差票。经承受其贿嘱，朦胧禀官，一应号件，或钱粮，或词讼，事事差催，椿椿守提。此辈差票到手，便为奇货，呼群引类，驾船乘马，一到地方，要歇寓，要供应，要盘缠，要谢仪，稍不满欲，则借题挟制，凌虐属官，捉锁经承，必餍饱而后止，虽曰公务，实则营私，虽曰官差，竟同凶暴，下属碍于上司，只得吞声忍气，甚至一差未去，一差又来，初催之差甫到，违限之差又至，往来如织，威焰日张，俨如上司亲临，谁敢不为承奉。司道差役到府，则诸费派之州县，府差役到州县，则州县派之经承，经承又派之里下，昔人谓"驱数百虎狼于民间"，又谓"昏上一点朱，民间一点血"者也，诚可痛也。[②]

顺治至雍正年间，江苏州县的吏治腐败、官场风气的坯变，与蠹吏衙役为虎作伥，违规乱制有着密切的关联。一方面，为了获取不法利益，州县长官纵贪庇蠹，与吏役狼狈为奸，同分杯羹；另一方面，州县吏役本身又在履行职事的过程中需索婪求，捞取私利。顺治时，上海蠹犯侯觐玉、张逸凡二人就利用当差之机，贪求需索，获取私利。据江宁巡抚韩世琦疏报，侯觐玉原充顺治十五年（1658）上海县总书，张逸凡则为侯觐玉之副役，二人在经管当年上海县白粮事务时，"惟知需索陋规，指称佥点解粮，因而恐吓饱欲"，侯、张二人狐鼠朋奸，贪得入已之赃四百余两。[③] 顺治时，镇江通判王天纵纵贪庇蠹，婪赃累累。据韩世琦报称，镇江米折原有额银三千八百余两，王天

① （清）赵士麟：《抚吴条约》，载《中国古代地方法律文献》乙编第三册，第181—182页。

② （清）赵申乔：《赵恭毅公自治官书类集所辑地方法制资料》卷三《牌檄》，载《中国古代地方法律文献》乙编第五册，第555—557页。

③ （清）韩世琦：《题侯觐玉等援赦疏》，载《抚吴疏草》卷四，捌辑5，第432页。

纵之役祁文孙仅认承五百五十余两，已抵作十一年钱粮减编，对于其余银两则未算作何销除，亦不见银之所在。① 巡检原本为催差之员，职司捕盗，但顺治时的舟头司巡检王应乾不仅本人为人贪诈，而且与官役、司兵狼狈为奸，扰害乡里，引发民愤，经按察使柳天擎审理得知，王应乾为人本性贪劣，"构诈嚼民，书役竟同猫鼠，假威肆虐，司兵尽属爪牙"，他们祸害乡邻，恶贯满盈，如借人命而婪诈人银米，与徐抱廉官役分肥，又诬盗窝而拷炙无辜之人，以获取利益。② 康熙二年（1663），据韩世琦疏报，蠹犯林乔等二十七案，共贪赃银七千九百六十余两，涉及案犯众多，其中蠹犯方印成借贴费索银，经管条银勒索，借掣批婪取，诈赃甚多。③ 句容蠹胥刘元勋，借讼恐吓婪求，勒诈规礼，恶迹彰闻。④

雍正时，宿迁试用知县靖乃成纵容家人、衙役收受赃私，讳匿人命案真相造成的影响十分恶劣。雍正六年（1728）十月，据江南总督范时绎题报，靖乃成目无法纪，草菅人命，宿迁县所属归仁集地方有苏汝韶等将曹三魁打死弃尸，案事上报到县衙以后，靖乃成并不据报察查相验，却"纵容家人、衙役受赃，任其私和"，而案犯苏汝韶也将死尸讳匿，致使死者蒙冤，后经臬司衙门等员查访揭报，方才真相大白。⑤ 吴县知县吴栋不仅本人徇私受贿，而且纵役玩法。据苏州巡抚乔世臣题报，绍兴银匠陈德升来苏州开店，其所经营钱粮却掺杂使假，灌水作弊，先经藩司检查属实，发经吴县究审，先已有命令取缔其经营权，解归原籍，但陈德升通过贿赂知县吴栋等人，仍在苏州开店，经布、按二司会同苏州知府衙门严查，查出陈德升之兄陈善先等人先

① （清）韩世琦：《王天纵请赦疏》，载《抚吴疏草》卷五，捌辑 5，第 474 页。

② （清）韩世琦：《张文等招疏》，载《抚吴疏草》卷十，捌辑 5，第 732 页。

③ （清）韩世琦：《覆方印成招由疏》，载《抚吴疏草》卷十八，捌辑 6，第 406 页。

④ （清）韩世琦：《覆刘元勋招由疏》，载《抚吴疏草》卷十九，捌辑 6，第 427 页。

⑤ （清）范时绎：《谨题为特参讳命县令等事》，载《雍正朝内阁六科史书・吏科》第四十五册，第 174 页。

曾向知县吴栋及该县书办、衙役等送银行贿，从中打点诸事。[①] 雍正十年（1732），巡抚乔世臣题参丹徒试用知县缪远征收漕粮之时，与蠹役婪收分肥，该县征收漕粮，斛面加浮，故意泼洒，巧取余米，“又与斛面浮满，将所余米私议折银，缴官分肥”[②]。清代漕粮征收之弊甚多，江苏各州县收漕过程中，吏役与州县将余米析分也极为常见，丹徒知县与该县婪收分肥，算得上类似案例的一个典型。

清代江苏各州县为何从清初开始就政风不正，贪贿成风呢？清初以来，江苏州县的贪婪风气是如何形成的？这是一个发人醒思的话题。就制度设计而论，在清统一全国之际，清王朝从中央到地方，机构设置因承明制，但与明王朝情形不同之处在于：其一，针对制度漏洞和人为大肆贪腐的行径，清初在完成全国统一以后，并没有采取像明太祖朱元璋那样急风暴雨一般惩治贪腐的行动，清初的统一战争持续时间长，海陆疆的经营花费力气多，康熙中期以后，在维持大一统之局和以平和治天下的为政主旨指导下，清廷始终没有将大刀阔斧惩贪治腐和不间断地惩治贪贿作为奉行不渝的国策；其二，清承明制，但不能忽视的是，明末以来吏治崩坏的政风，对新兴的清王朝也有着不可忽视的影响。清王朝对明朝的党争十分警惕，对宦官专权、厂卫横行亦非常忌讳，明朝的一些官员在新朝任职以后，虽不敢如在前明为官时那样无所忌惮，但明末政坛的歪风邪气也带进了清初的官场，并得到进一步的发展。顺治年间，曾任江西巡抚的蔡士英在其《到任条约通示》中，就谈到了当时地方官场十分流行的馈送之风。

> 馈送成风，坚不可破，以一州县之力供应数十上司，竭情尽致，乃得逢迎，而欲责州县以廉耻，岂可得乎？况节期、生辰、到任、

---

① （清）乔世臣：《谨题为特参为婪赃纵役之县令等事》，载《雍正朝内阁六科史书·吏科》第六十六册，第658页。

② （清）乔世臣：《谨题为特参收漕婪索等事》，载《雍正朝内阁六科史书·吏科》第六十七册，第470页。

饯送，升转公出同送、私送诸名色，其中下程书仪、币帛、古玩，不一而足，更有不肖巧宦潜通内宅，私托衙役，暗地输金，取宠固爱，因而上官缘厚薄为喜怒，贤否考语立分优劣。[①]

从顺治起，地方官风不正，馈送成风，下级官员应付上司，名色众多，又不得不竭力逢迎，以致朝廷对地方各级官员的考成优劣之判，成为上官操纵的工具，官场是非颠倒，歪风邪气盛行。清初的江西如此，江南各地又何尝不是如此。康熙时，曾任江南江西总督的一代廉吏于成龙，在走马上任之际，就对两江地方官场的馈送之风有过描述，并在《兴利除弊条例》中明令严禁馈送。

从来寡所用斯廉所取，未有用之极繁多，而取之能廉洁者也。本部院访得，两江官员专事弥缝，惟尚交际，司、道、府、厅、州、县，生辰、令节、到任、署印、卸事，自下而上，无不递相馈送，视地方大小，区别等差，盈千累百，目为旧规。于是官评之贤否，吏治之勤拙，俱不可问。且此等之馈送，不出于钱粮之加征火耗，则出于词讼之婪取赃私。以小民之膏血，供多官之结纳，民生何以得遂，物力何以得阜也。本部院下车，清介自持，誓不受属员一毫馈送，尔斯道、府、州、县，务期共相砥砺。[②]

顺治年间，曾官居河南巡抚的贾汉复，对当时官场馈送行贿之风积习相沿也痛心疾首，他曾说："在下官剥民膏以取媚，在上司徇情面以优容，猫鼠同眠，贤愚莫辨，其职业之修废，官箴之贤否，则竟置之罔问，言及于此，既可赧颜，更堪切齿。"[③]

惩戒贪婪，剔除官场积弊，为致治之关键。自清初以来，无论是朝廷，

---

① （清）蔡士英：《到任条约通示·禁馈送》，载《中国古代地方法律文献》乙编第一册，第16页。

② （清）于成龙：《兴利除弊条约·严禁馈送》，载《中国古代地方法律文献》乙编第一册，第416—417页。

③ （清）盘峤野人辑：《居官寡过录》卷三《饬禁馈送》，载《官箴书集成》第五册，第68页。

还是地方官民，都意识到官场贪腐的严峻形势。清代律法有惩贪之条，凡侵贪挪移以及滥刑枉法，皆属官役自犯，谓之私罪，官役犯私罪者，“皆孽由自作”①，根据情节轻重加以议处。② 或题参降革，或加以刑责，重者坐以极刑，祸连妻子家族，但无法禁绝后来。

康熙二十六年（1687）十一月，圣祖针对参劾贪官多无实据，举报之员往往反坐，曾重启风闻言事之议，并将此议交九卿科道等官确议，其谕曰：

> 凡参劾贪官，其受贿作弊处，因身未目睹，无所对据，恐言事不实，不行参劾者甚多。今间有弹章，亦止据风闻参劾耳。苟非通同受贿，何以深知？天下岂有通同受贿，而尚肯题参者乎？自来原有风闻之例，世祖皇帝时及辅政大臣停止。今再行此例，贪官似有畏惧。若有挟仇参劾者，必须审明，果系挟仇，自有反坐之例。将此谕着九卿确议具奏。③

但在经过九卿、詹事、科道会同详议以后，众臣认为，风闻参劾，自古未有，“明末始有此例，复设立厂卫衙门，故不肖之徒各结朋党，争立门户，互相仇害，借端风闻，姿（恣）肆妄议，祸及边疆”，世祖时以明亡为鉴，已明令禁止风闻言事，“今又行风闻之例，恐不肖之徒借端吓诈，阴挟私仇，转相请托，谗构横行，亦未可定”④。一旦出现如此局面，势必后果不堪设想。九卿等朝臣的意见并非危言耸听，毕竟明亡不远，但风闻参劾贪官之议，亦因此搁置不行，有贪必揭，只要风闻其事，则可予以举报也难以做到。

“国家澄叙官方，首严墨吏”⑤，清廷对于州县贪腐问题的治理，既有科道

---

① （清）汪辉祖：《学治臆说》卷下《私罪不可有》，载《官箴书集成》第五册，第 291 页。

② 关于清代反腐律令条文及地方吏弊防治的研究，学界已有一些成果，主要有：高进：《清代的吏弊与律例惩治》，《西南大学学报》（社会科学版）2011 年第 1 期；周保明：《清代县衙吏役的内部管理》，《北方论丛》2006 年第 1 期；周保明：《清代地方吏弊防治思想及其变化》，《社会科学》2009 年第 6 期；鉴于学界已有论述，故此不赘述。

③ 《康熙起居注》，康熙二十六年十一月二十日乙未，第三册，第 506 页。

④ 《康熙起居注》，康熙二十六年十一月二十一日丙申，第三册，第 507 页。

⑤ （清）汪辉祖：《学治臆说》卷下《不节必贪》，载《官箴书集成》第五册，第 288 页。

的举劾，又有地方大员诸如督抚藩臬等官的题参。清王朝惩贪之法国家有律法，朝廷有禁令，吏部有考成，表面上看，制度的设计甚严，操作性强，不容忽视的事实是，清廷惩贪之法虽严，而宽纵更甚，守法无信。虽有法，不足以立威于天下；法虽綦严，人不畏法，则与无法同。对此，储方庆在《立法议》中阐述得极为透彻。

> 国家惩贪之法綦严矣，官得赃满十两，吏得赃满一两者，坐以流徙，绞斩之罪，视其赃之多寡递加焉。然赦宥亟行，宽纵者众，臣窃叹朝廷之立法何其严，用法何其宽也。夫立法严，则人无所措手足；用法宽，则人将狃于法，轻犯之而不以为惧。故善立法者，不为不近情之科条，使天下有以守吾法。而不幸有小人焉，冒昧而犯之，则示天下以必信，而无所事于亟行之小惠。是以天下之犯法者少，而人主之法，足以立威于天下。①

然而，在清朝极端专制化的政治体制下，要做到信守律法，立法既严，用法亦严，实不可能。如前所述，顺治年间，官场就贪风弥漫，上官包庇下属，州县长官与属僚吏役猫鼠同奸，官以吏败，贪贿公行，成为难以遏制的态势。江苏作为清帝国的财赋之区，更是有过之而无不及。

四、办事拖沓与江苏州县官的怠惰溺职问题

知州、知县之治理地方，“国课不可缓，民生蹙于下，左右蔽其明，刑讼扰其智”②。州县长官虽为百里之寄，但朝廷期以振作，百姓盼望安康，以一人综治一方，又事涉钱谷、刑名、教养等，责任可谓重大。州县官对地方诸务，怠慢大意不得，一旦怠惰，必致地方蠹役奸徒为害，百姓更是不得安生，

① （清）储方庆：《立法议》，载《皇朝经世文编》卷十九《吏政五·考察》，《魏源全集》第十四册，第201页。

② （清）徐栋：《牧令书》卷二《政略·为宰议》，载《官箴书集成》第七集，第61页。

故清人徐栋认为，怠惰之为祸有甚于贪酷。

> 怠之祸人，甚于贪酷，贪酷有迹，著在人口，阘冗之害，万难指数，受者痛切肌肤，见者不关疴痒，闻者或且代为之解曰："官事殷忙，势不暇及。"官遂习为故常，而不知孽之所积，神实鉴之。①

清代江苏州县官的怠惰溺职，主要反映为他们对地方事务不能及时料理，平素办事拖沓，以致案事堆积，县务丛脞，朝廷、上司对其不满意，百姓对其多怨声。突出反映为钱谷刑名诸务限内不能完结，册报逾限，吏役亏空无追，新老官员交接不及时，人犯缉获不力，审断一拖再拖，甚至钦件违限成为常态。

自清初以来，江南地方各官办事就多有不力，而且拖沓成风。据江宁巡抚韩世琦反映，江宁、苏州、松江等五府"向来官吏踵习因循，一切奉行事件，每经驳勘，动辄经年"。康熙元年正月，韩世琦被简派为江宁巡抚，受事之初，韩察查前抚所遗之案事，多至三百三十三宗，这些案事"有限已及期而事需详核，亦有限久逾违而历岁难完"②。康熙二年（1663）六月，常州知府陈翼鹗亦反映所属各县情况说，自其职任常州知府以来，"无日不以钱粮为念，无刻不以催科为事，朝夕拮据，寝食俱废，严督各属，勒限各年钱粮刻期如数完解计额，仰副严限，以济军需，无奈县令玩习成风，任呼不应"。身为无锡县知县的陈泰和就"慢不征比"，江宁巡抚韩世琦心急如焚，"始以檄催札催，继以专差守催，不啻计穷力竭，而该令陈泰和顽冥如故，毫无应解"③。

康熙三年（1664），据韩世琦疏报，当时江苏各府钦件的违限已成为一种常态。苏松地方赋重事繁，料理确实不易，但各级官员对地方事务不能留心详察，励精筹划，也造成"案牍日积，成限有违"，苏、松司道等员就"玩愒

① （清）汪辉祖：《学治说赘・勤怠之分》，载《官箴书集成》第五册，第310页。
② （清）韩世琦：《请展限疏》，载《抚吴疏草》卷一，捌辑5，第319页。
③ （清）韩世琦：《参无锡陈泰和误饷疏》，载《抚吴疏草》卷二四，捌辑6，第657页。

成性，草率从事，凡奉行紧件，既不肯如期详覆，又不能确核妥报”，抚臣虽屡屡严催驳究，各类事件亦难如期完结。[①] 同年三月，据韩世琦反映，松、常、镇三府各类钱谷刑名之事未完者甚众，“案积如山”[②]。康熙二十三年（1684），圣祖以汤斌为江苏巡抚，汤斌初任时的江苏也是“文案山积”，康熙帝以汤斌抚江南，是“冀有所变革”，但清初以来从中央到地方各级机构，办事拖延推卸，官场风气已难以扭转。各直省如此，中央各部院亦无不如此。雍正元年（1723）五月，监察御史汤之旭就曾反映，各部院之案事延误不办，不能依限完结的问题，“宸衷虽屡经严饬，而积习骤难改易”，部司各官“推卸游移，坐废时日，事之寻常者，以忽略而稽迟，事之重大者，以畏难而濡滞”，“稍有意见不合，又令展转改换”[③]。

康熙初年，江苏地方官员在走马上任之际，有的就迁延拖沓，未能及时抵任，尤以州县等员较为突出。康熙四年（1665）六月，据江宁巡抚韩世琦疏报，清初的江苏地方缺官甚多，新员往往久不抵任。[④] 而在此前的康熙二年（1663）十二月，吏科官员就曾疏报，江南等省地方赴任各官，违限到任的情形非常突出，在其开列的违限到任的府县等员名单中，有华亭县丞聂兆元、金坛湖溪巡检沈良期、镇江府同知李贻谷、靖江县新港巡检赵琨等人，他们到任违限短则二个月，长则半年以上[⑤]，有的官员甚至在吏部严催屡促的情况下，都不见到任。康熙三年（1664）十二月，据江抚韩世琦疏报，江苏等五府各州县已补之新员共有十二人，一时皆杳不赴任，江南州县多属冲繁重地，“刻难乏员，降革候代之官，精神既已不振，而委署者，又鲜兼理之才，新员因循不至”，在各州县职有正官的情况下，“犹虞丛脞，以贻参罚”[⑥]，各地一

① （清）韩世琦：《参正二月限满钦件各官疏》，载《抚吴疏草》卷三五，捌辑 7，第 432 页。

② （清）韩世琦：《参承问吴国誉一案怠忽各官疏》，载《抚吴疏草》卷三七，捌辑 7，第 538 页。

③ （清）汤之旭：《谨奏为案件之迟延有由敬呈管见所祈睿鉴事》，载《清代吏治史料》第二册，第 951—952 页。

④ （清）韩世琦：《吴县知县冯天相丁艰疏》，载《抚吴疏草》卷二九，捌辑 7，第 116 页。

⑤ （清）韩世琦：《李贻谷等赴任违限疏》，载《抚吴疏草》卷四二，捌辑 8，第 22—24 页。

⑥ （清）韩世琦：《催未到各官疏》，载《抚吴疏草》卷五十，捌辑 8，第 424—425 页。

时缺官甚多，新员不能限内到任，韩世琦作为一省之巡抚，实在是心急如焚。

江苏府县等官赴任违限，或系因病延误，如镇江府同知李贻谷“受事未几，即患痰症，动履艰难”①，久医无效。亦有托故逗留，延误时日者，但较多的是因公延误，或本人因在前任内交代不清而耽搁，或因离任之前官不能按时交割而拖延，如钱谷未完，刑案未结皆耽误州县官正常交接。

清代新旧官员事务的交接或交代，通常又称为交盘。清代的官箴书对新旧官员交接之通查手续多有论及，并对官员交盘时应当注意的事项也多有提醒。州县官交盘以钱粮为最紧要，新官到任，对接收库项，“照前任移交存库银钱及赃罚杂征册簿”，应逐项仔细查检，② 对前任官员任期内每年应征地丁正耗及各项银粮完欠，要如实册报具结，交盘涉及的钱谷物资主要有驿马、仓谷、杂项钱粮、赃罚、赎锾等项，有的虽不入奏报，属于留作州县支用之项，但也不能疏忽。③ 否则，后任之官就得为前官所欠偿还旧账。

> 交盘受授，不但正项本折要查，即杂项钞课通要查也，若疏忽接收前官之空缺，必责后官之补苴，无论接征之千金百镒，难以仔肩，久欠之一丝一忽，亦必清理，盖丝忽之赔补虽易，若不查出勒令清偿，或致遗忘，部驳则不及一分之处分，则归接管矣。④

新旧官员交盘不能按时完结，主要是前任官员任内钱粮不清，将已征正耗侵挪混支，导致钱粮去向不明，亏空难补，而这些未完之项又难以一时追回，州县官交盘的迟延，亦造成新旧任不能正常完成地方事务的交接。

交盘迟延，是清代官场办事拖沓的具体体现。自顺治始，这类现象在江苏地区就属于频发性的问题。康熙四年（1665）正月，江宁巡抚韩世琦题报说，苏州府新任同知郑元干赴任违限超过半年。经查，郑元干在肃州曾署理

---

① （清）韩世琦：《覆李贻谷等赴任违限疏》，载《抚吴疏草》卷四二，捌辑 8，第 24 页。
② （清）徐栋：《牧令书》卷二《政略》，载《官箴书集成》第七册，第 47 页。
③ （清）万维翰：《幕学举要·交盘》，载《官箴书集成》第四册，第 743 页。
④ （清）潘月山：《未信编》卷一《钱谷上·交盘》，载《官箴书集成》第三册，第 13 页。

监收通判事，其任内接管钱粮未行交割，须待“交待明白，方得启行”[①]，属于因公稽迟。康熙六十一年（1722）十一月，据江宁巡抚吴存礼题报，署上海县印郑山，在新任知县傅之诠到任两个月后，仍未将署任内经手钱粮与傅交割，[②] 以致上海新任知县无法对地方实行正常接管。雍正元年（1723）三月，吴存礼题参署清河县印、沭阳知县黄腾冠，因其交代迟延，任内经手钱粮，两个月限满仍未查明结报。[③] 同年七月，署理江宁巡抚何天培题报，无锡署印同知杨安，无锡知县武承谟，常熟署印、崇明知县王廷灿三人离任，任内经手钱粮均限满未能交代，亦未报明原因。[④]

康熙雍正年间，江苏各州县因钱粮办理带来的问题多，如官役侵欺，州县及上司挪移，征解手续不健全等。而州县办事拖沓也造成钱粮料理不及时，钱粮亏欠完补无期，库银盘查迟延，钱粮解部推延，册报不及时等问题。

清代江苏各州县钱粮逋欠难完的问题非常突出。或欠在官，或欠在民，但欠官其表象是欠，其本质为官吏侵挪国课，是将已征钱粮或挪作他用，或私相侵占，官吏本不该得。也有些州县民欠为数不少，或因水旱失收，或因赋重难完，但也有已征在官为吏役侵蚀，仍捏作民欠的。

自清初起，朝廷为防备州县作弊，就令地方按期编制《赋役全书》，以防止州县在征额上作弊。“《全书》者，州邑钱粮、丁口之数，以及起解、存留支给各款，具备载之也，天下《全书》悉达户部”[⑤]，如此一来，州县钱粮之多寡、轻重，地方田地之大小、肥瘠，皆在朝廷掌握之中。为防止吏役催科祸民，清廷规定州县在田赋征收之前编制由单，直接通知粮户“按亩输赋之数，抑所以杜奸贪、额外多征之弊”[⑥]，由单例应于当年粮赋征收之前，先行

---

① （清）韩世琦：《覆郑元干到任违限疏》，载《抚吴疏草》卷五一，捌辑 8，第 501 页。

② （清）隆科多等：《谨题为钦奉恩诏事》，载《雍正朝内阁六科史书 · 吏科》第四册，第 253 页。

③ （清）隆科多等：《谨题为钦奉恩诏事》，载《雍正朝内阁六科史书 · 吏科》第七册，第 302 页。

④ （清）隆科多等：《谨题为钦奉恩诏事》，载《雍正朝内阁六科史书 · 吏科》第十册，第 28—29 页。

⑤ （清）黄六鸿：《福惠全书》卷十，载《官箴书集成》第三册，第 224 页。

⑥ （清）韩世琦：《参徐为卿迟发宜兴十六年分由单疏》，载《抚吴疏草》卷十，捌辑 5，第 734 页。

颁发，“原欲使小民预知钱粮数目，以便照数完纳，方可杜私派横征之弊”。根据清初定例，各州县“开征头年十一月内将次年额征项款分晰刊刻”①。次年开春前，各州县以由单的方式通知当年各粮户的征额。由单为州县催科之依据，定时颁发由单，受到上自朝廷、下至督抚藩司的重视，但顺治以来江南各州县由单违误迟发的情况非常频繁。据韩世琦题报，顺康年间，江南五府就多次出现各州县由单迟发之事，如常州府宜兴县顺治十六年（1659）分民户由单的颁发就迟误拖延，“至十七年八月始克画一颁示”②。康熙六年（1667），江宁、苏州等五府所属州县由单送部，比原规定时间晚到一个半月有余，③ 各地颁发给粮户的由单，定例于当年春间交付给百姓，但据韩世琦题报，苏州等处顺治十八年（1661）的由单至十二月初一日，该府尚未发给粮户，十七年（1660）的由单，至十八年七八月间始颁发给粮户，造成有司催征无据，只能以往年额定进行初征，绅民无所适从，因而拖欠。④

州县钱粮为官侵吏蚀，主要是因为钱粮征解中的监管不严所致，凡银粮去处只有二途，不在官，则在民，“其拖欠在民者，应于里甲行追，已征在官者，应于官役名下行追”⑤。钱粮征收在库，地方则需严加看管，及时盘查。各省钱粮解运，“有印官亲解者，有该吏承解者，有里长自解者”⑥，规例不同，但以州县吏役承解较为多见。顺治以降，江苏各州县钱粮的征收、管解不力，事务料理拖延，也是无时不有，无处不在的。《清代吏治史料》《雍正朝内阁六科史书·吏科》等档案资料就载录了数以千计由该省督抚呈报，吏部汇题的州县官员承缉、承追、督催不力、承查迟延的事件，这些钱粮税款

---

① （清）韩世琦：《覆苏松常三府属顺治十七、十八年分由单疏》，载《抚吴疏草》卷十七，捌辑6，第311—312页。

② （清）韩世琦：《参徐为卿迟发宜兴十六年分由单疏》，载《抚吴疏草》卷十，捌辑5，第734页。

③ （清）韩世琦：《覆康熙元年由单迟误职名疏》，载《抚吴疏草》卷十四，捌辑6，第174页。

④ （清）韩世琦：《覆苏松常三府属顺治十七、十八年分由单疏》，载《抚吴疏草》卷十七，捌辑6，第311页。

⑤ （清）潘月山：《未信编·钱谷上》，载《官箴书集成》第三册，第17页。

⑥ （清）潘月山：《未信编·钱谷下》，载《官箴书集成》第三册，第65页。

大多属限满未完之项，由于地方办事拖沓，造成这些款项久欠难完，甚至杳无着落。如雍正元年（1723）六月十五日，由吏部尚书隆科多汇题上报的康熙六十一年（1722）十月下旬州县督催、承催不力全国各直省六十余项事件中，包括江苏、上海、上元、江阴、桃源等八起限满未完事件，涉及学租、变价、牙税、商税、马价等各类款项。[①]

钱物解运不及时，不仅会直接造成军需、"上供"的紧绌，而且容易滋生挪移侵蚀之弊。康雍年间，州县已征在库的钱粮物资，往往解运不及时，如康熙元年（1662）八月，江宁巡抚韩世琦就疏报，常州府解官崔捷领解顺治十二、十三两年的棉布物料，延至顺治十七年才解运到部。[②] 康熙三年（1664）四月，韩世琦疏参松江知府郭廷弼，因为该府差委青浦县巡检刘世善领解康熙二年（1663）本色颜料解运赴部，却于途中迟延逗留四个月之久。[③] 据江宁巡抚吴存礼咨报，常州府康熙五十九年（1720）分的各项余剩料价银一千八百八十余两，该府差委照磨唐岑昆领解，于康熙六十年（1721）二月内起程赴部，其间，延误拖沓，户部曾四次行文催促，历经三年有余才解送到户部。[④] 清代定例，解送钱粮十月内押运进京缴纳，由于地方选人不慎，解官溺职，以致有误国帑。

由于州县事务不能按时料理，钱粮亏空拖欠，地方各类册报也无法正常报送各部。康熙元年（1662）三月，据韩世琦疏报，各直省顺治十八年工属钱粮，到岁暮解运到部的寥寥无几，由于州县的拖延，工部也见不到藩司的册报，朝廷陵工所需一切工料等项难以办理。[⑤] 清代各省镇营制马步兵丁所用之盔甲、器械、火药等项，定例以每年三月为期，造册送工部查检，但据江

---

① （清）隆科多等：《谨题为钦奉恩诏事》，载《清代吏治史料》第二册，第1026—1034页。

② （清）韩世琦：《常属棉布迟误各官俱在赦前疏》，载《抚吴疏草》卷十，捌辑5，第738页。

③ （清）韩世琦：《参松江知府郭廷弼稽迟二年颜料疏》，载《抚吴疏草》卷三八，捌辑7，第577页。

④ （清）隆科多等：《谨题为题参事》，载《清代吏治史料》第六册，第3219页。

⑤ （清）韩世琦：《题参工属钱粮藩司不行造册疏》，载《抚吴疏草》卷一，捌辑5，第337页。

抚韩世琦疏报，顺治十七年分各省应报军器册籍多数俱未造册报部。盔甲、器械、火药等项，皆属军工急需，事关钦件，各省不行严查造报，督抚则以空文咨请宽限，由此可以看出，官场拖沓、疲玩，不顾国需军情紧急，在清初就颇为流行。①

康雍年间，各类钱粮的征解迟延和事件的料理拖沓，导致各类册籍报送延误的情形非常普遍。以雍正年间为例，如雍正元年（1723）四月，据户部咨称，雍正元年起运康熙六十一年分漕、白二粮，按惯例应于正月内，造具开帮文册详题，但苏、松、常三府监兑官并无册报，以致无凭汇转。② 同年五月，漕运总督张大有指参扬州府应造仓漕奏册迟延。根据定例，康熙六十一年起运六十年漕项钱粮，例应来年奏销，但该府并未按时呈报奏销册籍。③ 又据户部咨称，苏、松、常、镇四府，康熙六十一年起运六十年随漕钱粮文册奏限已过，却迟迟不见苏、松、常三府的官员将文册呈报到户部。④ 各州县义田租米征收造报，本应于每年五月内呈送至户部，但溧阳、常熟二县康熙六十一年义田租米的征收，至雍正元年七月仍未见报送册文。⑤

府县钱粮造册呈报，不仅涉及征解完欠、地方支用情形，而且有的事关民生，如灾赈、民欠的蠲免。应对地方急情方案的报送，就需要朝廷及时回应，但在雍正年间，江苏有些州县对急件的处理就明显滞后。以灾赈为例，据江宁巡抚吴存礼题报，康熙六十年（1721）秋，上元、句容等州县因大面积旱灾歉收，地方先已题报朝廷，由各州县捐银煮赈，之后，户部行令各州县将赈过米石数目造册，但句容、金坛、宜兴、吴江等七县皆未按时造册申送。⑥ 赈饥虽由地方主持，但项款的捐拨、支用和施赈方案的制定落实，实际

① （清）韩世琦：《十七年分各标营军器火药册迟误疏》，载《抚吴疏草》卷五，捌辑 5，第 478 页。
② （清）隆科多等：《谨题为钦奉恩诏事》，载《雍正朝内阁六科史书·吏科》第八册，第 297 页。
③ （清）隆科多等：《谨题为钦奉恩诏事》，载《雍正朝内阁六科史书·吏科》第九册，第 57 页。
④ （清）隆科多等：《谨题为钦事恩诏事》，载《雍正朝内阁六科史书·吏科》第七册，第 316 页。
⑤ （清）隆科多等：《谨题钦奉恩诏事》，载《雍正朝内阁六科史书·吏科》第十册，第 35 页。
⑥ （清）隆科多等：《谨题为钦奉恩诏事》，载《清代吏治史料》第一册，第 217 页。

上都离不开朝廷支持和民间的参与，实施效果更是直接关系到百姓生存状况和地方社会的稳定。明清时期，地方因赈灾不力而被参处，由赈灾引发群愤亦有发生。据两江总督常鼐题报，康熙时，吴县刘承裔因赈济饥民，将地保重责，奸民陈茂文等借机煽动民众，激起民变，以致居民罢市。①

“凡谳讼依违不决，最能累民。”② 明清之时，官箴书对词讼久拖累民问题有较多的论及。袁守定认为，词讼速结则诸弊不作，否则百弊滋生，他曾经说：

> 办词讼无他术，止速审结，则诸弊不及作，而民受其福。若拖延岁月，不特奔走守候，费时损功，而证佐饮食之，书差勒索之，讼棍愚弄之，百弊丛生，而所费多矣。尝见有构一讼而为之破家者，是果谁之过欤？③

《牧令书》论及词讼之为害，则曰：“小而结怨耗财，废时失业，大且倾家荡产，招祸亡身。”④ 在谈到词讼之累和词讼之费时，徐栋与袁守定的看法亦大体一致：

> 一词准理，差役到家，则有馔赠之资；探信人入城，则有舟车之费；及示审有期，而讼师、词证以及关切之亲朋相率而前，无不取给于具呈之人。或审期更换，则费将重出，其他差房陋规，名目不一，有官法之所不能禁者，索诈之赃又无论已。⑤

词讼最能见为官者之明暗，清代地方案事审断的诬枉问题难以尽述，后文再酌加讨论。康雍年间，江苏州县官场的拖沓成风，亦突出反映为案事查处不力，审理拖延，限满无获，甚至对案犯羁押不审。

---

① （清）隆科多等：《谨题为钦奉恩诏事》，载《清代吏治史料》第一册，第493页。

② （清）袁守定：《图民录》卷二《讼不决最累民》，载《官箴书集成》第五册，第201页。

③ （清）袁守定：《图民录》卷二《词讼速作则诸弊不作》，载《官箴书集成》第五册，第197页。

④ （清）徐栋：《牧令书》卷十七《刑名上·戒讼说》，载《官箴书集成》第七册，第393页。

⑤ （清）徐栋：《牧令书》卷十八《刑名中》，载《官箴书集成》第七册，第400页。

顺康年间，江苏州县命盗等案就存在长久搁置、不加审理的问题，有的案件短则数年不问，长则十余年不结，甚至已审过的案犯，羁押不遣。如康熙元年（1662）六月，据江宁巡抚韩世琦题报，军犯刘开靖一案，顺治十五年（1658）十一月已审结，应批发临山卫充军，但至十七年（1660）三月，刘开靖仍延挨未遣。[①] 顺治十二年（1655），朱胡子劫盗杀人案主犯枭示正法之后，其余涉案人犯久未审结，不仅长洲知县王任等借口改招，不行审解，苏州府、苏松道等相关衙门官员亦不将案犯解送抚臣审题，该案辗转移送，前后历经十一位地方官员之手，各官无不迁延拖沓，至康熙元年，历经七年之后，该案仍属沉狱未结。[②] 长洲县陈心垣等人伪造牌印，谎称缉拿、吓诈财物案亦属久拖未结之案，此案先后历经张中元、蒋国柱、朱国治等多位抚臣。顺治十二年（1655）六月，部文即已送达地方，却久未审理，知县王任“藉按臣批词发厅为诿，久不解审”，其后，历任知县转详拖延，苏州府、苏松道覆勘迟误，至康熙初，巡抚朱国治离任，该案仍未审结。[③] 康熙二年（1663）二月，韩抚疏报的周三致死案亦属多年沉狱，久未结案，该案生发于顺治十一年（1654），昆山解差沈玉奉命押解斩犯周三会审，周三于途中对沈玉“泼肆骂詈”，回县收监后，沈玉将此情告知同役周行，周行遂执持棒槌重伤周三，数日之后，周三毙命于狱中，周行初定拟绞，沈玉等亦各问拟徒杖，后援恩诏减等有差，并奉旨再行审理，但该案从昆山县至江省按抚，屡经批发周转，下属总是慢不解审，以致前后拖延十年之久。[④]

其实，顺康年间，江苏地方命盗等案沉搁十年，甚至十几年未结的，也极为常见。江宁巡抚韩世琦在《抚吴疏草》中，专门题报的各州县沉案、要

---

① （清）韩世琦：《参徇纵军犯刘开靖迁延不遣各官疏》，载《抚吴疏草》卷九，捌辑 5，第 650—651 页。

② （清）韩世琦：《覆朱胡子一案迟误疏》，载《抚吴疏草》卷十五，捌辑 6，第 249—251 页。

③ （清）韩世琦：《报陈心垣一案迟误职名疏》，载《抚吴疏草》卷十八，捌辑 6，第 392—395 页。

④ （清）韩世琦：《覆周三一案迟误职名疏》，载《抚吴疏草》卷十八，捌辑 6，第 399—400 页。

案十年未结的就不下二十起，兹聊举数例。如高淳县王钦达纠伙劫杀案，主犯于顺治六年（1649）九月缉获，此案批拨转详，拖延推误，直到康熙二年（1663）正月才最终结案，前后拖沓有十四年之久。[①] 又如顺治三年（1646），武进县民许理殴死许瑜一案，祸起于两家筑墙断路，两相口角，许瑜之父许达与弟许理因筑墙发生争执，“许瑜不行劝阻，反执持砖石逞凶横击，致理骨碎肋折，不越宿而毙命”[②]，此案发生十五年后方行题报。顺治六年（1649）发生的沈大致死庞泉父子案，至康熙二年（1663）始行题结，亦历经十四年之久。凶犯沈大原为庞泉家雇工，因向庞泉之子庞志忠索取工价未得，而将庞志忠拳殴堕河，庞泉护子奔救，沈大复逞凶威，又将庞泉打入河中，以致父子皆溺死水中，此案情节原不复杂，但审解覆勘，各官皆迟误稽延，遂变为沉案。[③] 张佛寿杀害继兄案从事发至题报，也前后拖沓十二年，此案发生于顺治八年（1651），张佛寿因过继生嫉，将继兄张俊寿刺死，[④] 康熙二年（1663）十月才最终结案。顺治二年（1645），孔文辉纠集仆众杀害族弟孔培一家五口之血案，从案发到康熙二年（1663）最终结案，历时达十八年之久。孔文辉因与族弟孔培父子有隙，遂率党恶孔卿、恶仆钱三大、钱州等劫杀孔培父子，并造成五人殒命，孔文辉仍不罢手，“复抢掠资财，掳占婢妾，而钱三大复纵火烧房”，孔文辉等人先因监故，得免凌迟，其余人犯或属在逃，或因承问迟误在押，至康熙二年五月，对押犯钱三大方处以斩决枭示，报刑部核议。[⑤]

顺治以来，江南各地案事沉搁的问题，引起了监察官员的注意。康熙元年（1662）四月，御史胡秉忠在疏中曾反映过，而且这种情况各直省都普遍

① （清）韩世琦：《覆王钦达一案迟误职名疏》，载《抚吴疏草》卷二二，捌辑 6，第 582—584 页。

② （清）韩世琦：《覆许瑜招由疏》，载《抚吴疏草》卷二五，捌辑 6，第 685—686 页。

③ （清）韩世琦：《沈大一案迟误职名疏》，载《抚吴疏草》卷二八，捌辑 7，第 56—58 页。

④ （清）韩世琦：《张佛寿一案迟误职名疏》，载《抚吴疏草》卷三十，捌辑 7，第 187—189 页。

⑤ （清）韩世琦：《斩犯孔元招由疏》，载《抚吴疏草》卷三一，捌辑 7，第 250—251 页。

存在，胡秉忠也疏请朝廷采取措施，对重大刑名案事，长久搁置不审的，应察查其中的情弊。对此，《清圣祖实录》明确记载说：

丁卯，江南道御史胡秉忠疏言："臣议江南审理案件，有沉阁十有余年者。江南如是，他省可知。乞敕直隶各省督抚，将旧案立限清查。凡重大之罪，应奏请者，请旨处分，应发落者，即行批结，并饬司道府厅州县官，凡有词讼，速行结案，使被犯干证免受拖累之苦。"①

胡秉忠的题疏，说明当时各直省刑名案事审理普遍存在拖沓的问题，朝廷虽降旨："刑名关系重大，如此沉阁日久，其中显有情弊，着察议。"② 但官场办事拖延风气已然形成，要确有改变，又谈何容易。

当然，对于地方甚至涉连整个刑案审理的上级司法系统所存在的问题，清廷是完全清楚的。康熙二十二年（1683）十一月，清廷就各省刑案事件审理存在的种种问题，召集九卿詹事科道官员会议以策应对，并形成如下定议：

直隶各省人命事件，原限一年审结，因限期甚远，以致牵连苦累，夤缘索诈等弊，今应改限六个月完结；

越诉虽有处分之例，近来竟不遵守，嗣后事款有碍，本官不便控告，或审断不公，须于状内将控过衙门审过情节开载明白，方许准理；

恶棍包揽词讼，从重治罪，承问官不依律定罪，严加议处；

州县官自理事件，原限一月完结，今改限二十日完结，逾限者议处，其不行查参之督抚，亦交部议处；

督抚以下、道府以上官员，除紧要重大事情，许差人至州县，其余小事，止许行牌催提，不许妄差人役；

下属审详事件，原批某衙门，即于某衙门完结，不得一官未结，

① 《清圣祖实录》卷六，康熙元年四月丁卯，《清实录》第四册，第112页。
② 《清圣祖实录》卷六，康熙元年四月丁卯，《清实录》第四册，第112页。

又委别官；

词状止许一告一诉，告状之人止告正犯确证，不许波及无辜，牵连妇女，及续行投词，牵连原状无名之人；

事主报盗，止令听审一次，认赃一次，不许往返拖累。①

显然，以上各款涉及了顺治以来地方词讼审理中所存在的各类问题，而且针对地方人命重案完结无期、州县一般事件的审结拖延，明确缩短了原来限定的时间，由此可见，词讼的累民问题，也确实引起了清廷的注意。

江苏地方词讼拖延、案事久不审结，既有州县之责，亦与督抚司道等员延挨搁置有极大的关联。康熙十六年（1677），江宁巡抚慕天颜在题疏中就指出，直隶各省重大事件办理，督抚等员有不可推卸的责任。督抚等地方大员的溺职主要体现在两方面：一是对钦部案件处理不及时，“督抚奉行钦件、部件应速行完结者，而不行即完结，因有限期尽拘，定限完结者，或故意迟延，以致牵累人犯，往返致死，或不应监禁妄行监禁者”，以致出现人犯监毙情况。二是对民人控告事件移送不及时，如对外地民人赴直隶各省督抚司道州县等衙门控告事件，既不具题，亦不移送，因而“部院无凭稽察，以致一切事件任意迟延”②。

康熙四十八年（1709）十一月，户部尚书张鹏翮奉钦命，前往江南审理两江总督噶礼题参布政使宜思恭一案，当时的江苏就盗案山积，圣祖谕令张鹏翮转达圣旨，让两江总督噶礼作速审结积压的八百件盗案。③ 实际上，康熙后期至雍正年间，江苏各州县命盗案审断违限，限满案犯无获、获未过半，因人犯在逃，或不知人犯属谁的各类案事多得难以统计。在《清代吏治史料》《雍正朝内阁六科史书·吏科》中，由吏部汇题、针对府县官员因审理逾限的题参事件数以千计，有的属于二次甚至三次以上限满无获的咨参，牵连州县

① 《清圣祖实录》卷一一三，康熙二十二年十月乙酉，《清实录》第五册，第165—166页。

② （清）慕天颜：《谨题为钦奉上谕事》，载《抚吴封事》卷三，第30页。

③ 《清圣祖实录》卷二四〇，康熙四十八年十一月庚寅，《清实录》第六册，第393页。

官、典史、巡检等员数不胜数。

命盗巨案，势恶情凶，罪责重大，“州邑每几经解审，各宪必几经驳诘”，“因人命至重，不厌精详，稍有疏虞，非枉即纵，关系匪轻”。[①] 盗案的审问亦需周详细致，研审尤须明白无误，如涉案人数、姓名、住址、案发时日、谁为主谋、谁为同谋、有无内线、有无窝家、持何器械、何人上盗、何人接赃、有无捆缚拷逼情形、是否有窃劫别情等都要详加记录，审理时，均须逐层清出，因此要查出真盗，审明实情，其实不易。

雍正年间，江苏各地有大量的命盗案积压在州县，限满无招解，主要是因为州县缉获案犯不力。江苏水陆路四通八达，商旅如潮，盗案多发于舟船之上，而且多属夜晚行盗，不少案件在报官以后，窃盗已杳无踪迹，即使偶有弋获，却因主犯在逃，或所获未半，一时难以审理结案，因此我们在分析江苏州县办事拖沓、官员怠惰溺职情形时，也不能无视命盗案限满均无招解的种种客观事实。

① （清）觉罗乌尔通阿：《居官日省录》卷四《批驳》，载《官箴书集成》第八册，第124页。

第四章　康雍年间江苏州县的钱粮之弊

清代地方钱粮之弊，主要是指地方政府在钱粮征解、催欠、改折等行为中出现的种种扰累百姓和官役侵挪钱粮导致亏空等问题。江苏省系清代财赋大省，钱粮征解问题尤为众多，如各州县征额难完、征解违制、吏役侵欺、官价采买不遵法制，种种行为不仅导致国课亏损，而且祸害民间，败坏地方吏治政风。

一、康雍年间江苏的亏空与民欠问题

清代各直省的钱粮亏空，是一个与王朝兴灭相伴共存的问题，可以说是无朝无之，也无地无之，从顺治年间起，全国各地的钱粮逋欠就日积月累。各直省钱粮不仅欠额惊人，而且藩司府县普遍存在混报、捏报、妄报，以假乱真的情形，甚至将已收在官之钱粮仍报作民欠，造成国帑损失巨大。由于官府清查不力，地方弄虚作假，不仅真正的民欠因民力难以承负而不能清还，官役侵挪的追讨也无果而终，地方钱粮积欠难清成为清王朝的“不治之症”。

清代各直省的钱粮逋欠不完问题，在顺治时就开始出现。顺治九年

（1652）十月，据大学士范文程奏报，当时“各直省钱粮每年缺额至四百余万”[①]。由于地方乱象纷呈，全国土地抛荒，民不聊生，范文程上呈兴屯四事，期盼朝廷采取有效措施，来解决赋亏饷绌的问题。康熙三年（1664）八月，韩世琦的题疏披露了各直省顺治十七年以前钱粮等项的惊人欠额。据韩世琦奏报，十七年内，各省拖欠银共有二千七百余万两，米七百万石有余，药材十九万斤有余，绸绢布匹等项九万匹有余。[②]

顺治年间，江苏、安徽各府县的民欠或官役侵欺情况，在韩世琦任江宁巡抚以后奉旨清查的各项题报中，有较多揭示，不仅数额巨大，而且续完甚少。如康熙元年（1662）八月，韩世琦根据户部郎中常代清查核报的数额得出，顺治十二年至十五年，江宁、苏州、太平、庐州四府及和州一州，节年各项未完银共有八十九万六千两[③]，当然，这只是江宁等四府四年内户属正赋、颜料改折、裁扣驿站未完各项。同年十二月，据韩世琦疏报，顺治时，各省的协饷项款亦逋欠甚多，顺治十七年分江南应完滇饷等项，至康熙初年仍拖欠四十余万两，两淮地区欠顺治十八年分饷银亦多达二十万两，清廷曾降严旨，要求江苏布政使司勒追，但地方完解甚少。[④] 顺治十五年以前的江南各府欠项，日后除奉恩诏蠲免部分外，至康熙四年仍是拖欠未清。康熙四年（1665）六月，韩世琦在疏报革职知县丘贡瀛侵挪案情形时，所开列的顺治二年至十五年江宁、苏州、松江、常州、镇江五府的逋欠数额就非常惊人，其中部分属民欠，亦有属地方吏役侵挪，或协部各解官挂欠，具体情况是：恩诏不免白粮改折的官儒民欠银五十三万四千六百余两，各役侵撮一百一十七万四千六百余两，各协部各解官挂欠二十四万四千四百余两，另有二十二万

① 《清世祖实录》卷六九，顺治九年十月戊辰，载《清实录》第三册，第547页。

② （清）韩世琦：《请销顺治十五年以前旧案疏》，载《抚吴疏草》卷四六，捌辑8，第217页。

③ （清）韩世琦：《参未完户属钱粮违限职名疏》，载《抚吴疏草》卷十一，捌辑6，第37页。

④ （清）韩世琦：《参顺治十七年未完滇饷各官职名疏》，载《抚吴疏草》卷十六，捌辑6，第302—303页。

六千余两民欠已奉恩诏蠲免。①

康熙三年（1664）五月，韩世琦的题疏反映了江苏五府顺治部分年间的白粮改折完欠情况。据各府呈报、韩抚汇报，苏州、松江、常州三府，顺治六年至十五年白粮改折项下，征银总额为三百零一万二千三百一十一两余，其中已完解二百三十五万六千九百五十一两余，未解银六十五万五千三百六十两余，未完各项或属州县侵挪，或属应征民欠，但以民之欠额最多，共计五十三万四千六百五十两余。顺治十六、十七两年，江苏五府正赋改折额征银共计二百八十万五千三百三十一两余，已完报或完报仍在催解之中的项款为二百二十八万八千二百九十六两余，另未解六十万七千余两，其中属拖欠在民之银有四十四万一千二百三十两余。②

康熙时，各直省每年钱粮全完者亦少。康熙五十二年（1713）三月，圣祖在上谕中就曾提到浙江巡抚张鹏翮、山西巡抚马齐二人在七年巡抚任内，阖省钱粮报完，"其余各省报数年钱粮全完者，未之有也"③。就江南而言，康熙初年，江南协济滇、黔、粤、秦等省兵饷迟迟不见解拨。以滇饷为例，不仅康熙三年协济滇饷至六月底分毫未解，康熙元年、二年江南"协滇正饷三十余万屡催不解"④。康熙十五年（1676）十一月，江宁巡抚慕天颜在题疏中也反映江省各项派拨经解收放为数甚巨，而八府州各属县向来考成也积欠甚多。⑤ 康熙二十八年（1689）正月，圣祖第二次南巡，行前通过问询户部得知，当时江苏全省积欠银已多至二百二十万两，年复一年，新旧相积，新粮尚且难完，往年带征徒留虚额。康熙五十年（1711），据苏州织造李煦奏报，张伯行任江苏巡抚，其所管地丁钱粮各府皆征收拖沓，至本年六月，应征地

---

① （清）韩世琦：《题销丘贡瀛一案疏》，载《抚吴疏草》卷二九，捌辑7，第114页。

② （清）韩世琦：《户属催征不得疏》，载《抚吴疏草》卷三八，捌辑7，第602—603页。

③ 《清圣祖实录》卷二五四，康熙五十二年三月庚子，《清实录》第六册，第513页。

④ （清）韩世琦：《右藩所辖节年滇饷全完疏》，载《抚吴疏草》卷五四，捌辑8，第616页。

⑤ （清）慕天颜：《谨题为报微臣前任藩司交代钱粮已明仰祈睿鉴事》，载《抚吴封事》卷三，第10页。

丁钱粮尚不足四分之数。①

由于地方只将当年钱粮亏空情况结报上呈，对于过往之年的拖欠，各府并不定期呈报欠额情况，待上官题参察出以后，始行上报积欠数额，而州县等官被参处后，又因赔补无着，以致地方钱粮越欠越多，越多越欠。据《清世宗实录》记载，康熙五十一年（1712）以来，江苏所属七府五州未完地丁钱粮，积欠已达八百一十三万八千余两，其中苏州、松江、常州、太仓三府一州积欠最多，自一百四十万两至一百八十余万不等，这些欠项前后累积十五年，“或有产去粮存而不能完纳者，或有人产已尽而无可催追者，又或有从前遇歉收之岁，而地方官匿荒未报，小民无力输将，致成拖欠者”，属实实在在的民欠，但也有将官役侵蚀而捏作民欠者。朝廷下令地方将积欠情形彻底清厘，但苏州巡抚张楷“并不清查，奏称俱系民欠，请分年带征”②。至雍正七年（1729）二月，苏、松等处钱粮“历年积欠至一千六百余万两之多”，这其中还有康熙五十年（1711）以前各年拖欠未完的，也有康熙五十一年以后不能依限全完之款，“其实欠在民者固多，而为官员侵渔及吏胥、土棍中饱者，亦复不少”③。

对于康熙五十一年以后江苏的积欠，据江苏巡抚张楷题报，康熙之末的十一年间，总欠为880万两。雍正三年（1725）九月，张楷任巡抚不久就提出，对康熙五十一年至六十一年江苏历年旧欠，实行分年带征完项的办法，因为江苏新征额赋除减去浮粮之数外，每年为353万余两，如将新征旧欠一时并征，合计1234万两，一年征收实不能全完，而且这样做也会影响新粮的完项。经张楷与布政使鄂尔泰筹议，并报请朝廷批准，将全省历年拖欠之数均分为十分，自雍正四年（1726）起，每年限其征完一分，不必细分年款，限

① 《苏州织造李煦奏报地方官员情形及设法补完库欠折》（康熙五十年六月十三日），载《康熙朝汉文朱批奏折汇编》第三册，第604页。

② 《清世宗实录》卷七五，雍正六年十一月丙子，《清实录》第七册，第1124页。

③ 《清世宗实录》卷七八，雍正七年二月癸未，《清实录》第八册，第16页。

其十年按分数征完。[①] 然而，要在十年之内征完旧欠新额，意味着每年江苏百姓要增加征额八十余万两，这个增额比江省减免浮粮以前完额数还要多出四十余万两。自顺治以来，朝野请减江南重赋的呼声不断，而在此社会背景下，江苏的逋欠问题势必会演化成为难以医治的顽症，要彻底清理、完成地方的逋欠征收，几乎也没有可能。

顺治以来，江苏有些州县因为征额多，地方治吏不善，加上地方长期动荡，兵马络绎，地荒民贫，旧欠数额也特别多。[②] 康熙元年（1662）八月，韩世琦的题疏曾反映"苏州府属未完款项独多"[③]，常熟县亦"额赋逋欠日多，起解款项甚少"[④]。同年十一月，韩抚反映，因高淳县的漕折偏高，苏松按臣题请减编，嘉定等县遂"互相观望，输纳不前"，藩司不得不挪动正项以资急运，而且嘉定等六州县自顺治十五年以来就"积逋相仍"[⑤]。康熙六年（1667），常州府溧阳县的民欠银两，册开总数为五十一万三千五百五十七两余，除混开外，"其余四十九万七千三百七十六两四钱六分系小民拖欠"[⑥]。康熙四年（1665）四月，韩世琦疏报，顺治间，武进知县孔胤洪任内，接管经管钱粮共一十三万八千二百三十余两，先后追抵完解各款六万七千一百三十余两，未完六万七千八百九十五两，未完超过五成，但实属民欠仅有三千二百零七两。[⑦] 康熙五十一年（1712）至雍正元年（1723）间，嘉定县积欠

① （清）张楷：《奏为谨筹征输积欠钱粮以裕国赋仰请圣裁事》（雍正三年九月初五日），载《雍正朝汉文朱批奏折汇编》第六册，第35—38页。

② 康熙四年二月，韩世琦在题疏中谈到顺治以来江南各州县新征旧欠难完的原因时，就说："切照臣属地冲，赋重甲于天下，加以年来海氛未靖，兵马络绎经临，灾祲荐臻，黎庶流离载道，宰斯地者，既苦供亿之未遑，更苦绥救之无策，所以催科非不尽力，而输将终于不继，欲其新征旧欠一时清楚，实难其人。"见（清）韩世琦《江阴县何尔彬节年钱粮全完疏》，载《抚吴疏草》卷五二，捌辑8，第552页。

③ （清）韩世琦：《参未完户属钱粮违限职名疏》，载《抚吴疏草》卷十一，捌辑6，第38页。

④ （清）韩世琦：《参常熟县奸匠侵蚀国课疏》，载《抚吴疏草》卷十一，捌辑6，第42页。

⑤ （清）韩世琦：《覆顺治十五十六年分省卫行月请归总漕查报疏》，载《抚吴疏草》卷十四，捌辑6，第182—183页。

⑥ （清）韩世琦：《参未完户属钱粮违限职名疏》，载《抚吴疏草》卷十一，捌辑6，第38页。

⑦ （清）韩世琦：《覆孔胤洪一案疏》，载《抚吴疏草》卷五五，捌辑8，第682—683页。

“独倍于他邑，核计未完历年地丁漕项等银，共有壹百肆拾余万两”，十二年间，嘉定一县之欠为数如此之多，实在令人震惊。而上海、昆山、常熟、华亭、宜兴、吴江、武进、娄县、长洲九县，核计未完地丁漕项所欠亦达四十万至六十万两不等。①

江苏地方积欠的清查贯穿有清一代。顺治时，针对户部、礼部、兵部、工部各属钱粮未完情形的清查就已开始。康熙元年（1662），前江宁巡抚朱国治将任内工部清查钱粮事案移送江抚韩世琦。据韩世琦疏报，工部奉旨先于顺治十七年（1660）四月差遣员外郎穆落至江南，清查江省顺治十二年至十五年“未完钱粮果否民欠”，穆落于同年八月八日将清查各款题报到部。据该差臣册报，四年之内，江南未完工部各项款共计银二十万六千一百七十三两，并具体开列了各州县卫库的欠额，核查了民欠、官役侵挪的情况。② 康熙二年（1663），户、礼、兵、工四部遵谕，将顺治十七年（1660）以前催征不得各项钱粮开列清查。此次清查，涉及江苏省各项钱粮的额缺情况、欠缺原因，尤其对钱粮甚多的苏州、松江、常州三府的欠额进行了统计和分类，涉及各县侵撮、绅衿拖欠、民欠、借解等项。③ 康熙初年，江抚韩世琦对江苏五府的清查，也在其上任不久就开始了。康熙元年（1662）正月二十五日，韩世琦到任，随即将前任未完案牍逋欠钱粮进行核查。同年四月十八日，又奉谕清查前部臣祥代未经清查的松江、常州、镇江三府顺治十二至十五年的户属未完钱粮。至八月，三府各州县的册籍簿才陆续送齐，至康熙二年五月十八日方查竣复呈报户部。④ 韩抚此次清查的重点是与吏治密切相关的州县官侵贪、地方挪移以及钱粮催科解运过程中的吏役侵欺等问题。关于韩世琦对江苏的

---

① （清）张楷：《奏为谨筹征输积欠钱粮以裕国赋仰请圣裁事》（雍正三年九月初五日），载《雍正朝汉文朱批奏折汇编》第六册，第35—38页。

② （清）韩世琦：《参未完工属钱粮疏》，载《抚吴疏草》卷十二，捌辑6，第99—103页。

③ （清）韩世琦：《户属催征不得疏》，载《抚吴疏草》卷三八，捌辑7，第600—606页。

④ （清）韩世琦：《覆清察顺治十二三四五各年钱粮疏》，载《抚吴疏草》卷二三，捌辑6，第619—620页。

清查、顺康年间韩抚对江苏吏役私侵的治理，后文也仍将述及。

康熙初年，鉴于地方官吏侵挪导致亏空严重，清廷出台了相应的处分则例。康熙九年（1670），经吏部题准，“司、道、府、州县等官，如钱粮、米豆、正杂等项擅自挪移别用者，皆革职，如正杂钱粮米谷豆草不报明该抚，以紧急军需私自那用者，降一级留任，俟赔完之日，听该督抚题请开复，如存留钱粮因公那用者，免议”①。康熙十年（1671），经户部题准，又明确规定了地方侵挪钱粮承追的时限和逾限议处办法：“承追侵挪钱粮，初次限四月追还，逾限不还，降俸二级，戴罪督催，再限一年全完，如仍不完，罚俸一年。”② 但康熙时清查亏空之诏屡下，地方的亏空问题却愈演愈烈。康熙二十八年（1689），户部就疏报说：“各处藩司库银屡以亏空见告，虽定有藩司升任，巡抚躬自盘查之例，然平时漫不稽核，至升任时，始行盘查，未免已晚。”③ 同年，又经户部题准，“粮、驿二道存库钱粮，责成藩司；各府存库钱粮，责成各道。令每年岁终亲往盘查，如无亏空，即具保结申送巡抚，倘保结之后，仍有查出亏空者，该抚题参，将藩司、各道皆照例革职、分赔”④。

康熙时，清廷虽完善了地方钱粮的盘查制度，并针对地方官吏的侵挪有了议处明条，但地方亏空的清查并没有受到应有的重视，这在康熙中后期尤其如此。康熙帝本人甚至认为，地方的亏空主要根源于地方钱粮存留的严重不足，朝廷对亏空官员的处罚明显偏重。康熙四十八年（1709），康熙帝给大学士等人上谕中的一番话颇耐人寻味：

> 上谕大学士等曰：“适科臣郝林条奏各省钱粮亏空，郝林但知州县钱粮有亏空之弊，而所以亏空之根原未之知也。凡言亏空者，或谓官吏侵蚀，或谓馈送上官，此固事所时有。然地方有清正之督抚，

① （乾隆）《大清会典则例》卷十六《吏部·考功清吏司·盘察》。

② （乾隆）《大清会典则例》卷三七《户部·田赋四》。

③ 钞档：《地丁题本·湖南》（二）乾隆二年八月十九日，张廷玉题本引前定制。转引自陈锋《清代的清查亏空》，《辽宁大学学报》（哲学社会科学版）2008 年第 5 期，第 73 页。

④ （光绪）《清会典事例》卷一七四《户部二三·田赋·盘查仓库》第二册，第 1219 页。

而所属官员亏空更多，则又何说？朕听政日久，历事甚多，于各州县亏空根原知之最悉。从前各省钱粮，除地丁正项外，杂项钱粮不解京者甚多，自三逆变乱以后，军需浩繁，遂将一切存留项款尽数解部，其留地方者，惟俸工等项，必不可省之经费，又经节次裁减，为数甚少，此外，则一丝一粒无不陆续解送京师，虽有尾欠，部中亦必令起解，州县有司无纤毫余剩可以动支，因而有挪移正项之事，此乃亏空之大根原也。再如，正项钱粮二千两，征收未完五百两者，按分数议处，其例甚轻；若因公那用五百两，则处分甚重。今仅责令赔偿足额，其罪似乎可宽，不必深究。凡事不可深究者极多，即如州县一分火耗，亦法所不应取，寻常交际一二十金，亦法所不应受。若尽以此法一概绳人，则人皆获罪，无所措手足矣。”①

康熙中后期，由于圣祖为政尚宽，财政积弊所造成的地方吏治败坏，实际上已严重威胁到了清王朝的统治基础。江苏地方官的侵蚀，也导致数以百万计的国帑落入了贪官污吏的私囊。官贪吏取，政以贿成，正是在此背景下，雍正帝决定将清查地方积欠作为整饬吏弊的突破口。雍正时，世宗命怡亲王允祥主持清查工作，成立专司钱粮清查的会考府，又派钦差到亏空严重的地方，配合督抚全面稽查，“限以三年，各省督抚将所属钱粮严行稽查，凡有亏空，无论已经参出及未经参出者，三年之内，务期如数补足，毋得苛派民间，毋得借端遮饰，如限满不完，定行从重治罪，三年补完之后，若再有亏空者，决不宽贷”②。

雍正帝在即位以后就严令清查官员的各类亏空，而对江苏积欠的清查，也在此后不久就开始了。但积欠的全面清查，至雍正三年（1725）八月才正式启动，至雍正九年（1731）底结束，前后持续了六年多，其间揭示的问题

① 《清圣祖实录》卷二四〇，康熙四十八年十一月丙子，《清实录》第六册，第389页。

② 《清世宗实录》卷二，康熙六十一年十二月甲子，《清实录》第七册，中华书局1986年版，第57页。

非常多，也遭到了地方势力的抵制。通过清查，基本厘清了各种欠项的数额、拖欠原因，取得了一定的成效，但清查过程中也滋生了一些问题。①

顺治以降，江苏各州县的逋欠就多，地方亏空甚巨。造成亏空的因素主要有官侵、吏蚀、民欠，官吏侵蚀或属贪取，或属违制挪移，清廷对此有追赔之条和惩处之例。顺治十五年（1658），江西道御史许之渐就上疏指出，国家财赋之大害，莫如蠹役，蠹役之侵，累万盈千，由于朝廷立法不严，以致“前无所惩，后无所戒”，所以他上疏清廷“请敕该抚按将从前侵蠹姓名、数目，逐一清查，籍其家产，将侵多者立斩市曹，侵少者即时流徙”②。康熙以后，朝廷对于官吏侵蚀之款的追赔不可谓不紧，对于相应官员的惩治不能说不严，但项款追回者少，显然并未达到“后有所戒”的效果。自顺治起，江苏地方官吏侵蚀的问题就十分突出。顺康年间，江苏吏役侵挪导致州县普遍亏空，引起了上自朝廷，下至督抚的重视。关于吏役与江苏的亏空问题，后面再作专述。

那么，康熙雍正年间民欠的真实情况究竟如何？民欠极多的背后是否有虚假的现象？其中的种种弊端，对于地方吏治带来的不良影响是什么？清廷究竟是如何处理民欠难完的问题呢？

民欠有真伪，这是不容置疑的。顺治年间，对于地方积欠情弊，不少官员就已洞察到了。顺治十四年（1657），江南江西总督郎廷佐就在疏奏中反映

---

① 关于雍正年间江南的亏空和清查，学界的研究成果较多，主要有：王业键《清雍正时期（1725—1735）的财政改革》，《“中研院”历史语言研究所集刊》（台北）第32本（1960年6月）；庄吉发《清世宗与钱粮亏空之弥补》，《食货月刊》（复刊）（台北）第七卷第12期（1978年3月）；[美]曾小萍著《州县官的银两——18世纪中国的合理化财政改革》，董建中译，中国人民大学出版社2005年版；[日]谷井俊仁撰：《明清两朝财政法规之特征：以民欠和亏空为中心》，沈玉慧译《明代研究》（台北）第12期（2009年6月）；刘凤云《雍正朝清理地方钱粮亏空研究——兼论官僚政治中的利益关系》，《历史研究》2013年第2期，第44—64页；范金民《清代雍正时期江苏赋税钱粮积欠之清查》，《中国经济史研究》2015年第2期，第12—32页；郑永昌《雍正初年的吏治整饬——江苏巡抚吴存礼的个案试析》，载李天鸣等编《两岸故宫第一届学术研讨会——雍正其人其事及其时代论文集》，台北故宫博物院2010年，第283—306页。

② 《清世祖实录》卷一二一，顺治十五年十月壬辰《清实录》第三册，第938页。

江南积欠之弊，并指出："江南自八年至十三年，积欠钱粮四百余万，未必尽欠在民，或官吏侵蚀，或解役烹分，新旧牵混，上下朦胧。"[①] 顺治十五年（1658），刑科给事中任克溥上奏反映江浙屡年的积欠问题，也指出其中有以侵挪捏为民欠的现象，"钱粮缺额，民间固有挂欠，胥役实多侵渔，其那借透冒无可开销者，则尽归之民欠"[②]。康熙初年，江宁巡抚韩世琦认为，各直省顺治元年至十七年拖欠多达二千七百万两有余，这些拖欠有实欠在民者，但亦非尽属小民拖欠，其中"假托催征，贪污官吏科派小民、侵吞入己者甚多"[③]，另外，又有运粮官从中侵渔，解粮官役自用者，又有盗贼劫夺，火烧水溺等项。

康熙初年，韩世琦在清查顺康年间江苏五府各州县的逋欠情况时，就发现为数甚多的以官吏侵挪指为民欠的案例，如长洲、吴县、昆山、常熟等县蠹吏杜逢春等人，侵挪顺治十、十一年分工属钱粮数以千计，各县非但承追不力，而且妄指侵挪为民欠，希图希免。[④] 康熙元年（1662）十月，韩世琦的题疏反映了吴县知县任维初纵役侵盗兵饷，捏为民欠的种种事实。顺治十七年（1660）吴县的漕折粮已奉拨滇闽协饷，知县任维初纵蠹作奸，将解拨银及预借工食等项先则纵役侵盗，比及交盘，则又将侵盗之银"混开民欠，希觊欺蒙"[⑤]。康熙三年（1664），韩世琦又题疏反映太仓、长洲等州县顺治十、十一两年民欠钱粮，按恩赦可报户部具奏豁免，这些州县册报时，有的将已完仍作民欠开列册中，"所开各州县未完之数，前册内有报过已完者，今册仍作未完，有先报欠少，今册又有开多者，明系经手员役将已征在官银两混开民欠，希图侵隐"[⑥]。据韩抚题报，此次将已征在官仍作未完民欠造册报部的，

① 《清世祖实录》卷一〇八，顺治十四年三月甲寅，《清实录》第三册，第849页。

② 《清世祖实录》卷一一八，顺治十五年六月丙戌《清实录》第三册，第920页。

③ （清）韩世琦：《请销顺治十五年以前旧案疏》，载《抚吴疏草》卷四六，捌辑8，第217页。

④ （清）韩世琦：《参承追杜逢春等侵撮工属钱粮各官疏》，载《抚吴疏草》卷九，捌辑5，第668页。

⑤ （清）韩世琦：《覆吴县令任维初等侵欺漕折疏》，载《抚吴疏草》卷十三，捌辑6，第118页。

⑥ （清）韩世琦：《浦文等招由疏》，载《抚吴疏草》卷四四，捌辑8，第118页。

有苏州府太仓、长洲、吴县、吴江、常熟、嘉定、崇明七个州县。[①] 韩世琦在核查顺治十、十一两年松江、常州二府各属县的民欠册报时，查出二府两年之中未完民欠共三十二万七千四百七十四两，清廷对二府的册报就提出了质疑："如许钱粮岂可尽称民欠为辞，且镇江府民欠银两已经征完贮库，其松、常二府岂尽分厘未完？"[②]

对于州县逋欠问题，乾隆初年，曾经职任江宁知县的袁枚认定的事实是"役侵者多，民负者少"[③]。对于康熙年间江南逋欠的巨额积累，雍正帝认为有朝廷宽容的因素，但主要是地方各级官员的失职和侵挪造成的。康熙六十一年（1722）十二月，他即位不久，在给户部的上谕中就非常明白地强调了这一点：

> 自古惟正之供，所以储军国之需，当治平无事之日，必使仓库充足，斯可有备无患。皇考躬行节俭，裕国爱民，六十余年以来，蠲租赐复，殆无虚日，休养生息之恩至矣。而近日道府州县亏空钱粮者正复不少，揆厥所由，或系上司勒索，或系自己侵渔，岂皆因公那用？皇考好生如天，不忍即正典刑，故伊等每恃宽容，毫无畏惧，恣意亏空，动辄盈千累万，督抚明知其弊，曲相容隐，及至万难掩饰，往往改侵欺为挪移，勒限追补，视为故事，而全完者绝少，迁延数载，但存追比虚名，究竟全无着落。新任之人，上司逼受前任交盘，彼既畏大吏之势，虽有亏空不得不受，又因以启效尤之心，遂藉此挟制上司，不得不为之隐讳，任意侵蚀，辗转相因，亏空愈甚。[④]

① （清）韩世琦：《覆驳查苏属顺治十等年民欠互异疏》，载《抚吴疏草》卷四四，捌辑8，第122页。

② （清）韩世琦：《覆松常二府顺治十、十一年民欠疏》载《抚吴疏草》卷五十，捌辑8，第419页。

③ （清）徐栋：《牧令书》卷二《政略·答门生王礼圻问作令书》，载《官箴书集成》第七册，第65页。

④ 《清世宗实录》卷二，康熙六十一年十二月甲子，《清实录》第七册，第57页。

对于康熙末年十一年间江苏地方积累下来的数百万逋欠，雍正帝认为，这些欠项也不是实实在在的民欠，当然有小民无力输将造成的拖欠，也有本系地方官亏空、希图脱责而捏作民欠的，有粮户已经缴纳、吏胥侵蚀入已以后州县仍报作民欠的，雍正帝对三项占比情形的基本判断是："大约官亏空者十之一、二，吏侵蚀者十之三、四，其实系民欠不过四、五而已。"①

不容忽视的是，江苏地方的民欠积累，既与地方官吏侵挪密切相关，也与地方绅衿顽户的抗纳不交、转嫁于民有较大的关系。《牧令须知》在论及州县催科的种种问题以及导致民欠产生的根由时就说过，小民皆有天良，很少有抗违正赋不纳的情形，他们不上交钱粮皆事出有因，"其中因贫拖欠，或逃亡无著者，固所时有"，其余之弊则有绅衿包揽，柜书侵蚀，粮差入已而捏报民欠者。② 万维翰认为，州县拖欠钱粮，"半在顽户观望，半在粮头、保歇人等包揽侵欺"③。据清初浙闽总督刘兆麒介绍，浙省宁、台、温三府所属各县"积猾劣衿既抗自己税粮，又庇他人户产，复又一种衙蠹光棍，家无一亩之田，日应比粮之役，以致历年钱粮挂欠不完，包揽拖逋，竟成锢弊"④。戴兆佳在《天台治略》中，谈到天台县康熙年间绅衿抗粮，导致该县积逋相沿时就曾说："今台邑钱粮大半俱属生监兜收，顽抗以致节年积逋累百盈千，锢弊相沿，牢不可破。"其中，武生庞人凤、附生吴邦定等人就长期拖欠，"一任追呼，自恃护符，总无完纳"⑤。县内贡监生员则纷纷效尤。

康熙元年（1662）八月，据韩世琦疏报，顺治十八年（1661）的溧阳县民户拖欠就存在绅衿官儒混入民欠情形。经核实，官儒人户未完钱粮混入民欠数额多达三千余两，而乡绅张玉治、衿户张闻升等人欠银更是多达四万九

① 《清世宗实录》卷七五，雍正六年十一月丙子，《清实录》第七册，第1124页。

② （清）刚毅：《牧令须知》卷一《催科》，载《官箴书集成》第九册，第220页。

③ （清）万维翰：《幕学举要·钱谷》，载《官箴书集成》第四册，第741页。

④ （清）刘兆麒：《总制浙闽文檄》《禁衿蠹抗粮》，载《中国古代地方法律文献》乙编第四册，第237页。

⑤ （清）戴兆佳：《天台治略》卷一《倚衿抗粮等事》，载《官箴书集成》第四册，第55页。

百三十一两，吴江知县毛漪秀“于绅衿所欠银两未见交纳，将册内擅填‘续完’字样”①。康熙二年（1663）五月，韩抚的题疏反映清查松江、常州、镇江三府顺治十二年至十五年钱粮逋欠情况时，指出三府之中有不少州县存在绅衿役户抗粮、官役混入民欠等问题，如娄县绅衿原欠未完，并未续清，却前后册报互异；武进、无锡二县绅衿役户，欠银多至三万二千余两；松江府之绅衿厢户“比簿尚有拖欠，县册竟不造送”，而各县更多的是隐混捏报情形，如“绅衿户下有拖欠数目，而县册开少，其开少之数为隐混，民欠数少而县册开多，其开多之数为捏报”。华亭县上报的簿册则“有绅衿户下添改作完，民户下改抹作欠”②。

康熙五十年（1711）四月，据苏州织造李煦奏报，本年江苏各属地丁钱粮征额二百五十余万两，定例，四月内应征足过半，但四月中旬已过，各府解交藩库之银总计不及四五万两，主要是因为各州县“有好管闲事衿监把持衙门，值征比钱粮，即捏词控告，所以州县官不敢严比，以致漕米丁银迟误”。而且当时宜兴、无锡二县还发生了劣衿顽户抗粮事件。③ 雍正时，户部、刑部官员会同江苏地方大员清查康熙五十一年以来积欠钱粮，御史伊拉齐在苏、松等地清查就发现民欠存在的种种问题：“有官役侵蚀者，有实欠在民者，而民欠中，更多有绅衿积欠者，绅衿之中，又多有家富田广竟不完粮者。”此系有意抗欠，与穷民无力缴纳情形不同，其中太仓王奕清、松江张棠等人“田地广而积欠尤多”④，堪称家富田广而不完之典型。雍正九年（1731），历时六年多的江苏积逋全面清查基本结束，查出康熙五十一年（1712）至雍正四年（1726）间全省积欠总额为10116300两，其中侵蚀包揽

① （清）韩世琦：《参未完户属钱粮违限职名疏》，载《抚吴疏草》卷十一，捌辑6，第38页。

② （清）韩世琦：《覆清察顺治十二三四五各年钱粮疏》，载《抚吴疏草》卷二三，捌辑6，第621—623页。

③ 《苏州织造李煦奏为衿监把持衙门以致漕米丁银迟误折》（康熙五十年四月十九日），载《康熙朝汉文朱批奏折汇编》第三册，第415页。

④ （清）伊拉齐：《奏为钦奉上谕事》（雍正七年二月十一日），载《雍正朝汉文朱批奏折汇编》第十四册，第599页。

银4726300两，民欠银共539万两，[①] 而这些民欠又以地方绅衿拖欠居多，并且混杂了官员胥吏侵蚀者。[②]

清代江苏民欠甚多。顺康以来，江苏的地方各级官员、朝中的江南籍官员、江苏的士子甚至普通百姓，多将民欠不清皆归因于江南尤其是苏松赋重政策本身。清初以来，要求对苏松减赋的呼声一直不停，很多人认为，苏松赋重属明初酷政，系三百年未革除之历史遗留问题，清初踵行明法，“奉胜国之科条，虐我皇清之黎庶，于理有所不顺”[③]。韩世琦就认为，苏松浮粮，在明时即为虚额，并未责其实完，清初以来，却令各州县定限解拨，考成必责十分全完，否则参罚随至，导致江南岁岁挂欠，逋欠动盈千万，百姓受追呼、敲扑之苦，官员受考成之累，作为江省地方大员，他不忍官民受催科之累，所以期盼朝廷对江南赋额大赐减省。[④] 此后，江苏巡抚马祜、慕天颜、汤斌，科道官施维翰、严治、孟雄飞、任辰旦等人皆有江苏减赋之请。关于清代苏松重赋问题，学界已有较多的研究，重赋问题与江南民生问题、江苏积逋问题有着十分密切的关联，抛开苏松田赋总额、每亩课赋的数额偏高不论，顺治以来江南坍荒公占田粮的征取，就属不合理的浮粮。

康熙十年（1671），抚臣马祜题疏反映，自己身任江南三载，尽心竭力，“设法催科，未能如额”，每年约有民欠三十余万两，其中三分之一属荒坍公田应减之额，三分之二属地方难完之浮粮，希望朝廷予以免除，如此于国计未损，民得实惠，考成可期全完，挪移之弊亦可杜绝，但并不见朝廷回复。康熙十一年（1672），布政使慕天颜委官勘核造报江南坍江、版荒、公占三项田地图册，并题请豁免。慕天颜认为，苏松钱粮挪移积弊之根源在民欠悬缺，各州县则“因民欠之悬缺，以致那新掩旧，沿久愈混”，民欠无征，“莫甚于

---

① 《清世宗实录》卷一一五，雍正十年二月己丑，《清实录》第八册，第525页。

② 参见范金民《清代雍正时期江苏赋税钱粮积欠之清查》，《中国经济史研究》2015年第2期，第19页。

③ 《请减浮粮拟稿图录》，载《苏松历代财赋考》，齐鲁书社1997年版。

④ （清）韩世琦：《江抚韩世琦疏》（康熙四年），载《苏松历代财赋考》。

版荒、坍缺、公占田粮之未除”，编户田已不存，无地可耕，无租可收，徒有户名粮额在册，“有司追比无策，畏切误漕误饷，遂蹈挪移之咎”，而清代的里甲民户包赔制度又造成乡里民户逃亡，抛荒日甚，于是地方挪新掩旧，日积月累，以致苏松各州县康熙元年至八年挪移撮透，“积逋民欠多至二百余万”。①

江苏的逋欠，无论是民欠，还是官吏侵挪，顺治以来就没有从根本上加以解决，但不可否认，朝廷为减少欠赋总量、舒缓民困也确实采取了一系列的措施。就处理民欠而论，既有针对粮户的催欠严刑追比，又有依据欠额较多的实情，实行分年完项的带征之法，而对于旧欠虚额，民户永难清完的，清廷则又采取了豁免、蠲除的办法。

江苏地方针对粮户钱粮未完的追比用刑，其实在清初就已出现。康熙年间，职任嘉定知县的陆龙其曾谈到该县民困积逋，催科尤难，其本人就以催科不力而被黜。与陆龙其不同，其前任知县却不顾民间赋繁、百姓生计艰难的事实，对欠粮民户往往勒限完赋，并逼以刑用，以致“血流涌阶”②。康熙十三年（1674），布政使慕天颜上疏反映江南浮粮虚额当革、官民逋欠难完的情形时也曾指出，朝廷以十分全完责成地方官员，否则处以降革，以至“有司各官顾畏功令，爱惜功名，是以不惜小民严刑征比”③。

地方催科用刑的做法沿自明代。康熙时，浙江省天台县针对粮户逋欠的追比用刑之酷，可谓令人不寒而栗。据《天台治略》记载，天台县“田赋混淆，弱肉强食，富者有产而无粮，贫者有粮而无产，公庭追比之下，鹄面鸠形者囚首叫号，伤心惨目”④。贫困粮户为完清官府钱粮，有变卖家产者，有流离异乡者，有卖儿卖女者，严重的甚至被官府责打致死。对此，《居官寡过

① （康熙）《常熟县志》卷八《田赋下》，第135—137页。
② （清）黄维玉：《陆清献公莅嘉遗迹》卷中，载《官箴书集成》第七册，第729页。
③ （康熙）《常熟县志》卷八《田赋下》，第135页。
④ （清）戴兆佳：《天台治略》卷五《告示》，载《官箴书集成》第四册，第144页。

录》记载说：

> 其有关万民、统诸色人等在内者，莫如钱粮一事。盖一邑之民，非有地，即有丁，无一家不在钱粮之内，即无一家不在征比之中，然富而完者十之一二，贫而难办者十之八九。每见征比逼迫之时，重利轻贷者有之，减价变产者有之，逃窜流离者有之，甚而卖男鬻女者有之，又甚而箠楚致毙者有之，此时仅完正供。①

何承都、赵廷臣二人亦曾对州县催征用刑之弊窦有过揭示。顺治时，何承都在《条陈赋役利弊疏》中，论及州县征比之弊就曾说："夫征比款件，一依部文，然长吏追呼，愚民奚知？胥执簿以敲，惟恐或后。一履吏之庭，鞭扑笞责，魂惊魄悸，安敢诘而问焉？追比已盈，吏收券而焚之，小民即控诉抢吁，而已无案可结矣。"② 康熙时，赵廷臣曾对清初以来催科之弊进行了归纳，认为其弊有八，其中包括催征过程中吏役对欠户的用刑施逼，"箠楚列于堂下，拶夹并于一刻。小民畏一时之刑，有重利轻贷，减价变产而不顾者。虽明知剜肉医疮，且救目前，不复计死"③。

带征就是规定州县在完成每年新粮征额任务的同时，也完成一定比例的旧欠钱粮。江南各地逋欠过多，一时难完，若对旧欠追逼过急，或者要求欠户短时间内逋欠清完，不仅骚扰闾阎，完补效果不佳，甚至会影响到新粮的征收，实行新收带旧征的办法，其目的是既要确保欠粮能如数征收上来，而新征国课又不致受损。带征之法在清初就已实行，康熙三年（1664）七月，据韩世琦反映，顺治十七年分苏、松、常三府的白折银两未完，先经部臣参催速完，韩抚遂将吴江、太仓、武进、嘉定等未完各州县分数清查题报，经

---

① （清）盘峤野人辑：《居官寡过录》卷二《钱粮说》，载《官箴书集成》第五册，第39页。

② （清）何承都：《条陈赋役利弊疏》（顺治元年），载《皇朝经世文编》卷二九《户政四·赋役一》，《魏源全集》第十四册，第673页。

③ （清）赵廷臣：《请定催征之法疏》，载《皇朝经世文编》卷二十九《户政四·赋役一》，《魏源全集》第十四册，第660页。

吏部等衙门会议，命未完各官限期两年带征全完。① 据《阅世编》记载，康熙九年（1670），江南各地发生水灾，“凡被灾之地，白银蠲免十分之三，漕米分作三年带征折色”②。康熙十八年（1679），圣祖“诏天下钱粮自康熙十三年以前民欠者，尽行蠲免。十六年以前民欠钱粮，暂令停征。至十九年带征三分，为各省报荒故也”③。又据同治《苏州府志》记载，康熙十八年清廷曾降旨，旧欠“十三、四、五、六年钱粮，俱自十九年起分年带征”。康熙二十三年（1684），奉恩诏：“自康熙十三年起至二十二年拖欠漕项钱粮，着自二十三年起，每年带征一年，以免小民一时并征之苦。”康熙四十九年（1710），奉恩旨：“将江南旧欠四十四、四十五、四十六、四十七未完地丁等项钱粮，于五十年起，分四年带征。”④《清圣祖实录》记载，康熙中后期，康熙帝简征宽赋，一方面对直隶各省应输额赋屡施蠲政，又有积欠分期带征的做法，而且还“有将带征积欠暂令停征者”⑤。

雍正时，世宗曾谕令将江苏苏松等处钱粮，康熙五十年（1711）以前未完之项概行豁免，五十一年（1712）以后应征欠项宽限征收，“分为十年至十五年带征”，期望宽纾民力，便于输纳。⑥ 雍正十年（1732），世宗又根据积欠的不同性质，谕令各处采取宽缓不同的带征方式，如规定“将侵蚀包揽之项，分作十年带征，实在民欠之项，更加宽缓，分作二十年带征”，并对完纳各省加以奖励，谕令“嗣后，从壬子年为始，本年带征之项完纳若干，朕即照所完之数，蠲免次年额征之粮若干，若官吏、百姓等果知悔过急公，于每年带征额数外多完若干，朕即将次年钱粮，照多完之数豁免”⑦。

鉴于江苏的积欠不完，导致地方欠额越积越多，欠额虚存，徒留欠名，

① （清）韩世琦：《顺治十七年光禄白折疏》，载《抚吴疏草》卷四四，捌辑 8，第 141 页。
② （清）叶梦珠：《阅世编》卷六《赋税》，第 156 页。
③ （清）叶梦珠：《阅世编》卷六《赋税》，第 163 页。
④ （同治）《苏州府志》卷十八《田赋七》，第 444—445 页。
⑤ 《清圣祖实录》卷二二三，康熙四十四年十一月癸酉，《清实录》第六册，第 242 页。
⑥ 《清世宗实录》卷七八，雍正七年二月癸未，《清实录》第八册，第 16 页。
⑦ 《清世宗实录》卷一一五，雍正十年二月庚寅，《清实录》第八册，第 525—526 页。

前后相因，严比、缓征均难收清完之效，既累民又累官，所以自清初起，清廷对各直省的积欠就屡有蠲免之举，而蠲免数目相当大。康熙四十四年（1705），据大学士等奏查，康熙元年（1662）以来，全国各地“所免钱粮数目共有九千万有奇”①。康熙四十八年（1709），户部尚书张鹏翮查核户部册籍，据统计，自康熙元年以来，清廷所免各地钱粮数额已过万万两。康熙、雍正年间，朝廷所豁免的各地钱粮既有积欠之项，又有未征之银②，江苏钱粮之额居全国各省之冠，而蠲租赐复亦为数甚多。

朝廷豁免江苏各地民欠钱粮，顺治之时即已开始。据韩世琦疏报，顺治十八年（1661），朝廷即有免除崇明县十四、十五两年旧欠之旨，其后，清廷又命蠲免该县十六年所欠钱粮。③ 康熙年间，清廷对江苏旧欠曾屡行蠲免。康熙三年（1664），户部等衙门奉谕清理和豁免顺治十五年以前各直省钱粮，将顺治元年以来十五年以前所欠银米、药材、绸绢、布匹等项悉予蠲免。④ 康熙四年（1665）三月，据户部题称，本年三月初五日的奉恩赦：“内开直隶各省顺治十六、十七、十八年催征不得各项钱粮，着照蠲免，十五年以前钱粮一体蠲免，前侵盗库银不赦，今俱着并免。”此次蠲免不仅有民欠，亦有吏役侵盗项款；不仅有地丁钱粮之项，还有盐课积逋。⑤ 康熙十九年（1680），清廷命蠲免康熙十二年以前的江南民欠，康熙二十八年（1689），康熙帝以江苏积欠甚多，“历年带征，恐为民累”，遂降旨：“除正项钱粮已与直隶各省节次蠲免外，再将江南全省积年民欠，一应地丁钱粮、屯粮、芦课、米麦豆杂项，

---

① 《清圣祖实录》卷二二三，康熙四十四年十一月癸酉，《清实录》第六册，第242页。

② 康熙四十八年十一月，“大学士九卿等遵旨会议全免天下钱粮事覆奏，上问户部诸臣曰：‘尔等作何定议’？张鹏翮奏曰：‘圣主施殊恩于天下，颁发谕旨，欲将康熙五十年天下地丁钱粮一概蠲免，止存额征盐课关税六百万两，实浩荡之隆恩，但所存之数恐不足用，势必另发帑银以济之，臣等会议：自康熙五十年起，视各省之大小，斟酌配搭，于三年内免完，如此，则万民俱沾实惠，而库帑亦不致缺乏矣。’上曰：‘尔等所议良是，至明年十月间，视各省秋收如何，先免歉收之省。’”见《清圣祖实录》卷二四〇，康熙四十八年十一月甲申，《清实录》第六册，第392页。

③ （清）韩世琦：《崇明县顺治十六年民欠疏》，载《抚吴疏草》卷十三，捌辑6，第155页。

④ 《清圣祖实录》卷十二，康熙三年六月庚申，《清实录》第四册，第187页。

⑤ 《清圣祖实录》卷十四，康熙四年三月乙巳，《清实录》第四册，第221页。

概与蠲除，自此之后，民免催征，官无参罚，尔督抚务须切实革行。”①

康熙、雍正年间，对江苏的旧欠豁免，既有属于全国各直省的统一豁免受益，又有针对江苏欠项的单独免除。相比之下，康熙年间次数频繁，时间分散，雍正时，旧欠蠲免仅限于雍正初年，康雍年间，江苏旧欠蠲免的详情可参见表4–1。

表4–1　康熙至雍正朝江苏旧欠蠲免情况简表

时间	蠲免措施	资料出处
康熙三年（1664）	命各直省顺治十五年以前民欠各项银米、药材、绢布等项概行蠲免	（同治）《苏州府志》卷十八《田赋七》
康熙四年（1665）	各直省顺治十七、十八年旧欠钱粮一体除免	（同治）《苏州府志》卷十八《田赋七》
康熙八年（1669）	康熙元、二、三年各直省地丁钱粮民欠不能完纳者，该督抚奏请蠲免	（同治）《苏州府志》卷十八《田赋七》
康熙十年（1670）	康熙四、五、六年各直省丁地正项钱粮民欠不能完纳者，该督抚奏请蠲免	（同治）《苏州府志》卷十八《田赋七》
康熙十八年（1679）	命康熙十、十一、十二年江苏旧欠钱粮俱蠲免	（同治）《苏州府志》卷十八《田赋七》
康熙十九年（1680）	江南旧欠追比累民，康熙十二年以前所欠，皆予蠲免	（同治）《苏州府志》卷十八《田赋七》
康熙二十年（1681）	命免康熙十三至十七年地丁民欠钱粮	（同治）《苏州府志》卷十八《田赋七》
康熙二十四年（1685）	汤斌奏恩诏，题免苏松等七府州属地丁及并卫带征项下康熙十七年未完钱七十六万八千六百十四两，米二万六千四百一石有奇	（同治）《苏州府志》卷十八《田赋七》

① （康熙）《常州府志》卷首《巡幸》，第36页。

续表

时间	蠲免措施	资料出处
康熙二十六年（1687）	用兵以来，各省钱粮累年未清者概行豁免，江苏、陕西十三年以后加征各项杂税，户部察明豁免	(同治)《苏州府志》卷十八《田赋七》
康熙二十七年（1688）	江南积年民欠地丁应征钱粮屯粮芦课米麦豆杂税概予蠲除	(同治)《苏州府志》卷十八《田赋七》
康熙三十八年（1699）	苏松等府州属康熙十八年至二十六年民欠正杂钱粮命尽行蠲免，江苏、安徽三十三年旧欠带征钱粮，奉恩诏赦免	(同治)《苏州府志》卷十八《田赋七》
康熙四十五年（1706）	江苏等省康熙四十三年未完银米通行豁免，旧欠已完在官而见年钱粮未完足者，亦准抵扣	(同治)《苏州府志》卷十八《田赋七》
康熙四十六年（1707）	命江苏等处康熙四十三年未完漕项钱粮悉予豁免	(同治)《苏州府志》卷十八《田赋七》
康熙四十九年（1710）	命江苏所属无着银十万八千有奇，免其赔补	(同治)《苏州府志》卷十八《田赋七》
康熙五十一年（1712）	命免历年旧欠	(同治)《苏州府志》卷十八《田赋七》
康熙五十六年（1717）	命直隶、江苏等八省带征屯卫银二百三十九万八千三百八十余两，概免征收，江苏、安徽带征漕项四十九万五千一百余两，米麦豆十四万六千六百余石免征各半	(同治)《苏州府志》卷十八《田赋七》
雍正元年（1723）	康熙三十三年以前江苏民屯地丁等未完银一百三十一万余两，着尽行豁免	(同治)《苏州府志》卷十八《田赋七》
雍正元年（1723）	命蠲免江苏各属康熙十一年至五十年未完地丁米豆芦课等银	(同治)《苏州府志》卷十八《田赋七》

续表

时间	蠲免措施	资料出处
雍正元年（1723）	江苏等属康熙三十四年以后积年民欠钱粮七百二十九万六千余两，芦课一十九万二千七百余两，命一并豁免	（同治）《苏州府志》卷十八《田赋七》
雍正元年（1723）	江苏等属康熙四十七年以后民欠三百五万九千余两内地租等项，实欠在民者，一并豁免	（同治）《苏州府志》卷十八《田赋七》
雍正元年（1723）	谕将康熙五十年以前旧欠银米等项察明豁免	（同治）《苏州府志》卷十八《田赋七》
雍正二年（1724）	特恩蠲免康熙四十六年至五十年旧欠地丁米麦	（同治）《苏州府志》卷十八《田赋七》

二、清初江苏州县的吏役侵欠问题

如前所述，自顺治时起，州县钱粮亏欠难完就成为困扰朝廷和地方的财政难题。顺治九年（1652），大学士范文程就在上奏中反映当时全国各地赋税征解亏欠甚多，“各直省钱粮每年缺额至四百余万”①。康熙三年（1664）八月，江宁巡抚韩世琦的题疏曾引上谕户部的话语说，由于地方催科不力，顺治元年至十七年，直隶各省“拖欠银二千七百万两有余，米七百万石有余，药材十九万斤有余，绢布匹等项九万有余”，然而如此多的累年积欠却并非尽属民欠，韩世琦就指出，贪官污吏假托催征，“科派侵吞入己者甚多”，包括形形色色的侵撮挪移，“运粮官侵渔、解粮官役自用”等。②

“凡银粮不在官，则在民”③，州县钱粮亏欠之项，不是民欠，则属官吏等

① 《清世祖实录》卷六九，顺治九年十月戊辰，《清实录》第三册，第547页。
② （清）韩世琦：《请销顺治十五年以前旧案疏》，载《抚吴疏草》卷四二，捌辑8，第217页。
③ （清）潘月山：《未信编・钱谷上》，载《官箴书集成》第三册，第17页。

侵欺。“治乱之要，其本在吏”①，州县吏役是地方赋税征解的直接执行者，所以吏役也是州县钱粮亏空的行为主体，清初吏役违法乱制，欺官害民的种种手段，自清入关始就难以悉数，蠹役之害，既损国课，又害民生。顺治时，江西道监察御史许之渐就指出：“财赋之大害，莫如蠹役，有蠹在收者，有蠹在解者，有蠹在提比者，有蠹在挪移支放者，所侵累万盈千。”②

江苏省赋重役繁，吏役侵挪透冒造成的州县钱粮亏欠问题也十分突出。清初，江宁巡抚治下的江宁、苏州、松江、常州、镇江五府各州县，地方官与吏役侵挪透冒造成的亏欠总量巨大。顺治十二年（1655），江南江西总督郎廷佐曾“校阅江南赋籍，积逋至四十余万”③，主要有官侵、吏蚀、民逋。由于顺治年间战乱尚未平息，流民四散，郎廷佐核查的江南亏空数字尚不精准，而且民欠与侵欺的占比、各府县吏役侵欠具体数额也无法得知，由于各府县以官吏侵蚀诡称民逋，也造成民欠、侵欺混报，但有一点可以确定，就是有的州县吏役侵欠占比较高。顺治十八年（1661），曾任吴县知县、后因征饷不足额被罢职的张叙就认为，清初吴县的逋欠更多地反映为吏欠，“民欠者十之一二，吏欠者十之八九”④。

康熙元年（1662）正月，韩世琦由顺天巡抚调任江宁巡抚。韩抚抵任后，以历年册报、前任的核查为基础，对顺治初年以来江南未定案牍以及各地逋欠钱粮全面系统地加以清核，又调集各府应征钱粮案卷册籍，节年官民户簿，躬亲磨勘。通过不断查核各府县征解册报，比对《赋役全书》登载等数据，并对户、礼、兵、工四科抄部奉谕察查的钦案进行清查之后，由韩世琦题疏反映的情况可以判知，顺治至康熙初年间，江南五府各州县吏役侵挪透冒问题十分严重，各种形式的侵欺层出不穷。

---

① （清）陈宏谋：《在官法戒录》卷一《总论》，载《官箴书集成》第四册，第615页。
② 《清世祖实录》卷一二一，顺治十五年十月壬辰，《清实录》第三册，938页。
③ （清）钱仪吉：《碑传集》卷六二《郎廷佐传》，第1763页。
④ （民国）《吴县志》卷六四《名宦三》，第35页。

首先，江苏等五府吏役透冒侵挪数额巨大，苏州、松江、常州三府的州县吏役侵欺问题尤为严重。康熙四年（1665）六月，江宁巡抚韩世琦曾就马之璋白粮积欠无完题请允销。据其疏报，顺治二年至十五年间，江苏各州县“催征不得各案内，因恩诏不免、白粮改折、官儒民欠银五十三万四千六百四十九两九钱零，至于各役侵撮共银一百一十七万四千六百四十七两五钱零”①。在这里，韩世琦所反映的各役侵撮之额，应是官役侵欠催征不得的未完之数，同时期各役实际侵撮则不止此数。

顺治年间，苏、松二府岁岁挂欠，且动盈万千，吏役侵欺亦数额惊人，如苏州府属之八州县，“顺治五、六、七、八年分，撮用透支等银共一百二万一千五百余两”，其中有的项款属上下通同挪移，有的则属奸官蠹役侵盗后归入私囊。苏、松、常三府顺治十四年以前额解钱粮与裁剩赃罚等银所欠凡一百六十万四千两有奇，经户部认定，这些项款既有民欠，也有明系官吏通同侵盗者。② 据韩世琦疏报，松江府革职知府廖文元任内，顺治七、八两年银数参差不符，其原参撮借案内共银一十九万七千九百五十余两，其中应销项下一十一万二千九百九十四两属因公挪借。③

清初，常州“舆皂恣睢横行，民皆侧足”④，吏役侵欺为数亦复不少。顺治六年至十一年的白折银十五万二千四百八十六两，至康熙元年仍拖欠未完，其中属蠹役侵欺者三万七千三百六十两。⑤ 康熙三年（1664），韩世琦巡历常州府，清查常府各属县顺治年间的节年积逋，并就前苏松巡按疏报常州历年欠项数据加以核查。经查：该府顺治八至十五年吏役撮借等项银两共有三十六万二千八百余两，这些项款或属领解无批，或系撮借未补，或系透支侵

---

① （清）韩世琦：《销马之璋等一案疏》，载《抚吴疏草》卷二，捌辑 5，第 339—340 页。

② （清）韩世琦：《覆苏属汪文瑚等一案侵挪招由疏》，载《抚吴疏草》卷二十，捌辑 6，第 480 页。

③ （清）韩世琦：《参松府顺治七、八年侵撮各官疏》，载《抚吴疏草》卷十六，捌辑 6，第 298 页。

④ （康熙）《常州府志》卷二一《名宦》，江苏古籍出版社 1991 年版，第 410 页。

⑤ （清）韩世琦：《题参常属积欠白折疏》，载《抚吴疏草》卷三，捌辑 5，第 397 页。

挪。[①] 顺治十六、十七两年，常州府户部项下侵撮无批等项银就多达一十七万六千零三两，米麦亦有二千九百零二石，后虽有续完，至康熙二年，挂欠尚盈数万。[②]

苏州、松江、常州三府的一些财赋大县，吏役侵挪导致的亏欠亦堪称典型。如常州府属武进、无锡、宜兴、靖江四县，顺治十六、十七两年分侵冒等项共银一十七万三千八百余两，这些款项分别属于征解无批、支放无领、侵欺、撮借、透支等情形。[③] 漕粮改折属于清廷解决急需之举措，要求地方在本色漕粮抵通之前完解折项，苏、松、常三府漕折银数额甚多，但吏胥往往不顾项款紧急，解运过程中肆意拖延、侵挪，以致征额亏欠。顺治十八年(1661)，吴县、长洲两县吏胥仅漕折一项就侵挪四万三百九十五两三钱。[④]

其次，江苏各州县侵欺涉员众多，官吏役通同作弊的问题十分突出。胥吏一向被视为奸恶的化身，但历来为吏亦是谋生养家的手段，州县吏役平素多经管钱粮事务，故难禁其贪心，虽有竣法厉禁，也难绝后来。汉宣帝曰："今小吏皆勤事而俸禄薄，欲其毋侵渔百姓，难矣。"[⑤] 明清吏胥不乏脚踏实地、忠于职事者，但贤德不贪者少，卢锡晋认为"夫吏即贤，亦岂能不谋其生？或贤者尤能不至于大贪耳，然百不得其一二也"[⑥]。

顺治时期，江苏各州县吏役卷入侵挪透冒案事者成千上万，苏州府蠹吏就侵挪成习，顺治五年至八年，苏州府属八州县不仅撮用透支数额逾百万，

① (清) 韩世琦：《覆微臣巡历常属一案原参续参招疏》，载《抚吴疏草》卷四三，捌辑8，第73页。

② (清) 韩世琦：《题清查常熟一案赦前赦后各官职名疏》，载《抚吴疏草》卷三十，捌辑7，第192—193页。

③ (清) 韩世琦：《参常属十六、十七年侵撮无批钱粮疏》，载《抚吴疏草》卷九，捌辑5，第675页。

④ (清) 韩世琦：《参顺治十八年分漕折完欠疏》，载《抚吴疏草》卷十五，捌辑6，第222—223页。

⑤ (清) 顾炎武：《日知录》卷十二《俸禄》，载《顾炎武全集》第十八册，上海古籍出版社2011年版，第497页。

⑥ (清) 卢锡晋：《吏议》，见《皇朝经世文编》卷十五《吏政一·吏论上》，《魏源全集》第十四册，第7页。

而且涉员甚众，延久不结。康熙二年（1663）三月，巡抚韩世琦奉命查催各年官役侵欠，根据欠额多少题请依律加罪的人员一次就多达 937 人。[①] 顺治八至十八年间，苏州府太仓、长洲等七州县侵撮、透解、透放等银不仅数额众多，而且涉及官员吏役众多。康熙三年（1664）六月，韩世琦清理此类案件并题请对不同罪情员役加以刑追，一时降罪的吏役有七百余人。[②] 康熙三年，韩世琦巡历镇江府，清查丹徒、丹阳、金坛三县八年至十五年各项侵冒未完钱粮，除题请对三县知县、县丞、典史等官追责究拟外，岳峙则因犯赃拟绞，"丁文等一百五十四名等各按挪移之例分别配杖，王九重等十六名支解虽无别弊，而批领完掣稽延，并予重杖"[③]。康熙四年（1665）五月，韩世琦疏请将江抚所属顺治十五年（1658）以前夙案查销，其中涉及常州府顺治五至八年侵挪借冒金额凡五十余万两，对未完之项前任抚臣亦曾有题报，牵涉蠹役王允升等三百余名。[④] 当然，上述几组数据所反映的只是韩抚巡历清查几起系列案件的吏役加罪人员，同时期各州县零星的不同类别的侵欺涉员则更为多见。

最后，某些官员任内，某些吏役名下的侵欺挪用数额多，问题突出。凡州县银粮，"已征在官者，应于官役名下行追"，地方亏欠由来有自，挪借款项虽非入己之赃，亦应有官役指向，查知到经手官役，"确定应于某官名下追补若干，某官任内某役名下追补若干"，[⑤] 则原欠皆有着落。江苏州县吏役侵欺造成的亏欠虽然责任不同，但户、工等部及督抚、司、道、府等衙门通过清查册籍、领批，基本上可以查到银粮亏欠的去向。资料数据显示，顺治年间，某些知府、知县的任内，吏役侵挪亏欠就较为突出，如松江知府廖文元任内，顺治七、八两年的吏役撮借案就为数极多，数额惊人，先经户部驳查，

① （清）韩世琦：《覆苏属汪文瑚等一案侵挪招由疏》，载《抚吴疏草》卷二十，捌辑 6，第 481—482 页。

② （清）韩世琦：《报苏属一案招疏》，载《抚吴疏草》卷四二，捌辑 8，第 51—52 页。

③ （清）韩世琦：《岳峙等招由疏》，载《抚吴疏草》卷四二，捌辑 8，第 32 页。

④ （清）韩世琦：《覆特参误饷一案疏》，载《抚吴疏草》卷五六，捌辑 8，第 736 页。

⑤ （清）潘月山：《未信编·钱谷上》，载《官箴书集成》第三册，第 17 页。

依据江抚韩世琦查明登答清册，“册开侵撮等银一十九万八千四十二两零”，这些欠项至康熙三年（1664）五月，尚有十七万二千二百七两未完。① 溧阳革职知县丘贡瀛“身膺民社之司，罔念钱粮之重，以致出纳全无稽察，侵挪一任群奸”，原参亏欠数至七万余两，顺治十五年（1658），经查催清补，尚亏一万七千四百余两。② 华亭知县廖志魁任役侵挪，亦造成该县顺治六、七两年赋税留下巨大欠项。康熙四年（1665）四月，刑部及地方究拟涉案吏役时，仍留下欠银四万六千九百五十三两余。③ 武进知县孔胤洪任内接管经管顺治五年至八年钱粮共银一十三万八百三十四两零，除追抵完解及少量民欠外，其未完银多达六万七千八百九十五两。④

吏役侵欠主要是凭借其征解钱粮之便得以逞奸作弊的。从江抚韩世琦对江南五府钱粮逋欠的清理疏报情况可以看出，清初吏役的侵欠相当普遍。这些侵欠个案，大多为数两至数十两不等，但也有吏役撮那至数百上千两，乃至成千上万两者，如顺治十七年（1660）原拟秋决的吏役徐嗣元等十一犯，名下赃银侵欠就为数众多，其中衙役徐嗣元名下赃银多达 17116 两余，协部马之璋、解吏金秉义、钱达德各员名下侵欠白粮、轻赍银两亦数各盈千，“运弁刘万全名下侵用漕粮五千七百三十石”，衙役朱德洪名下赃银一千二百两，徐天锡名下赃银二千八百六十五两余，陆应吕名下赃银三千一百零五两，这些吏役犯赃数额较大，依律本应处死，后援赦皆减等拟罪。⑤ 苏州府太仓、昆山等州县蠹役合谋侵蚀案不仅牵连多人，且涉额较大，他们公然将顺治六年至十二年白折紧急钱粮合伙侵吞，“侵渔动俱千百”，其中顾兆荣、杨会际等人分侵顺治七年（1650）分银 6100 两，吴瑞龙、徐南等人领侵八年分银

---

① （清）韩世琦：《结撮借愈久愈多原案疏》，载《抚吴疏草》卷三九，捌辑 7，第 655—656 页。
② （清）韩世琦：《丘贡瀛招疏》，载《抚吴疏草》卷三，捌辑 5，第 372—374 页。
③ （清）韩世琦：《汇销顾履卿一案疏》，载《抚吴疏草》卷五四，捌辑 8，第 648—649 页。
④ （清）韩世琦：《覆孔胤洪一案疏》，载《抚吴疏草》卷五五，捌辑 8，第 682—683 页。
⑤ （清）韩世琦：《销马之璋一案疏》，载《抚吴疏草》卷二，捌辑 5，第 339—340 页。

3953.59两，蔡明仪等冒侵十年分银1268.4两。[①] 顺治年间，瞿四达等十七案属久追无完之案，不仅牵涉案犯众多，主要案犯赃欠亦多至数千上万两，其中瞿四达逋欠7333两余，随登云拖欠13372两余，宋仕英收侵银2952两多，侵欠过百甚至数百两的则更属多见。[②] 顺治时，苏、松、常三府解役顾之鹏等人侵欺四年至七年银布亦为数甚巨。据韩世琦查报，苏、松、常等府"节年额解官布逋欠不完，皆由解役侵欺，以致短少挂欠"，嘉定县解役顾之鹏就将顺治五年（1648）分的应解官布盗卖侵欺，顾之鹏、朱泰等"侵欺并经承供吐，在库共欠银八万八千三百四十四两一钱四分零，又侵棉布一万九千四百二十五匹"，松江府沈士晟、汤之任等"侵欺并经承供吐，倾销并追贮等项，共欠银四万六千一百一十一两七钱二分零，又侵布七千二百六十四匹"[③]，常州府蒋沅等亦侵欺一万一千六百五十八两四分。

"衙蠹之恶，莫甚于侵渔钱粮"[④]。州县吏役直接临民，又具体经办钱谷事务，故地方民欠、侵欺皆与其行为颇多关联。清代官吏侵蚀钱粮各有手段，其结果是造成国帑悬欠，其本质则皆为侵欺。袁一相就认为，清代钱粮之弊有六："一曰侵欺，一曰挪移，一曰透支，一曰冒破，一曰未获批，一曰未获领，总之，皆侵欺也。"[⑤]

关于侵挪透冒的分别，光绪《清会典事例》曾作过明确界定："钱粮征解支放各有款项，若为公务移缓就急，谓之挪移，假公济私谓之侵盗，军兴公用不得已而借用，谓之透支，藉端开销谓之冒破。"[⑥]《未信编》对其分辨亦大同小异；"应一支二谓之透，无而为有谓之冒，暗中剥蚀谓之侵，移彼应此

---

① （清）韩世琦：《覆苏属侵欺白折顾兆荣等招由疏》，载《抚吴疏草》卷十七，捌辑6，第329—330页。

② （清）韩世琦：《瞿四达等原籍查无家产疏》，载《抚吴疏草》卷三六，捌辑7，第472页。

③ （清）韩世琦：《覆严催布贡一案疏》，载《抚吴疏草》卷四三，捌辑8，第58—59页。

④ 《清世祖实录》卷一一八，顺治十五年十二月丙戌，《清实录》第三册，第920页。

⑤ （清）袁一相：《一条鞭议》，载《皇朝经世文编》卷二九《户政四·赋役一》，《魏源全集》第十四册，第651页。

⑥ （光绪）《清会典事例》卷一七五《户部二四·田赋》第二册，第1222页。

谓之那”①。未获批者，起解而无回销；未获领者，支给而无领状；未获领，因不属于本人支领；多属经承捏名冒支行为，故均属于侵欺。挪借解支钱粮，年分项款不一，“年分不同，应征彼年以还此年，款项不同，应追彼款以还此款”②，如事后补完，则不必归为挪借，若无抵补之项，则挪借实成侵欺。由此而论，州县钱粮侵欺的根源亦实因为有挪移问题，“惟挪移而后胥吏因缘作奸，得以行其侵欺，惟侵欺而后民脂民膏，上不在官，下不在民，而尽归于中饱，以致钱粮不完”③。挪移直接导致两种恶果：一是吏役趁机玩法作弊，蒙混上官，导致钱粮牵混不清；二是因挪而不补，挪后难补，使原征解已完之项款，成为悬欠。

顺治年间，江苏州县吏役侵挪透冒就极为猖獗。康熙二年（1663）三月，据韩世琦彻查，该省额解钱粮与裁剩赃罚等银就欠额巨大，苏、松、常三府欠至一百六十余万四千两有奇，而苏州府所属八州县顺治五至八年间欠额多至一百零二万一千五百余两，其中数“上下通同挪移、侵盗最可痛恨”④。当然，同时期苏州府属各县钱粮亏欠的原因也十分复杂，“或以领解侵欺，或以挪移别用，或因批回未掣，或因领给无凭，甚至私交滥费”⑤。据长洲知县董定国反映，长洲县钱粮亏欠难清，主要由于蠹役“挪移撮借，遮东掩西，影射侵欺，丛奸滋弊”所致，长邑吏书甚至明目张胆地侵吞库银，他们“视库帑为己物，以侵蚀如等闲”⑥，库吏张国勋、奸书张维和父子表里为奸，同侵国课，张维和甚至用“毁坏印批，磨洗册籍”这种卑劣手段来达到侵蚀白折银两的目的。⑦

① （清）潘月山：《未信编·钱谷上》，载《官箴书集成》第三册，第13页。

② （清）潘月山：《未信编·钱谷上》，载《官箴书集成》第三册，第16—17页。

③ （清）袁一相：《一条鞭议》，载《皇朝经世文编》卷二九，《户政四·赋役一》，《魏源全集》第十四册，第651页。

④ （清）韩世琦：《覆苏属汪文瑚等一案招由疏》，载《抚吴疏草》卷二十，捌辑6，第480页。

⑤ （清）韩世琦：《覆苏属汪文瑚等一案招由疏》，载《抚吴疏草》卷二十，捌辑6，第482页。

⑥ （清）韩世琦：《参长洲县蠹役侵盗钱粮疏》，载《抚吴疏草》卷三三，捌辑7，第352页。

⑦ （清）韩世琦：《参长洲县蠹役侵盗钱粮疏》，载《抚吴疏草》卷三三，捌辑7，第352—353页。

康熙三年（1664），据江宁巡抚韩世琦彻查疏报，顺治八年至十三年，江宁府属各县应追吏役侵欺欠银凡八万五千八百一十四两，牵连到江宁等县吏役一百九十七名。① 顺治十二年至十五年，江苏工属钱粮物料亦未完甚多，而吏役卫文英、倪时俊二人侵欠均超过千两，其余侵欠二百两以下者为数甚多。②

为杜防官役侵冒已征在官之项款，顺治十年（1653）朝廷就定钱粮起解之制，此后又不断完善解交条令，但清初江苏各州县屯卫运官解役的侵蚀仍堪称典型。如横海卫运官刘万全领运顺治十年、起运顺治九年漕粮后恣意侵盗，以致亏空甚巨，造成亏米五千七百三十余石，虽经追抵，变产赔付，至康熙四年（1665），仍留欠米一千五百六十八石有余未能清完。③ 娄县典史金名远于顺治十八年（1661）四月奉差押运白粮，同时接收搭解十七年分蜡茶颜料等银一千四百七十二两，"当时兑足交付名远，领解取有全收实领可据"，金名远却将搭解押运银侵为已有，抵部以后，又谎报说"初以空批投部，捏称该县征银未发"，经反复研鞫，"所称有批无银扣克情由，悉系捏词支饰"，④ 金名远事后亦认承侵渔国帑之实情。

地方钱粮征解支放，各有款项，如需应急挪解，必先上报朝廷。顺治十七年（1660），经户部题准："各省有因军需动用钱粮刻不容缓者，司道官申详督抚，一面咨题，一面动用，若司道并未申详，擅自动用，督抚先未题咨，径为请销者，督抚降二级，司道官降职五级，皆调用。"⑤ 明清之时，作为财赋重地，江南地方对国家的贡献大，但地方赋税征解过程中出现的问题也非常多，挪移造成的财政混乱、地方亏空尤其突出。顺治十八年（1661），户部议覆工科给事中阴应节条奏清初的钱粮之弊，就首列州县挪移。⑥ 清初江苏各

① （清）韩世琦：《究拟晋省夙弊招疏》，载《抚吴疏草》卷四五，捌辑 8，第 178 页。
② （清）韩世琦：《卫文英侵撮钱粮疏》，载《抚吴疏草》卷五十，捌辑 8，第 441 页。
③ （清）韩世琦：《题销刘万全一案疏》，载《抚吴疏草》卷三四，捌辑 7，第 358—359 页。
④ （清）韩世琦：《金名远招由疏》，载《抚吴疏草》卷四五，捌辑 8，第 199 页。
⑤ （光绪）《清会典事例》卷一七五《户部二四 · 田赋》，第二册，第 1223 页。
⑥ 《清圣祖实录》卷三，顺治十八年七月己未，《清实录》第四册，第 76 页。

州县的钱粮挪移问题有几点值得关注。

其一，钱粮支放不论缓急，随意混放较为多见。清制，征收钱粮支用，“必先尽起运，方许支给存留，如起运未完，而支拨存留项款，该督抚查出指参”①。清廷规定，征收钱粮先起运，后存留，也是要确保国家财政急需经费的到位，但清初江南五府各州县不遵经制，不顾急需的支放情形极为常见。如溧阳知县丘贡瀛支放钱粮不顾轻重，“出纳全无稽察，侵挪一任群奸”，支销挪用，不遵经制，随意私放。② 康熙初年，武进知县张熙岳亦舍急放缓，挪新抵旧，违例滥放混放，造成军需急项不能按时起解完项。③

其二，拨解秦、粤、滇、楚等省的兵饷，挪用别银和将兵饷挪作他用的问题较为突出。④ 江苏拨解协济滇、楚等省兵饷为数甚多。出于对动摇军心、影响国防安全的担心，江苏地方拨饷时，往往先挪用别项钱粮以应急需，如顺治八年至十五年，江南楚、协饷银年年挪借的是马价钱粮，少则数十两，多则上万两。顺治十三、十四年，挪解楚饷、协饷银分别达到62565.43两和51589.19两。⑤ 康熙三年（1664），据韩抚核查疏报，顺治十五年江南拨解秦省十四年兵饷四万八千八百一十七两，与该省原拖欠等银八千四百四十一两，因该年民欠正赋改折钱粮奉诏蠲免，原来应解秦饷项款挪解别饷，秦饷发放别无抵补，遂成欠项。⑥

其三，挪后不补，长久拖欠的情形较为常见。据韩世琦疏报，苏、常等府钱粮浩繁，而经征各官又常常不能按年征解，照额支放，因“率多混滥挪移，遂至此借彼悬，此透彼缺”⑦，日积月累，以致越欠越多。如华亭蠹役顾

---

① （清）韩世琦：《参张熙岳滥放承追怠缓疏》，载《抚吴疏草》卷三六，捌辑7，第493页。
② （清）韩世琦：《丘贡瀛招疏》，载《抚吴疏草》卷三，捌辑5，第374页。
③ （清）韩世琦：《参张熙岳滥放承追怠缓疏》，载《抚吴疏草》卷三六，捌辑7，第493页。
④ （清）韩世琦：《参张熙岳滥放承追怠缓疏》，载《抚吴疏草》卷三六，捌辑7，第493页。
⑤ （清）韩世琦：《兵属催征不得疏》，载《抚吴疏草》卷三九，捌辑7，第615页。
⑥ （清）韩世琦：《覆顺治十五年秦饷民欠疏》，载《抚吴疏草》卷五十，捌辑8，第423页。
⑦ （清）韩世琦：《参长洲、武进各令冒滥那透疏》，载《抚吴疏草》卷三八，捌辑7，第589页。

履卿等人或侵或挪，各役名下就所欠钱粮甚多，历经十五载，欠项仍无法完补。①

康熙初年，在韩世琦清核顺治年间江苏各府县钱粮逋欠过程中，其疏报反映地方吏役侵欺的方式，频繁使用“侵撮”“撮借”“撮”等字词，如松江革职知府廖文元任内，顺治七、八两年撮借案原参撮借一十九万七千九百五十余两，该案涉及款目甚多，包括一项两开，并无先完而以重复请销，开另案归结，补编、提编项下弄虚作假等，其中应销项下112994两，据册开俱系因公挪借，不仅撮借毫无完补，额赋亦越催越久。②

顺治十二年至十五年，丹阳、金坛二县撮借工部项下银粮物料，解用于协饷、支放驿递等项款，而“协饷粮料、驿递系户兵二部项款”③，其实是州县以工部项下钱粮挪移支拨户、兵二部项款，亦可归属于因公借支，属于“透支”类别。韩世琦本人亦认可因公撮借的不得已做法。康熙三年（1664）五月，在《户属催征不得疏》中，韩世琦就曾说：“当日因提催紧急，不得不撮此济彼，一时权宜，及划原款民欠抵补，则又零星尾欠，征比不前，遂至相沿未补。”④

凡经征各项钱粮，“起解者，务宜按期掣批，支给者，必须照额支领，使交盘之际，册籍井然”⑤。自顺治始，清廷就严起运领解之制，州县起解钱粮，各以批回为据，“起运钱粮，布政使发给府州县空白批文百张，批文内编定号数，府州县起解时，填领解姓名，钤印投司”，解官解役获领批后，要按期解交，手续齐全，州县解司钱粮批回，亦各应注明到司日期、完银日期和批发日期。⑥ 清廷加强对解官解役的监督管理，旨在杜绝解运过程中吏役的延误拖

① （清）韩世琦：《汇销顾履卿一案疏》，载《抚吴疏草》卷五四，捌辑8，第650页。

② （清）韩世琦：《参松府顺治七、八年侵撮各官疏》，载《抚吴疏草》卷十六，捌辑6，第298页。

③ （清）韩世琦：《卫文英侵撮钱粮疏》，载《抚吴疏草》卷五十，捌辑8，第438—439页。

④ （清）韩世琦：《户属催征不得疏》，载《抚吴疏草》卷三八，捌辑7，第603页。

⑤ （清）韩世琦：《参上海县王孙兰交代不明疏》，载《抚吴疏草》卷二十，捌辑6，第494页。

⑥ （光绪）《清会典事例》卷一六九《户部十八・田赋》第二册，第1139—1140页。

沓，弄奸作弊，侵蚀盗卖，但州县解司钱粮手续不齐极为常见。顺治时，江苏各府县钱粮解送过程中因吏役无批、无领造成的亏欠，不仅频繁发生，而且数额巨大。据韩世琦疏报，顺治五年至八年，苏州府钱粮亏缺百余万，除领解侵欺、挪移别用外，批回未掣、领给无凭亦造成正供“补苴无项”①。上海知县王孙兰任内经管顺治十六、十七、十八等年的钱粮，“或起解无批，或支给无领，与夫借放透支、造册交代率多不楚”，数年之内，官役因未获领、未获批造成的钱粮不清数额，多达八万八千八百余两。② 娄县知县田绍前任内钱粮亦率多不楚，其任内钱粮“十五、六、七等年已解无批者，计银一万八千六百四两八钱零”③。镇江府属丹徒、丹阳、金坛三县知县李先春、陈经筵、王大化、赵介等人任内，顺治八年至十五年间，解役未获批的情形亦十分普遍，这些项款事后很多杳无着落，究竟是被经管吏役侵欺，还是被解役侵欺，户部也未见有合理的解释，其回复只是“其未获批回，据册内俱系各役领解未完，见在追比”④ 而已。

清廷针对各直省吏役侵欠的清查追赔行动，顺治时就已大刀阔斧地展开了。如顺治十二年（1655），就漕欠的追赔问题，清廷曾发布严令：“官欠追官，军欠追军”，“官、军一例严追，变产完赔，如运军侵粮脱逃，报明户部，行总督衙门提究追拟”⑤。顺治十五年（1658），刑科给事中任克溥曾奏请朝廷“悬异赏以待良吏，立严法以惩蠹胥”，要求对侵渔钱粮的官役人等“审明申请，立行正法，产查入官”⑥。顺治十七年（1660），经户部等衙门奏准，朝廷由户、工等部差派专员赴各省彻查拖欠钱粮，以杜地方侵欺之弊，“江南省差

① （清）韩世琦：《覆苏属汪文瑚等一案侵挪招由疏》，载《抚吴疏草》卷二十，捌辑6，第482页。

② （清）韩世琦：《参上海县王孙兰交代不明疏》，载《抚吴疏草》卷二十，捌辑6，第494—495页。

③ （清）韩世琦：《参娄令田绍前交盘不明疏》，载《抚吴疏草》卷十三，捌辑6，第140页。

④ （清）韩世琦：《覆镇属未完批回疏》，载《抚吴疏草》卷二九，捌辑7，第107—108页。

⑤ （光绪）《清会典事例》卷二〇九《户部五八·漕运》第三册，第433页。

⑥ 《清世祖实录》卷一一八，顺治十五年六月丙戌，《清实录》第三册，第920页。

户、兵、工三部官员各一员，浙江、福建二省差户、工二部各一员”，广东、江西、湖广等六省户部各差官一员。[①]

在韩世琦出任江宁巡抚以前，江苏各府县由巡抚主持的侵欠核查与追赔也已展开。据韩世琦疏报，松江革职知府廖文元任内，顺治七、八两年钱粮撮借案从案发至韩抵任已历十载，此前就已“历经前任各抚臣转行督追，不几唇焦颖秃矣”[②]。韩世琦上任以后，他对江苏各府县侵欺项款的清查、核实花费了不少心力，并配合户部、地方司道府，对州县各项赃欠挪透的追补赔付严督檄催。据其疏报，自上任以来，韩世琦就“日事催提，手口交催”。松江府顺治七、八两年吏役侵撮之项，至康熙初已属十载夙逋，在追还无望、藩司等曾奏请销案的情况下，韩抚“屡经严驳该司设法搜追，务求清补，以稍佐公家万一”[③]。顺治八年至十五年常属之武进、江阴等县侵撮、未获批回各案，涉及官役众多，清廷敕户部转行巡抚衙门，“速为追比，并查未掣批回有无情弊”，韩世琦接到朝旨和户科抄件后，“接管清理，屡行藩司催查”[④]。

清初，对江南州县侵欺官役欠款的追比，以追回国帑、减少国家财政损失为目的，追比的种种举措有很强的针对性，其意图也显而易见。

首先，全面实行变产赔补的做法。所谓变产赔补，就是查封侵欠人的家产，以其私人田产、房屋、家什估价变卖抵补侵挪等欠款，这是清初较为常见的追赔办法。溧阳县蠹役姜兆侵蚀顺治十二年分河工银，其已完之款命先解淮库，“未完银三百九十七两一钱九分五毫，见在勘变家产，设法追解”[⑤]。但变产追赔多属资难抵欠，如苏州府瞿四达等人赃欠案和承追多年各吏役积欠案，经官府搜勘追比多年，多称家产尽绝，据册开，仲吉、徐文进、胡元等十二犯“确查悉系家产尽绝”，瞿四达、随登云二犯因原籍在河南，江苏地

① 《清世祖实录》卷一三三，顺治十七年三月己巳，《清实录》第三册，第1029页。
② （清）韩世琦：《参松府顺治七、八年侵撮各官疏》，载《抚吴疏草》卷一六，捌辑6，第299页。
③ （清）韩世琦：《参松府顺治七、八年侵撮各官疏》，载《抚吴疏草》卷一六，捌辑6，第299页。
④ （清）韩世琦：《原参常属未获批回各官疏》，载《抚吴疏草》卷三二，捌辑7，第296页。
⑤ （清）韩世琦：《覆溧阳县蠹姜兆侵蚀河银疏》，载《抚吴疏草》卷一三，捌辑6，第126页。

方官无法勘查其家产，在案发之后，也已“移咨豫抚勘产变纳”[①]，所以变产赔补实难期望对吏役侵欠造成的损失有大的补救，很多役犯早就将侵银挥霍，已家无余资，尤其是背负巨额侵欠的官员吏役，追比越久越无法进行。苏州府解官马之璋顺治四年挂欠轻赍银一案，前后监追十余年，屡经勘索家产，别无存剩，“唯有一息仅存而已”[②]。崇明县蠹犯黄文名下所欠赃银共二百四十六两，地方“遵行臬司严督，追比不遗余力”，经严行查勘家产，“止有破草房一间及零星什物，估价银十两五钱九厘，其余逋欠之银尽法穷搜，仅存孑然”[③]，变产抵补加上先追入官之银，总计十四两余，完项十不及一。

其次，妻子入官，并命亲族赔补。籍没是清初追比的惯用方式，除将犯官蠹役的财产进行登记，估变折银抵补赔付外，根据顺治十八年（1661）新例：“以后衙役侵蚀银两，限内不能全完，照盗漕例正法，妻子入官。”[④] 据韩世琦疏报，宋仕英、唐明、沈廷栋等侵赃案，系顺治十七年（1660）以前久欠无完案，三犯家产先已勘变无遗，至康熙三年（1664），因赃欠久未完项，无法销案，而三犯“妻孥亦久羁禁穷囚，以狱为家，皮骨之外，委无丝毫余物”[⑤]。

亲族赔补是指吏役同宗近亲的认赔，远房同族法难株连。华亭知县潘必镜任内有吏役高鹤，其名下侵银案系顺治五年以前夙案，高鹤亡故之后，追比无着，遂命潘必镜代赔，潘氏夫妇亡故无嗣，“遗妾田氏同居于族侄潘训家，因将潘训田地变银二百一十五两”，充作赔付之款，潘必镜分居之族侄潘澄、潘扬，“既系疏属，难以代赔”[⑥]，得以免受牵连。昆山解官王文科侵欠顺

① （清）韩世琦：《苏属各犯逋欠钦赃分别入官豁免疏》，载《抚吴疏草》卷二八，捌辑7，第86页。

② （清）韩世琦：《题马之璋欠银追比不得疏》，载《抚吴疏草》卷三六，捌辑7，第492页。

③ （清）韩世琦：《黄文入官疏》，载《抚吴疏草》卷四五，捌辑8，第175页。

④ （清）韩世琦：《苏属各犯逋欠钦赃分别入官豁免疏》，载《抚吴疏草》卷二八，捌辑7，第87页。

⑤ （清）韩世琦：《宋仕英等侵赃无追疏》，载《抚吴疏草》卷四九，捌辑8，第367页。

⑥ （清）韩世琦：《请销杜逢春河工一案疏》，载《抚吴疏草》卷五一，捌辑8，第482页。

治二年分官布二千余匹，亦系久追未完，追赔对象由王文科转为其子王基，因王基名下久追无出，又令由原委官王鑨赔补，后又于“王鑨家属王报名下追完银一百四十两”①。

再次，追比时严加拷问，敲扑频施。对侵欺吏役穷究严比，是清廷打击经济犯罪的重要手段。对于久拖未完、欠额较大、关系国家军需的紧急项款，不仅朝廷及地方大员频繁催督府县从速追回，而且对侵欠人本身严加拷问，决不姑息。吴县蠹役葛启祥、吏书赵名臣等侵盗顺治十七年（1660）漕折银，经总漕题报之后，江宁巡抚遂令“严提追比，勒令完解”②。江安等各府州拖欠之赃，尽属年远难完项款，“而未完银两又关拨协紧饷，时刻不容逋欠”，故对各府州赃银拨协闽饷一案未完的清查追补，巡抚“一面严檄各刑官设法比追，一面提解各经承峻法严比”③。需要提到的是，清初，江苏一些地方针对民欠的敲比场景十分恐怖。如顺治十六年（1659），江南各州县先因海逆入犯，百姓惊逃，哀鸿渐集之后，十八年又遭奇旱，“兵荒相继，满目凄凉”，新赋夙逋叠加，地方官吏却置百姓苦难于不顾，仍严提追讨，以致敲比之际，“呼怆盈庭，哀号乞命”④。实际上，对江南各地吏役的追比用刑有过之而无不及。据韩世琦题报，对上江地区顺治八年至十一年侵挪未补银的追赔，“先经别案参追，刑比数年，死亡相继，不惟无产可勘，抑多无人可问”⑤。犯弁舒桂芳名下欠赃一百三十两，“监比毫无完纳，于顺治十二年禁毙狱中”⑥。马之璋名下侵欠甚多，对其监追前后十有余年，穷搜极索，敲比频施，可谓追比

---

① （清）韩世琦：《覆昆山县王鑨赔补银并赦前赦后疏》，载《抚吴疏草》卷十二，捌辑 6，第 80 页。

② （清）韩世琦：《覆吴县令任维初等朋侵轻赍招由疏》，载《抚吴疏草》卷十三，捌辑 6，第 120 页。

③ （清）韩世琦：《题江安等府钦赃俱已完解豁免者另请解拨疏》，载《抚吴疏草》卷三十，捌辑 7，第 178 页。

④ （清）韩世琦：《兵属催征不得疏》，载《抚吴疏草》卷三九，捌辑 7，第 616 页。

⑤ （清）韩世琦：《工属催征不得疏》，载《抚吴疏草》卷三九，捌辑 7，第 620 页。

⑥ （清）韩世琦：《舒桂芳赃银无追疏》，载《抚吴疏草》卷三六，捌辑 7，第 467 页。

手段用尽。[①] 宋仕英、唐明、沈廷栋属衙役犯赃，三人侵蚀银凡三千三百余两，亦历追十余载，终无完补，三犯历经血比之后，皆仅存皮骨。[②]

最后，以原官代赔或摊赔。侵欺各有名目、数额，或归属某役名下，或系某官任内，均有据可查。吏役侵蚀之责任主体自然是吏役本身，但州县各官亦不能置身事外。一方面，他们有责任追回侵欺项款；另一方面，吏役之侵欠在本人不能完项的情况下，失察官员有代赔、分赔之责。顺治九年(1652)，针对清初以来解役委用不当，以致侵盗案频发，清廷议准，“解役中途盗卖，照监守自盗律治罪，家产变卖追赔，州县官滥委匪人者连坐”[③]。江苏各州县之吏役侵欺命以原官代赔，主要是因为吏役及其家人无力赔付，州县官等失职失察造成国课有损。如华亭知县潘必镜“委役高鹤领解淮米等项银一千六百一十一两，侵蚀不解”，高鹤产尽人亡之后，所侵项款无着，知县潘必镜因委役不当受到牵连，高鹤未完欠项，遂“着令必镜名下追补”[④]，高鹤案不仅牵连华亭知县潘必镜本人，而且牵连其遗妾田氏和族侄潘训。

分赔亦称摊赔，是依据责任由相关官吏分摊赔付，已征钱粮由于侵盗或其他原因造成较大损失的，多采取摊赔的方式。如顺治十六年（1659），昆山县解官蔡必继押解十四年分马站等银八千七百五十五两，在句容县遭盗劫夺，除起获盗犯所劫银两部分追回外，其余被劫银皆久缉无获，“随按被盗劫失钱粮赔补之例，将地方文武领解各官分析分数”摊赔，原昆山知县韩有倬、典史王不倚各赔银 741.8 两，原任江宁道参政王绍隆、江宁府知府李隽、参将柏天擎各赔银 494.5 两，把总庞云、解官蔡必继各赔银 989.06 两。[⑤] 松江府解官孙锜侵欠顺治五年银布案的未完之项，赔付主要根据责任的大小，由松江经委知府、各县经委知县来分摊，具体分赔是：松江知府卢士俊赔布 612 匹、银

① （清）韩世琦：《题马之璋欠银追比不得疏》载《抚吴疏草》卷三六，捌辑 7，第 492 页。
② （清）韩世琦：《各年未完钦赃催征不得疏》载《抚吴疏草》卷三六，捌辑 7，第 503—504 页。
③ （光绪）《清会典事例》卷一六九《户部十八·田赋》第二册，第 1146 页。
④ （清）韩世琦：《请豁潘必镜代追赃银疏》，载《抚吴疏草》卷四九，捌辑 8，第 384 页。
⑤ （清）韩世琦：《句容县摊赔一案疏》，载《抚吴疏草》卷五二，捌辑 8，第 521 页。

1762两，青浦知县王嶙赔布450匹、银363两，华亭知县廖志魁赔银124两，上海知县高维干赔布163匹、银1274两。[①]

清初，针对吏役侵欠赔付的督催查办，受到中央部院到地方衙门的重视。顺治九年（1652），户部曾遵旨会议赃罚银的追比办法，并定制："在京、在外应追赃罚银两数目，刑部应委官专管，按季造册，咨送户部，户部应委官专管，已完、未完一年两次奏报严催，内外经管官追比完纳，上佐国用，下警贪风。"[②] 顺康年间，针对江苏各府县吏役欠项的追赔，不仅有督抚司道官员的檄差催督，而且有限时完项之追比严令。在严催重究的施压下，部分侵欠钱粮物料得以追回，但催呼不应，追比无果，久成悬欠的更为多见。

第一，追比之路维艰，人亡产尽、侵欠项款难完之报比比皆是。如松江知府廖文元任内，顺治七、八两年吏役撮借钱粮案就属十载夙逋，追比艰难，"司府或称人亡产绝，或请勘产正罪"[③]，从案发到康熙初年，前后已历经了五任巡抚，实际上，这些未完项款在顺康之际就已成永欠之项，穷搜苦追亦难有补益。又如苏州府瞿四达等十七案亦属陈年旧案，"历经搜勘，追比多年，或监毙囹圄，或家产尽绝，曾经前任诸按臣交相请豁，部覆未蒙应允"，未能销案，也已久成悬欠，"严追实已术穷法尽"[④]。苏、松二府未完钱本项款，地方虽严追不遗余力，但所完甚少。据司府呈报，涉案各犯"率多产尽人亡，所存一二穷囚，幽系囹圄，奄奄待毙"[⑤]。由于经手员役去者去，死者死，留下未完欠款上万两，追完已属无望。

久追无完、人亡产尽之报，背后是否别有隐情？清廷对此就曾提出过质疑。如康熙元年（1662）九月，朝廷在给户、刑二部的上谕中就指出："近见

① （清）韩世琦：《汇销孙锜一案摊赔银布疏》，载《抚吴疏草》卷五二，捌辑8，第533页。

② （清）韩世琦：《参承追赃罚逾限各官疏》，载《抚吴疏草》卷十二，捌辑6，第63页。

③ （清）韩世琦：《参松府顺治七、八年侵撮各官疏》，载《抚吴疏草》卷十六，捌辑6，第299页。

④ （清）韩世琦：《苏属各犯逋欠钦赃分别入官豁免疏》，载《抚吴疏草》卷二八，捌辑7，第86页。

⑤ （清）韩世琦：《请积欠钱本分别查豁疏》，载《抚吴疏草》卷三八，捌辑7，第587页。

各处应追赃罪等项银两，年久不完，多称家产尽绝，希图幸免，其中不无欺隐情弊，以后年久不完，该管官察明，果系家产尽绝，即行具题，将本犯入官，不必复行追银。"① 江宁蠹役龚希等侵领顺治五年至八年钱粮案，地方册报完欠的情形就存在多处疑点，江宁巡抚韩世琦曾对此也提出疑问：侵领钱粮既称全完，却无续办补解名色，亦无补办续解时间，其透解撮借之款称完，又未明追补完项情节，属何衙门，作何开销，"至于所称误造、重造入册，并人亡产绝，其中岂无借端支饰捏诳情弊"②？

第二，因年久事远，积逋难清，永成悬欠。如丹阳、金坛二县经承侵欠顺治十、十一两年之米，征追多年就无法完项。溧阳经承之侵欺，因"事经年远，该管员役更迁物故，业已数易"③，几经展限迟延，所欠之米一直悬缺无补，无法销案。苏松胥役杜逢春等侵撮河工银各案亦悬欠多年，这些侵撮皆属顺治十年以前之事，最早的发生于顺治四、五年间，其后历经十余年，追比之法用尽，终成永欠之项。④ 苏州差官马之璋侵欠案发生于顺治六年（1649），屡奉部发催，地方也因此催呼不断，历经十余年之后，欠项无果而终。⑤ 青浦知县王嶙任内，吏书撮借顺治四、五、六、七年钱粮，勒限清追之令下发后，"络绎催呼无虚日"⑥，追比历时十五载，但地方撮借、侵挪前后相积，越久越欠，越欠越多，至康熙二年，韩世琦只好题请销案。

第三，册报作假，指未完侵欺为民欠，造成国课损失，欠项不能追回。自清初以来，地方钱粮征解册报作假非常常见。州县册报作假目的主要有二：一方面，州县官通过与吏役通同作假，直接侵蚀已征在官之钱粮，以册报作

① （清）韩世琦：《苏属各犯逋欠钦赃分别入官豁免疏》，载《抚吴疏草》卷二八，捌辑 7，第 86 页。

② （清）韩世琦：《覆龚希侵撮疏》，载《抚吴疏草》卷十四，捌辑 6，第 195 页。

③ （清）韩世琦：《粮道关系甚重一案实支请销疏》，载《抚吴疏草》卷五二，捌辑 8，第 545 页。

④ （清）韩世琦：《覆杜逢春等招疏》，载《抚吴疏草》卷十九，捌辑 6，第 410 页。

⑤ （清）韩世琦：《参承追马之璋轻赍挂欠疏》，载《抚吴疏草》卷二四，捌辑 6，第 627 页。

⑥ （清）韩世琦：《覆青浦县旧令王嶙任内撮借并案归结疏》，载《抚吴疏草》卷二六，捌辑 6，第 731 页。

假掩盖私侵真相。如常熟知县张夔任内，就曾捏报民欠未完 7200 余两，而“其册中所开之户尽属子虚”，为掩盖真相，该县“既匿原册，复匿经承”[①]，使苏常督粮道无从查考，常熟新令抵任后，经提问经承石攻玉之后，方道出内外通同，官役互混匿册，庇役假称民欠之事实。另一方面，因吏役侵欠之项久追无完，指作民欠，期望朝廷日后通过蠲免民逋，销案结项，以图塞责，使吏役侵欠无完之项最终变为民欠蠲免之额。如顺治四、五两年长洲等县未完钱本银原有 8492.02 两，“皆系各经承徐廷楷等侵欠，终无完补”，部覆原限于康熙二年（1663）以内完项，原江宁巡抚题请“止称宽限”完补[②]，至康熙三年（1664），却成了“人逃产尽，民欠无征”之项。嘉定县解官冯二勤、顾之鹏、吏员陆禧等人侵欺顺治十年份银 2928.7 两，先经户部郎中巴赖清查册报，事后该县经手官吏不速行追完赔补，却假名捏报，并试图以民欠抵算。[③] 以吏役未完侵欠指为民欠，通过蠲免民逋，希图销案卸责，在清初的江苏绝非个别现象。

吏役侵欺是地方吏治的毒瘤。清初江南五府各州县的吏役侵蚀，与吏役本身贪婪无忌，无视禁条律令有密切关系，吏胥“类皆乡里桀黠者流，不肯自安于耕凿，然后受役于官而为吏”[④]。吏胥有异于一般耕民的技能和手段，其中虽不乏勤慎之人，然衙门习气，营私舞弊者多，“苟本官严于稽查，善于驾驭，则奸猾固皆畏法而敛迹，否则纵恣无忌，虽勤慎者亦相率而效尤，此吏胥所以不可不防也”[⑤]。自然而然，能否对吏役实行有效的管束，直接关系

---

① （清）韩世琦：《覆犯官张夔招疏》，载《抚吴疏草》卷六，捌辑 5，第 524 页。

② （清）韩世琦：《旧欠本色已蠲、缺额滇饷请改拨疏》，载《抚吴疏草》卷四六，捌辑 8，第 238 页。

③ （清）韩世琦：《题销嘉定县顺治十年分布垫撮款疏》，载《抚吴疏草》，卷五四，捌辑 8，第 629 页。

④ （清）储方庆：《驭吏论》，载《皇朝经世文编》卷二四《吏政十·吏胥》，《魏源全集》第十四册，第 461 页。

⑤ （清）不著撰者：《州县须知》卷一《防胥吏法》，载《四库未收书辑刊》史部第四辑 19 册，第 269 页。

到州县吏治状况和地方社会风气的好坏。顺治年间，江苏地方吏役的侵欺，既有根源于制度的漏洞，又与州县官管理失当密切相关，而督抚司道衙门的官员变乱章法，出令随意，也是不能忽视的因素。

首先，地方吏役侵欠，州县官有不可推卸的责任。州县是清代行政的基层设置，“天下事无毫发不起于州县”[①]，州县的治理，既有赖于州县官的公正廉明，励精图治，又需要僚佐、幕友、长随、吏役的勤慎奉职，奉公守法，但清初江苏各州县对吏役的管束存在明显失控，赋税征解中频繁出现侵挪透冒等种种问题。说到底，这些都是与州县官本身的失职、用人失察以及为官贪婪，与吏役通同作弊分不开的。

一是州县官本人的昏庸、能力欠缺，导致吏役的胆大妄为，侵欺不断。清初，江苏很多州县官治理、管控地方的能力就明显不足。如句容知县丛大为就“奉职昏庸，防奸疏忽”，以致该县库吏、皂役、经承人等或“侵存剩之银”，或“勒倾销之费”[②]，朋诈烹分，肆无忌惮。青浦知县王有仁“以昏庸之下质，膺烦剧之严城”，其个人能力实不足以委州县，王因任内纵蠹肆横，流毒闾阎，就曾遭到按臣的纠参。[③] 娄县知县田绍前为官昏庸怠惰，由于田令的严重失职，造成该县吏役沈士恒、陈瑞龙等互相侵挪，朝廷上万金钱付之流水。[④] 上海知县阎绍庆“厘剔无能，肘腋丛奸，蠹役纵横无忌，比昵匪类，劣衿恣肆招摇”[⑤]，县内群奸狼藉，吏役借此大肆科敛财物。

清初，江苏州县官的失职，还表现为一些州县官治州县事不分轻重缓急，置钱粮征解于度外。如溧阳知县丘贡瀛“身膺民社之司，罔念钱粮之重”[⑥]，钱粮出纳全不稽查，造成官蠹侵领透支数额巨大。武进知县张熙岳、党文任

① （清）鲁一日：《胥吏论》，载葛士俊编《皇朝经世文编续编》卷二二《吏政七・吏胥》。
② （清）韩世琦：《回奏丛大为招疏》，载《抚吴疏草》卷四，捌辑 5，第 462 页。
③ （清）韩世琦：《王有仁招疏》，载《抚吴疏草》卷八，捌辑 5，第 606 页。
④ （清）韩世琦：《参娄令田绍前交盘不明疏》，载《抚吴疏草》卷十三，捌辑 6，第 140 页。
⑤ （清）韩世琦：《阎绍庆招由疏》，载《抚吴疏草》卷二七，捌辑 7，第 14 页。
⑥ （清）韩世琦：《丘贡瀛招疏》，载《抚吴疏草》卷三，捌辑 5，第 374 页。

上亦严重失职，吏役撮借透支甚多，以至正项悬欠，“问之前官，则经承是诿，责诸经承，则追补无从”①。

二是州县官委吏匪人，用役失察，导致国帑亏空。陈宏谋将吏职归列四民之外，认为吏属于“势所不能无，而又关系民生之利害，吏治之清浊，不可以无化诲者”②。吏役之用，当用其所长，防其所短，府县吏役之选，既要重视其才能，又要求品行端方，为人诚实可靠，负责地方钱征解之吏，“必遴择得人，方可付托无虞”③，所以处理州县事务，吏役委用至为关键。顺康年间，江苏州县钱粮委解造成的国帑损失，很多就根源于州县官委用吏役不慎。如常熟知县周敏、张燮“全不慎选解员”④，以致起解之银久追不获批回，解官、奸匠侵蚀挂欠甚多。轻赍银为国课急需，但苏、松、常、镇各府并桃源县，顺治四年至十二年项款因经管各官滥委员役，造成损失巨大，“各官役领解侵挪借用银共十四万二千四百四十九两七钱三分零”⑤。

由于州县官对地方钱粮征解缺乏敏锐性，对吏役又漫无稽查和防备，导致钱粮一旦侵挪，则势难追回，如常州府属顺治六年至十一年已征在官白折银两，由于武进、宜兴、无锡等县知县姜良性、孔胤洪、尚昂等人驭下无方和用役失察，蠹役石声鸣等侵撮达三万七千三百六十两之多，这些侵撮之项直到康熙初年仍未能追回。⑥ 镇江府属丹徒、丹阳、金坛三县，顺治八年至十五年间，由于知县李先春、陈经筵、王大化、金鍜、赵介等人事先漫无觉察，以致吏役撮借透支及未获批回情形十分普遍，且久追无果。⑦

三是知州知县为官贪劣，与地方吏役狼狈为奸，通同作弊，造成州县侵欠累累。州县官品行操守的好坏关系到地方吏治的清浊，地方官对吏役非法

① （清）韩世琦：《参长洲武进各令冒滥那透疏》，载《抚吴疏草》卷三八，捌辑 7，第 590 页。
② （清）陈宏谋：《在官法戒录·序》，载《官箴书集成》第四册，第 613 页。
③ （清）韩世琦：《参王吉人等委官疏忽疏》，载《抚吴疏草》卷四五，捌辑 8，第 171 页。
④ （清）韩世琦：《参常熟县奸匠侵蚀国课疏》，载《抚吴疏草》卷一一，捌辑 6，第 42 页。
⑤ （清）韩世琦：《覆逋欠轻赍归总漕查结疏》，载《抚吴疏草》卷一三，捌辑 6，第 147 页。
⑥ （清）韩世琦：《题参常熟积欠白折疏》，载《抚吴疏草》卷三，捌辑 5，第 396 页。
⑦ （清）韩世琦：《覆镇属未获批回疏》，载《抚吴疏草》卷二九，捌辑 7，第 107 页。

乱制行为的包庇放纵，则是导致州县钱粮不清的重要因素。吏役行事最善察言观色，徐世昌就曾指出：“窃谓此辈最善伺主人之向背，改官不改役，而役之前后善恶不同者，则视官之贤否以为转变。”[①] 州县官昏庸，吏役可以伺机作弊；州县官为官暴横，贪图私利，吏役又会为虎作伥，充当帮凶，既祸害百姓，又火中取栗，自捞好处。如吴县知县任维初“性惟贪昧，不特国赋民膏，纵令群胥侵盗，更将日用物质擅支公帑钱粮”[②]，且与该县吏役共侵顺治十八年分条银，任惟初本人擅支公帑，支用条银600余两，其手下吏役则从中获取更多的好处，陈茂林借机侵用3500余两，宋国豫侵用条银2400余两，吴应灏侵用670余两。[③] 长洲、吴县知县毛侃、宋聚奎亦与奸蠹唐明、沈廷栋、宋仕英通同侵蚀，并造成该县解拨闽饷之款项无着。[④]

其次，变乱章法，藩司将征收钱粮任意出纳挪解。清代“国家钱粮，部臣掌出，藩臣掌入”[⑤]，藩台作为一省的财政总管，其责任可谓重大。清初江苏地方的钱粮挪移，主要属于因公挪移，特别是大宗钱粮的支放、紧急项款的拨解，藩司因一时急需或某种原因临时调拨，导致一些州县支放不按项款，这类支用划拨通常属于公支公借，能及时抵还，并无不可。韩世琦认为“公支公借，如大兵供应成造战船，漕造不敷，驿递冲繁，势处不得已而悬撮，以及本年之项一时解济不前，不得不撮次年以应”[⑥]，这些皆属一时权宜之解拨，可应一时之急，但事后回补不及时，“及划原款民欠抵补，则又零星尾欠，征比不前，遂至相沿未补”[⑦]，成为地方解运吏役名下之欠。

清初，江苏藩司对江南五府的因公撮挪，较多地反映为大宗军用挪解。

① （清）徐世昌：《将吏法言》卷八《知事五·驭下》，《官箴书集成》第十册，第772页。

② （清）韩世琦：《覆吴县令任维新等朋侵轻赍招由疏》，载《抚吴疏草》卷十三，捌辑6，第120页。

③ （清）韩世琦：《任维初招由疏》，载《抚吴疏草》卷三三，捌辑7，第334页。

④ （清）韩世琦：《闽饷赃罚完欠职名分数疏》，载《抚吴疏草》卷三八，捌辑7，第571页。

⑤ 《清世祖实录》卷五七，顺治八年六月辛酉，载《清实录》第三册，第455页。

⑥ （清）韩世琦：《户属催征不得疏》，载《抚吴疏草》卷三八，捌辑7，第608页。

⑦ （清）韩世琦：《户属催征不得疏》，载《抚吴疏草》卷三八，捌辑7，第604页。

据江宁巡抚韩世琦核查题报，布政使刘汉祚挪移已完松江府白折等项银两，垫解秦、粤两省几笔兵饷都是数额较大，如顺治十年（1653）四月，刘汉祚垫解秦饷一笔款项为42704两；同年十月，刘汉祚主持垫解广东饷银一笔为32022两；顺治十一年（1654）八月，垫解广东府的饷银为24503两；顺治十四年（1657）五月，垫解粤东饷银为17226两。① 这些由藩司主持的挪解垫支，既造成地方钱粮牵混，其他项款无着，也牵连到吏役本身。顺治十二年至十五年，江南已完储存藩库的牲口药材果品等银，系礼部项下存库银两，也为布政使刘汉祚、陈培祯二人挪解作为协饷之用，而且藩司挪后久未回补，原议以苏、常二府十五年白折抵还②，但白折银系前户部项下之款，礼部不便径行议抵，前任藩司离任之后，因交代不清，遂久成悬欠。

藩司的挪解也给一些吏胥借机侵蚀提供了某种便利，他们趁机浑水摸鱼，如布政使徐为卿"恣意妄行"，擅将苏、松二府已解之白折41500两改抵金花款项，又将青浦县所解十六年之白折部分割作十四年分之裁扣项下，致使钱粮牵混不清，漕督严催，"竟置充耳"，布政使将原项不行改换，经承亦终无报解，徐为卿革职以后，"呼应愈加不灵，而该司奸胥亦得从中梗阻，希图互侵"③，竟成牢不可破态势。

最后，地方对已征钱粮，不随完随解，这也给蠹役贪吏侵蚀提供了可乘之机。清代各地起存钱粮，岁有常额，"凡出入支放，务照赋役由单，按其款项随时征解"④，钱粮按年征解，按款出纳，随完随解，自清初就形成一定之制，这样做既可以防混淆，又可杜侵挪。韩世琦认为，存库银两，系已征收见在之银，征而不解，"必有官吏侵挪别用之弊"⑤。但在顺治年间，江南五府

① （清）韩世琦：《覆刘汉祚挪移松府白折赦前疏》，载《抚吴疏草》卷十五，捌辑6，第255—256页。

② （清）韩世琦：《覆白折补牲口银疏》，载《抚吴疏草》卷十七，捌辑6，第321—322页。

③ （清）韩世琦：《覆徐为卿驳换批申疏》，载《抚吴疏草》卷十四，捌辑6，第189页。

④ （清）韩世琦：《参元年分各属那借钱粮疏》，载《抚吴疏草》卷三一，捌辑7，第243页。

⑤ （清）韩世琦：《请销行查布贡疏》，载《抚吴疏草》卷五六，捌辑8，第739页。

各州县钱粮征而不解，放不按款，交盘不清的现象随处可见。白粮改折，“非拨饷急需，即解部正项”，属关系兵饷紧要款项，经征州县却不遵随征随解限令，如吴县、昆山、太仓等州县就任由官吏侵混，动辄千百。蠹役顾兆荣、杨会际等分侵顺治七年分银6100两，吴瑞龙、朱祚盛等领侵顺治八年分银3953两余，蔡明仪等冒侵十年分钱1268两余[①]，常州府属武进、无锡等县“将已征在官之银不行清理完解”[②]，以致蠹役侵撮，造成国课蒙受巨大损失。

三、康雍年间江苏的钱粮征收之弊

钱粮征解是州县官最重要的一项工作，州县钱粮征解关乎国计和民生，由钱粮征解可以看出地方吏治的清浊。清代的田赋征解，由各州县官具体负责，户部、地方巡抚、布政使司等衙门督促完成。对此，清王朝有明确的制度规定。

> 凡直省田赋，由州县征解，布政使执其总而量度之，或听部拨解京，或充本省经费，或需邻省酌剂。岁陈其数，析为春、秋、冬三册，由巡抚咨部。春二月，秋八月，冬十月。部受其年簿，核其盈绌，授以式法，列其留存、拨解之数，以时疏闻，以定财用出纳之经。[③]

江苏为清代之财赋重区，不仅全省赋额征收数量大，而且征项五花八门。在地方征解过程中，出现的各种问题也多。这既有州县官的从中作弊，又有吏役、绅衿、奸豪的借征收而巧取豪夺，侵蚀勒派。

自清初以来，“州县各官厉民积弊处处皆然，而江南尤甚”[④]。相比之下，

---

① （清）韩世琦：《覆苏属侵欺白折顾兆荣等招由疏》，载《抚吴疏草》卷一七，捌辑6，第329页。

② （清）韩世琦：《覆微臣巡历常属一案续参招疏》，载《抚吴疏草》卷四三，捌辑8，第74页。

③ （乾隆）《大清会典·户部·田赋》。

④ （清）于成龙：《兴利除弊条约》，载《中国古代地方法律文献》乙编第一册，第413页。

江南州县钱粮征解之弊，又较多地反映为钱粮征收之弊。顺治时，陈之遴就指出："窃惟天下有司剥民之术，大要应征钱粮数目不使民知，任其（胥吏）明加暗派，敲扑侵肥，（小民）无凭申诉。"①

康熙初年，浙江总督赵廷臣曾经指出，由于州县钱粮征收，不能寓抚字于催科之中，州县官放纵吏胥、奸民胡作非为，使百姓受害无穷。清初以来，州县催科之弊主要反映为：州县官好逸恶劳，不亲簿书，假手户书任其作弊；催办横行乡里，勒要索取；催粮勒限时日，小民疲于奔命；新征旧欠并追，小民无所适从；开征不论缓急；追比用刑。②

晚清名臣刚毅亦认为，地方累民莫甚于征粮、收漕，其间费用百出，柜书、仓书、衙役人等病民手段多端。对此，他总结说：

> 民生为累，莫甚于征粮、收漕。花户完粮，柜书之串票有费；银匠之凿印有费；经书之纸张有费；而且衙役则包揽侵渔，皁头则需索派累，其司府衙门之饭银，敲平看色寄库以及解银发鞘等项派之州县，州县派之里民，用一派十，各自分肥，此征粮之弊也。
>
> 民间完漕，仓书则勒措需索，收米有费；斗级则踢斛淋尖，斛口有费；起运则车辆脚价，帮贴有费；而且催漕亦使用烙斛，又有旧规，其府道衙门之开征、造册、催兑、押帮，以至旗丁、水手等项，派之州县，州县派之里民，用一派十，各自分肥，此收漕之弊也。③

地方征粮之弊，可以说是贯穿于钱粮征收整个过程之中，而且花样百出，州县不能因抚字而废催科，亦不能因国计而纵吏胥。清人强调，治民先治吏，钱粮征收尤其如此。刚毅曾指出，其病民者，莫如等候、包揽、侵吞、飞洒

① 《户部尚书陈之遴揭帖》（顺治十年四月二十三日），载《明清史料》丙编第四本。

② （清）徐栋：《牧令书》卷十一《赵廷臣〈请定催生征之法疏〉》，载《官箴书集成》第七集，第198—199页。

③ （清）刚毅：《居官镜·治道·户政》，载《官箴书集成》第九册，第290页。

及分出牌票多差、滥比，这些看法与赵廷臣所谈到的清代催科八弊不无重合。各直省出现此类问题，主要是由于地方放纵吏役、奸胥，势豪亦从中作祟之故。

顺治十八年（1661）十一月，户科给事中柯耸就疏言反映，在地方钱粮征收中，奸胥舞法作奸，不可胜言。“或于正额之外妄立名色，而多派私征，或将已完之粮不登收簿，而注欠重比，或受本户嘱托，而粮数飞砌隔图，或侵一人银两，而零星散洒各户，一经册报，无不照数赔完。”① 由于国家无惩治吏役作弊之条，奸胥往往逍遥法外。

清初江南学者陆世仪认为，州县钱粮多年未完，与州县官失职、吏役借机作弊有着密切关系。由于地方完欠情形不同，征解多寡不同，有挪借、有未解、有未获批回者，“盖因头绪甚多，文卷浩繁，官司不及致详，吏胥因而作弊”②。

顺治以来，江苏各州县的赋役全书、由单、册报就存在数据失实，真假难辨的问题。清王朝赋役征收，“悉本全书，可以展卷了然，前此乡氓里民无全书可考，故郡邑奸书黠吏每上下其手，巧设名目，多端科派”③。康熙初年，韩世琦就指出，在地方钱粮征解中，赋役全书、会计、由单都发挥着各自的作用，三者相辅相成，各尽其妙，“钱粮款项载在全书，征解去留列在会计，此外，更有易知由单权衡其间，虽所以杜私派，亦所以慎国计也”④。但州县对于钱粮款项并未真正做到锱铢必核，郑重其事。据韩世琦反映，顺治年间，江浙地区的达部由单与给民由单两者数据就不一致，“并与万历年间则例磨对不同，有额外私增并藏匿不发之弊”。顺治十五年（1658），青浦县“报部由单每亩应征银米之数，较之疏内所称给民单内之数并不相符，又开单内载有

---

① 《清圣祖实录》卷五，顺治十八年十一月丁丑，《清实录》第四册，第94页。

② （清）徐栋：《牧令书》卷十一《赋役·陆世仪〈论田赋〉》，载《官箴书集成》第七册，第193页。

③ （乾隆）《镇江府志》卷六《赋役一》，第130页。

④ （清）韩世琦：《报明更正奏册款项数目疏》，载《抚吴疏草》卷二一，捌辑6，第521页。

白折派银三分二厘五毫七丝，而该县报部由单并无此项”[①]，因此户部认定青浦县存在钱粮私派混征问题。清制，州县钱粮之数皆载在《赋役全书》，派征于民的由单，自应遵照《赋役全书》的数额分派于民，不得增减，但镇江府顺治十六年（1659）分的由单钱粮数目与《赋役全书》数目却多有互异，经户部逐款驳察和经征造册员役指参，查出额外多派银三百五十五两。[②] 康熙二年（1663）四月，据韩世琦疏报，顺康之际，江宁、苏州、松江、常州、镇江五府一些州县钱粮奏册与《赋役全书》登载互异问题非常严重，涉及江宁、上元、江阴、武进、溧阳等十余县，由于藩司历年因循未查，各县征收钱粮数据遗漏错乱，“或赋役本无之项，而奏册突列，或《全书》固有之款，而奏册反遗，以及《全书》或载或漏，并协济偏累考成，移东置西，重复款项，总撒参差，种种紊混，不一而足”[③]。

编民赋役不均的情况历代皆有，明时，吏役、豪右、奸徒转嫁赋役于民，手段多种多样，主要有飞洒、诡寄、花分等。明代江南实行按图派役的办法，但各图甲田亩数额分派不均，亦导致派役不均，“有一图甲数千亩，有一图甲数十百亩”。旧例，图甲编纂十年一次，编定不轻改易，而吴江积弊，“年年编点，节节纷更，豪民、蠹吏彼此交通，临役飞洒、诡寄，遂使弱户贫民担膺重役，而田连阡陌者反晏然安坐”[④]。

嘉靖十六年（1537），礼部尚书顾鼎臣曾题疏指出，苏州、松江、常州、镇江等府，不仅百姓负担重，而且飞洒诡寄成风，“田粮定于版籍，而欺隐洒派等弊，在今日为尤多。盖官吏更代不常，而里书飞诡益甚，致小民税存而

---

① （清）韩世琦：《覆台参青浦县顺治十五年由单互异疏》，载《抚吴疏草》卷十二，捌辑 6，第 106 页。

② （清）韩世琦：《覆镇江府顺治十六年由单互异赦前赦后疏》，载《抚吴疏草》卷二十一，捌辑 6，第 526 页。

③ （清）韩世琦：《报明更正奏册款项数目疏》，载《抚吴疏草》卷二一，捌辑 6，第 525 页。

④ （乾隆）《吴江县志》卷十六，第 9 页。

产去，大户有田而无粮，害及生民，大亏国计”①。

清初各地因袭明诡寄、花分之弊。顺治十八年（1661），户科给事中柯耸条奏江浙钱粮编审之弊，就指陈：“花分子户之积弊宜清”，“诡冒之陋规宜惩。”② 乾隆《吴江县志》亦记载说，顺治时，吴江之民赋重役繁，仍明季花分、诡寄之弊，田无定数，役无定格，有田多百顷而不役者，有田数亩、数十亩而役重破家或逃亡异乡者。③ 顺治十三年（1656），雷珽任吴江知县，推行均田均役之法，其法固属便民，长洲、吴县亦欲仿行，但此法推行过程中遭到了地方奸豪的抵制，“向之豪黠者诡避难施，大为失意”，吴江奸棍陆韬、杨荣等人“阴逞狡谋”，他们甚至“刊布歌谣揑词耸动，以致科臣风闻疏参”，④ 雷珽也因此被罢官。

江南吏役、奸豪转嫁钱粮于小民，有的属明目张胆，有的则属偷梁换柱，种种手段，可谓神出鬼没。抗拒不纳就是绅衿明目张胆对抗官府的行为。顺康年间，江南各地绅衿抗粮不纳的事件频繁发生，康熙元年（1662）五月，韩世琦的题疏引用户部尚书阿思哈的话说，江苏省的逋欠导致兵饷延误，皆由地方顽劣绅衿倚势抗粮所致。⑤ 顺治末年，江南奏销案册开苏、松、常、镇各府并溧阳县未完钱粮人员，涉及文武绅衿等员一万三千五百余人，江宁巡抚朱国治在条议江南钱粮逋欠情形时，分造欠册，将其具体析分为官欠、衿欠和役欠。⑥ 又据户科给事中胡悉宁反映，顺康之际，“大小衙门吏役，倚势规避甚于绅衿”。为此，胡悉宁曾疏请朝廷根据衙役抗粮情弊，立法惩戒，⑦ 不论在京在外，大小文武各衙门人役，挂名衙役及衙役之兄弟、亲族有犯者，

---

① （清）顾炎武：《天下郡国利病书·苏松备录·田赋加减额数》，载《顾炎武全集》第十三册，第647页。

② 《清圣祖实录》卷三，顺治十八年七月乙卯，《清实录》第四册，第76页。

③ （乾隆）《吴江县志》卷二十三《名宦》，第62页。

④ （清）韩世琦：《陆韬等招由疏》，载《抚吴疏草》卷二十八，捌辑7，第97页。

⑤ （清）韩世琦：《题明凌搢疏》，载《抚吴疏草》卷三，捌辑5，第405页。

⑥ （清）韩世琦：《十七年三欠续完疏》，载《抚吴疏草》卷十，捌辑5，第715—716页。

⑦ 《清圣祖实录》卷四，顺治十八年闰七月癸未，《清实录》第四册，第80页。

"许该有司竟直申报督抚题参"①。康熙以后，吏役将田粮转嫁于小民头上，更多于直接对抗官府的行为，官员、吏役与地方豪右相勾结，他们在编审地方赋役时，或分多为少，避重就轻，或害人代纳，里书、大猾至有脱漏顷亩，将产业竟不入册，隐地遗漏钱粮者，亦有将丁产应办之银粮，分派他人银粮之内，由人分纳者。② 转嫁之弊，不一而足。康熙二年（1663），韩世琦就题疏反映，翰林院侍读学士冯源济在常州府并无寸地尺土，有奸徒冯台却与区书暗相勾结，诡寄冯源济名讳，规避田赋，转嫁于人。③ 康熙三年（1664），韩世琦在核查昆山县徐元文无辜被控受累一案时发现，昆山县蠹书徐调就暗将己田朦寄徐元文名下，徐调因案事被拘后，遂牵连到徐元文，但徐调与徐元文既非兄弟叔侄，亦非同宗亲族，徐元文根本不知道徐调有飞洒诡冒情节，昆山几任前令又籍居山东、川陕等省，拘提问讯不便，历经多年，经多方调查核实后，才确认此案属"飞诡遗累"④。

截票是清代赋税征收的工具，又称串票。"顺治十年行二联串票，而奸胥作弊。康熙二十八年乃行三联串票，一存官，一存付役应比，一付民执照。雍正三年更行四联串票，一送府，一存根，一给花户，一于完粮时令花户别投一拒以销欠。至八年，仍行三联版串。"⑤ 使用串票，是为征收钱粮提供必要的凭据。以三联串票为例，纳户执有一联，就是自己钱粮完纳的证据；排里催役所执一联，是临限检查赋税征收情况的依据；存官一联，则是官府作为稽核钱粮完纳情况用的。黄六鸿认为，串票为至善之法，串票行用，官、民、役各执一票，既能为钱粮的完纳提供依据，又可杜防私票包揽之弊。但清代截票行之不久，就有奸徒诡骗花户私票包揽之举。据乾隆《吴江县志》记载，康熙时，吴江县钱粮征收，不仅奸豪"恃顽抗纳，每累垫赔"，"更有

① （清）韩世琦：《康熙二年绅衿役完欠疏》，载《抚吴疏草》卷四十三，捌辑 8，第 62—63 页。

② （清）潘月山：《未信编·钱谷上》，载《官箴书集成》第三册，第 26 页。

③ （清）韩世琦：《覆冯台招由疏》，载《抚吴疏草》卷十九，捌辑 6，第 412 页。

④ （清）韩世琦：《徐元文一案各官口供疏》，载《抚吴疏草》卷五十，捌辑 8，第 433—434 页。

⑤ （清）王庆云：《石渠余记》卷三《纪赋册粮票》。

劣衿蠹棍包揽代充”。[①] 上元知县李屏山曾谈到该县的私票之弊。

照得地丁、芦课二项，上关国计，下系民生，纤毫务宜着落，丝忽毋容侵蚀。但往往有乡下愚民听信奸徒哄诱，花户不亲入城，竟以粮银私交排年，排年私交里长，里长私交柜头，各立私票一纸，遂为凭据，后被柜头、蠹书交相侵蚀，及至层层根究，其害仍归小民。夫以私票收官粮，原属欺公之事，即使楮墨鲜明，字画端楷，亦不足据，况于日月既久，纸约破碎，并私票字迹亦在有无闪烁之间，彼此溷争，莫可究诘。[②]

由于地方奸徒蠹棍百计哄诱，小民出于省事的考虑，往往落入其圈套，以为一纸私票可保无虞，最终却因奸徒蠹役侵蚀其所纳钱粮而受到牵连追究，国计也因此蒙受损失。

自清初以来，吴中各县长官因听信吏书蒙蔽，就有将吏书人等工食杂项等银不由库给而给兑支人户单串，令其私兑的现象。秦瑞寰对私兑择户而食以及由此造成的地方财务混乱，穷困顽户逋欠多归之于州县，地方起运之项不能完纳，清理艰难，有较透彻的分析。

照得钱粮出纳必登簿书，锱铢不容淆混，杜日前之隐弊，免日后之追求，全系于此。今查各县有听吏书蒙蔽，巧以工食杂项等银出给兑支人户单串，意谓不烦库给，而取民间之积逋，似属两便。殊不知此辈得串在手，不兑逋赋之顽民，专兑易完之殷户，此利其速便，彼利其轻省。缘此而无项不兑，无年不兑，私兑日多，柜纳益少，正解罔应，杂放透支。且印官黠者被饵于扣克，愚者任其提撕，渐至空印串单任吏书择户而食，多寡随填，茫无稽考，且杂其项款，错其年分，县纷绳乱，令人莫可清理。甚至本年钱粮方始开

① （乾隆）《吴江县志》卷十六《徭役》，第10页。

② （清）李渔：《禁令百则·李屏山〈饬私票收粮〉》，载《中国古代地方法律文献》乙编第一册，第239—240页。

征，即行兑支，殊不可解。更闻昏愚不肖有司，视私兑为捷径，不难出片纸以作金钱，有以之偿债者，有以之钻营者，将谓收数不载流水，放数不登库簿，上下隐瞒，自为得计。殊不知额赋止有此数，不在上，不在下，将安归乎？究竟水落石出，噬脐已无及矣。①

明清漕粮数收兑最苦。顾炎武曾谈到明代粮民的兑漕之苦，他说："自本年十月至十二月，有守候缴纳之苦，每名约雇书算、斛手、搬运、看守人夫数名，并借赁仓厫、置买芦席木板、食用诸费之苦。自明年正月至三四月，有守候交兑之苦，又有旗军勒措赠耗横索使用之苦，又有顽户插和粞谷水浆、米多湿热、在仓蒸黑之苦，又有船钱担钱之苦，又有旗军踢斛淋尖之苦。"② 万历时，聂绍昌的《收兑议》对明代漕粮收兑之苦曾作了较为透彻的阐述，他说：

收兑之役，不苦于收之难，苦于兑之难，而其实兑之多费，由于收之不精。盖漕军见米之不精也，多勒赠耗以为利，粮役因兑之多费也，益插秽杂以售欺。所以一当交兑，烦费蝟起，有纲司话会，有踢斛淋尖，有网圈后手使用，不可胜记。风力官员欲为民少减赠耗，即环拥嚣呼，张拳犯上，而莫谁何。其在旗军，则利归旗甲，不过恣一时之浪费。及至兑米入船，中途浥烂，反累运官揭债赔补，回卫之日，累小军扣除月粮，以抵京债，此不平之在军者也。其在粮长，诸用不赀，常至卖产鬻业，尽荡其家。其在国用，则军粮之所交于京、通诸仓者，皆滥恶不堪，积久尽腐，而其病又在于国矣。然军之所以得为民害者，又皆由傍仓奸棍纠引漕军，大开诈局，漕军利奸棍以为腹心，奸棍利漕军以为囊橐，互相勾引，花街闹市，浪掷金钱，未及交兑，漕军地头之费已百孔千疮，专待多勒赠耗以

① （清）李渔：《禁令百则·秦瑞寰〈禁饬兑支牌〉》，载《中国古代地方法律文献》乙编第一册，第133—134页。

② （清）顾炎武：《天下郡国利病书·苏松备录·收兑粮长》，载《顾炎武全集》第十三册，第661—662页。

偿所用，于是仓棍输情指点曰，某某是粮役渠魁，一赂此人，即为多耗多用之倡，而兑军之费始骚然烦重而不可以禁止。①

明清漕粮之弊莫甚于江南，江浙漕粮居各省之半，“而为漕之害，亦居各省之半”②，江南漕弊又莫甚于苏、松诸郡。清初，征漕皆因明旧制，种种陋规弊窦的因袭则有过之而无不及。黄六鸿认为，清代各省征漕为害累民虽有不同，“至于衙蠹仓胥，恣意侵蚀，奸棍包揽，势豪沟通，旗甲需索留难，欺压乡贱，则是处皆然也”。黄氏在论及仓收过程的各种陋弊时就曾说：

凡百姓上仓交粮，正粮之外，有加耗，有茶果，有仓书、斗级、纸张、量斛、看仓诸费。及起运水次，又派有水脚、垫舱、神福等费，此亦常情所不能免也。至于城仓，有种胥蠹市棍，勾哄粮户，为其歇家，始则加意款待，一应上粮收票，俱其代为料理，粮户可以安坐而毕事，及其继也，以彼为可信，仓粮代买上纳，银则折乾使费，尽行包揽，粮皆挂欠，追出票差拿，复托故潜匿，而粮户哑苦重赔，甫及销差，而仍然盘踞，剥蚀不休，此仓歇之为害也。又有仓胥积恶，指称米色杂碎，措勒不休，或串同斗级，踢斛淋尖，指称欠数，停阁仓收，此仓蠹之为害也。甚至粮官不肖，轻信奸书受贿，不事晒扬，宽狥势豪面情，责偿良懦，种种陋弊，不可枚举。③

自清初以来，江南征漕事务之祸国害民，不一而足。顺治六年（1649），巡按御史秦世祯题定官收官兑，并实行五石五两之法，但江南各州县奉行不力，“悍军刁弁积习相沿，蠹役奸徒表里滋弊”④，杂费、加耗层出不穷。礼科给事中朱绍凤认为，清初漕弊不可胜言，漕事之坏，一坏于添设粮道之议，再坏于五石五两之法不行，三坏于官兑官收之名虚立。各省自添设粮道衙门

① （清）顾炎武：《天下郡国利病书・苏松备录・收兑粮长》，载《顾炎武全集》第十三册，第662—663页。

② （清）黄六鸿：《福惠全书》卷八《钱谷部》，载《官箴书集成》第二册，第366页。

③ （清）黄六鸿：《福惠全书》卷八《钱谷部》，载《官箴书集成》第二册，第307页。

④ （乾隆）《镇江府志》卷十三《赋役八・均徭下》，第272页。

以后，“虎狼散居要害，群蠹复为爪牙，飞而食人，殆无噍类”，每年各县常例，动须数千，苏州、松江、常州、镇江、嘉兴、湖州、杭州七府漕粮不下二百万，而常例之额多得难以计算，皆取自民脂民膏。官收官兑之坏，导致收漕之时弱肉强食，混乱不堪。据《镇江府志》记载，“及出兑之日，印官既不敢临仓，军民又不许相见，一任积年仓蠹与积年运军串通作奸”，“或一户而分派数船，或一船而逗留数月，有司不能察旗军之勒措，而但比粮户之通关，比愈急，而费愈无穷，是反不如粮户自兑，犹得以身家剥肤，与旗军争一日之命也”①。

顺康年间，厘剔漕弊，屡颁条禁。康熙十一年（1654），督粮道行令禁止仓场等弊，规定：“如印粮官及运卫弁丁敢有仍前纵蠹殃民，横行科派，恣肆勒索者，许被害粮里人等不时赴道首告，以凭立刻严拿，官即飞参，役毙杖下，本道言不虚发，法在必行。”可谓禁令森严，惩处严厉。无奈不肖官员“恣意徇私，不尽遵奉，以致积习相沿，民困莫减”②。但康熙时仍有不法之徒包收仓兑，布满仓场，鱼肉粮里，揽受乡愚交米，加倍收纳，“军卫之受兑，则指派惟多，粮官利其分肥，衙役打成一片”，小民受其朘削。③

漕粮征实，旨在保障清王朝的粮食供应，但也有因地方僻远、兑交水次不便等情形而清廷令改征折色者。改折收取，其便民的意义由此可见，但折征便民的实际效果却不容高估。清代漕粮折征过程中也存在一些问题。任源祥认为，“赋役之弊，莫甚于折色”。明时，折征害民就官民皆知，其后，很多地方出于方便百姓计，仍命征取本色，如嘉靖九年（1530）题准，“浙江温、台、处三府税粮，照旧征纳本色，不许巧立名色，征价害民”。清初，江浙折色拖欠为数甚多，其害亦多。具体言之，折色之害主要有五：“折色用银，银非民之所固有，输纳艰难，一害也；轻宝易匿，便于官役侵欺，二害

① （乾隆）《镇江府志》卷十三《赋役八·均徭下》，第274—275页。
② （乾隆）《镇江府志》卷十三《赋役八·均徭下》，第281页。
③ （乾隆）《镇江府志》卷十三《赋役八·均徭下》，第283页。

也；银非贸易不可得，人多逐末，三害也；银不制之于上，如泉府之操其柄，又不产之于下，如布帛之可衣，菽粟之可食，而偏重在银，使豪猾得擅其利，四害也；银虽多，非国之本货，一旦有急，京边空虚，五害也。”①

清代漕折的害民，又突出反映为折银不按时价收取，地方官不顾百姓的利益，或一成不变，或折价高低自擅，以致便民之法成为害民之政。如“顺治十八年，江西米价石不满四钱，而漕折每石一两二钱，三不完一。康熙三年，江南米价石不过五钱，而五府白折每石二两，四不完一”②。

明初以来，朝廷命在苏州、松江、常州、嘉兴、湖州五府征收白粮，专供京师皇室贵族食用。清初，白粮的征收仍明之旧。除征收本色外，亦间征折色。顺康年间，白粮改折之弊，亦与漕折之弊仿同。对此，董以宁在其《白粮本折议》一疏中就有揭示：

> 按顺治初，江浙之米石皆二两以外，即折征二两，再加余羡，其数亦略相当。承平以来，价日益减，每石之值，初犹一金有余，后至五六钱不足。虽正项折色之轻者，尚尔难供，而白粮之折石必二两，至耗办亦与正米同科，而夫船等银又不在此数焉。部议曰：旧例也，勿可改。州县曰：部檄也，不敢违。于是乎一石折色之入费，民间五石有余之本色而不能支。虽云官解，难于自运矣。且此五郡间，银非所产。除夫船经费，而岁征三十万之米，则反出其田间之所有，即可全解如期。合夫船经费，而岁征九十余万之银，则多责以田间之所无，必至催征不给，鞭笞之下，贱售以偿，而米价愈贱，价愈贱，则银愈无征。③

① （清）任源祥：《赋役议下》，载《皇朝经世文编》卷二九《户政四·赋役一》，《魏源全集》第十四册，第627—628页。

② （清）任源祥：《食货策》，载《皇朝经世文编》卷二九《户政四·赋役一》，《魏源全集》第十四册，第657页。

③ （清）董以宁：《白粮本折议》，载《皇朝经世文编》卷二九《户政四·赋役一》，《魏源全集》第十四册，第667—668页。

漕白粮的折征标准定制于尚处在战火未熄的清朝初年，当时粮价本就偏高，即使是在治平之世，受丰歉的影响、市场规律的作用，粮价也会有浮动，一味地援例不改，百姓的负担之重由此可以想见。

钱粮征收，事关国计，利之所在，亦弊之所在。民困于赋，不仅因为唯正之供、官吏催呼敲扑之急，亦因为吏役无艺之求、不径之费的加累。赵申乔认为，地方"害民纰政，非止一端，而惟横征私派之弊为祸尤烈"，收解钱粮"私有羡余火耗，解费杂徭，每浮额数，以致公私一切费用，皆取给于里民"。而平常送往迎来之费亦无不取之于民，如日用米疏，衙署修造，酒宴供应，使额用度，上司供奉，节庆贺仪，衙役工食，往来应答，差钱打发，戚友接待等，诸凡地方所有之项，"无事不私派民间，无项不苛敛里甲，而且用一派十，用十派千"①，以致怨声载道，民无宁日。

顺治年间，江南巡抚蔡士英就曾谈道，有些地方官员贪壑难填，其为官原就为谋财而来，"自负债而来，即思捆载而去，所以全副精神，皆为钱神筹算，诸如火耗苛派。罚谷罚银、极户极差、官价停书等弊不可枚举"②。顺治十八年（1661），四川道御史夏人佺则在条奏中反映一些地方的摊派远远高于田赋正额，"地方官摊派科敛较正额多且十余倍，少或数倍"③。

康熙时，朝廷对地方的滥征私派屡有禁令，但各直省有禁不止，有令不行。如康熙七年（1668），清廷发给户部的上谕就指出："向因地方官员滥征私派，苦累小民，屡经严饬，而积习未改，每于正项钱粮外加增火耗，或将易知由单不行晓示，设立名色，恣意科敛，或入私囊，或贿上官，致小民脂膏竭尽，困苦已极。"④

州县的私派敛取，固出于官吏本身的贪婪，但上官的隐庇不参，更放纵

① （清）赵申乔：《禁绝火耗私派以苏民困示》，载《皇朝经世文编》卷二十《吏政六》，《魏源全集》第十四册，第275页。

② （清）蔡士英：《到任条例通示》，载《中国古代地方法律文献》乙编第一册，第4页。

③ 《清圣祖实录》卷二，顺治十八年三月戊子，《清实录》第四册，第59页。

④ 《清圣祖实录》卷二六，康熙七年六月戊子，《清实录》第四册，第363页。

了他们的行为。康熙三年（1664），户部议准了四川道御史马大士的题疏，该疏针对州县私派，上司多行隐庇之弊，题请朝廷从严惩处容隐之上官。对于司道府厅等官蒙隐不报者，督抚题参，将司道府厅官革职，若司道府厅等官具报，而督抚隐匿徇情，不行题参，听科道官指名题参，降五级调用。① 康熙七年（1668），朝廷再一次申明了地方上司隐庇州县私派的严惩之令。

> 督抚原为察吏安民而设，布政使职司钱粮，厘剔奸弊乃其专责，道府各官于州县尤为亲切，州县如有私派滥征、枉法滥赃情弊，督抚各官断无不知之理，乃频年以来，纠疏甚少，此皆受贿徇情，故为隐庇，即间有纠参，非已经革职，即物故之员，其见任贪恶害民者，反不行纠参，甚至已经发觉之事，又为蒙混完结，此等情弊，深可痛恨。嗣后如有前弊，督抚司道等官不行严察揭参，或经体访察出，或被科道纠参，或被百姓告发，将督抚一并严处不贷。②

自清初以来，由于朝廷将地方钱粮征收额度纳入地方官的考成，钱粮征收时，直省上官往往派员协征，以致州县征收有时出现混乱无序的状态，地方纵役生事，加派扰民的问题也非常突出。康熙五年（1666），河南道御史施维翰就上疏反映，各省多委府佐协征，“或驻郡城，或临外邑，差票拘提，与州县一同行事。所莅地方，铺设公署，备办供给，不免扰民。更有不肖者，生事需索，重加火耗，又或指称公费，计里坐派，纵容胥役横肆诛求，其弊难以枚举”③。

康熙六年（1667），顺天府尹李天浩曾上疏指出，各地钱粮征收，“民不苦于正额之有定，而苦于杂派之无穷”④。于成龙在《兴利除弊条例》中，揭露两江私派之弊时亦指出，“小民终岁勤苦，竭胼胝之力，难完输将之供，而

---

① 《清圣祖实录》卷十二，康熙三年五月甲子，《清实录》第四册，第 181 页。
② 《清圣祖实录》卷二六，康熙七年六月戊子，《清实录》第四册，第 363—364 页。
③ 《清圣祖实录》卷十八，康熙五年三月己酉，《清实录》第四册，第 265 页。
④ 《清圣祖实录》卷二二，康熙六年六月己卯，《清实录》第四册，第 311 页。

不肖州县往往巧立名色，借端私派，如条银则有倾销解费之派，漕粮则有修厫监兑之派，由单编审则有刊刻纸张之派，种种名色，弊难枚举”①。

康熙年间，江苏地方钱粮征收还存在一田两赋、赋外之赋、差外之差的问题，而征收不合理的情形亦较为突出。康熙二年（1663），江宁巡抚韩世琦的题疏就反映崇明县的田亩既有正赋，复收芦课，实属一田两赋，极不合理。② 康熙十九年（1680），工科给事中许承宣上疏反映江南关税之弊，指出扬州府属州县存在赋外之赋，其取之于民者不止正赋，正赋之外，地方随意加增，“船厂、炮厂须用铁，则赋；筑河堤须用夯木，则赋；决口卷扫须用稻草，则赋；下桩须用柳，则赋；扎帚须用白麻，则赋”③。而江都县则有差外之差，“国家《赋役全书》定为经制，是赋之中已兼有役”，江都县民却有四役，四役之外，又有庄差。对此，许承宣上疏反映说：

> 今臣见扬州府江都县，每岁一里贴浅夫工食银二十四两，则田已役其二矣。顷河流溃决，复按亩起夫，则田已役其三矣。挑河夫之外，又有帮工夫，则田已役其四矣。四役之不已，而又有所谓庄差。庄差者，取之耕田之穷农也。农夫代人出力以耕田，其所耕之田即里地已起差之田也。在里地起差者此田，今起庄差者亦此田。即令田系农夫所自有，而田已在里地起差之内。若更加以庄差，不一田而二差也哉？自庄差之名一设，则有供土船之害，有供土箩土基之害，有供车辆之害。卖妻鬻女，尚不足以应其求；敲骨擢筋，惟恐不获终其役。嗟此疲劳告瘁之民，即我皇上捐赈噢咻之民也。差一及身，进无以邀廪忾，退不能就粥糜，有转死沟壑已耳。此苦

① （清）于成龙：《兴利除弊条例》，载《中国古代地方法律文献》乙编第一册，第415页。

② 《清圣祖实录》卷八，康熙二年正月戊戌，《清实录》第四册，第134页。

③ （清）许承宣：《赋差关税四弊疏》（康熙十九年），载《皇朝经世文编》卷二八《户政三·养民》，《魏源全集》第十四册，第620页。

于差外之差也。①

扬州府地属江北，有清一代，扬州并不存在诸如苏松赋重那样突出的民生问题，但该府地当孔道，军旅过往亦骚扰甚多。顺治时，朝廷“舟师入楚，道必经邑，供应无虚日”。杂科重征，导致该府各地亦民不聊生。据史志记载，清初扬州府“里下积弊，正项一两，杂科加数倍，蠹胥蚕食其中，民欲避徭役，田不受直，悉归之势家”②。

乾隆初年，江苏巡抚曾榜文禁革江宁、上元二县里图贴差，并指出，二县地属省会冲要之区，每图一直按甲输当粮户，派帮陋费整万盈千，征收由来已久，“皆系猾里奸胥互相勾结，恣事侵渔，从前虽屡经禁革，皆未能正本清源，条分缕析”③，公私交混，上下因循，这些陋费到乾隆时仍在收取。

其实，自顺治以来，朝廷政令不行，地方令行不止，州县阳奉阴违的事经常发生。康熙年间，江苏巡抚赵士麟就指出，官收官兑，奉旨在各省通行，“凡民间应输粮米，照数交仓，执票归农之后，一切兑运事宜原不与闻，各属之有漕运，自当恪遵无异，乃多阳奉阴违，如纳户完米在仓，未曾出兑，仍责看守，临兑之际，仍令与运丁讲兑，说贴私派多端，藐法殊甚”④。

当然，康雍年间江苏的钱粮征收之弊，远不止以上举述这些方面，赵士麟就曾指出：“江苏赋役甲于天下，而积弊亦甲于天下。”⑤ 这些积弊既有属于明朝的陋习相沿，也有由于清初朝廷政令不畅，地方政出多门，前后相因，以至循为陋规旧例。由于地方上司的容忍、州县官的放纵，蠹胥、奸棍、劣衿往往藐视法令禁条，以致江苏钱粮征收之弊，亦如地方逋欠情形，越积越多，积重难返，良善深受其害，小民深受其累。

---

① （清）许承宣：《赋差关税四弊疏》（康熙十九年），载《皇朝经世文编》卷二八《户政三·养民》，《魏源全集》第十四册，第620—621页。

② （嘉庆）重修《扬州府志》卷四五《宦绩》，第791页。

③ （嘉庆）新修《江宁府志》卷五六《艺文》，第550页。

④ （清）赵士麟：《抚吴条约》，载《中国古代地方法律文献》乙编第三册，第206页。

⑤ （清）赵士麟：《抚吴条约》，载《中国古代地方法律文献》乙编第三册，第185页。

第五章　康雍年间江苏的命盗案与地方讼狱之弊

明清时期，江南是帝国经济较为发达的地域。同时，这里也是利益冲突较多、民生问题突出、社会种种矛盾交织的地区。在明末清初的社会大变局中，江南各地的贫富对立、满汉矛盾、主客冲突交相存在，地方长期动荡不安。康熙以后，江苏地方社会虽恢复平静，但晚明以来延续的种种社会积弊并未得到根治。康雍年间，江苏各州县的行政弊窦不独反映为国课积欠不完、官贪吏虐、民不聊生，也较多地反映为基层社会窃盗横行、正不压邪、刁讼枉法、是非颠倒。

一、江苏的窃盗案频发与地方缉盗问题种种

顾炎武曾指出：“寇贼奸宄，虽至治之世，不能尽弭。”[①] 江南地域广阔，水网密布，交通便捷，商旅辏集，天下宾客纷至沓来，然而该省也属盗匪多发之地，如常州府北滨江、南滨湖，四通八达，“绾毂车之口，无有阻塞”，明时“滨江则有江盗，滨湖则有湖盗”，遇凶年饥荒，盗匪尤其猖獗，匪盗行

① （清）顾炎武：《天下郡国利病书·常镇备录·额兵》，载《顾炎武全集》第十三册，第774页。

劫于地方，“多至一二百人，少亦不下五六十”，贫者多参与其中，“即巨室无他业，惟习为盗以为生计”，他们往往选择在黑夜行劫，劫夺临近富室，又掠妇女以取赎，“其行劫率以竹为梯，越屋而入，至其欲劫之所，如取诸寄。被盗者明知其人，罔所控诉”①。嘉靖时，朝廷颇以为忧。江阴为江南殷富之地，“其地枕江以为险，其民负盐以为利，法制既疏，习染遂恶”，明时的江阴盗贼肆虐，“小者揭竿党聚，肆行村井，而大者治舟航，挺矛刃，公肆钞掠于洪涛巨浪之中，至抗衡官兵而莫之惧。吏捕者少则不能得，多则遂遁而入于海，故江阴素称多盗贼之扰，而言弭盗者亦卒无良策”。②

自顺治以来，江苏各地匪警盗案不断。康熙元年（1662），江宁巡抚韩世琦就题疏反映说，“苏松地称泽国，萑苻窃发堪忧”③，贼盗多出没于江洋，而官兵因无快船可以凭借，一时无法剿除。康熙时，两江总督于成龙在《弭盗安民条约》中谈到了江南多盗及其成因，他指出，“江南一省幅员辽阔，盗贼窃发，所在有之，或剽掠闾阎之间，或肆劫江湖之上，为害于民，殆无虚日”④。

江苏的江河湖海为盗贼经常出没之区，一些人表面上作船夫渔民装扮，实际上是奸民游棍。他们或借舟楫之便，劫盗于江湖之间；或与贼盗暗中勾结，大为民害。于成龙对江南沿湖奸民行盗情形，就有较为具体的描述：

> 又访得，沿湖盗贼日则在湖操舟行劫，夜则登陆窝藏奸民之家酗酒赌博，又有等伴为庄农市侩，日间各处探访，约订伙党，至夜分，下湖行劫客载者，更有陆地盗线，邀串湖盗，乘夜突入村庄，大肆劫掠，甚至抢去殷富商民挟持取赎者，种种横行，恣为民害，

---

① （清）顾炎武：《天下郡国利病书·常镇备录·额兵》，载《顾炎武全集》第十三册，第774—775页。

② （清）顾炎武：《天下郡国利病书·常镇备录·赵锦书江阴县志后》，载《顾炎武全集》第十三册，第793页。

③ （清）韩世琦：《题报捐造快船职名工料疏》，载《抚吴疏草》卷一，捌辑5，第325页。

④ （清）于成龙：《弭盗安民条约》，载《中国古代地方法律文献》乙编第一册，第451页。

> 总缘附近奸民窝藏勾引之故。①
>
> ……
>
> 查各湖贼盗多系本处驾船捕鱼之奸民，往往出没芦柳丛密、汪洋巨浸间，探有来往孤舟，肆行劫夺后，即橹桨齐施，风帆远引而去。若遇官司捕拿急迫，彼则沉赃水底，依然渔户。更有等积奸网船，昼则在港捕鱼，夜则出港行劫，凡滨江河汊等处，无不皆然，大为民害。②

自清初以来，沿海各地一直海警不断，海盗长期祸害江浙等沿海州县。康熙年间，在清廷剿灭郑氏反清势力，收复台湾以后，来自海上的盗匪仍不时骚扰江浙沿海之地。康熙五十一年（1712）六月，苏州织造李煦就在奏折中反映说，本年五月间，浙江台州府燕海坞地方“有海盗窃发，掳掠居民，其防汛官兵御敌，竟被杀伤二百八十余员名等情”③。后据李煦详查，台州黄岩镇游击阎福及其所统官兵共有六十余人死难，船亦被烧坏。④

上海县为江苏海滨冲繁大邑，地方盗情甚多，而海盗亦屡屡祸害地方。上海距长江出海口甚近，黄浦江、吴淞江于近处汇合，江水较深，江面甚宽，海盗可以顺潮张篷而来，往往猝不及防。康熙二十一年（1682），有海盗船只四艘进入黄浦江掠夺，并与驻守官兵相抗，导致守备阵亡。⑤

康熙帝十分重视海疆的安全。康熙五十年（1711）六月，康熙帝在闽浙总督范时崇关于海贼防治的奏折上朱批，就对该督治盗无方、捕盗不力表示了极度不满：“海贼从古以来不能绝迹，但地方文武实心任事，不以地方之远

---

① （清）于成龙：《弭盗安民条约》，载《中国古代地方法律文献》乙编第一册，第488—489页。

② （清）于成龙：《弭盗安民条约》，载《中国古代地方法律文献》乙编第一册，第490—491页。

③ （清）李煦：《风闻浙江台州有人海上起事抗拒官兵折》（康熙五十一年六月二十二日），载《李煦奏折》，中华书局1976版，第117页。

④ （清）李煦：《台州燕海坞渔民起事原由并官兵夜击采情形折》（康熙五十一年八月初八日），载《李煦奏折》，第121页。

⑤ 《两江总督长鼐奏请上海驻兵以防盗运米折》（康熙五十六年八月二十九日），载《康熙朝满文朱批奏折全译》，第1236页。

而为不知，良心少存，自然封疆无事矣，览尔数款，亦不过平常纸上议论而矣，果有此见视，何不早略泉州陆贼之前乎？陆贼况不能治得有道，且讲海贼，朕所不解也。”① 康熙五十一年（1712），他又在浙江巡抚王度昭的奏折中朱批，特别强调陆地防治海贼的重要，并指出：“大洋内并无海贼之巢穴，海贼即是陆贼，冬月必要上岸，地方官留心，在陆即可以防海之要论。”②

雍正时的上海就积盗为害。雍正三年（1725）十月、雍正四年（1726）二月，江苏巡抚张楷曾先后专折反映上海地方的盗情，并且说：“苏松等郡濒海襟江，而松郡之上海，更为盗贼出没之地。”③ 雍正帝对江、浙、闽、粤的海盗猖獗深为不满，他在给闽浙总督满保、两广总督杨琳等人的上谕中指出，四省防治海盗措施明显不力，沿海地方被盗之案屡出，“皆系我等内部百姓结伙，由各海口乘渔船出海，约定一处汇合后，抢掠大商船”，并要求各省地方官对民船分别作出标识，江南海船船头用黑色油漆，桅杆油上半截黑漆，“用大字按顺序镌刻当地头船字样”，若民船行窃，则可知属何省之船，若无标识而劫盗于沿海或地方者，则属贼船无疑，如此一来，民船行盗自然减少，海上缉拿亦不困难。④

清代苏州、松江二府属江苏财赋重区，亦属窃盗多发之地。康熙四十六年（1707），圣祖南巡时，就对江南盗案甚多极为不满。康熙帝南巡回京后，两江总督邵穆布奉上谕对“苏州恶人猖聚，劫扰富户”之事进行查察。邵穆布通过咨询江宁巡抚于准，从而得知苏州民变的实情。⑤ 康熙四十九年（1710），两江总督噶礼亦曾奉命密访三年以前的苏州盗贼抢劫布政司库之举。

① 《闽浙总督范时崇奏陈海洋弭盗管见折朱批》（康熙五十年六月初八日），载《康熙朝汉文朱批奏折汇编》第三册，第566—567页。

② 《浙江巡抚王度昭奏报在温台两洋面有船抢官兵情形折》（康熙五十一年六月），载《康熙朝汉文朱批奏折汇编》第四册，第313页。

③ （清）张楷：《谨奏为奏请圣裁事》，载《雍正朝汉文朱批奏折汇编》第六册，第824页。

④ 《雍正上谕一纸》，载《雍正朝满文朱批奏折全译》，第2514页。

⑤ 《江南总督邵穆布奏米价并报赈济灾民情形折》（康熙四十六年八月二十八日），载《康熙朝满文朱批奏折全译》，第540页。

据其折报，在其赴两江总督任之前，康熙帝曾嘱咐他密访苏州府盗贼谋劫司库之案情；到任后不久，经密访得知，贼伙原栖集于苏州城内王府集地方，噶礼就借视察河工，路经苏州的机会，装扮为商人，亲至王府集地方，察问以前贼伙劫案的发生经过。此案发生于康熙四十六年五月初四日，地方愚民因听信谣传，相约于当晚内外呼应，“内则王府集，外则昌门各以鸣炮为号，内外相应，曾约往劫布政司库”，因内外夜炮皆无响声，此举未能成功，天亮以后，贼伙人众才各自散去，事后由吴县知县张廷弼查出，并捕获窝主及主要贼犯。① 康熙五十三年（1714）六月，江苏巡抚张伯行在奏折中反映苏州、嘉兴等地贼情说，“嘉、苏之间，秀水、吴江湖中间有小贼，延及常熟，昆山湖荡亦时有出没，苏州葑门、娄门、齐门外离城二三十里，或四五十里，常乘夜群聚，扰害良民”②，地方官分路缉捕，并拿获赃贼，其伙党多数脱逃。

又据噶礼奏报，康熙年间，松江、常州、镇江各地亦多盗案，这都是由于地方道员怠惰，对州县疏于约束、措施不力之故。③ 康熙四十六年（1707），据苏州织造李煦奏报，太仓刘河所辖之地，十一月初五日，“有强贼多人行劫开典铺生员陆三就家，放炮进门，金珠细软尽被劫去”；二十六日，北门外永乐庵地方，“突有大伙强贼红布裹头，竖旗聚集，声言欲入州城劫库，文武各官领兵擒捕，当即四散遁走，获得奸人钱保、王玉衡等十余人”，并供出系一念和尚给签蛊惑所致。④

雍正二年（1724）十月，两江总督查弼纳曾就增设苏松巡道以重捕盗事，上折陈言，他认为，苏松地方盗贼甚多，不在于巡道设立与否，主要与苏松

① 《两江总督噶礼奏报密访苏州府盗贼案情折》（康熙四十九年正月十五日），载《康熙朝满文朱批奏折全译》，第661页。

② 《江苏巡抚张伯行奏报二麦收成分数并插情形折》（康熙五十三年六月十三日），载《康熙朝汉文朱批奏折汇编》第五册，第634—635页。

③ 《两江总督噶礼为保举江常镇道员缺事折》（康熙四十九年七月二十九日），载《康熙朝满文朱批奏折全译》，第693页。

④ 《苏州织造李煦奏为太仓一念和尚聚众起事折》（康熙四十六年十二月），载《康熙朝汉文朱批奏折汇编》第一册，第779页。

的地利、人心、风俗有关：

> 若以捕盗一事论之，下有州县及知州、同知等捕盗官员，上有总督、巡抚及按察司主管，而武弁则有千总、把总专责，副将、参将、游击、守备兼管，提督、总兵总管。此皆专司捕盗官员，而巡道虽有督理捕盗之名，实则未闻巡道率领衙役到处捕盗之事。巡道一员，有则贼不能变少，无则贼不能变多，苏松地方贼多，实因地方丰裕，商人聚集，水路四通八达，人性诡诈，故而恶徒易于栖居，岂至关于巡道一员之有无？今在苏、松之文武官弁捕而不能尽除，若增设一巡道，即能尽获不剩？此断不可能之事。①

江苏省内各州县交界或两省接壤之地，窃贼劫匪的活动尤为频繁，因为接壤之境离城甚远，地方管控不严，遇有捕治，逃窜亦属方便，越境为盗者，“或在卖卜行术，或托乞丐，或假僧道抄化，东三西四，白日分散乡村，探视人家有无，窥瞷出入路径，晚夕投聚空冷庙宇，造意设谋，更深党劫”②。于成龙认为，江苏各处交界之地劫盗猖獗，主要是因为两境官员彼此推卸责任，以致交界之处成为两境不管之地，小民深受其害。

> 乃迩来玩愒之官，动以疆域异视，一遇交界地方被劫，辄行推卸邻封，官则借以幸免处分，役借因而贿放贼盗。彼此互诿，上下相蒙，遂致狡贼窥缉捕之无人，专在接壤之区恣肆劫掠，小民受其荼毒，真不堪命矣。③

康熙年间，江苏各地的一般性民家财物失窃，舟船行旅被盗和商贾店肆丢失财物，多得难以举述，州县往往应接不暇，而且查实捕治者少，讳盗不报或缉查无果者甚多，以致窃盗为害更烈。由于地方对鼠窃狗偷之行径大多

---

① 《两江总督查弼纳奏陈不增设巡道及拟往浏河口建闸事折》（雍正二年十月初一日），载《雍正朝满文朱批奏折全译》，第945页。

② （清）陈枚辑、陈法裕增辑：《簪仕要规》，载《中国古代地方法律文献》乙编第十册，第190页。

③ （清）于成龙：《弭盗安民条约》，载《中国古代地方法律文献》乙编第一册，第502页。

采取放任的做法，也造成偷窃成风，大盗不息。清人雅尔图就指出，鼠窃为大盗之根苗，放任鼠窃，势必积而为大盗，“鼠窃不除，则大盗不息”①。偷盗不禁，则民难安生。

江苏地方盗贼的猖獗，既损害广大百姓的利益，又威胁着官民商旅的安全，引发社会的恐惧和不安，妨碍地方社会的稳定，其种种祸害，不一而足。

自清初以来，劫盗窃贼的肆虐，严重影响到江苏地方百姓生命财产的安全。贼盗图财抢掠，甚至害人性命，不仅损害受害人本身的利益和安全，而且造成地方广大百姓亦难安枕。江苏为水陆通衢，民户稠密，沿河滨海地方又港汊众多，由于官府治盗不力，窃盗往来自如，频繁作案，使百姓蒙受了巨大的财产损失，甚至付出了生命的代价。以顺康年间为例，据江宁巡抚韩世琦疏报，顺治十六年（1659）六月，盗犯谭伯明、张汉云等人就纠集党徒同伙驾船行劫，翻墙越户，不仅将顾莲一家衣赀席卷而去，又对受害人一家大开杀戒，导致四人毙命。② 袁敬泉、袁小大等人表面上是地方的船夫，操舟为业，往来载客运贩，实则为谋财害命之奸徒。顺治十年（1653）十月，他们从无锡揽载商贾秦茂之的布货四百余筒运往六合，途中袁敬泉等人见雇主财货甚多，遂起害命夺货杀心，将秦茂之及其仆从绑缚，投于水底，又携布发卖。③ 康熙元年（1662）八月，韩世琦疏报了巨盗张亥二肆劫乡里、祸害地方的情况。顺治年间，张亥二及其同伙曾疯狂劫掠，流毒闾阎，“太仓、嘉定之间，被其凶锋者，不胜屈指，甚至一夜而连劫三家，横暴莫可”④。严官寿系文身之地方巨盗，其同伙吴继周、桑大等人皆胆大妄为之徒，严官寿与俞氏比邻而居，严见俞氏家中富饶，遂与同伙明火执仗，斩门肆劫，俞氏子杨康突遇不测之祸，惊起呼救，严贼持斧破其头颅，同伙复加刃刺，致杨康死

① （清）雅尔图：《檄示》，载《中国古代地方法律文献》乙编第十册，第297页。
② （清）韩世琦：《题犯谭伯明等招疏》，载《抚吴疏草》卷六，捌辑5，第540页。
③ （清）韩世琦：《袁敬泉等招疏》，载《抚吴疏草》卷七，捌辑5，第584页。
④ （清）韩世琦：《张亥二招由疏》，载《抚吴疏草》卷十一，捌辑6，第14页。

于非命，众贼复捆炙俞氏儿媳，席卷钱物而去，临行又纵火焚烧房屋①，其场景之残暴，令人不寒而栗。

清初以降，江南各地贼盗横行，官吏捕治不力，导致民不安生。秦瑞寰对东南各地的民生治安状况就曾深表忧虑，并且说："各处盗贼充斥，白日杀劫捉人，防弁见而不拿，县官知而不举，致使百姓身家莫保，控诉无门。"②

盗贼肆虐，给商旅出行之人构成了极大的安全威胁。刘兆麟就曾谈到浙江的杭城附廓地方常有强徒剪径劫掠过往行旅的事。

> 照得杭城附廓地方，皆属通衢要路，近访有剪径强徒执持棍械，潜躲深林，遇有单身客旅经过，或截劫其行李，搜夺其财物，甚而制命杀伤者，以致商民裹足，行道兴嗟。③

据两江总督噶礼奏报，康熙四十八年（1709）三月，华亭县商人吴万龙出海口赴长崎地方贸易，返回江苏途中，就在浙江马迹山地方遭遇两艘贼船的劫杀，商船所携带的货物银两以及商船六艘皆被贼人抢去。④ 康熙五十年（1711），给事中王懿以沿海海盗侵扰，曾奏请朝廷禁止海洋商贸，但王懿的奏请，朝廷并未批准，康熙帝不同意因海贼肆虐，就停止海洋商贾，他在给吏部、兵部的上谕中，就明确说："给事中王懿奏请禁止海洋商贾，不知海洋盗劫与内地江湖盗案无异，该管地方文武官能加意稽查，尽力搜缉，匪类自无所容，岂可因海洋偶有失事，遂禁绝商贾贸易，王懿所奏无益，下所司知之。"⑤ 其实，与海贼对商旅造成的危害相比较，康雍年间，江苏沿江滨湖的行舟往来商旅失盗，各州县商铺店面钱物遭窃之报，更是举不胜举。

不仅如此，一些贼盗公然劫夺官府，抢掠官差，有的甚至将目光盯上地

---

①（清）韩世琦：《严官寿等招由疏》，载《抚吴疏草》卷十二，捌辑 6，第 82 页。

②（清）李渔：《禁令百则·秦瑞寰〈行杭湖二属牌〉》，载《中国古代地方法律文献》乙编第一册，第 138 页。

③（清）刘兆麒：《总制浙闽文檄》卷一《巡拿剪径强贼》，载《中国古代地方法律文献》乙编第三册，第 391 页。

④《两江总督噶礼奏报浙江宁波海盗船情形分析》，载《康熙朝满文朱批奏折全译》，第 665 页。

⑤《清圣祖实录》卷二四五，康熙五十年正月乙卯，《清实录》第六册，第 429 页。

方钱粮重地——藩司府库。康熙元年（1662）六月，韩世琦题疏反映，当年五月，浙江盐臣遣差陆之辅赴京，途经无锡时，就遭遇贼盗劫掠。据无锡知县陈泰和申报，公差所乘之船二十四日夜行至无锡城外钉尖嘴地方，“突被大盗多凶罄劫，行李等物及所赍本章并皆失去，又同舟之张九阳被打堕河而死”①。在此之前，江宁道参政武攀龙也曾反映，昆山县解送往藩司的顺治十四年分的钱粮就在中途被盗劫。顺治十六年（1659）三月，昆山县委派解官蔡必继管解十四年分马站钱粮前赴藩司，二十六日路经句容县时被盗劫去。②又据韩世琦疏报，顺治十八年九月，上海县解官刘芳押解金花等银赴布政司投交，路经丹徒县地界北洛岗时，亦被贼盗劫去。③

康熙四十六年（1707），据工部尚书王鸿绪折报，苏州府五月端午时节，一帮大盗趁地方忙于节庆，谋划要聚众劫夺藩库，后因船户告发而被破获。

> 又臣家信云，松江城守营游击霍峒说，“近日苏州获着一班大盗，官府刑讯，反不肯承认，小小强盗供称，处处有党，松江亦有人分布”等语，昨尚书宋荦在朝中齐集时，向臣云：“近日有旧属吏从苏州来，说五月初五日有一班大盗在葑门地方，乘各官俱往虎丘去看龙舟，约举三炮，齐集贼众往劫藩库，被船户出首，城守官兵遂闭城门严拿，获有盗犯，到官审讯，搜得兵部侍郎伪札，供称，受伪札者，其盗魁给与银五十两，愿从为贼者，给与银五两。巡抚于五月十五日回苏，地方官之意，欲以强盗结案，提督、织造之意未定。”④

自清初以来，江苏各地劫盗等案频发，至于平常的窃偷失盗更属司空见惯。出现如此情形，其原因十分复杂，大致可归纳为四个方面。

① （清）韩世琦：《参无锡县文职各官疏防失盗疏》，载《抚吴疏草》卷六，捌辑5，第520页。

② （清）韩世琦：《参报句容劫鞘未获各盗职名疏》，载《抚吴疏草》卷七，捌辑5，第575页。

③ （清）韩世琦：《北落岗劫失鞘银实数疏》，载《抚吴疏草》卷八，捌辑5，第601页。

④ 《工部尚书王鸿绪奏范溥买苏州女子案并苏州大盗案折》（康熙四十六年），载《康熙朝汉文朱批奏折汇编》第一册，第781—782页。

首先，江苏江洋湖泽甚多，易于藏奸。凡盗贼不啸聚于绿林深山，则藏身于江河湖泽，江南素称泽国，“水面辽阔，港汊丛多，实为聚盗之薮，凶徒匪类往往生长、聚族于斯”，他们大都水性较好，或以渡为事，或以渔为业，又熟悉地形，借助地利，“藏匿芦苇深处，窥伺往来客船”①。

在安庆至京口的长江沿线，清廷虽命设弁兵巡防，但防兵人数较少，遇有江面强劫案发，只能靠放炮鸣锣，召集追缉，但各汛来不及追捕，劫盗已自远遁。于成龙就曾指出，操舟强劫之徒之所以能肆行无忌，“总缘水面四通八达，劫夺之后扬帆而去，绝无拦阻之故也”②。更有狡黠盗贼，“每多装扮客商，将器械藏匿舟中，湾泊滨江无人之处，窥伺客船，肆行劫夺”③。

湖滨之奸盗亦匿踪潜行，或于夜分伺机劫客，或邀伙盗同谋呼应。吴江县“北枕太湖，南则诸漾环绕，苇茭丛杂，水道错互，素为逋逃之渊”，该县西北又诸山绵亘，“每当天下多故，则饥民啸聚，尤易藏奸”。明末清初，太湖巨盗赤脚张三以太湖为据点，长期为害周边地区，吴江县被害尤剧。清初战乱结束以后，吴江县人烟稠集，其山环水绕之形势，“尤为盗贼所觊觎”④。吴县胥口，“去县三十余里，直通太湖，船艘往来必由之道，盗贼出没”⑤。康熙四年（1665）二月，浙江总督赵廷臣、江南总督郎廷佐会题，向朝廷反映，“太湖水面广阔，跨苏、常、湖三府，吴江、吴、武进、无锡、宜兴、乌程、长兴七县，内环七十二山，山水交错，为盗贼渊薮”⑥。请求分兵设守，以资弹压，但太湖水域广阔，又地跨江浙两省，湖盗极难根治。

其次，地方官对一般窃盗案的告发熟视无睹，以致有窃不问，有盗不究。康熙三十二年（1693）十一月，圣祖针对南方盗贼甚多就曾指出，各地多盗，

---

① （清）于成龙：《弭盗安民条约》，载《中国古代地方法律文献》乙编第一册，第486—487页。

② （清）于成龙：《弭盗安民条约》，载《中国古代地方法律文献》乙编第一册，第494页。

③ （清）于成龙：《弭盗安民条约》，载《中国古代地方法律文献》乙编第一册，第484页。

④ （清）徐栋：《牧令书》卷二十一，《备武》，载《官箴书集成》第七册，第504页。

⑤ （民国）《吴县志》卷五二下，《风俗二》，第864页。

⑥ （民国）《吴县志》卷五三，《兵防考一》，第866页。

"皆牧民官员规避盗案参罚，或讳强为窃，或讳盗杀为谋杀，缉捕不力，以致盗贼愈炽，民生不安"①。康熙初年，陕西巡抚贾汉复认为，各直省盗风弥炽，与地方官员尸位素餐、官员隐瞒不报有密切的关联，盗匪"或暗袭堡塞，或明劫乡村，或要截道途，或窥视城廓，而该管印官尸位坐观，有同木偶，该捕员役偷安忽视，竟若罔闻，不惟漫无缉获，亦且隐不上申"②。地方官遇有劫盗之事，或大事小报，或以有为无，民间一旦有报盗之事，官役非但不缉，甚至反坐告发之人，于是，百姓遇有盗案也不敢呈报。顺治年间，大学士李之芳认为，地方盗案日多，大都是因为官府讳盗，有盗而民不敢报之故。

窃惟近来盗贼日多，皆由讳盗，讳盗日多，皆由民间不敢报盗。何者？民间报强盗，官必曰窃盗，民间报强盗杀人，官必曰仇杀、奸杀。盖以强盗杀人，则官有缉贼处分，窃盗与仇杀、奸杀，则官无缉贼处分故也。于是民报盗，而官不缉盗，反行拷民，至有拶逼失主幼女，勒供其兄自杀。③

失主告发劫盗案，反遭官府拷问，受枉责后，又无处控诉，"被盗时幸而不死，报盗后反不乐生"，官府即使受理，也少不了对事主的滋扰，因为强盗大案报官以后，必三推六问，呈报人要随时接受官府的审问。"累月经年，奔驰守候，累死途中者有之，淹毙旅店者有之，则是强盗未正典刑，失主先登鬼录。"④ 种种情形，都使民间遭遇偷盗之后，往往不敢报官。

再次，鼠窃不除，导致积窃成盗，地方偷盗成风。鼠窃不除，必致大盗不息，治盗必先弭盗，禁强必先禁窃。关于地方缉盗，必先弭盗，黄六鸿就有一段精当的论述：

夫有事而缉盗，莫先于无事而弭盗，弭盗在止盗于未形，缉盗

---

① 《康熙起居注》，康熙三十二年十一月二十七日丁酉，第四册，第494页。

② （清）李渔：《禁令百则·贾汉复〈禁讳盗〉》，见《中国古代地方法律文献》乙编第一册，第262页。

③ （清）徐栋：《牧令书》卷十九《刑名下》，载《官箴书集成》第七册，第447页。

④ （清）徐栋：《牧令书》卷十九《刑名下》，载《官箴书集成》第七册，第447页。

在获盗于既犯。与其既犯而加之罪，何如未形而全其生乎？夫盗亦民也，或上而失其所以为教，与下而失其所以为养，以至于此也。上失其教，则不知礼仪之所遵，刑罚之可畏，而民易于陷法。不失其养，则不知贫困之当守，财利之未可苟得，而民相率为盗。则是盗也，乃上之始而驱之。及其入于盗，又从而禁之戮之，不亦甚可悯哉？今之司牧一方，不能以教化盗，不能以养给盗，其莫先于弭盗乎？弭之得其术，虽有盗而不敢逞，久之，渐事于农桑，遂化为良民而不知觉。其意不过止之于未形，冀以全其生耳，孰知其教与养遂然寓于弭之内乎？①

清人觉罗乌尔通阿也认为，要缉盗弭盗宜先，要禁强应先禁窃。“自来言弭盗者，弭之于既为盗贼之后，不若弭之于未为盗贼之先”，州县官要确保地方宁静，必先要遏绝盗风，遏绝之法，“与其责铺汛之巡拿，不若令乡邻之举首，与其责捕差之追缉，不若令守望之先防”。② 州县平素能防微杜渐，时时处处留心，方可以断绝大盗出现的根源，所以他指出：“禁强必先禁窃，究盗不若究窝，涓涓不息，流为江河，小偷弗惩，其势必为大盗。”③

最后，窝主、捕役、地方奸恶与盗贼声气相通，互相勾结，使得盗贼之气焰更为嚣张。窃盗之根在窝家，清盗源关键在清除窝家。关于窝与盗的关系，清代官箴书、地方法律文献以及在地方有任职经历的官员多有论及。黄六鸿就曾强调说：“除一窝，胜拿十盗，以盗非窝，而无所匿迹，且盗非窝而又无所递线与通谋也，故论窝之情，其罪当浮于盗之上，是以人之恨窝更甚于恨盗。”④ 清人张经田亦指出，无窝家，贼盗必然势孤，除去窝家，贼党必作星散，窝家为贼盗藏身之所、聚谋之地、寄赃之处，治窝方能清除盗源。

---

① （清）黄六鸿：《福惠全书》卷十七《贼盗上·总论》，载《官箴书集成》第三册，第400页。
② （清）觉罗乌尔通阿：《居官日省录》卷三《盗贼》，载《官箴书集成》第八册，第106页。
③ （清）觉罗乌尔通阿：《居官日省录》卷三《盗贼》，载《官箴书集成》第八册，第109页。
④ （清）黄六鸿：《福惠全书》卷十八《刑名部》，载《官箴书集成》第三册，第415页。

贼之未行也，非窝则无藏身之所；其将行也，非窝则无聚谋之所；及其既行矣，非窝则无寄赃之所。此皆窝之为害也，欲除贼匪，先去窝家，窝去，则贼之势孤，势孤，则其党渐散。饥寒之子流为盗贼，有教法之所不能禁者，惟去其窝，以孤其势，而散其党，虽不能禁其无贼，亦不至酿成大案矣。①

盗贼的藏身之地，无非娼家、酒肆、赌场等处。《居官日省录》就指出，凡盗贼多与娼妓来往，而镇集通衢之娼家，往往成为贼之窝家。

娼妓者，亦盗贼之窝家也。夫盗贼未行劫之先，纠党领线，民家耳目不便，莫若狎邪之地，原无出入之妨，既行劫之后，匿迹避锋，本境嫌疑可畏，何似平康之馆，聊为快活之场。故欲觅盗踪，多从柳陌，欲追赃物，半费花街。②

康熙时，两江总督于成龙曾指出，江南民风浇薄，游闲子弟沦落，与地方盗兴关系极为密切。

江南民风浇薄，游手好闲子弟每被无赖棍徒勾堕花柳场中。痴心迷恋，初则荡产倾家，渐至为非作歹，且流枭黠贼，埋名改姓，托身于游娼窠妇之家，昼隐宵现，结交地头匪类，揣探某某家赀殷富。又想劫盗财物以供缠头，鸨妇爱钱，百计为之庇讳，纳垢藏污，莫此为甚。③

不仅如此，盗贼、窝主与官府也往往有着千丝万缕的联系。一方面，窝主没有捕役的包庇，不敢容留贼盗，正所谓“贼非窝家隐藏，无以托足，窝非捕役包庇，不敢容留”④。另一方面，盗贼又与吏役、豪棍、营弁人等声气相通，因此贼盗对官府的举动也就能了如指掌。黄六鸿就强调，擒贼尤其是

① （清）张经田：《励治撮要·治窝主以靖盗源》，载《官箴书集成》第六册，第60页。
② （清）觉罗乌尔通阿：《居官日省录》卷五《驱逐娼妓》，载《官箴书集成》第八册，第178页。
③ （清）盘峤野人辑：《居官寡过录》卷二，载《官箴书集成》第五册，第55页。
④ （清）何耿绳：《学治一得编·整饬捕务并拟弭盗清盗稟》，载《官箴书集成》第六册，第685页。

缉捕巨盗，地方官必须做到保密从速，一旦泄露机密，捕拿必成徒劳。

> 擒贼之秘诀，惟在“密速”二字。此辈之中，向窝巨盗，平日与官府之左右亲近，吏胥头役交结往来，以及地方豪棍、驻防营弁相与亲厚。凡官府之一动一静，稍有涉彼事机于其党羽者，无不星驰潜报，故此辈之神通最大，耳目最捷，若官府行事少有不谨，露泄风声，逗留时刻，则高举远飏，莫可踪迹矣。①

地方捕盗之事，责以捕役。但充任捕役是一项极苦的差事，也是极卑贱的职业，清代捕役例给工食，但为数不多，不足以养家糊口，遇有重大窃案应解勘者，向来多系捕役赔贴解费，所以“充斯役者，大率皆系穷极无聊之辈”，这一人群整体素质不高，道德约束不严，迫于生计，通常与盗贼沆瀣一气，这也是盗贼越捕越多的重要原因。对此，何耿绳就归纳说：

> 捕役为各役中最苦之人，而所办又系赔贴费用之事，似此利少害多，而欲使之不豢贼分肥，不嘱贼诬扳，不唆犯翻供，乌可得耶？贼匪既为捕役所豢养，则捕贼联为一气，恣意妄为，无所顾忌，此地方之所以报窃频仍，终鲜破获也。②

缉捕盗贼，维护地方正常秩序，属州县官的职责。江苏各州县擒拿捕治盗贼，一则借助于官兵之力，也就是在要冲之地布兵驻守，巡防查拿不法之徒；二则在基层推行保甲之法，依靠民力防贼防盗；三是在各州县专设捕役，负责地方缉捕事务。兵捕职事各有所重，官兵之责重在维护地方社会稳定，捕役之责重在维持境内秩序，“除负固连营者，应官兵剿除外，凡往来劫掠，出没无时者，惟责成于捕役”③。

清初以来，江苏各地治盗不力，讳盗成风，诬良为盗，指富为党，买赃嫁祸等问题就十分突出，以致真犯逍遥法外，盗风难以禁绝，这其中既有州

---

① （清）黄六鸿：《福惠全书》卷十七《刑名部·缉捕》，载《官箴书集成》第三册，第404页。

② （清）何耿绳：《学治一得编·拟禀五则》，载《官箴书集成》第六册，第678页。

③ （清）觉罗乌尔通阿：《居官日省录》卷三《盗贼》，载《官箴书集成》第八册，第110页。

县等官本人的失职，更多的是捕役从中作祟。

隐匿盗情，案发不报，自顺治以来就在江苏各地广泛存在。如康熙三年(1664)八月，江宁巡抚韩世琦就疏参武进县的地方官员，对于同年三月发生的大盗明火劫掠，不仅未能及时施救，导致大盗三十余人驰马张弓，在地方耀武扬威，印捕汛弁坐视不顾，劫盗抢掠之后扬长而去，吏役亦不追赶，而且事后知县又将盗情隐讳不报。①

康熙四十八年(1709)八月，句容乡民吴仲祥等三户人家遭盗劫掠之后，曾向知县胡启敏呈报，但胡知县不加理会，并讳盗不报。② 雍正十一年(1733)，丹阳县包港司巡检寿大庄拿获窃贼朱序元，并不解县究讯，却交与弓兵，纵令脱逃，又将事情原委匿不上报。③ 康熙年间，于成龙曾谈到江苏各地窃盗等案的隐讳不报、弄虚作假问题，其中命盗大案的呈报，尤多隐瞒作假。

> 文武官弁平时既不留心防毖，一遇盗发，畏干处分，即威胁失主里邻，改呈匿报。其有焚杀昭彰，万难掩人耳目者，十案之中仅报一二，而又预伏“抢窃奸仇”等字样，为将来卸过之地，以致捕役揣其意旨，不行拘拿，里邻惧于牵连，不敢举首，互相隐瞒，讳日甚而盗愈多。④

事实上，州县有盗不报，甚至威胁受害者不让上报，不仅江苏各地官员如此，其他各省情形亦与此相仿，如刘兆麒谈及清初浙江，其情形亦大体相同。

> 今日浙属各官惮于参罚，讳盗成风，一据失主地方呈报失事，

① (清)韩世琦:《回奏武进县失事并参疏防各官疏》，载《抚吴疏草》卷四六，捌辑8，第248页。

② (清)隆科多等:《谨题为恭请圣裁事》，载《雍正朝内阁六科史书·吏科》第十六册，第503页。

③ (清)高其倬:《谨题为特参讳纵害民之巡检徇庇不揭之署县等事》，载《雍正朝内阁六科史书·吏科》第七五册，第472页。

④ (清)于成龙:《弭盗安民条约》，载《中国古代地方法律文献》乙编第一册，第500页。

> 即将原报之人视为寇仇。或妄令改强为窃，或威勒讳盗为仇，稍不仰承意指，非归咎失主慢藏，即苛责邻佑不救，呵斥怒骂，无所不至。有先施刑责示威者，有着令失主缉盗者，亦有承缉兵捕需索诈害者，甚有故意提审老稚妇女，及妄指邻佑与事主之家人、亲戚为盗，拘拿刑拷者。失贼遭官，吞声饮恨，而彼积猾盗贼窥破心事，恣意饱飏，以致已犯者不妨再举，未犯者往往试尝，无怪乎盗根难除，而盗风日炽也。①

讳盗为窃，重案报轻，这是清代地方官处理强盗刑命等案的惯用伎俩。民间有劫盗之报，地方官不是组织捕役人等去全力缉捕，却威逼受害人及其邻佑改盗为窃，改重为轻，文武官员只顾自己的功名，不管民生的痛苦。南方各省亦多有此类现象，如在闽浙、湖广等地，“凡遇小民失盗报官者，或拘拿家属，或刑责邻佑，威势箝制，以大盗而改为窃贼者有之，以焚杀而改为报仇者有之”②。有的减报贼盗劫夺数额，有的则在参盗人数上做文章。坊保邻佑，于是跟随官府作假，“明知某系窝家，某系盗伙，不敢举报，诚恐株连，废农失业，又虞漏网反噬复仇，坐此因循，盗风日坏”③。

顺治以来，江苏各地官员讳盗为窃、弄虚作假的问题就非常多见。康熙四年（1665）三月，江宁巡抚韩世琦就疏参金坛县各官，在劫盗人命案发生之后，初则讳强为窃，后则故易月日，康熙三年（1664）十一月，该县生员吴蕃琏家典铺就遭偷窃，至十二月间，再遭群盗强劫，并害命焚庐，事后该县却弄虚作假，蒙混上报。④ 康雍年间，江苏亦是讳盗成风，兹略举雍正年间数例，以见其余。

---

①（清）刘兆麒：《总制浙闽文檄》卷六《禁饬诈客失主邻佑》，载《中国古代地方法律文献》乙编第四册，第623—624页。

②（清）刘兆麒：《总制浙闽文檄》卷五《饬夜巡保甲》，载《中国古代地方法律文献》乙编第四册，第472页。

③（清）卢崇兴：《守禾日纪所载告示》，载《中国古代地方法律文献》乙编第二册，第545—546页。

④（清）韩世琦：《参金坛县失职文职疏》，载《抚吴疏草》卷五三，捌辑8，第588页。

> 非刑吊打，逼献藏金，迨事发报官，官籍无名，以致追缉杳无弋获。①

清代的白捕属于编外人员，其实就是官府临时募充的“假捕”，他们奉命捕盗，往往行事无所顾忌，甚至为虎作伥，充当正捕帮凶，并伙同正捕误良取利，事后逃之夭夭，不仅祸害良懦，而且造成地方人心不安，人人自危，所以于成龙就说，江苏“假捕害民，竟同大盗”②。

然而，捕役借赃害民，远不止栽赃一项，而寄赃、买赃亦往往拖累贻害。汪辉祖在谈到捕役借寄、买赃物图利害民问题时就说：“安良必先治盗，而寄赃、买赃之累，又因治盗而起，凡误扳窝伙，犹可留心访察，至寄买赃物之虚实，为舆论之所不著，不惟黠贼易于挟嫌嫁祸，且有捕役、牢头择殷教猱因而为利者，即官为审释，良民已受累不堪矣。”③

江苏地方一些捕役借居民误买贼赃滋事扰民，往往公行搜索抢掠，行似虎狼，他们诬陷百姓，拘解无辜，如待贼盗。对此，两江总督于成龙曾描述说：

> 凡盗贼赃物，窝家知情寄顿，自应依律究拟，毋容少贷，惟有等原不知情，如典铺当银、居民误买之类，当以理恕。乃有等玩法捕役乐于生事，动以起赃为由，率领虎役多人，咆哮入室，名虽搜查，实同抢掠，稍拂其意，即唆令盗口咬扳，更有仇隙诬陷者，糊涂有司听其拨调拘解，迨经司府审明超豁，而无辜受累，家资业已荡然，言之深可痛恨。④

康雍年间，江苏各地诬良为盗，致使无辜之人受冤，甚至死于非命的事例，亦数不胜数。

---

① （清）于成龙：《弭盗安民条约》，载《中国古代地方法律文献》乙编第一册，第507—508页。
② （清）于成龙：《弭盗安民条约》，载《中国古代地方法律文献》乙编第一册，第508页。
③ （清）汪辉祖：《学治臆说·盗案宜防误累》，载《官箴书集成》第五册，第300页。
④ （清）于成龙：《弭盗安民条约》，载《中国古代地方法律文献》乙编第一册，第509—510页。

清初以来，“通海”属于反清叛逆重罪，南方各省尤其是江浙等沿海各处，因地近台、澎，奸民诬告，或官吏加罪良懦，往往以“通海”反逆罪名相加。康熙六年（1667），御史田六善就疏请朝廷严禁地方“通海”“逆书”诬告之风，并经刑部议覆准行。① 而在康熙后期，江苏巡抚张伯行竟还屡以海中有贼狂奏，并妄拿良民为海贼，以致无辜者监毙数人。② 康熙四十九年（1710），两江总督噶礼疏劾张伯行之罪凡七，且首列张“诬良通贼”一项，劾其“迁怒船埠张元隆，陷以通贼，牵连监毙”。不仅如此，噶礼还劾奏张伯行包庇上海知县许士贞，许知县与张系同窗好友，许在上海知县任内，亦曾诬良为盗，张伯行对许的行为始终进行袒护。③

雍正时，江苏各地官役诬良为盗可以说是屡禁不止。雍正三年（1725），据江宁巡抚张楷反映，地方捕快缉盗就多诬良善，“各州县设有捕快，责成捕盗，勒限比缉，但捕快一设，不载经制全书，并无工食给领”，而且承充捕快之人，“率皆市井无赖，原与盗贼为伍之人”，充役之后，其行事不法更甚于普通吏役，承缉盗案，“非婪赃故纵，即嘱盗扳良，择殷而噬，即获有正盗如匿赃物，止图饱壑，种种弊害，势所必至”④。雍正元年（1723）九月，两江总督高其位疏参吴县知县对黄云章家被盗案的审理，存在“嘱供”和诬良为盗的问题。⑤

其实，类似的事例在雍正年间还很多，如雍正七年（1729），丹阳县捕役童升等亦嘱贼刘二妄供。⑥ 雍正八年（1730），嘉定县捕役仇天吉等捕拿孙忠等人，诬为贼盗，并造成无辜二人殒命。⑦ 雍正九年（1731），苏州巡抚尹继

① 《清圣祖实录》卷二一，康熙六年四月庚午，《清实录》第四册，第301页。

② 《清圣祖实录》卷二六五，康熙五十四年九月己酉，《清实录》第六册，第606页。

③ 王钟翰点校：《清史列传》卷十二《张伯行传》，中华书局1987年版，第844页。

④ 《江苏巡抚张楷奏请严明捕盗责任折》（雍正三年九月二十日），载《雍正朝汉文朱批奏折汇编》第四册，第180页。

⑤ （清）隆科多等：《谨题为钦奉恩诏事》，载《雍正朝内阁六科史书·吏科》第十册，第575页。

⑥ （清）张廷玉等：《谨题为题明事》，载《雍正朝内阁六科史书·吏科》第五十二册，第83页。

⑦ （清）张廷玉等：《谨题为题明事》，载《雍正朝内阁六科史书·吏科》第六十二册，第133页。

善疏称，睢宁县捕役张进就妄拿平民鲁经等人，并逼其自认为盗，导致鲁伯侯等三人毙命。①

康雍年间，江苏各地捕役借捕生事，借盗殃民，反映的只是清代地方讼狱之弊的一个侧面，捕快种种滋扰和祸害地方的剧烈程度，可以通过康熙初年闽浙总督刘兆麒对该省捕快借盗殃民的描述得到相应的印证。

> 照得捕役之设，原为缉盗诘奸，府县经制，各有额定名数。今访所属府县，经制之外，滥收白役，白役之外，又有帮差，一班蠹棍，三五朋充，贿嘱官胥，滥佥牌票，沿村吓诈，比屋搜求。凡积窝大盗得受常例，线索相通，先令闻风远遁，反将无辜小民择殷飞噬，指盗称窝，抄抢家私，淫辱妇女，若强项分理，则云犯人拒捕，若邻佑公保，则云党众杀差，扎诈沿烧，良民重足。捕役之横，莫有甚于今日者也。②

二、康雍年间江苏地方的讼狱之弊

清代地方州县的事务数钱谷刑名最为重要，但刑名较之钱谷更为紧要。清人黄六鸿就指出，“钱谷不清，弊止在于累民输纳，刑名失理，害即至于陷人性命”③。州县听讼断狱，有关奸盗、人命等要案，最终决断虽不在州县，但上判无不以初审为事实依据，所以州县审理地方讼案时，不仅要澄清是非，辨明曲直，更要扶正祛邪，除暴安良。词讼审断最见居官者之明暗，由此而论，听讼亦为“吏治首务”，而且词讼对地方的民俗、人心都有着重要的影

---

① （清）张廷玉等：《谨题为报明被劫伤人事》，载《雍正朝内阁六科史书·吏科》第六十五册，第39页。

② （清）刘兆麒：《总制浙闽文檄》卷二，载《中国古代地方法律文献》乙编第三册，第583—584页。

③ （清）黄六鸿：《福惠全书·凡例》，载《官箴书集成》第三册，第216页。

响。“其于风俗、民心最为关系”①，由讼案之审理过程，往往可以看清真实的被扭曲、各种谎言的杜撰、人心的变诈。“明明被殴，而称杀伤，分明争财，妄云抢劫，又或牵引其父兄，连及其妇女，意谓未辨是非，且先使追呼扰动，耗财以泄其忿，更其中诬赖人命，尤极惨酷，或以奴仆胁主人，或以顽佃诬业主，或以卑幼制尊长，有亲人逼死而趁机索诈者，有冒认亲族而毁门坏屋者，种种诬罔，不可枚举。”②

凡讼狱之兴，不仅牵连涉讼双方，而且州县官员、吏胥、邻里、亲友、讼师、地保，甚至奸民、地棍等员亦有介入其中者。所以讼狱之弊，不独反映为官员的错判误断、受贿枉法、徇私作弊，也表现为吏役的无视禁令、践踏律法、私刑拷问、颠倒是非，而讼师、地棍更是借讼滋扰，无中生有，其余各种人员的搅混，亦会导致州县讼狱审断出现种种问题，故清人潘月山说：“讼为民间大害。”③

吴中民风向来健讼。自清初起，江南各府县就赋讼盈庭，而奸胥讼师又趁机包揽教唆，以致虚词诬告，刁讼之风盛行，人命、奸盗等案尤多捏词虚构。借命居奇，假尸图赖，嫁祸劫财，刁风恶俗，作为讼狱之积弊，此类现象祸害凶家及其亲邻，并在江南各府县广为播散，地方佐贰擅受民词，衙门审讯非刑拷问，也成为一种常态。而词讼审理拖延不结，以致涉事人家废业耗财，辱身破家，更是无处不在。由此而论，江苏地方词讼之弊祸害民间，自然不减于州县钱粮之弊。

关于吴中民俗之好讼喜争，江苏地方碑刻史志等材料多有记载。明万历《严禁扛诬设呈碑》就记载说：“吴民轻佻易动，健讼喜争，固风气使

① （清）周石藩：《海陵从政录·严禁搭台讹诈》，载《官箴书集成》第六册，第244页。
② （清）徐栋：《牧令书》卷十八《刑名中·陈庆门〈仕学一贯录〉》，载《官箴书集成》第七册，第405页。
③ （清）潘月山：《未信编》卷三《刑名上·钱谷》，载《官箴书集成》第三册，第71页。

然，”而且明时南直隶各州县就多有状词使诈情形。[①] 康熙二十三年(1684)，汤斌出任江苏巡抚，圣祖曾告诫汤斌：“江南风俗奢靡，讼狱繁伙”，[②] 并期望他到江苏以后能移风易俗、励精图治。另外，据各府的府志记载，清初以来，江苏各府就好讼喜争，如常州府就“赋讼盈庭”[③]，镇江府则“民贫，俗好讼”[④]。

长洲县为苏州府之大邑，“民情巧诈百端”，而且“人情好讼，盗贼窃劫”，故而讼狱繁兴。[⑤] 常熟县民俗亦好讼嗜斗，乡愚每以丝粟微嫌，睚眦图报，讼棍又从中挑唆，以言辞煽惑，衙蠹豪奴则随时附和，彼此勾连，民人有争，动辄对簿公堂，以致原被告两败俱伤，轻则拖累，重则家破人离，莫能结案，[⑥] 其结局亦可想而知。

康熙年间，江苏学政许汝霖针对江南士子、生员涉讼，百姓好讼喜争之风极盛曾出示严禁，并对各地健讼的根源也有所揭示。

> 照得横逆之加，可以理遣，求全之毁，不妨情恕，苟存退步，何等安闲，如去争心，断无烦恼。夫讼庭为陷穽之地，半字入官，便难拔去；吏胥怀狼虎之心，一事到手，何曾空过。奈何逞暂时小忿，顿起戈矛，凭讼师片言，遂张旗鼓，匍匐公门。原被固有守候之苦，证佐亦多牵连之累，夏楚及之，身家随破，即或侥幸得胜，旋家金钱已费，时日空抛，仇怨相寻，报施何已。秀才固有玷于声名，百姓宁无伤于家业？凡尔士民，何不知省？本院夙闻江左健讼成风，昨甫下车以来，呈案堆山，及因事察情，半皆诳诞；缘词酌理，尽属荒唐。兼有年深岁远，翻旧案而作新，司结院批，饰虚词

---

① 《严禁扛诬设呈碑》（万历四十二年正月），载《江苏省明清以来碑刻资料选集》，生活·读书·新知三联书店1959年版，第552页。

② （同治）《苏州府志》卷六八《名宦一》，第780页。

③ （康熙）《常州府志》卷二一《名宦》，第410页。

④ （乾隆）《镇江府志》卷五五《丹徒县育婴堂记》，第655页。

⑤ （乾隆）《长洲县志》卷一《建置》，第22—23页。

⑥ （康熙）《常熟县志》卷九《风俗》，第169页。

以耸听。条陈则事事违例，公举则语语非真，刁诬若此，深可痛恨。嗣后，除伦常大变、名教不容等事仍行准理外，至于衅由斗殴，讼涉户婚田土往来，丘垅瓜葛，事在有司，非关学政，何须远涉关山，致扰衡文之冰案，讵事空劳纸笔，漫污校士之清心，为此示，仰士民人等知悉。嗣后如再混渎，系生员，发学戒饬，系民人，发地方官杖惩不贷。①

诚如许汝霖所言，江南各地的讼案虽堆积如山，但很多属于户婚田土，里邻言语争执引起，由于旧事翻新，虚词构造，遂致邻里彼此成为原被告，加之讼师的教唆，秀才、生员甚至地方奸徒的鼓动，由争执而兴讼，为达到讼告胜诉的目的，呈词往往杜撰，事实多属虚假，刁讼也就极为常见。

不仅吴中地方如此，南方各省亦刁讼成风。对此史志皆有记载，如浙闽等地就“习俗嚣凌，凡有微隙小嫌，动辄兴词告讦”②。闽浙总督刘兆麒就曾反映浙省“民情刁险成习，事无大小，情无重轻，极喜捏词构讼，有微疵小忿，辄兴绝大冤词”，无中生有，以致播散弥天大谎，而积棍、讼师也四处打探，兴风作浪，“专一打算某某殷实可扰，某某愚懦可欺，一遇事故，不论是非，摇唇鼓舌，百般唆哄，更有捕无风之影，起无风之波，包告包准，包审包完，日串通衙蠹，诈索分肥，指称关说，招摇撞岁，以致原、被二家俱受其害”。③

清初以来，吴中刁风弄讼，讼师蛊惑愚民，胥书、地棍里外勾结，借讼索诈勒取，民间深受其害，对此，秦瑞寰就曾描述说：

访得三吴刁风甚盛，遇有些小之事，辄凭讼师舞法，捏驾无影状词，天大装头，希图骗准……近闻积棍老蠹渐且不容于乡里，辄

① （清）许汝霖：《课士条约·严禁健讼》，载《中国古代地方法律文献》乙编第六册，第242—244页。

② （清）刘兆麒：《总制浙闽文檄》卷六，载《中国古代地方法律文献》乙编第四册，第631页。

③ （清）刘兆麒：《总制浙闽文檄》卷四，载《中国古代地方法律文献》乙编第四册，第193—194页。

窜入江宁司道芦政等衙门，或为胥书，或为皂快，或为歇家。凡乡里之素封大户，出处根源，皆具一册，籍于胸中，指使地棍为出头之先锋，蒙蔽官府有障眼之妙术。一词诳准，动辄差提，承差即其一路，神祇被害，不知事从何起，差腹已餍，方带前行，一到省城，不容不入其彀，若诈不满壑，捎称无保，收监不论是非曲直，待得家中救济，而冤死囹圄者，已不知其几矣。①

江南民间刁讼突出地反映为杜撰事实，虚词构造，告发兴讼。顺治以来，江苏地方曾明令禁止刁讼。如《江抚示谕》就强调词讼所涉干证之人，不得徇私偏向，词状代书者，应亲刻姓名、住址、图记，经本州县考验，果系读书无成、土居的诚实之人，方许承担，词讼要据实明白誊写，“不得擅用无根虚词，如所写状词审诬过三件者，即查拿责处，以杜讼师蜃楼诬陷之害”②。但各州县讼棍刁词多有虚枉，“或指东而说西，或将无而作有，或捕风捉影，或空中楼阁”，任意妄指，百奇千怪，难以枚举。③

万维翰认为，江南各处讼案虚枉不实者多，并指出，“南省刁黠最多，无情之词每出意想之外。据实陈告者不过十之二三”④。康熙二年（1663）正月，江宁巡抚韩世琦曾在题疏中指出，吴地民俗刁诬，所以他对于各处词讼所涉案情从来不敢轻率大意，对于州县所拟处理办法不敢轻意准行。⑤ 康熙时，陆龙其为嘉定知县，据陆反映，该地民俗健讼，讼师从中刁唆，又与吏胥朋比作奸，所以嘉定县中“命词多假，飞陷四邻，至有累及数里外者”⑥。康熙五十九年（1720），据《长、吴二县饬禁着犯之弊碑》记载，江左虚词杜撰，良善被累，往往有荡产倾家、甚至死于非命者。

---

① （清）李渔：《禁令百则 · 秦瑞寰〈禁饬滥提害民〉》，载《中国古代地方法律文献》乙编第一册，第136—137页。

② （清）郑端：《江抚示谕》，载《中国古代地方法律文献》乙编第五册，第10页。

③ （清）褚英：《州县初仕小补》卷上《批阅呈词》，载《官箴书集成》第八册，第742页。

④ （清）万维翰：《幕学举要 · 总论》，载《官箴书集成》第四册，第732页。

⑤ （清）韩世琦：《报康熙元年分自理赎锾疏》，载《抚吴疏草》卷十七，捌辑6，第351页。

⑥ （清）黄维玉：《陆清献公莅嘉遗迹》，载《官箴书集成》第七册，第730页。

江左地方民风诈伪，讼狱繁滋，海市蜃楼，不可枚举，其中更有由之而不觉，相习以成风，足以倾家荡产而性命随之者，无过于着犯事为最烈也。如口口词状之内，有干犯讼之节，即不注某人，着某人要者。亦有控准之后，差役得票承提，向原告处开写切脚某人，着某人要者，俱概名为着犯。于是差役择役口而食，到处吹求。良善之民，初不知其事从何来，犯从何往，凭空拘击，李代桃僵，始而跋涉拖累，继立限追比。即有地棍人等弥缝说合，逼迫献财物，典鬻以应，冀缓须臾。甚有溪壑既填，卖甲换乙，又既切于他人名下者，或于切脚内再注某人，即某人名下者，辗转株连，其弊无穷。更有一种恶棍，或与人有仇，心思报复；或知其殷实，图诈无由，即串通捕役、衙蠹，于命盗等案，或唆令尸亲呈称，某凶犯在某处某人家，或教令盗犯，供扳某同伙、某窝家，着某处某人要。无论隔府隔县，差提络绎。无辜之人，一为着犯，俨同真盗真凶，强行吊拷，无所不至。即或买求幸脱，无不荡产倾家。倘无力以应，经年累月，追比无休。因而报病报故，拖累致死者，往往有之。①

江苏各地刁讼，多与讼师、书役、奸徒、衿棍的煽惑，从中搬弄是非，有很大的关系。潘月山就曾指出，“讼之兴，多由讼师、光棍唆煽而成，及其成讼，彼则于中渔利，恣意起灭”②。郑端论及顺治以来江南地方好讼、刁诬成风的根由时亦说：“揆厥所由，害起讼师，彼讼师者，心如蛇蝎，奸如鬼蜮，以刀笔作生涯，以片纸为笼断，遇民间睚眦小忿，辄挑衅起争，就中挑明盘费、谢仪，包写包告包准，命盗棍蠹恣意驾诬，院司道府任情越诳，一经准发，百般簸弄，危言恐吓，巧赚打点，愚民堕其术中，必致荡产破家，

① 《长、吴二县饬禁着犯之弊碑》，康熙五十九年九月，载王国平、唐力行编《明清以来苏州社会史碑刻集》，苏州大学出版社 1998 年版，第 566 页。

② （清）潘月山：《未信编》卷三《刑名上》，载《官箴书集成》第三册，第 71 页。

卖儿鬻女，欲罢不能。”①

康熙二十八年（1689），圣祖南巡抵达杭州时，就曾针对浙省民间争讼、胥吏借讼作奸问题，谕地方各员说：“但观民间习尚，好为争讼，争讼一兴，则不肖有司因缘诈索，势所必至，纵或官员无所朘削，而胥吏作奸，究不能无私行勒取之弊，小民之牵连苦累者多矣。”②

事实上，各地的衙蠹吏役弄奸索诈，并不只在兴讼之后，而是贯穿于整个兴讼过程之中。刘衡就曾谈到土棍与衙蠹人等勾结，借讼扰害，其弊有五，如勾控煽惑，就在兴讼之先，“本人原没有告状的心，被蠹等从中挑拨，自夸熟识书差，包告包准，哄得人告了状，却样样都要花钱，百般敲剥，一年半载，借债卖田，家赀已尽，案还未结”。又如衙蠹人等引领告状者，四处投词，“这个衙门一状，那个衙门又一状，四、五处衙门差役一齐承票捉人，闹得鸡犬不安，此处结了，彼处未结，吾民因此破家的不少”③。

而且有的蠹役、奸徒常常是人鬼两面，蛊惑兴讼于前，又托势销状于后，阴煽阳扑，假充好人，其意图无非诈财。康熙时，江宁知县俞砚如就曾一针见血地指出：“或藉讼以诈财，财诈而恳息；或托势以销状，状销而复兴；或捏干证之名，或托里邻之口，原不通被，被不通原，罔畏电雷之章，擅弄魍魉之影，即于死生至大之事，视为真伪倏翻之情，解铃系铃，原出一手，欲生欲死，岂伊异人，巧设津梁，工填欲壑，殊为可恨。”④

康雍年间，江苏地方刁讼，导致民风诈伪，良懦无辜之人无端受害，祸及殷实之家，往往导致倾家荡产。由于讼师、奸徒教唆，愚民容易轻信，“片纸入官，名挂讼牒，讼棍翻弄笔头，胥役张露牙爪，诸般吓诈，百计把持，一日不结，一日不能安业，一人作讼，一人皆费盘缠，且人心叵测，诡计翻

① （清）郑端：《江抚示谕》（康熙三十年），载《中国古代地方法律文献》乙编第五册，第4页。

② 《清圣祖实录》卷一三九，康熙二十八年二月乙卯，《清实录》第五册，第522页。

③ （清）刘衡：《州县须知·严除蠹弊告示》，载《官箴书集成》第六册，第119页。

④ （清）李渔：《禁令百则·下车第二示》（江宁邑宰俞砚如），载《中国古代地方法律文献》乙编第一册，第256—257页。

覆，受冤难白”①。康熙时，汤斌出任江苏巡抚以后，在其《抚吴告谕》中，就对江苏地方的刁讼情况作了专门的描述：

刁民心怀奸伪，志在得财，家中但无营生，就要搜寻告状，更有一种讼师，专一起灭词讼，教唆愚民，或捏写无影虚词，或隐匿年月、姓名，或以活人作死，或盗人墓检尸，或造混告二三十人，或牵连无干妇人，或假冒籍贯，或擅用黏单，或一状未问，一状又投，或上司衙门连递数纸，以致批问纷纷，提人乱乱，有分毫小事而经年不结者，有东审西详往返千余里者，饥寒疾病老弱之人连累常死，庄农佣工之家尽误生活，及至事完之日，不过笞杖，罪名多半全无指实，如此奸诈之徒，扰乱生民，死有余辜。②

康熙时，江左地方民风诈伪，甚至有良懦小民莫名由来，就遭遇上了官司的。据《染业呈请禁止着犯详文碑》记载，苏州各地就有差役专门“择殷而食，到处吹求”，“良善之民，初不知其事从何来犯，从空拘系，李代桃僵，始而跋涉拖累，既立限追比”，于是地棍人等纷纷出来调解，“弥缝说合，逼迫献财物，典鬻以应”，③ 情况严重的，往往造成殷实之户荡产倾家。

雍正二年（1724）七月，辅国公普照上折反映各直省刑名锢弊，曾专门谈到了讼师、恶棍、差役借讼为害，良善受累的情形，他在折中说：

又有一等讼师、恶棍，专以教唆词讼为活计，且以出入衙门为体面，良民本不乐于构讼，而此辈为之怂恿、挑唆，代写词状，及其坠入谷中，受尽涉讼之苦累，未尝不自怨自悔，而已噬脐莫及矣。甚有一种健讼棍徒，因人细事，捕风捉影，架题吓诈。不遂其欲，即妆砌虚词，平空提告，以图拖累。州县据其一词，难辨真假，势

① （同治）《苏州府志》卷三《风俗》，第148页。

② （民国）《吴县志》卷五二下《风俗二》，第859页。

③ 《染业呈请禁止着犯详文碑》（康熙二十九年九月），载江苏省博物馆编《江苏省明清以来碑刻资料选集》，第58页。

> 不得不批准查讯。一批准查，必须拘唤，而差役下乡之恶习，不可胜言。视小民为鱼肉，以索诈为长技，估计家道贫富，讲究差规多寡，哄堂闹舍，鸡犬不宁。乡邻亲友，莫敢鲜纷少一拂意，不曰拒捕，即曰殴差，肤（赴）诉本官，极易耸听，辗转牵累，祸害立至。更有一种善于勒索之差役，毋论事情之大小真假，动曰奉官拘拿，将词内牵连男女老幼，概用铁绳拴颈，遍乡牵行，秽地由其安顿，步趋随其迟速，故为磨折，多方羞辱，令人不得不倾囊倒箧，饱填蠹壑。[①]

自顺治以来，讼师、地棍、猾吏实际上已成为民间的公害。汪辉祖就指出，讼师猾吏“其流毒有不可胜言者”。[②] 潘杓灿也认为，官员要为民除害，就得严拿重治各地讼师，以确保地方的宁静，上官将此辈拿获后绝不可放纵，应严格按律加罪，“轻则责枷驱逐，重则访其积恶，申详按律，此辈屏迹，平民始得休息”。[③] 魏锡祚认为，讼师之害民深于水火，惨过贼盗，讼师之祸害不除，则各地之民难以安枕，“盖水火民知可畏而远之，盗贼民知其虐而防之，独至讼师，则有阴中其奸，而反厚腊其毒，显被其噬，而犹安受其殃”。[④]

明清之时，讼师遇事生风，讹诈逞能，唆讼分肥，拖累良善，欺凌官长，不仅引发民愤，而且引起了官愤。顺治以来，各直省讼告不息，上自朝廷，下至州县，各级官员无不将严治讼棍视为重中之重。尽管一些地方官采取了较为严厉的措施，去惩治地方讼棍，但各处讼棍并未因此减少，刁讼之风仍然久盛不衰。究其原因，就江苏地方而言，除了民风喜争好讼外，就是吏役

---

① 《辅国公普照奏请剔除刑名锢弊折》（雍正二年七月二十五日），载《雍正朝满文朱批奏折全译》，第873页。

② （清）汪辉祖：《佐治药言》，载《皇朝经世文编》卷二五《吏政十一·幕友》，《魏源全集》第十四册，第498页。

③ （清）潘杓灿：《刑名章程十则·放告》，载《中国古代地方法律文献》乙编第九册，第8页，黄山书社，1997年。

④ （清）魏锡祚：《魏锡祚告示·禁讼师示》，载《中国古代地方法律文献》乙编第九册，第445页。

之弊未能根除，以致地棍、讼师、奸胥互相勾结，并成为民间社会的毒瘤，所以在治讼师的同时，也要严治地方奸棍。从根本上说，更要严治吏役，为此，汪辉祖特别强调要三者兼治。他说：

> 唆讼者最讼师，害民者最地棍。二者不去，善政无以及人。去之之本，则在治吏役始。若辈平日多与吏役关通，若辈借吏役为护符，吏役假若辈为爪牙。遇有地棍讹诈、讼师播弄之案，彻底查究一、二，使吏役畏法，则若辈自知敛迹矣。①

"律法以人命为最重"②。在清代，寻常人家一旦成为被告，又牵涉人命案事，不论真假如何，家赀往往顷刻间就会化为乌有。黄六鸿认为，"凡告人命，假者居多，真者十之一二。官府见其重大，不得不准，及其准后拘拿，原差视为奇货，逢人便捉，扰害百端。男女惊逃，亲邻远僻，家资任人搬散，米谷听众取携，门户不扃，鸡犬都尽。顷刻之间，势同兵火"③。

人命案最能扰害地方，而诈命居奇，假尸图赖的做法，不仅有伤地方风俗，败坏地方吏治，而且浸透着无辜之人的种种血泪。据江南臬宪陈司贞反映，自清初以来，江南就存在一种积弊，即在地方发生命案以后，"无论真假，保甲索诈不遂，即行申报，以致小民生者拖累，死者暴露，为害不浅"④。刁棍、讼师、书差人等无不诈命居奇，借案索取勒要。徐栋亦曾说到各省讼师、书役往往借自尽案大做文章，从中射利。⑤ 刘衡在《庸吏庸言》中亦谈到命案报官之后，书差居为奇货，扰害地方的场景，可以说是令人不寒而栗，其危害胜过强盗十倍。

> 窃见外省命案，毋论殴杀、自尽、路毙，一经报官，书差等视

---

① （清）汪辉祖：《论去弊·学治臆说》，载《皇朝经世文编》卷二三《吏政九·守令》，《魏源全集》第十四册，第419页。

② （清）觉罗乌尔通阿：《居官日省录》卷三《人命》，载《官箴书集成》第八册，第97页。

③ （清）黄六鸿：《福惠全书》卷十四《刑名部》，载《官箴书集成》第三册，第365页。

④ （清）盘峤野人辑：《居官寡过录》三《禁妄报》，载《官箴书集成》第五册，第77页。

⑤ （清）徐栋：《牧令书》卷十九《刑名下》，载《官箴书集成》第七册，第429页。

为奇货。勾串门丁先发干役为前站，前站到乡，辄勒令约保及被告，或邻右人等，搭盖棚厂，预备席棹，并向被告人证索取夫价、饭食等项钱文，动辄费钱数十千，或百数十千。迨官往验，差恐少带人役不能任意索诈，辄吓禀本官，妄称风闻尸亲纠约多人，恐有不逊，宜多带丁役以助威，官有戒心，辄带领百十人，或数十人，肩舆怒马蜂拥而来，所到之乡，鸡犬惊匿，任役诈扰，不饱不休。若系无尸亲之案，则向地主、山主、塘主、屋主及所在远近邻右勒派各项银钱，故往往一路毙之案，案内牵连邻证数十人，家产悉倾，甚则延及二三十里内之富户，谓之“望邻”亦被吓诈破家。①

赵士麟曾谈到清初江南地方有借命案抢掠行凶的情形，他说：“江南悍俗，假命居奇，妄指凶手，率亲党以掠其家，系尸旁以肆其毒。”② 黄六鸿谈到地方命案中的恶俗时也指出，有借仇陷害者，有图赖诈取银钱、抢夺家财者，更有将他尸冒为亲属，诬告谋杀者，种种奸刁，不一而足。“或将已死未葬之尸图赖人，或将既葬之尸图赖人，或故杀其亲属图赖人，或图赖人自告，或被害告图赖之人。”在《福惠全书》中，黄六鸿还提供了苏州买尸图赖作假的案例：

按吴下有一种买他尸、造假伤图赖人者，其尸于冬月新墓盗掘出，以皂矾、五棓、苏木等药物，造成青赤诸伤，卖与奸人买去，诬告有仇之家，贿通仵作，扶同捏报，或即此辈造卖，藉获重利，以验伤必出于其手也，故大胆为之，其昏聩之官不能觉察，证成大狱者往往有之。③

康熙四年（1665），江宁巡抚韩世琦曾疏参长洲县黜革举人戴吴悦祸害乡

---

① （清）刘衡：《庸吏庸言·相验遵礼》，载《官箴书集成》第六册，第187页。

② （清）赵士麟：《抚吴条约》，载《中国古代地方法律文献》乙编第三册，第150页。

③ （清）黄六鸿：《福惠全书》卷十五《刑名部·人命中》，载《官箴书集成》第三册，第379页。

里的种种恶迹，其中就列举了戴吴悦诈尸图赖从而强勒钱物之事。据韩抚反映，康熙三年（1664）十二月，戴吴悦借无踪死尸生事，统领恶仆爪牙，将乡民胡君甫擒拿、关押、殴打，折断其手臂，并勒取银五十两。①

康熙时，江苏巡抚汤斌亦曾讲到江南有借死肆恶、打抢财物之事，“民间或因小小口角，邂逅身死，并无致死情由，尸亲指死者为奇货，或抬尸上门，或锤棒札打，或伤器物，或抢家财，势同盗贼”②。江苏巡抚郑端在《江抚示谕》中也记录了下江地方假命持抢的情形。

> 下江恶棍稍有微嫌，便栽假命。或借病死之躯，或冒他人之尸，指称被殴致命，统领打降光棍，交结衙蠹讼师，飞门抄抢，抬尸横捉，纸未到官，家先齑粉，无法无天，莫此为甚。③

自尽、路毙之案，最易滋扰蔓延，小民最怕惹上人命官司，见路旁有无名尸骸，往往避之唯恐不及，故路毙无名之尸，往往暴露日月，以致臭秽难闻。清代地方官对待路毙无名之尸的处理，一般采取尸场了结的做法，对地邻地主报案人等，在尸场问供之后，即行省释，无须到城赴衙候讯细究，以免因案滋扰，牵连无辜。④

清初以来，亦有无知愚民轻生觅死，借以图诬赖他人之情形，黄六鸿称之为“自尽图赖”。康熙时，于成龙曾出禁示，告诫小民勿自贱性命，徒增父母子女失亲之痛。

> 照得天和好生，民命至重，乃有无知愚氓罔惜身躯，或因口角微嫌，或因睚眦小忿，辄寻自尽，投缳、溺井、服毒而死者，比比皆然。原其意，谓拼一死可以图赖他人，殊不知自尽无抵命之条，人未尝坑害，而已死不可复生，抛其父母，弃其子女，永绝夫妇之

---

① （清）韩世琦：《参长洲县黜革举人戴吴悦恶迹赃款疏》，载《抚吴疏草》卷二九，捌辑 7，第 120 页。

② （民国）《吴县志》卷五二下《风俗二》，第 859 页。

③ （清）郑端：《江抚示谕》，载《中国古代地方法律文献》乙编第五册，第 8 页。

④ （清）方大湜：《平平言》卷四《路毙命案》，载《官箴书集成》第七册，第 685 页。

好，举家号恸，惨目伤心，死而有知，不识其退悔当何如也。[①]

自尽图赖，是以本人付出生命为代价，不惜将他人拖入官司的恶劣行径，它不同于以别人之尸图赖，借无关之命案来达到诈财、打抢的目的，相同的是都会助长社会的奸刁风气，对地方社会危害极大。轻生者虽知自尽不能索人之命，但自信必能破人之家，其行为一旦为贪官、蠹吏、奸徒所利用，后果就可想而知，人命之案既已发生，贪官借此捞取，“原告自知情虚而不抱怨，被告得蒙开释而反感恩，于是肆至咆哮，差役、仵作、状师、帮讼光棍种种小人乘此以明勒暗索，撞岁装风，无所不至，而其家果破矣”[②]。故汪辉祖主张：“凡自尽命案，除衅起威逼，或有情罪出入，尚须覆鞫，其余口角轻生，尽可当场断结，不必押带进城，令有守候之累。”[③]

清代对地方佐贰、衙役收受民词，律有明禁，首领杂职等员，“止以备公务差遣，原无审理词讼之例”。但清初以来，江南地方州县印官怠惰偷安，不理政事，“且以批词作照看，以两造当人情，甚至典校、吏目俨然承问之官”[④]，州县佐贰不但擅受民词，更与劣衿土棍相勾结，百计婪财，借讼取利。康熙时，刘兆麒就曾指出，闽浙各地佐贰擅受民词，任情审断，无异于私置公堂。

近闻幕僚、佐贰、杂职等官不遵禁约，擅理民词，势豪绅衿往往以睚眦小忿，设局害人。因其官卑易近，贿赂可通，兴灭自如，威福由己。其行也，不必投状具呈，无庸两造干证，半张说帖，即时飞票拘拿；一刺封函，顷刻朱签标出。其止也无事，听审供招，不用当堂发落，餍溪满壑，问官与原告烹分；打点欺诈，胥役与衙差比匪。倘或不如所愿，不难竟发监仓，申详堂上，以为卸过结局

① （清）盘峤野人辑：《居官寡过录三・禁轻生》，载《官箴书集成》第五册，第77页。

② （清）盘峤野人辑：《居家寡过录二・徐欺适重人命说》，载《官箴书集成》第五册，第48页。

③ （清）汪辉祖：《学治续说・假命案断不可蔓延》，载《官箴书集成》第五册，第299—300页。

④ （清）赵申乔：《赵恭毅公自治官书类集所辑地方法制资料・禁佐杂擅理民词示》，载《中国古代地方法律文献》乙编第五册，第181页。

之地。是佐幕卑官，竟为势豪劣衿之私人，而势豪劣衿，亦代佐幕卑官作生意矣。嗟彼乡井小民，理不胜情，含冤饮恨者不知凡几。①

吴地健讼，佐贰亦好受民词。自清初以来，对于佐贰滥受词讼，地方大员曾屡申严禁，如康熙时，赵士麟抚吴，就严令禁止州县下属收受告词，禁止佐贰等员干预词讼，下属"有滥受词讼者，即以贪论纪考，府州县正官并不得将民词妄委厅衙，利其呈缴罚赎之类，至典史、巡检，有地方巡捕之责，堂批贼情，许其查察，余敢擅受片纸者，立即咨部斥逐"②。

尽管地方上官有禁令，但州县佐杂等员却受词干讼如故。据蔡士英呈报，宝应县民邬晚之妻因与其婶不睦，地棍纠合其族人滋扰，并告发到巡检司，巡检陈王前无视禁令，公然受理此案，并差派弓兵易全前往拘拿邬晚，又向邬索诈银两。③ 雍正时，沛县主簿程恪不仅奉职无状，婪赃累累，而且无视禁令，僭越职守，程恪职司河务，却不奉律禁，在地方"擅受民词，违禁渔利"，其种种恶行最终引发民愤，以致其衙门被民众磊砌石块封塞。④

地方词讼依违不决，久审不结，最为累民，涉讼之人更是不安，清人袁守定就曾说："凡听讼不能决，皆由于不明，不明则不能照其所蕴，而操其所短，使民服从而无后言，故游移不断，或屡审焉，而仍不能断，讼一日不结，民一日不安，其为累也大矣。"⑤

词讼久拖不决，为清代各类讼狱审理之通病。乾隆元年，刑部就反映准理词状，"其间积弊难以枚举，而最甚者有三"：一为赴告之人等候之苦，"如收一状词，应驳应审，原可三两日即发者，竟有沈阁不批，以致赴告之人守

---

① （清）刘兆麒：《总制浙闽文檄》卷三《禁佐贰首领擅受民词》，载《中国古代地方法律文献》乙编第四册，第9页。

② （清）赵士麟：《抚吴条约》，载《中国古代地方法律文献》乙编第三册，第146—147页。

③ （清）李渔：《禁令百则·谕各属佐贰等官》，载《中国古代地方法律文献》乙编第一册，第202—203页。

④ （清）范时绎：《谨题为据详题参事》，载《雍正朝内阁六科史书·吏科》第五十五册，第164页。

⑤ （清）袁守定：《图民录》卷二《讼不决最累民》，载《官箴书集成》第五册，第201页。

候累月”；二为差役之扰；三为原、被告及词证人等守候拖累，官吏受贿枉法草率结案，在词状获准之后，“已经出牌限审，及人犯拘齐，又行改期，以致原被词证守候拖累，差役乘隙吓诈，无所不至，自知日久更难推诿，转批佐贰杂职，名曰堂词，于是曲直不辨，是非不分，徇情通贿，完结了事”①。其实，刑部官员在此提到的词状三弊，有二弊就属于拖累原、被告。

康熙二十三年（1684），圣祖在给刑部的上谕中，专门谈到各省刑名案件积压不结、拖累小民之弊，并要求九卿科道详议相关立法。

> 谕刑部：明罚敕法，民命攸关。必谳决精详，案无留滞，而后听断得情，民免株累。向因刑部等衙门事务审理迟延，屡加申饬，今积案已完，宿弊渐革，惟在外直隶各省督抚等衙门因循积习，怠忽稽迟。一切刑名案件，有经年不结者，有数年不结者，或因承审官员恪秉虚公，妥招定案，每多草率含糊，希图苟且完结，以致上官屡行批驳，沉案积久不清；或因上官意有偏徇，借端频行驳审，因而营求滋弊，颠倒是非，冤抑无辜，莫由申诉。此等情弊，皆由听断不公，完结不速，牵连淹滞，苦累小民。应作何立法，俾在外各衙门痛改积习，永绝弊源，讼简刑清，克称平允，着九卿詹事科道会同详议以闻。②

案事拖延不结，自然牵连原、被告及证佐人等难以安生，而吏役、土棍人等往往又借讼舞弊，索诈不已，故尹会一说，词讼之弊“莫不由延搁而起，故讼未结而家已破者有之”③。袁守定亦说，词讼审断过程中，“不特奔走守候，费时损功，而证佐饮食之，书差勒索之，讼棍愚弄之”④。

郑端谈到江南刁讼之祸害时就指出，告状人诉告一人，往往牵连拖累多

---

① （光绪）《清会典事例》卷八一七《刑部九五·刑律诉讼》，第九册，第914页。
② 《清圣祖实录》卷一一二，康熙二十二年十月癸亥，《清实录》第五册，第158—159页。
③ （清）尹会一：《健余先生抚豫条教》卷一《饬速结案》，载《官箴书集成》第四册，第702页。
④ （清）袁守定：《图民录》卷二《词讼速结则诸弊不作》，载《官箴书集成》第五册，第197页。

至十数人，有的与案事原本毫无瓜葛，却也被罗织卷入其中。

> 下江刁俗，告一人，必并其素所嫌怨之人，与夫被告之亲戚、朋友一概牵连，甚至有原状无名，而投词织入者，又有名次倒置，前后不符者，又有交结党羽，假公济私，连名呈告者。遂至以一人而拖累十数人，未审是非，早已化有用之金钱为酒食之浪费。①

毫无疑问，此类刁讼的背后，牵连的是十数个，甚至为数更多家庭的不幸，案件尚未审理，就已花费甚多，一旦涉及的是命盗一类的大案要案，其结局自然不只是被告一家一户的倾家荡产了。

词讼审理之时用刑，原属不得已之举。故《未信编》曰："刑期无刑，乃圣贤立法之意，逞一时之性，酷虐相加，既已内伤方寸，抑且上干天和。"②关于刑具使用的选择，黄六鸿的《福惠全书》就有论及，如竹板有三号，"头号打强盗、恶棍、衙役赃私作弊者，二号乃常刑，三号则比较钱粮暨乡愚小颂之类"；夹棍属重刑，夹棍不列五刑之中，不能轻易使用，"惟人命强盗重犯不招则用之，原欲其畏痛楚而吐真情，非惨毒之以惩恶"；不是重犯则不用枷，枷责游街，使暴之于众，辱之于市，亦非责罚之道，而且这种做法仅可针对市井无赖，平常过犯不得轻易辱之，"盖辱甚于杀，一日之辱，终身之耻也，为民上者，慎勿以人终身之辱，取快一时之忿哉"③。

用刑的目的只是为了得到真口供，但刑逼的最终结果，往往造成供吐多不实，所以清人强调夹棍尤其不可轻易使用，更不可错用，陈宏谋就说："三木之下，动关人命，堂上一声催刑，众役奋力，受之者魂飞魄散，气蔽血壅，即有供吐，昏迷之中，随口强应，亦未确凿。"④

刑狱皆以禁奸恶，国家不得已而用之。但据赵士麟反映，江南各州县官

① （清）郑端：《江抚示谕》，载《中国古代地方法律文献》乙编第五册，第7页。
② （清）潘月山：《未信编·刑名上》，载《官箴书集成》第三册，第80页。
③ （清）黄六鸿：《福惠全书》卷十一《刑名部》，载《官箴书集成》第三册，第339页。
④ （清）陈宏谋：《学仕遗规补编》卷三，载《官箴书集成》第四册，第573页。

吏身为民牧，却不知抚恤生民，威虐漫施，“至有恃夹拶为催科，借囹圄作典铺者”，词讼审理，不论罪情轻重、真伪，动辄夹讯、监禁。赵士麟认为，这样滥刑冤禁，“不但显背王章，抑恐幽遭天谴”①。雍正十二年（1734），据两江总督赵弘恩题报，兴化知县袁安，对于民报遭劫一案就不加分辨，强逼报案人认承自己的行为属诬告，而且以严刑相加，导致报盗之人死于非命。据赵弘恩反映，兴化县民徐于宾家中仓谷被盗，庄佃张胜甫报知主人后，徐于宾以仓谷被抢呈报署衙。其后，张胜甫之妻又报称，事发当晚，自己曾被贼人捆缚手足，参与其事的有周和尚等人。县衙拿问周和尚等人之后，周拒不认承张妻的指控，并指称徐于宾属挟嫌串诬。此案谷仓被盗原属无疑，但抢劫定性和串诬之疑确需细加推鞫，袁安在接任兴化知县后审理此案，却认定该案属诬告，直接对原告徐于宾等人施以严刑，先将张胜甫刑夹，对其妻刘氏又进行拶问，两日后，又将张胜甫夹审，并将报案人徐于宾夹讯责打，此后，又两次夹讯徐于宾，徐均未认承串诬之报，其结果是重刑之后导致原告监毙。②

事实上，无论是江南还是清王朝的其他直省，地方讼狱的流弊远不止以上所列，如康熙年间，民间越诉导致的混乱和治理不力，就加剧了各地的讦告、诬赖良善之风，一些地方大员也不管州县是否收受过这种词讼，就擅自受理，如两江总督阿山就喜收民词。③ 乾隆六年（1741），高宗在给刑部的上谕中，就明确指出，诬告越诉，祸害良懦，由于地方上官不审虚实，对奸黠的治理不力，造成各地讦告成风。

乾隆六年谕：从来诬告起诉，最为良民之害。盖一州一县之内，必有一二狡黠之徒，以殷实之家为可扰，稍不遂意，辄寻衅兴讼，

① （清）赵士麟：《抚吴条约》，载《中国古代地方法律文献》乙编第三册，第147页。

② （清）赵弘恩：《谨题为特参酷刑毙命狡诈欺饰之劣员等事》，载《雍正朝内阁六科史书·吏科》第七十七册，第10页。

③ 《康熙起居注》，康熙四十二年二月二十日乙未，第七册，第105页。

且捏造谎词，拖累株连，以泄私忿。更或未控州县，即控道府，未控道府，即控院司，比比若是。为有司者，审理词讼，既得其虚诳之情，而不治以诬告之罪，为大吏者，滥准词讼，不思上下之体，而但沽“肯管事”之名，于是，刁健之人以兴讼为得计，而告讦成风，闾阎不胜其扰累，深可痛恨。①

前文曾提到词状准理后的票差之扰问题，乾隆时，刑部曾将其视为词讼审理三大弊之一。万维翰在《幕学举要》中，关于命案呈报到衙后差役人等勒索扰民情形的书写，足可以给我们几分直观的印象。

向来命案报到，随即出票，差役有票到手，即押令乡地在凶犯家勒索钱文，搭棚挂彩，供应差役人等酒食，打点仵作，招房使用，乡地又于中取利，是印官未及相验，而穷民早已破家，及至官到，正襟危坐，香熏馥郁，一任仵作喝报，其弊多矣。②

此外，康雍年间，捕役对涉案人犯的刑逼、书吏的违制干讼、仵作验死验伤的作弊等问题，在江南各地都不同程度地存在。总之，讼狱之弊，足以使涉讼之人废业耗财，破家辱身，富民被诬涉讼，寻常案件亦足以令其倾家荡产，讼事有百害而无一利，远离讼狱，则家无烦恼，人无忧惧，故清人周石藩说：“太平百姓完赋役，绝争讼，便是天堂世界。”③

三、康雍年间江苏各地案犯羁禁的种种问题

控制、羁押涉案人员，关禁、严束犯罪主体，限制其人身自由，强化监狱管理，既是惩戒犯罪的必要手段，也是防治人犯继续危害社会的有效途径。中国历代都十分重视对犯罪的惩戒，注意对罪犯的从严管束。清代“班房乃

---

① （光绪）《清会典事例》卷八一六《刑部九四・刑健诉讼》第九册，第903页。
② （清）万维翰：《幕学举要・命案》，载《官箴书集成》第四册，第737—738页。
③ （清）周石藩：《共城从政录・劝息讼》，载《官箴书集成》第六册，第279页。

看押要紧人证之所”[①]，地方收禁拘押涉案人员，必须依律行事。关于囹圄重囚的管理，律有明条，清廷严禁狱官、禁卒（亦称狱卒）、牢头、狱霸在狱中勒索凌虐犯人，内外交通。但顺治以来，各直省案犯羁禁无视禁条，收禁不论罪之有无，无视罪情轻重，狱卒、牢头肆意勒取，对人犯滥施虐待，牢狱管理混乱等问题都不同程度地存在，以致越狱、监毙之事经常发生。

囹圄用以关禁重囚，非徒流死犯不可以监禁。自清初起，朝廷就明令禁止轻犯重囚。康熙四年（1665），朝廷有令：“凡将不系重犯违例监禁者，题参治罪”。康熙九年（1670），经刑部覆准，“凡情轻事件一应人犯，俱在外候审，若问刑衙门迟延羁禁者，听科道指名题参”[②]。但康熙年间各直省仍有将轻犯羁押监禁，甚至私禁致毙者。雍正时，有些地方甚至将轻犯与斩绞流徒等罪犯“混杂监禁，全无分别”[③]。

康熙时，两江总督于成龙就指出，两江地方衙门不论罪情轻重，滥羁私禁，对收监人犯任施凌虐，横加勒索，种种恶劣行径，已发展成为当时监狱管理中的突出问题，属于地方行政中的一大虐政。

> 犴狴之设，所以收禁重犯，非滥及无辜轻罪也。两江虐政，不论重轻罪犯，辄擅收监，而狱吏、禁卒百般凌虐，多方索诈，甚而打凶、打肥名目，及劣员残逞勒取病呈等弊，种种恶迹，难以罄述。[④]

同属两江总督治下的江西，自清初以来，囹圄关禁也并非只关押重囚。据江西按察使凌燽反映，江西各县所禁囚犯，除正凶、正盗及一切重犯在禁外，各地关押之人，或属情罪不明，或因人连逮，久羁不结，更多的是各县私擅收监、并未报明原因者，或有微罪，或属轻犯，因上官未查，地方官将

① （清）觉罗乌尔通阿：《居官日省录》卷一《莅任》，载《官箴书集成》第八册，第9页。
② （光绪）《清会典事例》卷八三八《刑部一一六·刑律断狱》第九册，第1111页。
③ （光绪）《清会典事例》卷八三八《刑部一一六·刑律断狱》第九册，第1113页。
④ （清）于成龙：《兴利除弊条约》，载《中国古代地方法律文献》乙编第一册，第426页。

关押者搁置一边，有的幽系久禁，一直未予释放。[①]

论及清代监狱的管理问题，李渔曾强调："罪有重轻，则监有深浅，非死罪不入深监，非军徒不入浅监。"[②] 但清初以来，各处监禁多非其地，笞杖多非其人，佐贰、衙官等员甚至有将未审待结人员随意收禁羁押仓铺库房的现象。汪辉祖就认为，清代地方羁管之弊，甚于监禁，差役之害，防不胜防。

> 案有犯证，尚须覆讯者，势不能不暂予羁管，繁剧之处，尤所多有。然羁管之弊，甚于监禁。盖犯归监禁，尚有管狱官时时稽查，羁管则权归差役。差不遂欲，则系之秽处，饿之终日，恣为陵虐，无所不至，至有酿成人命，贻累本官者，若贼犯久押，则纵窃分肥，为害更大。[③]

清代各处监狱的管理极为混乱，牢狱之内，针对人犯的金钱勒索和非人虐待，顺治以来从未停止过，而且勒逼的手段层出不穷。清人的著述中，对牢狱内所存在的种种弊窦有不同程度的揭示，其中所反映出来的黑幕和吏治问题，可谓触目惊心，刘兆麒对清初浙、闽二省各处牢狱黑暗的情况就有深刻的揭露。

> 刑狱之设，不得已而用之，但罪有重轻，事有真假，必待审讯明白，而后招案始定。罪当者自有国法，无辜者即应省释，原不容诈害凌虐也。近访有禁子、狱卒横行无忌，作恶多端，凡日收监犯，无论罪之重轻，百般勒索。有见面钱、收入钱、门上钱、贴监钱、灯油钱、烧纸钱、草荐钱、睡场钱、免捎钱、免押钱、送饭钱，甚有买命钱，种种作恶，不一而足。稍不遂欲，绝其衣食，横加凌辱。在有狱各官，或从中分肥，或不行觉察，以致囹圄重地，饮恨难伸。

① （清）凌燽：《两江视臬纪事》卷三《清理狱囚通檄》，载《中国古代地方法律文献》乙编第十二册，第16—17页。

② （清）徐栋：《牧令书》卷十八《刑名中·李渔〈论监狱〉》，载《官箴书集成》第七册，第416页。

③ （清）汪辉祖：《续佐治药言·押犯宜勤查》，载《官箴书集成》第五册，第328页。

更有一种无名阴毒，愈令罪犯难当，或置之污秽不堪之处，或置之疾风露雨之中，或以无病之人而驱伴沉疴待毙之犯，或以轻罪而肘镣枷锁，加以重犯之刑，或受仇家贿嘱，而行暗算绝命之计，甚至辟犯重囚买充牢头，反管罪轻人犯，靡恶不作，以致狱犯报病、报故者，月无虚日。①

自清初以来，朝廷明令禁止各处监狱管理之人勒索、凌虐人犯。如康熙二十二年（1683）规定，“凡狱卒及守门人等有将犯人陵虐，克减需索者，承审官严察拘拿，照例治罪”②。雍正年间，朝廷进一步完善了清初的定制，如雍正五年（1727）就规定：“狱卒有受罪人仇家贿嘱，谋死本犯者，依谋杀首从律治罪”，“犯人出监之日，提审官、司狱细加查问，如有禁卒人等陵虐需索者，计赃治罪，仍追赃给还犯人，提牢官、司狱不行查问，事发之日，亦照失察例议处。”③

在清代的监狱里，以钱物贿通买嘱禁卒人等，确有属人犯主动献纳者，但属禁卒、牢头、狱霸人等的勒索更为多见。王望如指出，清代的监狱原为防奸而设，却百弊丛生，成为养奸之地，“轻系情迫，不惜营脱之金；重犯机深，广布买扳之肆。是以在狱内者，向狱外之人乞生路，而打点偏工；在狱外者，借狱内之人为死穽，而唆诬最毒。内外交通，弊端百出”④。陈枚在《筮仕要规》中，谈到狱中牢头向新监犯人勒索情形时，亦说：“重犯在监年久，遂为牢头，以狱中为垄断，凡送人犯下监，必索见面、灯油、藁铺等钱，或指同爨，科索用物，稍不遂意，即行凌辱，甚至断其水浆，有饥饿致

① （清）刘兆麒：《总制浙闽文檄》卷二《饬禁狱弊》，载《中国古代地方法律文献》乙编第三册，第605—606页。

② （光绪）《清会典事例》卷八四〇《刑部一一八·刑律断狱》第九册，第1133页。

③ （光绪）《清会典事例》卷八四〇《刑部一一八·刑律断狱》第九册，第1131—1132页。

④ （清）李渔：《禁令百则·王望如〈申饬狱禁〉》，载《中国古代地方法律文献》乙编第一册，第156页。

死者。"①

在江苏兴化县任职的周石藩，曾针对地方禁卒勒诈初入牢狱人犯、狱中有牢头恃强凌弱等情形，颁谕禁止。

> 监禁之设，所以锢凶恶，防奸宄。入其中者，总皆身陷刑章，罪恶显著者也，然仁人矜恤，随处皆然。无论狱囚之中，尽有罪不至死应当抚恤者，即罪干大戮，亦应待其明正典刑，不可听其瘦毙。乃有禁卒人等，或于入禁之初，勒诈财物，稍不遂意，即加凌虐，或于棉衣、饮食给散之时，恣意克减。又有禁中老犯恃强陵弱种种不法等事，皆应严行禁止，为此谕，仰禁卒人等知悉。②

对于清代监狱中所存在的种种问题，上自朝廷大员，下至州县长官，其实都心知肚明，然而有问刑之责，又能秉公执法、积极去革除狱弊的官吏并不多，各处更多的是贪黩、酷虐、茸阘之员。地方贪黩之官借监狱满足其贪欲，他们"借监狱为吓诈之地，不论事情巨细，一概轻付监仓，苟遂其欲，则有罪亦可贿脱；若拂其意，则羁囚缧绁，每至累月经年"。酷虐之官性情残忍狠毒，往往"视人命如草菅，或非刑锻炼，无端遂化青磷，或任性作聪，罔顾冤沉黑狱"。茸阘之员则麻木不仁，对狱中一切视若无睹，以致"圜扉成鬼哭之庭"③，致使情真罪当者，不能明正典刑，轻犯甚至无辜者，却监禁于牢笼之内，无休止地遭受种种凌虐欺辱。

清代监狱管理中只问财物，不论罪情轻重、真伪的问题，不少官箴书和地方法律文献多有论及。如潘月山指出，人犯入狱之后，由于牢头、狱卒的种种凌虐，造成了十分可怕的后果："或有饥寒失调，缠染瘟疫致损性命者，亦有禁蠹受贿谋害者，致成青磷，千秋冤恨，若妇女一入牢狱，牢头、狱卒

---

① （清）陈枚辑，陈法裕增辑：《筮仕要规》，载《中国古代地方法律文献》乙编第七册，第162—163页。

② （清）周石藩：《海陵从政录·谕禁卒》，载《官箴书集成》第六册，第246页。

③ （清）刘兆麒：《总制浙闽文檄》卷二《申饬庾毙罪犯》，载《中国古代地方法律文献》乙编第三册，第610—611页。

便有许多轻薄，后虽释放，致令终身无可自明。”①

康雍年间，曾在两江地方任职的魏锡祚则讲道，身陷囹圄的人犯，遭受凌虐之后，有生不如死之痛，身陷狱中，牢头、狱卒对进监之人索诈不已，不遂其欲，往往凌虐相加。“遂则扭锁宽松，重犯亦皆疏纵，拂则桎梏严厉，无辜必予重刑，视罪人为釜鱼几肉，诛求无厌，酷诈不休。”② 锁铐之外，又有柙床、背铐、观音镯、抹嘴棍等名目，不一而足。

清代牢狱之中，狱卒、牢头凌虐勒索犯人，可谓手段甚多，兹略述数种：

打攒盘：本监房牢头联合其他各房牢头，一同殴打某人犯。

湿布衫：夜间将水倾洒于地，逼令人犯睡卧湿地之上。

上高楼：将人犯之足吊起，令其睡觉。

雪上加霜：捏称某人犯走进走出，甚难提防，对该犯无杻者加杻，有杻者收入囚笼之中。

铺盖：新犯入监后，有钱者，本管牢头先设酒款待，私与开锁松杻，以市恩惠；次早，众牢头俱来拜望、送礼；至第三日，本管牢头再开出账单，向新来的人犯派出使费。

打抽丰：牢头酒足饭饱以后，又唆使其他人犯，各出钱数文，买鸡买肉，送与新犯，本管牢头又派送账单，令其偿付，如新犯拒绝，即唆使众犯人对其凌辱。

请上路：家中穷困无钱可送的犯人，遇有亲属送饭入狱，则夺其所送食物，甚至不准穷犯吃饭。

此外，监牢之内，虐待、凌辱新犯的手段还有：泼湿草荐，令新犯人睡于上；逼令终夜站立，不得睡卧；夜晚以短索扣锁人犯，使不能自在睡卧；

---

① （清）潘月山：《未信编·刑名上·监禁》，载《官箴书集成》第三册，第90页。

② （清）魏锡祚：《魏锡祚告示·禁狱卒凌虐罪囚示》，载《中国古代地方法律文献》乙编第九册，第469页。

以手杻撞击人犯胸额，或以柙板痛打犯人脚板；剥取无钱的穷犯衣服等。[①]

清代监狱内的种种丑恶和暗无天日的情状实难尽述，狱官的贪婪，禁卒、牢头的狠毒，使得狱犯成了他们取利的工具，身陷狱中而无钱贿通打点的人犯，不仅要遭受种种凌辱，而且随时有性命之忧，可以说，清代监狱是人犯至苦不堪之地，人犯被禁于狱中，随时有可能迈向死亡之门。觉罗乌尔通阿就说：

> 监狱为至苦不堪之地，禁卒、牢头为残忍很毒之人，罪人苟入其中，非买命有钱，未有不受异样凌虐者。夏月暑湿，冬月寒冻，尤易毙命。或曰：非重犯不入，死何足惜？不思其中亦有受冤被陷之人，亦有亲属累及之人，或系追赃，或应遣戍，并非本身故犯，而遭此惨酷，忍乎？否乎？[②]

在犯人进入监狱以后，其性命就已悬于狱卒之手，而仇家、牢头、狱霸又百计千方勒索陷害，凌虐相加，以致人犯生命随时都有危殆。身陷牢笼之人，欲避亦不能，呼天又不应，故乌尔通阿认为，狱卒、仇家诸人攫人家赀，又要害人性命，其行为实与劫盗无异。

> 犯人入狱，性命悬于狱卒之手，所谓生死须臾，呼天莫应者也。其致死之由，有狱卒索诈不遂，买命无钱，而百般凌虐以死者；有共案诸人欲要犯身亡，希图易结，因而致死者；有仇家买嘱，随机取便，谋害以死者；有婪官利其赃私，致之死而灭口者；有神奸巨蠹恐其幸脱，而立取病呈者。夫狱卒、仇家诸人草菅人命，固宪典所不容矣，至于婪官攫取家赀，而又戕其性命，是何异于劫财杀人之盗哉！[③]

---

① （清）潘杓灿：《刑名章程十则·监禁》，载《中国古代地方法律文献》乙编第九册，第86—88页。

② （清）觉罗乌尔通阿：《居官日省录》卷四《察监狱》，载《官箴书集成》第八册，第125页。

③ （清）觉罗乌尔通阿：《居官日省录》卷四《察监狱》，载《官箴书集成》第八册，第127页。

明末清初著名学者李渔在论及罪人死于牢狱的问题时，就指出“天年者少，非命者多”①。雍正四年（1726），世宗在给刑部的上谕中也指出，各省人犯监毙者，多有属于狱卒凌虐所致，尤其是军流以下轻罪人员，被逼致死狱中者，各处大多以病故呈报，瘐毙之人甚属可悯，上官不问，狱官却又逍遥法外，以致报病报故无虚日。②

罪人之苦，以身陷牢狱为最。关押狱中的罪犯，不但要遭遇人为的各种凌虐、勒索，而且还可能遭遇无法预料的疾疫威胁。“狱中人多气杂，且地方逼隘，秽气熏蒸，最易滋生疾病”③，一经传染，则人犯难以保全，尤其是冬夏时节，暑疫蒸染，寒冻僵积，疫疾一旦发生于狱中，往往传染极快，防不胜防，如狱官禁卒怠忽，更会导致疗治不及，各类人犯死于非命。清人觉罗乌尔通阿在谈到设监目的和人犯之苦时说过的一番话，也基本道出了牢狱罪犯报病报故的缘由。

夫圜扉之设，原因重囚法无可赦，情不足矜，求其生而不得，故羁之缧绁中，若罪无大故，犯该徒罪以下者，概不得置之于监，其收禁者，虽案情较重，然累月经年，覆盆莫照，牢头、禁卒又从而残毒之，其罪本无死法，惟一落狱中，遂绝生机。夏则暑湿，冬则寒冷，因而疾病死者多矣。④

如前所述，由于官吏贪婪、苛刻、麻木，于是有轻罪重囚，甚至有无辜之人身陷缧绁之中，“或故入人罪，或正犯在逃，逮其亲属，或钱粮逋负，蔓及族人，或以抵赎细事监追，或以势豪呈送收禁，或听衙役之诬报株连，或任佐贰之需索滥系”⑤，种种沉冤，述不胜述。而最可怕的还在入监之后，等

① （清）徐栋：《牧令书》卷十八《刑名中·李渔〈论监狱〉》，载《官箴书集成》第七册，第416页。

② （光绪）《清会典事例》卷八四〇《刑部一一八·刑律断狱》第九册，第1134页。

③ （清）觉罗乌尔通阿：《居官日省录》卷四《察监狱》，载《官箴书集成》第八册，第128页

④ （清）觉罗乌尔通阿：《居官日省录》卷四《察监狱》，载《官箴书集成》第八册，第129页。

⑤ （清）觉罗乌尔通阿：《居官日省录》卷四《察监狱》，载《官箴书集成》第八册，第129页。

待他们的是无休止的勒索、非刑的凌虐、疫病的威胁，以致生命被最终剥夺。

顺治以来，江南各地在押人犯监毙的呈报为数甚多。如康熙元年（1662）六月，据江宁巡抚韩世琦疏报，顺治年间查获的武进县丁有泉私销案，牵连奸民较多，党犯尚未完全捕获，关押在监的丁有泉、是尔相、吴君甫、张澄宇、丁佑、贾元、万君实等人犯就不明原因，“相继庾毙”①。康熙二年（1663）五月，据韩世琦反映，顺治年间，因苏州解部棉布等物短缺，该案所涉吏役皆被关押，其中有三人监毙于狱中。② 顺治十一年（1654），重犯周三于会审前被押送至县衙收监，押解途中，因周三对押差沈玉、王华有怨骂之言，回监之后，其同役周行等人遂对周三施以棒槌重责，以致周三“伤痕麟集，越数日而毙于狱中”③。

康雍年间，各地人犯因受狱卒凌虐、遭罹疾病或不明原因而监毙的史不绝书。康熙二十二年（1683）十二月，刑部一次题报在狱病故的罪囚就多达四十余人，其中多有无辜枉死之人，因各处监狱疏于管理和未能及时疗治，以致死于非命。④《清代吏治史料》《雍正朝内阁六科史书・吏科》等档案资料对康熙后期至雍正年间各直省监狱人犯死亡、越狱牵涉至府县官员处理的情形，有大量的记录。其中，有关江苏各州县人犯监毙的记载为数极多。如雍正元年（1723），据江宁巡抚吴存礼咨报，隆科多汇题，康熙六十一年（1722）八月，海州殴妻致死人犯项英就不明缘由死于狱中，窃犯郭六亦死于上海县牢狱之中，丹阳县人犯沈龙也死于县狱之中，华亭县监狱人犯潘三元亦毙命狱中，丹徒县监狱人犯赵应庚亦死于该县监狱之中。⑤ 同年九月，据江宁巡抚吴存礼题报，本省各州县人犯监毙，相关官员免予议处的，又有四起：人犯童半山监毙于丹徒狱中，李启文监毙于江都狱中，罪犯韦之钧在丹徒狱

① （清）韩世琦：《丁寿郎等招疏》，载《抚吴疏草》卷九，捌辑 5，第 677 页。
② （清）韩世琦：《覆徐鉴等短折布匹请豁疏》，载《抚吴疏草》卷二四，捌辑 6，第 629 页。
③ （清）韩世琦：《报周三一案久悬未结疏》，载《抚吴疏草》卷十一，捌辑 6，第 18—19 页。
④ 《清圣祖实录》卷一一三，康熙二十二年十二月丙辰，《清实录》第五册，第 171 页。
⑤ （清）隆科多等：《谨题为钦奉恩诏事》，载《清代吏治史料》第一册，第 266—270 页。

中被殴打致死，人犯黄启在上元狱中因病毙命。①

雍正元年（1723）八月，据署理江宁巡抚何天培题报，黄位公等人遭人诬告，罪名是结伙出洋贩米，因此黄被关禁于崇明县牢狱之中，由于相关人犯并未拘齐，该案拖延两个月，尚未等到案子审理，黄位公等关押在监之人就相继毙命于狱中。② 雍正二年（1724）闰四月，江宁巡抚何天培题报，嘉定、靖江、常熟三县发生了四起案犯监毙事件。③ 雍正元年八月以前，吴县、华亭、宜兴、长洲、吴江、嘉定等县牢狱中也相继出现过人犯监毙情况，有属病毙的，但多数死因不明。

自清初以来，各直省羁押人犯的监管之弊，也反映为禁卒、狱吏对监禁人犯疏于防范，甚至内外交通，重金营脱，以致重犯越狱经常发生。监禁人犯脱逃，清初即有禁条，相关人员亦不能免责。康熙九年（1670），经刑部题准："凡官员将斩绞重犯不行羁禁，令人取保，以致脱逃者，革职；将发至监犯故推别衙门，以致脱逃者，降四级调用，该上司不行揭报，降二级调用；若将军流徒罪人犯取保脱逃者，降一级调用，笞杖人犯脱逃者，罚俸六月。"④

雍正年间，鉴于直省各处州县狱中人犯不分轻重，混杂囚禁，以致监管混乱，探视任意，重囚脱逃的问题十分突出，世宗在给各直省督抚等员的上谕中，明令要求各处轻重人犯分别监禁，并酌量建房，以弥补监房不敷之急。

> 雍正十一年谕：……乃近闻州县有将一切斩绞流徒罪犯混杂监禁，全无分别，并将未经审结之笞杖轻罪，与大案干连人犯一概混行收禁，狱官、禁卒以流徒杖罪之人不至于死，可无意外之虞，干连人犯指日省释，谅无脱逃之事，因而任其馈送探望，又利其出入之贿赂，不为严禁，此牵彼引，借探视轻犯为由，代重囚传递消息，

① （清）隆科多等：《谨题为钦奉恩诏事》，载《清代吏治史料》第二册，第691—693页。
② （清）隆科多等：《谨题为钦奉恩诏事》，载《雍正朝内阁六科史书·吏科》第十册，第71页。
③ （清）隆科多等：《谨题为钦奉恩诏事》，载《清代吏治史料》第一册，第553—555页。
④ （光绪）《清会典事例》卷八三八《刑部一一六·刑律断》第九册，第1111页。

或密送挖墙断锁行凶之具，致令重囚脱逃，种种弊端，总由轻重罪犯混杂监禁所致。著各省督抚严饬府州县等官，务将重囚轻犯分别监禁，不许混杂，致滋弊端，或有州县房屋甚少不能分别者，酌量另造数间于监狱之外，以收禁流徒等犯，其杖罪以下及干连人犯，仍遵照定例取保看守，毋得滥禁。①

显然，雍正帝认为，导致重犯脱逃的根子是监房之内人犯不分轻重，混杂监禁；不能分别轻重关押，则因为有的州县监房数量不够。这种说法不无道理。通过增建监房，可以解决一时监房不敷的问题，但并不能禁绝内外交通的现象。因为有钱物贿赂带给狱吏、禁卒诱人利益的存在，传递消息甚至捎带凶具进入监狱也当然会出现；重犯越狱脱逃，也就自然会经常发生。

关押监房的人犯多非良民，身陷牢狱之后，朝思暮想以求挣脱，在监管疏怠的情况下，人犯也会伺机而逃。清人李庚乾认为，狱中管理的种种问题都会招致人犯由不满到撞网脱笼，如牢头、狱霸行暴殴人，囚饭入门而本囚未得入口，牢狱中秽污不行扫除，狱犯遭遇疾病而不报调理，吏卒侵犯女囚，对人犯以重枷刑罚相加等。②

顺治以降，江南各处监狱人犯越狱的事就经常发生。如康熙元年（1662）三月，江宁巡抚韩世琦就题报说，顺治十六年（1659），上元县监狱内，盗犯张四、王七、王安国等十人越狱出逃，其中李玉之、王安国二犯在越狱之后又勾结大盗周振、蒋显劫掠地方。③ 康熙二年（1663）正月，无锡县监狱因监管疏失，导致吕瞻霞、王大等六名盗犯越狱逃出。④ 顺治十八年（1661），据江宁巡抚朱国治题报，松江知府刘洪宗对府中事务漫不经心，把总孔长彪与盗相交通，以致该府牢狱重地一次有九人越墙逃走，后虽相继拿获五名，其

① （光绪）《清会典事例》卷八三八《刑部一一六·刑律断》第九册，第1113—1114页。
② （清）李庚乾：《佐杂谱》卷上，载《官箴书集成》第九册，第318页。
③ （清）韩世琦：《题结上元县越狱一案疏》，载《抚吴疏草》卷二，捌辑5，第354—355页。
④ （清）韩世琦：《参无锡县越狱疏》，载《抚吴疏草》卷十七，捌辑6，第344页。

余四名一直在逃，而且外逃的皆为重犯，包括拟凌迟处死人犯一名，强盗得财斩罪人犯二名，另一名属流罪人犯。[①] 雍正元年（1723），据隆科多题报，十月九日夜，上元县牢狱一次共有十人越狱逃出，这些人犯后虽大多弋获[②]，但仍有在逃之犯。其余江苏各处监狱之中，单个越狱或属人犯由监牢押解会审途中的脱逃事例甚多，兹不一一举述。

---

① （清）韩世琦：《参松江府越狱一案迟延疏》，载《抚吴疏草》卷三四，捌辑7，第396—398页。

② （清）隆科多等：《谨题为呈报上元监犯越狱事》，载《雍正朝内阁六科史书·吏科》第十五册，第290页。

第六章　州县上官与康雍年间江苏地方吏弊的关系

清王朝对地方的控驭和管理，实行直省行政管理体制。清代直省按层级高低排列，大体可分为省、道、府、厅、州、县各层级。前面的章节内容，已对江苏的行政分割和地方设官作了专门的介绍，其中散州和县属于最基层的行政机构，长官为知州、知县，州县上官则有知府、道台、按察使、布政使、巡抚、总督等员。清代各直省之治理，实由督抚主之，而地方各级官员无不各司其职，所以地方吏治民风的好坏，亦无不与州县官之上司密切相关。知州、知县为亲民之官，职兼教养，其政令虽出于朝廷，但上官对州县行政无不周知，州县上官的举动，也时刻影响着州县的行政。故徐栋说："亲民者，州县，能使州县亲民者，上官。州县每视上官为转移，天下若皆知人善任、尽心民事之上官，天下安有不治之州县哉。"① 州县听命于上官，一是根源于清代官员的选用制度，清初以来，朝廷期望野无遗贤，各类人才无不搜罗，对于生监、捐纳、科甲之用，不论其出身，由于缺少员多，以致所用侥幸躁进、私意揣摩、迎合上官者多；二是州县之员平庸者多，锐进者少，李

① （清）徐栋：《牧令书》卷二十三《宪纲》，载《官箴书集成》第七册，第542页。

绂就指出："且人之材质，中人为多，大约听上司为转移而已。其上司贪而己独廉，上司惰而己独勤者，百不得一也。其上司廉而己独贪，上司勤而己独惰者，亦百不得一焉。"① 康雍年间，江苏各州县的吏弊稗政虽出于州县，然穷究其根源，地方各级上官实有不可推卸的责任。

一、江南督抚与康雍年间江苏州县吏弊的关联

清代地方民生安定视吏治，吏治贪廉视督抚。作为封疆大吏，督抚是朝廷的干城之寄。康熙九年（1670），康熙帝策试天下贡士于太和殿前，就曾指出"在外地方大吏，惟督抚是赖，牧民之官，守令最亲"②。康熙帝此言，足以说明地方之治理与督抚守令关系最为密切。作为直省长官，清代督抚之责望重大，他们既是民生的依托，又是地方各级官员的方向标，是文武官员的表率，而巡抚于地方大小事务无所不统，"其小者郡县上请辄自废置，而大事驰传奏闻，自三司大吏诸有所建明，鲜不由之以达部议，报可辄行"。一省之内，权柄之重莫过于督抚，而责任之大当数州县，清初昆山学者叶方霭就指出，朝廷"以催科抚字责守令，以考成责之督抚大臣，使之一意拊循吾民，而躬行为百吏先，故简畀斯任，尤为不易"③。康熙三十九年（1700）十二月，左副都御史励杜讷曾建言朝廷加强对督抚的考课和管理，并指出："督抚大吏，朝廷畀以百余城吏治，数千里民生，责任至重。"④ 他期望朝廷对督抚年终的汇奏细加察查，以便了解其中的兴利除弊、察吏安民，是否有开具不实、贻误地方之处。

江南人文、赋税甲天下，不仅地方事务烦剧，而且民风诈伪，势豪地棍

---

① （清）李绂：《条陈用人三法札子》，载《皇朝经世文编》卷十五《吏政一·吏政上》，《魏源全集》第十四册，第 24 页。

② 《清圣祖实录》卷三二，康熙九年三月戊午，《清实录》第四册，第 436 页。

③ （清）叶方霭：《抚吴疏草序》，载《抚吴疏草》，捌辑 5，第 303 页。

④ 王钟翰点校：《清史列传》卷九《励杜讷传》第三册，第 654 页。

为害，催科讼狱之弊甚多，故全省之吏治、风俗、民生皆托赖督抚。康熙二十五年（1686），赵士麟由浙江巡抚迁任江苏时，就意识到自己肩上的重托和江苏治理所要担负的责任，他说：“巡抚之任，封疆攸系。官以抚为名，责望重矣，顾统七郡一州之地，远者或逾千里，近亦自数百里，而差以素未谙悉土俗之人，而欲杜门坐照俾吏事民艰历历在几席间，其道无由。”①

清代各直省吏治之清浊，事关民生之休戚，而属官之贤否，尤视大员之贪廉为转移，所以一方之官风，受地方大员的影响甚巨。赵申乔认为，大吏为小吏之表率，一省之官风，取决于巡抚之操守，“有守者，有为之根本”。也就是说，一省仕风的好坏，取决于巡抚为官的好坏，巡抚的操守影响着全省官场的官风政风，若巡抚贪取，则各级官府无不贪取剥削，正所谓“巡抚取之于司道，则司道不得不取之于下属。知府取之于州县，则州县自不得不取之于小民。层层剥削，咎实有归”②。

陈宏谋认为，吏治之变坏，未有不自大吏始者。作为直省督抚，自身不能做到的，也无法要求下属做到，“我洁己，而后责人之廉；我爱民，而后责人之薄；我秉公，而后责人之私；我勤政，而后责人之慢。若以有诸己者非人，止多众口耳，势必不行”③。

正因为督抚有表率下属之责，所以有清历代皇帝都期望各省督抚能洁己爱民，正己率属。江南地方事务冗繁，官场请托甚多，馈送之风极盛，洁己率属尤为重要。康熙二十年（1681）十二月，圣祖在江南总督员缺议拟合适人选时，就强调江苏为事务烦杂之地，督抚之选任，操守为重，并指出“总督者，乃大吏也，总督正，则孰敢妄行”④。康熙二十三年（1684）五月，在清廷考虑两江总督人选时，明珠就指出，两江幅员辽阔，“总督一官，控制两

---

①（清）赵士麟：《抚吴条约》，载《中国古代地方法律文献》乙编第三册，第141—142页。

②（清）赵申乔：《严饬官方以肃清功令示》，载《皇朝经世文编》卷二十《吏政六·大吏》，《魏源全集》第十四册，第274页。

③（清）陈宏谋：《从政遗规》卷上《告谕·督抚之职》，载《官箴书集成》第四册，第245页。

④《康熙起居注》，康熙二十年十二月二十四日癸卯，第二册，东方出版社2014年版，第205页。

江数千里之地，必才干优长，操守廉洁，为众所推服者，始克胜任”。在康熙帝看来，为总督者，才具固然重要，操守尤其可贵，他强调“总督关系重大，膺斯任者，固贵有才，尤贵有守，苟不能洁己率属，地方军民必受其害”①。

贤能的地方大吏，对于下属的示范意义不可小觑。小而言之，可以洁身自好，正己率属，成为僚属效仿的榜样；大而论之，则可以正肃地方官风、士风乃至民风。明人吕叔简就曾经说：“变民风易，变士风难，变士风易，变仕风难，仕风变，而天下治。”督抚作为地方大员，其为官行政之风格，不仅影响着下僚、士子，而且影响着农工商贾。江苏民风尚奢好争，官场恶风充盈，要培养、造就良好的官风，督抚则为“操变仕风之权者也”②。故自清初以来，朝廷对江南督抚之选慎而又慎。

清人曹一士在论及地方大吏之选时，曾说：“欲百姓之安，务在弗扰之而已。而其要莫先于慎择督抚。督抚者，守令之倡也。督抚不扰守令，守令不扰小民，而天下之民莫不安矣。”③ 康熙二十三年（1684）正月，圣祖在评论清初以来各省督抚选用得失时亦言，顺治时各省督抚尚属循良，辅政时期的督抚之用则多有不当，并指出张长庚、白如梅、张白清、贾汉复、屈尽美、韩世琦等人在地方无不扰害，以致百姓困苦至极。④

在康熙帝亲政以后，他对江南督抚的拟选往往反复权衡。如康熙三十七年（1698）十一月，江南江西总督范承勋丁忧员缺，康熙帝以此缺极属紧要，反复斟酌，皆难得合适之人，而轻易以吏部开列之员放任江南，又不能放心，他曾思索数日，后又与大学士伊桑阿、阿兰泰、王熙等议拟，遂拟定张鹏翮总督两江。圣祖看重张鹏翮，主要是因为张鹏翮任浙抚期间，居官清廉，深得民心，江南官场的大员委用，尤需清廉之员，而且张鹏翮任职浙江时也曾

---

① 《康熙起居注》，康熙二十三年五月十三日戊寅，第三册，第 55 页。

② （清）徐栋：《牧令书》卷二十三《宪纲》，载《官箴书集成》第七册，第 567 页。

③ （清）曹一士：《请分别贤能疏》，载《皇朝经世文编》卷十九《吏政五·考察》，《魏源全集》第十四册，第 218 页。

④ 《清圣祖实录》卷一一四，康熙二十三年正月丙申，《清实录》第五册，第 177—178 页。

得满洲兵心，江南有满兵驻防，以张鹏翮总督江南，亦称合适。①

康熙五十四年（1715），在江苏巡抚员缺的推拟过程中，浙江、福建、广西、贵州各省巡抚皆在议拟之列，但康熙帝认为这些人能力操守兼具者实少，合适江苏巡抚之任者难求，只有满保比较合适，但范时崇总督之缺出，满保可补此缺。吏部又题请以陈瑸补授江苏巡抚，康熙帝认为“陈瑸操守清廉，是一正人，但无甚才能，江南地方烦剧紧要，非伊所能”②。以陈瑸任福建巡抚，堪称人地相宜。经过一个月反复权衡，圣祖才最终确定以吴存礼为江苏巡抚人选。

江南督抚的责任重大，自清初起，清廷就对他们的期望非常高。康雍年间，无论是从江苏新督抚赴任之际的训谕，还是在两江总督奏折的朱批中，我们都可以看到，康熙、雍正二帝对两江总督和江苏巡抚如何公忠体国、严饬所属就屡屡提出要求，有时甚至语重心长。兹举述康熙年间数例，以为佐证。

康熙二十三年（1684）九月，江宁巡抚汤斌陛辞。作为康熙帝身边的近臣，汤斌久侍讲筵，老成端谨，但他缺乏地方行政的经验，所以康熙帝有的放矢，对汤斌的训谕亦较具体：“江苏为东南重地，故特简用。居官以正风俗为先，江苏风俗奢侈浮华，尔当加意化导。移风易俗，非旦夕之事，从容渐摩，使之改心易虑，当有成效。钱粮历年不清，亦须留意。尔在内阁曾阅章疏，在外督抚所奏，凡钱谷刑名大事，多有舛错，致令驳察，尔到地方，尤当留意。近日江南吏治，稍稍就理，尔能洁己率属，自然改观。”③

康熙二十六年（1687）六月，江苏巡抚田雯陛辞赴任之际，曾向康熙帝请示训旨，康熙帝要求田雯到任之后，以民生为重，宽和行政，处理好地方

---

① 《康熙起居注》，康熙三十七年十一月十五日乙酉、十一月二十一日辛卯，第六册，第125、127页。

② 《康熙起居注》，康熙三十七年十二月初四日丙寅，第六册，第244页。

③ 《清圣祖实录》卷一一六，康熙二十三年九月庚午，《清实录》第五册，第214页。

文武的关系，地方豪强为害于民，不可不惩，但不必穷力搜访，滋生是非。[①]

康熙二十七年（1688）五月，新任江苏巡抚洪之杰陛辞赴任，康熙帝就期望他在日后的江苏任上，能够做到为官公正无私，爱养民生，行政安静平和，并且说："地方大吏以安静为主，江南火耗闻虽不重，尔须洗心涤虑，一除积弊。凡事不可过于刻薄，然亦不宜罢软，至于纠参属官，尤当至公无私。若举劾未当，便大负朕简用之意。"[②]

康熙二十七年（1688）七月，两江总督傅拉塔陛辞赴任，康熙帝的训谕则要求他效法于成龙的为官品行，洁己行事，办事不可拖沓，对于兵丁应善加抚恤。[③]

对于江南督抚的行事偏差，或有玷辱官常之举，康熙、雍正二帝往往在朱批中或传谕时加以警示。如康熙四十六年（1707）五月，圣祖在江南总督邵穆布的请安折中，就朱批提醒他，在总督任上，要诚心效仿于成龙、傅拉塔为官，方不负朝廷所托，如在地方为官，像图岱那样贪财，像阿山那般奸诈，则又是朝廷用人之错了。[④] 雍正二年（1724），世宗对两江总督查弼纳奏折的朱批，措辞极为严厉，并指责该督："为李煦一案，尔始终未尽心，且多负于朕"[⑤]，江苏近两年的灾情，是上天示以惩罚，这种惩罚不是针对皇帝本人，就是针对两江总督，查弼纳的结党问题是铁定的事实，一定要清除。[⑥] 同年十二月，雍正帝在查弼纳的奏折上朱批，明确表示："朋党过甚，朕若不能

① 《清圣祖实录》卷一三〇，康熙二十六年六月丁未，《清实录》第五册，第401页。

② 《康熙起居注》，康熙三十七年五月十二日癸未，第四册，第63页。

③ 《清圣祖实录》卷一三六，康熙二十七年七月乙酉，《清实录》第五册，第477页。

④ 《江南总督邵布穆请安折》（康熙四十六年五月十三日），载《康熙朝满文朱批奏折全译》，第512页。

⑤ 《两江总督查弼纳奏报李煦案内郭臧书等人员口供折》朱批（雍正二年十一月十二日），载《雍正朝满文朱批奏折全译》，第973页。

⑥ 《两江总督查弼纳奏报上司受礼并有关官员政绩折》朱批（雍正二年十一月二十八日），载《雍正朝满文朱批奏折全译》，第985页。

治此恶习，又有何脸面坐此宝座?”① 事实上，这些话语已不是严厉的警示了，而是表达他要解决牵涉上自朝廷、下至江南地方大员盘根错节的朋党势力了。

康雍年间，江南督抚获得朝廷嘉评者少，平庸贪劣者居多。康熙三十八年（1699），圣祖结合南巡所见所闻，认为江南的地方各官“真实爱民，诚心为良吏者实寡”，而督抚等大员实心为民者少，专务虚名者，往往有之。汤斌为苏州巡抚，“居官较之他人虽觉少优，然不过乡绅称善耳，百姓未见感戴称颂。惟日以美言为口实，时以便民为晓示，而未常行一实政”②。结合史籍所记康熙、雍正二朝的君臣评论，可以看出，清廷对江南部分督抚的地方行政是较为失望的，兹略作述陈。

就总督而言，康熙年间，康熙帝较为满意的江南江西总督当属于成龙和傅拉塔。于成龙年过四十始为广西罗城知县，进入清朝官场，平生相继在广西、湖广、福建、直隶、江南等地为官，号为天下清官第一，康熙二十年（1681）十二月，于成龙任江南江西总督，“公拜命，即补被出都，从者不过三五人，沿途旅食，无异过客，候吏迎接，不知其为官长也”。于成龙至河南时，“即出禁约，禁所属官员送迎供帐及仪卫鼓吹”，“入境内，一如在途。谓正人必须正己，化下必须躬行，乃申六戒自省，曰：勤抚恤、慎刑狱、绝贿赂、杜私派、严征收、崇节俭。”③

据《碑传集》记载，于成龙总制两江，一时仕风、民风为之一变。“奸人猾胥，各挈妻孥鸟兽窜。盖公未入境，而江淮已大改观矣。公至，则绳之益力，略无假借，惩刁顽，抑僭滥，禁苞苴，革加派，举廉劾贪，劝学讲约，期月之间，两江数千里盖骎骎乎丕变焉。”④ 于成龙在两江总督任上为时虽短，

① 《两江总督查弼纳奏报洗心涤虑成为妥员折》朱批（雍正二年十二月四日），载《雍正朝满文朱批奏折全译》，第989页。

② 《康熙起居注》，康熙三十八年五月十八日丙戌，第六册，第189页。

③ （清）叶梦珠：《阅世编》卷四《宦绩一》，第108页。

④ （清）钱仪吉：《碑传集》卷六十五《康熙朝督抚中之上・于成龙》第六册，中华书局1983年版，第1826页。

但其针对地方夙弊的整饬却颇有成效。清初以来，江苏官场贪婪成风，社会上歪风邪气盛行，是非颠倒，民生困苦，于成龙在谕中亦称："乃有等不肖，竭尽民力，滥结亲知，而往来过客，络绎如云，或挟势需索，辗转请托，或冒称瓜葛，盘踞招摇，包揽词讼，颠倒是非，凡民间借盗勾逃，诈财假命以及户婚田土细事，无不说合线引，暮夜分肥，出入衙署，拴通地虎、废绅、恶棍，起灭风波，网络局骗，威逼听断，无厌贪婪，把握官柄，屈抑下情，交游馈送金钱，悉是小民破家脂血，抽丰作耗，竟成通病。"鉴于此，于成龙在两江发号施令，予以严厉警示、打击，他明确宣布，"嗣后此等大胆游棍，务要各自敛迹，不得仍前同流出没，见利忘命。地方官先洁己自守，毋得徇情面结此辈，吮吸我民，通饬僧道寺院歇家各处，不许潜流顿宿，如有前项情弊，一经告发访实，定置以法，地方官并从重参处，断不姑宽一线也"①。于成龙不仅申六戒以自省，又以四禁率属：一通贿，二游客，三节礼，四假命。于成龙虽强调对各属官此前所行不法之事不复严追，但"今后官箴，慎勿再蹈前辙，倘有败检，白简无私，莫冀姑息也"。两江总督属下既喜出望外，又不寒而栗，"由是转贪官为廉能，化酷吏为循良者甚众"。②

于成龙总督两江，墨吏闻风丧胆，"日数十惊，出见白鬓伟躯长者，辄胆落，谓公微行"。"南中风俗素奢丽，厚自奉，美服游冶，闻公来，公私皆争衣布褐，布褐价腾贵，而贱衣彀文绣"。康熙二十三年（1684），于成龙病逝于江南，"士民男女无少长，皆巷哭罢市，持香楮钱，日至者数万人。下至菜佣、负贩、色目、番僧，亦伏地哭尽哀"，场面令人震撼。对于成龙，史评亦甚高，有曰："公之得吏民之心，江宁人谓数百年来无能如此者"。③

康熙时，圣祖曾在多种场合称道傅拉塔。康熙四十四年（1705）四月，

---

① （清）于成龙：《于清端政书》卷七《严禁帛丰谕》，载影印文渊阁《四库全书》第1318册，第762页。

② （清）叶梦珠：《阅世编》卷四《宦绩》，第108页。

③ （清）钱仪吉：《碑传集》卷六十五《康熙朝督抚中之上·于成龙》第六册，第1838—1839页。

康熙帝曾对江南江西总督阿山说："傅拉塔居官甚好，其参劾之人虽多，总无怨言，实心效力。"① 康熙三十三年（1694），傅拉塔病逝于总督任上，江南士民举哀，出殡之日，众官员皆步行送殡，康熙帝对这样一位满汉认同、地方军民膺服的满员非常赞赏，在谕旨中盛赞曰："总督傅拉塔既逝，江南通省顿觉如丧父母。"② 朝中的大臣对傅拉塔也无不嘉赞褒评，如伊桑阿、阿兰泰、王熙、张玉书四人皆认为傅拉塔在江南深得士民之心，为官无可挑剔，官声甚至超过于成龙，于成龙为官虽优，"尚微有暴怒，傅拉塔温厚和平，抚辑兵民，地方无事，民得安生，克副皇上爱恤兵民之至意"。王掞、李楠也说："总督傅拉塔居官甚好，臣等江南之人无不感戴。傅拉塔殁，江南之人诚失所望。"③ 傅拉塔和而不流、实心为国、爱恤兵民、调和满汉的居官行政方式，实际上是康熙帝和平治国思想在江南的真正实施。

傅拉塔之后，江南总督之中甚少良吏。如康熙三十八年（1699）五月，陶岱署两江总督，任职时间甚短且声名狼藉，康熙帝在上谕中就曾指出："陶岱向署两江总督，声名甚劣，既受仓场侍郎，仍不改前辙，非可任用之人。"④

阿山总督两江，为时六年有余，在康熙帝看来，阿山为人诡谲，⑤ 事实上，阿山不仅为人奸诈，而且包庇属官，行事越职，又为官贪婪，康熙帝亦曾批评阿山说："江南江西总督阿山，亦喜收受民词，小民乐于争讼，凡准理词状，此系巡抚责任，总督不宜滥预。"⑥ 阿山置朝廷制度规定于不顾，擅受越诉的告词，既累民，又干扰地方行政。康熙四十三年（1704）九月，礼科给事中许志进疏参阿山不法诸事，其事涉及徇庇属僚，滥收属员节礼，纵庇

① 《清圣祖实录》卷二二〇，康熙四十四年四月己丑，《清实录》第六册，第221页。

② 《川陕总督傅伦奏陈徐乾学等人情形折》（康熙三十三年八月二十七日），载《康熙朝满文朱批奏折全译》，第64页。

③ 《康熙起居注》，康熙三十三年六月初四日庚子，第五册，第58页。

④ 王钟翰点校：《清史列传》卷十《陶岱传》第三册，第676页。

⑤ 《江南总督邵穆布请安折》（康熙四十六年五月十三日），载《康熙朝满文朱批奏折全译》，第512页。

⑥ 《康熙起居注》，康熙四十一年十一月初九日丙辰，第七册，第79页。

属员盗买诸款，本应罢官，但康熙帝仍令革职留任。[①]

噶礼从开始受朝廷赏识，到最终身败名裂，康熙帝对其还是非常眷顾的，康熙帝认为，噶礼是当时地方少有的能吏，但噶礼有能无守，这也是当时官场的共识。康熙帝也曾说："噶礼办事历练，至于操守，朕不能信，若非张伯行在彼，江南地方必受其侵削一半矣。"[②] 噶礼任两江总督之后，党同伐异，培植自己的势力。据（同治）《苏州府志》记载，"总督噶礼贪黩怙势，遍置私人，每事与伯行龃龉"[③]。噶礼参劾两江地方官员，并试图孤立张伯行，以致引发众怒，但从康熙四十九年（1710）圣祖的谕旨可以看出，康熙帝对噶礼还是支持的，虽然他认为噶礼所参官员甚多，得罪了江南不少官吏士绅，只要他不收受礼物，欲勤治地方坏风俗，日后情形虽说难以逆料，自己行为端正，则所行之事就要坚持做下去，任何人也不能动摇。[④] 当然，噶礼并不像他自己奏折中所说的那样，不收受属员礼物，后来朝廷对噶礼的揭发清查也证明他是地方之大贪官。"噶礼大富，且甚奸宄巧诈"，据其家人首告，噶礼隐瞒了大量的房屋、地产、店铺等，正阳门外、河西务各有一处当铺，梁志林告发噶礼十一处房产，共有二百六十七间，另外的十五处房产，共有五百七十二间，涿州、新城、宜兴、易州等地有噶礼的当铺十余家，又有大量庄屯、地亩，而且其家人也个个行为不端，他们设法为噶礼转移、窝藏钱物、产业。[⑤]

赫寿总督两江共四年有余，初抵两江之任时，臣民深颂两江地方得人之

---

① 《清圣祖实录》卷二一七，康熙四十三年九月丙寅，《清实录》第六册，第197页。

② （同治）《苏州府志》卷六十八《名宦一》，载《中国地方志集成·江苏府县志辑八》，第782页。

③ （同治）《苏州府志》卷六十八《名宦一》，载《中国地方志集成·江苏府县志辑八》，第782页。

④ 《两江总督噶礼奏陈张鹏翮张伯行等侵扣钱粮折》（康熙四十九年四月二十日），载《康熙朝满文朱批奏折全译》，第671页。

⑤ 《都统普奇奏请遣员查核噶礼财物折》（康熙五十二年九月二十八日），载《康熙朝满文朱批奏折全译》，第911页。

庆，赫寿“居官沉静和平，文武协辑，军民安静”[①]，康熙帝对其还较满意，但赫寿为人庸懦，在地方日久，既无兴作，操守亦不如初任之时。康熙五十六年（1717）正月，圣祖就对大学士马齐等人说道“赫寿声名不如从前”[②]。雍正元年（1723），两江总督查弼纳在奏折中，谈到前任长鼐、赫寿的贪劣时就说：“臣闻两江之贪官，无过于前任总督长鼐者，其贪婪异常，残暴至极，家业富殷，天下无人不知。其继位总督赫寿虽无恶名，却图钱财，家资亦为丰厚。”[③]

查弼纳初任两江总督时，世宗对其是言听行信，依赖有加，称其为“朕头等之好省臣”，“朕依赖尔，对尔，朕一向决非负心之君”。在查弼纳的奏折朱批中，世宗要求查弼纳“凡事慢慢能有长进，持之已久，方能成事，尔人到何处，对下属劝善罚恶，甚为重要。惩恶比扬善其益更大，唯无私心，又何惧也？放怀酌情料理”[④]。查弼纳亦称得上是能吏，治理地方有条不紊，整顿营伍，严饬文武各属得法，确有过人之处，但查弼纳亦借故苛敛属下，[⑤] 而且牵连雍正初年朋党案。雍正二年（1724）十二月，世宗就降旨指斥查弼纳说：“尔之操守多有下降，似有自己不信自己之势。”[⑥] 雍正三年（1725）五月，查弼纳奏报自己在隆科多案中所犯的种种过错，但雍正帝并不满足于其轻描淡写的认错改过，而是在其奏折朱批中，严词加以谴责：

谕旨三次退回，一语不敢言隆科多恶劣过错，惟将眼前众所知不体面之罪，平淡具奏，惟具奏我今后再不行之此一语，朕确实惊

---

① 《京口将军何天培奏陈镇江地方并总督赫寿情形折》（康熙五十四年十月二十八日），载《康熙朝汉文朱批奏折汇编》第六册，第596页。

② 《康熙起居注》，康熙五十六年正月二十八日癸未，第八册，第350页。

③ 《两江总督查弼纳奏请由前任总督子弟赔补两江亏空钱粮折》（雍正元年九月二十一日），载《雍正朝满文朱批奏折全译》，第366页。

④ 《两江总督查弼纳奏报整饬驿站营伍等情折》朱批（雍正元年八月初十日），载《雍正朝满文朱批奏折全译》，第277—278页。

⑤ 《庆元奏报呈览购得宣炉等物品折》，载《雍正朝满文朱批奏折全译》，第2601页。

⑥ 《两江总督查弼纳奏报洗心涤虑成为婪员折》（雍正二年十二月初四日），载《雍正朝满文朱批奏折全译》，第989页。

览之，尔等伙党之顽固，朕稔知之，勾结年已甚久。朕惟可惜。为国家之人，均系骨肉般满洲奴才，朕赏以如此自新之路，宽容开导训谕，竟怀铁石之心，毫不动摇不停止，如此顽固，岂为尔等之福也！若为尔等之福，则岂为国家之福也，即为尔也，怀如此之心在省总督之任，朕寝食俱不安宁。①

江苏地方事务烦剧，作为封疆大臣，巡抚之遣派，事关全省之吏治民生。康雍时期，江苏巡抚之中才守兼备，又深得朝廷嘉许、百姓拥戴者，实属难得一见。韩世琦任江宁巡抚前后八年，虽殚精竭虑，为地方民生吏治之事奔忙，但康熙帝对韩世琦为官并无好评。② 康熙二十三年（1684）正月，他就曾对大学士明珠等人说，辅政时期，朝廷以韩世琦为江宁巡抚，韩扰害地方，以致百姓困苦至极。③ 康熙二十四年（1685），圣祖在给大学士等的上谕中又说道，韩世琦在江苏巡抚任上居官不善，后任偏沅巡抚，受命采办楠木，却将采办推托由四川酉阳捐输；韩调任四川巡抚后，又称四川地远，以致运输不力，经部驳后，又委责土司，明显办事不力。④ 康熙帝甚至认为，韩世琦居官狼藉，亦是人所共知，如果一直在任，其贪婪程度不会减让于被处以极刑

① 《两江总督查弼纳奏报与隆科多所犯过错折》（雍正三年五月十三日），载《雍正朝满文朱批奏折全译》，第1128页。

② 其实，对于韩世琦抚吴，当时之人亦不乏褒评，如康熙五年，顾予咸就称道巡抚韩世琦对于吴地有再造之恩。正是韩世琦到达吴中以后，才使得吴郡“濒危而复安之，濒绝而复苏之”。见（清）顾予咸《抚吴疏草序》，载（清）韩世琦之《抚吴疏草》捌辑5，第309页。同年，沈世奕在论及韩世琦抚吴之功时，更是对其实干精神称道不已。他说：“大中丞韩公之抚吴也，适当凋瘵之际，丛剧之日，而抚之以镇静，继之以精勤，处之以安静，而绥之以惠慈，苟有补于国者，虽瘁其身而不惜也；苟有利于民者，虽任其咎而不顾也。盖自莅事之始，以及于今，五年于兹，而民乃得乐于野，兵乃得安于伍，国无逋税，而家无幸民，士庶相与欢于途，歌于巷，而至于饭夫孺子且太息之涕泗，以诵韩公之德。”见（清）沈世奕《抚吴疏草序》，载（清）韩世琦《抚吴疏草》捌辑5，第306—307页。韩世琦也认为自己职任江宁巡抚，做到了尽职奉法、任劳任怨，他在给朝廷的题疏中就曾多次强调这一点，如康熙四年二月，韩世琦的题疏就谈到自己在上一年中，“料理钦件，督征各项钱粮，日不暇给，至于自理词讼，唯虑俗敝风刁，屡申晓谕，劝民息讼”，任上奔走不息，操劳不止。见（清）韩世琦《康熙三年分自理赎锾疏》卷五二，载（清）韩世琦《抚吴疏草》卷五二，捌辑8，第516页。

③ 《康熙起居注》，康熙二十三正月三十日丙申，第三册，第8页。

④ 《清圣祖实录》康熙二十四年十月戊申，《清实录》第五册，第296页。

的山西巡抚穆尔赛。[①]

慕天颜系康熙前期地方官员中难得一见的能员，曾先后担任江苏布政使、巡抚等要职。自清初以来，江苏钱粮就挪拖混淆，地方亏空甚巨，慕氏实心任事，竭力清厘，且留心水利，奏减浮粮，朝廷平定三藩期间，江南供亿不绝，慕天颜作为江苏地方大员，其功亦不可没，但不少朝臣认为，慕天颜虽有才干，操守不廉，圣祖曾降旨申饬警告："嗣后着痛改前愆，洁己率属，兴吏治，安民生，以副朕委任之意。"[②] 吏科掌印给事中苏拜就曾疏参慕天颜等人行滥名污，奏报地方丰歉前后矛盾，欺诳朝廷。[③] 康熙帝亦说慕天颜在地方任上"居官不善，素行乖戾"[④]，并被革职罢官。

余国柱任江苏巡抚为时二年，其声名甚劣。余不仅在江苏任上十分贪婪，迁任户部尚书以后，仍向江苏地方私索银两，而且为数巨大。据同治《苏州府志》记载，"余国柱在吴声名狼藉，既迁户部尚书，移书江苏布政使，索库银四十万两，以媚要人，（汤）斌不许。又闻斌深得民心，以为形己之短，恨刺骨，及斌赴召还朝，国柱已居政府，谗害百端，又嗾廷臣交章劾之"[⑤]。

康熙年间，江苏巡抚之中，清望可称有所谓"前汤后张"的说法，前汤就是指汤斌，后张则是指张伯行。汤斌于康熙二十三年（1684）六月赴任江苏巡抚，二十五年（1686）四月离任，任江苏巡抚之职，前后不足两年，因其为官清廉，而广为地方士民推崇。汤斌在江苏巡抚任上，洁己率属，据《阅世编》记载，汤斌才抵任，"墨吏望风改绶，而公则以身范物，不怒而威，不令而化，吏畏而民怀之"。汤斌在江苏地方任上严惩奸蠹，为民除害，勤讲乡约，以敦风化，"而旷世不概见者，则洗涤淫祀，以解民惑也"。吴中淫祠

---

① 《康熙起居注》，康熙二十四年十月二十一日戊申，第三册，第233页。

② 《康熙起居注》，康熙十八年十一月十二日癸卯，第一册，第414页。

③ 《清圣祖实录》卷八五，康熙十八年十月乙丑，《清实录》第四册，第1076页。

④ 《清圣祖实录》卷一三五，康熙二十七年五月壬申，《清实录》第五册，第465页。

⑤ （同治）《苏州府志》卷六十八《名宦一·汤斌》，载《中国地方志集成·江苏府县志辑八》，第781页。

遍布城乡各地，家崇户奉者，莫如五圣祠，而苏州上方山之五圣，“一祀之费，几破中人十家之产，而自朝至暮，靡日不举，婚嫁出入，靡事不祈，稍有失仪，殃祸立至，士民苦之而不敢告劳”。汤斌遍檄江苏七府及徐州一州境内，“无论乡城衙宇，凡有五圣神祠者，檄到之日，悉皆拆毁，投其像于水火，违者责在有司，一月之间，江南绝五圣神祠之迹”，而岁省民间金钱千百万。①

据《苏州府志》记载，在汤斌升任礼部尚书离开江苏之际，士民乞留，吴人沿途相送，场面十分感人。

> 二十五年，诏擢礼部尚书，掌詹事府事，吴人闻其去，痛哭，罢市，叩辕门乞留者日万计。比行，老幼提携奔送，自吴门至江北，千里不绝，至渡淮乃已。②

实际上，汤斌在江苏为官，仅有清望之名，除毁淫祠、敦风化影响较大外，并无惠及地方苍生之实政，而且百姓对其未必皆感戴称颂。对此，康熙帝也说得非常明白：“曩汤斌任苏州巡抚时，居官较之他人虽觉少优，然不过乡绅等称善耳，百姓未见感戴称颂，惟日以美言为口实，时以便民为晓示，而未常行一实政。”③ 所以，在康熙帝看来，汤斌在江南行事，只是讨好地方士绅，以邀取名誉，“全无爱惜民生，有益地方之处，甚巧伪之人也”④。

康熙帝对江苏巡抚洪之杰、郑端二人亦无佳评，认为洪之杰在江南“全无可取”，郑端在江南“居官但为伊同党报复，全无好处”。⑤ 郑端的继任者宋荦，任江苏巡抚为时最久，前后凡十四年，时“江南承平既久，士民尚文

---

① （清）叶梦珠：《阅世编》卷四《宦绩》，第111—112页。

② （同治）《苏州府志》卷六十八《名宦一·汤斌》，载《中国地方志集成·江苏府县志辑八》，第781页。

③ 《康熙起居注》，康熙三十八年五月十八日丙戌，第六册，第189页。

④ 《康熙起居注》，康熙三十三年六月二十日丙辰，第五册，第61页。

⑤ 《康熙起居注》，康熙三十三年六月二十日丙辰，第五册，第61页。

雅，荦遂驰严，载以清静无为之治”[①]。康熙帝对宋荦治苏方针是基本持肯定态度的，宋荦在江苏任上虽未见擢升，却能在一地久任不衰，亦足以说明这一点。史载，宋荦“屡次乞身，以公安静和平，得大臣体，优诏不许”[②]，这在康熙年间也是极为罕见的。

张伯行以清廉名于当时，又以此彪炳史册。康熙时期，与张伯行同朝为臣或同在江南为官的，对张伯行有较多的评价。撇开张伯行与噶礼二人互参案的是非不说，仅就张伯行为官做人的风格予以评论的，道其善者少，论其非者多。康熙帝对张伯行的清廉是确信不疑的，但他也坚信，张伯行治理地方实短于才，康熙帝曾在江宁巡抚吴存礼的奏折中，朱批曰：“张伯行做巡抚，从不进东西，以后尔亦不必进。”[③] 康熙五十一年（1712）十一月，圣祖在给九卿的谕旨中就说：“张伯行居官清正，自天下妇孺无不尽知，允称廉吏，但才不如守，果系无能。”康熙帝甚至指出，江南督抚互参，皆因私怨所起，又听信属僚挑唆，以致各树门户，实在是可耻。[④] 康熙五十三年（1714），圣祖对大学士温达等人也谈及张伯行无治才的问题，并且说：“张伯行操守虽清，为人糊涂，无办事之才。原任知府陈鹏年系有才之人，张伯行前此全赖陈鹏年办事，今陈鹏年召进，无相商之人，故致每事舛错。”[⑤] 张伯行为人清刻多疑，清则对属下官员操守不信任，刻则导致同僚、下属难堪，康熙五十二年（1713）五月康熙帝就曾对大学士等说，张伯行疑心尤重，“不信任人，所属官员率以不良疑之”[⑥]。

---

① （清）顾栋高：《宋漫堂传》，载（清）钱仪吉《碑传集》卷六七《康熙朝督抚下之上·宋荦》第六册，第1930页。

② （清）汤右曾：《光禄大夫太子少师吏部尚书宋公荦墓志铭》，载（清）钱仪吉《碑传集》卷六七《康熙朝督抚下之上·宋荦》第六册，第1927页。

③ 《江宁巡抚吴存礼奏请万安折》朱批（康熙五十七年），载《康熙朝汉文朱批奏折汇编》第八册，第373页。

④ 《康熙起居注》，康熙五十一年十月初五日乙卯，第七册，第467页。

⑤ 《康熙起居注》，康熙五十三年十二月二十日戊子，第八册，第161页。

⑥ 《康熙起居注》，康熙五十二年五二十五日辛未，第八册，第51页。

康熙五十四年（1715），圣祖又多次谈到张伯行为人为官所存在的不足，如讲到他为人“偏执任性，务报私仇，是其短处”，并提到张伯行任江苏巡抚时对地方富室尤其苛刻，“富民家有堆积米粟，张伯行必勒行贱卖，否则治罪”[①]。还说到张伯行志大才疏，言过其实，初任巡抚时，张伯行上奏表示：“欲致移风易俗，家给人足，以报皇上”，但张伯行在巡抚任上多年，并未能做到这些，他自己也承认曾立志如此，因无才干，故不能行。张伯行又“滥收词状，案牍不清，堆积千余件，牵累及监毙者甚众”。而且张伯行畏贼如虎，缉盗不力，弄得地方草木皆兵，“苏州城外有渔船数只，张伯行疑是海贼，遽集营兵，昼夜防守，骚动民间，及命巡每防盗，又不敢往”[②]。噶礼曾参劾张伯行有七宗罪，首罪就是“迁怒船埠张元隆，陷以通贼，牵连监毙”[③]。康熙帝认为，张伯行任江苏巡抚，沽名钓誉，救民无术，以致民不聊生，江南已非昔时南巡景象，张伯行为官“只清之一字，不可泯灭”[④]，其余皆不足称。

康熙末年，吴存礼继张伯行之后为江苏巡抚，康熙帝希望他像张伯行一样，能保持清廉的操守，但至雍正时，吴存礼最终以疲软革职，而且吴为官也并不清廉。雍正元年，据两江总督查弼纳折报，吴存礼自康熙五十四年（1715）出任江苏巡抚，历时甚久，对地方诸事熟悉，但为博取名誉，对属下吏员管饬不严，对刁恶生员人等亦不惩治，以致地方之人皆议论说，巡抚不管事，不办事。吴存礼虽非极为贪婪苛取之官，但对属官下僚行贺一应礼物，亦俱收受。[⑤] 据刑部咨称，至雍正七年（1729）七月，吴存礼名下应追亏空并分赔及婪赃等项共银二十八万八千七百五十余两，淮关规礼银一万二千余两，

---

① 《康熙起居注》，康熙五十四年十一月初九日辛丑，第八册，第233页。

② 《康熙起居注》，康熙五十一年十月初八日庚子，第八册，第231—232页。

③ 王钟翰点校：《清史列传》卷十二《张伯行传》第三册，第844页。

④ 《康熙起居注》，康熙五十四年十一月初九日辛丑，第八册，第233页。

⑤ 《两江总督查弼纳奏报吴存礼居官情形折》（雍正元年三月十五日），载《雍正朝满文朱批奏折全译》，第48页。

米谷八百余石，仍无完报，承追地方官员也因此牵连而遭受到革职、罚俸等不同处理。[①]

雍正年间，职任江苏巡抚的共有十一人，任期长的不过二年，短的只有数月，其中何天培以京口将军署江苏巡抚任。何天培居官一般，据两江总督查弼纳奏报，何于江苏巡抚任内，并无特别表现，“亦未闻整顿地方事宜”。查弼纳曾与之长谈，并以地方公务试之，“伊议论眼前事宜尚可，但谈论较大重要之事时，则不管事之轻重，亦不管与地方是否有益，皆多随意妄谈”。查弼纳认为，何天培做江苏巡抚，其才德明显不足。何原本为八旗驻防将军，对文职事务不熟谙，国家法规不太了解，原本正常。雍正帝认为，何天培才能一般，操守尚可，[②] 但不数年，何天培还是受年、隆案的牵连，罢官入狱。

张楷任江苏巡抚，缺乏实干精神。张楷为人柔懦，为官则好“邀取虚名”[③]，张楷本人也认识到自己在江抚任上“奉职多愆”，世宗刷新吏治，爱育黎元，外臣皆承振兴地方之责望，自己任江抚一年，“既无振刷之方，又鲜维新之绩”，离雍正帝的期待甚远，实难以胜任。雍正四年（1726）二月，张楷自陈，请求世宗罢黜其江苏巡抚之职，以重封疆。[④]

陈时夏其人“诚实有余而才识不足”[⑤]，畀以封疆，托以方面之重，亦实难胜任，况江苏烦剧，素称难治，故陈时夏任职不足二年，就被罢职。雍正年间，其余的江苏巡抚亦庸劣者居多，兹不一一举述。

康熙、雍正时期，江苏地方督抚对江苏州县行政和官风、政风的不良影

---

① （清）张廷玉等：《谨题为题明事》，载《雍正朝内阁六科史书·吏科》第五十一册，第422—423页。

② 《两江总督查弼纳奏报巡抚何天培任职诸情形折》（雍正二年闰四月初一日），载《雍正朝满文朱批奏折全译》，第788页。

③ （清）张楷：《谨题为圣主之责望弥殷等事》（雍正四年二月二十一日），载《雍正朝内阁六科史书·吏科》第二十六册，第406页。

④ （清）张楷：《谨题为遵例自陈等事》（雍正四年二月二十二日），载《雍正朝内阁六科史书·吏科》第二十八册，第175页。

⑤ （清）陈时夏：《谨奏为恭谢天恩事》（雍正六年六月二十一日），载《雍正朝内阁六科史书·吏科》第四十三册，第171页。

响是多方面的，大体可以归纳为以下几个方面。

首先，康雍年间，江苏地方督抚的贪取婪索，不仅玷辱官常，而且造成上行下效，官场上馈送成风。

康熙初年，江宁巡抚韩世琦在任内贪迹昭昭，康熙帝认为韩世琦的贪婪程度不减山西巡抚穆尔赛，其后，韩在偏沅巡抚、四川巡抚任上，仍不改前辙。[①] 江南自邵穆布出任两江总督以来，地方就官风不正，吏治败坏，对此，康熙帝在给噶礼的谕旨中也曾提及。据噶礼反映，江苏各州县官员不催征钱粮，“且其上司等仍向州县索要礼物，更有加倍者；州县官员借此指名向民摊派者亦有，遇词讼案勒索者亦有之。官员、衙役索要银钱，不餍不休”。上司甚至将江苏各州、县署印之任用，公开标价出售，“州官等官缺出，委派署印官时，俱编等次，大县取钱二千两，中县取银一千二百两，小县取银六百两。该项银两署任官到地方后，俱向民人勒索”[②]。康熙四十八年（1709）十一月，噶礼曾向康熙帝奏报了江苏巡抚于准向各州县索取规礼的情况。据噶礼反映，于准任巡抚以后，每年向大府、州、县取银五百至三千两不等，共约得银十三四万两。宜思恭每年征收钱粮，秤上增取较前官多达数倍，又向州县官勒索规礼，并从地方采买药材银项中扣得十八九万两。在巡抚任内，于准从苏州府妄取银两共计六七十万两，宜思恭于苏州妄取共计八九十万两。二人还借康熙帝南巡的名义向民间摊派，派取入己，就连朝廷拨给苏、松等府挑河建闸的专款，他们也不放过。[③]

江南官场逢迎上官，馈送上司节礼之风由来已久。据两江总督长鼐奏报，在其抵达江宁，接任两江总督之后，江苏、安徽、江西的两司官员及道府各

① 《康熙起居注》，康熙二十四年十月二十一日戊申，第三册，第233页。

② 《两江总督噶礼奏报州县官员勒索民财折》（康熙四十八年九月十二日），载《康熙朝满文朱批奏折全译》，第648页。

③ 《两江总督噶礼奏参于准等扣克银两折》（康熙四十八年十一月初四日），载《康熙朝满文朱批奏折全译》，第653页。

官纷纷来庆贺，估算送来贺银上万两。[①] 长鼐还奏报了康熙五十六年（1717）各官馈赠的名目和数额，有江南江西厅、州、县官员馈赠礼物，司、道、府等官员的送礼，两淮盐商拨银的给送秤银，生监官衔捐纳收取银的进项等，总计七万两有余。[②] 康熙末年，在给圣祖所进呈的奏折中，长鼐多次标榜自己不收受下属礼物，但事实并非如此。据其继任者查弼纳奏报，长鼐为官贪婪前所未有，且残暴至极，家业富殷，天下无人不知。雍正初年，据长鼐三子灵德及其家人敦克尔供称，长鼐从江南陆续送到京城的银两，留给其儿子的就有六十四万九千余两，又有黄金二千四百两，另有房屋、田地、当铺等产业；后经严比，其家人又供出钱庄、鞍铺、米店及隐瞒部分房产，以及长鼐革职以后由江南带回的金、银、金盅、绸缎等贵重物品。[③]

自清初以来，地方的吏治崩坏、民生困苦多由上官贪残所致。康熙六年（1667）六月，清廷在给吏部、兵部的谕令中指出，“民间之疾苦，皆由督抚之贪酷”[④]。督抚的贪婪加重了民困，而地方各官上行下效，亦导致吏治的败坏。清代江苏州县行政之弊，追根溯源，不能不说到督抚等地方大员的贪劣腐败问题。清代江苏布政使邓华熙在谈及上官不法与下属行政的关系时就说：

> 夫官之与吏虽有尊卑贵贱之殊，而其所治之案牍则一而已。自古未有大官不法，而小官能廉者；亦未有上官衙门之吏胥需索舞文，而能使州县衙门之吏胥奉公守法者，汝等知州县之书差藉词讼以婪赃，因刑禁而威吓，良懦受欺，冤苦莫诉，恶积事败，阴谴难逃。亦知上官衙门之书吏搁压稽延，动多需索。使彼为州县者，不能不

① 《两江总督长鼐奏报未收受下属官员礼银折》（康熙五十六年六月二十五日），载《康熙朝满文朱批奏折全译》，第 1208 页。

② 《两江总督长鼐奏闻所得份数银两并将余银用作公务折》（康熙五十六年十一月二十一日），载《康熙朝满文朱批奏折全译》，第 1267 页。

③ 《两江总督查弼纳奏请审理原总督长鼐勒索银两折》（雍正二年二月二十七日），载《雍正朝满文朱批奏折全译》，第 692 页。

④ 《清圣祖实录》卷二二，康熙六年六月戊寅，《清实录》第四册，第 310 页。

取小民之脂膏，以填奸吏之欲壑，岂得独无殃咎乎？[①]

其次，康雍年间，江苏地方的督抚上欺朝廷，下庇属僚，导致营私结党，官风败坏，吏治状况更加恶化。

地方督抚不知爱惜民财，一味贪取以饱私欲，不肖州县亦往往逢迎巴结，极力搜刮犹恐不及，属僚有事，上司自得包庇，“至于牧养之法，教化之方，概置不问，缘由上官不以吏治为事，始开其端，久之随波逐流，遂成锢弊”[②]。

州县等官讨好上司，自有所图，而督抚对于节礼使费来而不拒，不仅加剧了地方吏治的腐败、民生的困难，而且造成官场粉饰，上下相欺之局。属员投上官之所好，有求必应；上官对下僚放纵包庇，对其恶迹，粉饰不遗余力，所以欺隐无所不至。清人曾镛认为，清代地方州县之不肖，亦上司粉饰之过，他指出：“督抚之贤者诚不乏人，窃以为失于粉饰太平之意多也，州县之不肖诚非一端，窃以为坏于诎支弥补之故亦不少也。”[③] 康熙三十六年（1697），圣祖在给吏部的上谕中就曾指出，国家三年一度的大计当时已流于形式，大计“原期黜幽陟明，使大法小廉，以为乂安民生之本”，所关甚重，但督抚将朝廷规制视为具文，对地方之员并未能做到奖廉惩贪，劝勤戒惰，“每将微员细事填注塞责，至真正贪酷官员有害地方者，反多瞻徇庇护，不行纠参，以致吏治不清，民生莫遂”[④]。

督抚庇服不肖之州县官以求保全，而不肖之州县官也依附于督抚，唯其马首是瞻，以致地方结党营私之风盛。康熙年间，两江总督噶礼与江苏巡抚张伯行在互参过程中就互起朋党，各为己私，康熙帝指出，督抚不和，实由

---

① （清）邓华熙：《重刻〈公门果报录〉序》，见（清）宋楚望《公门果报录》卷首，载《官箴书集成》第九册，第371页。

② （清）刚毅：《居官镜·臣道》，载《官箴书集成》第九册，第277页。

③ （清）徐栋：《牧令书》卷二三《宪纲》，载《官箴书集成》第七册，第567页。

④ 《清圣祖实录》卷一八三，康熙三十六年五月丁酉，《清实录》第五册，第962页。

陈鹏年怂恿所致。[①] 上海知县许士贞诬良为盗，张伯行因与其为同窗好友，始终对许加以袒护。武进知县殷元福与张伯行原属同乡，所以二人也有着非同寻常的关系。[②] 据苏州织造李煦奏报，殷元福为武进知县时，民间多有怨声，却受到张伯行的包庇。[③] 总督噶礼不仅手眼通天，而且操控着江南官场的局势，朝廷遣官前往江南审理督抚互参案，即为噶礼所制，不能审出，“及再遣大臣往审，与前无异”[④]。噶礼解任以后，仍有属下官吏粉饰曲全，呈请留任，其属官甚至鼓动百姓闹事。据李煦奏报，江宁、镇江、扬州等府的百姓甚至为督臣噶礼免职而罢市，他们纷纷前往织造衙门，求李煦奏请朝廷将噶礼留任。[⑤]

江宁织造曹寅在给康熙帝的奏折中也曾谈到，江苏地方官员士绅对于保留总督还是保留巡抚各持见解，并认为官民各色人等对于督抚的保留各有偏向，有粉饰，有托于情面，也有出于报答上司之恩者，情形不一而足。他说：

> 京口将军马三奇奏，江南已见邸抄，臣到时，保留总督及保留巡抚者，各衙门俱有呈纸。为总督者大半，为巡抚者少半，其乡绅及地方有名者，两边俱着名保留，兵为总督者多，秀才为巡抚者多，或是偏向，或是粉饰，或是地方公祖，借保留完其情面，或是属官各报答上司之情，纷纷不一。[⑥]

再次，江南督抚对地方钱粮的私派侵挪，导致各州县亏空甚巨，民生艰难。

---

① 《清圣祖实录》卷二四九，康熙五十一年正月丁巳，《清实录》第六册，第 467 页。

② 王钟翰点校：《清史列传》卷十二《张伯行传》，第 841 页。

③ 《苏州织造奏报访查苏抚张伯行之事折》（康熙五十四年四月初九日），载《康熙朝汉文朱批奏折汇编》第六册，第 137 页。

④ 《清圣祖实录》卷二五一，康熙五十一年十月丙辰，《清实录》第六册，第 490 页。

⑤ 《苏州织造李煦奏报南方众论督抚情形折》（康熙五十一年二月十九日），载《康熙朝汉文朱批奏折汇编》第四册，第 4 页。

⑥ 《江宁织造曹寅奏报江南科场案内买举情形折》（康熙五十一年四月初三日），载《康熙朝汉文朱批奏折汇编》第四册，第 88 页。

清代各直省钱粮起存支拨奏销之权归户部，各省布政使则掌会计该省钱粮分别款项，并造册呈送督抚查核，抚臣会题合省钱粮征收总额之后奏报朝廷，以备朝廷核查。但自顺治以来，各直省钱粮无不亏空，有司派征钱粮，皆假吏胥里书之手，或蒙蔽不知，或通同作弊，以致侵欺入己者甚多。康熙二十三年（1684）三月，圣祖在给大学士的上谕中就指出，户部管理各省钱粮，一时难以清完，其主要责任是由于各省督抚的侵挪私用，“地方督抚将在库银两挪移私用，虽云补垫，及题奏时，每多朦混销算，部内无凭稽查，百姓深受其害”①。

雍正元年（1723）九月，两江总督查弼纳在奏折中曾谈到两江各州县亏空的根源及其所造成的严重后果。他认为，两江地方亏空甚巨，由来已久，国帑空虚，以致官民遭殃，但州县官员亏空，并非州县官自行挥霍所致，“其乃多系上司勒索所致，州县官员搜括民脂民膏，上送司道府官，司道府官经此奉送督抚，以顺应其索求，究其根源，盖因督抚贪婪，而致仓库亏空也”。各地钱粮被暗中侵蚀得无影无踪，而州县之亏空又设法逃脱审理，每年催而不完，贪婪之上官离任时却总是携银数十万两茫然无事而去，而数百涉事之州县官及其妻子家口成百上千人因上官贪取却遭受到严审，以致生活无着，国帑数百万因入贪官私囊而无从追回。所以查弼纳认为，两江革职查办督抚等大员贪取之钱财既然来自两江，理应追赃补还，并抵作两江州县亏空之额，以减轻地方官民之负担。②

督抚作为封疆大臣，关乎的不是一州一县之利弊，而是通省数十个甚至上百个州县之民命。州县官不肖，其祸害止在一州一县之内；督抚私征侵欺，则通省之内，各州县官民无不蒙受祸殃。康熙三十七年（1698）正月，湖广总督李辉祖、云南巡抚石文晟、浙江巡抚张敏等人陛辞，康熙帝就对他们强

① 《清圣祖实录》卷一八四，康熙二十三年三月癸酉，《清实录》第五册，第184页。

② 《两江总督查弼纳奏请由前任督抚子弟赔补两江亏空钱粮折》（雍正元年九月二十一日），载《雍正朝满文朱批奏折全译》，第366页。

调说，督抚身任地方，应心系民生，一省之事，全在督抚，督抚洁己率属，则府州县自然尊奉，江浙、山西民生利病，皆源于督抚朘削，督抚之为害，远非州县官病民之可比。康熙帝同时指出，州县之私派“皆由督抚布按科派所致，若止在州县官，则所害者不过一州一县，巡抚与布政使通同妄行，则合省俱受其害矣”。①

最后，督抚放任属下吏役、家人为害，导致地方吏治雪上加霜。

清代吏役之弊前所未有，就书吏论，可谓为害多端。州县书吏，弊在虐民，“富者百般勒索，贫者任意留难，或勾通讼棍，借事兴波，或授意罪人，诬扳嫁祸，甚或藏匿旧案，抽换卷宗，使是非可以混淆，而本末无从考信”②。州县为亲民之官，只要其本身实心为民，凡事躬亲，则所属书吏不敢滋生是非。然而，上官之书吏欲为害州县，则州县官亦无可奈何，故清人周镐认为，州县之书吏易治，而上宪之书吏难治。对此，他曾在《上玉抚军条议》中有过透彻的论述：

> 若夫上宪之书吏，则鱼肉州县之书吏，而并能挟制其官，州县莅任，先索到任陋规，其后交代有费，盘查有费，经征有费，奏销有费，滋生烟户有费，《赋役全书》有费，蠲除有费，工程有费，恩赏有费，领有领费，解有解费，划扣有划扣费，举州县毫毛之事，莫不有费。诚如宽劄所云：动笔即索，事无空过者，稍不遂意则驳换捺延，处分降罚，其祸立至，故州县畏之如虎，奉之如神，州县之书吏亦不得不多方搜索以求解免，此吏治之所以日难，而亏欠之所由日积也。且夫州县之书吏，上宪得而惩治之，上宪之书吏，州县不能约束之，而并不敢诵言之。譬诸城狐社鼠也，灌之不可，焚之不得，稍一非议，不以为去狐鼠也，而反以为攻城社，故曰上宪

---

① 《清圣祖实录》卷一八七，康熙三十七年正月，《清实录》第五册，第992页。
② （清）徐栋：《牧令书》卷二三《宪纲》，载《官箴书集成》第七册，第554页。

之书吏难治也。[1]

当然，上官趋利，其属下胥役亦必借机敛取。刚毅就曾指出，上官若爱惜民财，则州县官必每事逢迎，其属下胥役因而科索，敛钱包揽，其弊不可胜言。[2] 康熙五年（1666）九月，吏部议覆了礼科给事中刘如汉的疏请，明令禁止各直省督抚纵放衙役家人在外诈害官民，索取财物，一旦发现督抚并大小各官对家人衙役约束不力，以致祸害地方官民，将视情节轻重分别议处。[3] 康熙二十二年（1683）十一月，清廷又明令禁止州县上官妄差人役，骚扰州县，并规定，“除紧要重大事情，许差人至州县，其余小事，止许行牌催提，不许妄差人役”[4]。然而，令行不止，督抚本身为官不廉，吏役无不效法，以致地方吏治更趋恶化。

二、江苏藩臬对地方吏治的不良影响

明清时期，藩、臬两司为通省之钱谷刑名总汇，陈瑸在《抚楚通饬吏治示》中就曾指出：“钱谷，民财所出，刑名，民命所关，宽一分，便是万民之福，刻一念，即伤二气之和。”[5] 民财、民命之处理，系关民生、吏治之好坏。自明初朱元璋废除行省制度以后，藩台、臬台实际成为地方最高行政长官。陈宏谋在论及明初以来布政司之职时，就说：“凡关系军民利病，地方安危，风教盛衰，政治得失，无不由之，而今也止知其为钱粮衙门耳。”实际上，按察使之职掌亦不止是刑名而已。古者御史大夫掌西台，察奸刑罪为其所司，朝廷中台不便察外吏，遂设按察使为外台，职掌“弹压百僚，震慑群吏”，藩

① （清）徐栋：《牧令书》卷二三《宪纲》，载《官箴书集成》第七册，第555页。

② （清）刚毅：《居官镜》，载《官箴书集成》第九册，第279页。

③ 《清圣祖实录》卷二十，康熙五年九月壬寅，《清实录》第四册，第280页。

④ 《清圣祖实录》卷一一三，康熙二十二年十一月乙酉，《清实录》第五册，第165页。

⑤ （清）陈瑸：《陈清端公文集所载地方法制资料·抚楚通饬吏治示》，载《中国古代地方法律文献》乙编第六册，第536页。

司以下皆得觉举，故按察使非只以刑名为职掌。宋时，提刑之职，“百官不法时加体访，可训迪者训迪，可督责者督责，可奖戒者奖戒，其应参拿论劾，指事开陈，两院使一省官吏视宪使如雷霆，莫不洁己爱民，勤政集事”①。所以，两司行政无不牵连地方各类事务，亦无不影响地方吏治民生。

顺治十年（1653），给事中魏象枢在《请复入觐考察疏》中指出，布、按二司为百官纲领，两司称职，则道、府、州县无不兴利除弊，惩恶除奸，而地方吏治民生亦有所赖，所以他期望皇上能面召两司之员，对其时加耳提面命，晓以利害，督问其明职重责，方不负朝廷之委托。其疏言：

> 臣谓鳞集阙下者，布、按二司，实为百官纲领。两司称职，则道、府、州、县可知也。恭请皇上面召各省两司等官，问水旱频仍，有无救济招徕？所报地荒丁逃者，谁为致之？问钱粮混冒，官侵吏肥，甚至数百余万者，谁为掌之？问劣员绌课蠹国，久历优评者，谁为纵之？问款项混开，征解淆乱，《赋役全书》屡饬不定者，谁为司之？问地方有藐法行私，纵贼窝盗，罪害及于职官、百姓者，谁为制之？问法律不明，任情出入人罪者，谁为议之？问钦案沉阁，久不完结者，谁为诿之？问奸蠹盗折官粮，成千上万，弊由夤谋滥差者，谁为主之？凡三年中，国赋之盈缩，民命之生死，官评吏议之是非公私，关系大纲者，逐一面奏。称职者作何奖赏？不称职者，作何处分？庶足表率百僚之戒，倘有支吾欺饰，容科道官以白简随之，款款纠驳，以服其心。俾郡邑小吏，咫尺天威，怵然于雷霆雨露之下。②

从魏象枢奏疏提到的方方面面可以看出，布、按二司之职掌和行政，对于一省吏治民生、地方治理何等重要，所以他期望皇上能督促于上，科道官

① （清）陈宏谋：《从政遗规》卷上《明职》，载《官箴书集成》第四册，第246—247页。

② （清）魏象枢：《请复入觐考察疏》，载《皇朝经世文编》卷十九《吏政五·考察》，《魏源全集》第十四册，第212—213页。

亦能对藩臬等员不顾惜百姓生死、奉职不法等种种行为及时纠参，使地方两司大员为官能表率百僚，行事有所畏惧，如此才可能不负朝廷所托。

藩、臬二司所掌，几乎包括通省军务以外的重要职事，其责任可谓重大。康熙十一年（1672）闰七月，圣祖在召见山西布政使杭爱时，就对他说："督抚之下，藩司职掌重大，不但所司钱谷，凡属藏否，皆关系焉。"① 清代虽不以两司大员为封疆大臣，但两司所任，内为朝廷所倚，外为督抚所赖，故两司大员之选，尤受朝廷重视，而江南地方又以钱粮众多，民俗好讼，素称难治，所以清廷也就特别要求被选之人才守俱佳，洁己奉法。

如何拣选两司大员，康熙五年（1666）十二月，左都御史王熙曾上疏指出，藩、臬两司为通省钱谷刑名总理，必须慎选廉能勤敏之员，始克胜任，"其贪秽暴酷者，固大为民害，即阘冗衰庸病废者，亦足以贻误地方"②。康熙时，清廷在拟选江苏布政使人员时，就特别看重被选人敏练的治理地方能力和廉洁的为官操守。如康熙二十二年（1683）九月，内阁学士以江苏布政使员缺请旨定拟，并以九卿会题湖北按察使李世昌、福建按察使赵进美为正、陪待选之人面奏，但康熙帝认为江苏布政使之选不同于他省，"江苏布政使事务最繁，钱粮最多，需得才识敏练之人方得胜任"③。二人可否用于江苏，应先由大学士等员公议具奏。康熙五十二年（1713）二月，江苏布政使员缺，江宁巡抚张伯行以福建布政使李发甲、台湾道陈瑸、原国子监祭酒余正健备选，但康熙帝认为江苏布政使责任重大，需才具兼备方能胜任。他非常看重李发甲，此人操守可圈可点，又有福建布政使的任职经历，可江苏毕竟非福建可比，"李发甲操守虽好，材力不及，江苏地方钱粮重大，甚属紧要，非其所能胜任"④。至于陈、余二人更不相宜。经反复斟酌，清廷遂以湖北按察使

① 《康熙起居注》，康熙十二年闰七月十四日丁亥，第一册，第41—42页。
② 《清圣祖实录》卷二十，康熙五年十二月辛酉，《清实录》第四册，第286页。
③ 《康熙起居注》，康熙二十二年九月十八日丙戌，第二册，第450页。
④ 《康熙起居注》，康熙五十二年二月初二日庚戌，第八册，第8页。

牟钦元补授。

清初，各直省皆设左、右布政使各一人。顺治十八年（1661）江南分省，康熙元年（1662）清廷命分设江苏布政使，至雍正十三年（1735），七十余年中，清廷共任命江苏布政使27人，其属籍、出身、任前经历、任职时间大致如表6-1所示。

表6-1　康熙雍正年间江苏布政使任职情况表

姓名	籍属	入仕途径	任前职务	授职时间
法若真	*①	*	湖广右布政使	康熙六年（1667）
慕天颜	静宁人	进士	兴泉道	康熙九年（1670）
丁思孔	镶黄旗汉军	进士	湖北布政使	康熙十五年（1676）
章钦文	宛平人	贡监	江西按察使	康熙二十二年（1683）
刘鼎	正白旗汉军	荫生	苏松道	康熙二十五年（1686）
宋荦	旧归德人	荫生	山东按察使	康熙二十六年（1687）
胡献征	武陵人	荫生	湖北布政使	康熙二十七年（1688）
李国亮	奉天人	举人	按察使	康熙二十八年（1689）
张志栋	昌邑人	进士	福建按察使	康熙三十年（1691）
刘殿衡	镶白旗汉军	*	西宁道	康熙三十七年（1698）
宜思恭	正白旗汉军	荫生	直守道	康熙四十三年（1704）
金世扬	正黄旗汉军	*	河南按察使	康熙四十九年（1710）
牟钦元	正白旗汉军	*	湖北按察使	康熙五十二年（1713）
李世仁	大兴人	*	贵州按察使	康熙五十三年（1714）
杨朝麟	正白旗汉军	*	江西按察使	康熙五十六年（1717）
李世仁	大兴人	*	江苏布政使	康熙五十八年（1719）
鄂尔泰	镶蓝旗满洲	举人	内务府员外郎	雍正元年（1723）
漆绍文	新昌人	进士	山东盐运使	雍正三年（1725）

① 凡有“*”标识的，属于信息不详，或信息无法确定。

续表

姓名	籍属	入仕途径	任前职务	授职时间
张坦麟	汉阳人	举人	两淮盐运使	雍正五年（1727）
赵向奎	闻喜人	*	苏粮道	雍正六年（1728）
高斌	镶黄旗汉军	*	浙江布政使	雍正七年（1729）
白钟山	正蓝旗汉军	*	淮徐道	雍正九年（1731）
王之锜	湘阴人	*	*	雍正十二年（1734）署
刘藩长	洪洞人	监生	福建布政使	雍正十二年（1734）
郭朝鼎	镶红旗汉军	监生	*	雍正十三年（1735）署
张渠	武强人	副榜	广东布政使	雍正十三年（1735）

资料来源：（乾隆）《江南通志》、（同治）《苏州府志》、钱实甫：《清代职官年表》。

清人蓝鼎元曾说，藩司以布政为名，其责甚重，朝廷委命之，实将一省吏治民生寄托于受任之员；臬司操全省民命，一举一动关人死生兴亡，[①] 所以两司行政牵连到一省的吏治好坏、民生状况。江苏向称难治，两司的履职行政，上行下效，不仅表率百属，又事关地方的治乱。但顺治以来，江苏各州县的民生吏治状况往往难尽如人意，这既有督抚、州县等员的种种责任，而藩臬两司也难辞其咎。康雍年间，江苏藩、臬两司对州县行政的不良影响是极为深广的，对地方吏治和民生的扰害也是多方面的。

两司的贪婪，造成地方官风的败坏。藩司职司钱谷，地方州县完欠，属其稽考；全省钱粮之入，亦由其主持。江苏为清王朝财赋大省，征收浩繁，布政使对地方征解钱粮轻者挪撮任意，甚者目无法纪，贪婪私取。如康熙年间江苏布政使宜思恭就为官贪婪，任内藩库亏空甚巨。康熙四十八年(1709)，两江总督噶礼疏参宜思恭为官贪婪，应革职严拿。后据噶礼核查疏报，宜思恭任内，江苏藩库钱粮亏空四十六万一千余两。[②] 经户部、刑部等衙

---

① （清）徐栋：《牧令书》卷二十三《宪纲》，载《官箴书集成》第六册，第552页。

② 《清圣祖实录》卷二四一，康熙四十九年正月戊子，《清实录》第六册，第397页。

门核查发现，宜思恭在布政使任内，既勒索于民，又擅受下属钱物礼金。据户部尚书张鹏翮疏报，宜思恭就“于兑收钱粮时，勒索加耗，又受各属馈送”①。康熙五十年（1711），噶礼又疏参江苏按察使焦映汉“贪黩性成，蔑视民命，巧诈欺饰”，朝廷将焦亦革职拿问。② 康熙后期，江苏布政使宜思恭贪婪案牵连人员的赃银，至雍正六年（1728）仍未完报。据两江总督范时绎奏报，大学士张廷玉汇题，至雍正六年七月，宜思恭贪婪案，涉及的衙役殷尔璜等人名下应追赃银多至二万三千九百五十五两余，限满仍未完报。③

藩司职掌，其所关皆地方治理得失，一省军民利病，但尤以钱谷为重。就地方钱粮征解而论，清廷要求各省藩司做到“均地粮以苏偏累，定征收以杜侵牟，严起解以足国用，罪包揽以重钱粮，善催科以革积弊，停滥役以息民肩，惩衙蠹以除民害，清课税以恤民贫”④。显然，其种种举措，无一不为民造福，而处之不得法，则项项皆祸民之事。前面的章节已专门讨论了康雍年间江苏州县的钱粮之弊，并重点分析了州县官及吏役的种种侵欺行为，且涉及了州县吏役侵欠与督抚、藩司的关系，然而追根究底，地方官及吏役的种种侵挪之禁而不绝，根源在掌管钱粮之人的藩司。雍正元年（1723），掌江南道事江芑在上呈给世宗的奏折中，谈到地方亏空和藩司、巡抚的关系问题，并指出在处理地方钱粮时，藩司侵挪，巡抚滥用，抚台、藩台彼此掩护，互为表里，他们身为地方大员，“以公帑之蓄储，竟视为私家之出入，而亏空遂不可以数计，迨至弥逢无术，逼勒交盘，则累在后官，科派州县，则害及里民，公私交困而究之，无益于国也”⑤。雍正二年（1724）十月，江苏布政使鄂尔泰折报革职藩台李世仁亏空案的情况时，实际上已隐约地谈到地方亏空

---

① 《清圣祖实录》卷二四二，康熙四十九年五月辛未，《清实录》第六册，第406页。

② 《清圣祖实录》卷二四八，康熙五十年十二月乙丑，《清实录》第六册，第462页。

③ （清）张廷玉等：《谨题为题明事》，载《雍正朝内阁六科史书·吏科》第五十册，第295—296页。

④ （清）陈宏谋：《从政遗规》卷上《布政司之职》，载《官箴书集成》第四册，第246页。

⑤ 《掌江南道事江芑奏陈酌议查盘藩库之法折》（雍正元年八月初九日），载《雍正朝汉文朱批奏折汇编》第一册，第806页。

与督抚、藩司及属僚贪污受贿、勒索馈送的关系。李世仁亏空案涉及的不只是其本人，而是江南官场包括总督等员在内凡五十余人。李世仁任内，江苏州县钱粮亏空达百余万两，不仅李世仁本人有勒索、收受他人馈送的行为，两江总督常鼐更是以贪婪著称。据鄂尔泰反映，常鼐为官极为贪鄙，毫无操守可言，清廷命为两江总督，“命下之日，未出都门，先营金窖”，莅任以后，“毫无善政，专意苛求，惟知利欲熏心，不惮明目张胆，致两江属吏苞苴公行”①。

清代各直省的州县官与督抚、布按两司的关系非常复杂。而且自明末以来，职弊甚多，积习相沿，州县官对地方上司往往以门生、师弟自称，上官与下属亦往往存门户之见，彼此袒护徇庇，导致官场风气败坏。对此，顺治年间，给事中柯耸曾疏请朝廷革官场流弊，严上下之体，以杜徇私，其疏曰：

> 近时积习相沿，莫如属官拜认门生。明末，凡经抚、按复命列荐者，去任之后，方称门生。乃流弊日甚，凡州县之与府厅，府厅之与司道，司道之与督抚，往往师弟相称，执礼维谨，借门生为献媚之阶梯，假执贽为行贿之捷径。甚或旷废职业，专务逢迎，馈节贺寿，百计结欢。上官乐其趋承，每至曲为徇庇，安望有强直自遂，私谒不行，所称清白吏乎？②

自然而然，明清这种官场流弊，促成了以地方大吏为核心的利益集团，而地方大吏腐败的背后，涉及的是众多道府州县官员的侵欺贪取，牵连的是众多百姓的利益受到损害。国帑被贪官污吏侵贪，州县官的侵挪成为常态。

自清初以来，江南布政使对地方钱粮征解款项就挪移牵混，擅自动用。据江宁巡抚韩世琦疏报，康熙元年（1662），藩司徐为卿擅自将苏杭各属已解白折银四万一千五百余两改抵金花款项，又以青浦县所解顺治十六年之白折

---

① 《江苏布政使鄂尔泰陈承审原藩李世仁亏空一案情节折》（雍正二年十月二十四日），载《雍正朝汉文朱批奏折汇编》第三册，第869页。

② （清）柯耸：《清厘吏治三事疏》（顺治十三年），载《皇朝经世文编》卷二十《吏政六·大吏》，《魏源全集》第十四册，第243页。

银割走一千两，改作十四年分裁扣项下之款。徐藩革职以后，钱粮牵混不清，呼应愈加不灵，该司奸胥从中阻梗，并希图互侵。① 顺治时，左布政使刘汉祚将顺治十年已完未经拨饷之松江府白折等项奏解协饷，造成本年份白折银项长期挂欠。② 康熙二年（1663）十一月，据韩世琦的奏疏反映，顺治时，左布政使刘汉祚、陈培祯、右布政使冯如京，将顺治十二年至十五年工属钱粮七万五千余两挪解协饷银，造成江苏工属钱粮久成悬欠。由于地方难以清理未完之项，以致工部支用匮乏，器械、战船、织造、采买等一些项款无法报销。③

司库为钱粮重地，最宜慎重，出纳不容透支挪混，但藩司往往不顾朝廷禁令，擅挪库银，私自动用，甚至超支，导致库项悬缺。雍正五年（1727）七月，据江苏巡抚陈时夏疏报，原布政使漆绍文任内，收放钱粮不遵制度，因有天津建造赶缯舢板船支奉文，遂委员承修，大肆动支库银，透支挪垫，仅此一项，就导致库项虚缺多达三万九千四百余两。④ 天津船工欠银案亦导致前后任布政使一年之内无法正常交接，雍正六年（1728）张坦麟离任，新任布政使赵向奎到任数月之后，才完成交代。⑤

值得注意的是，两司因委役不慎，也会导致钱粮亏欠，或造成地方扰害。如康熙二年（1663）六月，江宁巡抚韩世琦题疏反映，原任左布政使徐为卿领解钱粮就不加详慎滥委江宁府裁缺知事周士元，以其领解顺治十六年分溧水县马价银三千二百四十余两，投批月余，还不见缴纳。⑥ 韩世琦又曾题疏反

---

① （清）韩世琦：《覆徐为卿驳换批申疏》，载《抚吴疏草》卷十四，捌辑 6，第 189 页。

② （清）韩世琦：《覆刘汉祚挪移松府白折赦前疏》，载《抚吴疏草》卷十五，捌辑 6，第 255 页。

③ （清）韩世琦：《覆工部钱粮交代已明疏》，载《抚吴疏草》卷三十一，捌辑 7，第 229 页。

④ （清）陈时夏：《谨题为饬查司库交代钱粮事》，载《雍正朝内阁六科史书・吏科》第三十七册，第 39 页。

⑤ （清）张廷玉等：《谨题为饬查司库等事》，载《雍正朝内阁六科史书・吏科》第四十九册，第 301 页。

⑥ （清）韩世琦：《参藩司滥委裁缺周士元领解马价疏》，载《抚吴疏草》卷二四，捌辑 6，第 653—654 页。

映藩司蠹役刘玉的种种恶行，称其“作奸藐法，恣肆贪婪，如包纳银两，既侵用而复多勒索，催解钱粮，借比较而任意苛求”①。蠹役凌国英为臬司衙门差役，康熙二年（1663）二月，据韩世琦疏报，该犯“久恋衙门，借差索诈，凡奉拘提人犯，莫不恣意婪求”②。

当然，以上讨论的只是藩、臬二司所掌主要职事及其对州县行政的影响，涉及的主要为州县财政和民生一些问题，至于两司对江苏各州县吏弊成因的关联，两司与督抚共治全省地近情亲的特殊关系，及其对于地方民风、士风、官风影响的比较，尚待进一步探讨。

三、康雍年间江苏道府官员对州县吏治的影响

清代的道、府，承上率下，上传下达，是非常重要的两级地方机构。晚清重臣刚毅曾指出，道、府长官“有承上率下、察吏安民之责，必须中正和平，推诚布公。属员中有一善，则奖劝诱掖以成之，有微疵，则多方训导以匡之，不可以属员之错误，谓非己之过愆，不可以属员之因循，谓非己之怠惰，属员奉行之不力，皆由上司督率之不勤，是以姑息浅见存不得，宽厚虚誉务不得，贪酷官吏容不得，末业小民苦不得”③。

清代江苏的道府之重，一在其职掌之重，一在其责任之重。就道之职掌而论，清代直省设分守巡道，“所分者总司之事，所专者一路之责”。陈宏谋归纳守巡道之职责时指出，凡所管辖之地，官吏不职，士民不法，冤枉不伸，奸蠹、废堕不举，地粮不均，差役偏累，衣食不足，寇盗不息，邪教不衰，土地不辟，流移不复，诸凡种种，皆得举行，“应呈请者，呈请两院施行，应

---

① （清）韩世琦：《覆刘玉招由疏》，载《抚吴疏草》卷十九，捌辑 6，第 424 页。
② （清）韩世琦：《覆凌国英招由疏》，载《抚吴疏草》卷十九，捌辑 6，第 423 页。
③ （清）刚毅：《居官镜 · 臣道》，载《官箴书集成》第九册，第 278 页。

牌札者，牌札各州县条议”，务使一路风清弊绝，所部事理民安。①

在直省职官系统中，知府为州县之领袖，“而知州、知县之总督也”②。知府系知州、知县的顶头上司，与所属州县关系最为亲近密切，其所属州县之民生吏治，治理得失，亦与其最为关联，陈宏谋就曾说：“府非州非县，而州县之政无一不与相干，府官非知州、知县，而知州、知县之事，无一不与相同。”③ 知府是州县官员行政的直接领导，是州县官最切近的监督人，清人对知府之领导、监督州县官行政，有比较全面的归纳，如《司牧宝鉴》就说：

> 为知府者，或奉院司之科条董督僚属，或酌郡邑之利病细与兴除，所属州县掌印正官及佐领合属一切大小官员，有用刑不当者，持己不廉者，政不宜民者，怠不修政者，昏不察奸者，涂饰耳目者，虚对搪塞者，前件废格者，阿徇权势者，差粮不均者，催科无法者，收解累民者，窃劫公行者，奸暴为害者，风俗无良者，教化不行者，狱囚失所者，老幼残疾失养者，听讼淹滥者，桥梁、道路不修者，荒芜不治、流移不招者，衙役纵横不禁者，属官如是，知府皆得以师帅之，师帅不从，知府得以让责之，让责不致，知府得以提问其首领、吏书，提问不警，知府得以指事申呈于两院该道。④

道府对于州县之员，贤者要不壅于上闻，贪酷庸劣不法者，亦当揭而去之。顺治年间，江西巡抚蔡士英认为，州县吏治贤否，全凭司道府官开报以定黜陟，⑤ 如地方贪污之惩治、官员不法的参罚，皆所关道府匪轻。

江苏各道府责任之重，则是由明清时期江苏的特殊地位来决定的。江苏为清王朝之江海要疆，各府或属钱粮重地，或为盐漕枢要，如苏、松二府地方临海，商民稠密，地方甚属紧要，钱粮征额甲于天下。明代苏州府领一州

---

① （清）陈宏谋：《从政遗规》卷上《守巡道之职》，载《官箴书集成》第四册，第248页。
② （清）李容：《司牧宝鉴》，载《官箴书集成》第三册，第201页。
③ （清）陈宏谋：《从政遗规》卷上《知府之职》，载《官箴书集成》第四册，第248页。
④ （清）李容：《司牧宝鉴》，《知府之职》，载《官箴书集成》第三册，第201—202页。
⑤ （清）蔡士英：《到任条约通示・重贤否》，载《中国古代地方法律文献》乙编第一册，第5页。

七县，田土九万二千九百五十九顷五十亩，粮三百五十万三千九百八十石零，实征秋粮二百三万八千八百九十四石七斗四升，织造丝一千五百三十四匹，绢八百六十五匹，四司额派银二万九千二百四十五两，入太仓库饷银十万五千五百五十四两零。[①] 明时，松江府领县虽只三县，而其粮额亦过百万。据《肇域志》记载，明松江府下辖华亭、上海、青浦三县，田土四万四千四百七十七顷三亩零，粮一百三万一千四百六十石，入太仓库银二万一千六百二十六两四钱，织造纻麻一千一百六十七匹，绢八百六十五匹，四司额派二万四千一百二十一两。[②] 常州府"带长江，襟太湖，土沃而川平，三吴之善地"。明时，常州府领五县，田土六万四千二百六十五顷九十五亩，粮七十六万一千三百四十石，绢一千八百九十匹，四司额派银二万四千六百六十四两，银纻丝二百匹，入太仓库银二万二千四百七十八两。[③] 苏、松、常三府为明清时期江南财赋重地，顾琮曾在《请分繁简重名器疏》中说，"知府一官，大府管一二十州县不等，钱粮数十万、一二百万者，户口数百万者，不减一小省巡抚"[④]。所以就三府钱粮定额论，知府的地位、责任自然远过于一小省巡抚。

自三国吴以来，历代就曾多次建都于江宁。明太祖定鼎于此，永乐以后，明设两京，仍以为南京。清代江宁为省城重地，人口稠密，满汉聚集，衙署众多，为清代江南政治中心，南方的军防重地。镇江府"距江频海，地险且固"[⑤]，"镇江当大江南北之冲，而东际江流入海之尽境，其地控天下之枢，为第一阨塞，关系治乱之大势，视他郡为独重"[⑥]。扬州府为海内巨郡，秦汉以来，商旅云集，富甲天下，"淮南之西，大江之东，南至五岭、蜀汉，十一路

① （清）顾炎武：《肇域志·南直隶·苏州府》，载《顾炎武全集》第六册，第 44 页。

② （清）顾炎武：《肇域志·南直隶·松江府》，载《顾炎武全集》第六册，第 54 页。

③ （清）顾炎武：《肇域志·南直隶·常州府》，载《顾炎武全集》第六册，第 59 页。

④ （清）顾琮：《请分繁简重名器疏》，载《皇朝经世文编》卷十七《吏政三·铨选》，《魏源全集》第十四册，第 125 页。

⑤ （清）顾炎武：《肇域志·南直隶·镇江府》，载《顾炎武全集》第六册，第 66 页。

⑥ （乾隆）《镇江府志·张序》，第 2 页。

百州迁徙贸易之人，往还皆出其下，向东南北日夜灌输京师者，居天下之七"[①]。

康雍年间，清廷对江苏道府之选极为重视，往往强调备选之员要才守兼具。江南钱粮繁多，粮道职管漕粮，尤需能员充任，如康熙四十七年（1708）五月，两江总督邵穆布在奏请题补江安粮道员缺时就指出，"江安粮道官兼管十府，催办漕粮事务"，所关甚巨，"若非才能之员，则不能胜任"[②]。康熙三十年（1691），松江知府李元瑨因不能胜任职事被革职，在议拟新任知府人员时，九卿会同拟出人选甚多，其中有六部郎中、员外郎，亦有在任直隶州知州，皆属才具难得之人，经康熙帝反复权衡，最后确定以龚嵘补松江府知府。[③] 苏州府钱粮最多，事务甚繁，知府责任重大，既需能员，又需本身为官廉洁。康熙三十七年（1698）五月，苏州知府员缺，吏部掣签将卓异淮安府同知王隆熙补授，但康熙帝认为苏州府最为烦剧，非寻常知府之任，相比之下，原任江宁知府施世纶较为合适，施世纶为靖海侯施琅之子，曾历任泰州知州、扬州知府、江宁知府，任上有政绩，且为人不畏强御，适合授苏州知府。[④] 康熙四十五年（1706）正月，两江总督阿山在奏请题补江宁知府员缺时亦曾说，江宁为省城重地，事务繁重，居民稠密，满汉官兵积集，作为知府，有调和兵民，办理庶务，管束属下官吏之专责，必须才守兼优，稔悉知府事务之人，方能胜任。[⑤]

然而，顺治以来，江南道府官员居官不善者多，其祸害地方种种情形亦难以枚举。康熙元年（1662）六月，江宁巡抚韩世琦在题疏中，就对江安粮储道韦成贤父子兄弟种种不法作了较为详尽的奏报。韦成贤、韦述兄弟父子

---

① （清）顾炎武：《肇域志·南直隶·扬州府》，载《顾炎武全集》第六册，第72页。

② 《江南总督邵穆布奏请题补江安粮道员缺折》（康熙四十七年五月二十日），载《康熙朝满文朱批奏折全译》，第576页。

③ 《康熙起居注》，康熙三十年六月十七日辛未，第四册，第307页。

④ 《康熙起居注》，康熙三十七年五月初十日癸未，第六册，第84页。

⑤ 《两江总督阿山奏荐知府员缺折》（康熙四十五年正月二十五日），载《康熙朝满文朱批奏折全译》，第406页。

亲友不仅蔑伦败检，为官贪劣，而且倚重亲信、家人为鹰犬，为害江南，韦成贤本人大贪大奸，不忠不孝，曾与反清势力勾引结纳，其妻亦假公济私，欺君罔法，其长子韦钟炳蔑视人伦，“向祖父前凶恶百端，横强之言肆出”，为人“好货财，不顾礼义廉耻”。韦成贤任粮道以后，违禁私设传宣官，为自己谋取私利，又派人在江南四处收集古董金珠。据按察使姚延着详开，韦成贤种种不法多达十六款，韦成贤“赋性乖张，服官昏聩，肘腋之奸不剔于先，婪索之蠹丛生于下”①，其所属吏役亦恣肆需索，祸害民间，以致江南怨声载道。

康雍年间，江苏的道府官员任内不肖者甚多。康熙二十六年（1687）二月，工科给事中何金蔺就在条奏中反映，知府事关地方吏治民生，但近来督抚所劾不肖知府甚多。② 康熙三十三年（1694）闰五月，据大学士王熙上奏反映，韩佐周在苏松道任上声名不善，康熙帝也认为韩佐周为官处处奔竞，所行不端，非甚可任之人，其行多有不善，但因韩佐周曾效力行间，后仍命其为汉军副都统。③

江苏地方粮多事繁，知府的任用对于州县治理甚属紧要，清廷总期盼能拣选操守清廉、才干优长者充其任，但才守兼备者往往求之不得，有才无守者，朝廷对其委用自然慎重，更何况名声好不一定就能把地方治理好。事实上，康熙年间，就有一些声名好的官员，在担任江苏地方知府以后，难以胜任地方的烦剧。康熙四十七年（1708）十二月，康熙帝在谈到地方官的声名和办事能力时就曾说，有一些官员在前任上品行甚佳，任新职以后往往所行不堪，并专门说到江南的江宁知府刘琰、扬州知府左必蕃，二人原来居官甚优，但在江宁、扬州任上办事殊属不及，刘、左皆为诚实好人，问题是不能

---

① （清）韩世琦：《韦成贤等招疏》，载《抚吴疏草》卷八，捌辑 5，第 607—615 页。

② 《康熙起居注》，康熙二十六年二月十六日甲子，第三册，第 428 页。

③ 《康熙起居注》，康熙三十二年闰五月十八日甲申，第五册，第 54 页。

办好地方之事，“其吏役知其事不谙练，欺罔必多”①。刘琰曾是康熙帝身边的近臣，原在翰林院供职，康熙三十九年（1700）十二月因受圣祖赏识，被钦点为江宁知府，任职两年，康熙帝对其看法就出现如此大的改变，确实是因为其本人难以胜任地方之烦剧。② 左必蕃任扬州知府以前官居御史之职，依据清朝用人惯例，科道官外转用于地方，通常补用道员，故左必蕃补为扬州知府，属于屈抑委用，但扬州地处冲要，员缺需人甚急，所以康熙帝对大学士伊桑阿等人说，“扬州甚属紧要，御史左必蕃人颇优长，以之补授，当有裨于地方，但科道官外转，尚以道员补用，今以彼为优而以知府用之，似稍屈抑”，并要求伊桑阿等向左本人说明，朝廷委左以扬州知府，是对其器重，③ 因为他居官好，为人亦优，希望他能明白皇上的良苦用心，但左必蕃上任才一年，康熙帝就了解到任用左为扬州知府实有不当。

康雍年间，江苏道府官员办事草率，为官庸劣者亦为数甚多，因疲软无能而革职的亦不在少数。江苏地方赋重事繁，料理不易，而地方官员若不能留心详察，励精筹划，则案牍更会日积月累，成限有违，案事积累。州县官之责任最重，但州县的问题甚多，也与司道府等官未能全力督促、及时妥报有着密切的关系。康熙三年（1664）二月，据江宁巡抚韩世琦疏报，本年正、二月苏、松等府之钦件限满未完，皆由于司道各官玩愒性成，草率从事，他们身为州县上司，“凡奉行紧件，既不肯如期详覆，又不能确核妥报”，以致江宁巡抚严催查驳于上也终成徒劳。④ 康熙三十年（1691），江宁巡抚郑端就参劾松江知府李元瑨为官疲软无为，经吏部议覆，被革除知府一职。⑤ 傅泽洪曾任扬州知府，康熙三十八年（1699）康熙帝南巡时，访察扬州地方，对其为官情形有所了解，傅泽洪为人甚属庸常，在扬州任上“并未闻扬州百姓、

① 《康熙起居注》，康熙四十一年十二月十四日庚寅，第七册，第86页。
② 《康熙起居注》，康熙三十九年十二月十三日辛未，第六册，第370页。
③ 《康熙起居注》，康熙四十年十二月二十日壬申，第六册，第465页。
④ （清）韩世琦：《参正、二月限满钦件各官疏》，载《抚吴疏草》卷三五，捌辑7，第432页。
⑤ 《康熙起居注》，康熙三十年六月十五日丁卯，第四册，第307页。

商贾称颂其善”，康熙年间的重臣张鹏翮、宋荦都深知傅泽洪居官庸常，两江总督陶岱却妄奏为优，并举荐傅泽洪为常州知府。①

江常镇崇道统辖三府，驻扎海外，淮徐道职司河库，收放钱粮，皆所关地方甚重，但据两江总督查弼纳奏报，康雍之际，二缺均不得其人。雍正元年（1723），当时的江常镇崇道副使魏荔彤才具平常，且声名庸劣，淮徐道佥事潘尚智亦人品不端，声名秽鄙，二员皆难以统率属员，承担察吏安民之责。② 雍正八年（1730），江苏巡抚尹继善曾疏参淮安知府申程章，职任淮安不能奋发自强，为官怠玩懈驰，于察吏一事，全不留心，以致所属州县官员滋生贪赃枉法等种种不善，如安东知县程廷俨为官贪赃，玷辱官常，桃源知县何忠瑞讳盗，地方开报不实，由于申程章不用心督率，淮河堤岸保护不力，淮安城郭存在着严重的安全隐患。③

苏州知府施世纶为官虽清廉，但性情偏执，对于地方事务往往不能公允处理。康熙四十年（1701）三月，康熙帝在与大学士伊桑阿谈到施世纶的为官情形时就说：“施世纶居官尚优，但立意太偏。朕曾以此人问张鹏翮，张鹏翮亦言其性偏执，为知府时，官与士讼，士必胜；士与民讼，民必胜，是非不甚分别，惟视其弱者庇服焉。”④ 凭着这种不分是非曲直、庇服弱者的做法，加上其本身的操守自持，施世纶在广大百姓心中留下了一片赞誉之声。

康雍年间，也有一些江苏地方知府不实心办事，却热衷于投机钻营，甚至行事狂悖不法。如雍正元年（1723）四月，两江总督查弼纳就疏参镇江知府许钰名污行滥，投机钻营，遇事生风，招摇奸猾，声名恶劣，于地方吏治

---

① 《康熙起注居》，康熙三十八年十二月初十日甲戌，第六册，第 258 页。

② （清）查弼纳：《谨题为特参不职道员以肃法纪事》，载《雍正朝内阁六科史书·吏科》第四册，第 367 页。

③ （清）尹继善：《谨题为特参怠玩规避之知府等事》，载《雍正朝内阁六科史书·吏科》第六十册，第 418 页。

④ 《康熙起居注》，康熙四十年三月二十六日癸丑，第六册，第 395 页。

并无裨益，实难胜任职事。[①] 雍正四年（1726），江苏巡抚张楷在奏报中确认了世宗关于扬州知府吕大宾的居官行事情况，吕大宾“年轻孟浪尚气”，为官“不善安静，好奁缘钻营”，有负朝廷澄清地方吏治之托。[②]

雍正元年（1723）五月，署江宁巡抚何天培专折奏报了苏州知府高浚的为官情形，苏州地方极为紧要，必须才守兼优，勤政敏练之员，方能表率属员，厘剔积弊，但高浚到任以后，狂悖不职，甚失朝廷之望。[③] 同年六月，又据两江总督查弼纳反映，淮安知府程懋亦“居心奸狡，行事狂悖，惟得是图，罔知法纪，属员富户无不含冤”，而且该员对上官的警告每每置若罔闻，为此，查弼纳疏请朝廷革夺其职，另选贤能，以安地方。[④]

康雍年间，江苏地方道府官员因贪婪或侵挪导致州县亏空而遭参革者甚为多见。据两江总督邵穆布奏报，康熙时，苏州知府陈鹏年就曾向典当商方广义、盐商徐义杰勒索银两，[⑤] 两江总督噶礼也曾参奏陈鹏年参与侵吞控河钱粮。[⑥] 据民国《吴县志》记载，康熙时，王儒为苏松粮储道，其前后居是职者，“征粮时率纳属县馈金”[⑦]。雍正五年（1727），两江总督范时绎曾题报，原江宁粮道马世炌任内挪借仓库钱粮，导致亏缺甚多。当时，马已奉朝命调

① （清）查弼纳：《谨题为特参不职知府等事》，载《雍正朝内阁六科史书·吏科》第三册，第12页。

② 《江苏巡抚张楷奏覆遵察新任知府吕大宾居官行事并报各属得日期折》（雍正四年四月二十一日），载《雍正朝汉文朱批奏折汇编》第七册，第171页。

③ 《署江宁巡抚何天培奏陈拣选贤员请补苏州知府折》（雍正元年五月二十四日），载《雍正朝汉文朱批奏折汇编》第一册，第449页。

④ （清）查弼纳：《谨题为特参知府不职以肃官方事》，载《雍正朝内阁六科史书·吏科》第四册，第507页。

⑤ 《两江总督邵穆布奏报参审陈鹏年情形折》（康熙四十七年七月二十四日），载《康熙朝满文朱批奏折全译》，第592页。

⑥ 《两江总督噶礼奏江南科场案本人无弊被诬折》（康熙五十一年二月十九日），载《康熙朝满文朱批奏折全译》，第767页。

⑦ （民国）《吴县志》卷六十四《名宦三》，载《中国地方志集成·江苏府县志辑十二》，第37页。

任安徽按察使，只因两江总督、江宁布政使题参，马世炌停赴新任。[①]

雍正时，江苏地方知府居官贪劣者甚多，因贪劣被革职的亦大有人在。雍正四年（1726），据江宁巡抚张楷题报，江宁升任知府吴应凤就借事勒索上元革职知县唐开陶，因革令在任内开报本县事务有不实情形，吴应凤遂借此婪索，后被唐开陶揭发，已升任道员的原江宁知府吴应凤也被参究革职。[②] 雍正七年，苏州巡抚尹继善与两江总督范时绎等合词题参扬州知府杨继椿。杨身为扬州知府，不能洁己奉公，察吏安民，却“利令智昏，罔知法守，既贪婪成性，复声色是图”，缺乏为官报效朝廷的起码操守。[③]

① （清）范时绎：《谨题为特揭道库亏缺等事》，载《雍正朝内阁六科史书·吏科》第三十六册，第280—281页。

② （清）张楷：《谨题为小臣急公等事》，载《雍正朝内阁六科史书·吏科》第二十七册，第425—426页。

③ （清）尹继善：《谨题为特参贪劣之知府以肃法纪以整官方事》，载《雍正朝内阁六科史书·吏科》第五十四册，第102—103页。

第七章　康雍时期江苏地方治理中的武官、士绅、贩私诸问题

明清时期，影响州县社会治乱的因素是多样的。就地方官的作用而论，明代藩司统领各级地方行政官员，其主导作用不言而喻，但明代三司互不统属，于地方事务各司其职，所以它们对地方行政和社会秩序的正常维护，各自亦有着无法替代的意义。至清代，地方督抚成为固定设员，并取代明初以来布政司的地位成为直省首脑以后，藩臬实际上已成为督抚的属官，地方的事权归于一统，督抚以下直至州县，各级长官对地方社会治理具有主宰的意义。但不容忽视的是，影响清代各直省地方行政和社会稳定的，尚有旗营武官甚至其统属的军兵。另外，值得注意的是，地方行政的实施，在行政官员的主导下，又有绅民的特殊介入或影响。清代的江苏，除督抚统属下的司道府州县机构外，又有朝廷直属的盐务、河政、漕运、织造等专门管理事务，其专司职能的行使，又无不影响到地方社会治理。鉴于前面的章节对漕弊已略有论及，故本章仅就影响江苏地方行政极为攸关的诸如武官、乡绅、贩私几个问题展开讨论。

一、悍将刁兵对江苏地方治理的不良影响

自古以来，勘乱用武，图治靠文，故历代王朝在天下承平以后，图治尤重文教，但武力亦不可一日废弃。清王朝以武力平定天下，在完成全国统一以后，清廷不仅要以武力震慑各种试图反清的民间力量，而且又以八旗绿营官兵镇守各处要害，弹压地方。清王朝是皇权深入基层，国家加强地方控驭和深化州县以下基层管理的重要历史时期，依靠文武官员合力管治地方，也成为清廷治理地方的基本方略和成功经验，但文武同城，最易起衅，地方一旦出现文武对立，势必带来民不安生，甚至引发社会混乱。清人王凤生就指出“文武一体，兵民乃安”①。而《居官日省录》一书对清代地方文武关系以及驻守州县官兵骚扰地方，影响民生亦曾专门论及。

凡州邑俱有营弁驻防，大约非都守则千、把总也，为牧令者，每有轻觑营官，而营官亦自恃管兵，不能无愤，遇兵民相哄，各自护持，而民往往为兵所欺凌，或值地方偶警，弁先混报，而地方往往为弁所骚扰，此皆文武不和之故也，故营官无论大小，俱宜优礼相待，岁时筐篚见遗，樽罍相招，以申情款，至于队长进见，慰以甘言，兵丁跟随，犒以酒馔，则合营上下未有不感悦者矣。地方有事，必先商榷而后行，卒伍相安，不敢以强而生事，州邑之百姓，受福多矣，此又非文武和睦之明效也欤。②

显然，作者认为地方文武官员关系的处理，关键要做到彼此情感沟通和互相尊重，文官不可轻视武职，武官不得自恃手中握有兵弁，而又能约束所属，遇事彼此商榷，则地方自然相安无事，百姓亦受福无穷。

清廷派驻江苏的军兵有八旗军和绿营兵。清代江苏八旗驻防，始于顺治

---

① （清）徐栋：《牧令书》卷六《接下》，载《官箴书集成》第七册，第105页。

② （清）觉罗乌尔通阿：《居官日省录》卷一《和同寅》，载《官箴书集成》第八册，第27页。

二年（1645）江南江宁左翼四旗之设，定满洲、蒙古兵额二千。顺治十六年（1659），改设京口驻防静海将军一人，副都统二人及协领、参领、佐领、防御、骁骑校等官兵，后又增置江宁步甲一千。康熙十三年（1674），增江宁马甲千名，京口步甲千名。康熙二十三年（1684），增江宁、京口鸟枪领催、骁骑，京口步军内，兼设鸟枪、弓箭、长枪、藤牌等兵。乾隆二十二年（1757），朝廷命裁京口将军，以绿旗水师左、右二营改隶江宁将军。

清代江宁将军为从一品，与加尚书衔的总督同级，为驻防地方八旗之最高统领。驻防将军有封疆守土重责，其统辖地方之行政实权虽不及两江总督，但其地位崇隆，权势较重。江宁将军驻扎江宁府，辖分驻江宁副都统，又兼辖京口驻防副都统。江宁副都统辖协领八，辖佐领四十；京口副都统驻扎镇江府，辖协领二，佐领十六，其属下官兵分驻各处要害，以镇抚地方。

据嘉庆新修《江宁府志》记载，镇守江南江宁、京口等处驻防将军，是顺治十八年（1661）由总管改名为将军的。江宁等处八旗驻防始设于顺治初年，以梅勒章京二员统之。顺治三年（1646）江宁改设昂邦章京，梅勒章京奉裁，九年（1652）简设昂邦章京一员，顺治十四年（1657）复设梅勒章京二员，至顺治十七年（1660）改昂邦章京为总管，改梅勒章京为副都统，将军直辖江宁副都统一员，包括将军等大小官员一百二十五员，除将军衙门笔帖式三员属文职外，其余皆为协领、佐领、防御、骁骑校等八旗武官，拥有八旗驻防甲兵共四千六百六十六名。雍正五年（1727），兵部以江宁驻防“控江连海，设立水师甚裨益”，遂命于驻防军兵中选年力精壮者一千名设为水师，并配备沙船、轮、水手、舵工等。①

① （嘉庆）新修《江宁府志》卷十七《武备》，载《中国地方志集成·江苏府县志辑一》，第151页。

清绿营兵营制系沿袭前明①，分省建置，清代各省营兵均归总督、巡抚节制，直接统率绿营军兵的是各省提督，提督品秩甚高，清代初制，提督带左右都督衔者为正一品，带都督同知衔者为从一品。乾隆十八年（1753），俱命省本各兼衔，定提督为武职从一品，其品阶比各省巡抚高，提督以下，各省绿营武职设有总兵、副将、参将、游击、都司、守备、千总、把总、外委等员，提督直接统领的军兵称为“提标”，辖总兵以下各官，由总兵所领的军兵为“镇”，副将所领军兵为“协”，参将、游击、都司、守备所领军兵为“营”，千总、把总、外委所领军兵为“汛”。

清代江苏的绿营官兵归两江总督节制，绿营的直接统领为江南水陆提督，统辖提标五营，兼辖太湖、松北二十协及松江城守等十二营，节制狼山、苏松、徐州、淮阳、福山五镇水陆军兵。②

自清初以来，江苏各处驻守的旗营军兵就问题甚多，突出反映为营伍松驰，恶俗滋蔓。朝廷设兵驻防，各分汛地，原以御盗安民，但各汛兵丁不以安民御盗为务，却沾染不良习气，日则聚赌酗酒，夜则高枕酣卧，营伍不整问题十分突出。康熙三十八年（1699），新任江宁副都统鄂缉尔陛辞赴任时，康熙帝就在给他的上谕中指出江南驻防兵丁甚劣的问题。雍正九年（1731），世宗在上谕中也特别提到，各省驻防兵丁“技勇多属生疏，营伍亦觉废弛”③。

---

① 关于明清江南的驻兵设防，据叶梦珠的《阅世编》记载，明嘉靖年间，江南始设总兵，顺治初年大兵定江南，始设提督。对此，叶梦珠详细陈述曰：“吴中带江滨海，赋甲天下，最称重地，然前朝未闻有武臣提督也。相传嘉靖中，因倭乱设总兵于镇江京口，后移驻吴淞海口已耳。自顺治二年大兵定江南，始设提督。时奉旨张天禄着授都督同知，充总兵官，提督徽、宁、池、太军务；吴胜兆着授郡都督同知，提督苏、松、常、镇军务。如吾松虽有李总戎成栋，亦止以都督佥事驻扎吴淞，时至松城而已。自李帅调征闽、广，吴、张相继来松，吾郡始有提督。然至马惟善逢知，亦止辖四府，时驻吴淞，亦不专在松城也。十六年己亥，崇明水师总兵官梁化凤破海艅于江上，遂解金陵之围，克复镇江等府、州、县，朝廷嘉其功，遂以梁代马，提督江南全省，仍驻防松江，遂为定制。康熙辛亥七月，化凤以疾卒于官。继任王公之鼎、杨公捷统辖驻防如故。十三年甲寅，因楚中告警，徽、宁、安、池震动。提督驻扎海滨，鞭长难及，因分上下两江，各设提督云。”载（清）叶梦珠《阅世编》卷三《建设》，第75—76页。

② 参见刘子扬《清代地方官制考》第一章第十七节。

③ 《清圣祖实录》卷一九四，康熙三十八年七月壬子，《清实录》第五册，第1053页。

各处马匹均不足额，驻防汉军尤属不振，兵丁怠惰，习俗恶劣。[①]

江南绿营的种种流弊由来已久，而且官兵大多素养不足。康熙四十九年（1710），据江南提督师懿德奏报，江南绿营兵丁疲敝者居多，而“统兵官弁素无训练之术”，导致“因循懈弛，流弊日甚”。绿营官员虽不乏精壮之员，但衰老病废不堪者亦甚多。千总、把总等虽属微员，于地方营伍振作尤为紧要，但康熙时江南各处之千、把总“多有不从行伍拔用者，人材固属庸懦，技艺又复生疏”[②]。康熙五十五年（1716），苏松水师总兵官胡骏亦上疏反映，苏松习俗甚恶，胡骏以功授该处总兵，见苏松兵丁恶习难改，自己又不谙水性，欲严加约束，兵丁因而起衅，地方知县等员自然无法弹压兵丁，于是，胡骏奏请朝廷将自己改调别处。[③] 雍正元年（1723）八月，又据两江总督查弼纳奏报，两江各处驿站营务松弛，其习已久，非一时整顿可以奏效，而训练兵丁尤属急务。[④] 雍正帝曾在给两江总督的上谕中，指出地方兵丁空缺，官员侵蚀空饷，汛地守护不力等严重问题，他说：“朕观之，天下绿旗兵丁，十分中有二三分空缺，钱粮为大臣官员侵蚀。兵丁内老弱、残疾、小孩不会骑射者，俱充兵数，致国家钱粮费于无用之地。”[⑤] 雍正五年（1727）十二月，江宁将军拉锡奏报就说到满洲官兵习俗之变化，并指出满洲官兵居住江南地方，受地方恶俗影响甚深，他们“生活攀比穿用，好面子，且赌博、喝酒、闲逛汉窑等小事上，法仍不严”，据金以坦奏报，镇江驻防汉军更是颓败不堪。[⑥] 雍正七年（1729）六月，据江宁将军来人奏报，其属下官兵对城门过往之人

---

① （嘉庆）《江宁府志》卷十七《武备》，载《中国地方志集成·江苏府县志辑一》，第151—152页。

② 《江南提督师懿德奏陈整饬营务预为筹画折》（康熙四十九年二月十八日），载《康熙朝汉文朱批奏折汇编》第二册，第764页。

③ 《清圣祖实录》卷二六九，康熙五十五年八月癸酉，《清实录》第六册，第641页。

④ 《两江总督查弼纳奏报整饬驿站营伍等情折》（雍正元年八月初十日），载《雍正朝满文朱批奏折全译》，第277页。

⑤ 《雍正帝上谕一纸》，载《雍正朝满文朱批奏折全译》，第2509页。

⑥ 《江宁将军接拉锡奏报官兵习俗技艺生计等情折》（雍正五年十二月初一日），载《雍正朝满文朱批奏折全译》，第1536—1537页。

恣意敲诈勒索，绿旗兵营之内，竟然有开设斗鸡场之事，旗兵对汉城居民遭盗之事，俱不奏报上官。[①]

兵丁秉性强悍，最难安分守纪，其上官若不严加管束，他们嗜赌好饮，逞强好斗，则无所不为。乾隆初年，河南巡抚尹会一认为，兵丁若不严行约束，轻则沾染恶习，重则祸害地方，“窝赌窝娼，习为固然，好饮好斗，无所不至。或把持市集，或强买什物，或牧放马匹，践食田禾，或借盘诘巡查之名，因而需索，或乘护饷、解犯之便，到处诛求，甚至微嫌细故，动辄结党成群，藐视官长，种种恶习，难以枚举”[②]。

兵丁强悍，而管兵官员仁柔，轻则导致营伍不整，积重难返，严重的则会导致地方局面失控，出现地方社会的大动荡。康雍年间，江南因管兵官员仁柔造成地方局面失控的严重情形很难见到，但顺治以来，江苏地方兵丁因不满于上官克扣兵饷而哗变闹事的情形却曾多次发生。康熙元年（1662）六月，据江宁巡抚韩世琦疏报，苏松提标中军承奉马逢知令修造各营盔甲，因工料需银，遂将兵丁月粮擅行扣抵，三营合计克扣兵饷一千九百二十两，以致营兵孙胜等纵暴肆凶，造成唐鼎等人流血命毙事件。[③] 又据《镇江府志》记载，顺治时，镇江巡江营将官，“给兵饷多减克”[④]。

康熙时，清廷对地方武官克扣兵丁月粮的处罚不可谓不严。据《碑传集》记载，康熙初年，镇江兵丁侯进孝就曾讦告京口将军李显贵与镇江知府刘元辅串通侵扣兵饷，此案还牵连到两江总督麻勒吉，朝廷遂派觉罗勒德浑前往京口审察[⑤]，康熙七年（1668）七月，刑部等衙门在会审该案时，对涉案文武官员的议处十分严厉，李显贵身为京口将军，“职任封疆重寄，乃侵克兵饷，

① 《江宁将军敕奏谢训谕免罪等事折》（雍正七年六月十七日），载《雍正朝满文朱批奏折全译》，第1799页。

② （清）尹会一、张受长辑：《健余先生抚豫条教》卷一《整理营伍四事》，载《官箴书集成》第四册，第700页。

③ （清）韩世琦：《题洪进等招疏》，载《抚吴疏草》卷六，捌辑5，第536—537页。

④ （乾隆）《镇江府志》卷三十四，第42页。

⑤ （清）钱仪吉：《碑传集》卷六十四《康熙朝督抚上之下·麻勒吉传》第六册，第1791页。

大负委任”，知府刘元辅，其父虽有为朝廷捐躯之功，但其本人“婪赃坏法，罪情重大”，二人依拟应斩，着监候秋后处决，总督麻勒吉、巡抚马祜等人也因为对李显贵侵扣兵饷案未及时题参，都受到降级处理。[①]

严罚重处统兵武官，并不能以儆后来。康熙五十四年（1715）七月，据江南提督杜呈泗题报，其属下守备金翼就侵占兵产，夺取民财，影响极为恶劣。[②] 康熙五十五年（1716），据苏州织造李煦奏报，苏州府崇明县水师总兵官胡骏平时就克扣兵丁兵饷，兵丁甚有怨言，因而有人赴提督衙门具呈，又值兵丁刘保出言顶撞总兵官，胡骏遂对兵丁加以严责，由此引发崇明兵哗事件。崇明水师营孤处海外，距离苏州府城有三百里，而且水师营兵丁又多属本地土著之人，平素就颇有骄悍习气，总兵责打营兵，遂引发众怒，以致属下兵丁不服，喧哗闹事，他们还将辕门照墙拆毁。[③] 康熙六十一年（1722）二月，据吏部尚书张鹏翮察报，松江提督赵珀、师懿德自到任以后，就将应给兵丁粮米不行速发，又坐扣空粮，收受各营官兵规礼，侵蚀贪取数额甚多。[④]

武臣之设，所以驭兵卫民，其责任重大，但武官本身的贪婪溺职，驭下无方，导致武官对属下兵丁约束不力，指挥失灵。清初以来，各省官兵不能卫民，反而为害地方，成为普遍现象。如直隶地方满汉军民杂处，“其黠者假投充侵夺民田，势豪恣为囊橐以取，奸利所在，盗贼纵横充斥，白昼杀人，莫可究诘，而八旗庄头尤多不受理，即民间有讼，庄头辄上杂堂呼噪把持之，有司莫敢谁何，惟仰天太息而已”[⑤]。而浙闽各处亦多贪官劣弁，他们“或溺职败检，贪恣不法；或堕弃纪律，纵兵殃民；或弓马生疏，老弱怯懦；或防

① 《清圣祖实录》卷三六，康熙十年七月丁巳，《清实录》第四册，第486页。

② 《康熙起居注》，康熙五十四年七月初八日辛丑，第八册，第205页。

③ 《苏州织造李煦奏为崇明兵哗现已安抚折》（康熙五十五年五月十二日），载《康熙朝汉文朱批奏折汇编》第七册，第70页；《苏州织造李煦奏为崇明兵哗事督抚拟不题参总兵折》（康熙五十五年七月初四），载《康熙朝汉文朱批奏折汇编》第七册，第283页。

④ 《清圣祖实录》卷二九六，康熙六十一年二月甲申，《清实录》第六册，第875页。

⑤ （清）钱仪吉：《碑传集》卷六十五《康熙朝督抚中之上·熊赐履〈兵部尚书兼都察院右副都御史总督江南江西于公成龙墓志铭〉》第六册，第1825页。

御怠玩，失事疏虞；或借名使费，扣克月饷；或挂名虚伍，冒占兵粮，以及失盗不追，纵贼不缉，干预民情，交通蠹恶”① 等，不一而足。

顺治以来，江南各处官兵扰害地方，甚至致民殒命之事经常发生。康熙二年（1663）九月，江宁巡抚韩世琦就疏报金山卫前所千总胡泰清管理屯卫，以蠹役为爪牙，“不以官方自检，惟知婪横厉人，苛扰不已”②，复滋勒诈。京口驻防营兵齐文聘赋性凶淫，恣横无忌，见民人杨应泰之子杨三儿独自行走，遂肆行欺虐，致死人命。③ 康熙三年（1664）七月，韩世琦题疏反映，凶悍营兵张升自持强悍，短价强买孟爵所贩竹枕，因孟爵对买卖并不情愿，张遂拳脚相加，以致孟爵命殒当场。④

江南襟江带河，控闽越楚径之通津，为舟楫往来之孔道。清初，朝廷之师旅征讨过往甚多，官兵经临，更是扰害无穷，官府四应，商民被征应役，受鞭笞逼胁就不足为怪了。韩世琦曾在题疏中反映说，江南历年征调频仍，“大兵经临，需船装载，封拿四出，扰诈无穷”，“需用装兵船支，动盈千计，雇觅不足，恒取给于封刷，商艘民舸因公贻累者，诚比比皆是”，“在地方最为困苦，而有司亦莫可如何”⑤。顺治十八年（1661）正月，据苏松巡按张凤起疏称，常州府属应付大兵北上，征调水手纤夫应役，因军兵对挽舟夫役不满，遂行殴打，以致纤夫林六被北上之军兵殴毙，汪顺之被责打后亦命悬一线，北兵又将他们抛弃路途，因大兵络绎，过往甚多，行凶之人也难以查找，此案上呈兵部，因真凶不明，亦成难了之悬案。⑥

秦瑞寰曾目睹清初浙省兵丁暴横及祸害地方的种种情形。他在《禁约事》的“约兵之禁”条中就说道：

---

① （清）刘兆麒：《总制浙闽文檄》卷六《举劾武职》，载《中国古代地方法律文献》乙编第四册，第616—617页。

② （清）韩世琦：《参胡泰清招疏》，载《抚吴疏草》卷二八，捌辑7，第76页。

③ （清）韩世琦：《齐文聘招由疏》，载《抚吴疏草》卷二九，捌辑7，第105页。

④ （清）韩世琦：《张升招由疏》，载《抚吴疏草》卷四五，捌辑8，第167页。

⑤ （清）韩世琦：《埠头牙用疏》，载《抚吴疏草》卷八，捌辑5，第617—618页。

⑥ （清）韩世琦：《覆殴毙纤夫林六疏》，载《抚吴疏草》卷四，捌辑5，第420—421页。

> 本院前按两浙，目击兵丁暴横，及纵容小厮欺凌百姓。或行使假银，抢夺货物；或进店饮食，止还米价；或沿途捉人，挑送行李、米豆、草料；或三五成群，砍伐树木，采摘蔬菜，掘毁笋竹，缚畜捕鱼；或纵放马匹，践食稻麦；或擅入民家，勒索酒饭；或于乡僻孤村，强奸强劫；或在稠居闹市，掏摸剪绺；甚而借吃烟，戏良家妇女，扼死其夫；窥资囊，白昼抢夺，并伤其命；邀劫肩负之米，使合家老幼绝粮；群抢祭飨品物，致百姓祖宗乏祀；放债则八两当十，取利则每月加二，利上盘利，害及亲朋；动辄行凶锁吊，拳打脚踢，刀背皮鞭，血淋漓而怒犹不息；人昏仆而尚曰诈欺，地方不敢言，傍人不敢劝，饮屈吞声，匪朝伊夕。今本院重来兹土，席尚未温，业见某旗兵丁刘世英殴死陆文正，某旗兵丁王四十二杀死任大德，尚有未见未知者不知凡几。①

康熙初年，两江总督麻勒吉对省城所在地江宁的驻防满兵种种扰民之举，也有较为详尽的描述。李渔的《禁令百则》收载了两江总督麻勒吉的《禁饬满兵》条令，其文曰：

> 照得江南为财赋重地，设立四旗满洲，驻镇省会，原期巩固封疆，乂安百姓，乃以卫民，非以扰民也。本部院钦捧锡赐敕书，内开载："驻防满洲兵丁如有扰害百姓，妄行生事，尔会同该管审问治罪。"迩来闻得旗下兵民人等，有故违约束，妄行扰害，收买土棍，借为爪牙，并不付以赀本，却令徒手营求，觅利寻钱，遂致若辈招集匪党，布散街衢，名曰"扯蓬"。或眈视涂人衣帽，白手抢夺；或强买店铺货物，短价携归；或借倚攫觅逃人，而攫取赀财；或捏指撞损衣物，而逼使赔偿；或摆钱局赌，愚弄乡民；白昼横行，公然无忌。又有户长小厮，借打柴而砍伐坟园竹木，托取草而杀割田地

① （清）李渔：《禁令百则·约兵·秦瑞寰〈禁约事〉》，载《中国古代地方法律文献》乙编第一册，第177—179页。

禾苗，缚畜捕鱼，采蔬掘笋，无所不至。诬赖人偷刀窃斧，闯室直入，恣意苛求，婪诈无厌。再如披甲兵丁，每遇商民出入，索取银钱，故违将军、副都统禁约，不照例查盘，乃借此逼妇女下轿，看耳看足，任意戏狎，甚至民间婚娶女轿，必索银数两，即送葬棺椁，亦逼钱千文，不则阻拦凌虐，鞭棍交加，必遂其欲而后已。[①]

顺治以降，驻守江南的旗营官兵对地方的扰害，史志文献多有记载，其危害程度总的来说，官兵对民生的祸害要大于对吏治的干扰。官兵对江苏地方治理带来的不良影响是多方面的，大体可以归纳为以下几个方面。

其一，武官放纵部属，导致兵丁骄蹇不法，作恶为非，成为地方之害。朝廷驻兵地方，用以保境安民，所以为将之责，重在安境保民，方不负朝廷重托。驻守武官既要检身自束，又要严以驭下，防备劣弁悍兵在地方耀武扬威，恣肆害民，但顺治以来，江苏各处官兵放纵不法，驻守武官纵兵扰民的情况却多有生发，此类问题在清初尤属突出。如康熙元年（1662）六月，江宁巡抚韩世琦就在题疏中详细介绍了苏松水师镇标左协副将袁诚纵兵扰民的情形，袁诚身为水师副将，不驻海口教练舟兵，却盘桓沙溪镇内地，而且不顾朝廷禁令，占民房屋，擅取民物，攘夺生员冯三善住宅为署，又不准冯归家搬移家中物什，以致冯三善家赀当夜被巨盗四十余人劫掠，家人被砍伤，有人怀疑冯家被劫、家人被砍当为袁诚纵兵所致。[②] 康熙二年（1663）九月，又据韩世琦疏报反映，革职游击洪进与原任守备刘效忠纵使兵丁孙胜行凶，殴死唐鼎，又诬陷其父子叛逆，将其子唐馨缚解提督，又纵兵抄抢唐鼎之家。[③] 此案在地方造成了十分恶劣的影响。康熙二年四月，韩世琦疏报了悍丁周之文一案的招供情况。顺治时，悍丁周之文等因苛勒漕粮折赠未遂，于是

① （清）李渔：《禁令百则·麻勒吉〈禁饬满兵〉》，载《中国古代地方法律文献》乙编第一册，第276—278页。

② （清）韩世琦：《袁诚招疏》，载《抚吴疏草》卷六，捌辑5，第534页。

③ （清）韩世琦：《秋决重犯疏》，载《抚吴疏草》卷二八，捌辑7，第63页。

诈称失去旗丁，以寻尸为由，纠集弁丁，歃血盟誓，纵弁抢劫，伤及百姓，他们“捉拷民人，掳淫妇女，发掘坟墓”，甚至肢解乡勇张吉，以致地方不安，此案从初发至审结，历经数年，涉及人犯除先已物故外，其余大多受到重谴，脱逃人犯朝廷亦下严旨通缉。[①]

其二，驻防官兵对地方掠夺滥取，低价强买，打乱了地方百姓正常的生产和生活秩序，严重损害了农工商贾的利益。顺治时，浙江巡抚佟国器就曾讲到，在其初到浙省时，“阖郡士民纷纷以悍兵见告，闻之令人发指”，甚至有兵丁家人冒充满洲兵马，攫取抢夺，“士子农商，无不遭其涂毒，且入市强买货物，守门指索银钱，暮夜之际，假借做饭吃烟闯入人家，乘机淫掠，又令营中妇女纷纭四出，公行抢夺，莫敢谁何，种种横行，殊非朝廷养兵卫民之意”。[②]

清代府县各城派拨门兵，原为防杜奸宄而设，天下安定以后，不过晨昏负责城门启闭，出入慎其稽查而已，派拨兵丁，按行伍轮调，月饷给发照常，但门兵往往借机取利，恣行非法。刘兆麒就曾谈到，清初以来，浙闽各城守门官兵，“每日遇有肩挑负贩之人来往出入者，物无贵贱，皆有抽取”，甚至对迎婚送葬之家，“多有刁措，非赂以重赀，必不肯轻易放过”。禁门之地，实际成了守门官兵攫取之薮。[③]

康熙初年，两江总督麻勒吉谈到旗下兵丁的生事害民时亦曾指出，江南驻守省城的满兵，有白手抢夺民物者，有强买店铺货物，短价取走者，有借搜查逃人而取人资财者，有捏造损害而逼使赔偿者。守门之披甲兵丁，对于出入门禁商贾则肆行勒索，刁难盘查，从中取利，对于婚葬出入城门者，更

① （清）韩世琦：《覆周之文等招由疏》，载《抚吴疏草》卷二十一，捌辑6，第544—546页。

② （清）李渔：《禁令百则·佟国器〈禁戢暴兵等事〉》，载《中国古代地方法律文献》乙编第一册，第281页。

③ （清）刘兆麒：《总制浙闽文檄》卷一，载《中国古代地方法律文献》乙编第三册，第307—308页。

不放过，有勒索不从者，轻则阻挠，重则鞭棍相加。[①] 守门兵丁的行为，已严重损害了过往者的利益，有违朝廷设兵卫民以安地方的宗旨。

其三，驻守官兵包庇奸恶，甚至与地方奸棍匪类勾结为伍，造成百姓苦不堪言，亦增加了基层社会治理的难度。清代驻防军兵为害民间，莫甚于吴中、闽浙等地，而江浙等处营兵，为害者又多挂名营伍及奸宄土棍。刘兆麒谈到清初浙闽地方土棍挂名营伍，祸害地方时就指出，他们“大抵挂名营伍，投诚穷迫，而总以无赖土棍为奥援”，这些人中，“有招揽者，有探听者，有应援者，平日则量材而用，临时则遇事生风，得财则见者有分”，“地方侧目而视，有司莫之敢撄，以致殷懦人家日不安席，夜不安枕”。[②] 秦瑞寰亦曾反映驻防弁兵有滥收无籍游棍充伍食粮，狐假虎威之事，他们“或放头开赌，或合伙开铺，横行乡曲”，甚至置办营船，“昼则兴贩私盐，揽载客货，夜则悬刀插矢，劫掠民间”，营兵不实心剿贼除盗，却遇事观望，闻贼遁去，“始借剿为名，出屯民家，勒索酒食，指扳良善，猎诈乡村，小民受兵之惨，甚于受贼之劫”。[③]

康熙四十八年（1709）十月，据江南提督师懿德奏报，松江营游击葛寅为人甚属不端，口是心非，不仅教唆营兵欺凌已故提督张云翼家人，而且胆大妄为，公然私藏朝廷通缉的钦犯一念和尚之同党陶作楫。[④] 康熙五十三年（1714）十月，据江苏巡抚张伯行疏报，原任将军马三奇之家人吴良佐与奸商张元隆亦私相勾结，借海商牟利。[⑤]

清廷以八旗兵绿营兵驻守地方，期以弹压。江南作为清王朝的财赋要区，

---

① （清）李渔：《禁令百则·麻勒吉〈禁饬满兵〉》，载《中国古代地方法律文献》乙编第二册，第277—278页。

② （清）刘兆麒：《总制浙闽文檄》卷五，载《中国古代地方法律文献》乙编第四册，第452页。

③ （清）李渔：《禁令百则·行衢巡道碑》，载《中国古代地方法律文献》乙编第一册，第139—140页。

④ 《江南提督师懿德奏报到职任事营务情形折》（康熙四十八年十月初八日），载《康熙朝汉文朱批奏折汇编》第二册，第662页。

⑤ 《清圣祖实录》卷二六〇，康熙五十三年十月戊子，《清实录》第六册，第567页。

居民稠集，商贾众多，官兵在地方的行事尤受朝廷关注，但军兵驻防牵涉到兵民关系、地方事务中的满汉关系，从本质上讲，各种复杂的关系突出反映为地方文武的关系，悍兵刁弁扰害地方，只是种种矛盾直观、粗暴的呈现，抛开清廷针对驻防兵丁侵扰地方百姓，朝廷严旨惩戒不论，仅就地方文武各自维护兵民利益的角度而言，在处理满汉矛盾、兵民纠纷时，地方文武存在对立观点也是不可避免的。

其实，江南地方文武的疏离，并不止表现在处理兵民、满汉冲突上，更多的反映为平素就彼此隔膜、鲜有来往上。地方文武不和，自清初以来就成为较为突出的问题。康熙二十四年（1685）十二月，江宁将军博霁陛辞赴任，康熙帝在上谕中谈到江南文武关系时就曾指出，一直以来，将军、副都统与地方官不和，各不相能，自遣瓦岱为将军以后，“众志克谐，彼此和协”，文武矛盾才有所缓解，康熙帝也期望博霁能“辑睦将吏，抚恤军民”，杜防满兵扰害百姓。①

很自然，顺治以来，江南各处武弁悍将因为种种原因，凌辱地方官员的现象也时有发生。如康熙三年（1664），据江宁巡抚韩世琦题报，千总万国宾就纵令劣弁扰乱漕运，率众鼓噪，凶殴职官，焚烧民房，并将附近三村横肆抢掠，凶威烈焰，莫之敢撄，以致地方陷入一片混乱。② 康熙十八年（1679），提督扬捷遣把总至吴江县督修战船，大索赂遗，并绑缚县吏于舟中，加以凌辱，吴江知县郭琇前往交涉时，还互起争执。③

关于地方文武失和，《福惠全书》有一段文字描述，可谓切中要害，亦颇引发人们省思：

> 凡州邑俱有营弁驻防，大约非守备，则千、把总也，从科目出身者，未免轻觑营官，而营官亦恃管兵，未免衔愤州邑，每遇兵民

① 《清圣祖实录》卷一二三，康熙二十四年十二月甲申，《清实录》第五册，第306页。

② （清）韩世琦：《朱六吉招由疏》，载《抚吴疏草》卷四十七，捌辑8，第266—268页。

③ （同治）《苏州府志》卷七十二《名宦五》，第22—23页。

相哄，各自护持，而民往往为兵所欺凌，或值地方偶警，弁先混报，而地方往往为弁所骚扰，此皆文武不和之故也。①

二、绅衿生监对江苏地方社会的不良影响

“绅衿”或“绅士”一词，在明清时期的各类文献中广泛使用；生监是泛指地方各级官学的生员和国子监的荫监生，学界通常将这些人员亦归之为士绅。② 士绅是与地方政府共同管理当地事务的地方精英，他们是唯一能合法代表当地社群与官吏共商地方事务、参与政治过程的集团。③ 清代的士绅构成主要包括两个群体：一是在任、休致、罢黜闲居乡里的官员群体；二是有功名的地方人群，如文武进士、举人、贡监生、文武生员等。④ 较之于其他阶层，士绅拥有更加优越的地位。瞿同祖就曾指出，士绅在地方社群中的影响主要表现在两个圈子中：一个是在普通老百姓的圈子中，在这里，他们赢得了尊敬和追从；另一个影响圈子就是地方官圈子中，他们受到官府礼待和重视。⑤

明清时期，士绅对于政府实现某些目标来说，其作用有着不可替代性，

---

① （清）黄六鸿：《福惠全书》卷四《莅任部》，载《官箴书集成》第三册，第263页。

② 关于明清时期士绅的地位及其对明清社会的影响，学界已有较多的研究，主要有：徐茂明《江南士绅江南社会（1368—1911）》（商务印书馆2004年版）；郑克晟《试论元末明初的江南士人之境遇》《清初之苏松士绅与土国宝》，载郑克晟《明清史探实》，中国社会科学出版社2001年版；伍丹戈《明代绅衿地主的发展》（载《明史研究论丛》第二辑，江苏人民出版社1983年版）；孟昭信《试论清初的江南政策》（《吉林大学学报》1990年第3期）；周学军《明清江南儒士群体的历史变动》（《历史研究》1993年第1期）；余新忠《清前期浙西北基层社会精英的晋升途径与社会流动》（《南开学报》2000年第4期）；马学强《乡绅与明清上海社会》（《上海社科院学术季刊》1997年第1期）；［日］本村正一《关于清代社会绅士的存在》，（《史渊》第24号）；［日］山根幸夫《明代社会研究——以绅士阶层的问题为中心》（东京女大东洋史研究室1986年版）；［韩］吴金成《明清时代的国家权力与绅士——同清代权力地方渗透过程相关联》（载《山根幸夫教授退休纪念明代史论丛》，东京：1990年版）；《明清时代绅士层研究的诸问题》（载《中国史研究的成果与展望》，中国社会科学出版社1991年版）。

③ 瞿同祖：《清代地方政府》，第265—266页。

④ 瞿同祖：《清代地方政府》，第271—273页。

⑤ 瞿同祖：《清代地方政府》，第280页。

清代有不少官箴书、地方政令文献谈到了地方官如何善待士绅，区分士绅优劣以及重视发挥地方乡绅的作用等问题。如赵士麟的《抚吴条约》就明确强调："乡绅为衣冠领袖，闾党仪型，有司宜加敬礼，遇有兴除大事，必延集公庭，虚怀请益，庶几凡所施行，不致戾于人情土俗。"① 黄六鸿也强调地方官员交接士绅应以礼相待，他曾说："本地乡绅有任京外者，有告假在籍者，有闲废家居者，其交际之间，宜待之以礼"，"其有切己事，或兄弟子侄横罹意外，亦必周全体面，所以重衣冠而扶名教也。"②

士绅是州县官员了解地方民俗、通达地方民情的重要途径，清人叶镇就曾说："为官不接见绅衿，甚属偏见，地方利弊，生民休戚，非咨访绅士不能周知，若概不接见，势惟书役之言是听矣。"③ 汪辉祖也认为，地方行政应先了解民情土俗，对各色人等应勤加问察，对于绅士之言尤应引起重视，他曾说："民情土俗，四境不同，何况民之疾苦不能画一，好问察迩，是为政第一要着，书役之言，各为其私，不可轻信，阍人之说，往往为书役左袒，绅士虽不必尽贤，毕竟自顾颜面，故见客不可不勤。"④ 古人强调为政不得罪于巨室，所以对于士绅，固不可以权势相加。王凤生认为，地方治理尤应重视士绅的作用，"朝廷法纪不能尽喻于民，惟士与民亲，易于取信，如有读书敦品之士，正赖其转相劝戒，俾官之教化得行，自当爱之重之"⑤。

有用人之识，用人之才，而后可以用人，否则地方衙门就成了招权聚贿之地，地方官长亦会成为孤注之身。王长俊就认为，绅士、幕僚、佐吏各有其用，绅士是地方通达民情的中介，有如官长之耳目，无耳目则无以纳善，

---

① （清）赵士麟：《抚吴条约·正风俗》，载《中国古代地方法律文献》乙编第三册，第158页。

② （清）黄六鸿：《福惠全书》卷四《莅任部·待绅士》，载《官箴书集成》第三册，第263页。

③ （清）徐栋：《牧令书》卷七《取善·叶镇〈作吏要言〉》，载《官箴书集成》第七册，第108页。

④ （清）徐栋：《牧令书》卷七《取善·汪辉祖〈客言簿〉》，载《官箴书集成》第七册，第108—109页。

⑤ （清）徐栋：《牧令书》卷十六《王凤生〈教化绅士〉》，载《官箴书集成》第七册，第364页。

幕客为心腹，其责在为官长谋划，佐吏为股肱，其职责在将地方行政付诸实施。①

清人戴杰强调士习对民情影响很大，各处民情之趋向，通常视士习为转移，并且说："夫士为四民之首，民情之趋向，恒视士习为转移，士习端，则人心正，人心正，则风俗醇，所系顾不重欤?"② 所以他主张对士绅的行为应加以正确的引导。

士绅作为地方社群或公众的首领，他们有能力解决民间纠纷，组织募捐施赈，应对地方突发性事件，而百姓也寄希望于他们能主持伸张正义，协调地方官民关系，所以普通民众对其有所倚重，他们对官员的评价也常常引导着普通百姓的好恶。清人何耿绳就指出，民众对官员之毁誉，取决于绅士的态度，所以官员与绅士交往时，亦当审慎，尤宜与正绅接见，方能有益于地方行政，他说：

> 绅士为一方领袖，官之毁誉多以若辈为转移，采其行端望重者，偶一俯交，便觉正气隆重，人知向方；再为观风月课，整饬斯文，则众口成碑，宵小之徒，气类消索，自阴消无数事端。③

清人褚英曾专门谈到州县官如何区别对待地方正邪士绅的问题，他认为对待地方士绅，尤应区分正邪，公正者待之以礼，邪曲者拒之门外，不得不见者，亦应对其正严厉色，他说：

> 州县为亲民之官，大抵百姓之良莠易治，绅衿之优劣难分，若概行疏远，地方情形不熟，谘访无从全行，往来劣绅鬼蜮难防，必须访察公正者何人，邪曲者何人，奸猾好讼者何人，唆摆架讼者何人。如公正者见时，假以礼貌，使彼自爱，倘遇有事，尚可公同商

---

① （清）徐栋：《牧令书》卷四《用人·王仕俊〈用人为仕官亟务〉》，载《官箴书集成》第七册，第78页。

② （清）戴杰：《敬贤重学治杂录》卷一《端士习论》，载《官箴书集成》第九册，第35页。

③ （清）徐栋：《牧令书》卷十六《教化·何耿绳〈绅士〉》，载《官箴书集成》第七册，第365页。

议。邪曲者先行拒绝，如必请见晤面，即正严其声色，使有惧心，不敢再行往来。奸猾好讼者，伊不讼则已，讼则必使其终凶，使有戒心，不敢再起讼端。唆摆架讼者，时常出票严拿，使其望风逃避，否则敛迹安居，如此办理，地方庶可少事。①

瞿同祖在其论著《清代地方政府》中，专节讨论了士绅在地方行政中的地位问题。他认为士绅了解地方民情，被州县官视为“耳目”，有证据表明，如果州县官不从士绅那里获取信息和建议，他就不得不求助于另一个当地人群体，即书吏和衙役群体。不仅如此，士绅在官吏和百姓之间也充当着“调停”的角色，通过士绅向百姓下达命令，比通过正常的政府渠道要容易贯彻得多。无论属个人行动，还是集体行动，士绅作为一个代表共同体利益的集团，他们是唯一可以通过公认的渠道向州县官或更高的官吏表达抗议或施加压力的集团。除了提出咨询建议外，士绅还参与地方的公共工程、公共福利、教育活动、保甲管理、组建民团等事务。② 清人叶镇就指出：“邑有兴建，非公正绅士不能筹办，如修治城垣、学宫及各祠庙，建育婴堂，修治街道，俱赖绅士倡劝，始终经理。”③

不可否认，明清时期，士绅在州县治理的过程中有其积极的贡献。但绅衿生监集团良莠不一，在涉及其集团自身甚至家族利益时，他们也常常会与州县等官生发矛盾和冲突，在追求个人利益极大化的过程中，士绅的行为不仅会危害广大百姓，而且会严重抗违朝廷的政令法律，甚至沦为地方社会的

① （清）褚英：《州县初仕小补》卷下《绅士优劣》，载《官箴书集成》第八册，第766页。

② 参见瞿同祖《清代地方政府》。第288—293页。

③ （清）徐栋：《牧令书》卷七《取善·叶镇〈作吏要言〉》，载《官箴书集成》第七册，第108页。

公害。①

清初，江南士绅遭到了官府的严厉打击。顺治时，清平定江南，克扬州，清军在此大肆杀戮。其后，清王朝又在江南强力推行剃发令，江南各地以士绅为首领的反剃发斗争兴起，但江南武力抗清的绅民既无训练，又属乌合之众，很快就被清军剿灭，江阴、嘉定等地发生了屠城惨案，各地士绅遭受了前所未遇的打击，江南“乡绅谢世者颇多……衣冠士庶俱遭不幸，真非常之大厄会也”②。经过清初江南奏销等案的打击之后，江南士绅“半归废斥，大都以名义自处，虽登两榜，官禁林者，卒安贫处困，或出入徒步，不自矜炫”。其地位亦不能与明时相比，以致“里巷狡猾不逞之徒见绅士无所畏避，因凌烁之，绅士亦俛首焉。又风俗之一变也”③。

清初以降，地方社会事务的处理，州县官更多的是依靠胥吏，以致有吏役凌烁地方士绅的问题。叶梦珠在谈到清初江南士风之变时也说：“本朝初定江南，习闻弘光之风，不复寻先朝之度，当事者往往纵情任意，甚而惟贿是求，讼师衙蠹，表里作奸，赋役繁兴，讼狱滋扰，郡县胥吏，得以狎侮士林，

① 明代后期，江南生监乡绅人等把持舆论，干预地方行政，倚势而武断乡里的问题就较为突出，明末清初学者顾炎武曾有废天下生员之议，他认为“废天下之生员，而官府之政清；废天下之生员，而百姓之困苏；废天下之生员，而门户之习除；废天下之生员，而用世之材出。”（见（清）顾炎武《亭林文集》卷一《生员论中》，载《顾炎武全集》第二十一册，第69—70页。）而清人陆文衡谈到吴地前明士子之风时曾说：“吴下士子好持公论，见官府有贪残不法者，即集众倡言，为孚号扬庭之举，上台亦往往采纳其言。此前明故事也。”（见（明）陆文衡《啬庵随笔》卷三《时事》，转引自范金民《科第冠海内，人文甲天下：明清江南文化研究》，江苏人民出版社2018年版，第31页）。万历时，赵南星则将乡官之害称为天下“四害”之一，而且说：“夫吏于土者，不过守令，而乡官之中多大于守令者，是以乡官往往凌虐平民，肆行吞噬，有司稍稍禁戢，则明辱暗害，无所不至。”（见（明）赵南星《赵忠毅公文集》卷十九《敬循职掌剖露良心疏》，《四库禁毁书丛刊》集部第68册，第569页。）崇祯时，刘宗周亦曾忿然指斥衿绅把持地方，在其所上的疏中就说：“江南冠盖辐辏之地，无一事无衿绅孝廉把持，无一时无衿绅孝廉嘱托，有司惟力是视，有钱者生。且亦有衅起琐亵，而两造动至费不赀以乞乡居之牍，至转辗更番求胜，皆不破家不已。甚之或径行贿于问官，或假抽丰于乡客，动盈千百，日新同盛，官府之不法，未有甚于此者也。”（见（明）刘宗周《刘子全书》卷十七《文编四・责成巡方职掌以振扬天下风纪立奏化成之效疏》，清道光间会稽吴氏刻本，第52—53页。）

② 佚名：《吴城日记》卷中，江苏古籍出版社1999年版。

③ （光绪）《昆新两县续修合志》卷一《风俗・占候》，第28页。

旧日朱门无不破家从事，数十年之间，士风靡弊极矣。”① 尽管清初以来江苏地方士绅地位已不如明时，但不可否认的是，江南士绅对地方官民商贾仍有较大的影响。

康熙二十九年（1690）九月，江苏巡抚郑端陛辞，康熙帝与其谈论江苏地方的情形时就指出，江苏虽为繁华之地，但并非风俗纯良之地，此处人心不古，而乡绅不奉法者亦多。② 雍正元年（1723）九月，向导总管副都统觉罗佛伦在奏陈地方民情时亦指出，各处州县庶民之患，“不仅在于官员之邪恶，还有地方乡宦、富豪、恶棍之暴虐，其强买民人田宅，欺行霸市，甚至强占民女，并勾结书办、衙役、官府之人，欺骗地方百姓，巧立名目，肆意摊派，或私闯他室，敲诈勒索”。他们忍受着众多豺狼的压迫，有冤无处申。③ 乾隆十二年（1747），乾隆帝的上谕谈到清初以来士绅横行乡里，鱼肉百姓，就说：

> 从前各处乡绅恃势武断，凌虐桑梓，欺侮邻民，大为地方之害。及雍正年间，加意整饬，严行禁止，各绅士始知遵守法度，循分自爱，不敢稍涉外事。乃近来旧习复萌，竟有不顾功令，恣意妄行。④

明清之时，生员是活跃于地方的一个巨大社会群体。明时“合天下之生员，县以三百计，不下五十万人”，顾炎武认为这些人通经能文者少之又少，他们大多无益于国家而有害地方。“然求其成文者，数十人不得一；通经知古今，可为天子用者，数千人不得一也。而嚣讼逋顽，以病有司者，比比而是。上之人以是益厌之，而其待之也日益轻，为之条约也日益苛，然以此益厌益轻益苛之生员，而下之人犹日夜奔走之如骛，竭其力而后止者，何也？一得为此，则免于编氓之役，不受侵于里胥，齿于衣冠，得以礼见官长，而无笞

① （清）叶梦珠：《阅世编》卷四《士风》，第96页。

② 《康熙起居注》，康熙二十九年九月二十八日乙卯，第四册，第263页。

③ 《副都统佛伦奏陈遣官稽察民情折》（雍正元年九月二十三日），载《雍正朝满文朱批奏折全译》，第368页。

④ 《清高宗实录》卷二九六，乾隆十二年八月甲子。

捶之辱，故今之愿为生员者非必其慕功名也，保身家而已。”① 然而，在明后期，就是这样一群技无所长的生员，在地方上却有呼风唤雨之能，他们武断乡曲，滋是生非，地方官竟然拿他们没办法。顾炎武在谈到明末生员祸害乡里的情形时就说：

今天下之出入公门，以挠官府之政者，生员也；倚势以武断于乡里者，生员也；与胥史为缘，甚有身自为胥吏者，生员也；官府一拂其意，则群起而哄者，生员也；把持官府之阴事，而与之为市者，生员也。……上之人欲治之而不可治也，欲锄之而不可锄也。小有所加，则曰：是杀士也，坑儒也。②

黄印在其所著的《锡金识小录》中，谈到清初江苏无锡、金匮两县生监等员的种种劣迹时亦说，“生监出入县庭，把持官府，鱼肉乡民”，其中声名狼藉的生员，顺治至康熙初年共有 13 人，康熙中期共有 7 个。③ 乾隆五年（1740）正月，雅尔图在《檄示》中曾谈到河南生员有自甘暴弃，沦于污下之辈，“或结党营私，把持包揽，武断乡曲，反制官长，出入衙门，起灭词讼”，种种恶行难以尽述，堪称“士林之败类”。④ 其实，全国各省的生员又何尝不是这样。雍正元年（1723）三月，监察御史颜德讷就在其所上奏折中指出，各省文武生员，“或有不肖之徒仗其生员身份，州县官员无可奈何而恣意嚣凌，与该州县官员抗衡，欺贫霸市，凡粮食等项贱买贵卖，坑害贫民。地方官员如加干涉，即纠众往闹官府，此风极为普遍”⑤。

康熙雍正时期，江苏各处士绅营私不法，扰害乡民，妨碍州县行政，给地方带来了种种不良影响，主要可以归纳为以下三个方面：

---

① （清）顾炎武：《亭林文集》卷一《生员论上》，载《顾炎武全集》第二十一册，第 68 页。

② （清）顾炎武：《亭林文集》卷一《生员论中》，载《顾炎武全集》第二十一册，第 70 页。

③ 参见瞿同祖《清代地方政府》，第 284 页。

④ （清）雅尔图：《檄示》卷一，载《中国古代地方法律文献》乙编第十册，第 333 页。

⑤ 《监察御史颜德讷奏请禁止官员私用驿马等事折》（雍正元年三月初二日），载《雍正朝满文朱批奏折全译》，第 43 页。

一是抗欠钱粮，欺隐课占田地。明清时期，士绅有一定数额的赋税减免特权，但他们大多不满足于朝廷这种有限的减免，试图以种种手段逃避应纳田赋。如顺治十七年（1660），江南抗粮不纳一案就涉及士绅欠税人员众多，苏州府、松江府、常州府、镇江府和溧阳县四府一县，发现有13517名绅衿生监抗欠不纳。康熙初年，江宁巡抚韩世琦题疏有不少反映苏州、松江、常州等五府各县抗欠绅衿的个案处理情况。康熙元年（1662）五月，韩世琦在题疏中就指出，江南各处的逋欠钱粮，皆由该地方顽劣绅衿倚势抗粮，以致兵饷稽误。[①] 同年六月，韩世琦的题疏专门反映了宜兴劣绅徐珏美等人抗欠的详情。徐珏美、徐懋华、徐懋昡、徐丙备皆系宜兴之劣绅，而悍仆闻三仲等人则为豪门之鹰犬，徐珏美等人"倚恃宦裔，恣肆雄行，视有司为蔑如，逋赋税为常事"，徐珏美等名下将总户徐义庄所有岁额钱粮历久不行清完，顺治十二年至十六年间，欠银就多达一千一百余两，县官奉公催纳，徐珏美等人竟公然抗违官府，"率众咆哮，拥入县堂，毁官抗比"[②]。康熙二年（1663）十一月，据韩世琦疏报，娄县豪绅何铿亦逋欠官赋甚多，何铿原任山东博兴知县，罢职居乡以后，本应为民表率，但每临完赋限期，不见其家人踪影，催欠之人亦感叹曰："侯门似海，莫可谁何？"以致何铿历年拖欠白折银等各项钱粮二千余两。[③] 同月，韩疏还反映了奸徒张寿钟诡冒原东兖道张弘俊户名抗粮欠纳之事，据张秦钟事后招认和张弘俊疏辩，二人虽同姓张，但南北异籍，非同族子侄，张弘俊父祖等人亦从未在江阴置有田土，张秦钟等人却诡冒张弘俊之名"立户巧图，躲闪差徭"，以致张弘俊在江阴有未完钱粮之事。[④]

雍正四年（1726）四月，江苏巡抚张楷在奏折中谈到地方绅衿祸害时曾说，"江苏俗浇地剧，其中不法衿监恃有护符，毒害地方，靡所不至"，他们

① （清）韩世琦：《题明凌措疏》，载《抚吴疏草》卷三，捌辑5，第405页。
② （清）韩世琦：《徐珏美等招疏》，载《抚吴疏草》卷七，捌辑5，第573—574页。
③ （清）韩世琦：《参何铿欠粮疏》，载《抚吴疏草》卷三十一，捌辑7，第232—233页。
④ （清）韩世琦：《张秦钟招由疏》，载《抚吴疏草》卷三十一，捌辑7，第219—220页。

或抗欠钱粮，或窝藏匪类，或唆讼奸占。常熟县进士曾任巩昌知府的赵友夔就自恃世宦，居乡以后，以讼棍豪奴为鹰犬，在地方积恶多端，民所共愤。[①]实际上，雍正年间，江苏衿监抗欠，甚至大闹公堂之事时有发生，据署江宁巡抚何天培疏报，昆山县生监徐元礼等人就包排抗粮，纠党辱官，并在各处遍张揭帖，阻挠考试，地方官对该案久拖未审解。[②] 雍正四年八月，江苏巡抚张楷亦疏报太仓州强绅王原博等人抗欠地丁、芦课，包揽族户钱粮为数甚多。王原博又名王迪文，系原任武清知县捐升候补主事，他与同族监生王向存抗欠包揽官府钱粮甚多，经江苏布、按二司长官查明，王原博名下抗欠历年地丁银就有二千七百七十二两，米二百六石，欠各年芦课银一百六十两，而其包揽族户抗欠地丁银更是多达一万六千二百四十二两，米八百三十九石，各年芦课银合计二千零三十四两，王原博、王向存二人还指令仆人陈元明、陆秀甫等人勒令民田捆并宦甲，包揽私收。王原博一家田连阡陌，不思急公完纳，却抗欠包揽，目无法纪，给地方赋税征收带来了极大的麻烦，在地方造成了十分恶劣的影响。[③]

二是欺辱良懦，纵容子弟、奴仆行恶，劣迹斑斑。明清之时，劣绅为害，莫过于欺男霸女，横行乡里。类似案例，自顺治以来在江南各地就频繁发生。如康熙四年（1665）七月，江宁巡抚韩世琦在题疏中详报了宜兴徐懋晐蛇蝎心术，豺狼行径，徐氏仗恃其宦族之声势，借父兄之余焰，横行乡曲，荼毒商民，在地方作恶不法，其行为不异绿林暴客，百姓恨之入骨，民间告发他的冤词盈几，韩世琦巡行至宜兴，竟有数百人前来鸣冤叫屈，申诉于庭中，徐懋晐不仅抗粮辱官，而且纵容恶仆窝藏盗匪，借尸吓诈，勒夺强占，残害

---

① 《江苏巡抚张楷奏遵旨密拿不法衿监等事折》（雍正四年四月二十一日），载《雍正朝汉文朱批奏折汇编》第七册，第172页。

② （清）隆科多等：《谨题为钦奉恩诏》（雍正二年七月初五日），载《雍正朝内阁六科史书·吏科》第十三册，第176页。

③ （清）张楷：《谨题为特参强绅抗欠包揽钱粮等事》（雍正四年八月初三日），载《雍正朝内阁六科史书·吏科》第三十册，第217页。

人命，涉及罪恶凡二十款。韩世琦斥之为“衣冠中之枭獍，名教中之蠹贼”①。康熙三十一年（1692）正月，两江总督傅拉塔的奏折详细报告了昆山县名宦徐乾学父子家人为害乡里、致死人命等事。徐乾学、徐元文、徐秉义兄弟三人官贵文名，人称“昆山三徐”。康熙九年（1670），徐乾学进士及第，授翰林院编修，后累官至左都御史、刑部尚书，至康熙三十年因事革职，其间，官民控告徐乾学子弟家人不法事多至二十余起。康熙三十年（1691）七月，据苏州府报，昆山知县详称，经审讯民妇刘氏得知，刘氏之子严福先因出城告发徐乾学恃强凌人事，徐乾学之子徐树毂知道后，派家人唐友、唐守等人将严福逮至唐友家，殴打致死。傅拉塔还在奏折中谈到徐氏父子与地方勾结以及其他种种不法之事，并指控徐氏父子与江苏巡抚郑端等人关系甚密，郑亦试图包庇徐氏父子及家人，由于徐乾学父子兄弟威名凶残传扬各地，地方人等对此辈兄弟无人不奉承，无人不畏惧，徐家子弟亦仗恃父叔在朝中为官，出入地方各级官府如履家门，他们在地方扰害百姓，营私舞弊，擅作威福，隐瞒田地，不缴钱粮，以强凌弱，抢占民宅民田，害人性命，种种罪恶甚多，据傅拉塔查访呈报，共有十五款之多。②

雍正四年（1726）四月，江宁巡抚张楷疏参常熟恶宦赵友夔父子家人毒荼善良等种种恶迹。赵友夔原任巩昌知府，离任闲居昆山县以后，自恃官宦身份，罔视法纪，纵令其子举人赵贵斯、其叔赵良玉与门客钱哲公、讼棍龚善长、恶仆钱等人，惹是生非，“婪赃炙诈，毒害乡闾”，以致道路侧目，并引发地方公愤。③

三是包揽词讼，挑起纠纷，干预地方司法。明清之时，士绅的特殊身份和法律特权，加上他们在地方的名望和影响，使得他们与官府有着千丝万缕

---

① （清）韩世琦：《覆徐懋昹招由疏》，载《抚吴疏草》卷十七，捌辑 6，第 353—356 页。

② 《两江总督傅拉塔奏陈枉遭江苏巡抚郑端诬陷折》（康熙三十一年正月初四日），载《康熙朝满文朱批奏折全译》，第 24 页。

③ （清）张楷：《谨题为访参积恶世宦等事》（雍正四年四月二十一日），载《雍正朝内阁六科史书·吏科》第二十八册，第 172—173 页。

的勾连。一些在家终养的官宦虽已闲居乡里，并无昔日权势，但因有多年官场的经历，不仅其自身在官场仍有很大的能量，而且因其门生故交甚多，所以地方官员对其不敢不敬，也不敢漠视其言论。生监等员的地位固然不能与州县官平起平坐，不能随时进见州县官，但他们与州县衙役、书吏人等往往声气相通，甚至保持着某种利益关系，特别是充当讼师的生监等员，他们更是与衙门时相往来，借讼生事，煽惑乡愚。

汪辉祖指出，“士而干讼，必不可纵”，士绅干讼，或为利益，或为袒护亲友，皆属不自重的表现，所以他说“士不自爱，乃好干讼”，士绅对于讼事，若非牵涉自身，不得已方出庭问供，“或为邻右，或为干证护符袒讼者，点名之后，概不问供”。[①] 清人褚英更是主张对干讼的刁生劣监施以严惩，他在所著的《州县初仕小补》中，就专门谈到了生监包揽词讼的具体处理问题，他说：

> 贡、监生员每多包揽词讼，平空插入扛帮讼事，如果到案，不可轻易责打，即或逞刁顶撞，亦不可认真发怒，即交号房看守，速将可恶之处及平日恶迹据实声叙详情，斥革功名，奉到批示，然后用刑惩办，始无后患。[②]

康熙元年（1662）六月，江宁巡抚韩世琦谈到地方生员的约束时指出，根据《学政全书》的规定，“生员有平日不务学业，嘱托把持，武断包揽，兴灭词讼，过恶彰闻者，体访得真，即行黜革”[③]。

事实上，对于地方生员的约束，清廷既有学臣之设，而《学政全书》《大清会典》以及各类地方志又有关于士子所应遵依的基本规条，官府对士子的要求包括读书明理，孝顺父母；效法清官，行利国爱民之事；不得干求官长，交结势要；不得轻入官司衙门，与他人轻易发生词讼；对于地方军民的一切

---

① （清）徐栋：《牧令书》卷十六《教化·治士子干讼》，载《官箴书集成》第七册，第364页。

② （清）褚英：《州县初仕小补》卷下《刁生劣监》，载《官箴书集成》第八册，第762页。

③ （清）韩世琦：《参溧阳县迟报绅衿完欠钱粮疏》，载《抚吴疏草》卷六，捌辑5，第514页。

利病，不能随便上书陈言；更不得纠党结社，把持官府，武断乡里，等等。①但生员人等往往置官府禁令于不顾，他们参与词讼也习以为常，特别是那些家境贫苦其本身又未受到地方官重视的生员，他们常常与衙役、乡愚相勾结，并成为那种社会小说里的诅咒对象。②

康熙年间，江苏学政许汝霖对江南士子生员的涉讼曾出示严禁，对江南州县涉讼的根源也有所揭示，并指出百姓因小愤而生争执，互不相让，虚词告官，固然由于一时好争短长所起，但也有由于讼师、奸徒、地方秀才的鼓动所致，秀才煽惑乡愚，固有玷于声名，亦加剧了民间的诬告之风。在禁示中，他曾严厉警告秀才生员说，此后如再于民间煽惑鼓动，将命“发学戒饬”，以儆后来。③

自清初以来，江南生员甚至有因不满于州县官的行政举措而捏词诬告之事。康熙二年（1663）十二月，江宁巡抚韩世琦的题疏就详细陈述了江南宁国府泾县生员方振邦、武举查志洙编造虚词，诬告本县知县娄维岑的过程。方、查二人挟仇报复，曾前后八次前往总督、巡抚衙门告发泾县知县，又勾连纠合奸徒，杜撰事实，开列娄知县罪名多达十八款，而且基本上属无根之词。如告娄贪赃十有余万，杖毙数十人，诬良为盗，勒索乡试武生，擅闯民家，窥伺人妇，甚至谋叛等罪名，皆属捏造，甚至干证都查无其人。方振邦作为地方劣衿，在泾县可谓恶名昭彰，曾因地方实行均役之法而殴辱前令。武举查志洙应试，曾因托仆代考受到处理，二人为雪私愤遂合计诬告。此案后奉旨推勘，司厅会审九次，确证纯属劣绅讦告。④康熙四年（1665）二月，江宁巡抚韩世琦又疏报了废官之子李桂林捏词诬告江阴知县何尔彬的情况。

① 张仲礼著：《中国绅士——关于其在 19 世纪中国社会中作用的研究》，李荣昌译，上海社会科学出版社 1991 年版，第 201—202 页。

② Ho Ping-ti，*The ladder of Success in Imperial China*：*Aspect of Social Mobility in China 1368—1911*，Columbia University Press，1962，99，36—37.

③ （清）许汝霖：《课士条约·严禁健讼》，载《中国古代地方法律文献》乙编第六册，第 243—244 页。

④ （清）韩世琦：《方振邦等招疏》，载《抚吴疏草》卷三十三，捌辑 7，第 315—322 页。

李桂林系顺天府玉田县生员，原为废官之子，因在江阴地方恣横，江阴知县何尔彬对其驱逐过严，遂尔险谋雪愤，告发县役何其伟，又借题罗织，无中生有，牵连到何尔彬知县本人，该案经过法司审理，亦确认为诬告。①

士绅讦告地方官长案，既反映出江南地方绅宦关系的复杂，也可以由此看出他们对于地方刁讼之风造成的不良影响。事实上，康雍年间，朝廷对江南籍的休致、闲住故里终养官员乡居的行为也是较为关注的，这不仅仅是因为他们有长期效力的劳绩，更为关键的是，他们的居乡行为对地方行政是否会造成难以逆料的后果。而且一些居乡的江南籍高官也确实不安本分，他们身已不在其位，却对朝中之事四处打听，对地方事务亦不无干预。如康熙后期，原任户部尚书王鸿绪解职回家乡居以后，每月必差家人进京至伊兄处打探宫中之事，“无中作有，摇惑人心”②，甚至关注太子废立这样敏感的朝政大事。王鸿绪在江南的影响也无处不在，据李煦奏报，王在江南“门生故旧处处有人，即今江苏新抚臣张伯行亦鸿绪门生”，在陕西任过道臣的程兆麟及原山东东平知州范溥，二人受王鸿绪的差派，往来于苏州、扬州间，四处招摇，其行为也引起了康熙帝的警觉。③ 又据两江总督傅拉塔反映，王鸿绪、徐乾学在江南都有很大的势力，两人争强斗胜，互为仇敌，他们在朝中为官时，就对江南有很大的政治影响，甚至插手地方秋审案件，徐乾学为清初著名学者顾炎武的外甥，徐乾学的老师则是清初理学名臣熊赐履，徐乾学被傅拉塔告发以后，其师熊赐履曾因此请托于傅拉塔，而王鸿绪亦曾因为案事接受过地方的馈赠。④ 徐、王二人干预江苏地方事务被两江总督举报以后，其家人行为

① （清）韩世琦：《李桂林诬告江阴何知县招疏》，载《抚吴疏草》卷五十二，捌辑 8，第 538—539 页。

② 《苏州织造李煦奏报王鸿绪等探听宫禁之事摇惑人心折》（康熙四十八年十二月初二日），载《康熙朝汉文朱批奏折汇编》第二册，第 703 页。

③ 《苏州织造李煦奏报王鸿绪等乱言东宫虽又复位约束难定折》（康熙四十九年正月十九日），载《康熙朝汉文朱批奏折汇编》第二册，第 736—737 页。

④ 《两江总督傅拉塔遭江苏巡抚无端诬陷折》（康熙三十一年正月初四日），载《康熙朝满文朱批奏折全译》，第 24—25 页。

有所收敛，受此案的影响，江南乡绅强占民人田房的亦有主动退回者。[①] 由此也可以想见，地方巨族对一般乡绅所带来的影响。

三、康雍年间江苏的私盐问题及其对地方社会的影响

盐课是古代国家赋税的重要来源，它与田赋、关税同为清王朝财政收入的三大项款。清代盐政实行国家专卖的管理体制，按地域分割商人的行盐区间，江苏是清王朝最重要的盐产区和运销区。根据定制，江苏各府食盐区域划分为浙盐和淮盐两大片区，其中苏州、松江、常州、镇江四府食浙盐，江宁、淮安、扬州三府并徐州直隶州食淮盐，[②] 而两大片区又数淮盐的地位最为特殊。清代两淮之泰、通、海分司下辖三十个盐场，鼎盛之时，岁课当天下租庸之半。两淮盐院李公弼就指出，“两淮盐课乃国家财赋之源”[③]，两淮行盐覆盖甚广，明代两淮盐运司所领盐场泰州分司十，通州分司十一，淮安分司十，仪真、淮安二批验所，其行盐区域所及，包括南直隶、河南、湖广、江西所属三十七府之地，岁解太仓正杂课银六十八万二千余两，增新饷二十一万两。[④] 清朝两淮盐境“西尽两湖，北至河南之归、陈、光，而东下尽徐州，南自江宁，沿江以西，尽江西之域”。清代两淮行盐“幅员六省，纲食盐二百万引”[⑤]。

盐课上关国赋，下裕民生，而其弊亦多，清人郑祖琛就认为，“弊莫甚于

---

① 《两江总督傅拉塔奏报地方官员操守折》（康熙三十二年正月初四日），载《康熙朝满文朱批奏折全译》，第 38 页。

② 《江宁巡抚吴存礼奏遵旨为查私盐清在浙并报粮价折》（康熙五十五年五月十五日），载《康熙朝汉文朱批奏折汇编》第七册，第 87 页。

③ （清）李渔：《禁令百则 · 李公弼〈禁封船〉》，载《中国古代地方法律文献》乙编第一册，第 212 页。

④ （清）顾炎武：《肇域志 · 南直隶》，载《顾炎武全集》第六册，第 1 页。

⑤ （清）包世臣：《淮盐三策》，载《皇朝经世文编》卷四九《户政二十四 · 盐课上》，《魏源全集》第十五册，第 654 页。

盐法”，而盐课之弊，由于引目之不能流通，价值之不能平减，盐弊又莫过于私贩，“出之于场灶，则偷漏有弊，夹带有弊；验之于监掣，则掌称有弊，捆包有弊；运之于中途，则换驳有弊，改包有弊；行之于口岸，则加卤耗有弊，加三带有弊；售之于水贩，则掺和有弊，轻称有弊。甚至船户商厮，交相勾串，江湖险阻，捏报淹消”①。私盐不仅损商误课，而且对国家盐法构成重大挑战，两淮盐弊，贩私之弊，为害尤剧。②《历代盐政沿革》论及天下盐课利弊亦曰：“天下盐课，两淮独居其半，乃利之所竞，弊亦随之。”③康雍年间，江苏私盐之弊突出反映为武力贩私和大宗走私，私贩与官府勾连，贩私难以禁遏，官役借缉私滋扰民间。

无引贩售，此入彼界，皆为私盐。清初以来，一向有食盐贩售私畅之说。包世臣曾归纳清代私盐种类多至十一种，如“正引额三百四十斤，而淮南捆至五百余斤，淮北且及倍”，是为官商夹带之私；官盐船户自带私盐沿途销售者，谓之船私；“回空粮艘夹带以灌江、广腹内者”，为漕私；“各口岸商巡捕，获私盐入店，名曰功盐，作官售卖，而不遵例按斤配引输课者，功私也”。④

自顺治起，江苏的私盐就屡禁不绝，各类私贩方兴未艾，穷民仗贩私以

---

① （清）郑祖琛：《更盐法》，载《皇朝经世文编》卷四九《户政二十四·盐课上》，《魏源全集》第十五册，第650页。

② 关于两淮盐法、盐务、盐课的研究，一直备受学界重视，成果也较多，相关研究成果主要有：林永匡：《清初的两淮运司盐政》，《安徽史学》1986年第3期；汪崇筼：《明清淮盐经营中的引窝、税费和利润》，《安徽史学》2003年第4期；吴海波：《清代两淮榷盐体制的演变与私盐》，《求索》2005年第3期；张荣生：《古代淮南盐区的盐务管理》，《盐业史研究》2002年第1、2期；段超：《陶澍盐务改革及其时代特点》，《江汉论坛》2000年第12期等。对于两淮私盐之弊，学界关注较多的是乾隆以后的情况，对于清初至雍正期间江苏的贩缉私问题涉及较少，相关研究成果主要有：方裕谨：《道光初年两淮私盐研究》，《历史档案》1998年第4期；张小也：《清代盐政中的缉私问题》，《清史研究》2000年第1期；吴海波：《清中叶两淮私盐与地方社会》，复旦大学2007年博士学位论文；吴海波：《清中叶两淮私盐及其个案分析》，《四川理工学院》（社会科学版）2010年第5期；吴海波：《私盐、盐枭与政府——以道光十年仪征黄玉林案为例》，《历史档案》2008年第1期。

③ 《户部盐法志·历代盐政沿革》，载《皇朝经世文编》卷五十《户政二十五·盐课下》，《魏源全集》第十五册，第708页。

④ （清）包世臣：《淮盐三策》，载《皇朝经世文编》卷四九《户政二十四·盐课上》，《魏源全集》第十五册，第654页。

谋生，商贾借私盐以图利，官役武弁亦参与其中，导致贩私越发不可收拾。郑祖琛就曾论及清代私盐猖獗及贩私利益链中官民商贾的不同目的：

盖小民惟利是趋，今见场之可以无引而售也，则亦无引以售之；商之可以夹带而行也，则亦夹带以行之。而商之借官行私者，以为官引之滞销，皆民之私有以害之，结纳地方文武，自郡县以至营弁佐贰，无不为其所使，而四方游客，下隶佣夫贩竖，人人觊觎于盐商，于是为商者，操行同于贱隶，服用拟于公侯。匣费磨单，公销私用，巡船卡栅，朝改暮更，假巡缉之名，逻骑四出，舍大伙私枭于不问，而日取步贩肩挑以为鱼肉。卒之经费愈多，则成本愈重，官直昂于私直之半，虽驱天下之穷民，而尽入于囹圄，其势终不能止，持竿执梃，甚且为盗贼之原。①

在郑祖琛看来，清代私盐难以禁止，虽然有民间受利益驱动的影响，但官商勾结，盐捕营弁等坏乱国家法纪，置私枭大伙于不问，才是症结所在。

清人邱嘉穗在《广盐屯》一疏中就指出，盐为天地自然之利，亦为穷苦人家续命之计，“穷民之所以贩盐而冒死不顾者，非徒以供滋味之需而已。彼实以家无宿储，专恃营运，荷担而往，易米而归，而一家之妇子所资以为命者也”。“穷民能肩荷背负者，犹可藉之以少延残喘，而卒不免于犯上之厉禁”。②

康熙时，各处流民觅食江南，有不少人成群集结，参与到江南兴贩私盐的行列。康熙四十七年（1708）三月，据两淮巡盐御史李煦奏报，李煦到任之后，就查得河南、山东、淮北等处流棍多在扬州等地结伴兴贩私盐，百数成群，他们在三江营、西马镇、戴桥镇、章石汤、八港口、南新洲等处出没

---

① （清）郑祖琛：《更盐法》，载《皇朝经世文编》卷四九《户政二十四·盐课上》，《魏源全集》第十五册，第650—651页。

② （清）邱嘉穗：《广盐屯》，载《皇朝经世文编》卷四九《户政二十四·盐课上》，《魏源全集》第十五册，第684页。

无常。[①] 康熙时，江苏各处私贩成群结队，规模大者人众多达至数十甚至数百人不等。康熙五十五年（1716）三月，康熙帝与内阁官员松柱、永葆等人在讨论两浙巡盐御史诺米关于各处偷卖私盐问题的题疏时，就谈到江南贩私规模庞大，指出往年江南卖私盐者甚多，一伙有至数百人者。[②]

雍正二年（1724）正月，据署江宁巡抚何天培奏报，雍正时，淮扬沿江一带私盐充斥，他们大多为小民私贩，淮扬地与浙省连界，因浙省农田失收，流民觅食，遂借逃荒四处流浪，贩私混入江南境内，流民直入吴江、常熟、昆山、青浦诸处，他们“装载小船，百十为群，越境私卖”[③]。同年二月，江南提督高其位也折报浙江饥民因觅食，“负贩私盐，潜入江傍”[④]，他们累百成群，进入苏松地界贩售私盐。

清初以来，江苏的私盐兴贩，又反映为武力贩私和大宗走私，而无业游食之徒与刁民匪类勾结以后，也有发展为团伙贩卖，甚至持械贩运的。顺治四年（1647），清廷给户部的上谕就指出，官盐壅滞，主要由于各处奸民“指称投充满洲，率领东兵，车载驴驮”，他们携带弓矢，公开贩卖私盐。[⑤] 顺治年间，范歪嘴贩运私盐，雇用唐得胜、李成等人列械护行，不仅配备弓箭、腰刀等军器，而且假冒营兵，张弓跃矢，射伤官捕顾齐等三人。[⑥]

康熙元年（1662），奸民张自新等人的贩私，也以武力相捍卫。张自新兴贩私盐，“且纠集多人，擅驾双桅船支出海，随带炮箭等项”[⑦]，抗拒江阴营官

---

① 《苏州织造李煦奏为请饬地方官拿私盐折》（康熙四十七年三月），载《康熙朝汉文朱批奏折汇编》第一册，第 894 页。

② 《康熙起居注》，康熙五十五年三月二十五日丙辰，第八册，第 269 页。

③ 《署江宁巡抚何天培奏陈饬属查禁捕盐折》（雍正二年二月二十一日），载《雍正朝汉文朱批奏折汇编》第二册，第 551 页。

④ 《江南提督高其位奏报驱捕盐徒折》（雍正二年二月二十一日），载《雍正朝汉文朱批奏折汇编》第二册，第 625 页。

⑤ （光绪）《两淮盐法志》卷一《王制门 · 制诏一》，载《续修四库全书》第 842 册，上海古籍出版社 2002 年版，第 618—619 页。

⑥ （清）韩世琦：《覆唐得胜等招由疏》，载《抚吴疏草》卷二十三，捌辑 6，第 614—615 页。

⑦ （清）韩世琦：《请公审盐枭疏》，载《抚吴疏草》卷二十六，捌辑 6，第 769 页。

兵的查拿。康熙五十一年（1712）八月，江南提督师懿德在奏折中指出，江北、江南各处私盐充斥，枭徒聚集结伙，丝毫不惧怕地方的查拿，因为他们的力量足以对抗地方官府，这些人多属山东、江南的无业“游食之徒”，“流入江北产盐之区，勾引本地匪类，窝顿兴贩，每一盐头名下，聚领一二百人或六、七十人不等，大伙列械，在于江面船载由三江营等处运卸，以车推担挑各处，成群贩卖，尽属亡命”①。有的甚至以私贩为常业，毫无忌惮。徐文弼谈到清代各地大伙武力贩私时指出，大伙盐徒肆无忌惮，“南方撑驾大船，北地多驴驮负，弓刀炮火，白昼公行，庄村任其经过，捕壮不敢稽拦”。江淮、两浙商贾，“例有管理上场下河等伙计，其不肖之徒，纠合无赖（买私），连樯运载，明插旗号，执持官引以为影射，江河四达，莫敢伊何”②！

雍正元年（1723）三月，监察御史莽鹄立亦曾在奏报中指出，各处不法刁民不顾朝廷明禁，他们“舍命图利，结伙持械，公然抗拒，强行贩运。虽有官兵，亦惧于生事不能奈何”③。同年九月，两江总督查弼纳奏报两淮私贩情形时亦说，两淮私盐多成群结伙，“自河南、山东而来之贩子，与本地刁民成百成百地结成群伙，贩卖私盐，他们或由旱路以驴驮运，或装载数船，兵戈押运，无所顾忌”。很多私贩原本迫于饥寒，为谋生计而偷偷兴私贩私，但因与刁民勾结，或因奸雄领头授意，他们也变得胆大妄为起来，不仅成为团伙贩私的员众，而且因贩私竟敢与官府相抗，这也是朝廷和地方大员所担忧的。在查弼纳看来，很多私贩发展成为盐枭巨恶并非偶然，其“初始因为饥馑难耐而贩卖私盐，继而得利又不忍罢手，遂致为盗，扰害生民”④。

---

① 《江南提督师懿德奏报缉获江北盐枭始末折》（康熙五十一年八月十八日），载《康熙朝汉文朱批奏折汇编》第四册，第391页。

② （清）徐文弼：《缉私盐》，载《皇朝经世文编》卷五十《户政二十五·盐课下》，《魏源全集》第十五册，第731页。

③ 《监察御史莽鹄立奏报遵旨访查巡盐情弊折》（雍正元年三月二十日），载《雍正朝满文朱批奏折全译》，第57页。

④ 《两江总督查弼纳奏请严缉盐枭以裕国帑安民折》（雍正元年九月初六日），载《雍正朝满文朱批奏折全译》，第320页。

官役势豪、运丁武弁参与贩私，造成各地盗贩成风。顺治十八年（1661）十二月，清廷给户部的上谕就指出，内外大小官员、势豪之家多有贸易贩盐，倚势不纳课银者，由于巡视盐课官员畏势徇情，以致盐课亏欠。① 清初以来，受利益驱动，回空漕船运丁人等夹带、伙同盗贩成风。顺治十七年（1660），两淮巡盐御史李赞元上疏说："回空粮船约有六七千只，皆出瓜、仪二闸，一帮夹带私盐，奚止数十万斤。"② 长此发展下去，会愈演愈烈，既害盐法，又误漕事。康熙时，漕船往来河道运丁人等"夹带私钱私盐，遇稽察员役，动辄抗拒"③，甚至滋事伤人。雍正时，旗丁作奸犯科难以悉数，粮船贩私之弊尤甚，粮船与私枭串通贩运，共享私利。

有一种积枭巨棍，名为风客，惯与粮船串通，搭载货物运至淮扬，托与本地奸徒卖货买盐，预屯水次，待至回空之时，一路装载，其所售之价彼此朋分，粮船贪风客之余利，风客恃粮船为护符，于是累万盈千，直达江广，私贩日多而官引日滞。④

商贾为了图利，亦暗结枭徒，广开官店，囤积私盐。雍正十三年（1735），据高斌反映，有不少来自浙闽川粤长芦等地的商人，在淮盐接界之地借官行私，广开盐店，暗结枭徒，或数座，或数十座不等，"私枭借官店为囤户，盐店以枭棍作生涯"⑤，囤盐私贩，以致引壅课绌。

康熙时期，江苏各地的贩私，特别是团伙武力贩私，在清文献中留下了不少的记录。康熙四十七年（1708）六月，两淮巡盐御史李煦就在奏折中说，江宁、上元等八县为两淮纲盐之门户，也为私盐出没之要路，纲商赔累多年，

---

① （光绪）《两淮盐法志》卷一《王制门 · 制诏一》，载《续修四库全书》第八四二册，第 619 页。

② （光绪）《两淮盐法志》卷五十九《转运门 · 缉私一》，载《续修四库全书》第八四四册，第 1 页。

③ （光绪）《两淮盐法志》卷一《王制门 · 制诏一》，载《续修四库全书》第八四二册，第 620 页。

④ （光绪）《两淮盐法志》卷一《王制门 · 制诏一》，载《续修四库全书》第八四二册，第 623—624 页。

⑤ （光绪）《两淮盐法志》卷五十九《转运门 · 缉私一》，载《续修四库全书》第八四四册，第 8 页。

棍徒坏毁盐法，兴贩私盐，所以江宁、上元等地应慎重防范，以为保固之计。[①]

李含馨谈到两淮私盐时，特别提到淮扬地方，并指出，“淮扬私盐在在有之，而扬属为甚”，扬州府属各州县时常有贩私之报，“而高、泰二州及兴化县邵伯镇为尤甚”，盐徒贩私，“或连艓满载，或驴驮车装，甚至勾通过往粮座等船”[②]，将私盐运发至江广各处售卖。

泰州地近场灶，私贩甚多，枭徒时常出没。顺治十七年（1660），巡盐御史李赞元曾上疏强调两淮禁私应扼其咽喉，淮北私盐从安东、海州而出，四通八达，淮南私盐从高承坝而出，直抵泗州，从泰坝而出，更是江河四达，他认为“板浦以南，新坝、新安等镇，皆私盐往来必由之地，其责在安东县，高、泰二坝乃系禁缉之咽喉”[③]。康熙五十五年（1716），圣祖在给江宁巡抚吴存礼、江南提督杜呈泗的谕旨就曾提醒他们，江南盐徒甚多，尤需留心泰州地方，江南的地方文武应会商办法，杜源遏流，清场灶，查窝隐。[④] 雍正六年（1728）十一月，据江南巡按御史戴音保条奏反映，行盐从泰州过坝，除夹带外，将官引转化为私盐的现象就十分普遍，而接私小船亦往往在预定之地停泊等候。

> 引盐从泰州过坝，即搬入屯船，至仪所待掣，由泰至仪，其间路程约二百余里，私贩之辈每驾小船，于二百余里处停泊等候，屯船过时，分装贩往他境，而屯船于夹带之外，遇兴贩者多，则又偷爬引盐私卖，及到仪缺额，则又挪移后船，积到引盐补数，陈陈相

① 《苏州织造李煦奏为再请准许纲商程增等分行食盐折》（康熙四十七年六月），载《康熙朝汉文朱批奏折汇编》第二册，第104页。

② （清）盘峤野人辑：《居官寡过录》卷四《李含〈禁私贩示〉》，载见《官箴书集成》第五册，第104页。

③ （光绪）《两淮盐法志》卷五十九《转运门·缉私一》，载《续修四库全书》第八四四册，第2页。

④ 《江南提督杜呈泗奏报钦遵谕旨预防盐徒生发聚众折》（康熙五十五年四月十八日），载《康熙朝汉文朱批奏折汇编》第七册，第5—6页。

因，遂成积习。[①]

清初以来，通、泰两属引盐透露夹带之弊甚多，对泰坝的管理不无疏漏，雍正六年，经江南巡按御史戴音保奏准，“泰坝令就近大员董其事”。雍正十一年，两江总督尹继善又上奏指出，“泰坝为引盐汇集之所，各场夹带私盐皆于此货售，稽查抽称，不可无专员”[②]，朝廷从此在此设专员，以专责成。

扬州府江都县境内的三江营，离各处煎盐场灶亦甚近，是棍徒私贩汇集之所，江都县三江营距离扬子江地仅一里有余，江边多芦苇，盐贼易于藏身，三江营是淮盐界内最关紧要之地，也是淮盐与浙盐交界之处，此处逼近海口，防范尤属不易。三江营对岸为镇江府丹徒县，丹徒县所管之徐山老虎洞，也属贩私者出没之地。[③] 康熙时，曹寅、李煦二人均曾上密折，反映三江营盐贼多有藏身芦苇之处，地方恶棍及山东盐贼又经常散盐于民家，以勒取重价，地方查拿不力。[④] 康雍间，长江自京口至湖广、江西等省食盐皆出于江海交汇之所，沿途私贩严重，“私盐大船从此偷行者多，大伙盐枭常在海州盐城等处聚集”[⑤]，扬子江之三江口、瓜州、扬州等口岸缉私压力很大。

康雍年间，镇江府亦属私贩活跃之处，明清镇江府属之地食浙盐，浙盐出自松江海边，浙盐贩运至镇江，路途较遥远，价格也较昂贵，而且浙盐灰多味苦淡，两淮之盐出自通州、如皋等地，盐净且咸，价格又相对便宜，故民喜食淮盐，图利者以淮盐贩运至镇江十分便利，镇江地面偷买私盐者甚多，镇江府与扬州府两地接壤，江船往来如梭，巡查极为艰难，由于贩私有利可图，故奸恶之徒在镇江公然贩卖。雍正二年（1724）六月，两江总督查弼纳

---

① （道光）《重修仪征县志》卷十五《趱运》，江苏古籍出版社1991年版，第191页。

② （道光）《泰州县志》卷十一《盐法》，江苏古籍出版社1991年版，第83页。

③ 《苏州织造李煦奏为驻江宁江防同知衙门应请移驻三江营镇防折》（康熙五十六年二月初十日），载《康熙朝汉文朱批奏折汇编》第七册，第663页。

④ 《清圣祖实录》卷二七一，康熙五十六年三月庚申，《清实录》第六册，第662页；卷二八一，康熙五十七年十月甲子，《清实录》第六册，第751页。

⑤ （光绪）《两淮盐法志》卷五十九《转运门·缉私一》，载《续修四库全书》第八四四册，第3页。

曾奏请反映镇江地近淮扬，私贩猖獗，不如改镇江府属之三县食淮盐，但未获朝廷允准。[①]

镇江府丹徒县北二十里即达江都县地界，江都地行淮盐，故扬子江为浙盐门户，朝廷于此设搜盐厅，以盘查水路私盐，禁防彼此越境，但自明淮、浙盐分片区以来，交界之处一直私贩难禁。顺治三年（1646），两浙巡盐御史王显就反映，镇江府北为长江，淮盐过江即为私盐，江面舟船往来，难保无夹带，沿江宽广，难保无兴贩。由于盐的质量差异和价格差别，顺治以来，民间争食淮盐，使得私贩不可能禁绝。[②] 镇江府丹徒之老虎洞、扬州府江都之三江营皆侉棍、盐徒往返之地，两处相距不过三十里，丹徒图山一带一向为盐枭聚集之所。雍正四年（1726），江苏巡抚张楷曾疏请朝廷，将簰湾驻扎营守备统领千总一员、兵二百名，移驻于此。[③] 因为图山地处丹徒、丹阳二县交界，山上有老虎洞，盐贼多以此藏身。

雍正时，贩私大盗罗思礼的活动范围非常广，雍正三年（1725），据江苏巡抚张楷奏报，罗思礼长期活跃于淮扬、镇江间，罗思礼原本为舵手，其贩卖私盐，系子承父业，罗思礼在淮扬各处影响很大，地方文武对罗也不敢正眼看视。[④] 罗思礼常借粮船夹带私货，抵通之后发卖，又于沿路贩私，各船舵工、水手皆听其调遣，是康雍年间淮扬至镇江地带贩私的巨枭。[⑤]

整顿盐政，莫不以禁私为首务，但清初以来，私盐兴贩，却难以禁绝，究其原因，固然与贩私能带来可观的利益有着极为重要的关系。兴贩私盐，穷民仰为谋生之路，商贾视为图利渊薮，但地方官严重失职，缉私不得法，

---

① 《两江总督查弼纳奏请将浙江食盐改行两淮折》（雍正二年六月十四日），载《雍正朝满文朱批奏折全译》，第 846 页。

② （光绪）《丹徒县志》卷十六《食货八 · 盐法》，江苏古籍出版社 1991 年版，第一册，第 301 页。

③ （光绪）《丹徒县志》卷二《山》第一册，第 74 页。

④ 《江苏巡抚张楷奏遵旨密商搜拿地方不法之徒折》（雍正三年十月初二日），载《雍正朝汉文朱批奏折汇编》第六册，第 260 页。

⑤ 《江苏巡抚张楷奏究审不法盐贩情节折》（雍正四年五月十七日），载《雍正朝汉文朱批奏折汇编》第七册，第 280 页。

禁私不能截源断流，江南水乡，河汊交织，易于藏奸，也是不能忽视的因素。

其一，江南私贩十分活跃，根源于盐捕官兵的查拿不力。清代“缉私盐例有专责，在官则有州县印捕、专汛营弁等官，在役则有盐捕弓兵等人”①。但地方官并不积极配合盐务专司的查拿。顺治时，两淮巡盐御史李赞元就上疏反映，“各府州县惟知田亩民赋为专任，盐法一事多略而不讲”②。康熙五十六年（1717）十月，两江总督查弼纳就在题疏中指出，“私盐不能禁，皆由地方官不行查拿”，康熙帝也认为，对贩私活动不予重惩，则难以禁缉。③ 而世宗的上谕也曾多次谈到地方不听约束以致私盐难禁的问题，如雍正九年（1731）朝廷给两淮盐政伊拉齐的上谕就指出：“两淮所辖地方甚为辽阔，缉私禁弊，往往官弁视同膜外，该盐政呼应不灵。”④ 各处隘口皆设立巡官巡役，看似周密，但地方文武并不实力缉查。

当然，地方查拿不力，也与各处盐捕人役为数甚少，兵不敷用有关。康熙五十七年（1718）十月，两淮巡盐御史李煦就曾疏言，“扬州府属三江营地方，恶棍贩卖私盐者甚多，虽有分防汛兵，为数极少，不敷巡防之用”⑤。在此以前，康熙五十年（1711），两淮盐运使李陈常以江苏地方盐行积滞，枭贩充斥，曾与江南制府、提督协议招徕一千六百人，编入营伍，作为押运私贩回籍之用。⑥

查拿不力，还反映为缉私兵捕放大抓小，避重就轻，缉查时偶尔只擒拿一二小贩，去敷衍上官。大伙盐枭，人多势大，又以武力捍卫贩私，有的甚至与官府兵捕相勾连，捕壮对这些盐枭往往视若无睹。《陆清献莅嘉遗迹》曾

① （清）周庆云：《盐法通志》卷八五《缉私》。

② （光绪）《两淮盐法志》卷五十九《转运门・缉私一》，载《续修四库全书》第八四四册，第2页。

③ 《康熙起居注》，康熙五十六年十月三十日庚戌，第八册，第938页。

④ （光绪）《两淮盐法志》卷一《王制门・制诏一》，载《续修四库全书》第八四二册，第625页。

⑤ 《清圣祖实录》卷二八一，康熙五十七年十月甲子，《清实录》第六册，第751页。

⑥ （嘉庆）《重修扬州府志》卷四十五《宦绩》，江苏古籍出版社1991年版，第797页。

记载一则故事，讲述了嘉定巡盐兵快缉拿私盐小贩逞能，并敷衍知县陆龙其的详情，兹摘录于下：

> 巡盐兵快每于船贩大盐枭受其贿赂，纵其往来私卖，而小盐枭之担贩者，获一二以为能干，时有兵快获盐枭一名，解于堂上，私盐一包，陈于堂下，公（指陆龙其）向兵快曰："贩盐者止此一人乎？"兵快曰："余伙皆走。"公向盐枭曰："汝何不走？"曰："吾不善走，故为其获。"公曰："尔今日亦可快走。"枭随往门外一转，仍伏堂上，公曰："吾令汝走，汝何不走？"枭竟远逃。公曰："汝将大枭情纵，将小枭拿来，又将狡猾众小枭情纵，止拿疲弱一枭来，彼船贩系大枭，担贩系穷民，尔以此来唐塞耶。"责之。[①]

其实，官捕放大抓小，有时也属情非得已。大枭不仅人多势众，纠合无赖之人充当帮凶，以武力为后盾，而且他们执持官引，借引行私，贿通官长，广开通路，故清人徐栋亦云："州县官禁小民之私贩易，禁大伙之私贩难。"[②]

其二，禁私却不能铲除窝家，导致私贩永难清除。盐徒贩私，多因附近有产盐处所，而私贩盐货运往外地，无论是肩挑运贩，还是船载车运，分散各处售卖，其所到之地，必有熟识可靠之人，小民食私盐，较之于食官盐价格便宜，故群相争买，民得利，而窝家亦乐得私贩好处，故民对私贩之窝家亦不首告。雍正六年（1728），江南巡察御史戴音保条奏盐务指出，两淮各地灶户、窝家向与私贩之人通同一气，隐讳私盐，其弊由来已久。[③] 徐栋谈到私贩、窝家、小民的关系时曾说，"欲绝小民之私贩，必先严卖地之窝家，窝家绝，而私贩不行，私贩不行，而民间无可买，虽欲不食官盐，得乎！"[④] 当然，

---

① （清）陆龙其：《陆清献公莅嘉遗迹》卷中，载《官箴书集成》第七册，第728页。

② （清）徐栋：《福惠全书》卷三十《庶政部·严缉私盐》，载《官箴书集成》第三册，第559页。

③ （光绪）《两淮盐法志》卷五十九《转运门·缉私一》，载《续修四库全书》第八四四册，第5页。

④ （清）徐栋：《福惠全书》卷三十《庶政部·严缉私盐》，载《官箴书集成》第三册，第559页。

这只是设想，而且禁私关键在除大枭，清人郑祖琛就认为，“逻骑四出，舍大伙私枭于不问，而取步贩肩挑以为鱼肉”，私盐终不能禁，“即日缉千人，而私盐自若也”。[①] 而盐弊终不能除，但要清除私枭巨犯，又谈何容易，二三捕役固然难撄其凶锋，而乡屯村寨对其亦不敢招惹，因为“所州乡屯，稍或拒阻，非恃众劈栅焚屋，即日后行劫报仇”[②]。

其三，禁私而不清源，有如不禁。康熙时，户科给事中余国柱就曾指出，“禁私盐而不察其源，则其流不绝”[③]。所谓清源，是指禁止场灶之地的私卖行为，也就是要从源头铲除贩私。顺治元年（1644），清廷就强调各地场灶煎盐，照额开报，不得隐匿，违者以私盐论。[④] 顺治以来，有不少官员论及清源问题，如清初两淮盐运使李公弼就曾说：“疏商裕课，首在禁私，然禁私之源，尤在产盐之地，场无私卖，何由越贩。”[⑤] 雍正年间，大学士朱轼在《请定盐法疏》中亦指出，各处私盐之兴，实由场灶，而各地拿获私贩，“止据现获之人问理，并不根究灶户”，如此禁私，势必无济于事，“不知私盐灶户所鬻，若使场灶间无私出之盐，奸徒何从兴贩，故欲杜绝私枭，必先清查场灶”，而清查场灶，也要防止盐商假贷为名，逼勒灶户，“凡灶户资本，多称贷于商人，至买盐给价，则权衡子母，加倍扣除，又勒令短价，灶户获利无多”，遂有私卖之举，所以朱轼认为，灶户私售，实由盐商驱之，该管官纵之使然。[⑥]

---

① （清）郑祖琛：《更盐法》，载《皇朝经世文编》卷四九《户政二十四·盐课上》，《魏源全集》第十五册，第651页。

② （清）徐栋：《福惠全书》卷三十《庶政部·严缉私贩》，载《官箴书集成》第三册，第560页。

③ 《户科给事中余国柱为增盐课禁私盐题本》（康熙十七年十一月初二日），载《历史档案》1985年第1期，第20页。

④ （光绪）《两淮盐法志》卷九《王制门·功令上》，载《续修四库全书》第八四二册，第765页。

⑤ （清）李渔：《禁令百则·李公弼〈牌行运道〉》，载《中国古代地方法律文献》乙编第一册，第206页。

⑥ （清）朱轼：《请定盐法疏》，载《皇朝经世文编》卷五十《户政二十五·盐课下》，《魏源全集》第十五册，第725页。

徐栋谈到产盐处所私卖之弊时，亦曾指出奸民与场丁通同私易之弊，源于趋利和追求积盐尽快销售，两得其便，“奸民利其贱盐，场丁利其售货”①。朱轼指出，场灶盐丁所煎之盐堆积，会造成贩私之弊难除，所以他主张对于场灶煎出之盐，“务令盐商尽力多买，或露积，或贮仓，大使逐一查明封识。如有听凭商人偷运及违例卖与枭贩等弊，将灶户分别究治，该管大使以纵容论罪”②。康熙五十八年（1719）四月，苏州织造李煦曾主张加强两淮场灶的管理，他认为“两淮煎盐灶户，其每日所煎之数，必立法查明，然后不敢卖于私贩，而尽卖于商人，若不查明煎数，则灶户奸良不一，难保无售私之弊”③。

当然，除上面所述情况外，江苏的私盐兴贩难以禁绝，还受其他一些因素的影响，如江苏的地利易于藏奸，交通便捷，贩运方便，地杂人悍，流徙人员多，难以一一盘查等。鉴于镇江、常州淮私猖獗，雍正二年（1724），两江总督查弼纳曾奏请将常、镇二府改行淮盐，但这根本不是禁私之举。吕星垣认为，淮盐、浙盐各有私贩，改食淮盐岂能禁私，淮浙禁私“所患者，江口汊港横杂，又龙潭、孟河、玉河等口泛舟迳走，觉察无从，小吏查拿，易于贿纵。更有搀杂鱼菜，饰诈多端。他如诸暨、义乌、浦江、东阳、江山、镇海、崇明、靖江等邑，地杂人悍，尤易诈奸。重设盘诘，既病行人，坐视偷漏，更无底止。夹私贩雇舟，必有倍值，惟严饬防捕等官，实力擒获大伙，既惩奸民，并治船户，船即没官，船主发遣，则惩一警百，可冀杜绝偷漏也”④。

私盐盛行不仅破坏朝廷的食盐专卖体制，而且导致损商、误课，两淮盐宪

---

① （清）徐栋：《福惠全书》卷三十《庶政部·严缉私贩》，载《官箴书集成》第三册，第559页。

② （清）朱轼：《请定盐法疏》，载《皇朝经世文编》卷五十《户政二十五·盐课下》，《魏源全集》第十五册，第726页。

③ 《苏州织造李煦奏报两淮盐务情形并盐臣操守如旧折》（康熙五十八年四月二十六日），载《康熙朝汉文朱批奏折汇编》第八册，第461页。

④ （清）吕星垣：《盐法议》，载《皇朝经世文编》卷五十《户政二十五·盐课下》，《魏源全集》第十五册，第698页。

李含就曾说："私盐盛行，则官盐滞，官盐滞，则国课渐亏，乃相因之势也。"①

事实上，贩私与禁私的矛盾，私盐所带来的祸害，远不止于损商、误课二事。私贩的兴盛，以及政府假借缉私，造成对地方的扰害，严重影响到江苏各地的民生和地方社会的治理，也严重影响到地方的官风政风。在这里，我想撇开损商、误课不论，仅就江苏地方的私盐活动以及缉私本身对地方社会的危害和官风政风造成的消极影响加以讨论，大致可以归纳为以下几点。

首先，私贩成群结伙，盐枭以武力捍卫，又凭借人多势众，贩私时伺机盗抢，给地方带来的是难测之祸。康熙三十九年（1700）九月，据两江总督阿山奏报，盐枭孔文泰在地方贩卖私盐，横行江淮已非一日，且其伙党众多，连妇孺皆知其名，地方明知其为害，却不能招拿已久。② 康熙四十六年（1707），清廷上谕曾谈到运丁的祸害地方，并指出，运丁夹带私盐，在遭遇稽查之后，"动辄抗拒伤人，放火诬赖，沿途商民船只悉被欺凌，种种不法之事甚多"③。又据苏州织造李煦奏报，淮扬一带盐徒贩私各有头目、党众，他们很多属于山东、河南的流民，聚集兴贩，原为生活所迫，人多势大，白昼横行，往来流窜，地方政府对其只能听之任之。④ 康熙五十八年（1719），江南提督赵珀亦奏报说，苏松边海要地，盐犯多有"聚众执械行凶，恶棍打降、打抢害民者，地方官惟事姑息，不肯认真究治"⑤。康熙六十年（1721）十二月，圣祖在给大学士的上谕中也指出，"江浙私盐盛行，尽流为盗贼，地方官

---

① （清）李渔：《禁令百则·李含〈逼饬盐禁〉》，载《中国古代地方法律文献》乙编第一册，第313页。

② 《两江总督阿山奏请作何了结盐商孔文泰案折》（康熙三十九年九月十九日），载《康熙朝满文朱批奏折全译》，第199页。

③ （光绪）《两淮盐法志》卷一《王制门·制诏一》，载《续修四库全书》第八四二册，第620页。

④ 《苏州织造李煦奏报泰州私盐贩杀伤缉私差役折》（康熙五十一年十一月初三日），载《康熙朝汉文朱批奏折汇编》第四册，第521页。

⑤ 《江南提督赵珀奏为请严缉私处分之例并安置盐枭办法折》（康熙五十八年三月二十八日），载《康熙朝汉文朱批奏折汇编》第八册，第440页。

明知，并不查拿"[①]。雍正元年（1723）九月，两江总督查弼纳在奏折中谈到两淮私贩与刁徒结成群伙，他们在各处既贩卖私盐，又四处偷盗，扰害生民。[②]

其次，盐徒抗拒官兵，骚扰百姓，甚至杀人越货，导致不少无辜者殒命。自顺治起，江淮各处盐枭拒捕伤人，甚至导致官兵捕役殒命就频频发生。据江宁巡抚韩世琦疏报，顺治十三年（1656），盐犯范歪嘴贩私，装载私盐二船，雇请唐得胜等以弓箭、腰刀等军器对抗官兵，并射伤官捕三人。[③] 康熙初年，陆元、张自新等人在江内兴贩私盐，与官兵形成对攻，造成兵丁三人落水身死，据陆元本人招供，其贩私团伙乘坐沙船，并拥有红衣炮一位，百子炮四门，又配备了腰刀、弓箭、铁镗、长枪、火药等军械，参与贩私的人员年幼者仅十四五岁，不仅有各处民人，而且有旗下奸徒，在与兵丁对攻时，私贩人众参与其事的有二十九人。[④] 康熙五十一年（1712）八月，江南提督师懿德在奏折中谈到江苏各处贩私情形时曾说，江北、江南枭徒贩私，往往大伙列械，聚众成群，每一盐头名下所聚领之人多者一二百人，少者六七十人，而且这些人"尽属亡命，一遇巡捕人役，自恃枭众捕寡，执械拒敌，巡盐人役轻则带伤，重则致命"，所以巡役对于大伙的武力兴贩徒众，"不敢撄其锋，而此辈见捕役莫可如何，愈张其志"[⑤]。同年十一月，据苏州织造李煦奏报，本年十月二十日，泰州沈家渡地方捕役在缉拿私盐时，遭遇大伙贩卖流棍，捕役因寡不敌众，反被杀死四名，其巡船亦被盐徒烧毁，泰州文武官员竟不

---

① 《清圣祖实录》卷二九五，康熙六十年十二月丙寅，《清实录》第六册，第866页。

② 《两江总督查弼纳奏请严缉盐枭以裕国帑安民折》（雍正元年九月初六日），载《雍正朝满文朱批奏折全译》，第319—320页。

③ （清）韩世琦：《覆唐得胜等招由疏》，载《抚吴疏草》卷二十三，捌辑6，第614—615页。

④ （清）韩世琦：《陆元等招由疏》，载《抚吴疏草》卷三十五，捌辑7，第436—438页。

⑤ 《江南提督师懿德奏报缉获江北盐枭始末折》（康熙五十一年八月十八日），载《康熙朝汉文朱批奏折汇编》第四册，第391—392页。

派兵施救，事后亦不派兵役追缉。[①]

清初以来，盐枭伤害地方百姓，造成无辜殒命的情形就更为多见。康雍年间，大学士朱轼就指出，盐徒私售，所行不仅违法乱制，而且充任者又多刁顽凶恶，“或系赤手无籍之徒，或系凶棍不法之徒”[②]，他们欺官累民，杀人越货，无恶不作。康熙二年（1663）三月，江宁巡抚韩世琦在题疏中反映了劣衿樊应隆兴贩逐利，横暴自豪的情形。樊应隆为牟取盐利，招纳流犯樊人干等人充当帮凶，残忍地杀害黄含章，先以秽物灌其口，又以木槌奋击，必欲置之死地而甘心，导致黄含章当时殒命。[③] 张天爵之先世为明武职，任百户，顺治二年（1645）张天爵降清，外委挂衔都司，顺治七年（1650）清廷裁革其委衔后，张遂以兴贩私盐为业，顺治八年（1651）张因与沈志发生纠葛，遂逞凶殴打，先施以拳脚，继加以木棍，沈志毙命后，张又将其沉尸江中，并掠取其资财。[④] 雍正四年（1726）二月，两江总督查弼纳的奏折就指出，江南私贩中，不肖之徒鸠合干法，不仅耽误盐课，而且他们还私设头目，从事杀人强盗的行径，已经成为地方之隐患。[⑤]

再次，私贩勾结官府，贿通吏役，在利益驱使下，官役也参与贩私活动，导致吏治败坏，朝廷禁缉私制度亦如同虚设，贩私无法遏制。顺治时，两淮盐院张伯珩就指出，两淮纲盐壅坠，虽由积弊因循所致，也与奸胥作弊弄法有着密切关系，这些人“朦官蔑法，通同奸商私相授受，夹带盐斤，毫无顾忌”[⑥]。以致私盐风行，课额拖欠。清初，两淮盐院胡道南曾谈到淮安府厅各

① 《苏州织造李煦奏报泰州私盐贩杀伤缉私差役折》（康熙五十一年十一月初三日），载《康熙朝汉文朱批奏折汇编》第四册，第521页。

② （清）朱轼：《请定盐法疏》，载《皇朝经世文编》卷五十《户政二十五·盐课下》，《魏源全集》第十五册，第727页。

③ （清）韩世琦：《樊应隆招由疏》，载《抚吴疏草》卷二十，捌辑6，第492—493页。

④ （清）韩世琦：《题覆承审张天爵招疏》，载《抚吴疏草》卷一，捌辑5，第326—327页。

⑤ 《两江总督查弼纳奏报恶棍贩卖私盐并学政声名折》（雍正四年二月十二日），载《雍正朝满文朱批奏折全译》，第1276页。

⑥ （清）李渔：《禁令百则·张百行〈通示各属〉》，载《中国古代地方法律文献》乙编第一册，第181页。

属官吏用盐和衙蠹借名兴贩之事，“淮安府属原系产盐地面，不行官引，府厅各属官吏合用食盐，势必赴场买运，其岁食所用盐斤有限，奸胥衙蠹却每每借名官用盐斤，恣意兴贩，大船小载，公行无忌，致使巡缉员役莫敢过问，是以区区无几之食盐，竟开不可穷诘私盐之径窦”①。

康熙四十八年（1709）七月，两江总督噶礼在专折奏报地方库银亏空问题时指出，历任两淮盐运使亏空甚多，官商夹带私盐问题突出，“定例，盐引每张止行盐三百六十斤，而今官员、商家等合谋夹带私盐，每引余五百斤”②。

胡道南亦曾谈到两淮巡盐厅缉私捕役参与的贩私问题，他说：

> 设立捕役，原以缉私，非以贩私，近访得巡盐厅官，滥用多人，以致恃腰牌为护身，每每连樯巨艘，恣意私贩，行至市镇，假扮盐犯，墩锁船头，遇僻静处所，即便交易，殊不知墩锁之盐犯，即捕役之同伙，巡盐之捕快，实私贩之盐徒，大干法纪，深可痛恨。③

康熙年间，圣祖曾多次谈到两淮盐臣的为官操守问题。康熙四十三年至五十九年间，两淮盐政主要由曹寅和李煦负责，康熙帝多次警告二人要求他们任内清完所欠亏额，免贻后患，但李煦不仅为官贪婪，而且好大喜功，巡视淮盐十载，一直未偿清所欠。李陈常出身贫寒之家，康熙四十八年（1709）在出任两淮盐运使以后，也一改为官操守，李陈常为官谨慎，而且做事机密，但康熙帝还是风闻到其不法情状。康熙五十五年（1716），李煦在扬州密访探知，李陈常有好田四五千亩、房产数十处，又有三处当铺皆其本钱，而且其买产开当皆托寄他人名下。④ 康熙五十八年（1719），苏州织造在奏折中两次

① （清）李渔：《禁令百则・牌示运司》，载《中国古代地方法律文献》乙编第一册，第145页。

② 《两江总督噶礼查报库银亏欠情形折》（康熙四十八年十二月初六日），载《康熙朝满文朱批奏折全译》，第657页。

③ （清）李渔：《禁令百则・胡道南〈牌示扬州道〉》，载《中国古代地方法律文献》乙编第一册，第144页。

④ 《苏州织造李煦奏报密访李陈常巧饬清官大改操守折》（康熙五十五年六月十二日），载《康熙朝汉文朱批奏折汇编》第七册，第208页。

谈到盐臣张应诏官守依旧，但缉私无法，地方侉棍出没[①]，但两年之后，康熙帝就闻听张应诏“声名不好，他还昂然自居清官光景”，经李煦密访得知，张应诏不但缺乏历练，临事束手，而且其操守亦不如前。[②]

最后，盐捕假名缉私，扰害地方，致使民间苦不堪言。盐捕之设，专令巡缉私贩，朝廷明禁盐捕借缉私之名，滋事扰民。各地亦不得滥收恶徒刁民，充任白捕，但各处假借缉私，往往收聚无赖，手执器械，身悬腰牌，对来往商船搜抢掳掠，甚至诬赖乡村殷实之家窝藏私盐，围堵掳捉，抄抢家资。刘兆麒在谈到浙江盐捕扰害地方时就曾说：

> 盐捕一役，原为巡缉私盐而设，今访闻：奸恶盐捕不行奉公巡缉盐枭，每每招集白役，私置械船，历城镇则称巡盐，遇孤村肆行搬抢，有遇大伙畏缩不前，即拿获得银卖放者，有假恃巡盐公行兴贩者，有牵锁男人、奸淫妇女者，更有身带私盐搬放客商船内，锁吊殴打诈害勒索者，甚至借名搜验，因而强掠客商劫取财物者，种种不法，难以枚举。[③]

清初以来，盐捕以缉私为名，扰害商贾民人，较之于盐枭私贩有过之而无不及。由于厅县等衙门招收盐捕，不问其来历根由，故所收之人多属不耕不织，游惰无赖，他们成为盐捕以后，往往以腰牌为护身符，“公然纠结匪类，列械扬艘，名为巡缉私盐，实则为非作歹”[④]。有的还借缉捕栽赃嫁祸无辜，地方官员对其所行亦不究问，任其祸害乡里。

---

① 《苏州织造李煦奏报两淮盐务情形并盐臣操守如旧折》（康熙五十八年四月二十六日），载《康熙朝汉文朱批奏折汇编》第八册，第462页；《苏州织造李煦奏报山东等省平收并两淮煎盐不善稽查折》（康熙五十八年八月初七日），载《康熙朝汉文朱批奏折汇编》第八册，第586页。

② 《苏州织造李煦奏报巡盐张应诏居官情形折》（康熙六十年八月初八日），载《康熙朝汉文朱批奏折汇编》第一册，第843页。

③ （清）刘兆麒：《总制浙闽文檄》卷四《禁盐捕扰害》，载《中国古代地方法律文献》乙编第三册，第235—236页。

④ （清）刘兆麒：《总制浙闽文檄》卷六《禁盐捕为盗》，载《中国古代地方法律文献》乙编第四册，第569页。

据《扬州府志》记载，顺治时，在严禁私盐过程中，扬州府兴化等地就有猾吏指使盐徒构陷民人为同党，妄诛大姓，从而造成无辜之家产尽家破的情况。该县有官学生陈嘉谟曾作血书上陈地方缉私之弊，指出每获一犯，必株连数十家，岁久不决，非重资以赂狱吏，无以生还。“缉私原为通商利课，裨益国计，却因此而生出无数冤案，转令牵连无辜之人淹滞囹圄，破产不出，动受巨创以死”①，无辜者遭罪甚至胜过兴贩之盐徒，这当然是地方官捕加害所致，但作为民之父母，地方官于心何忍，所以他希望地方加力打击盐捕中的假借缉私而行贩私者，惩治无中生有牵连无辜的行为。如对此等之人不加责问，势必会有更多善良遭受诬陷，甚至死于非命，而养乱丛奸，更会导致盐政日坏。

食盐为官民日常之必需，国家实行专卖，以增收国课，禁止私贩。但商人图利抬价，官役违法乱制，借缉私扰民，甚至栽赃嫁祸，要彻底遏制奸徒盐枭贩私又谈何容易。私贩不能禁，自然而然，因贩私给江南地方带来的种种社会危害也难以清除。

① （嘉庆）《重修扬州府志》卷五十《人物·孝友》，第150页。

第八章　顺康时期江苏社会恢复及种种问题

一、康熙时期江苏地方的田废地弃及清核中的种种问题[①]

自秦汉以来，中国历代王朝大都以农业立国，土地的荒熟与人丁的多寡，不仅成为衡量各王朝经济发展水平的重要尺码，而且是决定社会秩序是否常态化的基本参数。在漫长的农业生产史上，农村土地的抛荒与废弃始终同灾荒、战乱以及各类人祸因素密切关联，而处于乱象纷呈、王朝更替的历史关头，田土荒废则更见严重。新王朝肇创之初，统治者如何采取有效举措垦复荒废的田亩，实现流民与土地的重新结合，自然而然成了新政权的头等大事。明清之际的中国，由于历经长时间的战乱和经常性发生自然灾害，全国各地田土抛荒数额惊人，至清初，荒地垦复和农业经济恢复的步伐极为缓慢，过程十分曲折，而且垦复过程中所产生的问题也非常多。彭雨新认为，“清代在农业开垦史上，规模最大，问题最多，失败的教训和成功的经验也最多”[②]。所以一直以来，清初的垦荒问题也成为学界十分重视的研究选题。自 20 世纪 80 年代以来，学界对于清初垦荒的研究，在总体把握的基础上，既注意制度

---

① 关于顺康年间江苏荒田垦复的曲折过程，以及垦荒中所出现的种种人为之弊，可参见雷炳炎《康熙时期江苏的田废地弃问题述论》，《安徽史学》2019 年第 6 期。

② 彭雨新：《清代土地开垦史 · 前言》，农业出版社 1990 年版。

切入和得失评析，又不乏相应的数据分析。如李燕光就考察了清初垦荒政策的出台背景及劝谕垦荒的目的[①]。彭雨新不仅探讨过招垦、报垦、升科的政策及其得失，分析屯垦对于国家财政的特殊意义，[②] 而且根据地方大员奏疏、方志记载，举述顺治年间各省人亡地荒的实况[③]。陈锋则探讨了清初招民与垦荒的实在关联，并分析了清初垦地起科、官员劝垦考成等真实意图。[④] 但迄今尚不见有专文讨论康熙年间江苏荒政的得失。[⑤] 本章节关注康熙时期江苏的田荒地弃问题，主要是基于以下考虑。

其一，明清天下财富大半出自东南，江苏作为清王朝最富庶的地区，其荒废的农耕田亩垦复之路却较为漫长，一定程度影响到国家在该地区的赋税征收，其间出现的种种问题，也受到了从朝廷到州县的普遍关注。其二，清史学界以往较多重视清初以来的江南重赋问题，同时期的江苏田地荒废程度虽不如直隶、河南、湖广、陕西等省严重，在当时却引起了各级官员的普遍注意，这种现象的出现是由江苏的特殊财政地位决定的，但一直以来学界对康熙时期江苏土地荒废的情形、重赋与田地荒废的关联缺乏应有的关注，而且荒地垦复的程度不仅关系清王朝的国计，更牵连江南的民生状况。其三，清初江苏荒田垦复过程曲折，而且垦荒中所出现的人为之弊，对江苏荒地垦复造成的负面影响大，在全国也相当典型，深度剖析这些人为弊祸，有助于我们理解顺康时期招民劝垦等农业经济恢复之策。

自崇祯年间开始，全国的耕地面积较原额就大幅度减少，农民离乡弃土，流离无所，社会上流民成群，历经明末以来长时间的战乱之后，清初全国人

---

① 李燕光：《清初的垦荒问题》，《社会科学辑刊》1985 年第 1 期。

② 彭雨新：《清初的垦荒与财政》，《武汉大学学报》（哲学社会科学版）1978 年第 6 期、1979 年第 1 期。

③ 彭雨新：《清代土地开垦史》，农业出版社 1990 年版。

④ 陈锋：《清初的招民与垦荒政策》，《经济评论》1997 年第 4 期。

⑤ 彭雨新认为，顺治年间，江南的无主荒地远远多于有主荒地的数量，他还注意到了同时期淮安、徐州等地的兴屯事宜（参见彭雨新《清代土地开垦史》，第 6、20 页），但该书对康熙年间的江苏土地荒废及垦复情形不见论及。

口锐减，土地严重抛荒。据梁方仲先生统计，天启六年（1626），当时全国田土原额为7439319顷，到顺治八年（1651），全国耕地数量减降至2908584.61顷，仅及明末耕地面积的39%。[①] 清初的江苏发生了极为惨烈的战争，人口损失巨大，土地荒废严重。一些史志材料的记载显示，自明末至清初，江苏各州县科粮田亩呈大面积减少趋势。万历四十八年（1620），苏州府实在科粮官民田地山荡涂滩等项共一十万八百六十四顷三亩八分一厘一毫[②]，至顺治二年（1645），苏州府田额减至六万二千七百三十顷四十九亩五分三厘七毫。[③] 顺治九年（1652）间，江南的海州、沭阳、邳州、宿迁、桃源等州县，土地抛荒大多在六成以上，有的甚至超过八成、九成，如海州明季原额田地20511顷，顺治中叶有17483顷40亩变成荒地，抛荒面积超过85%；赣榆县明季原额田地为11898顷15亩，顺治时有8575顷沦为荒地，抛荒面积72%；沭阳县明季原额田地8439顷38亩，顺治时则有4679顷4亩沦为荒地，抛荒面积达55.4%；邳州明季原额田地17664顷，顺治时有11000顷成为荒地，抛荒面积接近62.3%；宿迁县原额田地6281顷，其中6066顷顺治时成为荒地，抛荒面积高达96.5%；桃源县原额田地18860顷，内有荒地13868顷，抛荒面积达73.5%。[④]

康熙初年，清王朝虽完成了天下一统的政治任务，但所面临的经济恢复形势仍很严峻。康熙六年（1667），“查各省荒田，尚有四百余万顷”[⑤]。江南各地“佃户故逃，业主相沿数十载”的版荒亦随处可见，其在高燥之区，则土坚如石，苇根盘结，成为“历久不毛之石田”，洼下之地则“土弃人逃，久失阡陌”[⑥]，虽有田在，但无人可耕，无术可耕[⑦]，至康熙中期，江南地区的

---

① 梁方仲：《中国古代户口、田地、田赋统计》，上海人民出版社1980年版，第248页。

② （同治）《苏州府志》卷十二《田赋一》，江苏古籍出版社1991年版，第313页。

③ （同治）《苏州府志》卷十二《田赋一》，第315页。

④ 彭雨新：《清代土地开垦史》，第6—7页。

⑤ 《清圣祖实录》卷二二，康熙六年四月戊子，《清实录》第四册，第304页。

⑥ （康熙）《常熟县志》卷八《田赋》，江苏古籍出版社1991年版，第135页。

⑦ （康熙）《常熟县志》卷八《田赋》，第148页。

田废地弃问题仍较为严重。

明末清初全国土地的大面积抛荒，主要是由战乱造成的，[①] 而水旱灾害的频发也加重了土地荒芜的程度，清人通常将这两类土地抛荒称为“天为之荒”[②]。康熙时期，江苏地区的田荒地弃既有“天为之荒”，又有“人为之荒”。

康熙时江苏田地的“天为之荒”主要分为两类情形：其一，由于地质等原因造成地面坍陷田地被水吞噬；其二，因洪涝灾害等导致的田地被水淹没，主要包括田地坍没、陆沉水底等。

“人为之荒”则是清廷决策和地方行政中造成的田废地弃，如迁海、公占等。另外，水利失修、百姓逃亡造成的田荒地废，既有天为的因素，更有人为的影响。

坍没是指近水地带受水侵袭或因地质原因而造成地面坍塌，以致地土沉没于水中。自唐宋以来，史志文献对江南地区的田土坍没就不乏记载。康熙时，江苏各州县田地坍没更是经常出现，清代史志材料往往将这类现象称为“坍荒”，严格地说，此类田土之粮额虽在版籍之中，但属于“无是田而有是粮，其地在波涛之外”[③]，所谓“坍荒”，不属于地荒，而算得上是土没。

“江南素称泽国，环三江，跨五湖”[④]，宋元以来，江苏近海、滨湖、濒江

---

① 对明清之际战乱背景下土地荒废的具体原因，也有学者分析了其人为的制度因素，如万红认为，清初全国耕地面积大幅度下降，主要原因有二：一是由于清初统治者实行的剃发、圈地、投充、逃人、迁海等一系列弊政对社会生产造成了很大的破坏，致使耕地大面积抛荒；二是由于顺治年间局势动荡，统治者实行的垦荒政策很大程度上是为了解决军事差派和军饷开支，因而垦荒成效并不显著。（万红：《试析清初全国耕地数大幅度下降的原因》，《中国农史》2003 年第 1 期）。

② 将明末以来战乱造成的抛荒归之为“天为之荒”，这是清人的观念。严格地说，这种“天为之荒”兼有天灾、人为的影响，这里姑且遵从清人之说，至于下文说到的迁海，清政府的意图是要孤立郑氏反清势力、终止战乱、尽快实现天下一统，但朝廷以牺牲百姓生命和财产为代价大规模的迁民决策，完全是一场人祸，这场人祸所造成的田废土弃，自然是“人为之荒”，它与明末战乱造成的抛荒应该有质的分别。

③ （康熙）《常熟县志》卷八《田赋》，第 148 页。

④ （清）惠士奇：《荒政》，载《皇朝经世文编》卷四一《户政十六 · 荒政一》，《魏源全集》第十五册，第 309 页。

地方坍没时有发生。据林宏、谭其骧、张修桂研究，元明时期，由于长江河口过水断面缩窄，导致江流对长江南岸冲刷加剧，造成长江南岸不断坍进。① 据史志材料记载，明嘉靖十八年（1539），嘉定县海水大溢，“平地涌波三丈，濒海田多坍没，损粮至三千八百余石”②，而位于吴淞口出海河道东侧的嘉定县八都地区，自万历起曾出现岸线大幅度内坍的情形。康熙时，崇明县的近江地方就“江田浮涌，坍涨不常”，方圆一百五十里内，不得不移表补里。③

江南的近湖地带在湖水冲击下，田地往往坍没于无形。④ 康熙五十九年（1720），据江苏巡抚吴存礼疏报：“吴江一邑地滨太湖，凡傍湖临水田地，波浪冲击，坍涨靡常。”⑤ 苏属长洲县地近太湖之田，亦常遭风涛冲击，积渐坍没，田地损耗巨大，“昔田而今波者，不可胜计”。⑥ 而沿江、濒海之田土坍没亦复不少，据江宁巡抚韩世琦疏报，康熙三年（1664），江省各卫“屯粮以十六卫计之，有坍江抛荒米二万余石有额无征”⑦。康熙十三年（1674），朝廷命停征丹徒、金坛二县十一年分部分逋赋，其中就包括丹徒坍入大江之田四十余顷，金坛荒田七百二十余顷。⑧ 康熙二十年（1681），江抚慕天颜也曾谈到

---

① 林宏：《潮决李家洪：晚明嘉县江东地区岸线变迁考》，《历史地理》第29辑，第63页。关于吴淞出海河道东侧内坍情形及上海地区海陆的变迁过程，谭其骧先生、张修桂先生亦做过相应的考察，参见谭其骧《上海市大陆部分的海陆变迁和开发过程》（载《长水集》下册，人民出版社1987年版，第171—172页）、张修桂《上海地区成陆过程概述》，（载《中国历史地貌与古地图研究》，社会科学文献出版社2006年版，第262—264页）。

② （万历）《嘉定县志》卷十七《杂记》，台湾学生书局1987年版，第1073页。

③ （清）沈寓：《治崇》，载《皇朝经世文编》卷二三《吏政九·守令下》，《魏源全集》第十四册，第449页。

④ 冯贤亮认为，明清时期，以太湖平原为中心的江南，由于自然演化与人工改造的加剧，一方面使乡村地方不断出现新的坍涨，影响了地方民生与政府课税；另一方面是城乡士民为获私利不断占垦这些水土资源，造成了势豪与百姓、官府与民间、朝廷与地方之间的各种利益冲突与矛盾。（冯贤亮：《明清江南坍涨土地的占夺与州县行政》，《浙江学刊》2014年第4期。）

⑤ 《清圣祖实录》卷二八八，康熙五十九年六月乙酉，《清实录》第六册，第805页。

⑥ （清）蔡方炳：《长洲清田纪事一》，载《皇朝经世文编》卷三一《户政六·赋役三》，《魏源全集》第十四册，第768页。

⑦ （清）韩世琦：《户属催征不得疏》，载《抚吴疏草》卷三八，清康熙五年刻本，捌辑7，第607页。

⑧ 《清圣祖实录》卷四六，康熙十三年二月戊戌，《清实录》第四册，第600页。

太仓、嘉定、常熟、上海等州县沿海、沿江田土之坍没情形："怒潮冲击，沃壤立付洪流，沙土崩溃，片刻能消数顷。"华亭、娄县、青浦、常熟等县逼近海洋、大江与濒临黄浦之田地，由于常年被风涛冲击，日削月消，"高处略有田形，岸址微露可稽，低处坍没无形，竟成巨浸，无形可丈"[①]，这些"坍荒"地土，很多难以勘核具体亩数，有的永远沉没于江海湖水之中。

清代是中国历史上灾害发生最为频繁的时期之一，水灾更成为南方各省最常见的灾害类型。江苏向来自然灾害频发，由于江苏地势低洼，地形复杂，雨水丰沛，水网密布，水灾更是经常发生。雨水失常，风潮不定，洪涝灾害频发，导致江苏各地田庐经常被水浸淹，禾稼被毁，土地失耕。顺治九年（1652），工科给事中胡之骏就疏言，"兴朝以来，苏浙间年年以水患见告"，在其奉差前往福建途中，就目击了江南"水漫遍野，田禾尽空"的场景。[②]康熙时期，江苏共发生过各类自然灾害63次，其中数水灾最多，凡43次。[③]笔者根据《淮安府志》记载统计，发现同时期的淮安府所属州县，有21个年份发生过水旱各类灾害。康熙九年（1652），两江总督麻勒吉就疏报，淮安、扬州二府"于五月终旬，淮、黄暴涨，湖水泛溢，百姓田亩庐舍被淹"[④]。而苏州府也大水三月不消。[⑤]康熙十九年（1680），常州府属之无锡、武进两县，"大雨二十余日，城市可以行舟，乡村稍低者悉荡没无遗"[⑥]。据江苏巡抚慕天颜疏报，康熙二十年（1681）夏，苏州、松江、常州、镇江四府，"淫雨连绵，河流四溢，田地在在沈滃，庐舍更多漂没"[⑦]。康熙二十三年（1684），康熙帝初次南巡，目睹了苏北一带到处都是积水汪洋的场景，"御舟过高邮湖，

① （康熙）《常熟县志》卷八《田赋》，第147页。

② （同治）《苏州府志》卷十一《水利三》，第292页。

③ 《全国各省（区）自然灾害发生数统计表》，见陈振汉、熊正文等编《清实录·经济史资料》（农业编），北京大学出版社2012年版，第二册，第886页。

④ 《清圣祖实录》卷三三，康熙九年七月丁巳，《清实录》第四册，第450页。

⑤ （同治）《苏州府志》卷十一《水利三》，第292页。

⑥ （康熙）《常州府志》卷三《祥异》，江苏古籍出版社1991年版，第66页。

⑦ （同治）《苏州府志》卷十一《水利三》，第292页。

见民间田庐多在水中，恻然念之”①，邳州亦“田地多为水淹，耕耘既无所施，赋税于何取办”②。

“夫小民之输赋者在农田，而田功之失收者因水旱。”③ 要确保农作物旱涝均不失收，非蓄泄有方不可，但自清初以来，江南的河道严重破坏，黄淮为患，堰闸失修，堤坝溃决，水利设施毁坏严重。东南赋税“实当天下之半”，堪称国家的根本，“连年水旱为灾，民生重困，皆因失修水利致误农功”，④ 堰闸、堤坝等设施的破坏，使得水利反而成为水害，这在康熙前期亦较为突出。

自明永乐以后，实行抑黄入淮济运的做法，由于人为地阻断黄河行程，使黄、淮、运三河汇于一隅，隆、万以来，“黄高势陡，遂闯入淮身之内”⑤，造成江淮流域河道水系紊乱，洪涝灾情更加严重。⑥ 康熙十八年（1679），河道总督靳辅就反映黄河南徙造成的危害，说山阳、宝应、高邮、江都四州县，“河西低洼之区，尽成泽国者，六百余年矣”⑦。康熙时，由于清水潭屡冲屡决，“山阳、高邮等七州县田地被水淹没，十余年来，每岁损课数十万两”⑧。

水利事关农业命脉，三江之治理更是系关东南要害。明人曾指出，“东南民命，悬于水利，水利要害，制于三江”⑨。明清时期的“三江”地区一般是指吴淞江、刘河、望虞河一带。就明清吴淞江治理而言，该江系苏州、松江、

---

① 《清圣祖实录》卷一一七，康熙二十三年十月甲寅，《清实录》第五册，第223页。

② 《清圣祖实录》卷一四一，康熙二十八年七月丙辰，《清实录》第五册，第553页。

③ （清）慕天颜：《水利足民裕国疏》，载《皇朝经世文编》卷二六《户政一·理财上》，《魏源全集》第十四册，第523页。

④ （同治）《苏州府志》卷十一《水利三》，第292页。

⑤ （明）王士性：《广志绎》卷二《两都》，中华书局1981年版，第25页。

⑥ 王日根在探讨明清时期苏北水灾原因时认为，黄河的变迁、大土地所有制的发展以及朝廷消极治河、积极保运的政策，才造成这一时期苏北水灾频发（王日根：《明清时期苏北水灾原因初探》，《中国社会经济史研究》1994年第2期）。苏凤格认为，康熙时黄、淮河为患的原因有自然因素和社会因素，但很大程度是社会人为因素所导致的（苏凤格：《康熙时期黄淮水灾及其救治措施》，广西师范大学2010年硕士学位论文）。

⑦ 《清圣祖实录》卷八二，康熙十八年七月甲午，《清实录》第四册，第1044页。

⑧ 《清圣祖实录》卷八〇，康熙十八年四月壬午，《清实录》第四册，第1028页。

⑨ （明）张国维：《吴中水利全书》卷二二《议·（明）沈几〈东南水利议〉》，影印文渊阁《四库全书》本，第578册，第859页。

常州、嘉兴、湖州、杭州六府之命脉，能否疏浚，直接影响六府的民生和安全，“修则六府同其利，塞则六府同其害”。明嘉隆年间，吴淞江淤塞，以致“太湖四溢，渰没田庐，水患频仍，民生困苦，”巡抚海瑞条奏疏通以后，至康熙初已逾百年，“潮泥日壅，故道全淤”。由于地方官惮于工程浩大，经费筹助困难，故而对吴淞江的疏浚治理置之不管。康熙九年（1670）夏，因遇连绵大雨，加之潮水汛滥，以致“禾苗悉渰，民居胥溺，积水三月不消，农工废业，人户流亡”①。

清人惠士奇认为，江南水患频发，一个重要的原因是该地区内江河湖港壅塞，堤坝堰闸倾废，水利设施调节水旱的功能缺失，“闸以时而启闭之，所以节水旱也。今堰闸不修，而支渠浅淀，水至无以泄横流之溃，水退无以溉高仰之田。故雨则溢，而旱则涸”②。

康熙十五年（1676），据总漕帅颜保疏报，淮扬两岸的石土河堤溃决甚多，高家堰堤坝“狂风巨浪冲决之处，或数丈、或数十丈不等”③。常熟、江阴、武进、丹徒等处“沿江通潮干河，最有益于农田”，却年远淹废。无锡、宜兴可达太湖之河渎，金坛、丹阳可接练湖之水泽，太仓连接天下之运道，“其间淤塞者，或数百丈，或数十里”④。康熙二十年（1681），巡抚慕天颜亦曾上疏反映常熟、武进等县河港湮塞问题，并指出，常熟之白茆港，“自明季失修，湮塞成陆，旱则潮汐不通，潦则渲泄无路”，武进孟渎河系常、镇诸水归江之要道，时亦年久失修，河身壅塞，武进以西，丹阳以东，宜兴、金坛

---

① （同治）《苏州府志》卷十一《水利三》，第293—294页。冯贤亮认为，处于太湖水系的苏南、浙西地区，就整个历史时期而言，以吴淞江为主导的，无论是地方政府还是中央政府，对它的关注程度远远高于其他地域，但从某种程度上讲，这里的水利史是以洪涝灾害史为主流的。（参见冯贤亮《清代江南乡村的水利兴替与环境变化——以平湖横桥堰为中心》，《中国历史地理论丛》2007年第3辑）。

② （清）惠士奇：《荒政》，载《皇朝经世文编》卷四一《户政十六・荒政一》，《魏源全集》第十五册，第309页。

③ 《清圣祖实录》卷六一，康熙十五年六月丁卯，《清实录》第四册，第795页。

④ （清）慕天颜：《水利足民裕国疏》，载《皇朝经世文编》卷二六《户政一・理财上》，《魏源全集》第十四册，第524页。

以北诸水，“归江阻遏，于是并灾，人力难施矣”①。

清初以来，江苏很多地方原建的堤坝堰闸因年久失修，实际上已成为虚设。如京口至武进奔牛地方利用闸座收蓄潮水，丹阳西北三十里有滚水坝四座，康熙时皆年久倾废，“有闸形尚存而不能蓄水者，有仅存基址而遗石数块者，是潮之进也，固任其进，而潮之退也，亦任其退”②。高邮州所属兴化县之白驹场，曾建闸四座，按旱涝情状调节淮扬一带河水入海，尽管白驹场离海较远，不在迁海范围之内，但清廷下令填塞闸口，导致牛湾河水无所出，田亩淹没，酿成人为水害。③

自明末兵兴以来，全国各地地多荒芜，民多逃亡。清初的江南流民随处可见，各州县因人户逃亡导致田土抛荒的情形十分严重。如清初的长洲，就“逃绝日多，田亩荒芜日甚”④。宜兴之民，“彼业荒而逋者非一日矣”。由于人户大量逃亡，宜兴已是“民无生气”⑤。康熙年间，由于水旱频仍，江苏百姓很多四处漂泊。康熙前期，慕天颜在了解苏松田荒地弃的情形时，就得知这里的田地废弃，“或系地土硗瘠，不能耕种，或因岁凶失收，民逃废弃”，而里甲之内，凡有荒坍情形，民户又畏惧赔累，“每多畏惧而逃，必致抛荒日甚。”⑥

明清时期，江南各地百姓逃亡的原因是复杂的，但因地方赋重而致使民户逃亡的问题颇值得关注。作为全国的重赋之区，苏州、松江、常州、镇江各府因赋役繁重、民力困竭，民户逃亡在外，导致土地抛荒，明已有之。宣德、正统间，苏州一府积逋多达七百九十万石，“官田粮重民不能办，一则豪

① （同治）《苏州府志》卷十一《水利三》，第296页。

② （乾隆）《镇江府志》卷五五《河工疏稿》，江苏古籍出版社1991年版，第643页。

③ 《清圣祖实录》卷二七，康熙七年十二月辛卯，《清实录》第四册，第376—377页。

④ （清）蔡方炳：《长洲清田纪事一》，载《皇朝经世文编》卷三一《户政六·赋役三》，《魏源全集》第十四册，第767页。

⑤ （清）储方庆：《荒田议》，载《皇朝经世文编》卷三四《户政九·屯垦》，《魏源全集》第十五册，第16页。

⑥ （康熙）《常熟县志》卷八《田赋》，第147、135页。

强大户不出加耗，偏累小户赔偿，是以贫民逃徙”[①]。万历初年，嘉定县百姓苦于漕兑之累，就“民多弃产逃亡，田荒粮绝，而下区低洼之乡为尤甚”，“流亡相继，练川几为废邑”，“民不堪命，遂至十室九空，竟成蒿莱满目。”[②]清初，江南重赋问题一直未得到较好的解决，至康熙年间，苏州、松江二府百姓在重赋的压力下，因而出现“富者贫，贫者逃”的场面。康熙二十四年（1685），江苏巡抚汤斌在了解苏松田地荒废的真实情况时发现，其实，苏、松之板荒，“非尽石田不可耕也，只因田不抵赋，力难任役，一户逋逃，数家株累，小民畏惧而不敢承佃”[③]。康熙年间慕天颜长期在江苏任职，目睹了常州、镇江等属州县百姓赋重役繁的苦难情形，他曾不无警示地说：“今日如此，真饥不即拯救，窃恐老弱空填沟壑，壮健疾贫思逞，不仅弃土逃亡也。”[④]

因战乱、灾荒而游离于异乡的人们，有的久弃故土，由于居外之人已业有所就，往往乐不思归。储方庆在谈到宜兴土地荒废时就曾说：“此等客处已久，忘其田园之乐，且有所业，以谋食于异乡，甚有父死子存，兄终弟在者。其心已不知为宜人，而况其先之荒田，复何足恋，而返而求其世业也哉”[⑤]？

迁海亦称迁界或内徙，是顺治至康熙前期清廷带给江、浙、闽、粤等沿海居民的一场民生灾难。[⑥] 迁海属于典型的“人为之荒”，导致沿海州县土地成片抛弃。

清廷在江苏的迁海始于顺治十八年（1661）。据《崇明县志》记载：“顺

① （同治）《苏州府志》卷十二《田赋一》，第323页。

② 《上海碑刻资料选辑》，上海人民出版社1980年版，第137—142页。

③ （同治）《苏州府志》卷十二《田赋一》，第321页。

④ （光绪）《丹徒县志》卷十二《恤政》，江苏古籍出版社1991年版，第230页。

⑤ （清）储方庆：《荒田议》，载《皇朝经世文编》卷三四《户政九·屯垦》，《魏源全集》第十五册，第16页。

⑥ 关于清初迁海，清廷给出堂而皇之的理由是为了保全生民。据江宁巡抚韩世琦疏称，“顺治十八年九月初二日，准户部咨为钦奉上谕事内开，顺治十八年八月十三日捧出上谕，谕户部：前因江南、福建、浙江、广东濒海地方逼近贼巢，海逆不时侵犯，以致民生不获宁宇，故尽令迁移内地，实为保全民生”。（参见（清）韩世琦《请蠲沙民弃地芦课籽粒疏》，载《抚吴疏草》卷十六，捌辑6，第291页）

治十八年，以海贼巢踞，撤山前、永兴、大安、野鹅、联福、新兴六沙，共除田、荡、涂 1944.26 顷。”① 康熙二年（1663），江宁巡抚韩世琦在奏疏中谈到崇明迁海的情况也说：“崇明县共沙一十有三，内有六沙奉旨迁徙。”② 康熙初，崇明、靖江、丹徒、丹阳诸邑滨海居民迁内地，“所弃界外田者三千八百余顷”③，奉旨迁离的各州县“民迁赋缺，抛弃田亩”④。据江宁巡抚韩世琦疏报，四县“海外沙民奉旨迁移内地，其各沙所有之田土业已废尽”，其中丹徒县“迁过六沙共弃田地滩一千八百一十顷四十亩八分四厘五毫”⑤。据折尔肯疏报，江南海州云台山，“自从禁海，迁移居民，地方废弃”⑥。十年之后，清廷命沿海各省陆续复界，海州、云台之弃地亦许复业，但据江宁巡抚慕天颜反映，“江南弃沙虽已复业过半，尚有界外未复之洲，实则在大江口内，而不在外洋”⑦，成为荒地弃沙，仍未恢复。

公占之荒是指因公占用民地导致民人的田土废弃，“公占者，马路、桥梁、烽墩、土堡、营房等类是也”⑧，清初以来的公占，具体又可分为政府因公占地、军工征用土地、水利修造废地、集市兴建公益占地等情形，但以军工占地最多。江苏沿海之墩台、马路、桥梁、土堡、营房等类的修造，大多属军防设施。据韩世琦疏报，顺治以来，因海氛未靖，“一切沿海沿江城池、墩堡，关系封疆之重，尤为时加饬备”，如金山等处城垣的议定改迁，柘林、青村、南汇各处城堡的修葺完工，黄浦口、官厅、炮台的规划修造。⑨ 另外，

① （民国）《崇明县志》卷六《经政·田制一》，成文出版社 1975 年版，第 225 页。

② （清）韩世琦：《会查崇明一田两赋请豁疏》，载《抚吴疏草》卷十七，捌辑 6，第 323 页。

③ （同治）《苏州府志》卷六八《名宦一》，第 779 页。

④ 《清圣祖实录》卷九，康熙二年五月庚寅，《清实录》第四册，第 148 页。

⑤ （清）韩世琦：《请豁沙民弃地缺额疏》，载《抚吴疏草》卷十四，捌辑 6，第 193 页。

⑥ 《清圣祖实录》卷六八，康熙十六年七月己卯，《清实录》第四册，第 867 页。

⑦ （清）慕天颜：《请开海禁疏》，载《皇朝经世文编》卷二六《户政一·理财上》，《魏源全集》第十四册，第 536 页。

⑧ （清）慕天颜：《浮粮坍荒二弊议》，载《皇朝经世文编》卷三二《户政七·赋役四》，《魏源全集》第十四册，第 801 页。

⑨ （清）韩世琦：《报沿海飓潮灾异疏》，载《抚吴疏草》卷二五，捌辑 6，第 706 页。

八旗驻防官兵及家人安置营房的修造，都要占去一定的地土。“向日军机倥偬，不问何人产业，圈划筑造，地已入于公家”，民户“无田可耕，无租可收，无人可问，民已失业”[①]。常熟地近海滨，“惟烟墩、马路，时须修葺”，清代常熟分县以前，有烟墩四十二座，马路一百三十里，[②] 而太仓、昆山、嘉定、上海等州县亦因马路、烽墩、营房、土堡之类修造而占用部分民田，国家“为封疆之计，立堡设墩，特筑马路”，都是出于军事需要，“无非保护斯民”，长洲、丹阳、武进、无锡等县“逼近官塘之处，又有马踏荒田”，[③] 也都属于军用性质的公占。江南各地的市镇墟场发展也需占用一定的土地，无论是扩充原来的市集规模，还是新建市镇墟集，都需要专辟用地。较之于明，清代苏州、松江两府的市镇就有新增，如明代苏州府有市 50 个、镇 45 个，清时市增至 56 个，镇增加至 47 个；松江明代有市 20 个、镇 40 个，至清代市增至 26 个，镇增至 70 个。水利修造也会占用一定数额的田地，有时甚至数额十分惊人。康熙三十二年（1693），据察勘河工吏部尚书熊赐履等疏言，淮、扬、凤、徐四府州所属之高邮、山阳等十二州县，并淮、大二卫，开河、筑堤、建闸、栽柳，抛废田地三千七百二十八顷三十七亩有奇。[④]

康熙年间，江苏地区的田地荒废，很难用非常准确的数据来描述其前后变化。虽然自清初以来就规定，州县定期编制《赋役全书》，定时清丈土地，对地方田亩的数量、类别、荒熟，方志也各有记录，但各州县的数据资料并不全面系统，而且存在不少虚假成分，经过统计由地方奏报给朝廷的田地荒废数字也不无矛盾。所以我们讨论康熙时期江苏地区的田地荒废，只是试图利用史志材料的介绍和部分数据的统计来说明江苏许多州县土地荒废现象的

---

① （康熙）《常熟县志》卷八《田赋》，第 135 页。

② （清）陶贞一：《常熟分县条议》，载《皇朝经世文编》卷十八，《吏政四 · 官制》，《魏源全集》第十四册，第 174 页。

③ （清）慕天颜：《浮粮坍荒二弊议》，载《皇朝经世文编》卷三二《户政七 · 赋役四》，《魏源全集》第十四册，第 801 页。

④ 《清圣祖实录》卷一五八，康熙三十二年三月癸丑，《清实录》第五册，第 743 页。

事实存在，而不是试图以数据变化来反映康熙时期江苏土地荒废的动态。

明末清初的江南荒地按抛荒时间长短来区分，大体上有老荒和新荒之别。“老荒乃胜国末年灾伤废弃”[①]。当然，更多见的是由兵祸造成的老荒，“兵燹之后，人亡地弃，久成榛莽”。新荒则属“偶值岁凶，人民流散，渐次抛荒”[②]。万历初年，嘉定县田地荒废的情形就相当严重，当时“荒芜极望，户口离散，几无以立县”[③]。至万历末年，太仓、常熟两县各有数万亩荒田，常熟的抛荒田亩主要分布于二十二都、四都、四十都等处，[④] 上十四都等地方位于常熟西北，位置傍海，这里“民顽粮欠，田地荒芜，草莽成区”，海滨有瘠田七千余亩，“向来抛荒”。[⑤] 据慕天颜疏报，康熙时，宜兴县张公洞等处存在大片的板荒地，这里属于近山远水地域，“满目荆榛，难施耒耜”，又据当地里民反映，这一带“故明末年被山贼盘踞，以致乡农逃窜，田地抛荒”[⑥]，属于老荒。

康熙前期，常熟、太仓、嘉定、昆山、华亭等州县皆有连接成片的版荒之地，“一望荒凉，人烟俱绝，高者水源不到，竟成石田，低者沙砾不毛，全无围岸”[⑦]。江苏南北地势高低不同，田地荒废的成因也自各异，“有地处极高，遇旱则无水可戽者，有地处极低，遇潦则连禾漂没者”[⑧]。宜兴县东有湖，西有山有湖，盗贼易于潜伏，故其荒地多在山泽间，顺康之际，“窃发之奸在在皆有，而宜尤甚。故滨湖带山之地，居民失业而窜于城市，田之荒者以数

---

① （清）黄六鸿：《福惠全书》卷十《清丈部》，载《官箴书集成》第三册，第325页。

② （清）黄六鸿：《养民四政》，载《皇朝经世文编》卷二八《户政三·养民》，《魏源全集》第十四册，第609页。

③ 《上海碑刻资料选辑》，第139页。

④ 《江苏省明清以来碑刻资料选集》，生活·读书·新知三联书店1959年版，第561页。

⑤ 《江苏省明清以来碑刻资料选集》，第564—565页。

⑥ （康熙）《常熟县志》卷八《田赋》，第147页。

⑦ （康熙）《常熟县志》卷八《田赋》，第147页。

⑧ （清）慕天颜：《浮粮坍荒二弊议》，载《皇朝经世文编》卷三二《户政七·赋役四》，《魏源全集》第十四册，第801页。

万计"①。长洲、上海各县则多坍荒，长洲县的滨湖地区因常受风涛冲击，积渐坍没，土地被水吞噬者实多。② 上海县黄浦之坍田，由于江流和海潮的长期冲刷，以致江口变得越来越宽，"据称，向日浦南原止里许，即最阔之处亦不过一里以外，今有二三里至四五里不等，比旧宽阔之水面，即系坍没之熟田"③。

康熙时期，江苏各州县田地荒废的数据主要来自地方官府的清丈勘查题报。定期清丈田亩，以明荒熟，在清初即已到处推行，顺治时对隐占田地的清查，旨在通过清丈土地加强赋籍整理和增收赋税。顺治十二年（1655），经户部覆准，"州县钱粮与原额相符者毋再纷更，其缺额地方于农隙时州县官亲率里甲丈量"④。

黄六鸿认为，各州县清丈田地，主要目的有二：其一，因"田地之原额有缺，致累包赔"，需核明实情而行清丈；其二，"田地久属荒芜，钱粮除豁后，为民人垦种成熟，未经承粮"⑤，而进行清丈。鉴于江南苏松等府地粮荒熟混淆问题突出，清廷"令州县官踏勘、分析造报查核"⑥。

康熙二十年以前，江苏各州县的田地清丈工作并未定期开展，康熙四年（1665），据江宁巡抚韩世琦疏报，康熙二年（1663）二月，清廷就差满汉官员前往各省督促清丈，"大省差二、三员，小省差一、二员，遍历府州县亲行确丈"，并限定各省两年内将田地荒熟之数造具册结题报。身为江宁巡抚的韩世琦虽"日夕催督，不遗余力"，但两年之期限满以后，各州县皆"册结尚无

---

① （清）储方庆：《荒田议》，载《皇朝经世文编》卷三四《户政九·屯垦》，《魏源全集》第十五册，第14页。

② （清）蔡方炳：《长洲清田纪事一》，载《皇朝经世文编》卷三一《户政六·赋役三》，《魏源全集》第十四册，第768页。

③ （康熙）《常熟县志》卷八《田赋》，第147页。

④ （光绪）《清会典事例》卷一六五《户部·田赋》第二册，第1101页。

⑤ （清）黄六鸿：《福惠全书》卷十，载《官箴书集成》第三册，第322页。

⑥ （光绪）《清会典事例》卷一六五《户部·田赋》第二册，第1101页。

完报"[①]。江宁巡抚慕天颜的疏报曾谈到以前田地清丈未能定期开展的原因："止因兵兴以来军务倥偬，前抚臣无暇亲勘，故议暂停。"[②] 各州县的清丈在慕天颜抚苏以后陆续进行，这项工作首先从长洲开始，待长洲清丈完成之后，遂命"诸邑仿法推行"，慕天颜在原疏中也强调，"一县已有规模，他邑亦易于从事"[③]。于是，慕天颜命"遴员诣各府州县，逐一踏勘，造册呈宪报部"[④]。慕天颜期望各州县能设法查清并垦复现有版荒田地，但清丈工作在江苏各地并未得到很好地贯彻落实，有些数据并未查清明确上报，至康熙二十四年（1685），汤斌出任江苏巡抚以后，还特别强调长洲之版荒、昆山之田粮、江海之坍田、邳州之沉地，"或事尚有待，或查报未明"[⑤]。

土地清丈是核实州县田亩荒熟情形最有效的手段，地土之熟荒耕废的判定原本并不复杂，但清初江南很多地方的田地不能简单地以失耕与否来判定。宜兴的熊知县在主持该县田地清丈事宜时，事先就特别交代该县田地荒熟的标准："田虽荒而近熟乡者，农弗勤也，不可以言荒。田虽荒而业主之力任包赔者，无损于税粮也，不可以言荒。田虽荒，而丽于山泽，可以收地利也，不可以言荒。三者之外，乃可以言荒矣。"在宜兴县全面清丈田地之前，该县原报有荒田近十万亩，但按熊知县的核荒标准来清丈核计一县之田，"得板荒田三万有奇"[⑥]。宜兴原报有荒田近十万亩可能存在虚假成分，但显而易见，核荒的标准确实也造成了田土荒熟数据的巨大出入。

---

① （清）韩世琦：《清丈田地查审人丁展限疏》，载《抚吴疏草》卷五二，捌辑 8，第 550—551 页。

② （同治）《苏州府志》卷十二《田赋一》，第 319 页。

③ （清）蔡方炳：《长洲清田纪事二》，载《皇朝经世文编》卷三一《户政六·赋役三》，《魏源全集》第十四册，第 771 页。

④ （清）慕天颜：《浮粮坍荒二弊议》，载《皇朝经世文编》卷三二《户政七·赋役四》，《魏源全集》第十四册，第 803 页。

⑤ （清）汤斌：《临行晓谕》，载《皇朝经世文编》卷二十《吏政六·大吏》，《魏源全集》第十四册，第 277 页。

⑥ （清）储方庆：《饥民垦荒议》，载《皇朝经世文编》卷三四《户政九·屯垦》，《魏源全集》第十五册，第 18 页。

康熙十八年（1679），慕天颜就江苏坍荒赔累无着，辄请豁免，后经部议，复行江苏地方勘丈，以分别荒熟，慕天颜“乃并立三图，分行各属”，并大体明确了江苏版荒、坍荒、公占的区分标准：“阡陌连绵，榛芜沙砾，然后可称版荒”，“江湖海畔冲沉水底，然后可称坍荒”，“墩台、马路围筑民田，然后可称公占”，并强调，一圩一号仅荒数亩，属惰农弃业，抛荒于熟地之内者，均不得以版荒开报，坍没之地既已无从勘丈，地方要核定其数额，必取通圩现存田号，方可勘核以前田亩的确数，严禁“浮开顷亩，希幸混免者”，民地如属公占，必详考其由来，不得以官地指称民地，混冒入册。[①]

康熙时期，江苏田地荒废的数据散见于州县方志的记载和地方官的疏报中，这些数据主要来自清代农业经济较为发达的苏州、松江、常州、镇江等府的方志材料，数据客观反映了清初经济恢复过程中田废地弃的实况。数据显示，属于江南“重赋之区”的苏州、松江二府，“每年约有民欠本折三十余万，内荒坍、公占者居其一，浮粮难完者居其二”。康熙十三年（1674），布政使慕天颜向朝廷奏报的苏、松、常三府经过勘核的坍荒田地数字实有三千余顷。[②] 清制，坍江、坍海、公占等荒没田土，一经勘明实数，地方督抚即应疏请豁免荒田原有粮额，但据慕天颜反映，江苏各地的版荒、坍没、公占田地，地方官并未及时请豁以致累民包赔，积逋难清。在《浮粮坍荒二弊议》一疏中，慕天颜统计了苏、松、常、镇四府坍荒等田地钱粮的实际欠额，“未完各年钱粮不下数十万”[③]。至康熙二十年（1681），已升任江苏巡抚的慕天颜又疏报，太仓、常熟、昆山、嘉定、华亭、娄县、上海、青浦、宜兴九州县坍荒田地共有二千三百五十六顷五十三亩，这些坍荒田地分别归属赋重役繁、农业经济较为发达的苏州、松江、常州三府各州县，但严格地讲，慕天颜疏

① （康熙）《常熟县志》卷八《田赋》，第148页。

② （同治）《苏州府志》卷十二《田赋一》，第319页。

③ （清）慕天颜：《浮粮坍荒二弊议》，载《皇朝经世文编》卷三二《户政七·赋役四》，《魏源全集》第十四册，第801页。

报的九州县荒地不仅限于坍荒情形，它们或属近山远水、原为山贼盘踞的老荒之地，有的则属于因逃亡而抛荒，“一区之内比连数百亩或数十亩”，也有因逼近海洋、大江与濒临黄浦以及诸湖，而被风涛冲击坍没。[①] 笔者根据江抚慕天颜疏报中的《附载勘豁坍荒册数》统计发现，这个数字仍不十分准确。九州县版荒、坍没等田亩实数超过 2421 顷，其中版荒地亩数昆山一县为最多，共五百九十二顷一十八亩九分二厘五毫，坍没则以华亭为最，坍没田亩二十五顷六十五亩七分。[②] 然而，在三藩之乱爆发前的康熙十一年（1672），上述九州县加上长洲县共十州县的荒坍、公占田地却不止此数。据苏州、松江、常州三府承勘官造报，“太仓、长洲、常熟、昆山、嘉定、华亭、娄县、上海、青浦、宜兴十州县，荒坍、公占田地三千四十一顷有零”[③]。而十州县以外的江苏其他州县所记录或呈报的田地荒坍具体数字，有的也是触目惊心的，如康熙十三年的金坛县就有荒田七百二十余顷。[④] 据储方庆疏报，属十州县之列的宜兴县荒田有近十万亩[⑤]，康熙二十六年（1687），昆山、新阳二县版荒、芦草田荡有三百九十八顷五十三亩余。[⑥] 江苏各州县的荒地数字类似记录不少，值得强调的是，因洪灾水患导致的陆沉水底、地弃耕废田亩数字则更为惊人，康熙十六年（1677）宿迁杨家庄花山坝等处决堤造成二千四百余顷田地沉于水底，积淹涸出无期。[⑦] 又据布政使丁思孔勘报，邳州一十五社田地因花山决口，黄河漫淹，水深数丈，田地四千二百四十顷七十九亩消涸难期，

① （康熙）《常熟县志》卷八《田赋》，第 147 页。

② （清）慕天颜：《谨题为湖水横决有因熟田就荒可惜谨具陈利病积弊仰敕清勘升科便民裕国事》，载《抚吴封事》卷八，清康熙刻本，第 6—7 页。

③ （康熙）《常熟县志》卷八《田赋》，第 135 页。

④ 《清圣祖实录》卷四六，康熙十三年二月戊戌，《清实录》第四册，第 600 页。

⑤ （清）储方庆：《饥民垦荒议》，载《皇朝经世文编》卷三四《户政九·屯垦》，《魏源全集》第十五册，第 18 页。

⑥ （同治）《苏州府志》卷十二《田赋一》，第 321 页。

⑦ （清）慕天颜：《谨题为决口地废赋役难支吁恳题请蠲停以拯灾黎事》，载《抚吴封事》卷三，第 34—35 页。

沭阳受积水冲淹则有二千八百余顷田地废弃。[①] 康熙三十年（1691）以后，除坍没田地无法恢复外，也有一些老荒之地得到垦复。

苏州、松江、常州等府的寸地片壤皆系赋重之区，土地之珍贵可以想象，自然而然，苏、松、常等府土地抛荒，也是国家财力的巨大损失。康熙前期，江苏布政使慕天颜十分重视苏、松、常等江南地方荒地的垦复，他曾有域内徙民垦荒之议，即“议徙江北之饥民，垦江南之荒田，即以赈给之资，令市牛种”。储方庆则以为此议不足取法：其一，江南版荒之地多在山泽间，徙饥民以实山泽，“必有意外之患”；其二，江南、江北之民习俗不同，使错壤相宜，必导致地方社会的稳定有忧；其三，江南赋重役繁，非江北人所习见，“彼见所入之少，而所责之多，则转徙流亡”，此实无益于荒地垦复；其四，授江北之人以荒田，使为世业，“彼见江南风俗靡丽，可以偷生，故乡之思，十不怀一，淮、扬两郡必为邱墟”[②]。显然，储方庆所陈述的四条理由，任何一条都足以动摇慕天颜域内徙民垦荒之议。

清初的田地抛荒，主要反映为人去田存、久失耕作的弃土版荒，这是全国各地田土荒废的常态。顺治年间，江南的荒地数版荒、石田最为多见。顺康年间，清廷督课地方官，奖励垦荒不遗余力，“虽垦荒辟土之令时下”，却未见有实效。[③] 三藩之乱平定以后，江苏的版荒之地仍多有未见垦复者。徐秉义在《开除坍荒说》中，对太仓、嘉定、常熟、昆山、华亭、娄县、上海、青浦、宜兴九州县三十万亩荒地成因及各类荒地占比作了大致估计，认为“坍荒之数视版荒为少，公占之数视荒坍为更少”[④]，也就是说，当时这九个州县的荒地数版荒最多。至康熙后期，江苏各州县的版荒之地不断垦复，近水

① （清）慕天颜：《谨题为积水浸淹不退沉田额赋无征等事疏》，载《抚吴封事》卷四，第4页。

② （清）储方庆：《饥民垦荒议》，载《皇朝经世文编》卷三四《户政九·屯垦》，《魏源全集》第十五册，第19页。

③ （清）靳辅：《生财裕饷第一疏》，载《皇朝经世文编》卷二六《户政一·理财上》，《魏源全集》第十四册，第518页。

④ （康熙）《常熟县志》卷八《田赋》，第148页。

地域的田土坍陷造成的耕地损失，可能成为土地废弃的突出问题。康熙四十四年（1705）三月，据江苏巡抚宋荦疏言，“吴县逼临太湖，波涛冲击，坍没田地一千七十亩有奇”[①]。康熙四十六年（1707），据福建监察御史王之珝奏报，京口、丹徒“所有滨江沙潮田地皆被风潮冲没”。据江宁巡抚于準、两江总督邵穆布疏报，丹徒、上元等十五州县并太仓、镇海二卫，“共坍没田地一千一百七十八顷九十亩零”[②]。

自顺治时起，关于清荒、报荒、辨荒、审荒、蠲荒，清廷就形成了一系列的制度。康熙年间，清王朝又进一步调整并完善了相应的制度。江苏在清荒、报荒、辨荒、垦荒诸方面积累了地方自身的经验，但也存在着种种人为之弊，主要反映为清丈荒地作弊、报荒造假、开垦成本高、摊赔累民等，这些问题不仅严重损害了地方百姓的利益，而且影响到荒地垦复的实效。

“蠲荒之道，莫先于核实，莫急于不惮烦”[③]，要核实各处田地荒熟情况，州县须定期实地勘察，而田地清丈尤为关键。顺治年间，真定巡按卫周允认为，“若照额责征，是令见在之丁代逃亡者重出，垦熟之田为荒芜者包赔也。”要改变这种不合理状况，必须清荒田，清亡丁，“欲清荒田，法在丈量，欲清亡丁，法在编审”[④]。各州县的土地清丈，在顺治时就已经开始，但各地清丈时断时续，且弊端百出。清丈要杜绝吏役弄奸，避免势豪作假，州县官就必须亲力亲为。[⑤] 康熙时，很多州县官并未实在踏勘本地的荒田数量，更常见的

---

① 《清圣祖实录》卷二二一，康熙四十四年五月丙戌，《清实录》第六册，第228页。

② （乾隆）《镇江府志》卷四七《艺文四》，第420—421页。

③ （清）储方庆：《荒田议》，载《皇朝经世文编》卷三四《户政九·屯垦》，《魏源全集》第十五册，第15页。

④ 《清世祖实录》卷十二，顺治元年十二月庚申，《清实录》第三册，第114页。

⑤ 汪辉祖曾告诫地方官说：“事无巨细，权操在手，则人为我用。若胸无成见，听人主张，将用亲而亲官，用友而友官，用长随、吏役而长随、吏役无一非官。人人有权，即人人做官，势必尾大不掉，官如傀儡。稍加约束，人转难堪，甚有挟其短长者矣。”（参见（清）汪辉祖《通论居官·学治臆说》，载《皇朝经世文编》卷二二《吏政八·守令中》，《魏源全集》第十四册，第344页。）

做法是将清丈之事委托给吏役，[①] 而江苏各州县的清丈之弊，亦集中体现在经办官吏和胥役对垦荒百姓的勒索上。杨雍建认为，顺康年间一些州县的清丈，是在“开贪吏诛求之门，长蠹胥科派之术，无益于国计，徒扰乎民生”[②]。由于吏役弄奸，以致各种费用百出。黄六鸿在谈到地方清丈的祸民扰民情形时就曾指出：“于是业户有差催守候之扰，里胥有科敛酒食之费，弓正有嘱托贿庇之需，而又跟随多役，办事诸人东西驰惊，以致农业废弛，稼殖蹂践。”[③] 康熙初年，两江总督郎廷佐曾特疏题参江宁府属高淳县知县叶自灿借清丈土地之机，纵役私肥。叶自灿“丈量阖县田地，朦听蠹胥，票催四十一里耆，假称使费名色，每里科敛银一二两不等，名虽贮库使用，实图官蠹朋侵”[④]，以致民怨载道。

各地奸民又与蠹吏串通作弊，由于州县官并未按籍履亩稽查，于是奸吏猾胥与地方绅衿、势豪内外勾结，以致田地清丈之后仍是荒熟混冒。康熙十七年（1678），江宁巡抚慕天颜专疏反映长洲县田地荒熟混淆，豪强作祟，以致钱粮积逋难完的问题，并指出：“长洲一县田地荒熟混淆，都图科则冗乱，每有豪强享利，偏累穷民，以致额赋历年不能全完。”[⑤] 储方庆认为，“奸民之所恃，在县官不能履亩而稽耳。破奸民之所恃，然后可以释愚民之所疑”[⑥]，否则，土地清丈不仅无法实现其目的，而且会遭到地方的抵制。就长洲县而言，该县自明季以来豪民猾胥就相缘为奸，以致田地荒熟混淆。清初的长洲

---

① 周保明认为，清代地方吏役的权力来源有四：一是官长假以事权；二是官长包庇纵容；三是吏役主动争取；四是吏役有乱法的群体性基础。（详见周保明《清代地方吏役制度研究》，上海世纪出版集团 2009 年版，第 538—554 页。）

② （清）杨雍建：《请停丈量以苏民困疏》，载《皇朝经世文编》卷三一《户政六・赋役三》，《魏源全集》第十四册，第 774 页。

③ （清）黄六鸿：《福惠全书》卷十，载《官箴书集成》第三册，第 322 页。

④ （清）杨雍建：《请停丈量以苏民困疏》，载《皇朝经世文编》卷三一《户政六・赋役三》，《魏源全集》第十四册，第 774 页。

⑤ （清）慕天颜：《谨题为谨陈清理钱粮之法请旨严饬遵行以裨国赋事》，载《抚吴封事》卷三，第 21 页。

⑥ （清）储方庆：《荒田议》，载《皇朝经世文编》卷三四《户政九・屯垦》，《魏源全集》第十五册，第 15 页。

已是旧册无存，“有田无粮，有粮无田，莫可究诘”。康熙时，清廷曾以廉干之吏沈恩为长洲知县，沈恩随即主持了长洲的土地清丈。为杜绝奸胥诈扰，沈恩先申明清丈禁令，本人又“履亩以稽业户”，并命“择士之端方正直有心计者任之，吏胥不得干与”，数月之间，眼见功奏其半，但沈恩的做法也因此遭到地方豪民奸胥的暗中抵制和中伤，他们四处造谣，于是“议论蜂起，或谓此事迂不必行；或谓劳民伤财，宜勿举；或谓须概行丈量乃有济。故难其说，总不利此事之成”[①]。最后沈恩也调离长洲，致使长洲清田行动功败垂成。

报荒、报垦的弄虚作假，主要表现为指荒为熟、以熟作荒、真假混淆等问题。[②] 据蔡方炳反映，明末以来，长洲县猾胥奸民就串通作弊，“移轻重，改荒熟”[③]，至清初，报荒时熟荒混冒更是司空见惯。储方庆在谈到宜兴垦荒之弊时，就特别谴责该县之荒田失真问题。在他看来，当时的报荒基本上成为了奸民猾胥玩法牟利的途径：“今之所为荒者未必荒，而其荒者又不能以荒告也，宜之荒田半为奸民攘利之窟。其实业荒田者，皆逃亡迁徙，不能自直于长吏之前。”奸民出于“攘利”的目的，甚至“震恐业荒之民，使之不敢自言其荒”，因此“业荒之民，无力之民也；冒荒之民，有力之民也。”[④] 卢纮在《新泰丈田议》一疏中，曾谈到山东新泰县奸吏、绅衿、豪暴的狼狈为奸，彼此通同作弊问题，他们之所以胆敢作弊，不能排除州县官或受猾胥下僚壅蔽，或受制于权势的阻挠，以至于州县逃亡，荒芜之奏报皆存在不实之情，“是以现在为逃亡，而逃亡反为现在；荒芜为成熟，而成熟反为荒芜。甲乙互

---

① （清）蔡方炳：《长洲清田纪事一》，载《皇朝经世文编》卷三一《户政六·赋役三》，《魏源全集》第十四册，第767—768页。

② 康熙时，江南报垦、报荒也存在数据呈报不实的问题，如康熙八年户部就题报：“江南泗州、虹县等五州县从前捏报开垦地亩共五千二百九十六顷”。参见《清圣祖实录》卷三一，康熙八年十二月甲戌，《清实录》第四册，第426页。

③ （清）蔡方炳：《长洲清田纪事一》，载《皇朝经世文编》卷三一《户政六·赋役三》，《魏源全集》第十四册，第767页。

④ （清）储方庆：《荒田议》，载《皇朝经世文编》卷三四《户政九·屯垦》，《魏源全集》第十五册，第15页。

移，半为乌有；李桃相代，莫问子虚。”① 甚至有的还无端弄鬼，“将老荒忽捏推收，飞入他里他甲”②。其实，江苏的情况又何尝不是如此。

报荒、报垦之类的弄虚作假，属于清初以来各直省普遍存在的问题，并非江苏一省所独有。对于混报荒熟、虚报垦亩，康熙初年已有议处之条。据光绪《清会典事例》记载，康熙元年（1662），经户部题准，“荒地未经开垦，捏报垦熟者，督抚道府州县等官分别议处”，“凡官员有将熟地称为新垦者议处，督抚、布政使司失察一并议处”③。但康雍年间各地题报开垦却多失实。“或由督抚欲以广垦见长，或地方有司欲以升科之多迎合上司之意，而其实并未开垦，不过将升科钱粮飞洒于现在地亩之中，名为开荒，而实则加赋。”④各地开垦以多报少，以少报多，将先垦之地重报开垦，混报荒熟，皆属司空见惯。曹一士曾谈到康雍年间各省报荒、报垦存在两大流弊，即以熟作荒和以荒作熟。由于清廷以地方垦荒业绩作为地方官考课的依据，州县在预报荒田数额时，明知荒地不足，“即责之现在熟田，以符所报之额。小民畏官之令，俯首而从之。咸曰：‘此即新垦之荒而已’”。近河傍山地带则多以荒作熟，近河之地坍涨无常，且地势低洼，经河水冲积之后，虽有一时可耕之地，但河水不时涨漫浸泡，难成久熟之区，傍山麓之地以荒作熟的手法其实拙劣，“外铺平土，有似可耕，其下三四寸多石皮石子，坚不能掘，所生之草亦皆纤细无力”⑤，更不用说在薄土之上种植禾稻了。

“里有逃亡故绝，地土未免荒芜，丁或遇审可除，粮不可除也，若果承顶无人，难免摊赔之累。”清初久陷战乱，各地逃亡相继，人亡地存，而全国田赋征收，又悉依万历旧制，一旦户绝地荒，州县官往往“以本里本甲之人，

① （清）卢纮：《新泰丈田议》，载《皇朝经世文编》卷三一《户政六·赋役三》，《魏源全集》第十四册，第765页。

② （清）潘月山：《未信编》卷一《钱谷上》，载《官箴书集成》第三册，第31页。

③ （光绪）《清会典事例》卷一六六《户部·田赋》第二册，第1109页。

④ （光绪）《清会典事例》卷一六六《户部·田赋》第二册，第1114页。

⑤ （清）曹一士：《请核实开垦地亩疏》，载《皇朝经世文编》卷三四《户政九·屯垦》，《魏源全集》第十五册，第41页。

赔本里本甲之荒”[①]。抛荒越多，地方因未及时向朝廷请豁课款，百姓摊赔亦越重。

直省各地荒地未及时请豁，以致百姓遭受摊赔苦累的问题，顺康年间，有不少官员曾向朝廷反映过。顺治十八年（1661），巡按江宁御史何可化条奏地方芦课六弊，就首列“坍没之赔累宜豁”[②]。康熙六年（1667），山东道御史王伯勉亦疏报各地衙门垦荒造假，以致百姓赔累问题，正所谓“有司捏垦，妄希议叙，百姓包荒，不堪赔累”[③]。慕天颜也注意到康熙时期江苏地方的板荒、坍没、公占田地增多，导致赔累之户逃绝的问题。他曾在疏中谈到坍没带来的摊赔之累，“始也坍去犹少，摊赔已属难堪，继而日削月深，逋累渐多逃绝”[④]。他认为，这些坍荒钱粮“乃系纸上虚数”，如不蠲豁，日积月累，则永无完项之日。清王朝的包赔做法旨在确保国家赋税收入的稳定，但牵连里甲民户，驱使编民逃离故土，其实无益于荒地垦复。康熙年间，京口丹徒县坍江一案，涉及的就是坍江田地田没粮存的处理问题。该县滨江沙潮田地早已被风涛冲没，但原额地丁钱粮仍留在民户头上，民户既无田土，无论年成丰歉皆无所出，实属地方百姓包赔。[⑤] 康熙十一年（1672），慕天颜也曾谈到已被朝廷征用的江苏公占田地累民包赔问题。一些地方的民田因公被占，由于未及时请豁，以致百姓摊赔，“贫民且悲失业”[⑥]，还得承担赔粮，百姓之苦实不堪言。康熙十七年（1678），青浦知县刘廷谏在履亩清丈该县田地时，发现该县田地“原是额内荒熟混淆，科则轻重不均”，“甚至有粮无田，赔苦

---

① （清）潘月山：《未信编》卷一《钱谷上》，载《官箴书集成》第三册，第31页。

② 《清圣祖实录》卷二，顺治十八年五月庚申，载《清实录》第四册，第65页。

③ 《清圣祖实录》卷二二，康熙六年闰四月丁亥，载《清实录》第四册，第303页。

④ （清）慕天颜：《浮粮坍荒二弊议》，载《皇朝经世文编》卷三二《户政七·赋役四》，《魏源全集》第十四册，第801页。

⑤ （乾隆）《镇江府志》卷四七《艺文四》，第420页。

⑥ （乾隆）《长洲县志》卷三一《艺文一》，江苏古籍出版社1991年版，第392页。

无伸”，该县田粮长期拖欠难完，康熙十一至十五年钱粮积欠达十万四千有奇。[①]

尤其是漕粮的包赔，不仅累民，而且累官，“惟漕粮一项独累里甲，里甲因此包赔逃窜，已株连不知凡几，官役因此漕欠，挪移垫买，每致难清，完犹不完也”[②]。康熙四年（1665），江宁巡抚韩世琦的疏报曾谈到江宁左等十五卫的荒田增赋难完，卫所守备、千总因受考成之累，降革殆尽的问题，各卫屯粮以供军需和漕项支用，只因沿江坍废，抛荒田地有额无征，故各弁“徒滋考成之深累”[③]。

清初垦荒行之二十年而效果不佳，既受政局动荡因素的影响，又与垦政推行过程中滋生的种种弊窦不无关系。康熙七年（1668），云南道御史徐旭龄为此总结说，国家生财之道，垦荒为要，“乃行之二十余年而无效者，其患有三：一则科差太急，而富民以有田为累；一则招徕无资，而贫民以受田为苦；一则考成太宽，而有司不以垦田为职”[④]。朝廷既讲富国之效，则不应限以三年起科，听民自佃，但民有贫富不等，流移者无资，又何谈垦政之效。

康熙时期，江苏地区的荒地仍存在无人垦、不敢垦的问题，民有垦复的畏难，报垦费用多，垦荒成本高，对垦复的起科之畏，都会造成开垦无实效、垦而复荒。

康熙时，各直省往往存在有主之荒无力开垦，无主之荒则无人开垦的现象，对于荒田弃土，民不敢代认而开垦，一方面是担心垦种有害无利，“诚恐未收地亩分毫之利，其害已百倍随之”[⑤]；另一方面，无主之荒未必真属无主，开垦之后，一旦有主认领，开垦便成徒劳。据河道总督靳辅疏报，靳辅在奉

① （清）慕天颜：《题为谨陈青邑钱粮逋欠不清循例请委专员清丈以裨国赋》，载《抚吴封事》卷三，第24页。

② （同治）《苏州府志》卷十二《田赋一》，第319页。

③ （清）韩世琦：《报江宁左等十五卫积荒疏》，载《抚吴疏草》卷五五，捌辑8，第659页。

④ 《清圣祖实录》卷二五，康熙七年四月辛卯，《清实录》第四册，第356页。

⑤ （清）卢纮：《新泰丈田议》，载《皇朝经世文编》卷三一《户政六·赋役三》，《魏源全集》第十四册，第764页。

命督河期间，曾奔走于平原旷野间，他目击了江苏徐淮等地土地大量荒芜的情景，以为皆属无主荒地，遂疏奏朝廷，“请将沿河荒地，募丁垦种，以固河防，”但荒地尚未开垦，“即有主出认，多称系伊纳粮之田。”①

百姓对荒田垦复心存畏难，其原因是多方面的，但主要还是因为一些老荒之地抛荒时间太久，土地贫瘠难垦，这种情况在康熙前期尤为突出。陆龙其在谈到畿辅有些州县荒田多、报垦少的情形时就曾说过，“朝廷屡下劝垦之令，而报垦者寥寥”，其中重要的原因就是“北方地土瘠薄，又荒熟不常，近山之地砂土参半，遇雨方可耕种，稍旱即成赤土，近水之区，水去则略有田形，水至则一片汪洋”②。而江苏近山远水版荒之地，就多属久荒之石田，开垦难度与畿辅亦大体相同。

报垦之费用百出，开垦的成本过高，也直接影响到垦荒的实际效果。小民视开垦为畏途，听任土地荒芜而不管不顾，与垦荒的收费流弊不无关系。据陆龙其介绍，畿辅各州县，“报垦之时，册籍有费，驳查有费，牛种、工本之外，复拮据以应诛求，非中等以上之家不能开垦”③。巡按湖广湖南监察御史胡来相具体谈到清初垦荒的官给牛种之弊时说：“于牛种未发之前，唯恐奸民掣骗，必先差人押保，其衙役酒食之索所不免矣，及其既发，或银色之低昂，或数目之短少，奸役猾胥又从中明明而侵扣之，是银未入手先已花费十之二三矣，及其买备牛种，尽力农亩，或西成在迩，而从前之原差又持票下乡，坐取牛种租课，幸而岁逢大有，犹可支撑，一遇旱涝，官家牛种差役呼号其门，八口饔飧，仰屋而失所赖，即欲其不逃亡，岂可得乎。”④ 然而，垦

① （清）靳辅：《生财裕饷第一疏》，载《皇朝经世文编》卷二六《户政一·理财上》，《魏源全集》第十四册，第518页。

② （清）陆龙其：《论直隶兴除事宜书》，载《皇朝经世文编》卷二八《户政三·养民》，《魏源全集》第十四册，第600页。

③ （清）陆龙其：《论直隶兴除事宜书》，载《皇朝经世文编》卷二八《户政三·养民》，《魏源全集》第十四册，第601页。

④ 《户部题本》，载《明清史料》丙编第十本，中央研究院历史语言研究所1936年，第641—642页。

荒之弊又何止官给牛种一项，雍正帝也曾在上谕中说：“向来开垦之弊，自州县以至督抚，俱需索陋规，致垦荒之费，浮于买价，百姓畏缩不前，往往膏腴荒弃。”① 雍正帝的这几句话，深刻揭露了清初以来各地垦荒需索的陋规和开垦成本高的事实，也点出了清初以来垦复难有实效的根源。

综上，在历经明清鼎革长时间的战乱之后，顺康之际的江苏仍有一些地方土地严重抛荒，农业生产无法正常进行，至三藩之乱爆发前，江苏的社会虽归于平静，但随之而来的平藩之战，则带给这一方土地以军需供给的巨大压力。值得注意的是，作为明清的重赋之区，以苏、松、常为核心的农业经济发达地区，在康熙时期尤其是康熙前期，受到了来自清廷和地方的极度重视。康熙年间，江苏地方大员对苏、松等府的特别关注是从韩世琦抚吴开始的，至慕天颜职任江苏布政使、巡抚以后，更是将目光聚焦于苏、松、常诸府属州县。他们不仅密切关注重赋之区的田赋征收，而且也特别重视苏、松等府的田土抛荒、水利失修诸问题。平定三藩期间，由于江南社会的稳定和经济发展关系到天下安危，清廷对苏、松、常诸府更是高度关注，这也符合王朝的整体利益。

事实上，就土地抛荒的程度而论，顺治以来，苏北田地的抛荒远比苏、松、常诸府严重。② 苏北因河患、水利失修造成的土地荒废，陆沉水底，积淹涸出无期，也远远超过同时期江南的版荒、坍没。如前所述，康熙时期，每遇大雨，黄河逆流进入洪泽湖，湖水泛溢，兴化、盐城等州县田地就常被水淹，陆沉波底，但苏、松、常诸府在国家财政中的地位，决定清廷在三藩之乱平定以前选择优先恢复和发展这些地区农业经济的做法，这也是顺康年间有清各级政府密切关注苏、松等地农业问题的合理解释。藩乱平定以后，清廷治苏政策开始有所转向，康熙帝南巡，就多次巡视洪泽、高邮诸湖，并屡

① 《清世宗实录》卷六，雍正元年四月乙亥，《清实录》第七册，第137页。

② 据彭雨新研究，清初江南省荒地最多的为凤、庐、徐、淮四府州，凤阳府的无主荒地达66537顷，庐州府、淮安府、徐州共有无主荒地83026顷。参见彭雨新《清代土地开垦史》，第20页。

集廷议，商讨高邮、宝应、山阳、兴化等处积水汪洋，民田失耕问题。[①] 康熙二十三年（1684），康熙帝目睹了苏北下河地区百姓田庐俱淹的凄惨情形，并决心治理下河地区河务。此后，康熙帝参加治理黄河工程持续达三十年之久[②]，这也是清廷发展江苏农业经济的重大政策调整。

康熙时期，由自然因素造成的江苏田地坍荒和水淹弃耕，非人力所能改变；由制度、政令等人为因素造成的耕废地弃，影响最为恶劣的则数迁海之举。迁海作为清初的一项厉政，行之二十余年，给沿海百姓带来了灾难性的后果。江苏因迁海导致的业废地弃，目前学界虽缺乏专门详细的探讨，[③] 但可以肯定的是，迁海给江苏部分地区百姓带来的灾难不减于广东、浙江、福建沿海各地，而崇明、丹徒、海州迁海令执行尤为严厉。[④]

康熙前期，长达八年的三藩变乱战火延烧十省，江西、湖南、四川、陕西、福建、广东等省不仅经济遭受重创，而且各省在变乱爆发前所取得的垦荒成果也化为乌有。以江西为例，据《江西通志》载，该省“自遭诸逆变叛，人民死徙，田地荒芜，伤残蹂躏之状，荡析仳离之惨，什倍他省”，杀戮逃亡

---

① （嘉庆）《高邮州志》卷首，江苏古籍出版社1991年版，第16页。

② 商鸿逵认为，康熙帝六次南巡，虽然兼有“省方察吏”，了解民情以及笼络争取南方知识分子的目的，然而这都属于次要的，其主要任务是要着手治理黄河。（商鸿逵：《康熙南巡与治理黄河》，《北京大学学报》1981年第4期。）

③ 关于清初江苏的迁海情况，目前学界的研究尚显不足，而且通常的认识是，江苏的迁海给民生所造成的灾难不如闽、浙、粤等地。关于浙江、福建、广东的迁海则不乏研究成果，主要有：张宪文《略论清初浙江沿海的迁界》（《浙江学刊》1992年第1期）；谢湜《明清舟山群岛的迁界与展复》（《历史地理》第32辑，上海人民出版社2015年版）；郑宁《催科为重：清初浙江迁海的善后作为》（《史学月刊》2018年第2期）；冯立军《清初迁海与郑氏势力控制下的厦门海外贸易》（《南洋问题研究》2000年第4期）；刘宇勋《清初福建沿海的复界与地方社会》（福建师范大学2013年硕士学位学论文）；陈春声《从“倭乱”到“迁海”——明末清初潮州地方动乱与乡村社会变迁》（《明清论丛》第2辑，紫禁城出版社2001年版）；鲍炜《迁界与明清之际广东地方社会》（中山大学2003年博士学位论文）；黄挺《清初迁海事件中的潮州宗族》（《社会科学》2007年第3期）。

④ 据韩世琦反映，常熟、上元、崇明、江阴、丹徒、丹阳六县迁民奉旨迁徙后，地弃课缺，经界淆乱莫识，“居民四处安插，房屋尽行拆毁，树木全系砍伐，禁止不许一人入洲，无人可知地界……外沙奉旨内迁，芦洲久成废弃……各沙迥无人迹，今若往丈，则经界莫识，即使丈明，钱粮亦属无征”。参见（清）韩世琦《弃沙应否丈量疏》，载《抚吴疏草》卷二一，捌辑6，第515—516页。

人丁七十余万口，抛荒田地十七万余顷。[①] 但三藩之乱并没有对江苏造成太大的冲击，不但江苏的经济发展没有中断，清初以来江苏的垦荒成果也得以保留，这也是康熙年间江苏荒政与其他南方各省荒政的不同之处。

二、江苏田赋的起运与存留——基于康熙三十二年（1693）常州府数据的分析[②]

中国古代社会长期以农业立国，以一家一户为生产单位的小农经济，是历代王朝财政收入的主要来源。农耕田亩、农业人口和农业作物一直属于赋税体系中的重要征收对象。历代王朝为了确保国家财政收入和社会秩序的稳定，对田制和田赋体系进行过多次完善和改革。虽然中国传统社会的农业体系经历了漫长的制度变迁，但其背后所蕴含的“以农为本”理念自始至终没有改变，而随着商品经济的发展和白银货币化的逐步深入，到明清时期，田赋制度更是发生着重大的变革，赋役折银的产生赋予田赋体系以新的内涵。清入关以后，为了尽快完成国家统一和实现朝廷对地方的有效管控，清朝统治者在中央财政和地方财政的起运与存留中一直采用“八二占比”的模式。康熙年间，江苏常州府田赋起运与存留的严重失衡正是这种模式的缩影。本节以康熙三十二年（1693）常州田赋征项数据为依据，分析清初常州府田赋起存运占比及存留支出问题，主要是基于以下考虑。

其一，江苏省作为清初最富庶的地区，自然也是田赋的主要承担者，正所谓“天下财富大半出东南，而苏常诸郡又财富之甲也”[③]。康熙三十二年

① （雍正）《江西通志》卷一一八《艺文・请除荒疏》，清雍正十年（1732）刻本。

② 关于康熙年间江苏常州府田赋起存占比的严重失衡及其对地方的影响，参见雷炳炎、侯捷《清初常州府田赋的起运与存留——基于康熙三十二年数据的分析》，《安徽史学》2018年第6期。

③ （清）叶滋森：（光绪）《靖江县志》卷四《田赋》，台北：成文出版社1983年，第83页。

(1693) 间，常州府田赋项下起科本色米麦达 363317 石，起科银共 600347 两。[①] 值得注意的是，康熙《常州府志》田赋的收支项下，对于“起运”与“存留”两项都有具体的财政收支记录，这为探讨清初江南地区田赋收支和起运存留占比的发展过程提供了有力的史料依据。

其二，康熙三十二年处于清王朝赋税定型之际，是“复存留”后新型起存体系框架建立的重要时期。清承明制，“田赋悉照万历年间则例，尽革明末无艺之征……顺治初年，钱粮起存相半，考成之例尚宽厚。后因兵饷急迫，起解数多”[②]。清初，朝廷因军费浩繁、中央财政承负过重而削减存留的举措，在地方州县陆续实行，以至“钱粮尽裁存为起，所条万事复一时取办于民”[③]，故而有“存留钱粮，尽裁充兵饷”之说。三藩之乱平定以后，康熙帝颁布《削平群逆恩诏》，“用是荡涤烦苛，维新庶政，大沛宽和之泽，冀臻熙皞之风”[④]，对战时严苛的筹饷措施进行纠正，并陆续调整中央与地方财政的起存比率，十余年间，战时裁撤款项陆续归复地方。虽然所谓的“复存留”款项和钱粮数额远不及裁撤之数，且起运存留之数，每岁不齐，但此后中央与地方财政比例相对稳定且日趋固定化。

田赋是历代王朝财政收入的主要来源，清代田赋征收始终受到朝廷的重视。学界关于清初田赋的研究成果也颇为丰富[⑤]，但以往的研究大多属于概述性的制度分析，对地方府县具体收支列项和财政数据的统计似乎涉及较少，

① 本节数据均转引自（康熙）《常州府志》，下文出自该书数据不再单独注解，其余数据另加注解说明。

② （清）汤斌：《逋赋难清乞减定赋额并令立赋税重地州县考成例疏》，载（乾隆）《江南通志》卷六十八，影印文渊阁《四库全书》第五〇九册，第 9 页。

③ （清）仁和琴川居士：《皇清奏议》卷二十，《郝沐疏〈请统筹国用全局〉》（康熙十五年），台北：文海出版社 1967 年版，第 4 册，第 1866 页。

④ 《明清史料》丁编第十本《削平群逆恩诏》，国家图书馆出版社 2008 年版，第 789 页。

⑤ 目前，学界涉及清代田赋的起运与存留制度研究成果主要有：梁方仲《中国历代户口、田地、田赋统计》，载《梁方仲文集》，中华书局 2008 年版；彭雨新《清代田赋起运存留制度的演进》，《中国经济史研究》1992 年第 4 期；陈锋《清代中央财政与地方财政的调整》，《历史研究》1997 年第 5 期。

故本文拟在以往学者的研究基础上采用量化统计的方法，对常州府财政收支具体项目进行结构性分析，继而对其存在的问题进行探讨。

田赋征收作为我国古老的赋税征收形式，一直受到历代王朝的重视。虽然中国传统社会的土地制度历经了无数次的变革，但其背后所蕴含的对田赋、田制极为重视的理念始终未曾改变。明清鼎革之际，社会尚未稳定，清统治者多在前朝田制的基础上删减补缺，以达到稳固统治的目的。顺治元年（1644），“世祖章皇帝御宇，因明季变革，版籍多亡，田赋无准，首着御史卫周祚巡行畿甸，见正定府荒地十之六七，请行清丈编审之法，使地丁钱粮悉符实数”①。同年五月，摄政王多尔衮率师进入北京后，清王朝发布的第一道诏令即是命各地“其为首文武官员即将钱粮册籍、兵马数目，亲赍来京朝见”②。两年之后，清廷又下令废除明季加派的三饷，“时赋税图籍多为流寇所毁。顺治三年（1646），谕户部稽核钱粮原额，汇为《赋役全书》，悉复明万历之旧”③。《赋役全书》因循历代王朝治土安邦的治国理念，也解决了清王朝入关之际财政收支亟待立制的问题，成为清政府恢复农业生产和稳定社会经济的总纲。

清代的常州府东临苏州，北接扬州，西至江宁，南控太湖，素有“中吴要辅，八邑名都”之称。故《常州府志》记载云：“吾郡襟江带湖，扼三吴之要，五邑环而峙之，皆屹然称望县焉。”④ 康熙年间，常州府地域辽阔，“东西一百九十里，南北二百八十五里，形胜甲于东南”⑤。常州府下辖江阴、无锡、武进、宜兴和靖江五县，人口众多，康熙三十二年（1693），常州府“实在当差人丁六十三万四千六百五十一丁”⑥，占全国人丁总额的百分之三。常州府

① 《清朝通志》卷八十一《食货略一》，商务印书馆 1935 年版，第 7233 页。
② 《清世祖实录》卷五，顺治元年五月庚寅，《清实录》第三册，第 57 页。
③ （清）赵尔巽等：《清史稿》卷一二一《食货志》，中华书局 1977 年版，第 3527 页。
④ （清）于琨、陈玉基：（康熙）《常州府志》卷一《图考》，江苏古籍出版社 1991 年版，第 37 页。
⑤ （清）于琨、陈玉基：（康熙）《常州府志》卷五《疆域》，第 79 页。
⑥ （清）于琨、陈玉基：（康熙）《常州府志》卷八《田赋》，第 120 页。

土地广袤肥沃，人口稠密，劳动力旺盛，夏税秋粮数额以百万石计，田亩数额、本色米麦以及折色银两总量在江南地区仅次于苏州、松江二府。故常州府在江苏乃至全国都有着举足轻重的地位，而其财政收支情况亦大体如此。

历经半个多世纪的明末战乱和清初统一战争之后，江南地区的田赋征收条目繁多且内容删减不定，但按其起征内容的类别则可分为两种：以米麦纳赋的“本色起征”，折金银贝漆等物纳赋的“折色起征”。明时，“册有丁有田，丁有役，田有租。租曰夏税，曰秋粮，凡二等。夏税无过八月，秋粮无过明年二月……洪武九年，天下税粮，令民以银、钞、钱、绢代输……十七年，云南以金、银、贝、布、漆、丹砂、水银代秋租。于是谓米麦为本色，而诸折纳税粮者，谓之折色”①。明代赋役折银由此产生，且在后续的沿用中逐步得以完善。顺治十年（1653），上谕户部：“即如民间充解物料，款项烦多，以致佥点解户赔累难堪，向曾量折几项，但折少解多，民不沾惠，户部等衙门作速查明，有应解本色易于买办者，永远改折。”② 同年六月，“户、兵、工三部遵谕改折各直省本色钱粮，归于一条鞭法，总收分解，请永为例，从之”③。经过顺治年间的赋役改折，除漕粮、兵米等必要款目仍征本色米麦外，其余一概征银，这不但表现在清代财政收支俱以银为单位上，也体现在田赋实物起征向改征折色的过渡上。赋役的改折征银在常州府的田赋起征上得以表现。顺治四年（1647），府辖靖江县“将新旧在册水滩八万一千亩改每滩百亩改折沙粮三十亩，共计派银二千一百八十七两”④。顺治十六年（1659），常州府除科平方米外，另折兵饷正扛解费银 409898 两，九厘地亩正扛解费银 59796 两。至康熙三十二年（1693），折实平田通共征银 565464 两，见表 8-1。

---

① （清）张廷玉：《明史》卷七十八《食货志·赋役》，第 1893—1895 页。
② 《清世祖实录》卷七十四，顺治十年四月甲寅，《清实录》第三册，第 585 页。
③ 《清世祖实录》卷七十六，顺治十年六月辛亥，《清实录》第三册，第 598 页。
④ （清）于琨、陈玉基：（康熙）《常州府志》卷八《田赋》，第 128 页。

表 8-1　常州府属五县各类田地改折起征一览表

	平田	沙（圩）田	高低田	极高低田	山滩荡等	田亩总额	征银/亩	征米麦/亩	起科总额
武进县	1207004	219066	135499	29280	124838	1715690	一钱四厘	七升一合	159360 两
		198482	89368	11940	23255	1530052			109593 石
无锡县	908502	—	432300	—	81129	1421932	一钱四厘	六升八合	132359 两
		—	339507	—	12896	1260907			85816 石
江阴县	914904	17296	40891	—	169609	1135704	九分七厘	六升二合	98923 两
		16721	34214	—	45868	1011710			63607 石
宜兴县	1244749	—	36212	54275	54281	1389519	一钱七毫	六升八合	132993 两
		—	27453	23855	13877	1309936			90370 石
靖江县	478040	75601	—	—	—	553641	八分九毫	二升六合	42825 两
		51106	—	—	—	529146			13930 石
总计						6216486			566460 两
						5641751			363316 石

说明：

a. 除平田外，沙田、圩田、高田、低田等田地类型均以应征田亩和改折平田二类分别表述。

b. 府属五县田地均已亩为单位，每亩征银单位只取毫以上单位，每亩科米麦只取合以上单位。

c. 府属五县田赋起科总额均以改折后的平田亩数为征收单位。

数据统计来源：（清）于琨、陈玉基：（康熙）《常州府志》卷八，江苏古籍出版社 1991 年版，第 153—157 页。

清王朝定鼎之初，统治者就借鉴前朝田制，推动着原本带有游牧性质的耕作形式向中原地区传统的土地所有制转变。入关以后，清王朝就颁行《丈量律制》以统一田亩标准，“凡丈地，五尺为弓，二百四十弓为亩，百亩为顷”①。二百四十弓为一亩即是钦定的标准亩制，但由于江南地区地形和土地

① 《光绪会典》卷十七《户部》，《续修四库全书》本，上海古籍出版社 2002 年版，第 794 册，第 167 页。

肥瘠的程度不同，仅常州府内的民田就包括平田、沙田、水田、高低田、圩田、极高低山竹地和山滩塘荡墩埄城塌地等田地类型。据王业键统计，“江苏省存在有二百余种土地等级，该省税率结构在各省中是最为复杂的”①。由于一府乃至同县之中，田、地、山、塘等不同类别的土地都有不同的科则，而同类田土田赋起科时又往往细分为上田、中田、次田和次下田等品级，故在田亩实际计量和征收中，会出现繁多冗杂的征收准则，正如《康熙会典》所言：“凡科则，田有肥跷，赋有轻重，三壤九等，历着成规，第科则太烦，易于混淆。”② 康熙二十六年（1687），户科给事中刘国黻亦曾上疏反映说：“臣办事户垣，见各省起科则例有大地、小地、上、中、下地之殊，有一二等至六七等、三四则至数十则之别。不但各省不同，即一省之中，各府、各州、各县亦多互异，盖地形有高下平坡，土地有沙卤肥瘠……乞敕下纂修新书，诸臣将大小等则逐一注明。”③ 各直省这种繁杂的田赋科则大多沿循故明旧法，当然，这也成了清王朝赋税体制中亟待解决的问题，因此清王朝在沿循明末田赋起科旧例的基础上实行了“折亩”政策，就是将计量田亩折为纳税田亩，使得繁杂的赋税科则得以简化，以避免出现“乡里小民家不蓄制令，眼不睹版籍，里书告之曰汝田若干，其科则唯命之从尔”④。

常州府临江滨湖，水域网丰富，故其平田、沙地和滩地等田亩涨坍无常，赋税也因此增减不定。明旧制将常州地区田地分为五等，至清初，将常州田地定为“平、沙、滩”三则，平田十年一清丈，滨江临湖及近海之水田五年一清丈，以明其涨坍情形，沿海沙地俱照水田起科。依照明末田赋起科旧例，“本折色起存钱粮，各县俱于平米上各则验派，今俱在折实平田上一则起

① 王业键：《清代田赋刍论（1750—1911）》，人民出版社2008年版，第41页。

② 《康熙会典》卷二十《户部·科则》，载《近代中国史料丛刊三辑》，台北：文海出版社1966年，第七十二辑，第828页。

③ （清）刘国黼：《乞各省田地赋役大小等则逐一注明疏》，选自（乾隆）《江南通志》卷六十八《田赋二》，影印文渊阁《四库全书》本，第509册，第10页。

④ （清）卢思成：（光绪）《江阴县志》卷二十五《艺文》，江苏古籍出版社1991年版，第672页。

科"[①]。顺治十八年（1661），"覆准江南苏松等府地粮荒熟混淆，令州县官踏勘分析造报查核"[②]。康熙二年（1663），续增定《赋役全书》，"田地俱照顺治十五年平、沙二则亩数科粮"[③]。依照同年土地清查记载：本府所属五县田亩各科不等，共折实平田5631029亩，科各类米麦1049972石。[④] 按《赋役全书》旧例，本折色起运和存留的钱粮基于各县平方米上各则验派，自康熙五年（1666）经定新制，"俱在折实平田上一则起科，其法极简而可久，又按时征科"[⑤]。按新制验派数据整理得知：康熙三十二年（1693）间，常州府通共各类平沙田、高低田、圩田山滩塘荡等田地6216489亩，折实平田5641754亩，实应于田亩上征收银565464两，共科本色米麦363317石。府属五县田赋起科情况如表8-2所示。

表8-2 康熙三十二年（1693）常州府田赋起科一览表

		武进县	无锡县	江阴县	宜兴县	靖江县
本色米（石）	数额	109593	85816	63607	90371	13930
	占全府比重	30.2%	23.6%	17.5%	24.9%	3.8%
折色银（两）	数额	159361	132360	98924	131994	42826
	占全府比重	28.2%	23.4%	17.5%	23.3%	7.6%

说明：本文表格内小数点一位以后的数字采用四舍五入处理，特殊情况另行标注。

数据统计来源：（清）于琨、陈玉基：（康熙）《常州府志》卷八，江苏古籍出版社1991年版。

明清江南赋税，数苏松常镇四府为最重。经统计，顺治初年，苏松常三

① （清）于琨、陈玉基：（康熙）《常州府志》卷八《户口》，江苏古籍出版社1991年版，第129页。

② （乾隆）《钦定大清会典则例》卷三十四《户部·田赋一》，影印文渊阁《四库全书》本，第621册，第80页。

③ （清）叶滋森、褚翔：（光绪）《靖江县志》卷四《赋役》，台北：成文出版社1983年版，第85页。

④ （清）于琨、陈玉基：（康熙）《常州府志》卷八《户口》，第129页。

⑤ （清）阮升基、宁楷：（嘉庆）《重刊宜兴县旧志》卷三《田赋》，台北：成文出版社1971年版，第89页。

府人口、田亩及田赋起征对比可参见表8–3。

表8–3 清初苏州、松江、常州三府田赋起科对比

	人丁	各项土地	折实平田	实征米麦	改折征银
苏州府	584508	6273749	—	893956	756598
松江府	226651	4233175	4123464	417449	515083
常州府	614310	6941984	5631020	351302	496694

说明：(一) 改折征银项包含九厘地亩银，内除免科地亩项。

(二) 统计时间为史志记载的国初、顺治初年及顺治二年等，年份虽不能等同，但整体数据差异不大。

数据统计来源：

a. (清) 李铭皖：(同治) 《苏州府志》卷十二，江苏古籍出版社1991年版，第315页。

b. (清) 宋如林：(嘉庆) 《松江府志》卷二十一，《续修四库全书》第687册，第499页。

c. (清) 于琨、陈玉基：(康熙) 《常州府志》卷八，江苏古籍出版社1991年版，第129页。

清初，江南一省的赋税额占全国总量的三分之一，至顺治十八年(1661)，江南省田赋银4602739两，米2745113石，麦19472石，豆23932石，各有奇。① 苏松常三府田赋起科额占江南省赋税田赋额半数，其重赋问题在清初依然严峻。故《靖江县志》亦记载曰："今天下财富大半出东南，而苏常诸郡又财富之甲也。"② 松江、常州二府起科米麦及改折征银等项相差不远，且常州府人口、田亩数额亦居于江苏省首位，其田赋地位亦由此可见。

关于清代钱粮"起运"和"存留"，依照《大清会典则例》的解释是："州县经征钱粮运解布政使司，候部拨，曰起运"；"州县经征钱粮扣留本地，

① (清) 张廷玉等：《清朝文献通考》卷一《田赋考》，第4860页。

② (清) 叶滋森：(光绪)《靖江县志》卷四《田赋》，台北：成文出版社1983年版，第83页。

支给经费，曰存留”[①]。明制，“所造经赋册，以八事定税粮：曰元额稽始，曰事故除虚，曰分项别异，曰归总正实，曰坐派起运，曰运余拨存，曰存余考积，曰征一定额”[②]。清代“自顺治间订正《赋役全书》，至是二十余年，户口土地，视昔有加，按户增徭，因地加赋，条目纷繁，易于淆混。二十四年，下令重修，只载起运、存留、漕项、河工等切要款目，删去丝秒以下尾数，是为《简明赋役全书》”[③]。在中央集权体制下的“大一统”时期，地方从来没有独立的财政，清代府州县的财政均受中央政令法规的严格限制。就田赋的起运与存留而言，田赋划归地方是在民国之际。梁方仲认为，“至民国十七年财政部公布‘划分国家收入地方暂行标准案’以后，始有明文规定，真正实行”[④]。

清代田赋之制，因承前明，但较之于明代，清王朝对田赋中起运与存留之制的规定则更为详密。清初“省直银粮，名色虽不一，大约田赋、均徭二项，不离起解、存留两款”[⑤]。“起运以充国足边之需，存留以备支销振乏之用。”[⑥]关于清王朝起运事项与名目，《雍正会典》曾“举其梗概，并将起解批回等例列于后”[⑦]。其大体可分为起运漕粮、供给在京府衙、支给卫所和协济孤贫的本色起运；起运户工等部折色银、协济银和随漕银等折色起运两类。康熙三十二年（1693）间，常州府的田赋起运项目种类繁多，故兹依照《雍正会典》起运体例分本色、折色起运类别加以讨论。

明清称赋税中原定征收的实物为“本色”。洪武十七年（1384），“云南以

---

① （乾隆）《钦定大清会典则例》卷三十六《户部·田赋三》，影印文渊阁《四库全书》，第621册，第104—114页。

② （清）张廷玉等：《明史》卷七十八《食货志二》，第1268页。

③ （清）赵尔巽等：《清史稿》卷一二一《食货志二》，第3530页。

④ 梁方仲：《田赋史上起运存留的划分与道路远近的关系》，中华书局2008年版，第260页。

⑤ （清）孙承泽：《春明梦余录》卷三十五《户部》，北京古籍出版社1992年版，第581页。

⑥ （明）王存敬、孙秉阳：（万历）《怀远县志》卷五，转引自《梁方仲文集》，中华书局2008年版，第253页。

⑦ 《雍正会典》卷三十二《赋役二·起运》，载《近代中国史料丛刊三辑》第七十七辑，第1641页。

金、银、贝、布、漆、丹砂、水银代秋租。于是谓米麦为本色，而诸折纳税粮者谓之折色”①。唐宋以降，我国经济重心的南移已经完成，北方的经济发展水平远远落后于南方已是不争的事实，但除南宋、明初之外，我国的政治中心却长期居于北方。为了实现经济、军事等必要因素对政治中心的拱卫，统治者便需要将部分经济和军事物资由经济发达的江南地区输送至北方及边远地区，以此满足仓储及边防等相关的统治需求。

明清时期，南方各省本色米麦的起运方式主要为漕运。漕运是中央仓储体系中最重要的部分，专制主义中央集权发展到顶峰的清王朝，更是对“天庾正赋”重视有加，漕粮被视为国家命脉，“国家建都燕京，廪官饷兵，一切仰给漕粮，是漕粮者，京师之命也”②。清王朝相继设置河道总督、漕运总督、仓场总督等专门管理，他们与漕船、漕军和漕丁等相互配合，形成了一套完整的漕运体系。漕运提供的物质支撑，维持着王朝各项体制的运转，也带来了通州、天津和淮安等运河城市的兴盛与发展，正如清代刑部尚书徐乾学所言：“其郡国水利，应行详述，江河海漕关系国家命脉。”③

康熙三十二年（1693），常州府漕运数额为正米175000石、耗米70000石，共计245000石，占同年常州府米麦起科总额的70.6%。由于漕运沿途需要大量人力和物力的投入，往返经年，延误农时，且草料运输中需估算粮食在储存、运输过程中损耗的数额，此类漕粮耗米亦由起运地的百姓承担。此正所谓“州县一年支用在此，通省摊捐亦在此。又奏明弥补津贴各款，漕米一石，协济银三四钱不等，合计已及数万，此在官之累也”④。

清代田赋的起运以漕运为主，但除漕运正米以外，州县还负担其余众多的本色起运款目。起运田粮除仓储储存外，还需供给京师衙门日常所用米麦，

① （清）张廷玉等：《明史》卷七十八《食货志二·赋役》，第1894—1895页。

② （清）陆耀：《切问斋文钞》卷十七，清乾隆四十年（1775）吴江陆氏家刻本。

③ （清）徐乾学：《憺园文集》卷三十五《杂着》，载《清代诗文集汇编》第124册，上海古籍出版社2010年版，第719页。

④ （清）徐珂：《清稗类钞》卷三《屯漕类·漕弊》，第546页。

此项亦属于“京运”部分，包含供应户部、工部等官署的官运库用米、府库衙门米、解送耗米及水脚米等细目。康熙三十二年（1693），常州府解运京府衙门白粮正米40239石、耗米11543石、舂办米19653石，加上水手运船所需正米2897石，四项共计起运白粮正米74132石。

除京运外，地方州县还需支给转运及边运项下所需本色米麦。转运又名腹里运，也称协济，是指本府县田粮转运至内地其他府县的部分，即“尽一县之入用之而犹不足，然后以他县之赋益之”①。康熙三十二年（1693），常州府所属五县协济淮、寿、镇等仓本色麦共计6647石，支给养济院孤贫口粮本色米9919石，其中遇闰加编2545石。舍此而外，常州府还需起运部分省仓储存所需田粮。同年，常州府支给江苏省仓本色正米980石、耗米118石、舂办米227石、夫船米346石，合计1671石。

“边运”系运往各边镇卫所的部分。田赋是军需的基础，自古兵法便有兵车未动，粮草先行之言。早在商周之际，箕子作《洪范·九畴》时即有言，“是故食货而下，五卿之职备举于是矣：宗伯掌邦礼，祀必有食货而后仪物备，宾必有食货而后委积丰；司空掌邦土，民必有食货而后可奠于厥居……司马掌邦政，兵必有食货而后可用于征戍”②。清王朝入关之后，其兵制受到中原传统军制的影响，形成了八旗与绿营两套完全不同的军队体制。“而作为清代前期两大暴力支柱的八旗和绿营，在两百余年的历史进程中扮演着十分重要的角色，其兴盛与危机的轨迹不但与清廷的兴盛与危机保持着同步震荡，且牵动着政治、经济、财政等每一根敏感的神经。”③ 清前期的常态军饷主要是指兵饷马乾的正常支销。除此之外，分驻地方军队的军事工程及营房修缮之费等项开支亦由驻地府县承担。由于各省军队的分布是从王朝统治的整体着眼的，驻军多寡与各地的财政实际收入并不平衡，在军费难以保证的状况

① （清）顾炎武：《郡县论七》，载《顾炎武全集》第二十一册，第62页。

② （元）脱脱等：《宋史》卷一百七十三《食货志上》，中华书局1999年版，第4155页。

③ 陈锋：《清代军费研究》，武汉大学出版社2013年版，第8页。

下，就需要依赖相邻府县或他省的协济。

康熙三十二年（1693）间，常州府“边运”本色米麦共计13573石，其中镇标兵饷并运军行月两项起运本色米麦为11000石；南各卫仓水兑糙正米1716石、耗米257石，另计输运夫船米600石。府县对于地方驻军常态田粮的起运有别于国家层面兵饷马乾的开支，这固然减轻了中央财政的压力，使得中央财政保有盈余，但这一措施也加重了地方财政的负担，使得拮据的地方财政更加捉襟见肘，而所谓的“耗羡无存，遂致动用地丁正项”，即是这种状况的反映。

明中期以后，随着“一条鞭法”税制改革的实施和商品经济的发展，建立在实物税制基础上的本色起运已不能满足统治者的需求，本色起运向折色起运的转变促使着“货币税制”的发展。在清代，虽然赋税折银始终未能真正意义上实现，但它却使得清王朝本色起运的田粮物资相较于前朝大为减少。清初，本色起运除田粮外，仍需采办、解送户、工等在京城府库所需的本色物料。[①] 这些本色物料以夏税起征为主：供三库本色银朱除改折征解外实办231斛，本色光粉除改折征解外269斛……本色阔白棉布4576匹，本色红熟铜379斛等。这些本色物品款项大多运至户部甲字库、丁字库以及工部广盈库等府库，以备在京府库必要之需。

表8-4　康熙三十二年（1693）常州府本色起运一览表

	漕运正米	京府衙用米	省仓米	协济粮	兵粮军饷
本色米麦	245000	74332	1671	12584	13573
起运占比	70.6%	21.4%	0.5%	3.6%	3.9%

数据统计来源：（清）于琨、陈玉基：（康熙）《常州府志》卷八，江苏古籍出版社1991年版。

表8-4所列即为康熙三十二年（1693）常州府田赋本色起运开支细目。

① 此处仅列举本色物资起运项，为了更准确地统计本折色起运物资，此项按府志注解折银并入户部折色项统计计算。

综合上述数据可知，常州府田赋总征额为本色米麦363317石，其中本色米麦起运347160石，占本色田粮起科总额的95.5%，存留仅余13157石，占本色起科总额的4.5%，田赋起运与存留的失衡由此可见一斑。

传统的田赋征收，都是建立在夏税秋粮等实物财政基础之上的。自明成祖迁都北京以后，每年数百万石的税粮及物资，需要通过漕运或陆运等方式解送至京师，运输过程中的人力和财力也均由纳税地区承担。明仁宗时，漕运总督陈瑄就曾上言指出："直隶苏松等府州去北京甚远，又河道有洪闸坝及浅冻之阻，往复逾岁，所费数倍正粮，上逋公租，下妨农务，皆由于此。"① 长期的转运艰难问题促使统治者进行改革，从宣德五年周忱的赋役改革开始，至万历初年"一条鞭法"在全国推行，历经一个半世纪，明朝最终在制度层面确立了白银货币下的赋役折银，赋役折银加速了实物税制向货币税制的转变，也标志着折色项在赋税体系中逐渐取得了主要地位。顺治以降，赋税征收及起运的改折征银已成为主要潮流。康熙三十二年（1693）间，常州府田赋夏税和秋粮的折色起运，正是这种赋税白银货币化潮流的体现。同年，常州府田赋的折色起存款数目如下。

其一，户部项下夏税折色起运十九款，折银28852两；秋粮折色起运二十二款，折银218127两；运夫及募船银52402两，另计本色起运物资按府志注解折银1334两，户部项下合计折银300715两。工部项下折色起运十二款，合计折银26449两。此外，礼部项下有牲口料银和箓笋银两款，折银2264两。以上"京运"折色银共计329428两。户、工二部项下折色起运款目及具体数额参见表8-5。

① 《明仁宗实录》卷二下，永乐二十二年九月庚寅，"中央研究院"校勘，上海书店出版社1982年版，第71页。

表 8-5　康熙三十二年（1693）常州府折色起运户、工二部项下款目一览表

常州府折色起运户部项下款目						
	编号	起运款项	折银/铺垫银	编号	起运款项	折银/铺垫银
夏税折色起运	1	京库金花麦折银	22500 两	11	折色黄熟铜银	30/4 两
	2	供公侯驸马伯麦折银	217 两	12	折色红熟铜银	179/22 两
	3	京库农桑丝折绢银	227 两	13	折色黄蜡银	145/6 两
	4	供库用折色黄蜡银	365 两	14	折色生漆银	772/62 两
	5	折色银朱银	2082/76 两	15	折色生铜银	34/6 两
	6	折色腻朱银	12/7 两	16	折色水牛角银	125/4 两
	7	折色乌梅银	37/10 两	17	供库用折色黄蜡	1239 两
	8	折色光粉银	64/8 两	18	供库用折色芽茶银	124 两
	9	折色靛青花银	88/162 两	19	供库用折色叶茶银	52 两
	10	折色桐油银	185/18 两			
户部夏税折色起运合计 19 项，折银及铺垫银合计 28852 两						
秋粮折色起运	1	京库金花米折银	63484 两	12	京库布折银	3000 两
	2	府部院等衙门米折银	1310 两	13	公侯驸马伯禄米	5974 两
	3	京库折色草银	15932 两	14	富户银	37 两
	4	京库户口盐钞银	1723 两	15	九厘地亩银	57830 两
	5	折色白棉布折银	21254/850 两	16	衙门派剩米折银	19604 两
	6	改充饷南公侯俸折色米	5600	17	改充饷南公侯禄折色米	2100 两
	7	改充饷南太常寺坛麦	106 两	18	改充饷南各卫仓折色麦	4000 两
	8	改充饷南供库用折色草	164 两	19	改充饷南定场折色草	2737 两
	9	改充饷南光禄寺砂糖银	87 两	20	改充饷南光禄寺柴薪银	785 两
	10	改充饷南内官监国子监白粮正耗	10342 两	22	改充饷南国子监折色黄豆银	75 两
户部秋粮折色起运合计 22 项，折银及铺垫银合计 218127 两						
户部折色银总计：246979		夏税折色起运占比：11. 7%		秋粮折色起运占比：88. 3%		

续表

常州府折色起运工部项下款目						
	编号	起运款项	折银（两）	编号	起运款项	折银（两）
	1	承运库岁造缎匹	1186	7	砖料银	900
	2	胖袄银	945	8	折色鱼线胶银	16
	3	折色白麻银	16	9	折色黄麻银	375
	4	折色翎羽银	45	10	折色麂皮银	240
	5	营缮司料价银	7263	11	虞衡司料价银	3661
	6	都水司料价银	6355	12	屯田司料价银	5447
工部折色起运合计 12 项，折银 26449 两						

数据统计来源：（清）于琨、陈玉基：（康熙）《常州府志》卷八，江苏古籍出版社 1991 年版。

其二，随漕解银。随漕解银是漕粮运输过程中所征收的额外附加税。永乐十三年（1415）会通河重新开通，明成祖遂罢海运，实行更为安全的内河漕粮运输制度。清代正兑漕粮运输过程所需的加耗费用折银征收，即随漕轻赍银。“轻赍银者，始于有明中叶。以诸仓兑运，须给路费，征耗米，征耗米一平一锐，其锐米量取随船作耗，余皆折银，名曰轻赍。”① 清随漕解银细则主要依照《钦定户部则例》中“漕运”下的“轻赍带解”项。“各省随漕轻赍米折（于随漕正耗之外，余耗米折银两，正兑谓之轻赍，改兑谓之易米折银）……各省随槽板按正兑米二千石征楞木一根、松板九片……各省漕粮带征席片随粮解交，以为京通各仓铺垫苫盖之用。”② 顺治十八年（1661），“以苏、松、常、镇四府差繁赋重，漕米每石折银一两，其随漕轻赍席木赠截等银，仍征之耗米，及给军行月赠耗等米，亦按时价折征”③。由于起运的钱粮皆输送至远方，就不可避免地存在舟车转运、虫鼠啮蚀之耗。加上车船人力、

① （清）赵尔巽等：《清史稿》卷一二二《食货志三》，第 3572 页。
② 《钦定户部则例》卷三十三《漕运》，海南出版社 2000 年版，第 263—265 页。
③ （清）赵尔巽等：《清史稿》卷一二二《食货志三》，第 3567 页。

芦板竹席及水脚银等种种费用，又另需预估盗贼窃取、风雨舟沉等情况所耗费用。这些在漕运过程中预征的费用亦由起运地的百姓承担。康熙三十二年（1693）间，常州府随漕起解本色三分芦席、楼木、松板、水脚银四项折银5692两；除坍荒连升实征轻赍米折银22750两；折色七分芦席、毛竹、松板折银2620两；江北河工米折银1750两；随漕解银项共计折银32816两。

其三，协济银项下，包含协济外府仓粮折银和协济驿站银两方面。据《石渠余记》记载："凡赈，有赈米，有折赈、有赈贷。大抵极贫民便赈米，次贫民便赈钱，稍贫民便赈贷。"① 康熙三十二年（1693），常州府协济凤阳、寿州、亳州、淮安、镇江及扬州等仓折色米麦52154石，折银22544两。协济外府驿站银用于为朝廷使臣、朝觐进贡者和传送公文奏章的信差提供马匹和食物住宿。驿站的设置，视实际情况而定，往往一州（或县）之内设一到三个不等。每个驿站一般备有六十到七十匹马，偏远地区的驿站则只备几匹传递公文的马匹。如属江河沿岸地区则要准备船只。② 康熙三十二年（1693）间，常州府共协济外府驿站一十三个，协济银7426两，协济驿站银及协济外府仓粮银两项共计起运银29970两。

其四，兵粮马草折银。"赋税是喂养政府的奶娘，是军队的生活源泉。强有力的政权、庞大的军队和繁重的赋税是同一个概念。"③ 清代以兵饷马乾为主要内容的常额军费支出约占中央财政总支出的70%，但"饷乾之款"外的军事费用，则主要动用地方的钱粮。地方州县除对地方驻军常态军粮的支给外，仍需支给其兵丁月饷，但这类军费的支给更多的是在原有框架内的一种明取或暗派。康熙三十二年（1693），常州府支给江南省会镇标兵饷银55600两、箭支银2000两、操江兵饷5118两，镇江仓折色草折银609两，镇江卫浅船料银515两，共计支银63842两。

---

① （清）王庆云：《石渠余记》卷一《纪赈贷》，北京古籍出版社1985年版，第3页。

② 瞿同祖：《清代地方政府》，第258页。

③ ［德］马克思、恩格斯：《马克思恩格斯全集》第七卷，人民出版社1975年版，第94页。

以上即为康熙三十二年间常州府田赋本折色起运、存留细目，其数额及占比情况如下。

表 8-6　康熙三十二年（1693）常州府起运、存留一览表

总额	起运中央钱粮		存留地方钱粮	
	数额	比重	数额	比重
折色米（石）：363317	347160	95.5%	16157	4.5%
折色银（两）：565464	456056	80.7%	109408	19.3%

数据统计来源：（清）于琨、陈玉基：（康熙）《常州府志》卷八，江苏古籍出版社1991年版。

从表 8-6 的数据统计中可以看出，常州府田赋起运与存留的数额差距悬殊，本色米麦起运占全府起科田赋总额的 95.5%，地方的本色存留仅余 4.5%，折色银两起运占比为 80.7%。清廷在田赋起征和钱粮输送中的“掠夺性”获取，使得地方百姓苦不堪言。作为血缘和地缘共同体的士绅大户，他们是土地的主要占有者，也是田税和漕运的直接承担者，“起运多派于大户，存留则派贫难小户”①。地方宗族除自身的田粮税赋之外，还需要额外出资以弥补州府的亏空。在此情形之下，“大户赔累不堪，仍遭严比，破产倾家，缕指难数。”② 而普通百姓受此重赋之困更是苦不堪言，这些人“田止数亩以至数十亩，终岁勤动，本不足供八口一年之食，折漕既无现钱，势必举其日食之米贱售之。恐此辈完漕之后，小则号寒啼饥，大则卖男鬻女，有不可问者矣”③。且田粮输送往返逾年，承平日久，弊政日滋。“东南办漕之民，苦于运弁旗丁，肌髓已尽。控告无门，而运弁旗丁亦有所迫然也。”④ 一旦遭遇自然灾害，更是生计艰难，虽然清王朝时常有“蠲免”之举，以减轻地方百姓田

① 梁方仲：《田赋输纳的方式与道路远近的关系》，载《梁方仲文集》，中华书局 2008 年版，第 255 页。

② （光绪）《无锡、金匮县志》卷三十八《艺文》，江苏古籍出版社 1991 年版，第 645 页。

③ （光绪）《无锡、金匮县志》卷三十八《艺文》，第 645 页。

④ （清）赵尔巽等：《清史稿》卷一二二《食货志三》，第 3581 页。

赋负担，但这并非长远之计，不能从根本上改变重赋之下起运与存留失衡的状况。

传统社会的田赋征项始终是国家财政征收最重要的部分。就田赋的起运和存留而言，前者主要用于区域之间协济和国家军费的开支，存留多少则直接影响到州县的日常开支和聘用衙役的经费支出，等等。明清时期，“州县衙门其他工作人员的工食俸银及杂项开支，各地稍有差异，但大致情形趋于一致。其基本来源是所谓钱粮存留部分，属于地方财政的范畴，而且其存留的数额，并不与州县自身大小与公务的繁杂程度成正比”①。康熙三十二年（1693），常州府存留米麦16157石，银109408两。存留项下，按其支出内容大致可分为薪俸银、办公开支银、文教银、支给孤贫银和邮驿运银共五类。

薪俸银即本府财政需支给府县官员和差吏的开支银两。康熙三十二年间，常州府共有官吏差役1833人，应支出薪俸银计13185两，其中府一级的官员十四名，薪俸银985两，县级官员二十九名，薪俸银1271两。皂隶、门子及马快等吏役共计1789人，食银10929两。办公开支银主要包括庆贺表笺银、朝庙祭祀银、乡饮酒席银、新官到任公宴银四项，合计支银1315两。文教银则分为考贡生盘缠银、举人进士牌坊酒席银、学院廪饩银、誊录银、科场席舍及武场公费银等名目，合计支银1348两。常州府所属五县养济院支给孤贫的柴布银共计2048两。邮驿银支出项目用于为朝廷使臣和传送公文奏章的信差提供马匹和食物住宿，同时也要负担钱粮运输的驿船、马匹草料和水旱夫搬运等经费开支。康熙三十二年（1693），常州府支给邮驿银31395两，另有遇闰加编银1075两，合计支银32470两。结合上述数据，康熙三十二年，常州府财政支出银项如表8-7所示。

---

① 冯贤亮：《明清江南的州县行政与地方社会研究》，第74—75页。

表 8-7　康熙三十二年（1693）常州府存留开支一览表

	地方开支				服务中央	合计
款目	俸禄银	办公银	文教银	支给孤贫	邮驿运银	
支银	13185	1315	1348	2048	32470	50366
比重	26.2%	2.6%	2.7%	4.1%	64.4%	100%

数据统计来源：（清）于琨、陈玉基：（康熙）《常州府志》卷八，江苏古籍出版社1991年版。

依清初的税收名目，除田赋外，常州府的财政收入还有丁银、杂税、盐税和关税几项，其中盐税、关税两项由专设的政府机构征收，全部起运中央，不涉及地方的存留开支。因此，除田赋外可供地方征派的仅余丁银和杂税两项。据《常州府志》记载，康熙三十二年（1693），折入人丁部分起征的丁银为12364两，杂税项下十款合计征银21990两，这两大类除起运外，存留项仅余银3840两，两项存留数额远不足以改变州县财政经费紧缺的状况。

常州府存留地方的钱粮除上述开支项目外，剩余银两经过层层摊派，实际分给所属五县的数额就显得十分"单薄"了。类似田赋起运存留关系紧张的情况并非只出现在常州府，与其相邻的松江府及下属州县也存在钱粮紧缺甚至亏空的问题。据龚浩统计，康熙元年（1662），"松江府起科本色米432165石，征银599318两。同年，起运本色米413293两，占本色起科总额的95.6%，起运折色银491634两，占折色银总额的82%。上海县起科本色米139686石，征银197489两，其中起运本色米133002石，占本色起科总额的95.2%，起运折色银159478两，占折色项总额的80.8%"①。从上述数据可以看出，存留给松江府可供自由开支的银两为107651两，其中上海县存留银两仅为6684两。据《雍正会典》记载：康熙二十四年（1685），直省地丁钱粮总计起运银21938628两，总计存留银6289155两……雍正二年（1724），直省

① 龚浩：《清初江苏省地方财政收支分析》，载中央财经大学中国财政史研究所编《财政史研究》（第八辑），中国财政经济出版社2015年版。

地丁钱粮总计起运银23253005两，总计存留银7028124两。① 另据梁方仲先生《中国历代户口、田地、田赋统计》一书中的统计："嘉庆年间全国起运占比81.56%，光绪年间全国起运占比85.65%。"② 结合上述数据可知，清前期四个时间点地丁钱粮起存占比情形如表8-8所示。

表8-8 清中前期地丁钱粮起存一览表

	总计（两）	起运（两）	占比	存留（两）	占比
康熙二十四年	28227783	21938628	77.72%	6289155	22.28%
雍正二年	30281129	23253005	76.79%	7028124	23.21%
乾隆十八年	30133068	23734447	78.77%	6398621	21.23%
嘉庆年间	31470106	25667041	81.56%	5803065	18.44%

说明：由于晚清中央财政出现运作失灵，朝廷对地方财政失去控制力，与清前期地丁钱粮的起存性质大为不同，故不对其做整理分析。

数据统计来源：

a.《雍正会典》卷三十二，载《近代中国史料丛刊三辑》第七十七辑，第1647—1658页。

b. 梁方仲：《中国历代户口、田地、田赋统计》，中华书局2008年版，第586—588页。

由表8-8可见，清代中央及地方州县起运银两与财政收入占比始终保持在80%左右，存留银两占比仅有20%，且占比数额不断递减，这亦是清代赋税史上一个特殊的现象。

诚然，清代中央与地方财政的起存占比几经调整，从顺治初年规定的起存参半，历经清初的统一战争和三藩之乱，王朝对地方存留进行了大规模的缩减。如顺治九年（1652）四月，"户部以钱粮不敷，遵旨会议"，将"州县修宅家伙银""在外各衙门书吏人役每月给工食银两"等项依次裁扣以应军

---

① 《雍正会典》卷三十二《赋役二·起运》，载《近代中国史料丛刊三辑》第七十七辑，第1647—1658页。

② 梁方仲编著:《中国历代户口、田地、田赋统计》，中华书局2008年版，第586—588页。

需。[①] 顺治十一年（1654），“户部奏国家所赖者赋税，官兵所倚者俸饷，关系匪轻……将所裁银两于紧要处养赡满洲兵丁，似可有裨于国计矣”[②]。此后，各地裁减存留之举陆续实行，如顺治十四年、十五年，康熙元、二、三、五等年皆有裁减之举。到康熙七年（1668），各地存留银只剩338.7万两，与该年田赋起运银2583.9万两相比，起运比例为86.9%，存留比例仅为13.1%。[③] 这与原先的起存参半的财政体制已截然不同。

三藩发动叛乱以后，各地存留再度削减。史载，“逆贼吴三桂背恩煽惑，各处用兵，禁旅征剿，供应浩繁……裁减驿站、官俸工食及存留各项钱粮”[④]。以常州府为例，“本府知府项下，薪银经制原编七十二两，顺治十三年，准部文会议将薪银四十二两添入俸内，余银扣裁克饷……知县项下，五县知县薪银经制原编每员三十六两，顺治十三年，准部文会议每员将薪银一十七两添入俸内，余银裁解扣饷……五县知县每员心红纸札银续于康熙十四年酌议全裁克饷；每县迎送上司伞扇银十两全裁克饷。每县吏书十二名，每工食银六两，今全裁克饷”[⑤]。常州府同知、通判及推官等项下，下设五县县丞、主簿和典史等项下裁扣亦大体如此。而迫于军需紧急，清王朝在裁减地方存留的同时，也严禁征收、采办和起运的延期。康熙十四年（1675），议准“解官中途乾没，交纳短少者，照侵欺例治罪。若解部稍迟，一月以内免议，一月以外者罚俸一年”。同年，“若本年本色物料不能完全者，督催督抚、布政使俱降俸一级”[⑥]。康熙十七年（1678），复准领解官役，经行州县驿路，将领拨兵护送，“各省供应大兵俸饷米豆，承放官重支，不行扣抵，查出将承放官降三

① 《清世祖实录》卷六四，顺治九年四月丁未，《清实录》第三册，第499页。

② 《清世祖实录》卷八五，顺治十一年六月癸未，《清实录》第三册，第666页。

③ 陈锋：《清代中央财政与地方财政的调整》，《历史研究》1997年第5期。

④ 《清圣祖实录》卷七二，康熙十七年三月壬午，《清实录》第四册，第921页。

⑤ （清）于琨、陈玉基：（康熙）《常州府志》卷八《户口》，第158—165页。

⑥ 《雍正会典》卷三十二《赋役二・起运》，载《近代中国史料丛刊三辑》第七十七辑，第1690页。

级调用”①。这类权宜之计不失为度过特殊时期的重要手段，但却成为中央和地方起存比例失衡的根由。

三藩之乱平定后，裁撤款项又陆续复归地方，中央和地方财政的起存比例有所好转。康熙二十年（1681），清廷颁布《削平群逆恩诏》，其中就说过：“朕悯恤民艰，不忍辄加额赋，间施权宜之令，用济征缮之需……在外文官俸银着照旧支给，衙役工食自康熙二十二年照旧支给。”② 康熙二十七年（1688），“题定嗣后江南省各州县解淮钱粮，照湖广、江西等省之例停其解淮”③。康熙二十八年（1689），覆准：“从前军兴之际，遇有急需，间令该督抚设法。今海宇升平，圣恩溥被，嗣后设法二字永行停止。”④ 虽然所谓的“复存留”款项和钱粮数额远不及裁撤之数，且存留之数，岁亦不齐，但此后中央与地方财政比例相对稳定且日趋固定化，康乾盛世之下的中央与地方财政并未调整到清初强调的起存参半的比例，“八二占比”却成为清代中央与地方财政分配的大体模式。

清初地方存留银两数额不断减降，造成地方支用不足，不仅导致地方官场的贪腐问题突出，也促使赋税制度的变革。税制变革是中央集权的不断强化和清王朝后期国力衰败之下对赋税的客观要求，但要探究这一起源，又不得不归因于清初的统一战争。“在清代，中央和地方是通过起运和存留来分配国家的财政收入的。清初为了进行统一战争，对地方存留进行了大规模缩减，这本为权宜之计，不料遂成定制。”⑤ 由于长期陷入战乱，清初国家财政的支出主要用于军费支出，繁重的赋税收入除供给军队外难有其他作为，导致社会经济的发展相对缓慢甚至停滞。早在顺治九年（1652），清廷首次大规模议

---

① 《清圣祖实录》卷七二，康熙十七年三月辛巳，《清实录》第四册，第921页。

② 《削平群逆恩诏》，《明清史料》丁编第十本，国家图书馆出版社2008年版，第789页。

③ 《雍正会典》卷三十二《赋役二·起运》，载《近代中国史料丛刊三辑》第七十七辑，第1672页。

④ 《雍正会典》卷三十二《赋役二·起运》，载《近代中国史料丛刊三辑》第七十七辑，第1672页。

⑤ 岁有生：《清代州县衙门经费》，《安徽史学》2009年第5期。

定裁减地方存留时，户部尚书车克就在其题为《为遵旨议奏事》的上疏中提道："起运以供军旅之需，即有不给，尚可拨济于他藩；存留以供本地之用，一或不敷，万难乞贷于别省。且细查存留各款，不及枚举，其万万不容已者，如经制之有俸薪以养廉也，俸无所出，何以惩官之贪，食无所资，何以禁吏之蠹……朝觐、表笺、乡饮、科贡诸费，俱所必须。其由上关民脉，下系民生，自难节省。"① 康熙年间的刑部尚书朱之弼也曾强调："生民疾苦大事莫过于康熙七年酌省存留钱粮一案，夫存留钱粮原留为地方之用，裁一分则少一分，地方官事不容已，不得不又派之于民间，且不肖有司因以为利，是又重增无限之苦累矣。"② 康熙四十八年（1709），康熙帝在给科臣郝林的上谕中也称："自三逆变乱以后，军需浩繁，遂将一切存留项款尽数解部，其留地方者，惟俸工等项必不可省之经费。又经节次裁减，为数甚少。"③ 尽管如此，清朝统治者还是屡屡以"迫不得已"之故议定裁减存留。地方存留的缩减直接造成州县经费的减少，继而导致州县官员的薪俸裁减，甚至基层官僚体制中一些差吏的裁汰。

从传统的官僚体制角度论，清统治者或许是为了避免出现冗官和冗员情形而精简政府机构的，也可能出于"度民之力"，而裁汰部分不必要的府县衙役人员。但从赋税的角度论，清代拮据而又僵死的起运和存留制度没有留给州县机动的财力，是不争的事实。朝廷起运银两过多，存留于地方的经费过少才是症结所在。州县官在银两紧缺，差吏缺少的情况下，办公效率和质量必然有所下降。地方官吏为了维系州县体系的正常运作，少不了请聘幕友、私吏等编外人员，各类州县衙门雇聘常年书吏都有规定名额，少则几个，多则几十个。而常州府地处东南财赋重地，且人丁众多，其州县刑名钱谷、城池库狱之事必然繁重，州县官也势必会私聘幕宾以协助办理庶务。鄂尔泰任

① （清）车克：《题为遵旨议奏事》（顺治九年七月二十八日），中国第一历史档案馆藏。
② （清）蒋良骐：《东华录》卷九，中华书局1980年版，第153页。
③ 《清圣祖实录》卷二四四，康熙四十九年十一月丙子，《清实录》第六册，第389页。

江苏布政使时曾上疏指出："苏、松、常、镇所属之二十州县，俱系财富重地，事务殷烦。任斯职者即使才具优长，亦只能免尽职守。若委以他篆，恐即有兼人之才亦分身乏术，势必以本地之事私委衙门。"① 康熙时，吏部尚书对喀纳也上疏反映："旧例各省司道府州县招募经制书办典史攒典等役，恐积久弊生……五年役满停其转拨。"② 《清稗类钞》有载："卤薄之设，自古有之。州、县官出行，前导有肃静回避牌，街牌、金锣、伞、扇六、冲清道旗、红黑帽继之，从者除书差外，尚有民壮、家丁，前后亦数十人。道员、知府则更有飘檐伞、飞虎旗……而人数又增。"③ 而这些民壮、家丁及仪卫就大多属于官僚体制编外人员，其开支也需要地方官吏自行承担。其经费之奇缺，"官吏之薄俸，公费之奇廉，直等儿戏"④。

清代地方的行政机构，同时也是地方财务和司法管理机构，州县官员身兼行政和财政等多种职权。作为"亲民之官"，知县担负着沉重的行政压力，凡一县之中，钱谷刑名无不亲理，"以外官论，督抚宏揽大纲，藩司任钱谷，臬司任刑名，观察统司一道，知府表率各属，类皆已成之章，总持揆度，至若蓬野疏贱，例由州县操纵"⑤。由于清代地方政府不设职权独立的财政机构，致使州县官权力过于集中。康熙年间，曾担任多年地方知县的黄六鸿在其所著《福惠全书》中就指出："夫州邑之政，大而钱谷、刑名、教养、风俗，小而建制、修举、科条、庶务。"兴利除害出于州县长官。⑥ 这种情况在一定程度上也形成了州县财政的家产制。

---

① （清）仁和琴川居士：《皇清奏议》卷二十六《鄂尔泰〈敬陈江苏四事〉》（雍正二年）第四册，文海出版社1967年版，第2371页。

② （清）蒋良骐：《东华录》卷十，第157页。

③ （清）徐珂：《清稗类钞·礼制类·官吏仪卫》，第498页。

④ 何其章、贾恩绂：《定县志》卷六《政典志·赋役中篇》，台北：成文出版社1976年版，第399页。

⑤ 佚名：《论州县为亲民之官宜久任供职》，见《皇朝经世文四编》卷十六《吏政》，载《近代中国史料丛刊三辑》第七十七辑，第268页。

⑥ （清）黄六鸿：《福惠全书》，载《官箴书集成》第三册，黄山出版社1997年版，第211页。

在此情形之下，为了维持州县经费及本身生活所需，地方官员迫不得已采取非法手段谋求新的收入途径。康熙时的循吏陆龙其就认为，裁减存留，势必会导致私派不可禁止，百弊丛生，“自兵兴之际，将存留款项尽行裁减，由是州县掣肘，私派公行，不可救止，百弊皆起于此”①。康熙帝也认为，导致州县亏空的根源是地方存留款项太少，“凡言亏空者，或谓官吏侵蚀，或谓馈送上官，此固事所时有。然地方有清正之督抚，而所属官员亏空更多，则又何说？朕听政日久，历事甚多，于各州县亏空根原知之最悉。从前各省钱粮除地丁正项外，杂项钱粮不解京者尚多。自三逆变乱以后，军费浩繁，遂将一切存留项款尽数解部，其留地方者，惟俸工等项必不可省之经费，又经节次裁减，为数甚少。此外则一丝一粒，无不陆续解送京师，虽有尾欠，部中亦必令起解。州县有司无纤毫余剩可以动支，因而有挪移正项之事，此乃亏空之大根原也。”② 康熙帝晚年，常州府无锡知县徐日炯“任内有垫兑康熙六十年糙米，挪动五十九、六十、六十一年地丁共银三千一百二十二两”③。雍正元年（1723），江苏布政司事江苏按察使葛继孔详称：苏州府现任督粮同知陈绅署武进县印“任内有征存未解地丁等银七千二百七十五两零，既不移交，又不起解，明系亏空”④。雍正二年（1724），查得常州府知府包庇武进县知县陈绅亏空钱粮一案，陈绅署任内亏空钱粮二万七千六百余两，知府张汝憬并不尽数揭报，陈绅只“将参出银两完补，而未参各项张汝憬并不查明，反敢捏结清楚，混请开复，通月徇隐”⑤。正如康熙年间刑部尚书赵申乔奏言：

① （清）钱仪吉：《碑传集》卷一六《陆龙其行状》，载《近代中国史料丛刊》第九二一册中卷，台北：文海出版社1966年版，第953页。

② 《清圣祖实录》卷二四〇，康熙四十八年十一月丙子，《清实录》第六册，第389页。

③ 《署江宁巡抚何天培题为江苏前任无锡县知县挪垫漕米银两请革职本》，载《雍正朝内阁六科史书·吏科》第五册，第530页。

④ 《署江宁巡抚何天培题参苏州现任督粮同知陈绅于署武进知县任内亏空银两请革职本》，载《雍正朝内阁六科史书·吏科》第六册，第141页。

⑤ 《两江总督查弼纳题江苏常州知府张汝憬捏结同知陈绅亏空银两按本》，载《雍正朝内阁六科史书·吏科》第十册，第567—568页。

"州县或有亏空，知府不难徇庇，以盘后旋借为辞，假捏借领，谎造花户册籍，便可掩饰。"① 康熙帝并非不知地方存留数额的奇缺以及州县官吏的贪腐，但迫于浩繁的军费等各类开支需要，这种起运和存留严重失衡和州县官员贪腐的现象始终没有得到有效的解决。康熙帝自己也承认："朕临御以来，孳孳图治，夙夜不遑，惟期吏治肃清，民生康豫，薄海内外，共登于仁寿之域。而治效罕臻、殷忧弥切，厚生正德未能尽如朕志之所期。"② 虽然康熙帝晚年也曾采取一些措施来整顿吏治，终因政纪宽弛、年逾花甲而无所绩效。

综上所述，在江南地方繁华表象的背后，处处呈现的是州县钱粮入不敷出的窘境。由于田赋的过度起运致使府县存留钱粮很少，而府县存留的缩减则造成地方经费的难以为继，从而导致地方衙役等部分"编制人员"的裁汰。府县官吏在银两紧缺、差吏缺少的情况下，迫于办公所需，府县官不得已铤而走险谋取非法的收入，这亦是清代地方官员贪腐的一个重要成因。无论是起运存留比例的变动，还是官员对于经费和私利的谋求，最终承担赋税的都是地方百姓，统治者只是在征收赋税的额度和衡量百姓的生计之间谋取平衡。在康乾盛世之时，清廷尚有不间断地针对百姓的"蠲免"减赋之举，但在国力走向衰败之际，由于吏治日趋腐败和社会矛盾日益激化，政府必然逐渐丧失对于田地和赋税的有效控制，主客观因素迫使统治者在赋税和百姓生计之间逐渐倾向于前者，当平衡被打破，百姓的离心倾向便越来越严重。随之而来的如天地会和白莲教等农民起义，便成为一种王朝盛世之下的不稳定因素。

---

① （清）仁和琴川居士：《皇清奏议》卷二十四《请发粜以便民》（康熙四十年）第四册，台北：文海出版社1967年版，第2244页。

② 《清圣祖实录》卷一九八，康熙三十九年三月癸丑，《清实录》第六册，第14页。

第九章　顺治至雍正时期的江苏地方社会

一、清初江苏社会乱象与地方民生

自天启开始，明王朝就内乱边患交集，全国各地动荡不安。至崇祯时，天下更是灾荒频仍，战乱纷纷，明帝国的统治也陷入更深的社会危机之中。崇祯十七年（1644），李自成率兵进入北京，明王朝最终宣告覆灭，随之而来的是清师入关，清王朝开始了定鼎天下的征程。在明亡清兴王朝鼎革的过程中，全国各地尤其是南方各省的抗清之师纷起。江南作为明南都之所在，一向被视为明王朝南方的政治堡垒，而且这里又是南明弘光政权的所在地，一些人对弘光小朝廷期许甚殷，自然而然，江南成了兴复明室的希望所在，而清初的江南抗清反叛活动也是此起彼伏，有些地方的反清斗争一直延续到康熙二十年（1681）以后。据乾隆《吴江县志》记载，吴江县自遭嘉靖倭乱以来就民不得保其富庶，明清鼎革之际，地方更是兵连祸结，“兵燹之祸，市里为墟，迄康熙二十年后始息”①。顺康年间，江南地方遭受战火的长时间蹂躏，江苏各地的盗匪亦极为猖獗，社会乱象纷呈，民间风气败坏，民不聊生。

顺治二年（1645），在南京建立的南明弘光政权，并未能担负起兴复明王

---

① （乾隆）《吴江县志》卷三十八《礼仪》，第174页。

朝的政治使命，伴随着扬州的失守和清军进占南京，腐败的弘光小朝廷也寿终正寝。但江南地方并未因弘光政权的覆亡、清师的进驻而归于沉寂。由于各地义师的兴起和抗清的炽烈，江南所属各府县一直深陷于战乱和社会动荡之中，而清廷剃发令的颁行，更激起了全国各地自发的反清高潮，江南地区的抗清尤为炽烈，如顺治二年闰六月，江阴义民就在阎应元、陈明遇的组织下，以“大明中兴”为旗号，正式反清，抗击清军前后八十余日。同月，嘉定县民在侯峒曾、黄淳耀的领导下，亦纷纷起来反对清廷的剃发令，“诸乡兵未经兵势，争裹粮厉兵而来，峒曾、淳耀亲自临城，勉以忠义，言与泪俱，人皆感奋”①。各地乡勇虽未经训练，然皆奋勇赴敌，长洲生员陆兆鱼在陈湖起兵以后，乡民纷纷响应。据《吴江县志》记载，陆生“首募乡勇，赴者云集，俱以白布裹首，号曰‘义师’”。吴江人吴易与举人孙兆奎也同入太湖兴师抗清。顺治二年，弘光政权覆亡，南都不守以后，魏国公徐弘基率妻子家人避迹于吴江进士袁世奇家，徐弘基知难而避，“日与村童牧竖徜徉阡陌以为乐”，袁世奇却“每以匡复相劝，且称其位隆望重，举事必成”。② 徐弘基遂以魏国公之名望在吴江树帜招兵，兴师反清。顺治四年（1847）九月，生员出身的厉豫则于盐城起兵抗清，“号曰‘中兴义师’，乡人多从之，假言史阁部未死，由海上提兵入淮安，入新城，围漕督署”③。与厉豫结盟一同反清的朱国材，曾充任史可法记室，清军南下后，朱国材避难于巢县，“敝衣草履，形容枯槁，曰：‘我史阁部也，苦身劳形，志存恢复，今约会兵数万，克日齐集，大事可图也，但机事贵密，不可轻泄’”④。顺治五年（1648）正月，他们相继攻克巢县、无为州等地。据乾隆《镇江府志》记载，顺治初年，清军平定江南，“时疆宇初定，反侧四起”⑤。民国《吴县志》记载顺治初年苏州

① （清）朱子素：《嘉定屠城纪略》。

② （乾隆）《吴江县志》卷五十八《旧事》，第309页。

③ （光绪）《淮安府志》卷四十《杂记》，第640页。

④ （康熙）《巢县志》卷四《祥异》。

⑤ （乾隆）《镇江府志》卷三十四《名宦下》，第41页。

府吴县的情形亦说："时反侧未靖，城外寇盗充斥。"[①] 各处抚叛无常，地无宁宇。顺治九年（1652），江西巡抚蔡士英在题疏中亦指出，该省久历兵祸，累遭焚杀，民有倒悬之厄，江西十三郡所属，"在在皆盗，良民甘心相从，以至抚之而叛，杀之而亦叛者"[②]。在清初江南的反清斗争中，尤数郑成功、张名振、张煌言等人的反清活动持续的时间久，影响大。

郑成功是南明后期东南地区抗清的主要军事力量，顺康年间，郑成功的军队不仅长期袭扰东南沿海各处，而且一度由海路沿长江深入江南腹地，包围江南的政治中心江宁府。郑氏占据浙闽沿海郡邑以为据点，"一扬帆即至江南，而江南汛兵单弱，水师未集，舟楫未具"，在江海之上，清师不足以抵御郑兵。顺治十六年（1659），郑军先后陷镇江，袭瓜州，犯江宁，[③] 郑军进犯江南腹地，一度引起江南的震动，各处民众或逃离家园，或投附从逆。据《扬州府志》记载，清初"海寇猖獗，奸民朱钡聚众千人为内应"[④]，而各处清朝官兵亦多有从逆者。康熙三年（1664）二月，江宁巡抚韩世琦的题疏就介绍了徐长春通逆情况。徐长春原为寿春营副将，顺治十六年（1659），海逆入犯江南各地，徐长春非但不能尽守御地方之责，还通贼献城，随贼上船，致使江浦县失守。[⑤] 江南之镇、仪等卫所官兵亦多有从逆者，据韩世琦疏报，镇江营把总贾胤昌、宋鉴、仪真卫千总张冕，镇江府知事党愫，照磨雍起鹏等人皆于顺治十六年海贼入犯时附逆从贼。[⑥]

顺治十一年（1654），张名振、张煌言三入长江之役，也导致江南地方的恐慌。顺治十年（1653）秋，张名振、张煌言的舟师由闽北抵达长江口，一时地方纷起响应，清朝驻守总兵王燝就反映说："海邑人民听其愚惑，上海之

---

① （民国）《吴县志》卷六四《各宦三》，第34页。

② （清）钱仪吉：《碑传集》卷六一《国初督抚上·蔡士英》第六册，第1736页。

③ （清）钱仪吉：《碑传集》卷六二《国初督抚下·郎廷佐》第六册，1764页。

④ （嘉庆）《重修扬州府志》卷四五《宦绩三》，第792页。

⑤ （清）韩世琦：《徐长春等宽免疏》，载《抚吴疏草》卷三五，捌辑7，第408页。

⑥ （清）韩世琦：《缉从逆官弁贾胤昌等应否遵谕宽免疏》，载《抚吴疏草》卷四一，捌辑7，第714页。

衙役挟持县令，竟欲开门揖盗，胥役人等公然包网，民心若是，内变堪虞。”上海知县阎绍庆亦在地方告急禀文中指出，“上海皆乐贼来，全无一人守城，终日持刀向知县项下逼之通贼，知县死在须臾”①。顺治十一年正月，张名振、张煌言等率水师分批进入长江，冲越狼山、福山、江阴、靖江等清军江防汛地，并多次击败防守的清军，张名振、张煌言的舟师还做到了在清廷大兵到达之前顺利回舟东下。同年三月、十二月，张名振的舟师又两入长江，其军兵深入江宁府上元县等腹地。顺治十六年四月，郑成功、张煌言亲统大军北上，先攻取江浙沿海州县。六月，郑军又相继攻陷江阴、瓜洲、镇江等处，江宁告急，造成上下两江震动，各州县绅民望风归附。同年九月，江南总督郎廷佐的揭帖就反映说：

> 不意海氛狂逞，自五月初即寇崇明，旋入京口，至六月中旬，陷瓜州，破镇江、仪真、六合、江浦，沿江一带任其蹂躏，直逼省城，又分侵上游，以致宁、太、池三郡属邑并和、含等州县相继失守……以五、六、七月之间在江北而论，如瓜、仪、天长、六合、江浦、滁、和、含山被陷，而淮、扬等郡震邻滋蔓也，在江南而论，如丹徒、高淳、溧水、建平残破矣，而上元、江宁、溧阳、丹阳等处界连荼毒也。在上江而论，如太平、宁国、池州、当涂、芜湖、繁县、宣城，南陵、贵池、铜陵、无为、舒城，庐江、巢县等处失守矣，而安、徽、庐三郡接壤地方祸延不小，室庐货物被其烧毁，子女、玉帛被其掳掠，田地禾稻被其蹂躏，今虽寇遁，而逃亡游离，大费抚绥。②

郑成功、张名振、张煌言等人的抗清活动，导致江南广大地区人心浮动、社会动荡，不仅严重影响到清王朝在江南的统治，而且对清初天下安危也构

① 顺治十年九月，江宁巡抚周国佐《为洋寇乘势鸱张海邑人心煽惑微臣谨率旅亲临以寝邪谋以巩地方事》揭贴影印件，载《明清档案》第十七册，A17—161 号。

② 《明清史料》甲编第五本，第 455—457 页。

成潜在的威胁。刑科给事中张玉治就曾大声疾呼，希望朝廷采取措施，以稳定江南局势，维持社会安定，因为江南属天下安危之所系，“江南为皇上财赋之所，江南安，天下皆安；江南危，天下皆危”①。鉴于清初以来东南沿海海氛炽烈，清廷不得不颁令迁界禁海。顺治十八年（1661）八月，清廷在给户部的上谕中就说：“前因江南、浙江、福建、广东濒海地方，逼近贼巢，海逆不时侵犯，以致生民不获宁宇，故尽令迁移内地，实为保全民生。”②

清初，江南民众的反清活动无一例外地遭到了清王朝的残酷镇压，江南绅民因为抗清也付出了巨大的牺牲。顺治二年（1645）四月，清军占领扬州之后，多铎就以官民不听招降为由，下令屠城。据《明季南略》记载，清师渡淮，先破扬州新城，“悉屠其民”，“及进旧城，猝起杀人，有如草菅”，“清帅发令箭，一门杀人一百，以未破城时发炮伤兵也，既而传一门杀人一千。杀讫，遂出一箭，又杀一千，连续传箭，直杀至数十万。扬州烟爨四十八万，至是遂空”。③

江南民众的反剃发斗争，更导致清初江苏地方政局的长期不稳和生灵涂炭。顺治初年，清廷严令各地官民，“不剃发者以违制论斩，令发后，吏诇不剃发者至军门，朝至朝斩，夕至夕斩”④。顺治二年（1645），江阴民众的反剃发斗争遭到清军残酷镇压以后，江阴也遭到清军屠城，屠城以后的江阴，城内百姓仅剩“大小五十三人”⑤。据民国《江阴县续志》记载，顺治二年，江阴城被杀戮之惨，难以言述，“时城中积尸满岸，秽不可闻”⑥。又据《吴江县志》记载，顺治二年闰六月，清兵攻破嘉兴城，旋师北去，过吴江县，有不剃头者杀之，“后每兵过，即有杀者，八月，乡人每一村立大旗于树上云：

① 《明清史料》乙编第三本，第269页。
② 《清圣祖实录》卷四，顺治十八年八月己未，《清实录》第四册，第84页。
③ （清）计六奇：《明季南略》卷三《史可法扬州殉节》，第204—205页。
④ （清）陈确：《告先府君文》，载《陈确集》卷十三。
⑤ （民国）《江阴城守纪》卷下。
⑥ （民国）《江阴县续志》卷二六《杂识》，第442页。

'大清剃发顺民，兵始封刀不杀人'。"[①] 郑成功、张煌言等人在江浙各地的抗清斗争，有力地打击了清王朝在地方的统治，但地方也因此付出了巨大的牺牲。顺治十六年（1659），郑成功内犯长江，镇江失守，郑氏据城月余，大肆焚掠以泄愤，地方受害，民居荡然为墟。丹徒为府城负郭首邑，受祸甚烈，而在郑、张的势力退出之后，朝廷又兴失城之狱，绅民因此而牵连甚众，株死者多人。[②]

清初江南地方民不安生，绅民朝不保夕，各处长期陷入动荡不安的局面，也与湖匪土寇猖獗，江洋劫盗肆虐，官府一直未能清除匪盗有着密切的关系。自明末以来，天下大乱，各地盗寇兵匪乘乱兴作。清初，江南乱象纷呈，各地盗匪乘乱作恶，或劫掠民财，或袭击地方衙门，以致地不能治。据光绪《淮安府志》记载，顺治初年，盐城地方就土寇猖獗，大为民害。[③] 镇江府之丹徒亦"土寇四起"，百姓避乱无处，往往有轻生觅死者。[④] 据江宁巡抚韩世琦疏报，顺治年间，绿林巨盗金良，"纠合多凶，连艅列械，纵横江浙之界，席卷商民之赀"，而嘉兴木渎、黄天荡、陆家浜、万家泾等地为其经常出没之地。[⑤] 巨盗管彩则杀人劫财，为祸于泰州、无锡之间。据韩世琦反映，管彩纠合亡命，驾船执械，极为猖狂，且为害日深，在劫掠浒墅关时，管彩及其同伙"斩栅而入，先将守隅兵丁、支更逻卒先行打倒，遂得逞凶劫掠，事主马仕仲与船家妻子皆被砍伤，其书办蒋留、厨夫李明则被砍落水，二命沦亡"，后因官兵奋力扑剿，劫盗势穷奔窜。[⑥]

在顺治至康熙初年间，江南的盗匪土寇往往凭借着江河湖荡之利，或明火执械，袭击村落，或以渔民船夫身份为伪装，见机行劫，他们往往以商贾

① （乾隆）《吴江县志》卷五八《旧事》，第 309 页。
② （民国）《续丹徒县志》卷七《兵事》，第 566 页。
③ （光绪）《淮安府志》卷二七《仕绩》，第 420 页。
④ （光绪）《丹徒县志》卷三九《义烈》，第 754 页。
⑤ （清）韩世琦：《斩犯金良招疏》，载《抚吴疏草》卷七，捌辑 5，第 586 页。
⑥ （清）韩世琦：《管彩等招由疏》，载《抚吴疏草》卷十四，捌辑 6，第 179 页。

富室、过往客人为劫杀目标。如顺治十二年（1655），袁二就假扮渔夫，连艅合伙，出没河滨，搜寻劫掠目标，正月十一日，在风雨黄昏之际，有布商张奎满载前来，袁二及其伙盗遂大肆劫杀，尽掳其财货而去。[①] 松江地滨湖泖，强贼易于啸聚，据松江海防厅呈报，所属白莲缺地方系江、浙相连荒僻之地，此处就有强贼经常出没于此，甚至白昼肆劫。康熙三年（1664）六月十九日巳牌时分，就有一伙强贼撑驾飞舟，持刀放箭，抢掠盐船，劫夺盐商盐引、银钱、衣被等物。[②] 淮安盗匪钮思塘等凭借水上之便，出没河口湖荡之内，长期为害于地方。康熙二年（1663）二月，漕运总督林起龙就疏报说："淮安群盗钮思塘、王海云等阻水结党，出没黄河、洪泽等湖二十余年，杀掠商民，抢夺妇女，截劫解部颜料船支。"[③] 清初，太湖周边各地盗匪肆虐，赤脚张三自顺治二年（1645）揭竿肆扰以来，官府一直未能将其弋获。据民国《吴县志》记载，张三夫妇为湖中巨盗，张三"矫健绝伦，舞双刀，能履水飞行，人不敢近"，个人本领过人，张三置山寨，聚人众，长期劫掠富室，以勒取重金，这一伙人以太湖为据点，出没于近湖各州县，导致"湖路梗塞"。康熙初年，张三等盗匪曾劫掠横山，又掠木渎等处，地方官府视为大患。[④]

清初江南盗匪趁乱作恶，凭恃地方江河湖荡之便，啸聚无常，在前面的章节里已有论及，江南各地的盗匪不但洗劫村社，劫夺商贾、富室、行旅过客，而且袭击官衙、官舟、官差，甚至杀害朝廷命官。据《吴江县志》记载，顺治二年（1645），孔允祖署吴江县事，次年正月十五日，松江湖盗突至，孔允祖晓以大义，盗不从，并为所害。[⑤] 吴易起兵反清之后，吴江署令朱廷佐亦逸去[⑥]，所以苏州地方更加抢劫成风，乡宦富室往往挈家避难于异地。[⑦] 顺康

① （清）韩世琦：《袁二等招由疏》，载《抚吴疏草》卷二十，捌辑6，第476页。
② （清）韩世琦：《白莲缺失事文职疏》，载《抚吴疏草》卷四六，捌辑8，第233页。
③ 《清圣祖实录》卷八，康熙二年二月乙丑，《清实录》第四册，第139页。
④ （民国）《吴县志》卷十九《杂记二》，第601页。
⑤ （乾隆）《吴江县志》卷二三《名宦》，第62页。
⑥ （乾隆）《吴江县志》卷二三《别录》，第65页。
⑦ （乾隆）《吴江县志》卷三六《寓贤》，第160页。

马赴任，其后，马信从逆入海，周亦与之同叛，顺治十七年（1660）五月，周继翰率领多凶回到溧阳，跃马横刀，自称马信亲丁，借端挟诈，闹得地方鸡犬不宁，吴锦先等人的当铺也蒙受了损失。[①]

清初，不仅盗匪、地方军兵祸民，而且受朝廷委命的一些地方官吏也不顾百姓生死，他们施政残虐，甚至放任盗匪奸猾鱼肉乡民。据康熙《常州府志》记载，顺治初年，署常州府事宗灏就为人贪狠阴鸷，为官残虐，对地方绅民滥施淫威，“缙绅富民中以蜚语，立置死，籍其家，不可胜计”，宗灏的残暴施政，导致地方人心汹汹，民怨沸腾，为掩饰其残虐行径，镇压地方绅民的反对，宗灏竟然使用借刀杀人的手段，谎言常州民众蓄意谋反，向正在进攻江阴的豫亲王多铎请兵，请求多铎对常州府实施屠城，并且说：“常民乱萌已形，不速屠，民且立叛”。多铎信以为真，并要对常州府大开杀戒，只因武进知县孙振先力辨常府之民无反意，并表示愿意以全家人之性命作保证，示以全城百姓无反叛之心，而旧守郭嘉胤、都督冯可亦附和孙振先，常府数万生灵方得以保全。[②] 由此事的生发可以看出，在清初江南政权鼎革过程中，清廷为了维护稳定，不惜以牺牲无辜民众生命为代价，也反映出酷官用心的险恶。

江苏的一些府县志对清初江南地方奸猾与官府勾结鱼肉乡民之事不乏记载。据同治《苏州府志》记载，顺治年间，江南的巡按御史自秦世祯以后，行事多宽纵，以致“豪猾胥吏仍倚官虐民”[③]。清初，苏州大猾有施商余、袁槐客、沈继贤，吴县则有徐掌明，这些人“俱揽据要津，与巡抚、两司、一府二县声息相通，鱼肉乡里，人人侧目”。甚至太傅金之俊归田里居，都少不了受施商余之侮辱。徐掌明与昆山之徐氏联谱，在地方威势炙人，康熙时，

① （清）韩世琦：《周维翰招疏》，载《抚吴疏草》卷八，捌辑5，第596—597页。

② （康熙）《常州府志》卷二一《名宦》，第435页。

③ （同治）《苏州府志》卷六八《名宦》，第779页。

长洲、吴县地方甚至有谚流传曰："长、吴两县印，不及掌明一封信。"[①]

顺治年间，土国宝抚吴更成为通省之祸害，土国宝不仅本人贪纵妄法，而且以小人充任心腹，致使江南吏治败坏，社会上邪风滋长，正气不行，吴民怨声载道。据《苏州府志》记载，顺治二年（1645），土国宝抚吴，顺治六年（1649）去任，顺治八年（1651）复任江南巡抚，土任内就"以长洲、常熟二令为腹心，纵令沈碧江择殷而噬，民不堪命"[②]。沈碧江原为长洲猾胥，"国宝嬖任之，时江南初定，盗贼常窃发，碧江倚国宝势，索富民财，不遂者辄诬以盗，周内之远近震恐，守令争造其门，非重贿不见"。常熟知县瞿四达、嘉定知县随登云在地方亦指富为党，任意栽赃加害富户，二人在县中"凡获盗，令指富人为窝党，逮系狱，入财即释，以其财分馈碧江，由是国宝以两令为贤"[③]。

官府诬良为匪，指富为党，随意嫁祸加罪，也助长了民间的诬告之风。据嘉庆《重修扬州府志》记载，顺治年间，天下初定，一时各处告密者多，海陵有黠奴密告宦室谋反状，地方巡抚急命调集军兵前往扑灭，时周亮工任海防兵备，侦知系黠奴诬告，未以兵相加，被诬者方得以保全。[④] 顺治六年（1649），兴化县有群盗曾入生员陈嘉谟酒肆饮酒，其父陈宏道不能禁拒，后盗匪为官府所获，词连宏道，盗匪与胥吏合词诬宏道兄弟通海，并被关禁府狱之中，盗匪同党又意图加害，胥吏则借机索赂。[⑤] 顺治十六年（1659），天长县草贼刘青海作乱于地方，掠民牛马殆尽，官府缉获刘匪之后，高邮富民陈某、姚某等七姓人众因与刘匪有仇，刘匪遂无中生有，诬告陈某等七姓曾助以牛马，七姓人众因此惹上官司。时姚延著为臬司，察其无辜而尽释之，

---

① （同治）《苏州府志》卷一四八《杂记五》，第758页。

② （同治）《苏州府志》卷一四八《杂记五》，第749页。另：对照《苏州府志》各处记载，此处所记土以长洲、常熟二令为腹心，疑为常熟、嘉定二令，特此注明。

③ （同治）《苏州府志》卷六八《名宦》，第778页。

④ （嘉庆）《重修扬州府志》卷四五《宦绩》，第791页。

⑤ （嘉庆）《重修扬州府志》卷五十《人物·孝友》，第150页。

但姚延著不久升任河南布政使，姚、陈等通匪案因奸吏指控又成案重审，而且七姓通匪罪被官府最终坐实。“七姓坐死徙数十百人”，这是姚、陈等富民被盗匪、奸吏诬告指控酿成的一桩冤狱，江南前任按察使姚延著也因任内包庇反叛而受到牵连，被御史告发加罪，被清廷处死。此案在江南造成极大民愤，姚延著受刑之日，江宁民众为之罢市，“士民哭踊道祭，如丧其私亲”①。

康熙元年（1662）三月，江宁巡抚韩世琦曾专疏反映，高祥曾以藏匿海寇逆犯罪名嫁祸无辜，造成七人死于非命。高祥系已正法逆犯叶士彦之家仆，因叶士彦之子叶褕脱逃无踪，地方官遂收禁高祥严比，高祥先因海寇之乱与宗智等人结怨，遂借士彦之子脱逃事嫁祸宗智等人，诬称宗智等匿藏逆犯，以致宗智等七人被羁禁死于狱中，后经抚按审讯，高祥也认承嫁祸仇家之事属实，但无辜七人早已死于非命。②

清初，江南风气之坏，也突出反映为强奴欺凌幼主，奴仆逆词诬告家主之炽烈。康熙二年（1663）三月，据江宁巡抚韩世琦疏报，逆奴王仪就伙盗劫主，卖身旗下，又捏词诬主。王仪本为夏近雅之世仆，欺近雅父亡故，遂伙同贼盗王学入内室，席卷其衣赀，又羡其妻美艳，而欲强胁烝淫，为夏妻所阻拒，王仪负赃宵遁，主人鸣官追缉，王仪后改换真名，卖身旗下，诬告主人，因衙门审出了王仪诬告的真情，夏近雅才免蒙冤陷法之累。③ 同年十二月，韩世琦的题疏反映了仆人谢二、俞大内外勾结弑主劫财案详情，俞大为生员贺裳之族仆，贺裳之子贺天佑因对家中佃仆人等管束较严，以致取怨群小，有逃脱之仆人谢二、陆二等久欲加害贺天佑，以泄私怨，顺治十八年（1661）二月初六夜，谢二、俞大、曹凤等遂合谋劫杀贺天佑，贺裳居家之仆杨三则于室内开窗接应，各仆得以进入贺天佑内室，众仆加害天佑之后，又

① （嘉庆）《重修扬州府志》卷四五《宦绩三》，第 792 页。

② （清）韩世琦：《题高祥再审招疏》，载《抚吴疏草》卷二，捌辑 5，第 349—350 页。

③ （清）韩世琦：《王仪招由疏》，载《抚吴疏草》卷二十，捌辑 6，第 474 页。

劫夺其家资逃逸。[①] 在清初，江南奴仆也有与劫盗勾结，干害主谋财勾当的。康熙三年（1664）四月，韩世琦的题疏就上报了钱府家奴秦三、房大等串通，劫夺家主财物、伤害主人性命之事。秦三、房大本为钱钟之奴仆，因贪图钱钟所蓄赀财，遂纠引伙盗章元等闯入钱钟家中，“明火涂面，列械行劫”，秦三等人于门外指引，群盗直入内室，将钱钟擒拿拷问，席卷秦家财物而去，钱钟之子也被砍成重伤，不逾旬而亡，后因人举报，方得以查实秦三、房大勾结盗伙加害家主之实情。[②]

顺康年间，江南地方不仅久陷战乱之中，而且各地也灾疫不断，史志所载，举不胜举。《阅世编》作者叶梦珠对自己所见江南灾疫情况就有不少记录，兹摘录数则于下：

顺治五年戊子五月十六日，烈风、骤雨、大水。二十四日戊子，又大雨，低乡漂没。七月十七日庚辰，连日风雨，晚禾遍野焦萎。

九年壬辰，大旱，水竭，几及甲申之夏。……本年禾苗俱槁，民不聊生。

十一年甲午六月二十一日庚辰，疾风暴雨，海水泛溢，直至外塘，人多溺死，室庐漂没。闻崇明之水，几及城上女墙，漂没人民无算。

十三年丙申九月初十日乙卯，巳时，地震有声如雷。十月十六日庚寅，地复震如前。

十八年辛丑，大旱。……约计十旬亢旱，禾苗枯槁，川渠俱涸，人行河底，往来便于平陆。

康熙二年癸卯六月至十月终，疫疾遍地，自郡及邑，以达于乡。家至户到，一村数百家，求一家无病者不可得；一家数十人中，有一人不病者，亦为仅见；就一人则有连病几次，淹滞二、三月而始愈者。

四年乙巳六月望后，有海鸟来止海岸。是年，大水。自正月至

---

① （清）韩世琦：《俞大等招由疏》，载《抚吴疏草》卷三六，搠辑 7，第 286 页。

② （清）韩世琦：《秦三、房大招由疏》，载《抚吴疏草》卷三八，搠辑 7，第 582 页。

九月，霪雨，水发凡十五次。

五年丙午六月十四日癸亥，暴风骤雨，河水顿涨四五尺，坍毁民居庐舍无数。

九年庚戌四月，大水。五月，积雨，水势益涨，与顺治戊戌八月同。……月杪，予往澄江，由郡城历青浦、昆山、吴门、无锡抵江上，皆一望无涯。

十七年戊午四月初五日甲戌，未刻，地震，声如隐雷……六月、七月，亢旱，河水俱涸。……后见邸报，知大江南北、河南、山东俱旱，赤地千里，京师尤甚，每日渴毙多人。……又华、娄二邑，自六月望后起，至十一月，大疫，吾乡家至户到，病殁者甚多，或一村而丧数十人。①

据光绪《昆新两县续修合志》记载，康熙初年，昆山县“水旱洊臻，饥民载道”②。

又据民国《吴县志》记载，顺治初至康熙年间，吴县水旱叠见，民生极其艰难，如顺治八年（1651）夏至秋，吴县地方淫雨不止，高低乡尽没，乡民转徙，村落成墟。十年（1653）六月，大风雨，海溢，平地水丈余，人多溺死。康熙二年（1663），夏旱，秋淫雨，下田多渰。康熙九年（1670）六月十二日，大风，太湖水溢，平地水高五六尺，田禾渰没，流民载道。③

康熙初年，江宁巡抚韩世琦曾多次在题疏中反映江苏各地连遭灾荒，农业失收，官府难以应对的情况。康熙三年（1664）二月，韩世琦就题疏反映，康熙二年入夏以来，迭遭亢旱，后又遇淫雨的情形。据韩世琦疏报，自二年夏日以来，“旱魃为虐，禾苗率多枯槁，不谓仲秋之后，淫雨连绵，今复江潮大涨”，自省城沿江一带，江浦、六合、丹徒、江淮、石城、龙潭等处县卫地

① （清）叶梦珠：《阅世编》卷一《灾祥》，第17—21页。

② （光绪）《昆新两县续修合志》卷二十一《名宦》，第331页。

③ （民国）《吴县志》卷五五《祥异考》，第895—896页。

方，平地水深数尺，庐舍、田园、人民、禾畜悉皆渰没，民失居所，“以致哀号彻野，惨异非常”①。康熙三年（1664）十二月，韩世琦题疏上报了太仓、崇明、上海等处的受灾情况。据韩抚反映，当年苏州、松江二府各属县，七八月间，风大作，海潮陡发，滨海一带居民由于秋潮冲溃，海塘、海水进入家园，以至庐舍、田禾尽被漂流，太仓、崇明、上海、嘉定、华亭等州县，大多被灾在七分以上。②

江宁、苏州、松江等五府由于久陷战乱，加之灾疫交加，地方赋重役繁，百姓难以应付，以致四处流离，村社萧条。康熙三年（1664）五月，韩世琦题疏反映清初江南民赋难完，民生凋敝情形时就指出，江南自顺治末年以来，就值“多事之秋”。顺治十六年（1659）海贼直犯省会，所在震惊，各处屯丁逃窜，海寇突犯，房屋拆毁，民被掳掠，田地抛荒；顺治十七年（1660），因雨阳不时，各处秋成歉收；顺治十八年（1661）更是遭遇凶年，民生穷乏至极。③ 康熙四年（1665）二月，韩世琦题疏反映，由于江南地方赋重，加之长久以来“海氛未靖，兵马络绎经临，灾祲荐臻，黎庶流离载道”，各州县官往往苦于救绥无策。④ 对于清初江南师行骚扰，地方民生凋敝，户口凋零，村社萧条等情况，江苏各府县的方志留下了大量记载，如乾隆《吴江县志》就记载说，顺治年间，吴江不仅赋重役繁，而且派役不均，百姓或有因役破家，或有苦于役而逃亡异乡。⑤ 吴江地当南北要道，康熙年间，吴江常受南来北往

---

① （清）韩世琦：《覆水渰不成灾疏》，载《抚吴疏草》卷三五，捌辑 7，第 444 页。

② （清）韩世琦：《报太仓崇明上海等处秋灾分数疏》，载《抚吴疏草》卷五十，捌辑 8，第 405—406 页。

③ （清）韩世琦：《户属催征不得疏》，载《抚吴疏草》卷三八，捌辑 7，第 607 页。

④ （清）韩世琦：《江阴县何尔彬节年钱粮全完疏》，载《抚吴疏草》卷五二，捌辑 8，第 552 页。

⑤ （乾隆）《吴江县志》卷二三《名宦》，第 62 页。顾炎武在《天下郡国利病书》中，引曹自军《吴县疆域国说》论及吴江县近邻吴县明时赋役不均，民多流徙时就说，吴县“虽领都三十七，或名存而地阙，盖以濒湖之地，每沦于水，及山田多瘠，民苦赋役，而流徙者众也。……概观吴域，阻山负湖，若非他邑之多平壤，都腴田也，湖渔山樵，仅足衣食，欲求殷户，其可得乎？东西洞庭之民，鲜负农耕，多业商贾。地产果植，力作俭勤，不同城郭之浮荡，兹亦累困剧役，不堪命矣”。参见（清）顾炎武《天下郡国利病书 · 苏州备录下》，载《顾炎武全集》第十二册，第 495 页。

师行的骚扰，军兴之后，民力凋敝。[①] 清初的苏州府，在历经兵荒之后，已是“户口凋零”[②]。清初常州府亦“四野萧瑟”[③]。清初，扬州遭受战火创伤甚巨。据嘉庆《扬州府志》记载，扬州为淮盐转运重地，顺治初年，“扬疮痍未复，旧商亡窜，失业者过半，盐筴凋耗”[④]，流亡甚众。据光绪《昆新两县续修合志》记载，康熙初年，昆山“水旱洊臻，饥民载道”，民生艰难，“而逃者毙者不知凡几，所遗将逃未逃、将毙未毙之命，皆前任敲扑余生”[⑤]。

二、康熙雍正年间江苏地方之刁风恶俗

风俗是特定文化区域内人们共同遵守的行为模式和规范，每一个地方的风俗都是在历史发展过程中日渐形成的，“刚柔缓急系水土之风气，谓之风，好恶取舍随君上之情欲，谓之俗”[⑥]。风俗与社会政治息息相关，观风俗，而后可以明为政之得失。中国自古就强调“为政必先观风俗”，早在先秦时代，为政者就重采风以观俗，风俗为治化之原、人心之验，由地方民风之好恶，可以察验域内教化之深浅，而民之冠婚丧祭时尚追慕，既能展示出地方的仪制风范，又对地方的治理有着不可忽视的影响。争讼逞能，好勇斗狠，奸盗嗜赌，固然不利于百姓聚财安生；凌弱欺善，造谣蛊惑，亦不利于良好社会风气的养成。

明清时期，吴中土地辽阔，四隅风气习俗不齐。吴地自泰伯季扎先后让国，教化渐摩，礼让成风。西汉以后，吴民重文教，敦忠孝。东汉唐景强调，风俗所尚，志在为家国，“处家无不孝之子，立朝无不忠之臣”。明朝吴地士

---

① （乾隆）《吴江县志》卷二三《名宦》，第62页。
② （同治）《苏州府志》卷一四八《杂记五》，第749页。
③ （康熙）《常州府志》卷二一《名宦》，第436页。
④ （嘉庆）《重修扬州府志》卷四五《宦绩三》，第791页。
⑤ （光绪）《昆新两县续修合志》卷二一《名宦》，第331页。
⑥ （乾隆）《长洲县志》卷十一《风俗》，江苏古籍出版社1991年版，第93页。

大夫“敦气节，有汉党锢诸贤风”[1]，而小民亦发愤好义。清初以来，吴中士大夫也多以廉耻气节相尚，小民亦敦奉前明习俗，但士民追慕奢华，逞勇好赌，行奸要诈等刁风恶俗亦大为滋长。

康熙二十三年（1684），圣祖第一次南巡时，对江南民生风俗感触最深的是，各处市镇表面上显得繁华充盈，但风俗浮华，人心浇离，“乡村之饶，人情之朴，不及北方”，而当时的两江总督王新命对康熙帝的说法也表示认同。[2]康熙二十八年（1689），圣祖再次南巡时，对吴越州郡的虚表繁荣有了更深的了解，他看到江苏商贾辐辏的背后，其实土著经商致富者不多，并对随行的诸部院大臣说：“今朕行历吴越州郡，察其市肆贸迁，多系晋省之人，而土著者盖寡。良由晋风多俭，积累易饶，而南人习俗奢靡，家无储蓄，日所经营，仅供朝夕。”[3] 吴人尚奢，不重积贮，这也造成了江南各州县一遇水旱歉收之年，则民生尤为艰难，地方官救济难以应对，所以要变易江苏陋俗，造就家给人足之风尚，地方官之责任重大。

康熙二十三年（1684）六月，清廷以汤斌为江宁巡抚，汤斌在陛辞赴任之际，康熙帝给汤斌的上谕就特别强调，江苏治理当以正风俗为先。汤斌为人端谨老诚，久侍讲筵，但缺乏治理地方的经验，康熙帝托以江苏重任，也期待他速见治效。临别之际，康熙帝就对他说，江苏为东南重地，“风俗奢侈浮华，尔当加意化导。移风易俗，非旦夕之事，从容渐摩，使之改心易虑，当有成效”[4]。但两年之后，汤斌升任礼部尚书，江南奢侈浮华之风并没有因汤斌大刀阔斧的治理而改观。汤斌在江苏巡抚任上，毁淫祠、敦风化之举，确实在地方影响较大，他遍檄江苏七府一州，“无论乡城衙宇，凡有五圣神祠者，檄到之日，悉皆拆毁，投其像于水火，违者责在有司。一月之间，江南

① （乾隆）《长洲县志》卷十一《风俗》，第93页。
② 《康熙起居注》，康熙二十三年十一月初四日乙丑，第三册，第115页。
③ 《康熙起居注》，康熙二十八年二月十七日乙卯，第四册，第117页。
④ 《清圣祖实录》卷一一六，康熙二十三年九月庚午，《清实录》第五册，第214页。

绝五圣神祠之迹"①。但地方浮华崇奢之风形成已久，又岂一人一时所能改变。

事实上，康熙以来，吴下风俗"每事浮夸粉饰，动多无益之费"，小民不安本分，遇事鼓吹喧闹，不自量力，争相夸尚。对此，同治《苏州府志》就记载曰：

> 衣食之原在于勤俭，三吴风尚浮华，不安本分。胥隶屠沽倡优下贱无不戴貂衣绣，炫丽矜奇。文人喜作淫词，疾病之家听信巫觋欺诳，辄行祷禳，鼓吹喧阗，牲肴浪费，贫民称贷于人。又有游手好闲之徒，或假神道生辰，或称祈安保岁，赛会庆祝……或因酗饮聚博，致生事端，又有优觞妓筵，酒船胜会，排列高果，铺设看席，靡费不赀，争相夸尚，更或治丧举殡，戏乐参灵，尤为无礼。凡此种种，皆百姓火耕水耨，辛苦所致，恣其浪费，毫不检惜。②

妇女穿着打扮本宜端庄、洁净，吴中妇人却好争艳斗奇，炫富竞奢，汤斌曾说："素衣淡妆，荆衩布裙，更见女德，身着绮罗绸缎，头戴金银首饰，已云华美。"但令人惊叹的是吴中妇女，"衣裙必绣锦织金，钗环必珍珠宝石，以贵为美，以多为胜，虽贩竖肩挑之辈，逐日营趁，生计艰难，而妻女亦皆绸缎金珠"③。

吴地僧尼追慕浮华亦不甘人后。僧尼身入空门，本应六根清净，绝弃尘俗之追求，但江南僧人因拥有厚资，以致饮酒食肉，赌博宣淫，盘剥占夺，无恶不作，僧众不仅借善男信女烧香祈祷吓骗获利，而且丝竹弹唱，勾引少妇幼女，带发修行，艳服浓妆，俨同优伶。④

民国《吴县志》对吴中各地嫁娶、丧葬之铺张风气有较为详细的描述，兹摘录如下，以观尚奢浓郁之风。

---

① （清）叶梦珠：《阅世编》卷四《宦绩》，第112页。
② （同治）《苏州府志》卷三《风俗》，第145页。
③ （同治）《苏州府志》卷三《风俗》，第147页。
④ （同治）《苏州府志》卷三《风俗》，第147页。

嫁娶惟应及时，奢侈徒耗物力，自行聘以及奁赠彩帛金珠，两家罗列，内外器物，既期贵重，又求精工。迎娶彩亭灯轿，会亲之酒宴赏犒，富贵争胜，贫民效尤，揭债变产，止图一时美观，不顾八口家计。且有女家多索，男家延捱，不但子女怨旷，更至酿成强抢硬娶之事，至戚反成仇雠，过门立见贫窘。①

嫁娶原在成就人间姻缘，古人强调成婚以礼。对个人而言，婚礼为人生大事，是一个严肃的话题，但吴中婚娶成礼意在炫富竞奢，这不仅成为婚娶人家的家庭负担，严重的更导致姻亲双方反目成仇，这种恶俗自然而然有弊无益。

丧葬是对死者遗体的处理方式和尽哀礼仪，古人强调“礼莫重于丧”，但重丧并不是要求家人铺张，而是要对死者极尽哀思。清代江苏的丧葬习俗不仅有悖礼俗，甚至出现让死者不能入土为安的情况。

丧葬大事，重在附身，附棺尤在致哀尽礼，新丧经忏，绵延数旬，佛戏歌弹，故违禁令，举殡之时，设宴演剧，全无哀礼。人兽纸器拥塞道路，夸耀愚人，适为有识者窃笑，至于亲死棺殓，入土为安。乃温饱者惑于风水，久厝不葬，反以速葬为耻，甚至数年几代均不肯葬，漏屋停棺，到处浮厝，或惨付火焚，忘亲灭礼，莫以为甚。②

而各地宴会的讲究排场和奢侈浪费更是让人惊叹，民国《吴县志》对于清以来江苏宴会的铺张和任情挥霍，就有一段入木三分的描绘。

宴会所以合欢，饮食止期适口，何乃争夸贵重，群尚希奇。山珍海错之中，又讲配合烹调之法，排设多品，一席费至数金，小小宴集，即耗中人终岁之资，欲逞片时果腹有限，徒博豪侈之名，重

① （民国）《吴县志》卷五二下《风俗二》，第860页。
② （民国）《吴县志》卷五二下《风俗二》，第861页。

造暴殄之孽。①

清初以来，江苏的府县志对地方尚奢慕华的风俗多有记载。嘉庆《新修江宁府志》就引明人顾起元《客坐赘语》云：“秣陵有昔人龙袖骄民之风，浮惰者多，劬勚者少”，“迩来则衣丝蹑缟者多，布服菲履者少”。明时，这里尚奢之风极浓，而妇女逐奢尤甚，“家才儋石，已着绮罗，积未锱铢，先营珠翠，发迹未几，倾覆随之，比比是也”②。

古人最重冠礼，男子加冠所以示成人，但清代常州府男子加冠却成了僭越逐奢的较量。据康熙《常州府志》记载，常州各处“小民僭越殊甚，一冠之费值至数金，下逮优伶、舆台之属，亦俨然冠之，漫无分别”③。

扬州为东南都会，商民杂处，最称难治，其风俗亦极奢淫。据嘉庆《重修扬州府志》记载，明清之时，扬州府商民“富者辄饰宫室，蓄妾媵，盛仆御，饮食佩服与王者埒”，妇人无事则好装扮，“镂金玉为首饰，杂以明珠翠羽”，而“闾左轻薄子弟率起效之”④。高邮地方之民就极好铺张，“一遇乐岁辄浪费，不屑撙节，至凶年，虽倍息称贷不恤也，甚至失所者往往有之”。宝应县在明成化、弘治年间向称淳朴，万历以后，渐趋浇离，丧礼竞奢夸侈，“至停柩十余年始得归窆，且多鬻田宅以供丧”。雍正时，宝应、兴化二县民间婚礼重纳采、纳币、亲迎，虽近古风，但多华靡相竞，财帛相高，“婚姻彩轿之费至数十金，贫者亦称贷效之”⑤。

赌博废业耗财，最坏风气，人若沾染，则容易上瘾，地方赌博之害，小则足以败家，大则妨碍社会的宁静和地方治理。明清时期，三吴赌风甚盛，很多州县之民皆有赌博之好，且屡禁不止，如仪征就“市多饮博，少者丧其

① （民国）《吴县志》卷五二下《风俗二》，第861页。
② （嘉庆）《新修江宁府志》卷十一《风俗物产》，第108页。
③ （康熙）《常州府志》卷九《风俗》，第185页。
④ （嘉庆）《重修扬州府志》卷六十《风俗》，第367—368页。
⑤ （嘉庆）《重修扬州府志》卷六十《风俗》，第369页。

初志，壮者隐于终凶”①。江都之民亦好饮博，而轻薄子弟“纵酒博塞，挟倡而游，不给辄贷富人，久之责负者日閧其门，遂至破屋”②。三吴赌风为害甚烈，而地方官亦查拿不力，所抓获不过小赌，真正大赌皆不见查获。据同治《苏州府志》记载，“真正大赌皆绅士富户，深居密室，或衙门吏胥暗中包庇，役不能拿，人不敢问，输赢动至千百，丰裕生涯瞬归消乏，田房厚产荡然一空，富室变为穷汉，良善子弟流入无赖匪徒，皆由赌博。更有同伙输银出首讹诈，甘心受诈，苟免一时，仍然肆赌构讼，无休诛连”③。康熙《常州府志》亦谈到地方各类人等嗜赌的问题，赌博虽在国法有禁，但常州府赌风难禁，“其舆台市侩交臂纷呶固无足论，乃衣冠之族、读书知礼者，亦或蹈之，斯文扫地，莫之为甚”④。又据乾隆《长洲县志》记载，长洲地方亦赌博风盛，“游民无赖竟有倡为压宝者，聚集下流，昼夜为之，成群结党，不计其数，往往流为盗贼”⑤。

赌博最易滋生游惰，引发斗殴，而贪诈卑污，甚至匪盗之生无不由起。《居官日省录》引《禁止赌博》条令说到赌博之害风俗以及斗殴、盗匪之与赌的关系时就说：

> 赌博一事，最害风俗，尤易滋生事端，游手之人终日聚赌，废时失业，莫此为甚。因而引诱良民，勾哄富人，子弟一入其中，沉溺不返，迨至破家荡产，犹复技痒不自已，使富室变作穷人，良民流为不肖，岂非风俗之害乎？因赌博以致斗殴，因斗殴以致人命，因负欠而勒逼，因勒逼而轻生，讼案半起于此。穷极无累，习为小偷，小偷习惯，肆行劫掠，盗贼之由，何尝不在赌博哉！⑥

① （道光）《重修仪征县志》卷三《地志·风俗》，第54页。
② （嘉庆）《重修扬州府志》卷六十，第369页。
③ （同治）《苏州府志》卷三《风俗》，第148页。
④ （康熙）《常州府志》卷九《风俗》，第186页。
⑤ （乾隆）《长洲县志》卷十一《风俗》，第95页。
⑥ （清）觉罗乌尔通阿：《居官日省录》卷五《禁止赌博》，载《官箴书集成》第八册，第175页。

刚毅认为，赌博之害，不止滋生游惰而已，其为人心风俗之害不可悉数。赌博“荒弃本业，荡废家赀，品行流于卑污，心术趋于贪诈，斗殴由此而生，争端由此而起，盗贼由此而多，匪类由此而聚”①。

谚语有云：“奸近杀，赌近盗。”可见，赌与盗有着极为密切的关联。赌徒之中就多有无赖，尤其是沉溺于赌博的多非善类。盗贼为地方枭雄暴客，他们行如虎狼，毒如蛇蝎，清人任启运谈到赌盗的关系时就说：“故里之中有博场，而穿窬至矣；有一穿窬，而穿窬之类毕至矣。日聚而居曰赌友，夜而散去，即贼党也。故赌博盛，则盗贼借之以自藏；盗贼盛，则汛捕因之以自利。月有馈，岁有例，故多一贼，则民多一害，而汛捕多一利也。”赌盗与地方胥役相勾结，导致民受辱于下，地方有赌盗而不敢诉苦于官府，“一有愤而告之官者，则汛捕群起而攻之，需索百端，凌辱备至，而盗终不获也。一不如意，则转诬其家为线盗”。失主知盗贼所在，引领捕役前去擒拿，而捕役却授意盗贼反诬告发之人，故民有盗贼不敢报，地方有赌也不愿告发。②

赌博之人奸良混杂，游手无赖之徒，或以赌打发时日，或借赌惹是生非，良善沦为赌徒，或出于贪心所致，或由于开设赌场之人勾引驱逼所致，良善之辈恋上赌博，轻则倾家荡产，重则沦为盗匪。康熙时，江宁巡抚郑端谈到地方赌博为害时，就指出：

> 若赌博则以贪得为心，忘置本分生理，捐弃父母妻子，日不足而继以夜，浸淫不止，富者必至于贫，贫者必至于为窃为盗，败家丧命，流毒无穷，而起祸实起于开场勾引之人。盖开场勾引之人其圈套最深，其骗诱最巧，未入场，则设饵以动其来，既入场，则威胁以禁其去，以致愚民堕其术中，不至贫而为盗不止。是驱民为盗

① （清）刚毅：《牧令须知》卷一，《赌博》，载《官箴书集成》第九册，第220页。

② （清）任启运：《与胡邑侯书》，载《皇朝经世文编》卷二十三《吏政九·守令》（下），《魏源全集》第十四册，第410页。

此辈，窝盗殃民者，亦即此辈也。①

除尚奢、好赌之刁风外，清代江苏地方还流行打降、诱骗、造谣生事等恶俗。

所谓打降，就是刁恶奸暴之徒凭借武力逼使人降服，其手段甚毒，“打降”亦称“打行”，是替人充当打手的行业。②《福惠全书》记载云：“近日吴越州邑有等无赖少年，并纠合绅衿不肖子弟，焚香歃血，公请教师，学习拳棒，两臂刺绣花纹身，服齐腰短甲，狐群狗党，出入茶坊酒肆，蜂游碟舞，颠狂红粉青楼，闻他人有不平，便指报仇而恣抢夺，忤伊凶于一盼，辄为攒殴而折股肱，号称‘太岁’，名曰‘打降’。”③

又据《苏州府志》记载：“市井恶少，恃其拳勇，死党相结，名曰‘打行’，言相聚如货物之有行也。”④ 而《丹午笔记》亦云：“善拳勇者为首，少年无赖属其部下，闻呼即直，如开行一般，故谓之‘打行’。”⑤ 打行起初主要活动在苏州府，后来蔓延至松江府，进而成为江南地区一大社会隐患。同治《苏州府志》记载说：“奸暴游民结党歃血，或假称欠债，或捏骗赌博，持棍操刀，行凶打降，一人有仇，则聚众同报，一人告状，则彼此扛帮。”⑥ 甚至窥伺寡妇孤儿，家道殷实而柔懦乡愚人家，轻则滋扰，重则嫁祸诈财。康熙《崇明县志》也称：“崇向有打行。打行者，云打为行业也，又名打降。”⑦《江南通志》云：“打降之为害，地方惟三吴有其事……询其根由，始于游手

---

① （清）郑端：《江抚示谕》，载《中国古代地方法律文献》乙编第五册，第11—12页。

② “打降”系明清时期江南地区的打手组织，晚明时常称为“打行”，有藉暴力为业者，如“打行”，有借“访察”之名滋事生非者，如“访行”。入清之后，打行依然活动，只是在称谓上有所变化，即清人一般称为“打降”。褚人获《坚瓠集》云：“（打行）鼎革以来，官府不知其说，而吏胥又不晓文义，改做降字。但此辈惟得钱为人效力耳，何尝欲人之降。此予少时所亲见，今此辈久而不变，故记之。”参见郝秉键《晚明清初江南“打行”研究》，《清史研究》2001年第2期。

③ （清）黄六鸿：《福惠全书》卷十一《刑名部·禁打架》，载《官箴书集成》第三册，第336页。

④ （康熙）《苏州府志》卷二十一《风俗》。

⑤ （清）顾公燮：《丹午笔记·打降》。

⑥ （同治）《苏州府志》卷三《风俗》，第143页。

⑦ （康熙）《崇明县志》卷六《风物志》。

无赖，各霸一方。”① 打降之人多为无赖恶少，他们成群结党，“攘臂挺身，不论是非曲直，惟以必胜为主”，凌弱暴寡，势莫可当。其活动犹如牙行，以“效力得钱”为目的，“人家有斗殴或讼事对簿，欲用以为卫，则先谒头目，顷之齐集；后以银钱付头目散之，而头目另有谢仪，散银钱复有扣头，如牙侩然。”②

康熙三十年（1691），江苏巡抚郑端在《江抚示谕》中就指出，江苏各地打降之风盛行，因打降难禁，导致民间口角演化为殴斗，甚至酿成狱案，地方不安。

> 士农工商各有艺业，而打降独以拳棒为事，倚借势豪，横行乡曲。每遇小民口角相争，辄为挺身助殴，胜则需索谢仪，负则更引群类，排门肆横，往往以小忿而成大狱。闾里既畏其凶锋，而不敢声言，有司因循姑息，而侥幸无事，以致若辈扬扬得意，奇货自居。此风不革，民害何除？③

雍正时，世宗给内阁的上谕指出，打降流行助长了各地的斗狠、凶横、游惰等歪风邪气。

> 奉上谕：向来外间常有演习拳棒武艺之人，自号教师，召诱徒众，甚有害于民生风俗。此等多系游手好闲，不务本业之流，诱惑愚民，而强悍少年从之学习，废弛营生之道，群居终日，尚气角胜，以致赌博、酗酒、斗狠、打降之类往往由此而起。④

乾隆初，乾隆帝的上谕甚至指称打降为“民间四大恶”。

> 乾隆元年谕：朕闻奸宄不锄不可以安善良，风俗不正不可以兴教化，闾阎之大恶有四：一曰盗贼。三代圣王所不待教而诛者也。二

① （康熙）《江南通志》卷六五《艺文》。

② （清）褚人获：《坚瓠集九集》卷二《打行》。

③ （清）郑端：《江抚示谕》，载《中国古代地方法律文献》乙编第五册，第10—11页。

④ 清世宗胤禛：《雍正上谕内阁》卷六十三。

曰赌博。干犯公令，贻害父兄……三曰打降。即周之所谓乱民，孟子所谓贼民也。四曰娼妓。则自周以前，人类中未尝有此。①

此外，清代吴中恶俗又有窥人子女稍有姿色，即加诱哄拐骗，由于父母轻信，以至有子女因此堕入风尘者，骗子从中攫金获利，贫弱良善人家因受骗造成骨肉分离，呼天不应，王法难容。对此，同治《苏州府志》所载汤斌的《汤文正公抚吴告谕》就指出：

乃吴下恶俗，有等奸媒牙保，觇知贫人子女稍有姿色，辄巧言哄劝，或称官宦讨娶媵妾，或称富豪收为儿女，始以重价立成文券，及至攫金到手，半入奸囊。而为父母者，止图目前之赀财，不顾骨肉之分散。或父母稍有良心，不受哄骗，若辈即纠合党类竢候，子女偶然出门，竟行诱抬入窟，展转远卖，得价瓜分，迨其父母告官追缉，其去已远，杳然莫可根踪，不独骨肉分离，反多公庭拖累，言念及此，殊甚发竖。又有一等无赖之徒，嫖赌放荡，衣食不给，被奸媒说骗，或将本身妻子自卖远方，永离乡井，甚至鬻为水贩，堕落娼家。更有为富不仁之辈，收买人家子女，教习吹弹技艺，通同媒媪，诱纨绔子弟婪取重价，卖为姬妾，愚民误坠其术，生离远别，而若辈坐享其利，天理王法皆所难容。②

康熙时，汤斌还曾谈到吴民好编造谣言，捕风捉影的恶俗，他指出："造言之人，无端捏事，见影生风，或平起满街议论，或写贴匿名文书，擅编歌谣剧戏，或谈说闺门是非。"③ 此风之流行，既反映出吴俗的华而不实，也说明吴地少数不安本分甚至巧诈无赖之徒见不得地方的风平浪静，不满足于百姓的安居乐业，他们总期望身边能生出一些口舌是非来。

地方风俗之好坏不仅关系一方的治理，而且关联着万千百姓的安危，而

① （乾隆）《大清会典则例》卷一百二十四《刑部》。
② （同治）《苏州府志》卷三《风俗》，第144页。
③ （同治）《苏州府志》卷三《风俗》，第144页。

地方豪棍奸恶的肆横和祸害乡里，有的更是严重影响到基层社会的稳定，所以豪棍不除，无以抚良懦，难以安地方。自清初以来，直省各地奸豪祸害地方之报就数不胜数，如雅尔图就曾列述河南的豪棍种种为害，主要有：重利盘剥，侵夺田房，窝盗窝娼，勾引赌博，挑唆词讼，武断乡曲，勾捕诬良等等。由于豪棍与官府相互勾结，“州县受其馈送，畏其把持，不敢顾问，甚有听其指使，助其为虐者”①。雍正年间，据湖南巡抚赵申乔反映，楚南流行恶俗，地方“每多棍徒私立老人庙头、方长等项名色，交通学霸牙蠹，结党横行，凡民间一切事件悉由武断，是非任其颠倒，起灭听其主张，荼毒一方，无所不至”②。

江苏一些府县的无籍棍徒和地方奸恶祸害民间，欺压乡里之事举不胜举。康熙年间，江苏巡抚郑端曾指出，一些无籍棍徒，不务生业，专事诈骗，因无势可倚，而投身旗下，假此以逞翼虎之威，此辈择殷懦人家，“指窝指债，恣意横行”③，官府知情却不肯受理确察，导致民间有苦无处诉。乡里有此等凶顽巧诈之徒，“官司法不能及，乡愚不敢与较，一人肆横无忌，一乡受害无休”④。奸恶垄断市利，盘踞勒诈，损商自肥，对江苏各地经济发展所带来的不良影响，后文再略作讨论。

江苏地方风俗不正，由于教化之未洽，而教化之未洽，一在民之失教，二因官府之失职。乾隆初年，内阁学士凌如焕上陈地方风化之要，认为民散处乡城，士、农、工、商各执一业，爱其身家，教化易入，而各地游惰之民教养最难布置，他们“幼不习诗书，长不勤手足。不习诗书，则不明理法；不勤手足，则不免饥寒。当其游惰之时，尚未至有杀人为盗之事，而赌博出

① （清）雅尔图：《檄示》，载《中国古代地方法律文献》乙编第十册，第507页。

② （清）赵申乔：《赵恭毅公自治官书类集所辑地方法制资料》，载《中国古代地方法律文献》乙编第五册，第183页。

③ （清）郑端：《江抚示谕》，载《中国古代地方法律文献》乙编第五册，第15页。

④ （同治）《苏州府志》卷三《风俗》，第147页。

其中，酗酒出其中，顽童娼妓出其中，命盗之基，实由于此”①。

官府失职，下因州县不能专力教化，州县官平素巡历乡村，对民俗之淳浇全不放在心上，甚至对地方之冥顽不能警示惩戒。朝廷敷布政教，全赖州县奉行，但州县官只重钱谷刑名事务，对于地方风教，宣讲上谕，只是虚应故事，并不真心实行，凌如焕谈到州县之失职时就说：

> 今之州县，问其钱粮，无不知之，以征比钱粮，有火耗之利益耳。问其刑名，间亦知之，以钦部案件，有迟误之处分耳。至其视教化之通塞，既无利于身家，复无碍于功名，则漠然无复留意者，十居八九矣。臣常见通行部文，不过照抄原稿，出示一道，粘贴街衢衙门，即以塞奉行之责，而乡城百姓，尚未能周知也。即如宣讲上谕一事，督、抚荐举属吏，率皆首列此案，究竟天下州、县，皆不过于朔望近地，齐集绅衿、约保，及随从衙役人等，遵照原文，口诵数件，事毕而散，其荷锄负耒之夫，阛阓贸易之子，并未有一人舍其本业，前来听讲者。其听又于圣言之精义，未能入耳会心。②

官府之失职，也反映为州县上司尤其是直省督抚对州县督率不力。国家简任大吏，寄以封疆，督抚于州县诸务办理，当视其实效分别奖惩，但督抚衡量州县官称职与否，从来只重钱谷刑名诸务，不问风俗教化情形。州县官办理刑名钱谷之事，“凡属咨题完结者，皆经上司核准核驳；其办理妥协者，有嘉奖之批；办理错谬者，有申饬之批。惟教民化俗之事，本无限期，止凭州县奉行，不必具本申复者，督率之不力所由起也”③。

由于督抚不重视地方恶风刁俗的治理，加之州县官事务丛脞，江南一些

---

① （清）凌如焕：《敬陈风化之要疏》（乾隆二年），载《皇朝经世文编》卷二十三《吏政九·守令》（下），《魏源全集》第十四册，第402页。

② （清）凌如焕：《敬陈风化之要疏》（乾隆二年），载《皇朝经世文编》卷二十三《吏政九·守令》（下），《魏源全集》第十四册，第403页。

③ （清）凌如焕：《敬陈风化之要疏》（乾隆二年），载《皇朝经世文编》卷二十三《吏政九·守令》（下），《魏源全集》第十四册，第404页。

州县钱粮征收压力大，刑名钦件顾不过来，所以清初以来江苏各地的种种恶俗并没有得到根本的纠治。

三、康熙雍正年间江苏民生之艰难与农商发展之困境

自秦汉以来，中国就确立了农为根本、重本抑末的基本国策、农为本业的思想，长期支配着历代统治者的治国行政方式，也影响着小民的治生与择业。以农为本的观念，支配着人们的思想和行为，也催生了历代王朝的重农举措，刺激着士农工商各阶层买田置地的欲望，使得土地集中于少数人手中普遍存在，人地矛盾成为不同历史阶段社会矛盾激化的根由，但人们对土地的重视，也促使土地经营的高效化和农业的高水平发展。

自唐宋以来，江南地区就成了中国最先进的农业区，九世纪后期，江南已经出现了一个相当发达的农业经济。李伯重认为，宋代江南农业确实达到了相当高的水平，在农业技术、亩产量、商品化、劳动生产率等主要方面，江南无疑都走在当时世界大多数地区的前面，直到明末之时，江南农业的发展仍然是相当先进的。① 宋元以来，江南的农作物种植和农村的产业呈现多样化和片区化特征。

宋元时期，江南平原的农业结构中棉、桑种植所占比重尚不大，各地主要以种植水稻为主。② 元时，昆山地方就“高下悉田，稻色多种”③。苏州“地势低下，与江水平，故曰平江”，顾炎武的《天下郡国利病书》指出，

---

① 李伯重不同意学界关于“宋代江南农业革命”的论断。他认为，宋代江南农业相当发达，这种发达一直延续到十七世纪初期，但近代农业革命在江南地区始终没有出现过。参见李伯重《重新认识历史：明清江南农业经济及其变化——关于〈江南的农业发展 1620—1850〉》，《中国图书评论》2007 年第 2 期。

② 李伯重：《明清江南农业资源的合理利用——明清江南农业经济发展特点探讨之三》，《农业考古》1985 年第 2 期。

③ 《昆山郡志》卷四《土产》。

“宋、晋以降，仓廪所积，悉仰给于浙西水田之利，故曰‘苏湖熟，天下足’”①。明弘治时，上海稻田仍居十分之九②，然而受水土等自然条件变化特别是水旱不时的影响，江南农家耕作十分辛劳，顾炎武亦曾谈到江南水旱不时，农民耕作的辛苦。他说，江南“地势当东南极下之处，每遇春夏雨水调匀，相与贷种下本，尽心力作，桔槔如雨，高者溉之，低者决之。未几，而旱潦作矣，旱则源水不归，潮水不上，民苦灌溉之难；潦则表里弥漫，水底之苗，尽为渰没”③。在此背景之下，江南各地充分利用有限耕地，农村的产业结构和作物种植有了较大的调整和变化，棉、桑的种植面积于是大大增加，江南平原逐渐形成了三个相对集中的农作物种植片区：沿海沿江以棉为主或棉稻并重的棉稻产区，太湖南部以桑为主或桑稻并重的桑稻产区，太湖北部以稻为主的水稻产区。④

江南水网密布，鱼盐资源丰富，无地可耕者，则多有以鱼盐为生者。明清以前，人们就有在太湖以捕鱼为生者，太湖之于吴中民生安危，可谓关系重大。明嘉靖时，昆山人郑若曾作《太湖图》，论太湖曰：“太湖延袤五百余里，雄跨苏、常、湖三境，全吴巨浸，无大于此。论水利，则三郡田赋丰歉系焉。论兵防，则三郡封疆安危系焉。全吴利害，亦无大于此。”⑤ 明时，吴民多有在太湖捕鱼为生者，一些大的捕鱼船“无间寒暑，昼夜在湖”⑥。据康

---

① （清）顾炎武：《天下郡国利病书·苏州备录下》，载《顾炎武全集》第十二册，第514页。

② （弘治）《上海县志》卷二《风俗·形势》。

③ （清）顾炎武：《肇域志·南直隶》，见《顾炎武全集》第六册，第535页。

④ 李伯重认为，江南平原的棉—稻产区主要包括常州府北部沿江的江阴、靖江县，杭州府东部钱塘滨江沙地，中间则为常熟、昭文、太仓、嘉定、南汇、金山，直至槎浦。桑—稻产区，在清同治以前基本上是“北不逾淞，南不逾浙，西不逾湖，东不至海，不过方千里。此外，则所居为邻，相隔畔而无桑矣”。（唐甄：《潜书》下篇）具体包括吴、长洲、元和、吴江、震泽、乌程、归安、德清、钱塘、仁和、桐乡、石门、嘉兴、秀水、海盐等县。而无锡、宜兴、荆溪、武进、阳湖、华亭、清浦、嘉兴、平湖、海宁等县则属于水稻产区。（参见李伯重《明清江南农业资源的合理利用——明清江南农业经济发展特点探讨之三》，《农业考古》1985年第2期。）

⑤ （明）郑若曾：《太湖图》，参见（清）顾炎武《天下郡国利病书·常镇备录》，载《顾炎武全集》第十二册，第403页。

⑥ （明）郑若曾：《太湖图》，参见（清）顾炎武《天下郡国利病书·常镇备录》，载《顾炎武全集》第十二册，第404页。

熙《常州府志》记载，常州府“濒江湖之民多以捕鱼为业”①。康熙二十年（1681）以前，政府规定，罟船渔税钱，“一船准一亩田之赋”②。明清时期，人们利用水面养鱼，则更为普遍，借湖塘水乡养殖鱼类，成为农家的重要收入途径。在苏州，“畜鱼以为贩鬻者，名池为‘荡’，谓之‘家荡’，有所谓野荡，荡面必种菱芡，为鱼所喜而聚也。有荡之家，募人看守，谓之‘包荡’”。吴县浒墅青苔河一带的百姓“皆以养鱼为业，以鱼池之多少论贫富，池大者常至数十亩”③。松江西都低乡之田，“甚得水利，每鱼断之节，常年包银有五六十两者，其寻常河港与人牵网，亦取利一二十两”④。松江东部则利用积水河与蓄水池养鱼。⑤

借助地利和交通优势，不拘一行一业，是宋元以来江南地区经济领先于全国其他区域基本经验。⑥ 在农为本业的观念支配下，江南城乡经济的发展可谓多管同下，如常州府濒江湖者多事捕鱼，而“依山之民，多以茶薪、炭石、竹木、花果为业，又或陶或冶，各世其家”⑦。苏州府耕地不足，居民从业多

---

① （康熙）《常州府志》卷九《风俗》，第184页。

② （清）金友理：《太湖备考》卷十六《杂记》。

③ 《清嘉录》卷十一，《荡鱼》；凌寿祺《浒墅关志》卷十一《物产》；《桐桥倚棹录》卷七《溪桥》，卷十二《市荡》。

④ （明）何良俊：《四友斋丛说》卷十四。

⑤ 参见李伯重《明清江南农业资源的合理利用——明清江南农业经济发展特点探讨之三》，《农业考古》1985年第2期。

⑥ 李伯重认为，明后期以来的江南，除了那些作为地方行政中心的城市（省城、府城和县城）外，在农村和城镇之间，农民和工人之间，并没有明显的界限，较大的村子，往往就是较小的城镇，而较大的城镇往往由一两个村子发展而来，并保留着农村的特点。农村人口有相当多并不以业农为生，而许多城镇的居民其主要生活来源来自农村，而相当多的城镇居民在农村经营业务（如商人、高利贷者），城镇手工作坊的工人则有很大一部分生活在附近农村，农村居民“亦农亦工”，城镇居民“亦工亦农”，在最主要的工业生产——纺织业中，城镇工作往往只是农村工业的延续，而最重要的城镇商业（粮食、纺织品和肥料的贸易）也以农业为基础（参见李伯重《重新认识历史：明清江南农业经济及其变化——关于江南农业的发展（1620—1850）》，《中国图书评论》2007年第2期）。而顾炎武在《肇域志》中就曾谈到，明时，南直隶城乡纺织已成了一般人家的谋生手段，他说：“纺织不止乡落，虽城中亦然。里妪晨抱棉纱入市，易木棉花以归，机杼轧轧，有通宵不寐者，田家收获，输官偿债外，未卒岁，室庐已空，其衣食全恃此。”（参见（清）顾炎武《肇域志·南直隶》，载《顾炎武全集》第六册，第536页。）

⑦ （康熙）《常州府志》卷九，第184—185页。

样，除业农种植稻桑外，又有以商贾为生，“土狭民稠，民生十七八即挟赀出商，楚卫齐鲁，靡远不到，有数年不归者”，以舟楫为艺者，则出没江湖，“动必以舟，故老稚皆善操舟，又能泅水”①。江南号为鱼米之乡，有盐茶之利，乾隆《吴江县志》云：“吴下号为繁盛，四郊无旷土，有陆海之饶，商贾辐辏。”② 吴县阻山负湖，借助地势，居民湖鱼山樵，东西洞庭之民则多业商贾，鲜事农耕。上海县八团镇盐民会聚，明时，八团镇“盐贾辐辏，逐末者多归之”③。顾炎武的《肇域志》就介绍了明代江南一些镇市的兴旺和商贸发展的特色，如柘林镇“地连柘山，右距戚睦泾、曹泾，为海人辐辏之步。凡浙、闽客商，贩海木至柘林、漴缺地方”④，必经由此处。新场镇，一名南下砂，元初，迁盐场于此，故名，这里为下砂场盐课司所在地，场赋甚多，贾贩汇集，“以其富盛，为海夷窥伺睥睨之地”，这里亦极称奢华，“四时海鲜不绝，歌楼、酒市、贾衙繁华，县未过也”⑤。青龙镇以孙吴时曾造就青龙战舰于此得名，宋时，此处为海船辐辏之地，人号“小杭州”，“是镇瞰吴淞江上，据沪渎之口，岛夷、闽、越、交、广之途所自出，富商、巨贾、豪宗、右姓之所会，古称雄镇”⑥。

扬州为江吴之大都会，土壤膏沃，但该地之民多不事农，而俗好商贾，其地有茶盐丝帛之利，汉唐以来，扬州就多富商高资之家。据嘉庆《重修扬州府志》记载，汉以来，扬州人就多以鱼盐为业，“略不耕种，善利巨海，用致饶沃，公私商运充实，四远舳舻往来，恒以千计”。扬州府之江都县地当江淮之冲要，俗喜商贾，这里“四方客旅杂寓，其间人物富庶，为诸邑最”⑦。一些巨贾富商操什一之利，出入舆马，富比王侯。

---

① （同治）《苏州府志》卷三《风俗》，第139页。
② （乾隆）《吴江县志》卷三七《崇尚》，第173页。
③ （清）顾炎武：《肇域志·南直隶》，载《顾炎武全集》第六册，第423页。
④ （清）顾炎武：《肇域志·南直隶》，载《顾炎武全集》第六册，第510页。
⑤ （清）顾炎武：《肇域志·南直隶》，载《顾炎武全集》第六册，第511页。
⑥ （清）顾炎武：《肇域志·南直隶》，载《顾炎武全集》第六册，第512页。
⑦ （嘉庆）《重修扬州府志》卷六十《风俗》，第367页。

自明初以来，江南各地就民生困苦，百姓度日艰难，苏、松等府既苦于重赋难完，为役不均，又困于水旱不时，地方奸猾为害，商贾之征榷无已，官府之侵害无穷。宣德八年（1433），巡抚南直隶工部右侍郎周忱就上疏反映，当时的苏州、松江、常州三府，“土壤虽饶，民生甚困，耕耘灌救，修筑疏濬，无有已时，类皆乏食。又其转输粮税，或罹风盗之患，未免借贷贵豪，倍厚酬息。攘夺益急，兼并日盛，以致农民弃其本业”①。

清初的江南更是民不聊生，地方“不困于水，则罹于旱，不戕于寇盗，即死于疾疫，十余年来，未尝宁息”，康熙三年（1664）五月，江宁巡抚韩世琦题疏反映江宁等五府的民生情形就说，“定鼎以来，海孽未殄，或设兵坐镇，或调兵征剿，岁无虚日，供亿维艰，沿江傍海之地，非逆寇侵掠，即兵马经临，民不安居，田园废荒，依山带水之区，非绿林哨聚，即湖寇窃发，时肆抢劫，村里丘墟”②。战乱加上自然灾害，导致江南各府县民不安生，四境萧条，清王朝完成天下一统以后，民生困苦仍未见大的缓解。康熙二十四年（1685），江苏巡抚汤斌题疏谈到当时苏、松等府的民生状况时就指出，苏、松属县土隘人稠，依山傍湖，水旱不均，丰稔之岁所得亦自有限，民生困顿，遭遇歉收，则民力更绌，民生更苦，州县因为考成催科甚急，小民终岁勤动，仍不能免鞭朴之苦。③ 康熙三十八年（1699），康熙帝第三次南巡，淮扬一带的民生艰窘困苦的状况，他不仅亲眼看到了，而且通过咨访暗察，他有更深入的了解，他认为，淮扬的民生情况，较之于十年以前更见艰难，这都是由于地方施政不善，没有行惠民之实政所致。在康熙帝第一次南巡以后，清廷就着手整治河务水利，但康熙中后期淮扬一路困于潦灾的问题并没有解决。④

---

① （清）顾炎武：《天下郡国利病书·常镇备录》，载《顾炎武全集》第十三册，第718页。
② （清）韩世琦：《户属催征不得疏》，载《抚吴疏草》卷三八，捌辑7，第603页。
③ （清）汤斌：《请蠲苏松浮赋疏》，载（乾隆）《长洲县志》卷三一《艺文一》，第388页。
④ （嘉庆）《重修扬州府志》卷一《巡幸》，第32页。

赋重的问题是导致清代江南之民困苦的一个重要因素，也是江南经济发展绕不开的话题。康熙四十二年（1703），常熟县衙勒石立碑，明令禁止典铺高贷取息行为。碑文讲到本县的民生状况时指出，清初以来，常熟县赋重民贫，“岁征漕条四十余万，大户田盈千百，家无三年之储，况其下焉者乎”，小民遇钱粮急迫，一时无措，只能向典铺借取，穷民仰借，典铺从中倍敛重息，以致穷者或因借贷困顿，或因难完生衅，争端因此而起，地方难以应付。①

当然，赋重困民不只是常熟一县的问题，苏州、松江、常州三府的一些大县都非常突出。康熙三年（1664）五月，江宁巡抚韩世琦谈到苏、松等五府正供情形时就说，江南赋甲天下，而五府之征又甲于江南，五府相比，又以苏、松、常三府为最。江、镇二府赋额稍轻，“历年犹可勉办，若苏、松、常三府赋额既重，又加有折色金花，及绢布白粮改折银两，本色起运白粮，梭棉布匹，黄白丝绢等项，数倍邻封，素难按年完竣”②，年复一年，积欠难完，苦民累官，顺治以来，催科之吏呕血捐躯，以征比焦劳，致有相继殒命者。

顾炎武认为，苏州府赋额加增，非一朝一夕之事，自宋以后历代增加，到明时，“视宋初之额，几四五倍。民日穷而赋日敝，有来矣！”③ 苏州府地不过五百里，粮三百万有奇，盐芦、关税、杂项之征，尚不在内。又据清人王应奎反映，清代苏州府每年征额三百五十万石，松江府粮额一百二十万石，而宋时苏州之征岁不过三十余万，松江不过二十余万，元时定额苏州府八十余万，松江府则七十余万，清时较之于宋，已浮七倍，比之于元，亦浮三倍。清代湖广全省之征二百三万，福建一省征额只百万有余，苏州、松江二府之

① 《议准典铺取息例碑》，载《江苏省明清以来碑刻资料选集》，第630—631页。

② （清）韩世琦：《户属催征不得疏》，载《抚吴疏草》卷三八，捌辑7，第606页。

③ （清）顾炎武：《官田始末考》卷上，载《顾炎武全集》第五册，第584页。

额远浮于二省征额总量。[①] 苏松浮粮积欠难清成为官民难以背负的包袱，自清初以来，民因此受追比之苦，官受考成之累被罢免者众，民生日困。康熙二十一年（1682），江苏巡抚慕天颜就上疏反映地方逋赋难清，因积欠而民生日困的问题。二十四年（1685），巡抚汤斌亦奏请朝廷另立赋税重地州县官考成例，并指出，江苏地方积欠难完，从根本上说是定额太重，民力维艰，并非官吏怠玩不尽心，豪强顽梗抗纳的问题。[②] 雍正三年（1725），怡亲王允祥则指出，苏松逋赋积欠不清，朝廷实际上只存额征之名，并无征收之实，朝廷蠲诏频颁，积欠至数百万后再免除旧额，而数年之内，地方催科，粮户却日受追比之苦，地方官亦因承追而罢去者甚[③]，这已偏离了催征之本意。

自明末以来，江南地方民生之苦，不仅反映为赋重困民、积欠难清的问题，也反映为役繁累民、派役不均的问题。万历时，吴中之役除一切里排等小役艰辛万状者外，“至如收柜收仓，解布解绢，南北两运，有终岁拮据，始得竣事者，有水宿风餐，皲皴道路，资空产尽，流落他乡，甚而血杖淋漓公庭，疲曳查盘逼迫狱底”。豪门坐拥良田美室不役，翁牖贫苦为役所累困，成为明代役派之积弊。长洲、华亭、吴江、常熟四县差役独重，而派役之中逃富差贫亦尤为突出，“家温厚富者，半花分而诡寄，衙门傍者，户尽逃富而差贫，巨奸为之窟穴其中，猾胥得以出入其手，革屋素封之辈，享数万亩，而役事终身不闻，风飡水宿之夫，仅担石储，而繁费累岁不口”。虽说明代江南重赋问题十分突出，但在晚明之时，江南役困更甚于重赋，官绅富户尽力转嫁，小民困于输挽，以致倾家荡业，“盖自免役者田无限制，避役者计出多端，于是奸民每将户田假捏伪券，诡寄官甲，日积月累，官户之田益增，当口之田愈减，至有仕官已故，优免如常。一切差役，俱累小民代当，致使一

① （清）王应奎：《浮粮变通议》，载《皇朝经世文编》卷三二《户政七・赋役四》，《魏源全集》第十四册，第787页。

② （同治）《苏州府志》卷十二《田赋一》，第320页。

③ （同治）《苏州府志》卷十二《田赋一》，第324页。

二愚民，岁岁困于输挽，日日苦于追呼，家资田产不尽不休”①。

任土作赋，因田起差，为古今不易之常法，但清初官役侵渔，势豪作弊，以致役之摊派不随田转的问题非常突出。如苏州、松江两府，“名为佥派殷实，竟不稽查田亩，有田已卖尽而仍报里役者，有田连阡陌而全不应差者”，“挪移脱换，弊窦多端，田归不役之家，役累无田之户”。明清之时，政府规定官户、儒户，差徭杂项量行豁免，“但因杂差繁苦，未免有亲族人等冒借户名，希图幸免，以致绅衿名下之田半皆影冒，且有乡绅物故已久，生员学册无名，并寺观香火、上司、书承，亦皆各立户名，公然讨免”。康熙十三年（1674），江苏布政使慕天颜就在上疏中指出，江南州县每里为一图，每图有十甲，此历来额定之赋役，然而民间贫富不均，各图占籍之田不同，所以均役不可能做到，由于豪户避役，卸累小民，于是民间“隐占之弊生矣”，贫民苦累不堪，将本名田地寄籍于豪强之户下，来希图免承差徭，于是“诡寄之弊生矣”，蠹胥奸里觇知小民不谙户役之事，于是“替纳钱粮，代应比较，而包揽之弊生矣”②。种种弊窦的产生，其实皆根源于赋役不能均平，而地方种种无名之役、无根之费，擅征民力，更是导致民间有苦无处申，有理无处诉，小民苦力无以谋生。康熙年间，常熟县吏役奸胥的擅征民轿，就已严重影响到轿夫苦力的生计及其家人的生存。

夫行户而至轿行，不过贫民谋生无路，为此至劳至苦之业，是以历奉各宪轸恤民瘼，毋许在属文武各官派拨承值，闻有官府出入必需小轿，皆依民间给发公价，从无白票取用之例。独有常邑僻处海滨，尚阻声教，奸胥蠹役，阳奉阴违。上下衙门，往来游客，公私宴会，出入迎送，一日之内，一署之中，或五六乘，或一二十乘，辙谓当官小轿，不费分文，乐得乘坐，举足必唤，动步必呼，朱票四出，差役分拿，不闻寒暑，无分晓夜，每遇巡视桥梁马路，江干

① 《无锡县均田碑》，载《江苏省明清以来碑刻资料选集》，第516—519页。

② （乾隆）《长洲府志》卷十四《徭役》，第163—164页。

迢递，袤延百里，俱拨小轿承值。轿夫必须两班，一轿必须四人，如若拨轿二十乘，便用轿夫百人，先期点拨，裹粮守候，长途匍匐，颠仆不时。以小民无奈之奔驰，滥供衙役之乘坐，上官何从得知，更惨通县抬轿小民，往往不敷支应，责令雇夫跟随，每夫一日，需费酒食工银一钱，稍不如数，杖责立至。贫民剜肉医疮，敢不卖男鬻女，小心承应，向因粉骨难支，历控各宪饬县示禁，积困稍苏，何期日久废弛，丛弊倍昔。佐贰衙官向有额设夫马，岂至今日，着令轿行扛抬，每日四人，每人止给酒食钱十五文，代赔工价二三钱一日，在任一年，则有一年之代费，倾家赔垫，害无底止。更有提镇各标武弁，到县坐提粮饷，经承粮吏即拨小轿承值，每日轿夫四名六名，伺候寓所，听其接妓宿娼，游山赴宴，稍不遂意，则拴缚鞭打。更可惨者，县署衙蠹不顾死活，用少派多，空传守候，故意留难，任其播弄，甚至今日在官轿夫，拴通蠹胥官府，公出竟拨民轿，常随捉民代役，有苦无伸，有冤莫诉。①

该禁碑揭示了康熙后期常熟县衙官吏蠹役人等不顾已设禁条，擅征民轿，甚至随意捉民代役，不顾轿夫死活，致使轿夫苦力谋生困难，倾家赔垫的情景。事实上，常熟不仅随意征用民轿，对民船也擅自征调。常熟县地近海滨，“省郡公干要船，各衙门出入要船，一有差拨，时刻难借，典揭卖鬻，不足差役”，遇有上司经临以及各衙门公差往返，需用夫役船只等项，无不滋扰、苦累民间，而且此弊由来已久，禁而不止，革而复兴。②

康熙年间，江苏各地的奸恶、地棍、豪猾倚势欺凌乡民，武断乡曲，勒索殷户人家，垄断市利，其祸民害生、损商种种恶劣行径，实难以尽述。康熙时，江苏巡抚汤斌在《抚吴告谕》中谈到江苏各地奸棍为害时，就指出，地方凶顽无赖无事生非，肆横无忌，或讹诈，或强索，更有挟仇放火，乘人

① 《永禁行户小轿当官碑》，载《江苏省明清以来碑刻资料选集》，第 636 页。

② 《禁止供应夫役船只碑》，载《江苏省明清以来碑刻资料选集》，第 640—641 页。

之危，亡命横行者。[①] 康熙后期，仪征、江都等地奸猾肆虐，而仪征之民被害殒命者无算。[②]

自明万历以来，江南各地的商贾人等就成为差役衙蠹、地棍奸徒侵扰的重点目标，江南的商业发展也因此受到严重影响。万历末年，常熟地方税差四出，越境扰民，弄得地方不宁，城东门外等处盘诘诸棍，实系冒名诈骗，"流奸赤棍假仗关委，巡拦列船"，他们在地方"截商劫民，称官称吏，名号不常，或东或西，踪迹无定"，商贩"遭其毒螫，靡不倾资"[③]。棍徒借口征税，盘诘商民，其弊由来已久，他们假冒浒墅关税差之名，伙众分截商民，弄得民不聊生。天启时，常熟县的奸书狡吏不恤民艰，行如虎狼，他们侵扰商贾，骚扰民间，铺户尤被宰割欺凌，"凡遇上司临案，乘机混出朱牌，拴通狼役，科需常例，官价毫无，执行差派，公堂瞒天锦帐，私衙绫纡铺陈"，凡官府所需物料，吏书奸役每于铺家，"开单任取，计称撮应，不用者私匿无求，已用者价无毫给"。[④] 对于民脂民膏，毫不珍惜，私取滥用，从不矜悯。

顺治年间，上海等地衙蠹地棍肆横，地方商贾可谓不堪其扰。他们"视商几肉，每于访参，埋商款尾，或称过付，或指羽翼，移名换姓，捕风捉影"，以致"一商家糜，众商股栗"，商贾害怕地棍衙蠹如畏惧蛇蝎，商贾担心取祸，时时小心，祸却主动找上门来。外来商贾远挟重赀来上海地方经营，虽竞竞自守，犹恐惹祸上身，地棍衙蠹当然不会轻易放过外来商贾，"此辈欺异商为孤雏，领盐务为奇货，或不风起浪，或指鹿口作，干证砌陷之毒，指不胜屈"[⑤]，外商经营之苦，不可尽言。

康熙年间，江苏各地官欺奸扰，导致商户经营困难重重，以常熟县为例，

① （同治）《苏州府志》卷三《风俗》，第147页。

② （嘉庆）《重修扬州府志》卷四十五《宦绩三》，第796—797页。

③ 《关税禁约石刻》，载《江苏省明清以来碑刻资料选集》，第559—560页。

④ 《常熟县为待宪号为冤怜准立碑》，载《江苏省明清以来碑刻资料选集》，第572页。

⑤ 《禁衙蠹乘参访巧织款案陷害盐商告示碑》，载《上海碑刻资料选辑》，上海人民出版社1980年版，第457—458页。

康熙时，不肖州县或私借钱粮于商家，“或称军需急迫，军帑空悬，辙向典盐各铺，以及殷实民家，抑勒借贷，稍不依从，声言恐吓”，而地方佐贰等官，“亦皆效尤称贷，相习成风，恬不为怪”①。又据常熟染户张瑞、陆鸣等人呈词反映，常熟县衙门之吏胥侵扰染铺，导致他们经营难以为继，常熟县城各染铺，所收不过乡民零星布匹，染户规模甚小，但该县衙门每每以公事需要为名，动辄借用，“有天幔、围幔、缠柱牌坊、扯轿名色，佥票借用，几百几十，不能如数”。官票虽说用过即还，但染布一经官府用过，或面目全非，或数目短少，等待官府赔垫，或无下文，即有赔付之回复，却又不知何年何月才能赔还，染户有守候废业之苦。② 康熙四十六年（1707），据常熟县民呈词反映，该县豪强私占土地，脚夫倚势诈民，他们不畏国法，垄断市利，划定地界，设立脚夫，“每图立一小甲，计管百名”③，祈神起势，歃血为盟，浩成大党，欺诈横行，渐成地方之公害。康熙四十八年（1709），据钱禹月、赵聚等人呈词反映，常熟船枭恃势截河，游山的酒船、浪船凭借官府所给的牌额护符，霸占水道，导致商贾货船、农家完漕兑船皆不能正常通过，严重影响到农事和商贸人员的营生。

本邑□□外沿城一带，官濠水道狭窄，路系咽喉，民舟辐辏者，东南两仓完漕开兑船农民粜米还租商贾贸易百货船，皆往来所必经□通□要□之地也，□由习奢靡，游山酒船数十艘，游山浪船倍之，船户水手皆拳勇，悬挂播绅牌额护符，敢于接娼聚赌，包酒演剧，双帮环舣，霸截过半，遂使官濠存细流一线，凡遇条漕限期典当月头插莳农忙乡民，一刻千金之候，挤塞终日，百事俱误，不思自碍行舟，反怒行舟挤触，铁篙乱撑，重载船翻，轻舟人溺，浪船笙歌，

① 《严禁官员勒借民财碑》，载《江苏省明清以来碑刻资料选集》，第622页。

② 《禁止染铺借布碑》，载《江苏省明清以来碑刻资料选集》，第623页。

③ 《常熟县呈准禁止豪强私占土地脚夫倚势诈民文》，载《江苏省明清以来碑刻资料选集》，第633—634页。

农船恸哭，见者心惨目，莫敢谁何。[①]

康熙时，娄县、华亭、上海等地衙蠹、市侩、行棍勒取盘剥，滋扰商铺名目繁多。康熙十二年（1673），据姜建新、张文记等铺商呈词反映，华、娄两县茶商贩卖茶叶，只因本地不产茶，要前往浙江贩卖，而各商赴浙之时，都要到北新关纳取茶引，照引额前往产茶之处置买，沿途关隘盘查拦截，茶商本就获利微细，谁料衙蠹市猾狼狈为奸，索取陋规，五花八门，有承行钱、差使钱、备文钱、受引钱、依议钱等种种名目。康熙初年，每引需花费私银一钱二分，后不断加增至每引四钱七分，茶商在浙地纳引，不过四分有奇，松江府“借名缴引，则有十倍之费”，而且这些商贾缴纳的各种费用纯属奸胥市狯私派私征，[②] 全部落入了蠹狯私囊，无分毫用作国课。

自顺治以来，江南上自布政司，下至府县，都曾明禁借修缮扰民累商，强调采料应先估价并支付现银，民间物质不得赊取，不得强买货殖，横取赊借，擅行票取。但吏役借公扰民，横取赊借却屡禁不止，官员、督工胥役、营兵人等每每因公扰民，害无底止，“上以为公，下实私弊”，甚至“借料货苛拣，百般勒措，及至工竣领价，经承又索常例”。[③] 不遂其欲，则物价给民遥遥无期。康熙五十三年（1714），嘉定县竹行商人陆坤、苏美等就向苏州府呈词控告，该县差蠹借公务需用竹料为名，勒取价银，扰累行铺，侵扣竹商，竹行本就利微，而差役婪弊丛生，官府日用物件俱为现银，“惟竹行先用后发，要十指百，发出价银，无一不入蠹橐，又无论京口、扬州、苏州等汛，修造沙舡、搭厂，并修署等项，朦县出票，借用不还，又上用线竹，例久委置，弊着采办，倾家荡产”，年复一年，竹行商人遭此三害，多数难以经营下去。[④]

---

① 《禁止酒浪等船停泊妨碍行舟碑》，载《江苏省明清以来碑刻资料选集》，第 638 页。
② 《松江府为禁奸胥市狯私勒杂项陋规告示碑》，载《上海碑刻资料选集》，第 125 页。
③ 《松江府为禁修葺官府横取赊买竹木油麻材料告示碑》，载《上海碑刻资料选集》，第 105 页。
④ 《嘉定为公务需用竹料毋许抑勒竹行告示碑》，载《上海碑刻资料选集》，第 112 页。

雍正年间，江苏一些州县的脚棍恶徒私分地段，盘踞勒诈，欺行霸市，逼迫小贩投牙发卖，其种种恶行严重干扰了地方的经济发展和社会秩序的稳定。雍正六年（1728），据长洲县反映，地方的罡头脚棍“贿投势庇，私分地段，凡遇民间婚丧迁移等务，并行舍店家挑运货物需用人夫，拦截苛诈，如或力不能应，辄将物件抢匿，构结宦孽豪奴，先索酒饭，再讲谢仪，指称违例，任意判罚，稍拂其欲，攒殴凶抄”①。康雍年间，金匮县出现强迫蔬菜商贩投牙发卖之事，蔬菜属于近城农家种植自用之物，多余即发卖市镇，无用牙人议价定值，外商及本地借种之家成船装载者，听其投牙发卖，不得相强，但康熙年间，金匮牙棍就有对蔬菜贩卖强拉入行，喝价取利的问题，户挑背负，沿街叫卖亦被强拉入行。②

农商经济的发展全赖关津的便捷，财货的畅通，清初以来，病商蠹国，首称关钞。康熙九年（1670），御史徐旭龄就题疏指出，“今日民穷极矣，所恃通财货之血脉者，惟有商贾。乃今商贾以关钞为第一大害”。顺康年间，商弊主要有三，官多、役多、事多。有此三患，“故商贾望见关津，如赴汤蹈火之苦也”，而革商弊之关键在于省官、省役、省事，省官系清除种种私派之根本，省役其要在革除作弊之爪牙，省事其目的是断绝需索之门路。关差向来被视为肥差，故凡有奉命充任者，不仅本身欣喜，友朋亦纷纷致贺，“或馈杯缎，或送马匹，多募随丁，盛给行装”③。而关差到任后，更为酬答馈谢亲友之情，种种费用，无不取之于贩，索之于商。省官旨在省费，而清初料理榷务，以满汉兼差，意图是要杜绝奸弊，澄清科派，事实证明，此举并不能止奸除派。清初，淮安关曹大有、扬州关丁世黄等员，或婪赃巨万，或干连人

---

① 《金匮县禁止脚轿夫土工借称地界分别名色拦截苛诈碑》，载《江苏省明清以来碑刻资料选集》，第521页。

② 《金匮县规定瓜果蔬菜牙行不许增添凡外来客贩及本地耕种之家成船装载者听其投牙发卖碑》，载《江苏省明清以来碑刻资料选集》，第523页。

③ （清）徐旭龄：《省官役以清关弊疏》（康熙九年），载《皇朝经世文编》卷五十一《户政一六·榷酤》，《魏源全集》第十五册，第779页。

命，满汉兼差，多官则多费，多费则必有加派，“本以恤商，而反致病商，本以裕国，而反致蠹国”①。官役通同行弊，加以棍蠹交横，导致商弊牢不可除，淮扬关各役表里为奸，或父子兄弟家人参与，或私自招募，不一而足，“有子供役，而父在外收银，弟供役，而兄在外需索，不惟旧役不能禁，一役反化为二役矣”②。

朝廷关税之征，本意在取商贾以资正供，抑逐末而稽奸宄，“断未有市民交易，原非兴贩，而亦税及纤毫者也”。地方杂项之征，属于针对农商特产的征收，用以弥补州县款项之不足，而非随心所欲的滥征，但各地奸民恶棍，串通衙蠹，“借杂税名色，在于该地方官，贿营行帖执照，有所为斗子、秤子、牙行、经纪、集头、保长等项，名虽不一，大率以朱票印信为护身符券。凡民间斗米、耕牛、只鸡、尺布，无不撮取用钱。以故落地有税，空舟有税，甚至于搜囊发箧，且遍及于穷乡下邑，菜佣固所不免，屠户亦在必征”③。课税之滥，不仅严重影响到普通百姓的生计，而且妨碍了江苏地方经济的发展。康熙十一年（1672），副都御史李赞元曾上疏朝廷，请敕户部严禁各地官役借税苛扰商民，“在内在外，痛禁前弊，凡服食器用等项，非系兴贩者，不得借名苛索，除乡村应役地方外，再有私给行帖执照，扰害百姓者，发觉之日，官作何处分，役作何究治，严定条例，务使市肆不扰，细民安业，无吁叹愁嗟之声，有优游作息之乐”④。然而，李赞元设想的这种境界，不仅清代没有达到，清以前任何历史时期都不可能达到。

---

① （清）徐旭龄：《省官役以清关弊疏》（康熙九年），载《皇朝经世文编》卷五十一《户政一六·榷酤》，《魏源全集》第十五册，第779页。

② （清）徐旭龄：《省官役以清关弊疏》（康熙九年），载《皇朝经世文编》卷五十一《户政一六·榷酤》，《魏源全集》第十五册，第780页。

③ （清）李赞元：《请禁征收私税疏》（康熙十一年），载《皇朝经世文编》卷五十一《户政一六·榷酤》，《魏源全集》第十五册，第781页。

④ （清）李赞元：《请禁征收私税疏》（康熙十一年），载《皇朝经世文编》卷五十一《户政一六·榷酤》，《魏源全集》第十五册，第782页。

附录：清初江苏官吏役侵欠钱粮情况一览表

时间	职务类别	姓名	性质及基本事实	数量	处理	资料出处
顺治十五（1658年）以前	衙役	徐嗣元	赃银	银17116两多	斩，革职	卷2，捌辑5，第339页①
顺治十五（1658年）以前	协部、解吏	马之璋 金秉义 钱达德	侵欠白粮、轻赍银	侵各盈千	斩，革职	卷2，捌辑5，339页
顺治十五（1658年）以前	运弁	刘万全	侵用漕粮	5730石	拟绞	卷2，捌辑5，339页
顺治十五（1658年）以前	知县	张靖之	赃银	750两	拟绞	卷2，捌辑5，339页
顺治十五（1658年）以前	知县	李廷秀	赃银	2610两	拟绞	卷2，捌辑5，339页
顺治十五（1658年）以前	衙役	张电臣	赃银	127两	拟绞	卷2，捌辑5，339页
顺治十五（1658年）以前	衙役	朱德洪	赃银	1200两	拟绞	卷2，捌辑5，339页
顺治十五（1658年）以前	衙役	徐天锡	赃银	2865两余	拟绞	卷2，捌辑5，339-340页

① 韩世琦：《抚吴疏草》，卷2，捌辑5，339页。本表数据均根据《抚吴疏草》记录整理而成，下皆同。

续表

时间	职务类别	姓名	性质及基本事实	数量	处理	资料出处
顺治十五（1658年）以前	衙役	陆应吕	赃银	3105两	拟绞	卷2，捌辑5，339页
顺治十五（1658年）以前	协部解吏	马之璋 张茂隆	共挂欠米	1835石1斗8升余		卷2，捌辑5，341页
顺治十五（1658年）以前	协部解吏	时永芳 金秉义	共挂欠米	1162石1斗3升余		卷2，捌辑5，341页
顺治十五（1658年）以前	协部	马之璋	擅撮带解轻赍银	18392两5钱5分余		卷2，捌辑5，341页
顺治二至十五年（1645—1658年）	衙役、协部解官等	包宇春 张廷桂 孙大原等	挂欠银	244417两8钱零		卷2，捌辑5，342页
顺治二至十五年（1645—1658年）	江南省衙役		侵欠银	1708两		卷2，捌辑5，343页
顺治四年（1647年）	协部解吏	马之璋 王士前等	擅撮侵银	18392两5钱余		卷2，捌辑5，344页
康熙元年（1662年）	知县	徐邦俊	衙役贪赃失察之咎		杖一百折赎、革职	卷2，捌辑5，345页
顺治十七年（1660年）		王可式	赃银	30两	杖一百、流徙尚阳堡	卷2，捌辑5，346页
顺治十八年（1661年）	滁州卫帮运外委末弁	刘国瑛	借冯元擅改官斛一事，挟诈官员		按例纳赎	卷3，捌辑5，368页
顺治十八年（1661年）	运丁	王璧	经刘国瑛授意，挟诈官员、科敛粮户	米8石4斗	杖七十，徒一年半	卷3，捌辑5，368页
顺治十五年（1658年）	溧阳知县	丘贡瀛	亏欠钱粮	17400金		卷3，捌辑5，372页
顺治十五年（1658年）	溧阳革职知县	丘贡瀛	侵领未获批回者	10949两5钱有奇		卷3，捌辑5，374页
顺治十五年（1658年）	溧阳革职知县	丘贡瀛	透支无款者	6494两有奇		卷3，捌辑5，374页

续表

时间	职务类别	姓名	性质及基本事实	数量	处理	资料出处
顺治六至十一年（1649—1654年）	蠹役	石声鸣等	武进知县姜良性令役任意撮借、侵欺各年分银	37360两		卷3，捌辑5，396页
顺治六至十一年（1649—1654年）	常州郡属蠹役		侵欺、拖欠	侵欺37360两，拖欠未完152486两		卷3，捌辑5，397页
顺治八至十五年（1651—1658年）	无江宜靖四县蠹役书皂等	知县郭如俨、刘国进等17人	任役透支撮借，漫无觉察	7301两2钱2分	知县等降革	卷3，捌辑5，398—399页
顺治十五年（1658年）	镇江丹徒革职知县	陈经筵	钱粮撮借侵欺冒支不清	25411两4钱零		卷3，捌辑5，401页
顺治十七年（1660年）	解官、解役	陈文华等	解十二年分本折，府县采办迟误，或起运怠缓		知县等革职	卷3，捌辑5，413—414页
顺治十五至十八年（1658—1661年）	江南、浙江等省		协济粤西兵饷拖欠	528900余两		卷4，捌辑5，418页
康熙元年（1662年）		朱奇玉	白粮批回，私相押当		敕刑部查议	卷4，捌辑5，424页
顺治十七年（1660年）	江南协济云南兵饷		尚未完解	336537两余		卷4，捌辑5，426页
顺治八至十五年（1651—1658年）	苏太等卫所官役		侵欺、领解无批、撮借等银	19853两1钱4分零		卷4，捌辑5，430页
顺治八至十五年（1651—1658年）	苏太等卫所官役		冒支粮米	491石9斗4升		卷4，捌辑5，430页
节年	苏太等卫所官役		实未完银	8657两6钱6分零		卷4，捌辑5，431页
顺治十五年（1658年）	上海蠹犯、粮役	张逸凡 侯觐玉	需索陋规银等	251两5钱 167两5钱		卷4，捌辑5，432页

续表

时间	职务类别	姓名	性质及基本事实	数量	处理	资料出处
顺治八至十五年（1651—1658年）	武进、江阴、无锡等知县	姜良性等	纵役撮借透支混开	374740两6钱5分有余		卷4，捌辑5，436页
顺治十二年（1655年）	太仓卫运丁	欧君耀 周瑞甫	起运漕粮额外多勒耗赠	共100两	欧：拟流徒 周：脱逃	卷4，捌辑5，457页
顺治十二年（1655年）	太仓卫运丁	沙添	起运漕粮额外多勒耗赠	61两	拟流徒	卷4，捌辑5，457页
顺治十五年（1658年）	粮道承差	彭无疆	倚差婪索	8两2钱	流徙	卷4，捌辑5，458页
顺治十八年（1661年）	蠹役	胡彩	私加余耗并侵柜银	180余两	拟绚首	卷4，捌辑5，461页
顺治十八年（1661年）	知县	尚昂	蠹役贪赃而漫无觉察		革职	卷4，捌辑5，461页
顺治时	革职知县	丛大为	受蠹役蒙蔽，侵存信之银，勒倾销之费，朋诈烹分			卷4，捌辑5，462页
顺治十八年（1661年）	革职浦口营参将	陈定国	婪贿		杖	卷4，捌辑5，465页
顺治十七年（1660年）	通判王天纵之役	祁文孙	侵米	68石	流徙	卷5，捌辑5，474页
顺治十七年（1660年）	常州府通判	王天纵	蠹役侵米毫无觉察昏聩之罪		褫职、加杖	卷5，捌辑5，475页
顺治十二至十五年（1655—1658年）	提造战船官吏		侵用及拖欠银	234886两	限六个月内如数完解	卷5，捌辑5，481页
顺治八年（1651年）	蠹役	韦尚广等二十七人	侵银	8199两7钱6分	革役，追补赃银	卷5，捌辑5，495页
顺治八年（1651年）	解役	赵明益等三人	侵银	69两3钱8分	革役，徒五年各刺字	卷5，捌辑5，495页

续表

时间	职务类别	姓名	性质及基本事实	数量	处理	资料出处
顺治八年（1651年）	解役	姜孝	侵银	60两	革役，徒五年各刺字	卷5，捌辑5，495页
顺治八年（1651年）	解役	钱继和	侵银	57两2钱零	革役，徒五年各刺字	卷5，捌辑5，495页
顺治时	蠹犯	史仲传	充府官差役，得赃银	100余两		卷5，捌辑5，498页
顺治十七年（1660年）	推官	谢九官	擅批官粮		革职	卷5，捌辑5，502页
顺治十七年（1660年）	衙役	胡美	赃银	100两	拟杖责	卷5，捌辑5，502页
顺治十八年（1661年）	县官	孙忠	谋财害命		拟斩	卷5，捌辑5，503—504页
顺治十八（1661年）以前	江宁府蠹胥	翁茂吉	赃银	120两	革职	卷6，捌辑5，507页
顺治十八年（1661年）	衙役	涂云、李仁等	借缉拿诈抢乡村赃银等	14两2钱、布衣5件	革役，赃各追给主	卷6，捌辑5，510页
顺治十五年（1658年）	江苏五府理刑同知	崔鹿鸣等五人	欠赃罚银	有欠2000余两，11400余两，数百两，100余两	未完按分数听部议处分	卷6，捌辑5，512页
顺治十八（1661年）以前	苏松道书办	陈佩员	拖欠条银		押解刑部，照例治罪	卷6，捌辑5，516—518页
顺治十八（1661年）以前	官役	杨胜、李相等	伙盗劫夺	2000两	拟斩	卷6，捌辑5，519页
顺治十八（1661年）以前	长洲知县	刘令闻	侵撮库银	30700余两	着议处具奏	卷6，捌辑5，521—522页
顺治十七年（1660年）	常熟经承	石攻玉孙履祥	知县张燮以官役侵那为民欠	侵银1600余两		卷6，捌辑5，524—525页
顺治十七年（1660年）	知县	张燮	匿册庇役逋欠协饷银	尚欠7200有余两	革职加杖	卷6，捌辑5，524、525页

续表

时间	职务类别	姓名	性质及基本事实	数量	处理	资料出处
顺治十七年（1660年）	官役	王同春等	挂欠条折银	欠135两3钱、59两1钱	革去武生，严追所欠	卷6，捌辑5，527页
顺治十八年（1661年）	江宁知县	陈永吉	欠粮	2764石	降职	卷6，捌辑5，532页
顺治十六年（1659年）	提标中军	洪进	擅自扣抵兵丁月粮饷银	合1920两	杖褫	卷6，捌辑5，536页
顺治十六（1659年）以前	蠹役	冯鼎垣	侵渔库银	5000余两银	已故、不议	卷6，捌辑5，538页
顺治十六（1659年）以前	蠹役	陈乘云	侵银	4000余金	拟斩	卷6，捌辑5，539页
顺治十六（1659年）以前	蠹役	钱球	侵银	600余两	绹首	卷6，捌辑5，539页
顺治十六（1659年）以前	蠹役	周千英 许君如 陈惠生 夏日永 王永文	侵银	或全完，或完未足数	杖	卷6，捌辑5，539页
顺治十六（1659年）以前	蠹役	陶虞	侵银	尚欠768两	按欠之多寡定罪重轻	卷6，捌辑5，539页
顺治十六（1659年）以前	蠹役	张俊卿	侵银	460余两	按欠之多寡定罪重轻	卷6，捌辑5，539页
顺治十六（1659年）以前	蠹役	王道隆	侵银	380余两	按欠之多寡定罪重轻	卷6，捌辑5，539页
顺治十六（1659年）以前	蠹役	沈士元	侵银		流徙	卷6，捌辑5，539页
顺治十六（1659年）以前	上海知县	陆宗赞	未完饷银	2500两	革职	卷6，捌辑5，544页
顺治十六年（1659年）	太仓、镇海卫守备	姚振国 徐馗	申扣贴运银两		该部核议	卷6，捌辑5，545—546页
顺治十八（1661年）以前	丹阳县库胥	岳峙 王正祀	侵银	472两9钱5分		卷6，捌辑5，547页

续表

时间	职务类别	姓名	性质及基本事实	数量	处理	资料出处
顺治十八（1661年）以前	昆山蠹吏	顾凤仪	赃银	44两		卷6，捌辑5，549—550页
康熙元年（1662年）以前	丹徒县解役	张胜等八人	房地册申解到部迟误		流徙	卷6，捌辑5，552—553页
顺治十八年（1661年）	御史	周季琬	赃银	162两7钱9分	革职	卷7，捌辑5，561页
顺治十八年（1661年）	衙役	陈心垣	假刻府印	诈银8两	杖八十	卷7，捌辑5，563页
顺治十八年（1661年）	已故犯官	王敬锡	赃银	31797两	狱死	卷7，捌辑5，564页
顺治十一至十三年（1654—1656年）	松江知府	郭启凤	实未完银	107266两9钱	革职	卷7，捌辑5，569页
顺治十一至十三年（1654—1656年）	华亭县知县	张超	实未完银	37329两	革职	卷7，捌辑5，570页
顺治十一至十三年（1654—1656年）	青浦县知县	娄维嵩	未完银	27467两（已完17467两）	革职	卷7，捌辑5，570页
顺治十八年（1661年）	蠹犯	林柱公等	欺诈，恐吓和索贿	共73两	流徙	卷7，捌辑5，576—577页
顺治十五年（1658年）	上元县知县	王敦善	马价未完	1087两3钱	革职	卷8，捌辑5，591页
顺治十八年（1661年）	常州革职知府、镇江前知府、镇江营副将	赵琪 刘进 杨廷机	解官押解银至丹徒，被贼劫	1800两	各官役分赔	卷8，捌辑5，601页
顺治十八年（1661年）	丹徒县知县	萧维枢	押解银途中被贼劫	1800两	应自任三分	卷8，捌辑5，602页
顺治十八年（1661年）	丹徒前知县、上海解官	王用六 刘芳等	刘芳解银途中被贼劫	1800两	应抵补四分	卷8，捌辑5，601—602页

续表

时间	职务类别	姓名	性质及基本事实	数量	处理	资料出处
顺治十八年（1661 年）	革职青浦知县	王有仁	勒索诈赃	共 100 余两	革职	卷 8，捌辑 5，606 页
顺治十八年（1661 年）	蠹役	盛升籍 何保 等六犯	追粮诈赃	或银或麦	例流徙，是否免罪追赃皇上睿裁	卷 8，捌辑 5，607 页
顺治十七年（1660 年）	江安粮储道	韦成贤	赃银	36660 两	革职	卷 8，捌辑 5，607—616 页
顺治十七年（1660 年）	粮储道韦成贤下属	张芮、孙玉节等	诈银	3000 两		卷 8，捌辑 5，609 页
顺治五年（1648 年）	华亭知县 上海知县 松江知府	廖志魁 高维干 卢士俊	孙锜侵欠布银	124 两 7 钱余；布 163 匹，银 1274 两 5 钱余；布 612 匹，银 3587 两等	着原委衙门赔补	卷 8，捌辑 5，623 页
顺治十八年（1661 年）	常熟县蠹役	陆时明、陆新	索贿	30 余两	拟流徙，追赃，待皇帝睿裁	卷 8，捌辑 5，624 页
顺治十八年（1661 年）	苏州府原任推官	吴百朋	勒诈		褫革职加杖	卷 8，捌辑 5，639 页
顺治十八年（1661 年）	旗丁	周马贵 林文彦	公科敛赃	6 两 5 钱	杖	卷 8，捌辑 5，639 页
顺治十八年（1661 年）	溧阳县蠹吏	罗启升	受贿		照例流徙	卷 9，捌辑 5，641 页
顺治十七年（1660 年）	靖江县皂役	薛贵、张威	诈索短他人银两	诈严甫银 42 两；索刘元银 20 两；短徐氏银 18 两	拟流徙	卷 9，捌辑 5，659 页
顺治十七年（1660 年）	昆山县革职知县	王见龙等	欺混之咎，长、吴、昆、常蠹役侵银妄指民欠	侵那工属银数盈千百	送部核查	卷 9，捌辑 5，668 页

续表

时间	职务类别	姓名	性质及基本事实	数量	处理	资料出处
顺治十八年(1661年)	巡按	陈可化	拖欠钱粮	银380000余两		卷9，捌辑5，680—681页
顺治十七年(1660年)	佥事	杨宗震	动用舟楫银两		调职，降职	卷9，捌辑5，684页
顺治十七年(1660年)	解官	朱嗣绩等	挂欠银朱物料	101斤	赔补	卷9，捌辑5，686页
顺治十七年(1660年)	布政使、苏州知府等	刘汉祚、王光晋等	未完银蜡物料等	黄蜡1447斤，黄铜196斤，银804两2钱5分	原委摊赔	卷9，捌辑5，687页
顺治十七年(1660年)	奸丁	张祥宁	屯欠银粮	粮23石4斗		卷9，捌辑5，691页
顺治十七年(1660年)	奸丁	徐祥	欠米	214石3斗5升	斩	卷9，捌辑5，691页
顺治十七年(1660年)	千总 守备	李以箴 王五纪	屯米	495石4斗	追回	卷9，捌辑5，691页
顺治十七年(1660年)	奸丁	姚裔潘等	欠米	362石8斗7升	追回	卷9，捌辑5，691页
顺治十七年(1660年)	奸丁	赵昂若 赵禄	欠米	35石8斗3升	追回	卷10，捌辑5，691页
顺治十八年(1661年)	上元衙役	林乔	赃银	19928两7分余	流徙	卷10，捌辑5，693页
顺治十八年(1661年)	衙役	杨崇仁	受赃	145两	免罪追赃	卷10，捌辑5，694页
顺治十八年(1661年)	高淳县蠹役	胡颖	受赃	30两	拟流徙今逢诏赦应免罪追赃	卷10，捌辑5，694页
顺治十八年(1661年)	溧阳县蠹役	潘利	受赃	54两	拟流徙今逢诏赦应免罪追赃	卷10，捌辑5，694页

续表

时间	职务类别	姓名	性质及基本事实	数量	处理	资料出处
顺治十八年(1661年)	江宁府蠹快	印祥	诈欺取财		原拟杖一百，流三千里，逢诏赦免罪追赃	卷10，捌辑5，694页
顺治十八年(1661年)	衙役	陈亚夫	诈欺	120两	杖一百，流三千里	卷10，捌辑5，694页
顺治十八年(1661年)	衙役	刘仲、朱芳	诈欺		徒五年	卷10，捌辑5，694页
顺治十八年(1661年)	衙役	童楚生	赃银	163两5钱	流徙	卷10，捌辑5，695页
顺治十八年(1661年)	布政司蠹书	彭长伯	私取官银		杖一百，流徙	卷10，捌辑5，695页
顺治十八年(1661年)	溧阳库蠹	徐恂	犯赃	535两2钱	以罪论绞	卷10，捌辑5，695页
顺治十八年(1661年)	布政司蠹快	刘玉	诈欺		流徙，逢诏赦免罪追赃	卷10，捌辑5，695页
顺治十八年(1661年)	布政司蠹皂	滕坤阳	诈欺，私以取财	100两	杖一百，流二千里，赦诏免罪追赃	卷10，捌辑5，695页
顺治十八年(1661年)	按察司蠹皂	戴绅	诈欺，私以取财	120两	杖一百，流三千里，准徒四年，赦诏免罪追赃	卷10，捌辑5，695页
顺治十八年(1661年)	按察司蠹役	凌国英	诈欺，私以取财	80两	杖八十，徒两年，逢诏赦免罪追赃	卷10，捌辑5，695页
顺治十八年(1661年)	江安督粮道蠹皂	钱四	诈欺		杖八十，徒两年，逢诏赦免罪追赃	卷10，捌辑5，695—696页
顺治十八年(1661年)	督粮道蠹快	龚葵、周全等	诈欺，私以取财		问以徒、杖等罪，逢诏赦免罪追赃	卷10，捌辑5，696页

续表

时间	职务类别	姓名	性质及基本事实	数量	处理	资料出处
顺治十八年（1661年）	江宁道蠹书	熊荣之	诈欺，私以取财	110两	杖一百，流三千里，徒四年，逢诏赦免罪追赃	卷10，捌辑5，696页
顺治十八年（1661年）	驿传道	杨九皋	诈欺，私以取财	120两	杖一百，流三千里，徒四年，逢诏赦免罪追赃	卷10，捌辑5，696页
顺治十八年（1661年）	江宁府	盛四维	诈欺，私以取财		流徙	卷10，捌辑5，696页
顺治十八年（1661年）	上元棍恶	郭海宇	诈欺，私以取财	120两	杖一百，流三千里，徒四年，逢诏赦免罪追赃	卷10，捌辑5，696页
顺治十八年（1661年）	江宁县	方印成	受赃	120两	流徙	卷10，捌辑5，696页
顺治十八年（1661年）	江浦县蠹吏	熊德维等	诈欺	120两	杖一百，流三千或二千里，徒四年，逢诏赦免罪追赃	卷10，捌辑5，696页
顺治十八年（1661年）	溧阳县蠹书	朱锡	诈欺，私以取财		拟流，逢诏赦免罪追赃	卷10，捌辑5，696页
顺治十八年（1661年）	溧阳县蠹书	陈亚甫	犯赃	120两	以罪论绞，免罪追赃	卷10，捌辑5，697页
顺治十八年（1661年）	溧阳县豪恶	徐元真	诈欺，私以取财	120两	流三千里，徒四年，诏赦免罪追赃	卷10，捌辑5，697页
顺治十八年（1661年）	溧水蠹书	李茂	诈欺，私以取财	120两	杖一百，流三千里，徒四年，逢诏赦免罪追赃	卷10，捌辑5，697页
顺治十八年（1661年）	句容县官吏	张道弼刘元勋	赃银，诈欺取财	120两	杖一百，流三千里，诏赦免罪追赃	卷10，捌辑5，697页

续表

时间	职务类别	姓名	性质及基本事实	数量	处理	资料出处
康熙元年(1662年)	同知	高凌云	侵饷银，犯赃	5000余两	革职	卷10，捌辑5，713页
康熙元年(1662年)	巡检	王应乾	娄诈贪取	20余金	已亡故	卷10，捌辑5，732页
康熙元年(1662年)	衙蠹	张文	诈索赃银	50余两	流徙	卷10，捌辑5，732—323页
康熙元年(1662年)	丹徒县解官	郭国士	欠银		追交	卷10，捌辑5，736页
顺治十五(1658年)后	知县	任体坤、贺应等	欠银		革职	卷10，捌辑5，737页
康熙元年(1662年)	常州府解官	崔捷	冒领棉布		部议定夺	卷10，捌辑5，738页
康熙二年(1663年)九月	崇明知县	龚榜等	侵盗库银	银21752两	革职，斩首	卷11，捌辑6，4—5页
康熙元年(1662年)九月	丹徒知县	陈经延	钱粮未清	25413两	拟绞	卷11，捌辑6，7页
康熙元年(1662年)	丹徒知县	张晋	犯赃、疏册互异		拟绞	卷11，捌辑6，7—8页
顺治十七年(1660年)	四县多名蠹役		侵撮不减欠额银两	银24113两8钱，米137石6斗4升	斩首	卷11，捌辑6，11页
顺治十七年(1660年)	华亭、娄县、青浦等县知县	刘成龙 李浣 唐瑾等	蠹役侵银漫无觉察，难辞其咎		请敕吏部议处	卷11，捌辑6，11页
顺治十八年(1661年)	革职经历 革职典史	沈启隆 纪文斗	赃银	40两 27两5钱	追纳赃银，杖八十折赎	卷11，捌辑6，16页
顺治十八年(1661年)	苏州知府	武弘祖	册报之多少互异		查明另疏	卷11，捌辑6，18页
顺治十七年(1660年)	太仓知州 嘉定知县 解运解官	吕时兴 吕奇龄 傅廷焕	督催不力、玩误之咎难免		敕吏部议处	卷11，捌辑6，20页

续表

时间	职务类别	姓名	性质及基本事实	数量	处理	资料出处
顺治十七年（1660年）	太仓、昆山知县	王见龙等	侵占棉布	太仓920余匹，昆山1016匹	斩首	卷11，捌辑6，21页
顺治十八年（1661年）	上元、江宁等县知县		保修马路，拖欠工钱		革职	卷11，捌辑6，25页
康熙元年（1662年）	知县	史儒纲	赃银等	2984两9钱余，24596两	拟绞	卷11，捌辑6，26页
康熙元年（1662年）	苏、庐二府		民欠银两，侵欺撮借	共896000两		卷11，捌辑6，37页
康熙元年（1662年）	知县	张燮	官役混入民欠，绅衿拖欠漏造		革职	卷11，捌辑6，38页
康熙元年（1662年）	吴江知县	毛漪秀	官役混入民欠，绅衿拖欠漏造		革职	卷11，捌辑6，38页
康熙元年（1662年）	句容知县 溧阳知县	何历飏 崔光嵩	玩忽之愆	未完银，拖逋延捱至今	着议处	卷11，捌辑6，39页
康熙元年（1662年）	知府 仁和知县	丁浴初 张梦麟	船启行愆期，致丹阳迤北浅阻不前		罚俸一年	卷11，捌辑6，40页
康熙元年（1662年）	常熟银匠	顾泰等	侵蚀钱粮	23000余两	斩首	卷11，捌辑6，42页
康熙元年（1662年）	常熟解官	刘震等	私侵钱粮	23000余两	斩首	卷11，捌辑6，42页
顺治十二年（1655年）	苏松二府解官	徐监，杨日章等八犯	侵办梭棉布，短少未完	23535匹	拟绞	卷11，捌辑6，52页
康熙元年（1662年）	镇江府		册报互异，蒙混造假	额外多派358两4钱5分	敕部议覆	卷12，捌辑6，56—57页

续表

时间	职务类别	姓名	性质及基本事实	数量	处理	资料出处
康熙元年（1662年）	巡抚	戴必进	赃银等	100两余，变价银24两8钱5分	革职	卷12，捌辑6，61页
康熙元年（1662年）	巡抚	金重华	赃银	1890两，米555石，变价银277两5钱	革职	卷12，捌辑6，61页
康熙元年（1662年）	巡抚	陈世俊	赃银	126两5钱	革职	卷12，捌辑6，61页
顺治十八年（1661年）	官役	黄君佐等	浮派，瞒天驾海		户部核议具奏	卷12，捌辑6，68页
康熙元年（1662年）	江宁革职知府	徐恭等	侵那钱粮		限期完解，逾期呈吏部议处	卷12，捌辑6，75页
康熙元年（1662年）	溧阳革职知县	方期星等	那借侵冒钱粮		限期完解，逾期呈部议处	卷12，捌辑6，75页
康熙元年（1662年）	溧阳县		欠草场租银	1692两余	兵部察议具奏	卷12，捌辑6，76页
康熙元年（1662年）	解官	王文科	侵欠官布	2074匹	敕部议覆	卷12，捌辑6，80页
顺治十四年（1657年）	司员外郎	王鑨	赔补银，赔官布银	725两8钱5分		卷12，捌辑6，81页
康熙元年（1662年）	解官	胡万年	领解无批，侵那药材、银两	药材2674斤，银10两2钱	革职	卷12，捌辑6，86页
高淳县	知县	纪圣训	牲口药材银领解未完	484两5钱	城陷在逃	卷12，捌辑6，86页
康熙元年（1662年）	上元知县	王敦善	马价等银未完	1087两3钱9分余	革职	卷12，捌辑6，87—88页
康熙元年（1662年）	苏州革职同知、长洲革职知县	刘瑞 苏仁	盗贼劫夺税关，疏防之咎		武职听总督查明，敕部议处	卷12，捌辑6，90页

续表

时间	职务类别	姓名	性质及基本事实	数量	处理	资料出处
康熙元年（1662年）	上元知县	郑廷魁	侵欠钱粮		革职	卷12，捌辑6，91页
康熙元年（1662年）	官役	郭琳	赃银	144两	杖一百，流放	卷12，捌辑6，93页
康熙元年（1662年）	江、宜等县官役	陈泰和等	透支撮借银两	7301两	着议处	卷12，捌辑6，97页
康熙元年（1662年）	丹阳、金坛知县	王大化等	挪支兵饷银	6566两	知县等革职	卷12，捌辑6，100页
康熙元年（1662年）	解役、各地知县	张晋、赵价等	侵欺银	13102两	追还，革职	卷12，捌辑6，101—102页
顺治十五年（1658年）	官役等	朱伯增等	故迟不发任意加增由单		革职	卷12，捌辑6，106页
康熙元年（1662年）	解官、苏松常三府各官吏		报布价迟延		严行勒督议处	卷13，捌辑6，112页
顺治十三年（1656年）	官役	费泗源李廷秀	赃银	110两	流放	卷13，捌辑6，115页
康熙元年（1662年）	革职知县	任维初	纵蠹作奸，侵盗漕折银两	634两零	拟绞	卷13，捌辑6，117、121页
康熙元年（1662年）	解吏	葛启祥	侵盗银两	1518两四钱	拟斩	卷13，捌辑6，118页
康熙元年（1662年）	解吏	陈文炜	侵盗银两	1636两8钱余	拟斩	卷13，捌辑6，118页
康熙元年（1662年）	解吏	秦汝虞	侵盗银两	219两5钱余（实侵撮银455零）	拟绞	卷13，捌辑6，118、121页
康熙元年（1662年）	解吏	陆启元	侵盗银两	197两9钱	拟绞	卷13，捌辑6，118页

续表

时间	职务类别	姓名	性质及基本事实	数量	处理	资料出处
康熙元年（1662年）	解吏	宋国豫	侵盗银两	200两（实侵银2462两零）	拟斩	卷13，捌辑6，118、121页
康熙元年（1662年）	解吏	吴应灏	侵盗银两	200两（实侵银677两零）	拟绞	卷13，捌辑6，118、121页
康熙元年（1662年）	解吏	吴国祯、陈茂琳等	挪借银两	陈茂琳实侵银3573两零	已完补	卷13，捌辑6，118、121页
顺治十六年（1659年）	溧水县署官	周士元	领解马银价无批	银6906两	敕部议处	卷13，捌辑6，123页
顺治十至十二年（1653—1655年）	蠹役	姜兆	侵蚀河银	银668两4钱	拟绞	卷13，捌辑6，125页
顺治十五至十六年（1658—1659年）	上海县令	陆宗贽	拖欠饷银	银2500两	请敕革职	卷13，捌辑6，127页
顺治十四年（1657年）	常州府属		未完白折	银34110两	多数已完	卷13，捌辑6，133页
顺治十七年（1660年）	官役		缺官柴马银	银9000余两		卷13，捌辑6，134页
顺治十七（1660年）后	笔帖式	佛保	更变应用杉木价值	31984根银七万余两	敕部核覆施行	卷13，捌辑6，136页
顺治十八年（1661年）	吴江县令	赵子三等	滇饷未完	银2000两	革职	卷13，捌辑6，138页
顺治十五至十七年（1658—1660年）	蠹役	沈士恒陈瑞龙等	侵挪银两	数万银钱	革职俱着该督提问追拟	卷13，捌辑6，140页
顺治十五至十七年（1658—1660年）	娄县县令	田绍前胡思虞	交盘不明，纵役侵挪公帑	共银42174两7钱	革职	卷13，捌辑6，140页
顺治四至十二年（1647—1655年）	苏松常镇并桃源县		未完银	87298两4钱余	设法严追，勒限速完	卷13，捌辑6，147页

续表

时间	职务类别	姓名	性质及基本事实	数量	处理	资料出处
顺治四至十二年(1647—1655年)	苏松常镇并桃源县		侵挪借用	142449两7钱余	设法严追，勒限速完	卷13，捌辑6，147页
顺治十七年(1660年)	衙役	李瑞枝张安等	欠粮		革职、枷号，月责40板	卷13，捌辑6，150页
顺治十二至十五年（1655—1658年）	江宁府官役		侵挪	8196两1钱余	着察核	卷14，捌辑6，163页
顺治十二年(1655年)	江、镇二府解司官役		未解银	4938两5钱余	着察核	卷14，捌辑6，164页
顺治十二年(1655年)	阳、坛二县官役		挪动拖欠	2918两5钱	于布折练饷内拨补	卷14，捌辑6，164页
顺治十五年(1658年)	苏州府属		尚未完银	28892两3钱余	着察核	卷14，捌辑6，166页
顺治十五年(1658年)	松江府属		尚未完银	19998两2钱余	着察核	卷14，捌辑6，166页
顺治十五年(1658年)	常州府属		尚未完银	5149两3钱余	着察核	卷14，捌辑6，166页
顺治十七年(1660年)		张献捷	未完马价钱粮	14853两	逾期着严察议	卷14，捌辑6，170页
顺治十七年(1660年)	苏松道副使	张基远等	造船物料银两经久不追	9107两	各降一级	卷14，捌辑6，171页
顺治十七年(1660年)	千总把总	刘定法等	科敛纵诈短价索费		革任	卷14，捌辑6，176页
顺治十七年(1660年)	松江府推官	胡鄂	玩纵之咎		降一级调用	卷14，捌辑6，177页
顺治十六至十七年（1659—1660年）	吴县等县官役	王见龙李郧仙等	协饷逾期未完		俱照定则例处分	卷14，捌辑6，180~181页
顺治十七年(1660年)	蠹役	龚希等	侵领钱粮		勒令严追	卷14，捌辑6，195页

续表

时间	职务类别	姓名	性质及基本事实	数量	处理	资料出处
顺治十八年（1661年）	衙役	唐元章 周家祯 孙元凯 耿潘等	受赃		流徙追赃	卷15，捌辑6，209—212页
顺治十八年（1661年）	长洲县、吴县胥吏等	杨之俊 赵名臣等	侵那银两	40395两3钱	从重拟罪	卷15，捌辑6，223—224页
顺治十五年（1658年）	松江府	卢士俊	任内蠹犯侵那银两	137002两9钱余	令现任各官依法严追	卷15，捌辑6，226页
康熙元年（1661年）	苏州革职知府、句容知县等	武弘祖 崔光嵩等	督征逾限迟误之咎难辞		严限勒追	卷15，捌辑6，231页
顺治时	布政使	陈培祯	挪解饷银擅自调银	银1854两多	敕部查核议处	卷15，捌辑6，236页
顺治十三（1656年）九月	衙吏		侵银	银455两9钱余	除职	卷15，捌辑6，238页
顺治时	上海、青浦知县	王孙兰段大体	贪兵饷、侵银两	银56000余两、32000余两	敕部议处	卷15，捌辑6，239—240页
康熙元年（1661年）	布政使	孙代	督催钱粮不力		议处	卷15，捌辑6，240页
康熙元年（1661年）	长洲知县	丘应鳌	册开数目不符	301两7钱	敕部查核	卷15，捌辑6，241页
康熙元年（1661年）	华亭知县	郑明良	未完漕折银	1714两	彻查	卷15，捌辑6，241页
顺治十二年（1655年）	宜兴知县	吴一鲲	漕折银册开已解实未完	7884两	敕部查核	卷15，捌辑6，241页
顺治十二年（1655年）	吴县蠹恶	朱观	诬陷勒索，致死人命	6两	斩立决	卷15，捌辑6，246页
顺治十八年（1661年）	江南布政司	崔澄	将库银那支兵饷	75833两	扣解在案	卷15，捌辑6，253页
康熙元年（1661年）	差官	林冲霄	赃银	7700余两	核查施行	卷15，捌辑6，254页

续表

时间	职务类别	姓名	性质及基本事实	数量	处理	资料出处
顺治七至十一年（1650—1654年）	前布政使	刘汉祚	挪移银两	共116771两	敕部查议	卷15，捌辑6，255页
康熙元年（1661年）	武弁	李景阳	赃银	70两	拟绞，革职	卷16，捌辑6，258—260页
康熙元年（1661年）	常州府		册开互异，未完银	24820两	彻查	卷16，捌辑6，261页
顺治八至十三年（1651—1656年）	松江知府 华亭知县 娄县知县 上海知县 青浦知县	郭廷弼 严士骑 胡思虞 王孙兰 段大体	民欠、侵银逾期		敕部查议	卷16，捌辑6，261页
顺治十八（1661年）十一月	按察使 推官 知县	刘兴汉 巩维城 王震亨	徇私隐瞒叛犯家产、人口		重杖革职，交部议罪	卷16，捌辑6，269页
康熙元年（1662年）	苏松常三府		私用漕船共减银	9736两8钱余	敕部查议	卷16，捌辑6，273页
顺治十六至十八年（1659—1661年）	江宁知府等	张羽明等	漏造，钱粮不符等		敕部议复施行	卷16，捌辑6，274—275页
康熙元年（1662年）	江南省		漏造人口		驳回严查	卷16，捌辑6，275页
顺治十八年（1661年）	前左布政使	徐为卿	制钱蒙混，滥放	3387两5钱	敕部查议施行	卷16，捌辑6，283页
顺治十八年（1661年）	武进县		谎报	缺额课银177两4钱余	豁免	卷16，捌辑6，292页
顺治十八年（1661年）	布政使	毛一麟	未完银		宽限五个月	卷16，捌辑6，294页
顺治十五年（1658年）	巡抚	张中元	撮借等案	197950余两	革职	卷16，捌辑6，298页
顺治十五年（1658年）	前抚	张中元	赃银	1700金	转行藩司	卷16，捌辑6，299页

续表

时间	职务类别	姓名	性质及基本事实	数量	处理	资料出处
康熙元年（1662年）	左布政使	徐为卿	拖欠银两	未完二分以上	革职	卷17，捌辑6，308
康熙元年（1662年）	江宁、镇江二府官役		未解银	4938两5钱	在官在民，命严核追征	卷17，捌辑6，320页
康熙元年（1662年）	阳、坛二县官役		那动绅衿拖欠	2918两5钱	在官在民，命严核追征	卷17，捌辑6，320页
康熙元年（1662年）	江宁府官役		侵那银	8196两1钱	在官在民，命严核追征	卷17，捌辑6，320页
康熙元年（1662年）	蠹役	吴瑞龙等	侵欺银两	11321两	迁降革事	卷17，捌辑6，328—329页
康熙元年（1662年）	蠹役	顾兆荣杨会际等	侵七年分银	6100两	斩、重惩	卷17，捌辑6，329—330页
康熙元年（1662年）	官役	金世汉	多收多纳	185亩	革职追回	卷17，捌辑6，344页
康熙元年（1662年）	宜兴知县、县役	徐懋晐、李文等	勒献银	120两	杖责	卷17，捌辑6，354页
康熙元年（1662年）	上元知县	王敦善	赃银	顺治十五年马价钱粮未上交	革职	卷18，捌辑6，359页
康熙元年（1662年）	江宁左等卫蠹役奸丁	李元甫、毛然等	赃银	顺治十二、十三年屯田银米，被奸侩分肥	追回，分别革职、斩首	卷18，捌辑6，360—362页
康熙元年（1662年）	经征千总、知县、守备、推官等	王献善王弘恩钱肃凯李于昆等	蠹役奸丁侵吞钱粮怠缓之咎	侵欠米三千余石，银二十七两余	敕吏、兵二部停其升转	卷18，捌辑6，360—361页
康熙元年（1662年）	丹徒、丹阳、娄县等	田绍前等	顺治十八年分夏灾报呈有虚		革职	卷18，捌辑6，364—365页
康熙元年（1662年）	江南官员	俞士睿等九员	晦报		罚款两百两	卷18，捌辑6，368页

续表

时间	职务类别	姓名	性质及基本事实	数量	处理	资料出处
康熙元年（1662年）	靖江知县	程万里	侵那钱粮		革职	卷18，捌辑6，372页
康熙元年（1662年）	无锡蠹犯	杨芳、孙忠等	受贿私放犯人，并贪污，赃银	185两	追回，行贿犯人仍按旧刑处，贪官革职判罪	卷18，捌辑6，373—374页
康熙元年（1662年）	平望等营武弁		那移牵混，贪赃置马银两和粮饷	动支朋椿银13598两，开借用缺马银11213两	敕部议复	卷18，捌辑6，381页
康熙元年（1662年）	溧阳知县等	林文辉等八员	赃银	贪赃20000两	敕部议复	卷18，捌辑6，383页
康熙二年（1663年）	吴江县捕快	杨泰、杨生等	伙同窃贼，窃取县库财物		抓拿窃贼并从严处理	卷18，捌辑6，397页
康熙元年（1662年）	武弁	王子太等	助上司贪赃枉法	索银520两	追回脏银，革职永不续用，拟应绞着监候	卷18，捌辑6，401—402页
康熙元年（1662年）	蠹犯	林乔等	赃银	贪赃7961两	追赃，并依例将各犯予以处分	卷18，捌辑6，406页
康熙元年（1662年）	胥役	杜逢春	侵河工银	1321两	追赃，提问追拟问斩	卷19，捌辑6，410—411页
康熙元年（1662年）	胥役	方禹锡	侵银	232两	已亡故	卷19，捌辑6，410—411页
康熙元年（1662年）	胥役	沈廷栋	侵银	63两	追赃，提问拟成不枉	卷19，捌辑6，410—411页
康熙元年（1662年）	经承	朱文焕	撮借银	70两	站配	卷19，捌辑6，410—411页
康熙元年（1662年）	经承	汤铭	撮借银	55两	站配	卷19，捌辑6，410—411页

续表

时间	职务类别	姓名	性质及基本事实	数量	处理	资料出处
康熙元年（1662年）	库吏	郭熹	撮银	6两6钱	已亡故	卷19，捌辑6，410—411页
康熙元年（1662年）	库吏	殷国昌	侵蚀银未完	63两7钱	已亡故	卷19，捌辑6，410—411页
康熙元年（1662年）	库吏	高鹤	领侵银	1610两有奇	已亡故	卷19，捌辑6，410—411页
康熙元年（1662年）	库吏	黄肇芳	领侵银	175两	追赃，提问拟戍不枉	卷19，捌辑6，410—411页
康熙元年（1662年）	总书	倪诚端	领侵银	328两6钱	追赃，提问追拟问斩	卷19，捌辑6，410—411页
康熙元年（1662年）	江宁苏太等五府		册报混开漏造，账务有不应开销，批解不清	未经准销各项钱粮起多	限期六月追解清楚，并依例处罚	卷19，捌辑6，416页
康熙三年（1664年）二月	臬司差役	凌国英	赃银	72两	革职	卷19，捌辑6，423页
康熙三年（1664年）二月	藩司蠹役	刘玉	赃银	126两	革职	卷19，捌辑6，424页
康熙三年（1664年）二月	江宁府衙吏	印祥	赃银	200余金	革职	卷19，捌辑6，425页
康熙三年（1664年）二月	衙吏	刘元熏等	赃银	309两	革职	卷19，捌辑6，427—428页
顺治十八年（1661年）	句容蠹胥	汤君华许昌等	脏银	309两	刘：拟流准徒许、汤：杖刑	卷19，捌辑6，427—428页
康熙三年（1664年）二月	高淳库吏	胡颖	赃银	326两	革职	卷19，捌辑6，428页
顺治十八年（1661年）	蠹犯	杨崇仁谢元等	赃银	银650余两	拟绞，谢元已故	卷19，捌辑6，430—431页
康熙元年（1662年）		王公琼	赃银	银360两	拟绞	卷19，捌辑6，431—432页

续表

时间	职务类别	姓名	性质及基本事实	数量	处理	资料出处
顺治十八年（1661年）		张子任	赃银	银400两	革职	卷19，捌辑6，431—432页
康熙元年（1662年）	蠹役	罗升明	作奸肆诈诈赃		杖徙	卷19，捌辑6，433—434页
康熙元年（1662年）	长洲知县	刘令闻	侵撮库银	银30700两	数目不符查明报部	卷19，捌辑6，434—435页
康熙元年（1662年）	长洲知县	苏仁	侵那	银23200两	敕部议处复查	卷19，捌辑6，434—435页
康熙元年（1662年）	解役	沈大贤	少解银造价银	少解银635两余		卷19，捌辑6，438页
顺十五年（1658年）	常州知府	赵琪	钱粮未全完，冒混题报		题法敕部察议	卷19，捌辑6，440—441页
康熙二年（1663年）	蠹皂等	戴绅 徐元祉	赃银	银186两，20金	流徙杖刑	卷19，捌辑6，442页
康熙二年（1663年）	皂役	钱四 姜自新	勒索百姓	各折为50两余、22两余	流徙	卷19，捌辑6，443—444页
顺治十八年（1661年）	粮道之蠹役	龚葵、周全、周瑞	赃银	银110余两	徒流徙、杖刑	卷19，捌辑6，445页
康熙三年（1664年）三月	溧阳县总书	陈亚甫	赃银舞弊	240两	革职	卷19，捌辑6，446—447页
康熙三年（1664年）三月	江宁衙役	熊荣之	诈骗	200两	革职	卷19，捌辑6，448页
康熙三年（1664年）三月	衙役	童楚生等	赃银	190余两，又婪赃54金	革职	卷19，捌辑6，449页
康熙三年（1664年）三月	藩司司书	彭伯 杨胖儿	赃银	180两	已故革职	卷19，捌辑6，451页
康熙三年（1664年）三月	溧水蠹胥	李茂上	赃银	264两有余	革职	卷19，捌辑6，453页

续表

时间	职务类别	姓名	性质及基本事实	数量	处理	资料出处
康熙三年（1664年）三月	句容蠹吏	张道弼	赃银	500两有余	革职	卷19，捌辑6，454—455页
康熙三年（1664年）三月	衙吏	杨九皋	赃银	264两	革职	卷19，捌辑6，455—456页
康熙三年（1664年）三月	衙吏	熊德维	赃银	280两	革职	卷19，捌辑6，457页
康熙三年（1664年）三月	皂役	黄葵	赃银	280两	革职	卷19，捌辑6，457页
顺治十八年（1661年）	蠹役	盛四维	赃银	银290余两	流配	卷20，捌辑6，页460
顺治十八年（1661年）	蠹犯	钟达如芮晋等	赃银	银294两	流徙，芮晋已故	卷20，捌辑6，461页
顺治十五年（1658年）		朱琳等十四案	未完赃银	7050余两	家产尽绝，无从追纳	卷20，捌辑6，462页
顺治十五年（1658年）		周弘训刘成龙等	未完赃银	4327两1钱有余		卷20，捌辑6，462页
顺治十五年（1658年）		沈豹等十八案	内多贪赃重情	共22160余两		卷20，捌辑6，462—463页
顺治十二年（1655年）	淮、扬二府库吏	张应第等	侵蚀库银		拟罪	卷20，捌辑6，463页
康熙元年（1662年）	溧阳县官	丘贡瀛	纵役姜兆侵银		拟流	卷20，捌辑6，465页
康熙元年（1662年）	溧阳蠹役	姜兆	侵河工银	银668两4钱	拟绞、流徙	卷20，捌辑6，465页
顺治十八年（1661年）	库吏	吕嘉	赃银	银540余两	革职杖刑	卷20，捌辑6，466—467页
顺治十七年（1660年）	苏州府官员、长洲、吴县等革职知县	屠全忠、孙继等	征棉布违限	1936匹	勒限催征	卷20，捌辑6，470—471页

续表

时间	职务类别	姓名	性质及基本事实	数量	处理	资料出处
顺治十四年（1657年）	松江知府等	李正华等	侵撮钱粮案久未完结		降一级调用	卷20，捌辑6，479—480页
顺治十四年（1657年）	左布政使、按察使	陈培祯、许宸等	畏难苟安，尚无成绪	四府撮用透支百余万	罚俸一年	卷20，捌辑6，479—480页
顺治十六、十七年（1659、1660年）	上海革职知县	王孙兰	交代不明，造册率多不楚	侵用借放透支等十余万两	敕吏部严加议处施行	卷20，捌辑6，494—495页
顺治十七年（1660年）	前任知府	余廉	州县钱粮未完，不加详查		官役分别一并议处	卷20，捌辑6，498—499页
康熙元年（1662年）	革职游击等	洪进等	侵扣兵丁钱粮	1920两	拟杖革	卷20，捌辑6，500—503页
顺治十七年（1660年）	松江粮蠹	张君甫	侵漕粮	4000余石	立行追赔题参重处	卷20，捌辑6，511页
顺治十七年（1660年）	华、娄两县官吏		纵蠹侵饷		已革职，应予杖惩	卷20，捌辑6，511—513页
顺治十七年（1660年）	蠹役	王允文	侵撮漕粮	实欠3246石	立行追赔题参重处	卷20，捌辑6，511—513页
顺治十年（1653年）	守备	杨世荣	婪赃		革职永不叙用	卷20，捌辑6，518页
顺治十年（1653年）	上元革职知县	张希声	昏庸失察，以致奸胥丁升受贿玩法	银2两，钱320文	已革职	卷20，捌辑6，518—519页
顺治十八年（1661年）	长洲县吏	杨之俊等	侵欺银	30635两	敕吏部严加处分	卷20，捌辑6，528页
顺治十八年（1661年）	经征知县	周明珥	藐视国法，抗违怠玩	以致漕项欠解9117两	敕吏部严加处分	卷20，捌辑6，528—529页

续表

时间	职务类别	姓名	性质及基本事实	数量	处理	资料出处
康熙元年（1662 年）	江宁府属州县	章文尚等	那借侵用节年马价银	8196 两余	严限督催	卷 20，捌辑 6，540 页
康熙二年（1663 年）	书役	徐调	移改额赋，影射洒作自家田粮		仍行黜革	卷 21，捌辑 6，541—543 页
康熙二年（1663 年）	苏州府推官	杨昌龄	受张孟公等财物		拟绞	卷 21，捌辑 6，552，559 页
康熙二年（1663 年）	蠹役	蒋玉 顾君畴	承票居奇		物故，毋容拟议	卷 21，捌辑 6，558—559 页
康熙二年（1663 年）	武弁	黄玉耳	指称打点而诈赃		物故，毋容拟议	卷 21，捌辑 6，558—559 页
康熙二年（1663 年）		张绣虎	假通谒而吓骗		拟流徙	卷 21，捌辑 6，558—559 页
康熙二年（1663 年）	武进知县	张熙岳	违例滥放缓项钱粮	4670 两 8 钱无着，107 两 8 分余未报贮库	着严加议处	卷 22，捌辑 6，567—568 页
康熙二年（1663 年）	长洲、吴县、昆山、常熟蠹吏	徐嗣元蔡允声等	侵挪银两	2579 两 3 钱	合依犯赃新例流徙	卷 22，捌辑 6，569，570 页
康熙二年（1663 年）	刑厅之胥役	曹荣祖等	擅改折银，十余年间，蠹吏分肥	致银十余万两粮 5720 石，不入正课	徒刑	卷 22，捌辑 6，576，579，580 页
康熙二年（1663 年）	县书吏	李尚茂	以造册而科敛纸张银		本犯已故，着家属照追	卷 22，捌辑 6，579，580 页
康熙二年（1663 年）	书办	王建甫	擅改折银，漕粮洒派	烹分者 14 两	徒刑	卷 22，捌辑 6，576，579，580 页
顺治十七年（1660 年）	县胥	陈瑞	诈银	5 两	已革役	卷 22，捌辑 6，576—580 页
顺治十二年（1655 年）	蠹役	费泗源	赃银	110 两	拟流徙	卷 22，捌辑 6，581 页

续表

时间	职务类别	姓名	性质及基本事实	数量	处理	资料出处
康熙二年（1663年）	镇江知府，常州通判，丹徒县、丹阳知县	李芳烈周铭鼎李先春陈经筵吴之镆王大化	造册缺漏，参差不一		敕户部议奏	卷22，捌辑6，585、587页
康熙二年（1663年）	上海知县	王孙兰	各经承挪移侵欺	未完盐课14700余两	应革职查官	卷22，捌辑6，591—592页
康熙二年（1663年）	华亭知县	严士骑	经承侵欺，本官漫无稽查	欠盐课钱粮2080余两	应革职查官	卷22，捌辑6，591—592页
康熙二年（1663年）	砂场大使	刘天福	居官不职，借名科派赃款	172两余	应照贪例革职	卷22，捌辑6，591—592页
康熙二年（1663年）	知县、衙役	王有仁谢忠等	职守疏忽，纵蠹肆横	米1800石，银120余两	革职，拟徙	卷22，捌辑6，593—594页
康熙二年（1663年）	知县	张夔	纵役侵欺	2100余两	革职	卷22，捌辑6，596—597页
康熙二年（1663年）		石攻玉孙履祥	私收侵银	石：所侵480两未完，孙：侵欠474两未完	仍斩，拟绞	卷22，捌辑6，596—597页
康熙二年（1663年）	无锡县书役	关士美	逞蠹作奸	横勒贴费银39两，常例银40余金	流徙	卷22，捌辑6，598页
康熙二年（1663年）	溧阳县快役等	朱兴顾瑞甫	攫诈银两，合同烹分	得赃48两，12两，20两，又娄骗12金	流徙	卷22，捌辑6，599页
康熙元年（1662年）七月	书办	鲁荣	造册遗漏		杖	卷22，捌辑6，603页
康熙元年（1662年）十月	蠹犯	林乔等案	赃银	共7961两	刑部核拟具奏	卷23，捌辑6，611页

续表

时间	职务类别	姓名	性质及基本事实	数量	处理	资料出处
康熙二年（1663年）五月	蠹犯	滕坤阳 涂祥	倚充司皂，借差诈索	饭银20两，例银36两，诈24金，索30两	滕：拟徒 涂：刑部核拟具奏	卷23，捌辑6，612页
康熙元年（1662年）八月内	武进、无锡经承	陆鹏、顾廷润	挪借	银15478两8钱有余	敕部议处	卷23，捌辑6，621—624页
康熙元年（1662年）八月内	武进知县	孔胤洪等	夺绅衿役户欠银	32354两余	敕部议处	卷23，捌辑6，621—624页
康熙元年（1662年）八月内	娄县知县	胡思虞	侵蚀银	26706两余	敕部议处	卷23，捌辑6，621—624页
康熙元年（1662年）八月内	华亭知县	严士骑等	纵役侵蚀，并混入民欠捏报	1736两余，411两余	敕部议处	卷23，捌辑6，622—623页
康熙元年（1662年）八月内	镇江知府	孔贞来	虚悬民欠，无批给发，无领开销	共62801两余	敕部议处	卷23，捌辑6，622—623页
康熙元年（1662年）八月内	松江知府	祖永勋	遗漏，绅衿混入民户	银17023余两	敕部议具奏	卷23，捌辑6，622—623页
康熙二年（1663年）五月	藩司	徐为卿	那移未补欠银	10417两	除官	卷24，捌辑6，625—626页
康熙二年（1663年）五月	苏州府官差	马之璋	解轻赍银挂欠	681两	该部核议具奏	卷24，捌辑6，627页
康熙元年（1662年）十二月	衙役	徐鉴等七名	短折布匹	欠布4459匹，银1029两	照数摊赔并将承追各官	卷24，捌辑6，628页
康熙二年（1663年）六月	江宁左等卫州县	姚振国等	缺官柴马钱粮报解迟延	银86余两，银47余两	着议处具奏	卷24，捌辑6，638—639页
康熙元年（1662年）十月	守备	陈晋瑁	蒙混廪工	165两余	敕部查议	卷24，捌辑6，639—641页

续表

时间	职务类别	姓名	性质及基本事实	数量	处理	资料出处
康熙元年（1662年）十二月	江宁左卫守备	王五纪等	将解部粮钱混行支放	802两余	着议处具奏	卷24，捌辑6，640—641页
康熙二年（1663年）六月	镇海卫中所千总		未完银两	85两余	着议处具奏	卷24，捌辑6，640—641页
康熙二年（1663年）六月	知县、守备	王相如张顾恒等	顺治十七、十八年缺官柴马银未完		敕部查议	卷24，捌辑6，641页
康熙元年（1662年）十二月	江苏常三属各官		未完练饷		敕部查议	卷24，捌辑6，642页
康熙元年（1662年）十二月	松江府解官	钱达	布匹尚未解部，怠缓之咎难辞		勒限严催	卷24，捌辑6，643页
康熙二年（1663年）三月	州同、照磨	朱嗣绩、沈懋宗	挂欠颜料，挂欠银朱		解官变产摊赔	卷24，捌辑6，651页
康熙元年（1662年）八月	前藩司	刘祚汉	挂欠物料		追完银两	卷24，捌辑6，653页
康熙二年（1663年）五月	知事	周士元	领解马价迟久未交	银3243两	敕部查议	卷24，捌辑6，653—654页
康熙二年（1663年）六月	无锡知县	陈泰和	不以钱粮为事，迟误饷需	39000余两	着议处具奏	卷24，捌辑6，657—658页
康熙二年（1663年）六月	右布政使	佟彭年	溢拨兵饷	61748余两	户部议奏	卷24，捌辑6，659页
顺治十七（1660年）十二月	高淳知县	纪圣训	捏报牲口钱粮		已议处	卷24，捌辑6，660页
康熙二年（1663年）六月	苏州府解官	刘祚	承办布匹不能如期解纳		敕吏部议处	卷24，捌辑6，666页
康熙元年（1662年）六月	苏州知府	武弘祖	完欠罔稽混报，玩忽之咎		敕吏部议处	卷24，捌辑6，666页

续表

时间	职务类别	姓名	性质及基本事实	数量	处理	资料出处
康熙二年（1663年）六月	知县	刘令闻	完欠漫无稽核		敕部议复	卷24，捌辑6，670页
康熙二年（1663年）六月	藩司、知县等	张熙岳孙代等	违混之咎难辞	各项钱粮，混征未完甚多	敕部查议	卷25，捌辑6，675—677页
康熙二年（1663年）六月	衙蠹	金成华	苛索私贷	苛索25两，冒支22两，挟诈10两，勒贷16两	流徙	卷25，捌辑6，681页
康熙二年（1663年）六月	昆山、常熟、吴江等县知县	王简 周敏 涂应旗	放任挪借侵蚀钱粮	交盘亏额甚多		卷25，捌辑6，683页
康熙二年（1663年）六月	衙役	陈泉、吴泰来、王金镒	侵赃	120两以上	绞	卷25，捌辑6，683页
康熙二年（1663年）六月	衙役	沈金铉等27人	侵赃	1两以上	流徙	卷25，捌辑6，683页
康熙二年（1663年）六月	阴阳官	冯熙时	侵欺	数多	流徙	卷25，捌辑6，683页
顺治十六、十七年（1659、1660年）	粮户、银匠、马夫等	吴忠等7人	监守自盗	40两以上	流徙	卷25，捌辑6，684页
顺治十六、十七年（1659、1660年）		吴爵	侵欺	30两以上	依监守自盗律刑处	卷25，捌辑6，684页
顺治十六、十七年（1659、1660年）		何甫	侵欺	15两以上	依监守自盗律刑处	卷25，捌辑6，684页
康熙二年（1663年）六月		蒯升、陶泉	盗库	80两以上	斩绞	卷25，捌辑6，684页
康熙二年（1663年）六月	衙役	顾国瑞、乔元	盗库	5两以上	刺配	卷25，捌辑6，684页

续表

时间	职务类别	姓名	性质及基本事实	数量	处理	资料出处
康熙二年（1663年）六月	解役解官	许云等61人	撮透、因公混冒	30两以上	分别徒配	卷25，捌辑6，684页
顺治十六、十七年（1659、1660年）	衙役	周本等4人	撮银	25两以上	分别徒配	卷25，捌辑6，684页
康熙二年（1663年）六月	衙役	张仁 邹应祥	撮银	20两以上	分别徒配	卷25，捌辑6，684页
顺治十六、十七年（1659、1660年）	衙役	黄日升	撮银	17两以上	徒配	卷25，捌辑6，684页
顺治十六、十七年（1659、1660年）	衙役	徐时敏等5名	撮银	15两以上	分别徒配	卷25，捌辑6，684页
顺治十六、十七年（1659、1660年）	衙役	徐廷鼎等3名	撮银	10两以上	分别徒配	卷25，捌辑6，684页
顺治十六、十七年（1659、1660年）	衙役	张科等4名	撮银	7两5钱以上	分别徒配	卷25，捌辑6，684页
康熙二年（1663年）六月		唐元、刘祚、顾家祯等15名	侵挪	1至7两不等	革职	卷25，捌辑6，684页
康熙二年（1663年）六月	按察使等官役	刘兴汉、罗性安等	因循庇纵，漏报陈于鼎名下产业人口		革职、分别笞杖	卷25，捌辑6，691页
康熙二年（1663年）六月	推官	巩维城	因循庇纵隐匿叛产		革职	卷25，捌辑6，691页
康熙二年（1663年）六月	知县	王震亨	因循庇纵隐匿叛产		革职	卷25，捌辑6，691页
康熙二年（1663年）六月	知州知县等	吴之俊、熊明等	迟缓		敕部议复	卷25，捌辑6，692页

续表

时间	职务类别	姓名	性质及基本事实	数量	处理	资料出处
康熙二年（1663年）六月	左布政使	崔澄	擅动课银	49061两有零	报户部知道	卷25，捌辑6，702—703页
顺治十五年以前	左、右布政使	崔澄、孙代	兵饷不行起解，延缓之咎	24900余两	革职	卷25，捌辑6，720—721页
康熙元年（1662年）	江宁府同知署县事	张云路	贪漕银	1500余两	议处革职	卷25，捌辑6，724—725页
顺治十七年（1660年）	布政使	徐为卿	贪造火药之钱	21250余两	流流放	卷26，捌辑6，728—729页
康熙二年（1663年）	青浦知县	王嶙	撮借银两	不计其数	户部议奏	卷26，捌辑6，731—732页
康熙二年（1663年）		徐懋晐	赃银抢粮伤害百姓	赃银1339两余，衣物等值银588两余，钱15000文等	斩	卷26，捌辑6，734—735页
康熙元年（1662年）	知县	杨之俊，刘令闻等	贪漕折银	36500余两	流放议处	卷26，捌辑6，745页
康熙元年（1662年）	江浦知县	程瑞	居官不职，受贿勒取甚多	勒措、侵诈计400两以上	流放	卷26，捌辑6，747—749页
康熙二年（1663年）	金坛、崇明等知县	赵介盘、吴一鲲、陈慎、郑明良	贪饷	1700余两	议处	卷26，捌辑6，757—758页
康熙二年（1663年）	布政使	陈培祯徐为卿	居官不职	12两	议处	卷26，捌辑6，763页
康熙二年（1663年）	横海卫守备	江元通	贪公费亩地银	44两余	议处降职	卷26，捌辑6，766—767页
康熙元年（1662年）	蠹犯	林乔等27人	赃银	7961两	原拟绞流徙徒杖等均免罪追赃	卷27，捌辑7，7—8页

续表

时间	职务类别	姓名	性质及基本事实	数量	处理	资料出处
康熙二年（1663年）	溧水县蠹胥	胡自升	藐法婪赃	赃银333两2钱，钱8000文	按臣访拿究拟	卷27，捌辑7，7—8页
顺治十八年（1661年）	蠹胥	钱太宇	侵蚀盐课银	106两	照谕前律例分别议处	卷27，捌辑7，14—15页
顺治十八年（1661年）	蠹胥	陈殿卿	贪蚀	84两	照谕前律例分别议处	卷27，捌辑7，14—15页
顺治十八年（1661年）	库役	张四知	勒骗	100两	照谕前律例分别议处	卷27，捌辑7，14—15页
顺治十八年（1661年）		乔舒	借名称贷	80两	照谕前律例分别议处	卷27，捌辑7，14—15页
顺治十八年（1661年）	劣衿	杨化龙	指官诓诈	234两	照谕前律例分别议处	卷27，捌辑7，14—15页
顺治十八年（1661年）	蠹胥	陈三	借差役而索银	6两	照谕前律例分别议处	卷27，捌辑7，14—15页
顺治十八年（1661年）	蠹胥	张工尹	借案打点诈银	200两	已故免议	卷27，捌辑7，14—15页
康熙二年（1663年）	苏松二府催征各官		粤西协饷未完，玩违之咎	虽续完12800余两，终未如额全完	户部核议具奏	卷27，捌辑7，31—32页
康熙二年（1663）	左布政使	徐为卿	光禄寺下顺治十八年白折久催不完	尚欠50280余两	礼部核议	卷27，捌辑7，第40—41页
康熙二年（1663年）	左布政使	徐为卿	苏松常三府怠玩漏报之愆，均难宽假	光禄寺下未完白折等48000两余	敕吏部议处	卷27，捌辑7，43—44页
康熙二年（1663年）	金坛县恶宦	王重（布政使王敬锡叔）	贪暴不轨，逼勒县官，罪难罄竹	将王敬锡赃私财物20余万金搬藏人家	正法，家人籍没入官	卷28，捌辑7，69—70页
康熙二年（1663年）	王重之世仆	王惟昌	贪污，鱼肉百姓	3至4万两	参处	卷28，捌辑7，69页

续表

时间	职务类别	姓名	性质及基本事实	数量	处理	资料出处
顺治十六年（1659年）	金山卫前所千总	胡泰清	贪饕成性摄篆居奇	12金	着该督亲审议奏	卷28，捌辑7，76页
顺治十六年（1659年）	蠹役	鞠宁（胡泰清爪牙）	勒索科派	银32两，布40匹	敕部议处	卷28，捌辑7，76页
康熙二年（1663年）	右布政使各府县等	佟彭年等	兵饷迟误	55292两多	各官玩误之咎均所难宽	卷28，捌辑7，81—83页
康熙二年（1663年）	江宁前左所千总	王受凯	任意作奸，欺蒙舞弊		敕部议处施行	卷28，捌辑7，85
康熙二年（1663年）	吴县蠹役	吴应灏葛启祥	侵银	侵条银677两，842两，赦后又侵676两	严追所侵，分别斩绞，候部议定夺	卷28，捌辑7，87—88页
顺治十八（1661年）正月	经官	陆韬	婪受贿赂，诈贪米布银	米250石，布72匹，1000金，贪343两	依新例绚首	卷28，捌辑7，97—99页
顺治十八（1661年）正月	经官	何敬甫	诈赃		责四十板，边卫充军	卷28，捌辑7，97—99页
顺治十八（1661年）正月	衙役	浦万龄	犯赃	1两以上	流徙	卷28，捌辑7，99页
顺治十八（1661年）八月内	推官	张寿孙	钱粮拖欠		吏部题明照例处分	卷28，捌辑7，102页
顺治八至十五年（1651—1658年）	知县，署印推官，印经历等	张晋等十八名	各役未获批，撮借，侵欺		各官失察之咎难辞，但在恩赦之列免议	卷29，捌辑7，107—108页
顺治八至十五年（1651—1658年）	知县、推官、县丞等	李先春等八人	撮借侵欺	分银共906两	李秀成等五员仍请赦	卷29，捌辑7，108页

续表

时间	职务类别	姓名	性质及基本事实	数量	处理	资料出处
顺治十五（1658年）以前		龚国秉等	侵欠银两		限五个月具题之日再议	卷29，捌辑7，111页
顺治十八（1661年）正月	知县	丘贡瀛	赃银，收支钱粮，监临不正，那移	银2474两，虽俱照数补还正项，但那移情真	革，止杖一百，流三千里，徒四年；赦前丘贡瀛等均应免罪；各役名下未完银两着各家属名下照数严追	卷29，捌辑7，112、113、115页
顺治十八（1661年）正月	衙役	彭明等十人	侵欺银，未完银	合计10637余两	120两以上绞，其他徒杖，革役。欺侵官粮以监守自盗论40两律斩，罪系杂犯准徒五年；常人盗仓库钱粮论80两律绞，罪系杂犯准徒五年	卷29，捌辑7，112、115页
顺治十八（1661年）正月	衙役	丘鼐等	侵欺银	丘鼐643两5钱，彭明661两5钱，姜义980两9钱，黄贵1943两6钱，郑玉247两1钱，周启烈2209两2钱	斩杂犯准徒五年	卷29，捌辑7，112—114页

续表

时间	职务类别	姓名	性质及基本事实	数量	处理	资料出处
顺治十八（1661年）正月	里长、马户等	姚唐强，汤兆清，戴文等	侵欺银	侵银数千两	绞；姜兆、汤兆清等俱已完；赦前丘贡瀛等均应免罪；着家属名下照数严追	卷29，捌辑7，112—113页
顺治十五（1658年）以前	江苏五府衙役	包宇春等	侵撮	1174647两	人亡产尽	卷29，捌辑7，114页
顺治十五（1658年）以前	江苏五府解官	张庭桂等	侵撮，解官挂欠	欠银244417两余	家产尽绝	卷29，捌辑7，114页
顺治十五（1658年）以前	协部	孙大原汪文瑚等	侵撮		人亡产尽	卷29，捌辑7，114页
康熙元年（1662年）正月内	青浦县快役	朱元	诈法贪银	银10两，布6匹	以衙役犯脏议处	卷29，捌辑7，121页
顺治时	右布政使	佟彭年	未完马价银	11041余两	户部议奏	卷29，捌辑7，134—135页
顺治十六至十七年（1659—1660年）	江南、浙江省		白折拨解、滇饷欠解	尚少解银25781两	报户部知道	卷29，捌辑7，137—138页
顺治年间	解官、藩司	沈懋宗、朱嗣绩	挂欠顺治六年颜料等	沈：铺垫银804两2钱5分、黄蜡1447觔、黄熟铜196斤；朱：挂欠银朱、牛角、虎皮	人亡产尽，援例请豁	卷29，捌辑7，139—140页
顺治十二至十八年（1655—1661年）	太仓知州、溧阳知县等	吕时兴、张瓒、陈开虞等	追钱粮不力，怠缓之咎	溧阳9398两余，句容4534两余	革职	卷29，捌辑7，145—146页

续表

时间	职务类别	姓名	性质及基本事实	数量	处理	资料出处
顺治十二至十八年（1655—1661年）	太仓知州	陈国珍	钱粮追欠不力		革职	卷29，捌辑7，145—146页
顺治十二至十八年（1655—1661年）	长洲知县	苏仁	钱粮追欠不力		革职	卷29，捌辑7，145—146页
顺治十二至十八年（1655—1661年）	吴县知县	张叙	钱粮追欠不力		革职	卷29，捌辑7，146页
顺治十二至十八年（1655—1661年）	吴江知县	赵子三	钱粮追欠不力		革职	卷29，捌辑7，146页
顺治十二至十八年（1655—1661年）	常熟革令	张璨然	钱粮追欠不力		革职	卷29，捌辑7，146页
顺治十二至十八年（1655—1661年）	昆山革令	李郕仙	钱粮追欠不力		革职	卷29，捌辑7，146页
顺治十二至十八年（1655—1661年）	嘉定知县	潘帅质	钱粮追欠不力		接追署印	卷29，捌辑7，146页
顺治十二至十八年（1655—1661年）	太仓州同	王世畅	钱粮追欠不力		革职	卷29，捌辑7，146页
顺治十二至十八年（1655—1661年）	崇明知县	龚榜	钱粮追欠不力		革职	卷29，捌辑7，146页
顺治十六年（1659年）	江宁道参政，知府	王绍隆、李隽	欠赃罚银	合494两余	罚俸六个月	卷30，捌辑7，156—158页
顺治十八年（1661年）	知县、典史	韩有倬、王不倚	欠赃罚银（句容县盗劫银鞘案）	合741两余	待罪缉贼	卷30，捌辑7，156—158页

续表

时间	职务类别	姓名	性质及基本事实	数量	处理	资料出处
顺治十八年（1661年）	解官	蔡必继	欠赃罚银，昆山县解银到句容县城内，被盗劫失；不执票赴营挂号，亦属疎忽	合989两余	着于蔡必继名下追赔	卷30，捌辑7，157—158页
顺治十六年（1659年）	蠹贼	王来举等	盗劫银两	（昆山县所解之银共计8766两；尚未获银4945两余）	陆续起获；各盗悉皆远飏星散	卷30，捌辑7，157页
顺治十八年（1661年）	差官	商明祥	侵撮库银	30900余两	应照新定年限依期查参	卷30，捌辑7，163页
顺治十二至十五年（1655—1658年）	知县	金延标等	未完成造册		吕时兴等人革职	卷30，捌辑7，166—167页
顺治十七至十八年（1660—1661年）	差官、典吏等	刘祚、朱大令、常熟县典吏刘沛杰	以次充好且采买缺数	布匹缺数60疋；水湿破坏者共一千八十匹；色样不合	移咨江抚；司府另委该县典吏刘沛杰押同刘祚家属赴京将布解部投交	卷30，捌辑7，167—168页
顺治十三年（1656年）	役犯	费泗源	赃银		费泗源免罪革役，许宸、杨昌龄、丘应鳌分别赦前、赦后以凭核题	卷30，捌辑7，171—172页
顺治时	犯弁	舒桂芳	赃银	130两余	已故	卷30，捌辑7，179页

续表

时间	职务类别	姓名	性质及基本事实	数量	处理	资料出处
顺治时		黄汝丽等	未完银	未完银 189 两 9 钱，原册未经开明，止将各案已经解过数目造册开报，其未完银实 3098 两零未造入	听部臣查核	卷 30，捌辑 7，179—180 页
顺治时	江宁府	李大生陈世俊	未添造入册	2 两 1 钱	听部臣查核	卷 30，捌辑 7，179 页
顺治时		钱三	赃银	175 两	听部臣查核	卷 30，捌辑 7，180 页
顺治时		陈自明	赃银	581 两	听部臣查核	卷 30，捌辑 7，180 页
顺治时	溧阳知县	丘贡瀛	赃银，未完银	赃银 17443 两，撮借银 17409 余两，未完银 10668 两	知县革职，拟绞徒杖罪	卷 30，捌辑 7，180—182 页
顺治十八年（1661 年）	署知县	冯景灼等	银两未完	银 2271 两 8 钱	革职	卷 30，捌辑 7，190—191 页
康熙元年（1662 年）	常州府属	官役人等	侵撮银两	银 177805 两，追完银 7100 余两、米麦 1700 余石，并未开明作何支用	后有续完，挂欠尚盈数万，知县上题议处，各役究拟具题	卷 30，捌辑 7，192 —194 页
康熙元年（1662 年）	武进、无锡等知县	尚昂等	纵役侵撮或失察	银 176300 两	革职	卷 30，捌辑 7，193 页
顺治十七、十八年（1660、1661 年）	巡抚，两淮巡盐御史		协济云南兵饷未完	银 780811 两	一月内限完，否则题参	卷 31，捌辑 7，202 页

续表

时间	职务类别	姓名	性质及基本事实	数量	处理	资料出处
康熙元年（1662年）	苏州府属等县		拖欠秦饷	银48817两	那移之咎，敕部议复	卷31，捌辑7，207—208页
顺治十三年（1656年）	苏松常三府属		尚未完解	银31140两	那移之咎，敕部议复	卷31，捌辑7，208—209页
顺治八年（1651年）	原任道台	张秦钟	拖欠银两	银13两余	追没田亩	卷31，捌辑7，219页
顺治八年（1651年）	青浦衙役	缪元等	撮借侵欺钱粮	银45两余	革职	卷31，捌辑7，224—225页
顺治十七年（1660年）	青浦经承	陈嘉	撮借银两	银8两余	革职	卷31，捌辑7，224—225页
顺治十年（1653年）	青浦经承	俞文成	借解民造船银	473两余	敕部查议	卷31，捌辑7，224—225页
顺治十二至十五年（1655—1658年）	原左布政使，右、左布政使	刘汉祚、冯如京、陈培祯	那解协饷银	银75833两余	应敕吏部从重议处	卷31，捌辑7，229页
顺治十八年（1661年）	苏州府、苏松道		赃银（修船银）	银140两		卷31，捌辑7，230页
顺治十五年（1658年）	青浦知县	王有仁等	秦饷未完		革职	卷31，捌辑7，231页
康熙二年（1663年）	原任知县	何铿	拖欠钱粮	2000余两	革职	卷31，捌辑7，232—233页
顺治十六、十七年（1659、1660年）	常州府属官役	尚昂等	侵撮银两	177805两	革职，流徙	卷31，捌辑7，238—240页
顺治十六、十七年（1659、1660年）	常州府属官役	尚昂等	无故支用米	2902余石	革职，流徙	卷31，捌辑7，238页
康熙二年（1663年）	署海防厅事松江府通判等	陈瞻远等	未完银，发修艍沙船只	652余两	应请敕下吏部议处	卷31，捌辑7，241—242页
康熙二年（1663年）	苏州府胥吏役	沈尧等	那用	890余两	严比勒追，照数完解	卷31，捌辑7，243页

续表

时间	职务类别	姓名	性质及基本事实	数量	处理	资料出处
康熙元年（1662年）	长洲知县	苏仁	挪借银两	银18928两余	革职	卷31，捌辑7，243页
康熙元年（1662年）	长洲知县	周明珥	挪借银两	银2529两	藩司分别侵挪细数，咨部严行究追	卷31，捌辑7，243页
康熙元年（1662年）	常熟知县	张灿然	挪借银两	银9128两多余	藩司分别侵挪细数，咨部严行究追	卷31，捌辑7，243页
康熙元年（1662年）	嘉定知县	潘师质	挪借银两	3406两多余	严行究追，严加议处	卷31，捌辑7，244页
康熙元年（1662年）	太仓州州同	王世畅	挪借银两	11618两多	严行究追，严加议处	卷31，捌辑7，244页
康熙元年（1662年）	娄县知县	胡思虞	挪借银两	5003两8分多	严行究追，严加议处	卷31，捌辑7，244页
康熙元年（1662年）	武进知县	张熙岳	挪借银两	挪借9195两多，透支5803两多	严行究追，严加议处	卷31，捌辑7，244页
康熙元年（1662年）	无锡知县	陈泰和	挪借银	8097两多	严行究追，严加议处	卷31，捌辑7，244页
康熙元年（1662年）	宜兴知县	徐日藻	挪借银	2025两多	严行究追，严加议处	卷31，捌辑7，244页
顺治十八年（1661年）	江浦知县	程瑞	侵用驿站银	9000两	严行究追，严加议处	卷32，捌辑7，258—259页
顺治十八（1661年）前	衙役	熊国政	诈侵银	230两	分别绞流，拟绞	卷32，捌辑7，259—260页
顺治十八年（1661年）前	蠹官役	庄贤	诈侵银	46两	绞流	卷32，捌辑7，259—260页
顺治十八年（1661年）前	差役	聂尚伦	诈侵银	24两多	分别绞流，拟流	卷32，捌辑7，259—260页
顺治十八年（1661年）前	官役、贡生	刘日珩	徇情枉断，收受贿银	百两	绞流	卷32，捌辑7，259—260页

续表

时间	职务类别	姓名	性质及基本事实	数量	处理	资料出处
顺治十六年（1659年）	解官	项道美	未完解上海十六年牲口银	34两	解印	卷32，捌辑7，275—276页
顺治十六年（1659年）	溧阳县		欠十六年药材、牲口	514两余	陈必达解印	卷32，捌辑7，275—276页
顺治时	布政使	徐为卿	差委匪人，承追不力		降俸二级	卷32，捌辑7，277页
顺治时	布政使	崔澄	追查不力		降俸二级	卷32，捌辑7，277页
顺治时	江宁府推官	田熏	追查不力		降俸二级	卷32，捌辑7，277页
顺治十八（1661年）前	昆山知县	韩有倬	解银途中被盗失职		革职	卷32，捌辑7，278—279页
顺治十八（1661年）前	昆山典史	王不倚	解银途中被盗失职		罚俸一年	卷32，捌辑7，278—279页
顺治十八（1661年）前	松江知府等	郭启凤、张超等	欠饷		革职	卷32，捌辑7，288页
顺治十八（1661年）前	左布政使	徐为卿	总撒不符	多开986100余两	革职	卷32，捌辑7，292—293页
顺治十三至十五年（1656—1658年）	松常镇三府官役	李隽等84人	未完银	105180余两	革职	卷32，捌辑7，301—302页
顺治十五年（1658年）	苏松粮道	王添贵	失职		造册追查	卷33，捌辑7，304—305页
顺治十八年（1661年）	藩司	陈培祯	造假，瞒天过海		革职	卷33，捌辑7，304—305页
顺治十八年（1661年）	泾县知县	娄维岑	贪赃	贪赃10余万	至今未结，限五月具奏	卷33，捌辑7，315—316页
康熙二年（1663年）	松江、镇江二府官役	王大化、许期等	失职	没有把钱粮经管登记造册	革职	卷33，捌辑7，323—324页

续表

时间	职务类别	姓名	性质及基本事实	数量	处理	资料出处
康熙二年（1663年）	蠹役	葛启祥	贪污	赦前贪污842两，赦后贪污676两	斩	卷33，捌辑7，331—333页
康熙二年（1663年）	知县	任维初	贪污并纵蠹侵盗漕折	侵钱粮634两	革职	卷33，捌辑7，331—333页，334—335页
康熙二年（1663年）	蠹役	陈文炜	贪污并纵蠹侵盗漕折	赦前贪污1136两，赦后贪污500两	革职，流放	卷33，捌辑7，331—333页
康熙二年（1663年）	衙役	秦汝虞	贪污	贪219两	革职	卷33，捌辑7，331—333页
康熙二年（1663年）	衙役	宋国豫	贪污	200两	革职	卷33，捌辑7，331—335页
康熙二年（1663年）	衙役	吴应灏	贪污	200两	革职	卷33，捌辑7，331页
康熙二年（1663年）	吏役	徐士英	贪污	350两	杖一百	卷33，捌辑7，332—335页
康熙二年（1663年）	革役等	赵名臣吴国祯周之蔚陈茂林王晋等	监守自盗	200两，78两，四十九两，213两，213两，213两	杖一百，流放三千里、二千里、徙不等，陈茂琳另案拟斩	卷33，捌辑7，332—335页
顺治十七年（1660年）	苏州知府	邹蕴贤	纵奸隐混，数据混乱	实征数比原报多55000余两，未完数目比先查多14400余两	敕部查核议处	卷33，捌辑7，336页
顺治十七年（1660年）	丹徒知县	李先春等	任役透支官银		革职	卷33，捌辑7，347页

续表

时间	职务类别	姓名	性质及基本事实	数量	处理	资料出处
顺治八年（1651年）	镇江府属官役	华廷辅等	侵撮无批等	107297两	人亡产尽，莫可搜补，斩	卷33，捌辑7，348—349页
康熙二年（1663年）	长洲知县	周仲达	贪污撮借	1034两	革职	卷33，捌辑7，352—353页
康熙二年（1663年）	长洲库书、经承等	张国勋朱有恒张维和等	视库帑为己物，以侵蚀为等闲	撮借、侵蚀少则数十百两，多则上千两	着该督拿问	卷33，捌辑7，352—353页
顺治十七年（1660年）	蠹役	徐嗣元	侵欠	17116两余	斩，秋决	卷34，捌辑7，355页
顺治十七年（1660年）	解吏	金秉义、钱达德	侵欠银两	钱、金名下各盈数千	革役，拟绞	卷34，捌辑7，355—356页
顺治十七年（1660年）	蠹役	刘万全	侵欠漕粮	5730石漕粮	绞，秋决	卷34，捌辑7，355—356页
顺治十七年（1660年）	知县	张靖之	侵欠	750两	秋绞，秋后处决	卷34，捌辑7，355—356页
顺治十七年（1660年）	衙役	李廷秀	侵欠	2610两	秋绞，秋后处决	卷34，捌辑7，355—356页
顺治十七年（1660年）	衙役	张电臣	侵欠	127两	秋绞，秋后处决	卷34，捌辑7，355—356页
顺治十七年（1660年）	衙役	朱德洪	侵欠	1200两	革职，秋绞，秋后处决	卷34，捌辑7，355—356页
顺治十七年（1660年）	衙役	徐天赐	贪污	3105两	革职，秋绞，秋后处决	卷34，捌辑7，355—356页
顺治十六、十七年（1659、1660年）	各府官员		节年裁官等经费尚未完解	1531两		卷34，捌辑7，364页

续表

时间	职务类别	姓名	性质及基本事实	数量	处理	资料出处
顺治六至十五年（1649—1658年）	官役	崔澄、孙代等	册报拖欠	催完银3215余两，差官白启秀解部，其余未完迄今仍未确覆	佟彭年着议处具奏	卷34，捌辑7，366—367页
顺治十六年（1659年）	布政使等	徐为卿等	那移混牵，尚未完解	151633两	题参，听候议处	卷34，捌辑7，368—369页
顺治五至八年（1648—1651年）	镇江府属胥役		奉赦无追银	3790余两		卷34，捌辑7，370—371页
顺治五至八年（1648—1651年）	镇江府属胥役	季一麟等	侵撮挪透无追种种	98310余两		卷34，捌辑7，370—371页
顺治十八（1661年）以前	官役	魏尚璧等	造报错漏	737两		卷34，捌辑7，372页
顺治十七年（1660年）	蠹役、革职知县	石攻玉 张燮	知县张燮纵蠹侵欺漕折银两	赦前侵银1100两，赦后又侵银560两	石攻玉合依衙役犯赃120两以上拟斩	卷34，捌辑7，373—374页
顺治十七年（1660年）	蠹役	孙履祥	革职知县张燮纵蠹侵欺漕折银两	赦前侵银459余两免议外，赦后又侵银15两	孙合依衙役犯赃120两以上，解部流徙尚阳堡	卷34，捌辑7，374页
顺治十八年（1661年）	蠹役	顾林	冒滥私侵	235两	绞徒	卷34，捌辑7，384页
顺治十八年（1661年）	蠹役	奚廷诏等	因公那撮		奚廷诏等十九犯刺配	卷34，捌辑7，384~385页
顺治十八年（1661年）	蠹役	冯瑛	冒滥私侵	150余两	绞	卷34，捌辑7，384页
顺治十八年（1661年）以前	知县	雷珽	因公科敛财物	1627余两	杖责，徒三年，准折赎	卷34，捌辑7，404—405页

续表

时间	职务类别	姓名	性质及基本事实	数量	处理	资料出处
顺治十八（1661年）以前	蠹役	浦万龄	赃银	受杨荣银1两，石君扬布3匹	新例杖一百，责四十板，解部流徙尚阳堡，杖责充军	卷34，捌辑7，405页
顺治十八（1661年）以前	蠹役	陆韬、何敬甫、陈恭甫等	捏款诈骗	合银423余两、米256余石、紬2尺半	革役、立绞	卷34，捌辑7，405—406页
顺治十三年（1656年）	江阴卫守备	蒋元泰	未完钱粮	米468石2斗1升	降俸一级	卷35，捌辑7，425—426页
顺治十八年（1661年）	长、吴二县吏等		侵挪并民欠未完	银78000	追完再议	卷35，捌辑7，427—428页
顺治十八年（1661年）	长、吴二县吏役等		滥拨缺额侵逋	银6526两余	追完再议	卷35，捌辑7，427—428页
顺治十八年（1661年）	长、娄、吴三县蠹役		侵挪，侵亏		命户部核议具奏	卷35，捌辑7，427—428页
顺治十一年（1654年）	长洲等县蠹吏	徐嗣元杜逢春	侵欺站银	银570两余，银650两	斩戍	卷35，捌辑7，430—431页
顺治十一年（1654年）	蠹役	龚国秉	侵欺	银68两5钱	拟徒援赦	卷35，捌辑7，430页
顺治十一年（1654年）	知县	毛侃	撮银	银887两7钱	敕部查议	卷35，捌辑7，431页
顺治十一年（1654年）		朱启荣	侵银	银600	敕部查议	卷35，捌辑7，431页
顺治十一年（1654年）	蠹役	徐嗣元	侵银	银17116两9钱	敕部查议	卷35，捌辑7，431页
顺治十八年（1661年）	右布政使、按察使等	佟彭年李芝兰陈彩	光禄寺白折银经征带征接征各项	违限一月四日	着议处具奏	卷35，捌辑7，433页
康熙二年（1663年）九月	衙役，巡按等	马腾升等	赃银	48000余两	各官分别流戍徒杖	卷35，捌辑7，434页

续表

时间	职务类别	姓名	性质及基本事实	数量	处理	资料出处
康熙二年（1663年）九月	衙役，劣生	陈殿卿，杨化龙等	赃银	880两	各官分别流戍徒杖	卷35，捌辑7，434页
康熙二年（1663年）九月	衙役，劣生	钱太宇等	侵蚀银	数千余两	分别流戍杖徒	卷35，捌辑7，434—435页
顺治十八年（1661年）	解官	章文尚	缎疋粗糙不堪	2400疋	敕部核议	卷35，捌辑7，451—452页
康熙元年（1662年）	松江等四府		浮冒，多支，多用	3802石6斗	敕部核复	卷36，捌辑7，458—461页
顺治十八（1661年）正月	松、常、镇三府		未完秦饷	银15653	敕部核复	卷36，捌辑7，464—465页
顺治十二年（1655年）	犯弁	舒桂芳	赃银	130两余	已亡故追变家产	卷36，捌辑7，467页
顺治十八年（1661年）	丹徒衙蠹	吴良义	侵欺，私收各图里长等银	272两余	斩	卷36，捌辑7，468—469页
顺治十八（1661年）以前	苏州吏役	瞿四达等	赃欠银	7333两余	严查家产变卖	卷36，捌辑7，472—473页
顺治十八（1661年）以前	苏州吏役	朱忠	欠银	57两5钱	积久难完，题请议处	卷36，捌辑7，472
顺治十八（1661年）以前	苏州吏役	张嘉璠	欠银	46两	积久难完，题请议处	卷36，捌辑7，472
顺治十八（1661年）以前	苏州吏役	金悦甫等	欠银	108两7钱余	积久难完，题请议处	卷36，捌辑7，472
顺治十八（1661年）以前	苏州吏役	仲吉等	无追银	156两5钱余	积久难完，题请议处	卷36，捌辑7，472
顺治十八（1661年）以前	苏州吏役	郦孟荣	欠银	186两8钱余	积久难完，题请议处	卷36，捌辑7，472
顺治十八（1661年）以前	苏州吏役	顾云立等	无追银	308两7钱余	积久难完，题请议处	卷36，捌辑7，472
顺治十八（1661年）以前	苏州吏役	曹大儒	无追银	117两4钱	积久难完，题请议处	卷36，捌辑7，472

续表

时间	职务类别	姓名	性质及基本事实	数量	处理	资料出处
顺治十八（1661 年）以前	苏州吏役	褚永华	无追银	286 两 1 钱	积久难完，题请议处	卷 36，捌辑 7，472
顺治十八（1661 年）以前	苏州吏役	顾子常	无追银	48 两 8 钱	积久难完，题请议处	卷 36，捌辑 7，472
顺治十八（1661 年）以前	苏州吏役	李奉山等	无追银	517 两 2 钱余	积久难完，题请议处	卷 36，捌辑 7，472
顺治十八（1661 年）以前	衙役	随登云	拖欠	13372 两余	积久难完，题请议处	卷 36，捌辑 7，472
顺治十八（1661 年）以前	昆山书手	莫元昌	无追银	187 两	积久难完，题请议处	卷 36，捌辑 7，472
顺治十八（1661 年）以前	长洲库吏	唐明等	欠银	359 两余	积久难完，题请议处	卷 36，捌辑 7，472
顺治十八（1661 年）以前	库吏	孙永华	侵银	31 两 5 钱	照盗漕例正法	卷 36，捌辑 7，472—473 页
顺治十八（1661 年）以前	衙役	宋仕英	侵银	2952 两 6 钱余	已另案归结	卷 36，捌辑 7，472—473 页
顺治十三年（1656 年）	知县	丘应鳌、孔胤洪	未完粤西兵饷		敕部议复	卷 36，捌辑 7，476—477 页
康熙二年（1663 年）八月	武进知县	孔胤洪等	透支侵欠	共侵银 137891 两	敕部核复	卷 36，捌辑 7，487 页
顺治八年（1651 年）	苏太等卫屯官役	吴重华 唐龙武 刘天锡等	侵欺撮借	28686 两余	降职查办	卷 36，捌辑 7，487—490 页
顺治四年（1647 年）	解官	马之璋	挂欠银两追比不得	681 两	拟斩监候	卷 36，捌辑 7，491—492 页
康熙二年（1663 年）	知县	张熙岳	滥放、承追怠缓	含无着银、漕白银等 21050 两	降职	卷 36，捌辑 7，493—495 页
顺治十二至十六年（1655—1659 年）	太仓等卫守备、千总等	刘国佐傅万年等	以完作欠，侵欠钱粮	2245 两	敕部查议	卷 36，捌辑 7，495—497 页

续表

时间	职务类别	姓名	性质及基本事实	数量	处理	资料出处
顺治十六至十八年（1659—1661年）	六合知县	顾高嘉	挂欠钱粮	7两余	停其迁转	卷36，捌辑7，498—499页
康熙二年（1663年）	无锡知县	陈泰和	欠饷，逋欠未完	39000两	敕部查议	卷36，捌辑7，500页
顺治十七（1660年）以前	役犯	赵瑾	侵欠赃银	追赃433余两；	敕部核议	卷36，捌辑7，503—504页
顺治十七（1660年）以前	役犯	胡廷桂	侵欠赃银	2015两；入官赃银4297两余	敕部核议	卷36，捌辑7，503—504页
顺治十七（1660年）以前	役犯	汤立中	侵欠赃银	94两，尚欠48两	父子俱亡，并无家属遗产可追，	卷36，捌辑7，503—504页
顺治十七（1660年）以前	役犯	何继尧	侵欠赃银	1150两余，松江府推官王于藩垫解400两	与妻孥相继物故，家产搜勘毫无；螟蛉之子何桂孑身丐食	卷36，捌辑7，503—504页
顺治十七（1660年）以前	衙役等	宋仕英唐明等	侵欠赃银	3308两	敕部核议	卷36，捌辑7，503—504页
顺治十六至十八年（1659—1661年）	五府知县、知府、经承等	刘洪宗等80余人	遗漏失造，失编缺额，文册互异		敕部查议	卷37，捌辑7，506—508页
康熙二年（1663年）	巡抚、都统	朱国治刘之源	动用钱粮款项	80805两余		卷37，捌辑7，527页
顺治十二至十八年（1655—1661年）	知县，知府	周仲达吴明相李正华等	撮借银两，侵那失察	37两余	降俸二级待罪督催罚俸一年	卷37，捌辑7，528—529页
顺治十六至十八年（1659—1661年）	六合知县	顾高嘉等	挂欠银两，钱粮催解不前	15两余	降俸二级待罪督催	卷37，捌辑7，530页
顺治十八至康熙元年（1661—1662年）	苏州府		匠役米挂欠	凡1081石	敕部核复	卷37，捌辑7，531—532页

续表

时间	职务类别	姓名	性质及基本事实	数量	处理	资料出处
顺治四至十八年（1647—1661年）	按察使	李芝兰	不能殚心详核驳催通省赃罚完欠		迟延之咎难宽，敕部议处	卷37，捌辑7，533—534页
顺治十八年（1661年）	布政使	陈培祯	长洲县拖欠挪移	7720两	呈报户部知道	卷37，捌辑7，537—538页
顺治四至十八年（1647—1661年）	推官	何继尧案	赃银完欠驳追不完	1150两	人亡产尽，已于催征不得案内汇题	卷37，捌辑7，539—540页
顺治三至十一年（1646—1654年）		钱履吉	赃变未完	2740两，另十六年分680两		卷37，捌辑7，541页
顺治三至十四年（1646—1657年）	苏州等五府去任推官等	孔照、李壮松、胡鄂先	侵隐、贪污	未完1110.22两，蠹役侵共欠6178两余	敕部核议	卷37，捌辑7，542—544页
康熙三年（1664年）	衙役	倪时俊	欠屯粮、侵撮银两		将衙役究拟	卷38，捌辑7，558—559页
康熙三年（1664年）	苏松二府		拖欠工属银两	2075两有奇	着原欠各属勒追	卷38，捌辑7，564页
顺治十六年（1659年）	苏松按臣、知县等	毛侃、宋聚奎、吴重举等	通同侵蚀、贪污银两	110874两	敕部核议	卷38，捌辑7，571—572页
康熙元至二年（1662—1663年）	海防同知、无锡县黜革知县	胡继芳陈泰和	预支、兑支银两撮借，致正解亏空无着	撮透无批等元年：47847两余；二年：58505两余	敕部查议，本官并册内有名蠹役一并严加追究	卷38，捌辑7，580—581页
康熙二年（1663年）	长、无、昆等县知县衙役	周明珥等	侵那撮透，钱粮拖欠		革职，严行司府力督该县设法催追	卷38，捌辑7，583页
顺治十八年（1661年）	苏、松二府	徐廷楷周吉士朱允熙等	侵隐撮借银两	10039两余	二年内还完	卷38，捌辑7，587—588页

续表

时间	职务类别	姓名	性质及基本事实	数量	处理	资料出处
康熙二年（1663年）	苏州知府，长洲知县	吴道煌董定国周明珥	透支、撮借银两等	17649两余	革职，送部查核	卷38，捌辑7，589—590页
康熙二年（1663年）	武进革职知县	张熙岳	那透缺额银	29975两余	那透钱粮数万，大干法纪，着该督提问追拟具奏	卷三十八，7—590
康熙二年（1663年）	武进休致知县	党文	那透缺额银	7727余两		卷三十八，7—590
顺治十二至十五年（1655—1658年）	江宁府	张中元	未获批领银、冒支撮借颜料、药材、麻胶、绢等项	银74219两余，颜料等11544石6斗3升，钱16676文等	户部知道	卷38，捌辑7，595—596、598页
顺治二至十七年（1645—1660年）	江南省		拖欠银两、贪污、私吞俸禄	未完师生缺银12220两余，学租银4186两余，缺官俸薪等银9914两余	敕部核议	卷38，捌辑7，601页
顺治二至十二年（1645—1655年）	苏松常等五府		侵撮无抵及应拨民欠抵还未补	银49191两余	敕部核议	卷38，捌辑7，602—603页
顺治十六、十七年（1659、1660年）	崇明县		欠钱	银437874两余	敕部核议	卷38，捌辑7，603页
顺治十六、十七年（1659、1660年）	江宁等卫奸丁	徐祥等	分肥米	214石3斗	追回206石8斗	卷38，捌辑7，605页
顺治十六、十七年（1659、1660年）	江阴等卫	吴尧等	赃银	191两	追回	卷38，捌辑7，605—606页

续表

时间	职务类别	姓名	性质及基本事实	数量	处理	资料出处
顺治十七年（1660年）	溧阳县		侵米	321石4斗	追回	卷38，捌辑7，605—606页
顺治十七年（1660年）	江阴等卫	吴养正	赃米	37石	追回	卷38，捌辑7，605—606页
顺治八至十五年（1651—1658年）	江南省	布政司	节年那解楚、协饷	35两至62565两不等	核明各册结送部，敕部会议	卷39，捌辑7，615—617页
顺治十二年（1655年）	吴县经承	龚湉	撮借	729两	另案行追	卷39，捌辑7，615页
顺治六至十三年（1649—1656年）	各府卫		藩司挪借兵马钱粮	6530两余	敕部会议	卷39，捌辑7，615—616页
顺治六至十三年（1649—1656年）	苏州府		缺官银未完银	1371两余	敕部会议	卷39，捌辑7，615页
顺治十三年（1656年）	松江府		缺官银欠钱	51两余	敕部会议	卷39，捌辑7，615页
顺治六至十三年（1649—1656年）	江宁左等衙		缺官银欠钱	3672两余	敕部会议	卷39，捌辑7，615页
顺治十二至十七年（1655—1660年）	江南省		未完少编等银	111953两余	积年逋欠，催征不得，敕部会议	卷39，捌辑7，619—621页
顺治八至十五年（1651—1658年）	江南省		挪借、侵撮	165433两余	积年逋欠，催征不得，敕部会议	卷39，捌辑7，619—621页
顺治八年（1651年）	江南省		撮借、侵那	45两余	积年逋欠，催征不得，敕部会议	卷39，捌辑7，619页
顺治十年（1653年）	江南省		侵那银	7725两余	积年逋欠，催征不得，敕部会议	卷39，捌辑7，619页
顺治十一年（1654年）	江南省		侵那银	6013两余	积年逋欠，催征不得，敕部会议	卷39，捌辑7，619页

续表

时间	职务类别	姓名	性质及基本事实	数量	处理	资料出处
顺治十二年（1655年）	江南省		挪借、侵那等银	26003两余	积年逋欠，催征不得，敕部会议	卷39，捌辑7，619页
顺治十三年（1656年）	江南省		挪借、侵那等银	24676两余	积年逋欠，催征不得，敕部会议	卷39，捌辑7，619页
顺治十四年（1657年）	江南省		挪借、侵那等银	8375两余	积年逋欠，催征不得，敕部会议	卷39，捌辑7，619页
顺治十五年（1658年）	江南省		挪借、侵那等银	55374两余（报完未到银571两9钱）	积年逋欠，催征不得，敕部会议	卷39，捌辑7，619页
顺治十三至十五年（1656—1658年）		史遗直	未完银	64两余	积年逋欠，催征不得	卷39，捌辑7，620页
康熙三年（1664年）	守备六寺三监等		积年逋欠、未完银	12261两余	积年逋欠，催征不得	卷39，捌辑7，620页
顺治十一年（1654年）			侵那未补银	3100两	积年逋欠，催征不得	卷39，捌辑7，620页
顺治十二至十五年（1655—1658年）			未编银，侵那挪借未补银	未编银3153两，侵那挪借未补银19704两	无从追诘	卷39，捌辑7，620—621页
顺治十六、十七年（1659、1660年）	江宁、松江府		料价等未完银	4000余两	积年逋欠，催征不得	卷39，捌辑7，621页
顺治十二至十五年（1655—1658年）	江宁等五府		混用少编挪借侵欺	32748两余	逾期未追解	卷39，捌辑7，624—625页
顺治十二至十五年（1655—1658年）	知府知县等	武弘祖陈国珍等	应追项下银未完	19478两余	着议处具奏	卷39，捌辑7，626页

续表

时间	职务类别	姓名	性质及基本事实	数量	处理	资料出处
顺治五年（1648年）	松江府刑厅书办	王建甫等	改折分肥之银及改折粮	银10万余两，粮5700余石	徒杖	卷39，捌辑7，628—629页
顺治五年（1648年）	江宁巡抚书办	曹荣祖等	造册不对，贪污纸张银	42两	徒杖	卷39，捌辑7，628—629页
顺治五年（1648年）	官役	陈瑞	索卫文胤银	5两	徒杖	卷39，捌辑7，628—629页
顺治十六年（1659年）	批差解官	邢嘉祺，刘国才	减银缺银	部定之数减定该银5620两，复经驳减合计共减银480两，实销银5140两	奉旨着察，户部知道	卷39，捌辑7，635页
顺治十八年（1661年）	崇明知县	龚榜	逾逋欠练饷，期未征炼饷银	430余两	降三级调，参后照数完足，命开复	卷39，捌辑7，640—641页
顺治十八年（1661年）	镇南卫守备	黄愿焕	未完料豆	56石余	革职	卷39，捌辑7，642页
顺治十二至十五年（1655—1658年）	江宁知县	陈永吉	贪污、撮借钱，未获批冒支米豆	冒支14641两银，撮钱16670文，米3753石余，且有银朱麻胶等	降二级，带罪督促民欠	卷39，捌辑7，643—644页
顺治六至十一年（1649—1654年）	苏松常三府各官		未完银	439167两	吏部处理，继续催征	卷39，捌辑7，645—646页
顺治十一至十三年（1654—1656年）	华亭知县	张超	未完秦饷	37300余两	已完16169两，仍应议处	卷39捌辑7，646—647页
顺治九年（1652年）	靖江知县等	程万里等	额编税徭二项未完银	银44009两	已完25447两	卷39，捌辑7，650页

续表

时间	职务类别	姓名	性质及基本事实	数量	处理	资料出处
顺治九年（1652年）	靖江县		未开支销细数，私自挪用	银8066两	蠲免	卷39，捌辑7，651页
顺治八至十一年（1651—1654年）	华、娄二县蠹役	汤文之等	侵收金花京边银	银3097两余	3062两余未完	卷39，捌辑7，652页
顺治七、八年（1650、1651年）	松江知府及承追各官	廖文元等	侵撮等银	银198042两，内有重复银14999两，已补10374两	已革职	卷39，捌辑7，655—656页
顺治六至十三年（1649—1656年）	江宁、苏州等五府及苏太等卫	张希声、徐恭等	那移侵隐银	江宁等卫未完银3672两，各府节年缺官银两内有那解协饷应四库扣解未完等银共12582两。	敕部议处	卷40，捌辑7，662页
顺治六至十八年（1649—1661年）	差官	王国明、沈时捷	侵隐未解应补等项	1451两		卷40，捌辑7，664页
顺治六至十八年（1649—1661年）	差官	韩廷昌、白启秀	侵隐未解部	681两		卷40，捌辑7，664页
顺治八至十一年（1651—1654年）	苏州府		拖欠、那解楚协饷	23674两	催补	卷40，捌辑7，669页
康熙元年（1662年）	江宁苏太镇等二十二卫所	革职知府徐恭等	拖欠银两	23485两、88398石2斗	照例催解	卷40，捌辑7，679—680页
顺治八、九年（1651、1652年）	溧阳县署事同知	张云路	拖欠银两	官役侵欠认定银1420两，仍未完银2376两8钱	敕部查议	卷40，捌辑7，686页

续表

时间	职务类别	姓名	性质及基本事实	数量	处理	资料出处
顺治八、九年（1651、1652年）	差官	袁象乾	拖欠银两	已完5707两，其余续完未解并尚未征完银两不详	敕部查议	卷40，捌辑7，687页
顺治十二至十五年（1655—1658年）	娄县、华亭等县知县	胡思虞严士骑等	那抵侵撮混行开欠银两（起解无批解银、捏报民欠等）	538683两	免职、补款	卷40，捌辑7，708—710页
顺治十五至十六年（1658—1659年）	库书	张维和	侵隐银两	1014两	敕部查议	卷41，捌辑7，712—713页
顺治十五年（1658年）	库吏	张国勋	冒领解费	20两	敕部查议	卷41，捌辑7，712—713页
顺治十五至十六年（1658—1659年）	长洲知县	周仲达	衙蠹侵欺		离任	卷41，捌辑7，713页
康熙元年（1662年）	苏松等欠云南省兵饷		欠银	120000余两，内民欠并县吏侵那银78000余两	追缴	卷41，捌辑7，716页
康熙三年（1664年）	巡抚、粮道		吏侵民欠	62000余两	追缴	卷41，捌辑7，716页
康熙三年（1664年）	经催粮道	李来泰	地丁银未完	三年地丁银	责成见任官催解	卷41，捌辑7，716—717页
顺治十五、十六年（1658、1659年）	衙役	冯鼎垣	侵借欠银	5087两余	从重治罪、革职	卷41，捌辑7，719—720页
顺治十五、十六年（1658、1659年）	衙役	陈乘云等	侵借欠银	4427两余	责四十板流徙	卷41，捌辑7，719—720页
顺治十五、十六年（1658、1659年）	衙役	钱球	侵借欠银	630两	责四十板流徙	卷41，捌辑7，719—720页

续表

时间	职务类别	姓名	性质及基本事实	数量	处理	资料出处
顺治十五、十六年（1658、1659年）	衙役	张俊卿	侵借欠银	467两余	责四十板流徙	卷41，捌辑7，719—720页
顺治十五、十六年（1658、1659年）	衙役	王道隆	侵借欠银	381两余	责四十板流徙	卷41，捌辑7，719—720页
顺治十五、十六年（1658、1659年）	衙役	陶虞	侵借欠银	768两余	责四十板流徙	卷41，捌辑7，719—720页
顺治十五、十六年（1658、1659年）	衙役	许方	侵借挟诈欠银	443两余	责四十板流徙	卷41，捌辑7，719—720页
顺治十五、十六年（1658、1659年）	衙役	沈士元	侵欠银	26两	责四十板流徙	卷41，捌辑7，719—720页
顺治十五、十六年（1658、1659年）	衙役	陈惠生	侵借欠银	16两	责四十板流徙	卷41，捌辑7，720页
顺治十五、十六年（1658、1659年）	衙役	许君如	侵欠银	5两	杖一百流三千里	卷41，捌辑7，719—720页
顺治十五、十六年（1658、1659年）	衙役	夏日永	未完撮借银	2166两余	依律斩	卷41，捌辑7，719—720页
顺治十五、六年（1658、1659年）	衙役	张瑸	未完借银	46两余	依律斩	卷41，捌辑7，719—720页
顺治十五、十六（1658、1659年）年	衙役	吴梦润	未完借银	30两	依律斩	卷41，捌辑7，719—720页
顺治十五、十六年（1658、1659年）	衙役	王允文	未完借放银	597两	依律斩	卷41，捌辑7，719—720页

续表

时间	职务类别	姓名	性质及基本事实	数量	处理	资料出处
顺治十五、十六年（1658、1659年）	衙役	汤有升等	未完借放银	149两余	依律斩	卷41，捌辑7，719—720页
顺治十五、十六年（1658、1659年）	衙役	丘从龙	未完银	215两	依律斩	卷41，捌辑7，719—720页
顺治十五、十六年（1658、1659年）	衙役	沈伦	未完桨橹银	2两多	杖六十流三千里	卷41，捌辑7，719—720页
顺治十五、十六年（1658、1659年）	衙役	陈嘉谟	未完税银	8两多	杖六十流三千里	卷41，捌辑7，719—720页
顺治十五、十六年（1658、1659年）	衙役	吴兰	未完银	300两	杖一百流三千里	卷41，捌辑7，719—720页
顺治十五、十六年（1658、1659年）	衙役	周云翔	未完银	1两	杖六十流三千里	卷41，捌辑7，719—720页
顺治十五、十六年（1658、1659年）	衙役	许君如等	未完银	174两多	杖一百流三千里	卷41，捌辑7，719—720页
顺治十五、十六年（1658、1659年）	衙役	钱大傅	未完银	226两	杖一百流三千里	卷41，捌辑7，719—720页
顺治十五、十六年（1658、1659年）	衙役	吕兆贤	借放银	130两	杖一百流三千里	卷41，捌辑7，719—720页
顺治十五、十六年（1658、1659年）	衙役	钱球	借白折银未完	945两余	杖一百流三千里	卷41，捌辑7，719—720页
顺治十五、十六年（1658、1659年）	衙役	王道隆	未完白折银	105两余	杖一百流三千里	卷41，捌辑7，719—720页

续表

时间	职务类别	姓名	性质及基本事实	数量	处理	资料出处
康熙三年（1664年）	江南通省		借用司库溢解拨饷等银，未开明解支年月、细数		细数驳款开单限完欠分数	卷41，捌辑7，729—730页
康熙元年（1662年）	藩司		欠粮物	糙米11337石、营米52930石等	速追完	卷41，捌辑7，731—733页
康熙二年（1663年）	运弁	郭友仁	依官受财	120两以上	拟绞	卷41，捌辑7，738页
康熙二年（1663年）	衙役	徐应聘	赃银	1两	拟徒	卷41，捌辑7，738页
康熙二年（1663年）	衙役	王国祯	诈欺取财		拟杖	卷41，捌辑7，738页
康熙二年（1663年）	衙役	顾林	冒领解费	120两以上	拟绞	卷41，捌辑7，738页
康熙二年（1663年）	衙役	冯瑛	犯赃	120两以上	拟绞	卷41，捌辑7，738页
康熙二年（1663年）	推官	张世德郭有仁等	承问事件受财	120两	敕部议复施行	卷41，捌辑7，739页
顺治十六年（1659年）	布政使	徐为卿	钱粮驳斥，总撒不符	裁扣改折银1657659两，未完银526577两，未完钱128204294文	逐一查明造细册具	卷41，捌辑7，740—741页
康熙三年（1664年）	知县	任维初刘瑞等	任内侵措	各银2276两，银8115两等	分别究查严追另报	卷41，捌辑7，742—743页
康熙三年（1663年）以前	吴县前任知县	任维初	未批盗漕折、侵撮未完银	4571两、17210两有奇	分别究拟严追	卷41，捌辑7，742—743页

续表

时间	职务类别	姓名	性质及基本事实	数量	处理	资料出处
康熙三年（1663 年）以前	同知署县事	刘瑞	侵撮未完银	1660 两有奇	分别究拟严追	卷 41，捌辑 7，742—743 页
康熙三年（1663 年）以前	蠹役	张允祯葛启祥陈文炜秦汝虞宋国豫金佩等	撮借侵那银等	31406 两，其中张允贞、金佩等共撮借金花银拨饷等银 6754 两，前令撮借漕白折银 4119 两	分别究拟严追	卷 41，捌辑 7，742—743 页
康熙二年（1663 年）	无锡县经承	顾廷润等	撮借银两等未完	撮借 793 两余，捏报民欠：800 两	敕部核议施行	卷 41，捌辑 7，744—745 页
康熙二年（1663 年）	吴县经承	龚恬	撮借银两	729 两	催追依限完解	卷 41，捌辑 7，744—745 页
康熙二年（1663 年）	无锡县经承	顾廷润等	撮借、捏报民欠、未完等	合计 6813 两余	着议处具奏	卷 41，捌辑 7，746—747 页
康熙三年（1664 年）	照磨、经历	徐翀、姚廷瞻	欠粮	公费地亩租税银 3081 两，未完银 886 两余，376 两余、682 两余等	罚俸一年戴罪追查	卷 41，捌辑 7，746—749 页
顺治十八年（1661 年）	龙江关大使、布政司照磨	王家杰等	本折钱粮未完	一分以上者	罚俸 6 个月并戴罪督催	卷 41，捌辑 7，746—747 页
顺治十八年（1661 年）	布政司照磨	徐翀	本折钱粮未完	二分以上者	罚俸一年，戴罪督催，完解方可赴其新任	卷 41，捌辑 7，748—747 页
顺治十六、十七年（1659、1660 年）	布政司照磨	徐翀	钱粮未完	十六年欠银 586 两，十七年欠银 276 两	不准其回籍为父丧守制	卷 41，捌辑 7，748—749 页

续表

时间	职务类别	姓名	性质及基本事实	数量	处理	资料出处
康熙二年（1663年）	经承	唐泰恒	听任前任巡抚裁扣运官行月钱粮等		拟杖	卷41，捌辑7，757—758页
康熙二年（1663年）	蠹恶等	唐公魏、黄君佐等	混派浮加，烹分元宝		应笞	卷41，捌辑7，757—758页
康熙二年（1663年）	巡抚、布政使	朱国治徐为卿等	解南钱款未完并未奏		追缴米豆721石，银1038两，钱35580文	卷41，捌辑7，759—760页
顺治十五年（1658年）	江南清吏司		钱粮未完		照数追还其余未完南银米豆	卷41，捌辑7，759—760页
顺治十五至十八年（1658—1661年）	前左司、右司、江宁知府及同知	陈培帧、徐为卿等	采买缎锦价值等追赔	16265两	将回籍官员押赴江宁分摊赔银	卷42，捌辑8，5—6页
顺治十八年（1661年）	原任左司、原任右司	徐为卿、毛一麟	追赔解部减价银未完	5269两	分摊赔银	卷42，捌辑8，7—8页
顺治十七、十八年（1660、1661年）	左司、右司	徐为卿、毛一麟	江南采买追赔	10055两	徐、毛各分摊赔银	卷42，捌辑8，8—9页
康熙三年（1664年）	华亭知县	冯赓	欠银	银215两，尚未完70两	已故、折银豁免	卷42，捌辑8，12—13页
康熙二至三年（1663—1664年）	松江府		滥行加增	修河折银1021两	按原议照旧编征或减编	卷42，捌辑8，13—15页
顺治十五年（1658年）	江宁五府	李隽等	拖欠	共折银15343两	敕部核议	卷42，捌辑8，16—19页
康熙元年（1662年）	江南屯卫等	王熺等	解南屯卫兵饷银等拖欠	兵饷银1349两，颜料14两，白粮62523石，绢布若干	确查，追查	卷42，捌辑8，16—18页

续表

时间	职务类别	姓名	性质及基本事实	数量	处理	资料出处
顺治八至十五年（1651—1658年）	丹徒、丹阳、金坛三县知县吏役等	李先春等	侵撮钱粮	107297两6钱	拟绞、革职	卷42，捌辑8，30—32页
康熙二年（1663年）	解役	汪源，赵东	受贿	受银6两，致犯人逃跑	严加审问	卷42，捌辑8，33—35页
康熙三年（1664年）	江苏等五府		额征地丁正杂等项钱粮银未拨	1891265两	造册送部	卷42，捌辑8，37—38页
康熙二年（1663年）	藩司	徐为卿	混放擅支等	擅支俸工银1679两，又抵放银1328两	敕部查议	卷42，捌辑8，39—40页
顺治十八年（1661年）	长、吴二县	董定国张叙等	粤兵饷迟误拖欠	6031两6钱	勒限严追催补	卷42，捌辑8，43页
康熙三年（1664年）	昆山协部县丞、衙役	张建极、盛士选	私征钱粮，加价索费	共计银1960余两	严议处分，作速交完，质审究拟	卷42，捌辑8，44—48页
康熙三年（1664年）	昆山知县	李开先等	扣克	银1752两		卷42，捌辑8，44—46页
康熙三年（1664年）	昆山县书	金尚玉、朱雯文等	扣索费	银178两5钱	严议处分	卷42，捌辑8，45页
康熙三年（1664年）	昆山协部县丞等	张建极李开先	克扣民膏	额米13610石、糙粳米2200石、京白米7758石，银1281两	作速交完	卷42，捌辑8，44，48页
顺治十七年（1660年）	苏州府太仓、长州等7州县	陈钦泰，范仲威等720余人	侵撮透放等银	357468两9钱	依律处死，徒、流、杖不等	卷42，捌辑8，50—52页
康熙二年（1663年）	松江府解官	刘世美	侵空物料船遁逃，侵蚀		缉拿，并处分知县	卷43，捌辑8，57—58页

续表

时间	职务类别	姓名	性质及基本事实	数量	处理	资料出处
顺治十五年（1658年）	嘉定解役	顾之鹏等	倒卖侵欺	共欠银88344余，棉布19425匹	拟斩	卷43，捌辑8，58—59页
顺治七年（1650年）	松江府解役经承等	沈士晟等	侵欺	银46111两余，布7264匹	敕部查议，知县人等一并题参	卷43，捌辑8，59—60页
顺治七年（1650年）	常州府解役经承等	蒋沅等	侵欠	11658两4分	敕部查议，知县人等一并题参	卷43，捌辑8，59—60页
康熙二年（1663年）	衙役	叶绍泰等	拖欠		查明姓名、数额再处分	卷43，捌辑8，60—64页
顺治八至十五年（1651—1658年）	吴县知县	王麟标等	挪借侵欺银	2502两余，侵欺2314两余	将侵挪各犯究拟	卷43，捌辑8，65—67页
顺治十七年（1660年）	苏州府属太仓、长洲等州县官吏蠹役		侵挪透解透放，总撒数目不符	377519两余		卷43，捌辑8，65—67页
顺治十三年（1656年）	苏松常三府属州县	李开先等	拖欠侵挪	尚未完解	查核处分	卷43，捌辑8，68—69页
康熙三年（1664年）	蠹役	孙伯兰	侵用过县驿银	80两余	追回	卷43，捌辑8，72页
康熙二年（1663年）	溧阳知县等	徐一经张瓒等	未完银	9398两余（部分追回，尚欠6633两）	敕部查议	卷43，捌辑8，72—73页
顺治十七年（1660年）	常州府各官役	姜良性王松茂等	8—15年挪借未补，侵透无批等	362800余两	追究责任	卷43，捌辑8，73页
顺治十七年（1660年）	知县、署印知事、署印通判、署印照磨、署印通判等	李讷、王松茂、陈栋、阮毓英等	侵挪怠玩，透支银两等。	374740两钱余		卷43，捌辑8，74—75页

续表

时间	职务类别	姓名	性质及基本事实	数量	处理	资料出处
顺治十二年（1655 年）	江南知县等	李长秀等	任内失察，吏役撮借怠玩、透支等	撮借、透支 8—15 年分钱粮	免议	卷 43，捌辑 8，76—80 页
顺治八年（1651 年）	无锡知县	郭如俨等	任役撮借透支	任役撮借、透支 8—10 年分钱粮	免议	卷 43，捌辑 8，80 页
顺治十五年（1658 年）	宜兴知县	谢九锡刘芳显	任役撮借透支银两	8—15 年分钱粮	免议	卷 43，捌辑 8，78—80 页
顺治十六年（1659 年）	无锡知县	陈国鼎	撮借银两，疏册至异	16 年起解钱粮	送户部核议。	卷 43，捌辑 8，81 页
顺治九年（1652 年）	知县通判	程万里谢良琦等	透支撮借银	7301 两	二月内追完，官员议处	卷 43，捌辑 8，81—82 页
康熙三年（1664 年）	蠹役	刘升等 4 名	侵借银两	300 两以上	拟斩	卷 43，捌辑 8，84 页
康熙三年（1664 年）	蠹役	杨崇教	侵盗银两	120 两以上	拟绞	卷 43，捌辑 8，84 页
康熙三年（1664 年）	蠹役	张继美等 23 名	侵欠银两	120 两以上	照新例应绚首	卷 43，捌辑 8，84 页
康熙三年（1664 年）	蠹役	宋国祯等 24 名	侵透	多寡不一，1 两以上	依例均流徙	卷 43，捌辑 8，84 页
康熙三年（1664 年）	蠹役	朱甫等 20 名	侵银	50 两以上	戍边	卷 43，捌辑 8，84 页
康熙三年（1664 年）	蠹役	范允和等 4 名	侵银	40 两以上	拟斩，杂犯准徒	卷 43，捌辑 8，84 页
康熙三年（1664 年）	蠹役	程正等 3 名	侵银	30 两	流配	卷 43，捌辑 8，84 页
康熙三年（1664 年）	蠹役	高明沙玉生	侵银	25 两	流配	卷 43，捌辑 8，84 页
康熙三年（1664 年）	蠹役	王维祯	侵银	20 两	流配	卷 43，捌辑 8，84 页

续表

时间	职务类别	姓名	性质及基本事实	数量	处理	资料出处
康熙三年（1664年）	蠹役	汪升等3名	侵银	15两	应照律徒惩	卷43，捌辑8，84页
康熙三年（1664年）	蠹役	叶礼等13名	侵借银两	80两以上	拟绞，杂犯准徒	卷43，捌辑8，84页
康熙三年（1664年）	蠹役	张科	侵借银两	35两	拟流准配	卷43，捌辑8，84页
康熙三年（1664年）	蠹役	汤卿	侵银	30两	依律徒	卷43，捌辑8，84页
康熙三年（1664年）	蠹役	胡科等3名	侵银	20两	各照年限徒	卷43，捌辑8，84页
康熙三年（1664年）	蠹役	范廷选等136名	侵银	30两以上	拟流准配	卷43，捌辑8，85页
康熙三年（1664年）	蠹役	周允奇	侵银	25两	拟流准配	卷43，捌辑8，85页
康熙三年（1664年）	蠹役	毛弘祖等5名等	侵银	20两以上	拟流准配	卷43，捌辑8，85页
康熙三年（1664年）	蠹役	徐劼等6名	侵银	17两5钱	依限徒配	卷43，捌辑8，85页
康熙三年（1664年）	蠹役	周瓒等8名	侵银	15两	应照律依限徒配	卷43，捌辑8，85页
康熙三年（1664年）	蠹役	蒋国鼐等12名	侵银	12两5钱	照律依限徒配	卷43，捌辑8，85页
康熙三年（1664年）	蠹役	陈文等13名	侵银	10两	照律依限徒配	卷43，捌辑8，85页
康熙三年（1664年）	蠹役	程志等15名	侵银	7两5钱	照律依限徒配	卷43，捌辑8，85页
康熙三年（1664年）	蠹役	周绍隆等12名	侵借银两	5两	分别各杖	卷43，捌辑8，85页
康熙三年（1664年）	蠹役	钟振翔等67名	侵借银两	1至2两	分别各杖	卷43，捌辑8，85页

续表

时间	职务类别	姓名	性质及基本事实	数量	处理	资料出处
康熙三年（1664 年）	蠹役	唐际等 36 名	侵借银两	1 两以下	分别各杖	卷 43，捌辑 8，85 页
康熙三年（1664 年）		顾諟明	侵盗漕粮	300 两以上	别案拟斩	卷 43，捌辑 8，85 页
康熙三年（1664 年）	宜兴县丞等	朱大伦等 46 名	侵盗漕运钱粮		均应折赎	卷 43，捌辑 8，85 页
顺治十八年（1661 年）	华亭知县、役	严士骑胡思虞等	拖欠、侵撮钱粮未补	无批无领等项 23116 两，那抵撮借捏报民欠等项 55660 两	追回钱粮，短时难以完成	卷44，捌辑8，109—111 页
顺治十七年（1660 年）	苏州、松江知府，江南布政使等	吴道煌、郭廷弼、陈培祯、孙代等	缺欠粤西兵饷，延缓之愆	70000 两	着议处	卷44，捌辑8，113—116 页
顺治十七年（1660 年）	武进知县	尚昂	缺额银，无项可以催解	2000 两	敕部查议	卷44，捌辑8，115—116 页
康熙三年（1664 年）	江宁、苏州知府，布政使等	徐恭、余廉征、徐为卿等	款项不符，有贪污嫌疑		命令更改	卷44，捌辑8，116—117 页
顺治十至顺治十一年（1653—1654 年）	太仓州经承	浦文	布折银未完，捏报错报	3497 两余	拟斩准配	卷44，捌辑8，119—120 页
顺治八至十二年（1651—1655 年）	苏州府八州县官役等	原知府邹蕴贤等	撮借侵欺钱粮	449332 两	官员议处	卷44，捌辑8，123—126 页
顺治十三—十五年（1656 年—1658 年）	江宁知府，苏州、镇江经征守备	姚振国傅万年李隽等	侵欠白折银等		敕部查核	卷44，捌辑8，130—131 页
顺治十八年（1661 年）	府衙	张光辅	赃银	尚有 4 两未完	流徙，应否宥罪，报刑部知道	卷44，捌辑8，133—134 页

续表

时间	职务类别	姓名	性质及基本事实	数量	处理	资料出处
顺治十六、十七年（1659、1660年）	江南布政使	佟彭年	节年裁官经费并未开明贮存何库	1531两	敕部议复	卷44，捌辑8，134—137页
康熙二年（1663年）	吴江太仓等地知县、知州、左司右司	王名世陈田珍等	侵欺各年分银	左司库未解银32892两，未完银48416两	敕部分别查议	卷44，捌辑8，141—142页
康熙三年（1664年）	常州、松江等知县、知府、通判等	王毓慧刘成龙何铿等	遮掩拖欠钱粮，存欠白折银，疏忽之咎	何铿欠钱粮2000余两	敕部查核	卷45，捌辑8，155—157页
顺治十八年（1661年）	江宁等二十二卫所	守千各官	侵欠白粮、轻赍银	2566石未知出处，银1603两余	敕部查议	卷45，捌辑8，158—159页
顺治八至十五年（1651—1658年）	江阴、靖江等县知县、通判等	李长秀刘芳显等	失察，纵役侵欺		久欠无追，悉行宽免，无庸再议	卷45，捌辑8，161—162页
顺治八至十五年（1651—1658年）	苏松巡按	马腾升	将撮借案事不速审理		十五年以前钱粮宽免，敕部销件	卷45，捌辑8，161—162、163页
康熙元年（1662年）	江宁五府		拖欠银粮	未完豆119石余	敕部议复	卷45，捌辑8，165页
康熙二年（1663年）	苏常道参政	陈彩	俸饷银、米料等督察怠缓		降俸二级，戴罪督造	卷45，捌辑8，169—170页
康熙三年（1664年）	宜兴知县、常州府知府等	李元华王吉等人	督察不利、疏报饷银	50000两	将贮司滇饷缴令该司另遴干员星驰解楚	卷45，捌辑8，171页
康熙三年（1664年）	江苏松常镇五府官役		未完解	牲口银383两余，白折银7730两余	敕部查议	卷45，捌辑8，172—173页

续表

时间	职务类别	姓名	性质及基本事实	数量	处理	资料出处
顺治十七年（1660年）	衙役等	徐宫岳等31名，徐士愚等64名	赃银	31名赃银共1359余两，64名脏银2967两余	流徙，房田等产照追入官	卷45，捌辑8，174页
顺治十七年（1660年）	蠹犯	黄文	赃银	246两	先奉旨免罪追赃，但黄家产全无，着该部议奏	卷45，捌辑8，174—175页
顺治八至十三年（1651—1656年）	江宁府各县知县、吏役等	郭士贤杜来凤吴元玠等及各役彭谢马等197人	透支撮借、侵欺	查银未解：980两，未获批银：7401两，米：24805石余，侵欺银：85814两	三百两以上拟斩，一千两之外斩，一两以上流徙，五十两以上戍边，职官降职	卷45，捌辑8，178—180页
顺治十七、十八年（1660、1661年）	左布政司、苏、松、常三府	前任徐为卿，接任崔澄	那移白折银	65750余两	敕部严议追究	卷45，捌辑8，181—182页
顺治六至十五年（1649—1658年）	苏太等府卫		缺官柴马银	7244两7钱	敕吏部照例查议	卷45，捌辑8，183页
顺治十二至十三年（1655—1656年）	钟山卫左所千总	王眷命	欠军米	1302石8斗	敕部查议	卷45，捌辑8，184—185页
顺治十四年（1657年）	石城卫左所千总	张尔建	欠军米	214石8斗4合	罚俸六月	卷45，捌辑8，186—187页
康熙二年（1663年）	溧水县解官	白启秀	有未完银	7189两4钱	敕部议复	卷45，捌辑8，189—191页
康熙元年（1662年）	江宁巡抚，凤阳巡抚，安徽巡抚	韩世琦张尚贤张朝珍	赃银罚并赃物	53219两余，钱530300文	敕部核复	卷45，捌辑8，194—195页
顺治十八年（1661年）	官役	汪应圣刘兴汉等	赃银	2294两余	敕部核复	卷45，捌辑8，194—195页

续表

时间	职务类别	姓名	性质及基本事实	数量	处理	资料出处
康熙二年（1663年）	松江、常州府推官等	王于蕃毕忠吉田熏等	赃赎、变价等银完欠册数不符		停其升转	卷45，捌辑8，194—195页
顺治十七年（1660年）	典史	金名远	尚未完银	452两	拟斩	卷45，捌辑8，198—199页
康熙三年（1664年）	知县	田绍前	侵渔国帑	120两	准绞	卷45，捌辑8，199页
康熙三年（1664年）	丹徒知县衙蠹等	王锡履萧维枢	经管马草，侵克价银，接顶同役，则藉称贴费而勒取	侵克银143两，受28金之馈	萧维枢合并指参以听部议；受财不枉法者一百二十两以上律拟绞，秋后决	卷46，捌辑8，204—206页
顺治十八年（1661年）	衙役	陈茂琳	侵蚀条银	3573两6钱余	拟斩	卷46，捌辑8，206—207页
顺治十八年（1661年）	衙役	宋国豫	侵蚀条银侵银	2462两余	拟斩	卷46，捌辑8，206—207页
顺治十八年（1661年）	衙役	秦汝虞	侵蚀条银侵银	215两，219两余	拟绞罪，秋后处决	卷46，捌辑8，207页
顺治十七至十八年（1660—1661年）	衙役	葛启祥	侵银	共1518两余	绞罪，秋后处决	卷46，捌辑8，207页
顺治十七至十八年（1660—1661年）	衙役	陈文炜	侵银	1636两余	绞罪，秋后处决	卷46，捌辑8，207页
顺治十八年（1661年）	衙役	吴应灏	侵银侵蚀条银	200两，677两4厘	拟绞罪，秋后处决	卷46，捌辑8，206—207页
顺治十七至十八年（1660—1661年）	常熟数书	石玫玉	侵收粮户银	银1100两、560余两，补过480两，尚侵银1180两	拟斩罪	卷46，捌辑8，208页

续表

时间	职务类别	姓名	性质及基本事实	数量	处理	资料出处
康熙元年（1662年）	衙役	徐宫岳等31名	赃银	1359两余	赦前均应免罪	卷46，捌辑8，230页
康熙元年（1662年）		徐士愚等64名	赃银	2967两余，米45石	着家属照追入官	卷46，捌辑8，230页
康熙二年（1663年）	苏州府衙役等	瞿四达等十七案役犯	赃欠涉员甚多，侵蚀银两不等	如朱忠欠银57两余，张嘉播欠银46两，刘惠泉等欠银108余，余仲吉无追银156两余，郦孟荣欠银186两余，顾云立308两余，曹大儒无追银117两余等	或系人亡，或系产尽，援新例分别入官豁赃具题	卷46，捌辑8，230—231页
顺治十七年（1660年）	吴江知县	毛漪秀	纵役私侵银	146两	敕部核议	卷46，捌辑8，241—243页
顺治十五年（1658年）	溧阳知县	张瓒	册报不明，延期		警怠玩者除之	卷47，捌辑8，253—254页
顺治十八年（1661年）	知县等	陈瑞龙 沈士恒 潘其玉	交盘不明，侵挪赃银补项		秋后问斩	卷47，捌辑8，259—260页
康熙二年（1663年）	江浦知县	程瑞	纵蠹熊国政侵私作奸	熊侵银200余两	吏部革职，杖一百	卷47，捌辑8，262—263页
康熙二年（1663年）	衙役	熊国政	侵用粮银	米6升，银161两，47两	拟绞	卷47，捌辑8，262—263页
顺治十八年（1661年）	石城卫千总	吴士科	破坏屯政，苛婪暴敛，损公肥私	多索姜铎等十六名公银260余两	严加议处	卷47，捌辑8，264—265页
顺治十八年（1661年）	蠹役	顾林	侵那漕银	235两1钱	拟绞	卷47，捌辑8，269—270页

续表

时间	职务类别	姓名	性质及基本事实	数量	处理	资料出处
顺治十八年（1661年）	蠹役	冯瑛	侵那漕银	151两1钱	拟绞	卷47，捌辑8，269—270页
顺治十八年（1661年）	蠹役	唐国斌郑时耀等十九人	监守自盗	共那撮银28980两，以民欠抵补外，未完银249两	杖四十，流三千里。徒四年	卷47，捌辑8，269—270页
顺治十八年（1661年）	蠹役	沈士恒	侵银	10615两	秋后问斩	卷47，捌辑8，293页
顺治十八年（1661年）	蠹役	潘其云	侵银	2412两	秋后问斩	卷47，捌辑8，293页
顺治十八年（1661年）	蠹役	陈瑞龙	侵银	848两	秋后问斩	卷47，捌辑8，293页
康熙二年（1663年）	江宁县、镇江卫等知县、守备	陈永吉，张邦化等	未完国课	拖欠59098两	严令完成，否则按例议处	卷48，捌辑8，305—306页
顺治十七年（1660年）	江、苏等府		比赋役少开额银	15979两	严查	卷48，捌辑8，309—310页
顺治十七年（1660年）	漕凤标官兵		供应粮料等项并缺额	查明未完35774两余	严查	卷48，捌辑8，309—310页
康熙三年（1664年）四月	左布政使	徐为卿	滥委匪人	致李植领侵缎250匹	察知督办	卷48，捌辑8，311—312页
康熙三年（1664年）五月	松江府刑厅书办等	曹荣祖，王建甫	赃罪，剥民肥己		查职督办	卷48，捌辑8，314页
康熙三年（1664年）四月	按察使、推官等	蓝润、李芝兰、刘典汉等	赃罚银未完，又有私侵	节年赃罚银未完一至九分不等	革职，降调	卷48，捌辑8，318—319页
康熙三年（1664年）三月	高淳、太仓等十七州县知县等	孟复生冯泰运王玑等	未完牙税银	1434两	续完，降调	卷48，捌辑8，320—321页

续表

时间	职务类别	姓名	性质及基本事实	数量	处理	资料出处
康熙三年（1664年）七月	松江府解官	黄尔安	坏船，银朱颜科浸水亏损		赔补交清	卷48，捌辑8，322—323页
康熙三年（1664年）三月	丹徒、丹阳二县		钱粮未完	608两余	康熙三年以后复额起征	卷48，捌辑8，327—328页
顺治八年（1651年）	蠹役	倪时俊	侵田解府银	200两	斩，准刺徒	卷48，捌辑8，329页
顺治十年（1653年）	县吏等	徐嗣元蒋伯安	侵欺府银	71两余	斩，流放，杖	卷48，捌辑8，329页
顺治九年（1652年）	屯甲	陈文、张佑等	侵解府银	89两余	徒五年	卷48，捌辑8，329页
顺治九年（1652年）	卫书	时靖忠	侵许克明子粒粒银	40两	徒五年	卷48，捌辑8，329页
顺治十三年（1656年）	运丁	高卿	侵解府银	93两余	徒五年	卷48，捌辑8，329页
顺治十五年（1658年）	衙役	卢昌任、夏文玉	侵解府银	54两	送总兵官处查拨	卷48，捌辑8，329页
顺治十五年（1658年）	衙役	周真文	侵解府银	27两余	杖四十，流二千五百里	卷48，捌辑8，329页
顺治十一年（1654年）	库吏	陈文炜	金砖缺额，撮军储银	金砖不详；军储银32两余	拟斩	卷48，捌辑8，329—330页
顺治十年（1653年）	解役	王家庆	分太仓卫屯粮银	79两余	杖一百，折责四十，流三千里	卷48，捌辑8，330页
顺治九年（1652年）	苏州府吏	刘世杰	撮银	92两余	杖一百，折责四十，流三千里	卷48，捌辑8，330页
顺八、九年（1651、1652年）	苏州府户书	钱熙	撮银	123两9钱	杖一百，折责四十，流三千里	卷48，捌辑8，330页

续表

时间	职务类别	姓名	性质及基本事实	数量	处理	资料出处
顺治十五（1658年）以前	卫健	刘达	私收赃银	12两	杖八十，折责三十板	卷48，捌辑8，330页
顺治九年（1652年）	卫役	张贵、班定	侵银	49两9钱	已亡故	卷48，捌辑8，330页
康熙三年（1664年）六月	太监	卢进臣	赃罪	多次勒取吓诈骗银	流放	卷48，捌辑8，336—338页
顺治十八年（1661年）	江阴知县	何尔彬	拖欠国税	钱1317文有余	停其升转	卷49，捌辑8，353页
康熙三年（1664年）十一月	右布政使	孙代	造假讹多	10532两余	敕部查议	卷49，捌辑8，354—355页
康熙三年（1664年）一月			军饷未完	米豆6848石，银5284两	速催完解，未完照例	卷49，捌辑8，357页
康熙三年（1664年）九月	长洲等县知县	周明珥苏仁等	粤饷未完	1675两	革职，降俸，戴罪督催	卷49，捌辑8，358—359页
康熙三年（1664年）五月	华亭等县	陈昌期	钱粮未完	47000余两	令续完	卷49，捌辑8，360—361页
顺治十七年（1660）以前	衙役	宋仕英、唐明、沈廷栋	侵赃	3286两	产尽无追	卷49，捌辑8，366—367页
顺治十五（1658年）以前	江宁省城		公费地租等亏欠银钱粮	16026两余，钱67920文，米豆143石	敕部核销施行	卷50，捌辑8，429—430页
顺治十五（1658年）以前	松江府知府	李正华	任内奉拨协秦饷银拖欠	10303两余	敕部核销施行	卷50，捌辑8，431—432页
康熙三年（1664年）	昆山原任知县	周仲连徐调等	欠粮	若干两	敕部议复	卷50，捌辑8，433—434页
顺治十五（1658年）以前	衙役	卫文英	侵撮亏欠钱粮	2465两	斩	卷50，捌辑8，438页

续表

时间	职务类别	姓名	性质及基本事实	数量	处理	资料出处
顺治十二、十三年（1655、1656年）	衙役	倪时俊	侵欠银两	2341两	斩	卷50，捌辑8，441页
顺治十五年（1658年）	衙役	岳峙	侵欠砖料银	200两	应依衙役犯赃120两以上例绚首	卷50，捌辑8，441页
顺治十三年（1656年）	卫弁	唐龙武	侵欠军器银	133两	拟绞	卷50，捌辑8，441页
顺治十三年（1656年）	屯官	鲁拱云	冒领军器银	20两	流徙	卷50，捌辑8，441页
顺治十三年（1656年）	官役	袁天秩	撮欠军器银	100两	革职	卷50，捌辑8，441页
顺治十二年（1655年）	吏役	钦允魁	欠票银	90两	拟流准配	卷50，捌辑8，441页
顺治十三年（1656年）	吏役	宋廷玉	撮十三年分采买牛角银	96两	拟流准配	卷50，捌辑8，441页
顺治十四、十五年（1657、1658年）	吏役	金光祐	撮采买铁锚银等	十四年：137两余，十五年：50两	拟流准配	卷50，捌辑8，441页
顺治十三年（1656年）	吏役	钱浩然	撮银	24两	拟流准配	卷50，捌辑8，441页
顺治十二年（1655年）	官役	朱世荣	未完四司银	70两	革职	卷50，捌辑8，441页
顺治十二年（1655年）	官役	吴习	侵欠银两	478两	已亡故，所欠应否宽免听部核议	卷50，捌辑8，442页
顺治十二年（1655年）	官役	庄英	透支工料银	78两	已亡故，所欠应否宽免听部核议	卷50，捌辑8，442页
顺治十一年（1654年）	官役	黄彬	撮欠十一年工属麻油银	3两8钱	已亡故，所欠应否宽免听部核议	卷50，捌辑8，442页

续表

时间	职务类别	姓名	性质及基本事实	数量	处理	资料出处
顺治十八年（1661年）正月以前	吏役	潘维忠，姜云鹏	冒领侵欺等银		已物故，无容拟议	卷50，捌辑8，442页
顺治十二至十五年（1655—1658年）	苏松道副使、总捕等	孙丕承、郑元干等	侵那采买银朱	27341两，未完15721两余	奉谕蠲免，题请敕部改拨	卷50，捌辑8，443—444页
顺治十五年（1658年）以前	藩司		那动工属钱粮凑解协饷，致工属钱粮不能完解	7778两	补还	卷50，捌辑8，445—446页
康熙元年（1662年）	解吏	高承禄等	缺额协饷银	17351两	敕部查议	卷50，捌辑8，447—448页
顺治十八年（1661年）	苏松常三府知府、知县等	王吉人何模等	白折钱粮，或未解部，或应豁未题，或尚未完	库银未解：32862两余，未题豁：10799两余，未定银：38588两余	敕部查议	卷50，捌辑8，449—451页
顺治十二至十五年（1655—1658年）	江宁知县	陈永吉	积欠赋税	109两、16600文	敕部议复	卷50，捌辑8，452—454页
顺治十五（1658年）以前	松江、镇江等知府，金坛、无锡等县知县	郭廷弼、李正华李士泽钱升等	尚未完解		赦前赦后分数未明，难以悬议，现任官敕吏部停其升转	卷51，捌辑8，455—458页
顺治十八年（1661年）	前任粮道	李来泰	任内未完银	172300余两	已被参处离任，故不复参具疏	卷51，捌辑8，458—459页
顺治十八年（1661年）	长、吴、娄三县吏役		侵银	40000余两	敕部查议	卷51，捌辑8，458—459页
顺治十八年（1661年）	苏松属吏		续拨滇饷，有吏侵民欠	62422两	敕部查议，设法严追	卷51，捌辑8，459页

续表

时间	职务类别	姓名	性质及基本事实	数量	处理	资料出处
顺治十年、十一年（1653、1654年）	武进县		菉笋、药材等银未完	14两8钱	敕部查议	卷51，捌辑8，460页
顺治十一年（1654年）	吴县、丹阳县		以完未解银	101两8钱	敕部查议	卷51，捌辑8，460页
顺治十年（1654年）	丹徒吏书	王言綍	借支银未完	20两余	人亡产尽，无从追比	卷51，捌辑8，460页
顺治四年（1647年）	吴县衙役	汤立中	欠脏、京库银	48两、442两	已亡故	卷51，捌辑8，461—462页
顺治年间	协部、衙门衙役	孙良翰等	脏银	4322两	敕部议复	卷51，捌辑8，462页
顺治十八年（1661年）	崇明县知县	龚榜	侵欠钱粮	5514两	敕部议复	卷51，捌辑8，466—467页
顺治十六至康熙元年（1659—1662年）	娄县知县	李复兴	贪庸成性，纵囊肆奸，拖欠钱粮甚多	140985两	敕部严加议处	卷51，捌辑8，467—468页
顺治十五（1658年）以前	前抚臣	周国佐	侵欠药银	修盖药房265两、提硝松柴银252余两	题请销案	卷51，捌辑8，470—472页
顺治十六至十八年（1659—1661年）	丹徒知县		遗欠课粒钱粮、籽粒银	十六年：课银442两余，籽粒银116两余，十七年：课银444两余，籽粒银220两余，十八年：课银1552两，籽粒银566两余	补还	卷51，捌辑8，479—480页

续表

时间	职务类别	姓名	性质及基本事实	数量	处理	资料出处
顺治十年（1653年）	长洲县蠹役	杜逢春	侵欺钱粮	1321两6钱	斩、革职	卷51，捌辑8，481—483页
顺治五年（1648年）	蠹役	倪诚瑞	侵领修河银	328两6钱	斩、革职	卷51，捌辑8，481—483
顺治十一年（1654年）	蠹役	沈廷栋	侵镇米银	63两	充军	卷51，捌辑8，481—483页
顺治四年（1647年）	官役	黄肇芳	侵欺河夫银	175两	充军	卷51，捌辑8，481—483页
顺治八至十五年（1651—1658年）	常州府官役等	陈翼鹗等	侵那钱粮	120627两有余	敕部查议	卷51，捌辑8，484—487页
顺治八至十五年（1651—1658年）	官役	刘升、黄仁、马士龙等	侵盗白折等银	300两以上	斩	卷51，捌辑8，484—487页
顺治八至十五年（1651—1658年）	官役	杨崇	侵欠领解银	120两以上	绞	卷51，捌辑8，484—487页
顺治八至十五年（1651—1658年）	官役	张继美23名等	侵欺	120两以上	拟绞	卷51，捌辑8，484—487页
顺治八至十五年（1651—1658年）	官役	宋国祯等24名	侵欺	1两以上	各责四十板，流	卷51，捌辑8，484—487页
顺治八至十五年（1651—1658年）	官役	朱甫等20名	侵盗	50两以上	皆充军	卷51，捌辑8，484—487页
顺治八至十五年（1651—1658年）	官役	范允和等4名	侵盗	40两	各准徒	卷51，捌辑8，484—487页
顺治八至十五年（1651—1658年）	官役	程正等3名	侵盗	30两	各责四十板，流三千里	卷51，捌辑8，484—487页
顺治八至十五年（1651—1658年）	官役	高明 沙玉生	侵盗	25两	各责四十板，流二千百五里	卷51，捌辑8，484—487页
顺治八至十五年（1651—1658年）	官役	王维祯	侵盗	20两	责四十板，流二千里，徒四年	卷51，捌辑8，484—487页

续表

时间	职务类别	姓名	性质及基本事实	数量	处理	资料出处
顺治八至十五年（1651—1658年）	官役	汪升等3名	侵盗	15两	各责三十五板，刺徒三年半	卷51，捌辑8，484—487页
顺治八至十五年（1651—1658年）	官役	叶礼等13名	侵盗	80两	徒五年	卷51，捌辑8，484—487页
顺治八至十五年（1651—1658年）	官役	张科	侵盗	35两	责三十五板，刺徒二年半	卷51，捌辑8，484—487页
顺治八至十五年（1651—1658年）	官役	汤卿	侵盗	30两	责三十板，刺徒二年	卷51，捌辑8，484—487页
顺治八至十五年（1651—1658年）	官役	胡科等3名	侵盗	20两	各责二十板，刺徒二年	卷51，捌辑8，484—487页
顺治八至十五年（1651—1658年）	官役	范廷选等136名	那移	30两	各杖一百，流三千里	卷51，捌辑8，484—487页
顺治八至十五年（1651—1658年）	官役	周允奇	侵欺	25两	责四十板，流二千百五里	卷51，捌辑8，484—487页
顺治八至十五年（1651—1658年）	官役	毛弘祖等5名	侵欺	20两	各责四十板，流二千里	卷51，捌辑8，484—487页
顺治八至十五年（1651—1658年）	官役	徐劼等6名	侵欺	17两5钱	各责四十板，徒三年	卷51，捌辑8，484—487页
顺治八至十五年（1651—1658年）	官役	周瓒等8名	侵欺	15两	各责三十五板，徒二年半	卷51，捌辑8，484—487页
顺治八至十五年（1651—1658年）	官役	蒋国鼎等12名	侵欺	12两5钱	各责三十板，徒二年	卷51，捌辑8，484—487页
顺治八至十五年（1651—1658年）	官役	陈文等13名	侵欺	10两	各责二十五板，徒一年半	卷51，捌辑8，484—487页

续表

时间	职务类别	姓名	性质及基本事实	数量	处理	资料出处
顺治八至十五年（1651—1658年）	官役	程志等15名	侵盗	7两5钱	各责二十板，徒二年	卷51，捌辑8，484—487页
顺治八至十五年（1651—1658年）	官役	周绍龙12等名	侵盗	5两	各责四十板	卷51，捌辑8，484—487页
顺治八至十五年（1651—1658年）	官役	钟振翔等67名	侵盗	1两—2两5钱	各责三十五板	卷51，捌辑8，484—487页
顺治八至十五年（1651—1658年）	官役	唐际等36名	侵盗	1两以上	各责三十板	卷51，捌辑8，484—487页
康熙三年（1664年）	衙役	汤立中	欠银	48两	销抵	卷52，捌辑8，514页
顺治十六年（1659年）	昆山解官	蔡必继	解银失事	银8755两	摊赔989余敕部议复	卷52，捌辑8，520页
顺治十六年	句容县文武官		解银失事	4945两有余	久缉无获，各官摊赔	卷52，捌辑8，521页
康熙三年（1664年）	吏	李景阳	赃银	943两	开除协解闽银	卷52，捌辑8，523页
康熙三年（1664年）	布政使	徐为卿	疏忽	选商采买缎疋不堪	追完	卷52，捌辑8，524—525页
顺治十二年（1655年）	武无江宜四县		未完银	5088两5钱余	十五年以前拖欠，一概蠲免	卷52，捌辑8，527页
顺治十五（1658年）以前	吴县经承	龚恬	挪借	729两	着宽免	卷52，捌辑8，528页
顺治十五（1658年）	无锡经承	顾廷润	挪借，捏报民欠	挪借793两余捏报：800两	命勒追起解	卷52，捌辑8，528—529页
顺治五年（1648年）	青浦知县	王嶙	应赔布银	布450匹，银363两	敕部查销	卷52，捌辑8，533—535页
顺治五年（1648年）	松江经委知府	卢士俊	应赔布银	布612匹，银1762两	属旗人，无凭查追，汇疏请销	卷52，捌辑8，533—535页

续表

时间	职务类别	姓名	性质及基本事实	数量	处理	资料出处
顺治五年（1648 年）	华亭知县	廖志魁	应赔银	124 两	系旗人，已亡故，汇疏请销	卷 52，捌辑 8，533—535 页
顺治五年（1648 年）	上海经放知县	高维乾	应赔布银	163 匹 1274 两	已亡故，无家属，汇疏请销	卷 52，捌辑 8，533—535 页
顺治十五年（1658 年）	长洲县丞、知县等	冯景灼陈以恪等	正赋垫解兵饷以致拖欠	7702 两	十五年以前拖欠，似应注销	卷 52，捌辑 8，542—543 页
顺治十五年（1658 年）	各属所		拖欠兵饷	23194 两	十五年以前拖欠，似应注销	卷 52，捌辑 8，542—543 页
顺治十一年（1654 年）	丹阳、金坛经承		侵欠米	794 石 5 斗	十五年以前拖欠蠲免	卷 52，捌辑 8，544 页
顺治十五年（1658 年）前	上海	宋文	分侵柜银、赃欠	832 两余，另未完银 558 余两	发边远充军	卷 52，捌辑 8，547—548 页
顺治十五（1658 年）前	衙役	周彦、苏泽	赃银	二人欠银 232 两余，周彦又欠银 55 两余	发边远充军	卷 52，捌辑 8，547—548 页
顺治十五（1658 年）前	吏书	张电臣	赃银	127 两	拟绞	卷 52，捌辑 8，547—548 页
顺治十五（1658 年）前	吏役	宋辅	侵银	21 两	杖一百革役解部流徙尚阳堡	卷 52，捌辑 8，547—548 页
顺治十五（1658 年）前	吏役	朱季谟	侵银	13 两 8 钱	杖一百革役解部流徙尚阳堡	卷 52，捌辑 8，547—548 页
顺治十五（1658 年）前	吏役	张元佐	侵银	30 两 9 钱	杖一百革役解部流徙尚阳堡	卷 52，捌辑 8，547—548 页
顺治十七年（1660 年）	华亭经承	吴化龙	侵用银	周世昌任内侵银 90 两	敕部议处	卷 52，捌辑 8，553—554 页

续表

时间	职务类别	姓名	性质及基本事实	数量	处理	资料出处
顺治十七年（1660年）	衙卫	郑明良，朱一元，	侵用	260两	拟斩准徙	卷52，捌辑8，553—554页
顺治八至十六年（1651—1659年）	江南卢地员外郎	达养阿	迁徙民欠银	26052两8钱	在催征不得案内，不便两议	卷52，捌辑8，553—554页
顺治八至十六年（1651—1659年）	江南卢地员外郎	达养阿	欠籽粒银	15229两	在催征不得案内，不便两议	卷52，捌辑8，553—554页
顺治十八年（1661年）	太仓知州	陈国珍	漕折未完	一分以上	罚俸六个月	卷53，捌辑8，562—563页
顺治十八（1661年）以前	太仓卫后所千总等	郭应经等	捏词诬叛，嫁祸守备凌云露，屯粮未完	经征屯粮未完十分	依律应反坐	卷53，捌辑8，563—564页
顺治十八年（1661年）	镇南卫守备	黄原焕	续完	料豆56石余	已别案降调，仍应革职	卷53，捌辑8，565—566页
各年	江宁左卫识字、催役等	冯靖等	侵用拖欠	260两6钱余	应严追完解敕部核复	卷53，捌辑8，569页
各年	经承	何天衢	侵用	350两余	应清敕该抚究审拟罪	卷53，捌辑8，569页
康熙元年（1662年）	太仓知州	陈国珍	接征未完	粳米210石5斗，料豆84石9斗	停其升转	卷53，捌辑8，572—573页
顺治十七年（1660年）	左布政、道臣	王锳、李圣翼	赃银	30955两	照限催追	卷53，捌辑8，576—577页
康熙三年（1664年）	常熟蠹役	陈太	赃银	155两，197两	本犯入官，知县失察，其咎难辞	卷53，捌辑8，578—579页
康熙四年（1665年）前	常熟知县	魏允升等三人	赃银失察		罢官	卷53，捌辑8，579页
康熙三年（1664年）前	太仓知州等	吕时兴等	贪污	1796两七钱	彻查	卷53，捌辑8，581页

续表

时间	职务类别	姓名	性质及基本事实	数量	处理	资料出处
顺治十二年至十五年（1655—1658年）	右布政使	佟彭年	追赃	161782两	命追回	卷53，捌辑8，582页
顺治十六年（1659年）前	太仓等州县		欠款	109两3钱	敕部查销	卷53，捌辑8，582页
顺治十二年至十五年（1655—1658年）	长洲、吴县等知县	刘令闻任维初王见龙等	军饷	9910两8钱余	十五年以前钱粮一概蠲免，各犯之罪着宽免	卷53，捌辑8，583页
顺治十二年至十五年（1655—1658年）	右布政使，苏州、镇江知府等	佟彭年武弘祖等	有迁延少编，有未编存库，侵收者亦多	拖欠19478两余	十五年以前钱粮一概蠲免，各犯之罪着宽免	卷53，捌辑8，590—591页
顺治时	经承	何天衢等	拖欠侵欺银	350两余	敕该抚究审拟罪	卷54，捌辑8，608页
顺治时	江宁左卫催役等	谌滟等	侵用银	260两以上	敕该抚究审拟罪	卷54，捌辑8，608页
顺治八至十三年（1651—1656年）	华亭县蠹役、经承	吴化龙	向民私收，擅自侵用银	90两	敕部议处	卷54，捌辑8，608~609页
康熙四年（1665年）	生员	张玉等	侵盗官粮		拟绞	卷54，捌辑8，610页
康熙二年（1663年）	江南布政使	佟彭年	解闽饷银未解	39998两	敕部议复	卷54，捌辑8，615页
康熙三年（1664年）	江南省官役等	徐为卿佟彭年等	协济滇黔兵响拖欠	203000余两	降职	卷54，捌辑8，617页
顺治十七年（1660年）	右布政使	佟彭年	裁官经费银两逾限		降俸二级戴罪督造	卷54，捌辑8，619页
康熙三年（1664年）	右布政使、江宁府、苏太等卫所	佟彭年等	缺官柴马银两造报违限		降俸二级戴罪督造文册	卷54，捌辑8，620—621页

续表

时间	职务类别	姓名	性质及基本事实	数量	处理	资料出处
康熙二年（1663年）	江南按察使、推官	李芝兰、田熏等	赃银赎买、动支赎银、赃物变价银两	共83520两、462两、3736两	停其升转、限期追还	卷54，捌辑8，623—624页
康熙三年（1664年）	苏州、松江二府解官	高承禄等	物料前途阻滞未到	康熙三年5—8月采办物料	奉旨该部知道	卷54，捌辑8，625页
顺治十年（1653年）	嘉定县解官等	冯二勤，顾之鹏陆禧等	侵欺银、撮扛垫银等	银2928两，侵布12400匹	十五年以前钱粮，已奉上谕蠲免	卷54，捌辑8，629—630页
顺治十年（1653年）	嘉定县解官	章国材	挪撮，开销假名捏报	850余两未补	十五年以前钱粮，已奉上谕蠲免	卷54，捌辑8，629—630页
顺治五、六年（1648、1649年）	松江知府等	卢士俊等	侵欺欠粮		俱着宽免	卷54，捌辑8，631—632页
顺治十七年（1660年）	昆山县知县等	叶方恒王见龙	拖欠粮实为不加细核，草率误报	391两6钱	革职	卷54，捌辑8，635—636页
康熙三年（1664年）	知县、知州	王孙兰、孟登云	朦混不报，分别欺隐芦地78顷、11顷56亩	合为100411两2钱	奉旨该部拟议具奏	卷54，捌辑8，640—642页
顺治十五（1658年）以前	江宁、苏州二府官役等		拖欠各项钱粮	共5991两余，另有匠役仓米、绢等	十五年以前钱粮，敕部销件	卷54，捌辑8，645—646页
顺治六、七年（1649、1650年）	已故华亭知县、衙役等	廖志魁、吴秉忠等20名	侵那钱粮	46953两余，13665两余	免罪，俱革役，名下赃银俱照数严追补项	卷54，捌辑8，649页
顺治六、七年（1649、1650年）	衙役	顾履卿等69名	侵那银	14602两2钱余	免罪，俱革役，赃银俱照数严追补项，康熙三年题请免追	卷54，捌辑8，649—650页

续表

时间	职务类别	姓名	性质及基本事实	数量	处理	资料出处
顺治十五（1658年）以前	衙役	吴秉忠等20名	侵那	13665两4钱余	已故敕部核销	卷54，捌辑8，649—650页
顺治十五（1658年）以前	役犯	张士英	那银	1两5钱余	应照数严追家属补项	卷54，捌辑8，649—650页
顺治十五（1658年）以前	役犯	薛元萼等29名	共侵那	13866两5钱余	应照数严追家属补项	卷54，捌辑8，649—650页
顺治十五（1658年）以前	协部	张弘祚等33名	共侵那	1559两1钱余	应照数严追家属补项	卷54，捌辑8，649—650页
顺治十五（1658年）以前	江南藩司等		补欠各项钱粮、投到各项文册差谬漏造、各数不符		奉旨该部知道	卷54，捌辑8，651—653页
顺治十一年（1654年）	长洲等县蠹役	徐嗣元	侵蚀站银	650两钱	免罪革役	卷54，捌辑8，654—655页
顺治十年（1653年）	衙役	杜逢春	侵欺站银	570两2钱	免罪革役	卷54，捌辑8，654—655页
顺治十一年（1654年）	衙役	龚国秉	侵蚀站银、监守自盗仓库钱粮	68两5钱、40两	侵银相应勒限严追杂犯准徒五年	卷54，捌辑8，654—655页
顺治十五年（1658年）以前	衙役	姜扬渭	侵银	37.3两	逃脱后其家属名下照追补项	卷54，捌辑8，655页
康熙二年（1663年）	江南右布政使	佟彭年	协济云南兵饷拖欠	53791两	奉旨该部察议	卷54，捌辑8，656页
顺治十七、十八年（1660、1661年）	太仓知州	陈国珍	未完银两	布折银2000两	奉旨该部察议	卷54，捌辑8，657页
康熙四年（1665年）	江宁知府	陈开虞	江宁左等十五卫积荒、冒荒无征银米		奉旨该部核议	卷55，捌辑8，659页

续表

时间	职务类别	姓名	性质及基本事实	数量	处理	资料出处
顺治十七年（1660年）	苏州知府	邹蕴贤	隐瞒不报且代为支吾、徇隐之咎		相应降二级调用	卷55，捌辑8，660页
顺治十七年（1660年）	抚臣、按臣等	张中元、王秉衡	隐瞒不报		或已病故，或已正法	卷55，捌辑8，661页
顺治十二至十五年（1655—1658年）	松常镇三府官役	陈泰和等	未完银	538683两	十五年以前钱粮，敕部查销	卷55，捌辑8，668页
顺治十五（1658年）以前	松常镇三府官役		撮借，拖欠，捏报	55660两	十五年以前钱粮，敕部查销	卷55，捌辑8，668页
顺治十八年（1661年）	娄县等知县	胡思虞、严士骑等	拖欠侵撮		十五年以前钱粮，敕部查销	卷55，捌辑8，669—671页
顺治十八年（1661年）	华亭等知县	武茂、高光宇、张天麟等	不将钱粮清补		着察核，该部知道	卷55，捌辑8，669—671页
顺治五至八年（1648—1651年）	镇江府胥役	季一麟等	衙役拖欠	3797两	十五年以前钱粮，已开入催征不得案内，应敕部查销	卷55，捌辑8，674—675页
顺治十五（1658年）以前	武进县知县	孔胤洪	节年未完银	67895两	十五年以前钱粮，应遵上谕蠲免	卷55，捌辑8，682—683页
顺治十八年（1661年）	江南前卫守备等	朱佩绅	未完米	5589石4斗8升	降职一级	卷55，捌辑8，684—685页
顺治十八年（1661年）	右所千总	梁嵋	未完米	2752石6斗3升	降职一级	卷55，捌辑8，685页
顺治十七年（1660年）	江宁前卫千总	梁嵋	未完米	535石2斗2升	罚俸六个月	卷55，捌辑8，686页
顺治十七年（1660年）	江宁前卫守备	朱佩绅	未完米	2396石3斗6升	罚俸一年	卷55，捌辑8，685—686页

续表

时间	职务类别	姓名	性质及基本事实	数量	处理	资料出处
康熙三年（1664年）	银匠、粮道等	陈祥、卢纮等	偷换	4800两	敕吏部议处	卷55，捌辑8，686—687页
康熙三年（1664年）	协济云南各年兵饷	江南省	六万两协滇兵饷有太轻银	700两	轻少银两已经解官	卷五十四，捌辑8，686—687页
顺治十八年（1661年）	江南前卫守备	朱佩绅	练饷未完银	1449两7钱1分	降职三级	卷55，捌辑8，689页
康熙元年（1662年）	江宁前卫守	朱佩绅	屯粮	未完一分以上	罚俸六个月	卷55，捌辑8，700页
康熙元年（1662年）	江宁前卫千总	梁嵋	屯粮	未完一分以上	罚俸六个月、降俸二级	卷55，捌辑8，700页
顺治十二至十五年（1655—1658年）	藩司、江安督粮道等	佟彭年、李圣翼等	挪供粮料，采买银珠	19721两8钱	敕部议复	卷55，捌辑8，705页
顺治八至十六年（1651—1659年）	员外郎	达养阿	节年拖欠册开各州县卫	120172两9钱余	十五年以前钱粮应否蠲免，敕部议复	卷56，捌辑8，708页
顺治十七（1660年）以前	知州、经承	李如兰、何天衢等	侵用	350两7钱	应请敕吏、兵二部议处	卷56，捌辑8，709页
顺治十七（1660年）以前	知县等	周世昌张天麟吴化龙等	侵用	90两	应请敕吏、兵二部议处	卷56，捌辑8，709页
顺治十七（1660年）以前	千总、任内识字	朱一元冯靖等	侵用	260两6钱余	敕该抚究审拟罪	卷56，捌辑8，709页
顺治十五（1658年）以前	丹阳县胥	陈治	误凭遗册，以完作欠，朦混造报	致国课有亏	十五年以前钱粮应否蠲免，敕部议复	卷56，捌辑8，710—711页
顺治八至九年（1651—1652年）、十三年（1656年）	役户	王国亲	拖欠	13两5钱，120两5钱8分	照民例决杖	卷56，捌辑8，710—711页

续表

时间	职务类别	姓名	性质及基本事实	数量	处理	资料出处
顺治六至十一年（1649—1654年）	武进知县、蠹役等	姜良性等	节年白折银两	189846两	敕部核议	卷56，捌辑8，714—715页
顺治六至十一年（1649—1654年）	蠹役	石声鸣等	侵那白折银	37360两余	历经勘追，无奈各蠹犯死亡相半，完补寥寥，敕部核议	卷56，捌辑8，715页
康熙元年（1662年）	布政使	徐为卿	未完银	129837两2钱	停其升转	卷56，捌辑8，717—718页
康熙三年（1664年）	高淳县知县	叶自灿	贪婪		应否宽免，敕部议复	卷56，捌辑8，722页
顺治十八年（1661年）	吴县	张叙、冯景灼等	未补银	4356两余	敕部销结	卷56，捌辑8，726页
顺治十五年（1658年）	布政使、知府、知县等	陈培桢、赵琪、尚昂等	未完兵饷，内有存库银	24900余两	敕部查销	卷56，捌辑8，731页
顺治八至十三年（1651—1656年）	江宁左等卫各官		未完屯米银	米285100余石、银32540余两；米95591石，银35495两	十五年以前钱粮应否蠲免，敕部核销	卷56，捌辑8，734页
顺治八至十一年（1651—1654年）	屯卫各属经征官员		册报混乱	或报完多而欠少，或开完少而欠多，将应征混称军欠，希图侵没	十五年以前钱粮应否蠲免，敕部核销	卷56，捌辑8，734—735页
顺治五至八年（1648—1651年）	常州府属蠹吏	王允升等300余名	侵那借冒各年钱粮	500000余两	入催征不得案内报部，敕部查销	卷56，捌辑8，736—738页
顺治八至十一年（1651—1654年）	苏松常三府吏书等		侵撮	79998两	诏赦免，敕部查销	卷56，捌辑8，739—740页

续表

时间	职务类别	姓名	性质及基本事实	数量	处理	资料出处
康熙三年（1664年）	蠹役	石攻玉	侵盗漕折银两	1660两	先已正法	卷56，捌辑8，749—751页
康熙三年（1664年）	蠹役	孙履祥	侵	赦前459余两，赦后15两	一并议豁	卷56，捌辑8，750—751页
顺治十七年（1660年）	蠹役	葛启祥、陈文炜	侵盗漕折银	葛启祥侵1518余两，陈文炜1636余两	拟斩监候；已正法	卷56，捌辑8，753页
顺治十七年（1660年）	蠹役	宋国豫	侵银	200两	秋决正法	卷56，捌辑8，753—754页
顺治十七年（1660年）	蠹役	吴应灏	侵银	200两	秋决正法	卷56，捌辑8，753—754页
顺治十七年（1660年）	蠹役	秦汝虞	侵银	219两余	秋决正法	卷56，捌辑8，753—754页
顺治十七年（1660年）	娄县典史	金名远	未完银	452两	拟斩，赦	卷56，捌辑8，756—757页

参考文献

一、基本史料

《清实录》，中华书局 1985—1987 年版。

（清）张廷玉等：《明史》，中华书局标点本 1974 年版。

（清）赵尔巽等：《清史稿》，中华书局 1977 年版。

（清）蒋良骐：《东华录》，中华书局 1980 年版。

（清）不著纂人著，王钟翰点校：《清史列传》，中华书局 1987 年版。

（清）钱仪吉：《碑传集》，中华书局 1993 年版。

中国第一历史档案馆编：《康熙起居注》，东方出版社 2014 年版。

中国第一历史档案馆编：《雍正朝起居注册》，中华书局 1993 年版。

（康熙）《大清会典》，官修，官刻本。

（雍正）《大清会典》，官修，官刻本。

（乾隆）《大清会典、则例》，官修，影印文渊阁《四库全书》本，上海古籍出版社 1993 年版。

（嘉庆）《大清会典、事例》，官修，官刻本。

（光绪）《大清会典》，中华书局 1991 年版。

（光绪）《清会典事例》，中华书局 1991 年版。

（清）张廷玉等：《清朝文献通考》，十通本，浙江古籍出版社 2000 年版。

（清）刘锦藻：《清朝续文献通考》，十通本，浙江古籍出版社 2000 年版。

《清朝通典》，官修，十通本，浙江古籍出版社 2000 年版。

《清朝通志》，官修，十通本，浙江古籍出版社 2000 年版。

（清）李宗昉：《嘉庆钦定户部则例》，海南出版社 2000 年版。

中研院史语所编：《明清史料》，北京图书馆出版社 2008 年版。

中国第一历史档案馆编：《康熙朝满文朱批奏折全译》，中国社会科学出版社 1996 年版。

中国第一历史档案馆编：《康熙朝汉文朱批奏折汇编》，档案出版社 1984 年版。

中国第一历史档案馆编：《雍正朝满文朱批奏折全译》，黄山书社 1998 年版。

中国第一历史档案馆编：《雍正朝汉文朱批奏折汇编》，江苏古籍出版社 1991 年版。

中国第一历史档案馆编：《雍正朝汉文谕旨汇编》，广西师范大学出版社 1999 年版。

中国第一历史档案馆编：《雍正朝内阁六科史书·吏科》，广西师范大学出版社 2002 年版。

中国第一历史档案馆编：《清代档案史料丛编》（第五辑、第十四辑），中华书局 1980、1990 年版。

《清代吏治史料》，线装书局 2004 年版。

《清代吏治史料》（续编），线装书局 2011 年版。

（清）仁和琴川居士：《皇清奏议》，台北：文海出版社 1967 年版。

（清）李煦：《李煦奏折》，中华书局 1976 年版。

（清）韩世琦：《抚吴疏草》，《四库未收书辑刊》本，北京出版社 1997 年版。

（清）慕天颜：《抚吴封事》，清康熙间（1661—1722）刻本。

（明）高岱：《鸿猷录》，上海古籍出版社 1992 年版。

（明）何良俊：《四友斋丛说》，中华书局 1959 年版。

（明）余继登：《典故纪闻》，中华书局 1981 年版。

（明）陈洪谟：《继世纪闻》，中华书局 1985 年版。

（明）陈洪谟：《治世余闻》，中华书局 1985 年版。

（明）沈德符：《万历野获编》，中华书局 2004 年版。

（明）张瀚：《松窗梦语》，中华书局 1985 年版。

（明）顾起元：《客座赘语》，中华书局 1987 年版。

（明）李诩：《戒庵老人漫笔》，中华书局 1982 年版。

（明）陆容：《菽园杂记》，中华书局 1985 年版。

（明）王士性：《广志绎》，中华书局 1981 年版。

（明）王鏊：《震泽长语》，《丛书集成初编》本，中华书局 1985 年版。

（明）张国维：《吴中水利全书》，影印文渊阁《四库全书》本，上海古籍出版社 1993 年版。

（清）计六奇：《明季北略》，中华书局 1984 年版。

（清）计六奇：《明季南略》，中华书局 1984 年版。

（清）谈迁：《枣林杂俎》，中华书局 2006 年版。

（清）张怡：《玉光剑气集》，中华书局 2006 年版。

（清）吴伟业：《绥寇纪略》，上海古籍出版社 1992 年版。

（清）赵翼：《陔余丛考》，河北人民出版社 1990 年版。

（清）谈迁：《北游录》，中华书局 1981 年版。

（清）钱泳撰，张伟点校：《履园丛话》，中华书局 2006 年版。

（清）黄印：《锡金识小录》，《无锡文库》第二辑，凤凰出版社 2012 年版。

（清）窦镇：《锡金续识小录》，《无锡文库》第二辑，凤凰出版社 2012 年版。

（清）陈康祺：《郎潜纪闻》，中华书局 1984 年版。

（清）福格：《听雨丛谈》，中华书局 1984 年版。

（清）顾士琏等辑：《吴中开江书》（三种），清康熙七年刻本。

（清）李之芳：《李文襄公别录》，清康熙间（1661—1722）刻本。

（清）刘献廷：《广阳杂记》，中华书局 1957 年版。

（清）姚元之：《竹叶亭杂记》，中华书局 1982 年版。

不著撰人：《苏松历代财赋考》，《四库全书存目丛书》本，齐鲁书社 1997 年版。

（清）徐珂：《清稗类钞》，中华书局 1984 年版。

（清）全祖望：《鲒埼亭集》，上海古籍出版社 2000 年版。

（清）全祖望：《鲒埼亭集外编》，上海涵芬楼影印姚江借树山房刊本。

（清）孙静庵：《明遗民录》，浙江古籍出版社 1985 年版。

（清）王庆云：《石渠余纪》，北京古籍出版社 1985 年版。

（清）王有光：《吴下谚联》，中华书局 1982 年版。

（清）延昌：《知府须知》，清抄本。

（清）叶梦珠撰，来新夏点校：《阅世编》，中华书局 2007 年版。

（清）奕赓：《佳梦轩丛著》，北京古籍出版社 1994 年版。

（清）吴振棫：《养吉斋丛录》，北京古籍出版社 1983 年版。

顾公燮，陈去病等：《丹午笔记・吴城日记・五石脂》，江苏古籍出版社 1999 年。

（明）刘宗周：《刘子全书》，清道光间（1821—1850）会稽吴氏刻本。

（清）陈确：《陈确集》，中华书局 1979 年版。

（清）黄宗羲：《明夷待访录》，载《黄宗羲全集》第一册，浙江出版联合集团、浙江古籍出版社 2012 年版。

（清）陈廷敬：《午亭文编》，影印文渊阁《四库全书》本，上海古籍出版社 1993 年版。

（清）洪亮吉：《洪亮吉集》，中华书局 2001 年版。

（清）蓝鼎元：《鹿洲初集》，影印文渊阁《四库全书》本，上海古籍出版社 1993 年版。

（清）顾炎武：《日知录》，载《顾炎武全集》第十八、十九册，上海古籍出版社 2011 年版。

（清）顾炎武：《亭林诗文集》，载《顾炎武全集》第二十一册，上海古籍出版社 2011 年版。

（清）贺长龄、魏源：《皇朝经世文编》，载《魏源全集》第十四、十五册，岳麓书社 2004 年版。

（清）蒋伊：《莘田文集》，清康熙间（1661—1722）刻本。

《清代诗文集汇编》编纂委员会编：《清代诗文集汇编》，上海古籍出版社 2010 年版。

（清）宋荦：《于襄勤公年谱墓志铭》，《北京图书馆藏珍本年谱丛刊》第 84 册，北京图书馆出版社 1999 年版。

江苏省博物馆编：《江苏省明清以来碑刻资料选集》，生活·读书·新知三联书店 1959 年版。

彭泽益选编：《清代工商行业碑文集粹》，中州古籍出版社 1997 年版。

上海博物馆编：《上海碑刻资料选辑》，上海人民出版社 1980 年版。

苏州历史博物馆等编：《明清苏州工商业碑刻集》，江苏人民出版社 1981 年版。

陈振汉、熊正文等：《清实录·经济史资料·农业编》，北京大学出版社 2012 年版。

（清）刘兆麒：《总制浙闽文檄》，载《官箴书集成》第二册，黄山书社 1997 年版。

（清）郑端：《政学录》，载《官箴书集成》第二册，黄山书社 1997 年版。

（清）黄六鸿：《福惠全书》，载《官箴书集成》第三册，黄山书社 1997 年版。

（清）潘月山：《未信编》，载《官箴书集成》第三册，黄山书社 1997 年版。

（清）李容辑：《司牧宝鉴》，载《官箴书集成》第三册，黄山书社 1997 年版。

（清）陆寿名、韩讷：《治安文献》，载《官箴书集成》第三册，黄山书社 1997 年版。

（清）田文镜：《州县事宜》，载《官箴书集成》第三册，黄山书社 1997 年版。

（清）万维翰：《幕学举要》，载《官箴书集成》第四册，黄山书社 1997 年版。

（清）戴兆佳：《天台治略》，载《官箴书集成》第四册，黄山书社 1997 年版。

（清）陈宏谋：《从政遗规》，载《官箴书集成》第四册，黄山书社 1997 年版。

（清）陈宏谋：《学仕遗规补编》，载《官箴书集成》第四册，黄山书社 1997 年版。

（清）陈宏谋：《在官法戒录》，载《官箴书集成》第四册，黄山书社 1997 年版。

（清）袁守定：《图民录》，载《官箴书集成》第五册，黄山书社 1997 年版。

（清）汪辉祖：《学治续说》，载《官箴书集成》第五册，黄山书社 1997 年版。

（清）汪辉祖：《学治臆说》，载《官箴书集成》第五册，黄山书社 1997 年版。

（清）汪辉祖：《学治说赘》，载《官箴书集成》第五册，黄山书社 1997 年版。

（清）汪辉祖：《佐治药言》，载《官箴书集成》第五册，黄山书社 1997 年版。

（清）海宁辑：《晋政辑要》，载《官箴书集成》第五册，黄山书社 1997 年版。

（清）盘峤野人辑：《居官寡过录》，载《官箴书集成》第五册，黄山书社 1997 年版。

不著撰人：《刑幕要略》，载《官箴书集成》第五册，黄山书社 1997 年版。

（清）刘衡：《庸吏庸言》，载《官箴书集成》第六册，黄山书社 1997 年版。

（清）何耿绳：《学治一得编》，载《官箴书集成》第六册，黄山书社 1997 年版。

（清）张经田：《励治撮要》，载《官箴书集成》第六册，黄山书社 1997 年版。

（清）刘衡：《蜀僚问答》，载《官箴书集成》第六册，黄山书社 1997 年版。

（清）刘衡：《州县须知》，载《官箴书集成》第六册，黄山书社 1997 年版。

（清）周石藩：《海陵从政录》，载《官箴书集成》第六册，黄山书社 1997 年版。

（清）周石藩：《共城从政录》，载《官箴书集成》第六册，黄山书社 1997 年版。

（清）徐栋：《牧令书》，载《官箴书集成》第七册，黄山书社 1997 年版。

（清）方大湜：《平平言》，载《官箴书集成》第七册，黄山书社 1997 年版。

（清）黄维玉：《陆清献公莅嘉遗迹》，载《官箴书集成》第七册，黄山书社 1997 年版。

（清）褚英：《州县初仕小补》，载《官箴书集成》第八册，黄山书社 1997 年版。

（清）觉罗乌尔通阿：《居官日省录》，载《官箴书集成》第八册，黄山书社 1997 年版。

（清）桂超万：《宦游纪略》，载《官箴书集成》第八册，黄山书社 1997 年版。

（清）戴肇辰《求治管见》，载《官箴书集成》第八册，黄山书社 1997 年版。

（清）刚毅：《居官镜》，载《官箴书集成》第九册，黄山书社 1997 年版。

（清）刚毅撰、葛士达编订：《牧令须知》，载《官箴书集成》第九册，黄山书社 1997 年版。

（清）张鉴瀛：《宦乡要则》，载《官箴书集成》第九册，黄山书社 1997 年版。

（清）戴杰：《敬简堂学治杂录》，载《官箴书集成》第九册，黄山书社 1997 年版。

（清）宋楚望：《公门果报录》，载《官箴书集成》第九册，黄山书社 1997 年版。

（清）李庚乾：《佐杂谱》，载《官箴书集成》第九册，黄山书社 1997 年版。

（清）王景贤：《牧民赘语》，载《官箴书集成》第九册，黄山书社 1997 年版。

（清）樊增祥：《樊山政书》，载《官箴书集成》第十册，黄山书社 1997 年版。

（民国）徐世昌：《将吏法言》，载《官箴书集成》第十册，黄山书社 1997 年版。

（清）蔡士英：《到任条约通示》，载杨一凡、刘笃才编《中国古代地方法律文献》乙编第一册，世界图书出版公司 2009 年版。

（清）李渔辑：《禁令百则》，载杨一凡、刘笃才编《中国古代地方法律文献》乙编第一册，世界图书出版公司 2009 年版。

（清）于成龙：《兴利除弊条约》，载杨一凡、刘笃才编《中国古代地方法律文献》乙编第一册，世界图书出版公司 2009 年版。

（清）于成龙：《严禁漕弊各款》，载杨一凡、刘笃才编《中国古代地方法律文献》乙编第一册，世界图书出版公司 2009 年版。

（清）于成龙：《弭盗安民条约》，载杨一凡、刘笃才编《中国古代地方法律文献》乙编第一册，世界图书出版公司 2009 年版。

（清）卢崇兴：《守禾日纪所载告示》，载杨一凡、刘笃才编《中国古代地方法律文献》乙编第二册，世界图书出版公司 2009 年版。

（清）赵士麟：《抚吴条约》，载杨一凡、刘笃才编《中国古代地方法律文献》乙编第三册，世界图书出版公司 2009 年版。

（清）赵士麟：《抚浙条约》，载杨一凡、刘笃才编《中国古代地方法律文献》乙编第三册，世界图书出版公司 2009 年版。

（清）郑端：《江抚示谕》，载杨一凡、刘笃才编《中国古代地方法律文献》乙编第五册，世界图书出版公司 2009 年版。

（清）赵申乔：《赵恭毅公自治官书类集所辑地方法制资料》，载杨一凡、刘笃才编《中国古代地方法律文献》乙编第五册，世界图书出版公司 2009 年版。

（清）陈瑸：《陈清端公文集所载地方法制资料》，载杨一凡、刘笃才编《中国古代地方法律文献》乙编第六册，世界图书出版公司 2009 年版。

（清）凌铭麟：《禁谕二十八篇》，载杨一凡、刘笃才编《中国古代地方法律文献》乙编第六册，世界图书出版公司 2009 年版。

（清）许汝霖：《课士条约》，载杨一凡、刘笃才编《中国古代地方法律文献》乙编第六册，世界图书出版公司 2009 年版。

（清）潘灼灿：《刑名章程十则》，载杨一凡、刘笃才编《中国古代地方法律文献》乙编第九册，世界图书出版公司 2009 年版。

（清）魏锡祚：《魏锡祚告示》，载杨一凡、刘笃才编《中国古代地方法律文献》乙编第九册，世界图书出版公司 2009 年版。

（清）黄之隽：《学政条约》，载杨一凡、刘笃才编《中国古代地方法律文献》乙编第九册，世界图书出版公司 2009 年版。

（清）王植：《条谕州县》，载杨一凡、刘笃才编《中国古代地方法律文献》乙编第九册，世界图书出版公司 2009 年版。

（清）王植：《条约多士》，载杨一凡、刘笃才编《中国古代地方法律文献》乙编第九册，世界图书出版公司 2009 年版。

（清）王植：《条谕乡民》，载杨一凡、刘笃才编《中国古代地方法律文献》乙编第九册，世界图书出版公司 2009 年版。

（清）黄叔璥：《示禁各州县征收漕粮条约》，载杨一凡、刘笃才编《中国古代地方法律文献》乙编第九册，世界图书出版公司 2009 年版。

（清）施宏撰，潘灼灿辑：《未信编二集所载告示》，载杨一凡、刘笃才编《中国古代地方法律文献》乙编第九册，世界图书出版公司 2009 年版。

（清）尹会一撰，张受长辑：《健余先生抚豫条教》，载杨一凡、刘笃才编《中国古代地方法律文献》乙编第十册，世界图书出版公司 2009 年版。

（清）陈枚辑，陈法裕增辑：《筮仕要规》，载杨一凡、刘笃才编《中国古代地方法律文献》乙编第十册，世界图书出版公司 2009 年版。

（清）雅尔图：《檄示》，载杨一凡、刘笃才编《中国古代地方法律文献》乙编第十册、第十一册，世界图书出版公司2009年版。

（清）凌燽：《西江视臬纪事》，载杨一凡、刘笃才编《中国古代地方法律文献》乙编第十一、十二册，世界图书出版公司2009年版。

（清）郭磊：《邑令告示条约十一则》，载杨一凡、刘笃才编《中国古代地方法律文献》乙编第十二册，世界图书出版公司2009年版。

（清）万维翰：《成规拾遗》，载杨一凡、刘笃才编《中国古代地方法律文献》乙编第十二、十三册，世界图书出版公司2009年版。

（清）万维翰：《失火条规》，载杨一凡、刘笃才编《中国古代地方法律文献》乙编第十三册，世界图书出版公司2009年版。

（明）李贤等：《明一统志》，影印文渊阁《四库全书》本，上海古籍出版社1993年版

（清）顾炎武：《肇域志》，载《顾炎武全集》第六册，上海古籍出版社2011年版。

（清）顾炎武：《天下郡国利病书》，载《顾炎武全集》第十二、十三册，上海古籍出版社2011年版。

（宋）范成大：《吴郡志》，江苏古籍出版社1999年版。

（嘉靖）《南畿志》，载《北京图书馆古籍珍本丛刊》第24册，书目文献出版社1988年版。

（洪武）《苏州府志》，载《中国方志丛书》华中地方第432号，成文出版社1983年版。

（康熙）《苏州府志》，复旦大学图书馆藏清康熙三十年（1691）刻本。

（同治）《苏州府志》，载《中国地方志集成·江苏府县志辑》第7—10册，江苏古籍出版社1991年版。

（正德）《松江府志》，载《天一阁藏明代方志选刊续编》第5—6册，上海书店出版社1990年版。

（崇祯）《松江府志》，《日本藏中国罕见地方志丛刊》本，书目文献出版社1991

年版。

（康熙）《松江府志》，上海图书馆藏清康熙二年（1663）刻本。

（嘉庆）《松江府志》，载《中国地方志集成·上海府县志辑》第1—2册，上海书店出版社1991年版。

（光绪）《松江府续志》，载《中国地方志集成·上海府县志辑》第3册，上海书店出版社1991年版。

（洪武）《常州府志》，上海图书馆藏清嘉庆间（1796—1820）抄本。

（康熙）《常州府志》，载《中国地方志集成·江苏府县志辑》第36册，江苏古籍出版社1991年版。

（嘉靖）《吴邑志》，载《天一阁藏明代方志选刊续编》第10册，上海书店出版社1990年版。

（民国）《吴县志》，载《中国地方志集成·江苏府县志辑》第11—12册，江苏古籍出版社1991年版。

（康熙）《长洲县志》，上海图书馆藏清康熙二十三年（1684）刻本。

（弘治）《吴江志》，载《中国史学丛书三编》第四辑，台湾学生书局1987年版。

（嘉靖）《吴江县志》，广陵书社2013年版。

（康熙）《吴江县志》（屈运隆纂），上海图书馆藏康熙二十四年（1685）清醒堂刻本。

（乾隆）《吴江县志》，载《中国地方志集成·江苏府县志辑》第19—20册，江苏古籍出版社1991年版。

（光绪）《吴江县续志》，载《中国地方志集成·江苏府县志辑》第20册，江苏古籍出版社1991年版。

吴江市地方志编纂委员会编：《吴江县志》，江苏科学技术出版社1984年版。

（乾隆）《震泽县志》，载《中国地方志集成·江苏府县志辑》第23册，江苏古籍出版社1991年版。

（宝祐）《琴川志》，载《中国方志丛书》华中地方第420号，成文出版社1983年版。

（弘治）《常熟县志》，《四库全书存目丛书》本，齐鲁书社1996年版。

（嘉靖）《常熟县志》，《北京图书馆古籍珍本丛刊》本，书目文献出版社1998年版。

（康熙）《常熟县志》载《中国地方志集成·江苏府县志辑》第21册，江苏古籍出版社1991年版。

（光绪）《重修常昭合志稿》，载《中国地方志集成·江苏府县志辑》第22册，江苏古籍出版社1991年版。

江苏省常熟市地方志编纂委员会办公室：《常熟市志》（修订本），上海辞书出版社2006年版。

沈秋农、曹培根：《常熟乡镇旧志集成》，广陵书社2007年版。

（雍正）《昭文县志》，载《中国地方志集成·江苏府县志辑》第19册，江苏古籍出版社1991年版。

（淳祐）《玉峰志》，载《中国方志丛书》华中地方第424号，成文出版社1983年版。

（嘉靖）《昆山县志》，载《天一阁藏明代方志选刊》第9册，上海古籍书店出版社1961—1966年版。

（万历）《重修昆山县志》，载《中国史学丛书三编》第四辑，台湾学生书局1987年版。

（道光）《昆新两县志》，载《中国地方志集成·江苏府县志辑》第15册，江苏古籍出版社1991年版。

（光绪）《昆新两县续修合志》，载《中国地方志集成·江苏府县志辑》第16—17册，江苏古籍出版社1991年版。

（民国）《昆新两县续补合志》，载《中国地方志集成·江苏府县志辑》第17册，江苏古籍出版社1991年版。

上海市松江县地方史志编纂委员会：《松江县志》，上海古籍出版社2012年版。

上海市松江区规划和土地管理局编：《松江地名志》，上海社会科学院出版社2014年版。

（乾隆）《华亭县志》，载《中国方志丛书》华中地方第462号，成文出版社1983年版。

（光绪）《重修华亭县志》，载《中国地方志集成·上海府县志辑》第4册，上海书店出版社2010年版。

（乾隆）《娄县志》，载《中国地方志集成·上海府县志辑》第5册，上海书店出版社2010年版。

（光绪）《娄县续志》，载《中国地方志集成·上海府县志辑》第5册，上海书店出版社2010年版。

（绍熙）《云间志》，载《中国方志丛书》华中地方第443号，成文出版社1983年版。

（弘治）《上海志》，载《天一阁藏明代方志丛刊续编》第7册，上海书店出版社1990年版。

（嘉靖）《上海县志》，上海图书馆藏上海传真社《松江府属旧志二种》本，民国二十一年（1932）五月据吴兴周越然藏本影印。

（万历）《上海县志》，上海图书馆藏万历十六年（1588）刻本。

（康熙）《上海县志》，上海图书馆藏康熙二十二年（1683）刻本。

（乾隆）《上海县志》，上海图书馆藏乾隆十五年（1750）刻本。

（嘉庆）《上海县志》，上海图书馆藏嘉庆十九年（1814）刻本。

（民国）《上海县续志》，载《中国方志丛书》华中地方第14号，成文出版社1970年版。

（民国）《上海县志》，载《中国地方志集成·上海府县志辑》第4册，上海书店出版社2010年版。

（万历）《青浦县志》，载《稀见中国地方志汇刊》第1册，中国书店出版社1992年版。

（康熙）《青浦县志》，上海图书馆藏康熙八年（1669）刻本。

（乾隆）《青浦县志》，上海图书馆藏乾隆五十三年（1788）刻本。

（光绪）《青浦县志》，载《中国地方志集成·上海府县志辑》第6册，上海书店出版社 2010 年版。

（民国）《青浦县续志》，载《中国地方志集成·上海府县志辑》第 6 册，上海书店出版社 2010 年版。

（正德）《金山卫志》，上海图书馆藏民国二十一年（1932）传真社影印《松江府属旧志二种》本。

（乾隆）《金山县志》，载《中国方志丛书》华中地方第 405 号，成文出版社 1983 年版。

（光绪）《金山县志》，载《中国地方志集成·上海府县志辑》第 10 册，上海书店出版社 2010 年版。

上海市金山县县志编纂委员会：《金山县志》，上海人民出版社 1990 年版。

（雍正）《分建南汇县志》，上海图书馆雍正十二年（1734）刻本。

（光绪）《南汇县志》，载《中国地方志集成·上海府县志辑》第 5 册，上海书店出版社 2010 年版。

（民国）《南汇县续志》，载《中国地方志集成·上海府县志辑》第 5 册，上海书店出版社 2010 年版。

（光绪）《重修奉贤县志》，载《中国地方志集成·上海府县志辑》第 9 册，上海书店出版社 2010 年版。

（弘治）《太仓州志》，上海图书馆藏宣统己酉（1909）太仓缪氏东仓书库“汇刻太仓旧志五种”本。

（民国）《太仓州志》，上海图书馆藏民国八年（1919）刻本。

太仓县县志编纂委员会：《太仓县志》，江苏人民出版社 1991 年版。

（万历）《嘉定县志》，载《中国史学丛书三编》第四辑，据万历三十三年（1605）刻本影印。

（康熙）《嘉定县志》，载《中国地方志集成·上海府县志辑》第 7 册，上海书店出版社 2010 年版。

（乾隆）《嘉定县志》，上海图书馆藏乾隆七年（1742）刻本。

（光绪）《嘉定县志》，载《中国地方志集成·上海府县志辑》第 8 册，上海书店出版社 2010 年版。

（民国）《嘉定县续志》，载《中国地方志集成 · 上海府县志辑》第 8 册，上海书店出版社 2010 年版。

（光绪）《宝山县志》，载《中国地方志集成 · 上海府县志辑》第 9 册，上海书店出版社 2010 年版。

（民国）《宝山县续志》，载《中国地方志集成 · 上海府县志辑》第 9 册，上海书店出版社 2010 年版。

（民国）《宝山县再续志》，载《中国地方志集成 · 上海府县志辑》第 9 册，上海书店出版社 2010 年版。

（康熙）《崇明县志》，载《中国地方志集成 · 上海府县志辑》第 10 册，上海书店出版社 2010 年版。

（光绪）《崇明县志》，上海图书馆藏光绪七年（1881）刻本。

（民国）《崇明县志》，载《中国地方志集成 · 上海府县志辑》第 10 册，上海书店出版社 2010 年版。

（咸淳）《重修毗陵志》，载《中国方志丛书》华中地方第 422 号，成文出版社 1983 年版，据嘉庆二十五年（1820）刻本影印。

（乾隆）《武进县志》，上海图书馆藏清抄本。

（光绪）《武进阳湖县志》，载《中国地方志集成 · 江苏府县志辑》第 37 册，江苏古籍出版社 1991 年版。

（乾隆）《阳湖县志》，上海图书馆藏清抄本。

（弘治）《无锡县志》，复旦大学图书馆藏一九五〇年无锡泰伯文献馆油印本。

（万历）《无锡县志》，上海图书馆藏万历二年（1574）刻本。

（康熙）《无锡县志》上海图书馆藏康熙二十八年（1689，著录为二十九年）刻本。

（乾隆）《无锡县志》，《无锡文库》第一辑，凤凰出版社 2011 年版。

（光绪）《无锡金匮县志》，《中国地方志集成 · 江苏府县志辑》第 24 册，江苏古籍出版社 1991 年版。

（嘉靖）《江阴县志》，载《天一阁藏明代方志选刊》第13册，据嘉靖刻本影印。

（光绪）《江阴县志》，载《中国地方志集成·江苏府县志辑》第25册，江苏古籍出版社1991年版。

（民国）《江阴县续志》，载《中国地方志集成·江苏府县志辑》第26册，江苏古籍出版社1991年版。

（嘉庆）《增修宜兴县旧志》，载《中国地方志集成·江苏府县志辑》第39册，江苏古籍出版社1991年版。

（嘉庆）《重刊宜兴县志》，载《中国方志丛书》华中地方第399号，成文出版社1983年版。

（光绪）《宜兴荆溪县新志》，载《中国地方志集成·江苏府县志辑》第40册，江苏古籍出版社1991年版。

（光宣）《宜荆续志》，载《中国地方志集成·江苏府县志辑》第40册，江苏古籍出版社1991年版。

（隆庆）《新修靖江县志》，载《稀见中国地方志汇刊》第13册，中国书店出版社1992年版。

（光绪）《靖江县志》，载《中国地方志集成·江苏府县志辑》第5册，江苏古籍出版社1991年版。

二、近人及今人论著论文

南京师范学院地理系编：《江苏城市历史地理》，江苏科学技术出版社1982年版。

顾颉刚：《苏州史志笔记》，江苏古籍出版社1987年版。

刘子扬：《清代地方官制考》，紫禁城出版社1988年版。

郑秦：《清代司法审判制度研究》，湖南教育出版社1988年版。

傅衣凌：《明清社会经济变迁论》，人民出版社1989年版。

彭雨新：《清代土地开垦史》，农业出版社1990年版。

张仲礼著：《中国绅士——关于其在19世纪中国社会中作用的研究》，李荣昌译，上海社会科学出版社1991年版。

王卫平：《明清时期江南城市史研究——以苏州为中心》，人民出版社 1999 年版。

王謇：《宋平江城坊考》，江苏古籍出版社 1999 版。

刘凤云：《明代城市空间的文化探析》，中央民族大学出版社 2001 年版。

马学强：《从传统到近代：江南城镇土地产权制度研究》，上海社会科学院出版社 2002 年版。

李伯重：《多视角看江南经济史（1250—1850）》，生活·读书·新知三联书店 2003 年版。

瞿同祖：《清代地方政府》，范忠信、何鹏、晏锋译，法律出版社 2011 年版。

柏桦：《明清州县官群体》，天津人民出版社 2003 年版。

徐茂明：《江南士绅与江南社会（1368—1911）》，商务印书馆 2004 年版。

陈支平：《民间文书与明清赋役史研究》，黄山书社 2004 年版。

张英霖：《苏州古城散论》，古吴轩出版社 2004 年版。

吴建华：《明清江南人口社会史研究》，群言出版社 2005 年版。

［美］林达·约翰逊著：《帝国晚期的江南城市》，成一农译，上海人民出版社 2005 年版。

周振鹤：《中国地方行政制度史》，上海人民出版社 2005 年版。

陈泳：《城市空间、形态类型与意义——苏州古城结构形态演化研究》，东南大学出版社 2006 年版。

梁方仲：《梁方仲文集》，中华书局 2008 年版。

陈锋：《清代财政政策与货币政策研究》，武汉大学出版社 2008 年版。

［美］王业键著：《清代田赋刍论（1750—1911）》，高风等译，人民出版社 2008 年版。

［日］松浦章：《清代帆船东亚航运与中国海商海盗研究》，上海辞书出版社 2009 年版。

周保明：《清代地方吏役制度研究》，上海世纪出版集团 2009 年版。

魏光奇：《有法与无法：清代的州县制度及其运作》，商务印书馆 2010 年版。

何平：《清代赋税政策研究：1644—1840》，故宫出版社 2012 年版。

范金民：《赋税甲天下：明清社会经济探析》，生活 · 读书 · 新知三联书店 2013 年版。

岁有生：《清代州县经费研究》，大象出版社 2013 年版。

杜家骥：《清代社会基层关系研究》，岳麓书社 2015 年版。

谢湜：《高乡与低乡：11—16 世纪江南区域历史地理研究》，生活 · 读书 · 新知三联书店 2015 年版。

冯贤亮：《明清江南的州县行政与地方社会研究》，上海古籍出版社 2015 年版。

王日根：《明清海盗的生成及其治理研究》，厦门大学出版社 2016 年版。

黄敬斌：《郡邑之盛：明清江南治所城市研究》，中华书局 2017 年版。

王家范：《明清江南史丛稿》，生活 · 读书 · 新知三联书店 2018 年版。

［美］曾小萍著：《州县官的银两：18 世纪中国财政的合理化改革》，董建中译，中国人民大学出版社 2005 年版。

［日］滨岛敦俊：《明代江南农村社会の研究》，东京大学出版社 1982 年版。

［美］魏斐德著：《洪业——清朝开国史》，陈苏镇、薄小莹等译，江苏人民出版社 1998 年版。

［日］岸本美绪：《明清交替と江南社会——17 世纪中国の秩序问题》，东京大学出版社 1999 年版。

彭雨新：《清初的垦荒与财政》，《武汉大学学报》（哲学社会科学版）1978 年第 6 期、1979 年第 1 期。

郑天挺：《清代的幕府》，《中国社会科学》1980 年第 6 期。

商鸿逵：《康熙南巡与治理黄河》，《北京大学学报》（哲学社会科学版）1981 年第 4 期。

刘敏：《清代胥吏与官僚政治》，《厦门大学学报》（哲学社会科学版）1983 年第 3 期。

李燕光：《清初的垦荒问题》，《社会科学辑刊》1985 年第 1 期。

刘祥力、岳平：《雍正州县吏治初探》，《阜阳师范学院学报》（社会科学版）1986 年第 2 期。

黄瑶：《康熙整饬吏治述评》，《贵州师范大学学报》（社会科学版）1988 年第 4 期。

孟昭信：《试论清初的江南政策》，《吉林大学社会科学学报》1990 年第 3 期。

柏桦、李春明：《论清代知县的出身与康雍乾时期的用人政策》，《史学集刊》1990 年第 4 期。

徐建青：《清代康乾时期江苏省的蠲免》，《中国经济史研究》1990 年第 4 期。

李伯重：《简论“江南地区”的界定》，《中国社会经济史研究》1991 年第 1 期。

周学军：《明清江南儒士群体的历史变动》，《历史研究》1993 年第 1 期。

王日根：《明清时期苏北水灾原因初探》，《中国社会经济史研究》1994 年第 2 期。

李国荣：《论雍正帝对官衙书吏的整饬》，《社会科学辑刊》1995 年第 3 期。

李映发：《清代州县财政中的亏空现象》，《清史研究》1996 年第 1 期。

郑秦：《清代县制研究》，《清史研究》1996 年第 4 期。

马学强：《乡绅与明清上海社会》，《上海社科院学术季刊》1997 年第 1 期。

陈锋：《清代中央财政与地方财政的调整》，《历史研究》1997 年第 5 期。

余新忠：《清前期浙西北基层社会精英的晋升途径与社会流动》，《南开学报》2000 年第 4 期。

何泉达：《松江历史和松江府建置沿革述略》，《史林》2001 年第 4 期。

杨振姣：《雍正朝蠲逋欠政策与吏治整顿》，《辽宁大学学报》（哲学社会科学版）2003 年第 5 期。

张修桂：《崇明岛形成的历史过程》，《复旦学报》（社会科学版）2005 年第 3 期。

陆平舟：《官僚、幕友、胥吏：清代地方政府的三维体系》，《南开学报》（哲学社会科学版）2005 年第 5 期。

吴海波：《清代两淮榷盐体制的演变与私盐》，《求索》2005 年第 3 期。

王日根、王亚民：《从鹿洲公案看清初知县对乡村社会的控制》，《华中师范大学学报 》（人文社会科学版）2006 年第 4 期。

成一农：《清代的城市规模与行政等级》，《扬州大学学报》（人文社会科学版）2007 年第 3 期。

冯贤亮：《明清吴中地区的县衙与社会》，《江苏社会科学》2007年第6期。

李星华：《清代顺康雍乾时期州县政府与中央政府关系探讨与借鉴》，《法制与社会》2007年第6期。

魏光奇：《清代州县官任职制度探析——附论中国传统政治中的地方行政首脑权力制约》，《江海学刊》2008年第1期。

陈锋：《清代的清查亏空》，《辽宁大学学报》（哲学社会科学版）2008年第5期。

张研：《对清代州县佐贰、典史与巡检辖属之地的考察》，《安徽史学》2009年第2期

岁有生：《清代州县衙门经费》，《安徽史学》2009年第5期。

叶舟：《江南市镇的再认识：以常州市镇的历史与演变为中心》，《社会科学》2009年第6期。

范金民：《政繁赋重，划界分疆：清代雍正年间江苏升州析县之考察》，《社会科学》2010年第5期。

成积春：《治吏与"和平"——论康熙"中正和平"之道对吏治的影响》，《史学集刊》2011年第4期。

黄敬斌：《利益与安全：明代江南的筑城与修城活动》，《史林》2011年第3期。

顾渊明：《清代州县胥吏陋规初探》，《宜春学院学报》2012年第7期。

刘凤云：《雍正朝清理地方钱粮亏空研究——兼论官僚政治中的利益关系》，《历史研究》2013年第2期。

郭丽芬：《清代州县差役的赋税征收职能及贪赃行为》，《中国国家博物馆馆刊》2013年第6期。

周保明：《清代州县司法过程及问题——以吏役行为为中心》，《历史教学问题》2013年第3期。

陈桦：《清初的私征私派》，《求是学刊》2013年第3期。

段伟：《清代江南、湖广、陕甘分省标准的异同》，《中国地方志》2013年第4期。

范金民：《清代雍正时期江苏赋税钱粮积欠之清查》，《中国经济史研究》2015年第2期。

黄鸿山：《善堂与恶政：清代江浙地区的命案相验问题及其应对》，《清史研究》2015年第1期。

冯贤亮：《清代江南命案尸场勘验的整顿与社会变迁》，《史林》2015年第3期。

雷炳炎、侯捷：《清初常州府田赋的起运与存留——基于康熙三十二年数据的分析》，《安徽史学》2018年第6期。

傅林祥：《清代州县佐杂官司法审理权探析》，《史学月刊》2019年第5期。

雷炳炎：《康熙时期江苏的田废地弃问题述论》，《安徽史学》2019年第6期。

邓建鹏：《清代州县词讼积案与上级的监督》，《法学研究》2019年第5期。

王业键：《清雍正时期（1725—1735）的财政改革》，载《“中研院”历史语言研究所集刊》（台北）第32本，1960年6月。

庄吉发：《清世宗与钱粮亏空之弥补》，载《食货月刊》（复刊）（台北）第七卷第12期，1978年3月。

伍丹戈：《明代绅衿地主的发展》，载《明史研究论丛》第二辑，江苏人民出版社1983年版。

高泳源：《古代苏州城市景观的历史地理透视》，载《历史地理》第七辑，上海人民出版社1990年版。

郑克晟：《清初之苏松士绅与土国宝》，载《明清史探实》，中国社会科学出版社2001年版。

谢湜：《清代江南苏松常三府的分县和并县研究》，载《历史地理》第22辑，2007年。

李孝聪：《明清时期地方城市形态试析》，载《石泉先生九十诞辰纪念文集》，湖北人民出版社2007年版。

郑永昌：《雍正初年的吏治整饬——江苏巡抚吴存礼的个案试析》，载李天鸣等编《两岸故宫第一届学术研讨会——雍正其人其事及其时代论文集》，台北故宫博物院2010年版。

张海英：《关注明清政府对江南基层社会的管理——以江南市镇为视角》，载《明清江南史研究三十年（1978—2008）》，上海古籍出版社2010年版。

龚浩：《清初江苏省地方财政收支分析》，载《财政史研究》第八辑，2015年10月。

［日］本村正一：《关于清代社会绅士的存在》，载《史渊》第24号。

［日］山根幸夫：《明代社会研究——以绅士阶层的问题为中心》，东京女大东洋史研究室，1986。

［日］谷井俊仁著：《明清两朝财政法规之特征：以民欠和亏空为中心》，沈玉慧译，载《明代研究》（台北）第12期，2009年6月。

［韩］吴金成：《明清时代绅士层研究的诸问题》，载《中国史研究的成果与展望》，中国社会科学出版社1991年版。

杨亚东：《雍正年间整顿吏治研究》，云南师范大学2004年硕士学位论文。

苗月宁：《清代州县吏胥研究初探》，山东大学2006年硕士学位论文。

黄河：《汤斌治苏初探》，苏州大学2011年硕士学位论文。

王刚：《清代前中期江南军事驻防研究（1645—1853）》，南京大学2014年博士学位论文。

郭启和：《清代州县对讼师的治理》，辽宁师范大学2014年硕士学位论文。

冉睿：《清代州县钱谷责任追究制度研究》，西南大学2015年硕士学位论文。

赵碧云：《清代州县交代制度研究》，河南大学2016年硕士学位论文。

龚明家：《雍正年间州县吏治弊窦研究》，湘潭大学2018年硕士学位论文。

汤惠敏：《清代州县命案初检中的仵作》，苏州大学2018年硕士学位论文。

后　　记

两宋以来的江南区域史，一直是备受学者关注的研究领域，也是成果极为丰硕的研究领域，而近四十年的明清江南史研究更是硕果累累。明清时期，江南地区既是国家的财赋重地，又是区域政治重心。南京为明王朝的政治中心，江南各府县直隶南京，清王朝强化了对江南的统治，江苏成为清王朝重要的政区单元，改设行省之后的江苏仍属南方政治重地。

明清王朝鼎革，造成江南地区长时间社会动乱，其带给江南地区的巨变，也是清朝其他统治区域所不能比拟的。官逼民反，王朝更代，是中国历史上的常见现象，明清的更代及此后江南地区种种变化，却让人深陷沉思。

顺治至康熙初年，江南的抗清运动曾经轰轰烈烈，但在三藩发动反清叛乱之后，江南的绅民为何却表现得异乎寻常的平静和冷漠？士绅、吏役各有其用，明代的江南士绅对政治曾是那样热衷，但明亡清兴数十年间，士风之靡弊让人难以置信，历经江南奏销案、哭庙案等案之后，地方士绅对时政为何又极为冷淡，它与清廷对士绅的怀疑、地方治理重吏役而轻士绅的偏向是否存在关联？

县域治理是州县各项治理的综合体，是国家治理、省级政治和地方稳定的基础一环，是国家政治的重要组成部分。但清廷对各直省的管控、地方治理步入正规以后，因忙于征伐，针对各级衙门的吏治腐败，并没有像明太祖朱元璋那样实施疾风暴雨的惩治行动。清初地方行政在承续明末官场的种种流弊之后，吏治问题显得尤为突出，州县更成为问题的集中暴露点。

江苏对清王朝的贡献大，地方治理中的问题也多。州县官作为地方治理的责任人，清初江苏基层社会的种种流弊与其作为究竟有多大关系？在康熙中期江苏社会步入平稳发展之后，对于基层的种种问题和绅民诉求，地方官有何应对之策？江苏基层治理的问题与州县官的个人能力、地方的社会风气、奸刁之徒助推有何关联？

清王朝与吏共天下，吏役与州县官一起维持着地方机构运转，但吏役见利不顾死生，假势横行，凌虐良懦，其腐败堕落也成为地方吏治的毒瘤。如何正视吏役在江苏地方行政中的影响？清初江南吏役侵盗钱粮之风为何无法遏制？一个王朝才创建，地方吏治为何就如此不堪？

清代江苏基层社会治理有着种种难解之谜，江苏官场也如同谜一样的存在，地方治理过分倚重吏役，带来了极为严重的恶果。正是这些疑问，引发了我研究清代江苏政治史的兴趣。

2013年，我开始关注清代江苏社会问题，并着手搜集江苏地方资料。2015年，我尝试着申报了湖南省社科基金项目，并将关注重点放在雍正时期，幸运的是，同年我申报的“雍正时期江浙州县吏治与地方治理”项目，获得了湖南省社科基金资助。在系统阅读江苏地方文献之后，我深感清代江苏官场和地方秩序呈现的只是表面的平静，表象的背后是正气不足，官长以权谋财，贪图私利，吏役祸国殃民，奸徒为害地方，百姓不得安生，基层社会问题丛集。基于此，我决定将清代江苏吏治问题与基层社会治理结合起来考察，并重点关注康熙雍正时期，2016年，我申报的“康熙雍正时期江苏州县吏治问题研究”项目获得了国家社科基金资助。

本书系国家社科基金“康熙雍正时期江苏州县吏治问题研究”的结项成果。在初稿完成之后，经过两年多时间的修改，才最终定稿。但本课题的研究远比想象艰难，由于本人初涉江南史，加之资质愚钝，而江南史的资料既分散，又是非难辨，本课题的研究，史料收集既未能做到“全”，史料选择也未能做到“精”。所以在论著撰写过程中，我从没间断过向杜家骥先生请教，杜先生长期关注清代基层社会问题，本书的成稿也得益于杜先生的指导和点拨，本书出版之际，杜先生复为拙著撰写序言，对学生满怀期盼，实令我铭记肺腑。

在从事本研究的过程中，我也有幸得到众多师友的支持和帮助。感谢李治安先生对我的时时教诲和勉励，也感谢常建华、王世华、李育民、刘凤云、张明富、李传斌几位先生，他们或就项目的论证提出过很好的建议，或对本书的修改提出了宝贵意见。

本书的出版，得到了湖南师范大学历史文化学院钟声院长的支持。人民出版社邵永忠老师也付出了辛劳和汗水，在编辑加工过程中，邵老师对全书正文内容、文中注释细加核对、订正，书稿付梓之际，借此机会也向他们表示感谢！

雷炳炎于湖南师范大学

2022年10月26日

责任编辑:邵永忠
封面设计:林芝玉

图书在版编目(CIP)数据

康熙雍正时期江苏州县吏弊与地方社会研究/雷炳炎 著. —北京:
人民出版社,2024.1
ISBN 978-7-01-024198-2

Ⅰ.①康… Ⅱ.①雷… Ⅲ.①官制-研究-江苏-清代
Ⅳ.①D691.42

中国版本图书馆 CIP 数据核字(2021)第 278515 号

康熙雍正时期江苏州县吏弊与地方社会研究

KANGXI YONGZHENG SHIQI JIANGSU ZHOUXIAN LIBI YU DIFANG SHEHUI YANJIU

雷炳炎 著

人民出版社 出版发行
(100706 北京市东城区隆福寺街 99 号)

北京中科印刷有限公司印刷 新华书店经销

2024 年 1 月第 1 版 2024 年 1 月北京第 1 次印刷
开本:710 毫米×1000 毫米 1/16 印张:33.5 字数:540 千字

ISBN 978-7-01-024198-2 定价:120.00 元

邮购地址 100706 北京市东城区隆福寺街 99 号
人民东方图书销售中心 电话 (010)65250042 65289539